MW01519037

ESTADISMO

DE LAS

ISLAS FILIPINAS

—

TOMO SEGUNDO

OBRAS DE W. E. RETANA

EL INDIO BATANGUEÑO. *(Estudio etnográfico,* premiado en la Exposición filipina de Madrid de 1887.)—3.ª edición: Manila, 1888.—110 páginas en 8.º—*Agotada.*

TRANSFORMISMO. *(Sátira de costumbres filipinas.)*—3.ª edición: Manila, 1889.—40 páginas en 8.º—*Agotada.*

FOLLETOS FILIPINOS (POLÍTICOS)

I.—FRAILES Y CLÉRIGOS. — 2.ª edición, corregida y aumentada: Madrid, 1891.—142 págs. en 12.º

II.—APUNTES PARA LA HISTORIA.—Madrid, 1890. — 96 páginas en 8.º

III.—SINAPISMOS.—Primera serie.—Madrid, 1890.—96 páginas en 8.º

IV.—REFORMAS Y OTROS EXCESOS.—Madrid, 1890.—96 páginas en 8.º

AVISOS Y PROFECÍAS.—Madrid, 1892. — XVI + 368 páginas en 8.º—*Agotada.*

CATÁLOGO DE LA BIBLIOTECA FILIPINA DE W. E. RETANA.—Madrid, 1893.—68 hojas en folio, á dos columnas.—Tirada de 30 ejemplares.—*No se ha puesto á la venta.*

COSAS DE ALLÁ.—Madrid, 1893.—VI + 174 páginas en 8.º

EN PRENSA

NOTICIAS PARA LA HISTORIA DEL PERIODISMO FILIPINO.—Un tomo en 8.º

SUPERSTICIONES DE LOS INDIOS FILIPINOS: UN LIBRO DE ANITERÍAS.—Un volumen en 12.º

ESTADISMO

DE LAS

ISLAS FILIPINAS

ó

MIS VIAJES POR ESTE PAÍS

POR EL PADRE

FR. JOAQUÍN MARTÍNEZ DE ZÚÑIGA

Agustino calzado.

———

PUBLICA ESTA OBRA POR PRIMERA VEZ

EXTENSAMENTE ANOTADA

W. E. RETANA

———

TOMO SEGUNDO

———

MADRID

DICIEMBRE DE M.DCCCXCIII.

1756
.618
v. 2

EN LA IMPRENTA DE LA VIUDA DE M. MINUESA DE LOS RÍOS
Calle de Miguel Servet, núm. 13: MADRID.

CAPÍTULO XXVII

 L. Obispado de Nueva Segovia, llamado comúnmente de Ilocos, comprende toda la parte septentrional de la isla de Luzón, desde los grados 16 de longitud hasta el grado 19, en que acaba la punta más sep-tentrional de las Islas, hasta las islas de Babuyanes y Batanes, que están·al N. de esta punta. Confina este Obispado por la banda del S. con las provincias de Zambales y Pampanga, pertenecientes al Arzobispa-do de Manila, y con la de Tayabas, del Obispado de Camarines. En la unión de estos tres Obispados se ha

---

Materias que abraza el capítulo XXVII.—Del Obispado de Nueva Segovia.—Confines.— Su fundación.—*Provincia de Ilocos.*— Confines.— Producción de los montes.—Temperatura.—Frutos naturales de la tierra.—Tejidos.—El tabaco.—Desventajas de que no permitieran la siembra en Ilocos.—Recuerdo histórico.—Juan de Salcedo.—Lima-Hong.— Censo de población — Los ilocanos: usos, cos-tumbres, etc.—Alzamientos habidos.—Los infieles: tinguianes é igorrotes.—Dife-rencias que existen entre ambas clases de gente.—Usos y costumbres.—El terreno de los montes.—Las minas de oro.—*Provincia de Pangasinan.*—Confines.—Por quién y cuándo se hizo la conquista.—Clases de gentes que habitan Pangasinán. —Número de tributos.—Estancos.—Industria de los pangasinanes.—Otras noti-cias.—*Provincia de Cagayan.*—Confines.—Situación y fundación de Nueva Sego-

fundado nuevamente la provincia de Nueva Écija, de
cuya jurisdicción estoy poco informado: me han dicho que se compone del territorio de tres Obispados,
que su cabecera es Baler, y que los pueblos que le
han asignado son algunas misiones de las provincias
de la Pampanga, Tayabas y Cagayán, de los cuales
hablo en sus respectivas provincias; lo restante de
este Obispado está circundado de la mar. Empezando donde acaba la provincia de Tayabas, que es la
ensenada de Casiguran, sale una punta llamada de
San Ildefonso, que es el principio del Obispado de
Ilocos y está á los 15 grados y 52 minutos de longitud. Á las 16 leguas caminando al N. hay una ensenada con un surgidero, y en ella el pueblo de Palanan, con las misiones de Dicalayo y Divilican. Prosigue esta costa brava con algunos pequeños surgideros hasta el cabo del Engaño, así llamado por lo
engañoso de sus corrientes. De aquí al pueblo de
Aparri, que está cerca de Nueva Segovia, llamado
por los naturales Lalo, habrá 15 leguas de costa brava, y á las otras 15 leguas se encuentra la cabeza de
los montes Carballos, cuya punta, llamada Balaynasira, entra en la mar y es la más septentrional de la
isla de Luzón. Aquí acaba la provincia de Cagayán y
empieza la de Ilocos, en el pueblo de Bangui, que
está después de esta punta. Pasado Bangui se halla
el cabo de Bojeador y sigue una costa de N. á S.,
donde están las provincias de Ilocos y Pangasinán,
llenas de pueblos numerosos, hasta llegar á la punta
de Bolinao, donde confina este Obispado con la provincia de Zambales, que es del Arzobispado de Manila.

Este Obispado es sufragáneo de Manila; se erigió por breve de Clemente VIII de 14 de Agosto de 1595. Antiguamente tenía el obispo su silla en Nueva Segovia, cabecera de la provincia de Cagayán; ahora reside en Vigan, cabecera de Ilocos, donde estaba la villa Fernandina. El Rey da al obispo cuatro mil pesos de renta que vienen de Nueva España; al cura de la Catedral le da ciento ochenta y cuatro pesos; al sacristán noventa y dos pesos, y á los dos capellanes de honor cien pesos á cada uno. La jurisdicción de este Obispado comprende las provincias de Ilocos, Pangasinán y Cagayán, cuya descripción, terreno, producciones, usos y costumbres de los naturales voy á hacer separadamente.

§ I

PROVINCIA DE ILOCOS

Esta provincia corre desde la cabeza de los Carballos, por donde confina con Cagayán, por toda la costa del mar de China hasta el pueblo de Namacpacan, que confina con la provincia de Pangasinán. Es una costa que tiene más de 30 leguas de largo, pero muy estrecha en partes; sólo se ensancha tres leguas, y donde más seis, porque al Oriente tiene los montes de los igorrotes, que corren N.-S. desde los Carballos hasta la provincia de la Pampanga, y por el Poniente tiene la mar de China. En medio de esta provincia, en altura de 17 grados y 46 minutos, cerca de la costa está la isla de Vigan, en la cual fundó Juan de Salcedo la villa Fernandina por orden de Guido de Labezares: ya no hay reliquias de villa, y el pueblo de Vigan, de indios, es la cabecera de la provincia, donde reside el alcalde mayor y el obispo. Éste tiene un buen

palacio de tabla y una catedral de piedra y ladrillo
que hizo el Ilmo. Sr. D. Fr. Juan de San Ignacio,
Agustino calzado. Hay un administrador de tabaco,
otro del vino y un factor de la Compañía para fomentar los tejidos y la siembra de algodón.

El fondo de esta provincia son los dichos montes
Carballos, altos, espesos y llenos de árboles, cañave-
rales y palmas, donde se saca brea y mucha cera.
Hay en ellos minas ó lavaderos de oro en abundancia, pero viven allí varias naciones de indios bárbaros,
y sólo ellos lo sacan y bajan á vender á los ilocos.
Entre la mar y estos montes están los pueblos y sementeras de los naturales, casi todos en la marina.
La tierra por lo común es alta, doble y muy fértil
para llevar arroz, trigo, añil, caña dulce, algodón, cacao, café, pimienta y legumbres. Abunda de aguas
para regar las tierras de arroz, y se podían regar muchas más si se hiciesen presas en muchos torrentes
de los montes que no las tienen. En las faldas de los
montes hay muchas estancias de ganado vacuno: éstas son una porción de tierra sin dueño, de que el Rey
hace merced por una ó más vidas á algunos indios
para que críen vacas en ellas. Les concede además de
esto 24 indios tributantes para que custodien los ga-
nados, los cuales tributantes están reservados de
todo cargo concejil y el dueño de la estancia paga
por ellos tributo. No creo que estas mercedes traigan
utilidad alguna á la provincia. En estos lugares se
podían formar muchos pueblos; además de que con
ellos se les estrechaba á los infieles de los montes,
serían más útiles porque sus habitantes criarían tantas vacas como los dueños de las estancias y culti-
varían gran parte del terreno. El temperamento de
Ilocos es cálido; sólo en tiempo de nortes se suele
sentir algo de frío, y dicen que alguna vez ha caído

granizo. En la parte del N. de esta provincia se levantan nieblas espesas que incomodan bastante á los pueblos de Batac y los demás que hay en el valle de Dingrás.

Los frutos naturales de esta tierra son el arroz, el trigo y el algodón. Se siembra caña dulce, pero sólo se emplea para hacer vinagre y una bebida que llaman *basi*, que es una especie de sidra que emborracha si se bebe mucho. Hay muchas vacas, puercos, gallinas, caballos y todo género de frutas de la tierra. De los montes se saca cera y se cazan algunos venados, cuyos cueros y carne hecha tapa se lleva á vender á Manila. También se hace sal para el consumo de la provincia, sacándola del agua del mar por medio del fuego. Todos estos renglones producen poco, y lo que se puede decir que hace el comercio de la provincia es el arroz y el algodón. Se coge tanto arroz, que después de pagar al Rey parte del tributo en esta especie, se vende mucho para traer á Manila ó para llevar á China, cuando vale caro en aquel Imperio. El algodón se extrae en rama ó en medias y tejidos, que es la única industria de los indios de Ilocos. Hacen terlingas, que son especies de cotonías, y piezas de diversas labores y llanas, según se les pide; tejen mantas, lonas para velas de embarcaciones y hacen medias de algodón. Estas manufacturas se podían adelantar y mejorar mucho en una provincia como la de Ilocos, donde la población es muy grande, y viven todos reducidos debajo de campana.

Los géneros de Ilocos tienen una cierta aspereza que no tienen los de Costa y de Visayas. Yo creo que depende del modo de hilarlos: no se usan tornos en esta provincia; las hilanderas tienen el algodón en una mano y un huso en la otra; á éste le hacen dar vueltas frotándolo sobre el muslo, y el algodón sale demasiado retorcido y algo áspero. Sería muy útil introducir los tornos para hilar más y mejor. Se adelantaría más también este ramo si se les obligase á los indios á pagar el tributo en tejidos, lo que es muy fácil y no cuesta más que el mandarlo. Para ver cómo se puede cobrar en tejidos un tributo que lo han de pagar diversas gentes, y que cada una paga una pequeña parte, basta saber el método que observan los tejedores de esta provincia. En las casas de los principales están los telares preparados para tejer y adonde asiste el tejedor, á quien por una vara de tejido llano y ancho de tres cuartas poco más ó menos se le da medio real. Teniendo los cabezas de barangay, que son los que cobran los tributos, telares como los tienen todos, no necesitan más que obligar á los tributantes á que vayan á sus casas á tejer el número de varas necesarias para pagar lo que les toca. Si á esto se añadiera el que usasen de tornos para hilar, dentro de poco tiempo surtirían á Manila los ilocos de muchos renglones tan buenos como los de Costa; y si esta práctica se fuese entablando en todas las Islas, poco á poco dentro de pocos años nos veríamos proveídos de cuanto extraemos de los establecimientos ingleses para Acapulco y para estas Islas, que importa más de un millón de pesos: es verdad que nos falta el afirmante de los colores; pero podía traerse y cultivarlo aquí, pues se ha hecho la experiencia y produce bien.

En Ilocos se da bien el tabaco, pero no se permite el sembrarlo porque está establecido el estanco de este ramo. Se lleva manufacturado de Manila, y llega tan mal acondicionado, que muchas veces es preciso tirarlo porque no se puede fumar. Los naturales se mantienen por lo regular del extravío, que compran á los igorrotes de los montes que se han dedicado á sembrarlo desde el establecimiento de esta renta. Los guardas han entrado varias veces á arrancárselo, pero ha habido ocasión que han pagado esta hazaña con la vida. Otras veces la misma Renta ha fomentado esta siembra y les ha comprado á los infieles por medio de los Padres muchos miles de pesos de tabaco, para surtir los estancos de las Islas. Esta conducta de los dependientes de este ramo es más reprensible en una provincia donde no alcanza el producto del estanco á los gastos que se hacen para mantenerlo; pero procuran ocultar á la Corte el ningún producto que se saca en esta provincia y en Pangasinán. Antiguamente había un factor en Manila para cuidar del estanco del Arzobispado, otro en Vigan para este Obispado, y otro en Naga para el Obispado de Camarines; los valores de estas dos factorías de Ilocos y Camarines no producían lo bastante para cubrir sus gastos, y por esto pidió el factor de Manila que se enviasen separadamente las cuentas, para que de este modo se supiese en Madrid el celo con que él adelantaba este ramo; y si se practicaba esto, se descubriría que el estanco en estos dos Obispados sólo servía para hacer gastos al Rey y molestar á los infelices indios. Se halló un medio de contentar al factor y no descubrir este enredo, y fué quitar las factorías y poner administraciones dependientes de la factoría de Manila, como lo son las de las provincias del Arzobispado.

Todo esto es bueno para engañar al Rey, pero contra su servicio y contra unos vasallos á quienes ama tiernamente. Si en lugar del estanco se permitiese á los ilocos sembrar tabaco, y se les pusiese alguna contribución sobre cada fardo, no se les molestaba nada y las Cajas Reales percibirían mucho más que ahora. Dicen los que gobiernan los estancos que habría entonces muchos contrabandos; pero no es fácil el probarlo, porque esta provincia está muy remota del Arzobispado, donde sólo debía haber estanco en esta hipótesis, y se les podía obligar á los indios á no sembrar más tabaco que el que es preciso para el consumo de la provincia, y si sobraba algo, se les podía comprar á cuenta de la Renta, como se hace ahora con los igorrotes. Lo mismo digo del vino de nipa, que se acaba de estancar en esta provincia; se saca de la provincia de Pangasinán por no haberlo en esta tierra. Yo sé que si se impusiera una cierta cuota á cada tinaja de vino, el Rey sacaría más que del estanco, y los indios se verían libres de guardas, que son muy perjudiciales en estas provincias remotas, donde cometen impunemente cuantos atentados se les suele antojar á esta gente, que sin contradicción son las más malas de las Islas. Estas son unas verdades sabidas de todos; pero son muchos los que desean parecer fieles servidores del Soberano, y pocos los que lo son en la realidad.

El primero que descubrió esta tierra fué Juan de Salcedo, en aquella famosa expedición en que dió vuelta á todo el N. de la isla de Luzón; redujo algunos pueblos á la obediencia del Rey de España y cobró de ellos el tributo. Vuelto á Manila, halló la infausta noticia de la muerte de su abuelo Miguel López de Legazpi, y Guido de Labezares, que entró á gobernar interinamente, prevenido contra él, no le ocupó por algún tiempo en estas conquistas, hasta que, convencido de su buen porte y de la envidia de sus émulos, lo envió á esta provincia para gobernarla y dar posesión de las encomiendas que había repartido á los beneméritos y tomarla de la suya. De allí á poco tiempo vió pasar sesenta y dos champanes; y suponiendo que iban contra Manila, recogió todos los españoles y se embarcó para defender la Capital; llegó tan á tiempo, que el gobernador lo nombró maestre de campo inmediatamente por muerte de Martín de Goyti, en atención al servicio que acababa de hacer; pues á no haber socorrido á Manila, hubiera caido sin duda en manos del corsario Lima-Hong. Volvió á Ilocos y perfeccionó la villa Fernandina, que poco antes había fundado en Vigan; salió á visitar su encomienda, y le entró un despeño que acabó con él en pocas horas. Los PP. Agustinos fueron con Juan de Salcedo á hacer la conquista espiritual de Ilocos, y en poco tiempo redujeron á la fe todos los indios que vivían entre los montes y la mar.

Cuando entraron aquí los españoles encontraron muy poca gente, y ésta mal avenida, porque siempre estaban en guerrillas unos con otros, y se mataban con cualquier pretexto, como hacen hasta ahora los indios de los montes. Para comprender la poca gente que había en Ilocos, basta ver la liquidación del año de 1735 que trae la historia franciscana. Sólo se numeraban este año, inclusos los mestizos de sangley, 10.041 tributos, y el año de 1800 había 44.836 tributos y medio de naturales y 631 de mestizos, que hacen 45.467 1/2 tributos. Es de advertir que más se puede recelar el que falten algunos tributos en la liquidación actual que no en la antigua, porque los indios, haciéndose cada día más ladinos, procuran ocultarse por no pagar tributo; no debiéndose olvidar que no entra gente de otras provincias en Ilocos, sino que este prodigioso aumento proviene de ellos mismos. Se casan muy mozos, y de aquí nace el aumentarse tan extraordinariamente la población. La edad regular de casarse es, respecto á las mujeres, de 12 á 16 años; y respecto á los hombres, de 14 á 18. Los filósofos, fundados en especulaciones metafísicas, han creído que casándose los hombres en esta edad desmerecería mucho la especie humana; pero esta provincia y la de Batangas, donde está introducida esta práctica, prueban que se equivocan en sus juicios.

Los indios de Ilocos son enteramente semejantes á los tagalos; de pelo lacio, chatos, de color de aceituna, ojos grandes, y barbilampiños. Son naturalmente perezosos, como ellos, amigos de comedias, diversiones, fiestas y borracheras. Tan sólo se diferencian en el idioma, que es algo diferente, pero dialecto de una misma lengua, que no es fácil averiguar cuál es. Se cree comúnmente que la lengua malaya es la madre de todos estos idiomas; pero no es fácil el probarlo. Desde Madagascar hasta la isla de Pascuas, en todas las islas del mar de la India y del Sur se habla un mismo idioma con diversos dialectos, que, según creo, ascenderán á más de mil, pues en las islas Filipinas solamente habrá más de cincuenta. Visten estos indios como los tagalos, y comen muy miserablemente. Su sustento diario es arroz y un poco de sal ó vinagre; la gente acomodada añade un poco de *bagón:* éste se hace de camarones pequeños, ó pececillos puestos en salmuera, y dejados allí largo tiempo para que se puedan comer sin cocerlos; á veces se les echa un poco de vino de nipa y se les da un color morado. El bagón preparado así es el mejor, pero nunca se puede comer mucho, y sólo se usa como salsa para abrir el apetito.

Estos indios están todos reducidos á poblado, y tienen las casas tan juntas, que no les queda lugar para poner sus huertas junto á ellas. Por esta causa la provincia es escasa de frutos, y no se coge en ella cacao, pimienta y café como en otras partes. Fuera del pueblo tienen todos sus tambobones, que es el lugar donde se guarda el arroz. Levantan sobre cuatro harigues y postes una casita muy alta; allí meten el arroz con la misma espiga, y son tan fieles, que lo tienen allí sus dueños tan seguro como si estuviera en su casa. Los indios son muy raros; generalmente viven en los campos lejos de las poblaciones; y si se les quiere reducir á poblado, dicen que no pueden porque se alejan de sus sementeras. Los ilocos, por el contrario, están todos apiñados, y hay pueblo de 4.500 tributos, que hacen más de 20.000 almas, como es el pueblo de Laoag, que viven más de dos leguas del lugar de sus sementeras. Lo vieron así á sus padres, y maquinalmente siguen el mismo uso, sin examinar los perjuicios ó utilidades. De aquí resultan dos inconvenientes: el uno es que hay muchos pueblecillos que no pueden mantener párroco, y es preciso que un padre solo cuide de dos ó tres pueblos distantes los unos de los otros con mucha molestia suya y con perjuicio de ellos mismos, que se mueren á veces sin confesión. El otro inconveniente es que algunos pueblos han crecido mucho y se han hecho temibles, porque si se llega á alzar uno de estos pueblos, se lleva de calle á todos los demás.

En los varios alzamientos que ha habido en esta provincia siempre se ha mirado con respeto el pueblo de Laoag, que es el mayor, porque sólo él basta para obligar á decidirse á todos los otros por su muchedumbre de gente. Se ha tratado de dividir este pueblo; los indios entran gustosos en la división, y sólo piden que se les reserve algunos años del tributo por el trabajo que tienen de trasladar sus casas á otro sitio. Lo que piden es muy justo y no se les ha concedido, por lo cual ha parado una obra que debía ser muy útil á esta provincia. No sólo Laoag, sino también Paoay, Batac y otros pueblos, se debían sangrar sacando colonias de ellos para poblar las faldas de los montes, con lo cual se utilizaba de aquel terreno, se les estrechaba á los infieles y se conseguía una comunicación más fácil con ellos, caso que se intentase reducirlos á la fe. En todos estos pueblos hay muchos cabezas de barangay que están prontos á trasladarse á estos lugares con todos sus tributantes con tal que se les reserve de tributo por tres ó cuatro años para poder hacer en este tiempo la iglesia, casa parroquial y otras obras públicas, y trasladar sus propias casas, condición de poca monta que al instante se les debía conceder.

Las naciones de infieles que habitan en estos montes son varias; las dos principales son de los tinguianes é igorrotes. Los tinguianes son unos indios infelices que viven miserablemente en unas casucas que parecen chozas y se mantienen de raíces de árboles, de la caza y camote, y otras raíces que cultivan. Están medio cascados, y en su aspecto manifiestan la poca civilización que hay entre ellos. Algunos de éstos han bajado de los montes, y han formado rancherías cerca de los pueblos cristianos. Pagan tributo al Rey de España, y el alcalde mayor les nombra un gobernadorcillo que los gobierna. Entre todas las rancherías compondrán como 4.000 almas. Cada ranchería reconoce un cierto género de dependencia del pueblo de cristianos de que está más cerca; concurre á la fábrica de la iglesia y casa parroquial, pero no hay medio de hacer que se bautice ni uno de estos indios. Para comprender bien la oposición que tienen al Cristianismo, referiré algunas anécdotas que he oído contar á los Padres de Ilocos. Tienen estos indios entre sus costumbres la ley del repudio. Un tinguián, me contaba el P. Aparicio, provincial actual de San Agustín, que vivía cerca de su pueblo, llevaba algunos años de casado y tenía cinco hijos de una mujer; ésta, por vo-

lubilidad de ánimo, lo dejó, y se casó con otro. El tinguián acudió al Padre suplicándole que interpusiese
sus buenos oficios para que se juntase con él su antigua esposa, á quien decía que siempre la había tratado bien y presentaba testigos de su buen porte con
ella. El P. Aparicio, compadecido de aquel hombre,
llamó á la mujer y empleó toda su retórica para per-
suadirla á que se volviese con su marido. Á todo res-
pondía que entre ellos estaba en uso el divorcio, y ella
podía ejecutarlo cuando quisiese. No ofreciéndosele
más que decirla, añadió que en este caso los cinco hijos que tenían saldrían mal criados y que era preciso
que él los llevase al pueblo, los bautizase y procurase
darles educación. Lo mismo fué oir que sus hijos se
habían de bautizar que abrazar á su marido, quien
estaba delante, y decir que se volvería gustosa con él,
y lo que no pudieron conseguir todas las persuasio-
nes lo alcanzó el temor de que sus hijos se hiciesen
cristianos. No se ha podido averiguar en qué consiste
esta aversión: dicen los Padres que los tinguianes del
monte se bautizarían con más facilidad que los de las
rancherías sujetas al Rey de España; no sé en qué se
fundan, pues éstos sólo contestan que como han pasado sus abuelos así pasarán ellos. El mismo Padre
me contó que tienen estos bárbaros la costumbre de
enterrar al hijo con la madre cuando ésta se muere
de parto; las principales de su pueblo, movidas de
compasión, pudieron ocultar á una niña sentenciada
á enterrarla viva con su madre, que había muerto al
parirla, y la educaron en la Religión cristiana. Se descubrió el caso, y sus hermanos la reconocieron y la
visitaban mucho cuando era grande, porque lo pasaba mejor que ellos. El P. Aparicio se valía de esto
para persuadirles á que se hiciesen cristianos como
ella; les daba libros á fin de que aprendiesen la Reli-

gión católica, y le respondieron que si era cierta, sus abuelos debían estar en los infiernos, y que como ellos pasaron también pasarían los demás, pues ellos no querían ser más felices que sus padres. Á pesar de esta repugnancia, si se les pusiesen párrocos que no tuviesen que hacer otra cosa que convertirlos, yo creo que por último se lograría su conversión. En estas rancherías suele haber uno ó dos viejos que ejercen un poder despótico con los demás; lograda la conversión de éstos, estaba convertida toda la ranchería. Un Padre que viviese entre ellos podía aprovecharse de las ocasiones de hacérselos gratos, buscar medios de agradarlos, y finalmente convertirlos.

Los igorrotes son muy diferentes de los tinguianes; viven en buenas casas, siembran maíz, camote y otras raíces; sacan mucho oro de las minas y lavaderos y todo lo emplean en comer. El vestido de las mujeres es una saya que les llega á la rodilla y una camisa corta que no pasa de la cintura; y el de los hombres un calzón ó un taparrabo y una manta, que se echa sobre los hombros y la atan encima del pecho por las dos puntas. Jamás se quitan esta manta hasta que se hace pedazos, de que se puede inferir que deben de ser muy sucios, como efectivamente lo son. Este es el pequeño gasto que hacen en vestir; cuanto les sobra de él, otro tanto gastan en comer. Son muy voraces, y cuando muere alguno de ellos no se le entierra hasta que no se consume cuanto tenía en comilonas. Hay veces que está un muerto un mes entero, y ellos están muy contentos junto á él aunque apeste de mal olor: todo lo aguantan como dure la comilona. Entre ellos no se encuentran bastimentos suficientes para comer tanto, pero los compran en los pueblos de los cristianos. El mucho oro que sacan de las minas lo invierten en vacas, búfa-

los y puercos, y así es falso que tengan atesorados
millones de pesos, como dice Mr. Le Gentil en su
Viaje á Filipinas. En esto padeció error, como sucede
á todos los viajeros que no adquieren más de la mitad de las noticias de las tierras por donde pasan.
De su voracidad en el comer, de la robustez de su
cuerpo, de su color más blanco que los otros indios,
y de tener los ojos como cosidos á manera de ojales,
infieren muchos que son descendientes de chinos;
pero como su idioma es muy semejante á las demás
lenguas de las Islas, sólo se puede conceder que se
mezclaron con los chinos que se huyeron por estos
montes cuando los españoles tenían sitiado en Pangasinán al corsario Lima-Hong y en varios alzamientos de chinos, particularmente en el que acaeció
siendo Gobernador D. Sabiniano Manrique de Lara.

Algunos de estos igorrotes han bajado á la provincia de Ilocos y se han formado en rancherías cerca de los pueblos de cristianos, como los tinguianes,
con la diferencia de que los igorrotes se han convertido todos á nuestra Religión. Los que viven en los
montes están bastante dispuestos á abrazarla; pero
para esto era necesario que se les pusiesen ministros
en sus mismas rancherías. Un igorrote que trataba
mucho con los españoles, á quien el Gobernador Basco le dió el título de maestre de campo cuando visitó la provincia de Ilocos y que quiso llamarse Lorenzo, sin embargo de no estar bautizado, solía decir á
los Padres que él conocía la verdad de la Religión cristiana, y que era imposible que Dios no tuviese pena
para los malos y premio para los buenos; que él la
abrazaría con gusto si los Padres fueran á vivir á su
ranchería, pero que no tenía ánimo para dejar sus
hijos y parientes y establecerse entre los cristianos.
El P. Vivar hace poco más de medio siglo que estu-

vo viviendo con los igorrotes más de un año; aprendió su lengua, escribió *Arte* y *Vocabulario*, y acaso hubiera entablado su conversión si una expedición militar emprendida fuera de tiempo no le hubiera cerrado el camino. Se engañan los que piensan que estos indios se han de conquistar por las armas; sólo la predicación es capaz de reducirlos, porque son una especie de fieras que es preciso amansar, y no conquistándoles el corazón jamás se les tendrá sujetos.

En sus usos y costumbres son como los demás indios; tienen el mismo gobierno y las mismas supersticiones que tenían los tagalos antes de la Conquista. Están continuamente en guerras unas rancherías con otras; se matan y se hacen esclavos mutuamente. Tienen la bárbara costumbre de matar á la gente de otros pueblos por superstición. Cuando muere de parto una mujer, cuando el tiempo está malo, si alguna persona principal alarga los dedos al tiempo de morir, y en otras ocasiones, el principal de la ranchería encarga á su gente cierto número de cabezas; se juntan unos cuantos y van por las rancherías enemigas matando á traición hasta que juntan las cabezas que les señaló el principal de la ranchería. Á veces hacen estas muertes en los pueblos de los cristianos. Se ocultan en los caminos, y cuando ven gente que no les puede hacer resistencia salen y lo matan alevosamente. Suelen juntarse en ciertas ocasiones igorrotes de diversas rancherías para cometer estas barbaridades, y entonces los unos se llevan la cabeza, los otros una mano, y se van repartiendo las partes principales para llevárselas á sus rancherías y colgarlas como trofeos de sus expediciones. Jamás se ha verificado que hayan muerto á un Padre, aunque muchas veces han podi-

do ejecutarlo impunemente. Tienen un cierto respeto á los sacerdotes, de que podíamos aprovecharnos
para convertirlos; pero se piensa en esto tan poco,
que algunas misiones vivas que tenían los Agustinos
se quitaron por informes del obispo García; y aunque después conoció su error y pedía que volviesen
á ellas, los religiosos no quisieron si no se les mandaba de orden del Rey.

Se tiene poca noticia del terreno de estos montes:
se sabe que hay minas de oro por lo mucho que bajan á vender los igorrotes; hay diferentes géneros de
madera y muchos pinos para construcción de embarcaciones y para sacar alquitrán. Desde el principio de estos montes hacia la Pampanga corre un río
S.-N., y abriéndose camino por entre peñas desagua
en la mar junto al pueblo de Tagudín; otro río lleva
la misma dirección, y entra en la mar cerca del pué-
blo de Santa Catalina, á poco más de una legua de
Vigan. También dicen que hay una laguna grande;
algunos la niegan, pero yo me he persuadido á que
existe esta laguna. Los igorrotes llevan á los pueblos
de los cristianos á vender los niños que cautivan en
sus guerrillas; y aunque está prohibido el hacer esclavos á los habitantes de estas Islas, los españoles
compran estos niños, no para tratarlos como cautivos, sino para educarlos en sus casas. Yo compré dos
niñas por encargo que me habían hecho; y pregun-
tándolas cómo las habían hecho prisioneras, me dijeron que estaban en la orilla de la mar con sus ma-
dres, y fueron unos hombres y se las llévaron. Ya se
ve que en el monte no puede haber mar; era sin duda
alguna laguna, á que los indios llaman mar en su
idioma, por lo que me parece que no se puede negar
que hay laguna en estos montes. También se dice
que hay un volcán, y los grandes terremotos que en

2 *

otros tiempos se han experimentado en Ilocos prueban de algún modo su existencia. Esto es lo principal que hay que saber sobre esta provincia, la más
numerosa de gente de todas las de las Islas Filipinas.

§ II

PROVINCIA DE PANGASINÁN

Esta provincia confina por el S. con las provincias de Zambales y Pampanga; por el N. con la de
Ilocos; al Poniente tiene la mar de China, y al Oriente los montes de los igorrotes. Desde Bacnotan, pueblo el más cercano á Ilocos, hasta San Fabián, su
terreno es en todo semejante al de la provincia ilocana. Lo restante es muy semejante al de las provincias de Pampanga y Bulacán, y se puede dividir en
tierra alta, llana y en manglar. Toda la falda de los
montes de los igorrotes es un terreno áspero, alto,
de meollo y substancia, muy propio para trigo, pimienta, café, azúcar, añil y todo género de legumbres. Los naturales no lo cultivan, y sólo sirve para
criar vacas, caballos y búfalos. Hay en él muchos
puercos de montes ó jabalíes y muchos venados que
cazan los indios, los hacen tapa y la llevan á vender
á Manila, y es un renglón para el comercio de China;
la tierra llana es excelente para arroz. Este terreno
es algo bajo, y se inunda gran parte de él en tiempo
de aguas. En las lagunas que se forman en esta estación se cría mucho pescado, particularmente dalag,
que, aunque de poca substancia, es muy sano y muy
análogo al estómago del indio, que no recibe bien las
comidas gruesas y sustanciosas. Lo que no se consume en la provincia se sala en la misma forma que

el bacalao, y suple por él. Los indios lo llevan á vender así á Manila, donde tiene buen despacho. La tercera parte del terreno es un manglar, de que esta
provincia saca poco, pues sólo se aprovecha de los
mariscos y pescados que se cogen en él, y de la nipa.

Esta provincia fué descubierta y conquistada al
mismo tiempo que la de Ilocos. Ha habido en ella algunos alzamientos, que son los únicos monumentos
de su historia. Siendo Gobernador de Manila D. Sabiniano Manrique de Lara, por los años de 1655, se alzaron los pangasinanes, levantaron tropas y eligieron
por rey á un indio llamado Maulong. Mataron al alcalde mayor con toda su familia y no hicieron daño
alguno á los PP. Dominicos que los administraban,
porque siempre han respetado mucho á sus ministros. El Gobernador envió tropas contra ellos, y en
breve se apaciguó la rebelión, entregando vivo al rey
Maulong los mismos alzados. El sublevamiento del
tiempo de la guerra con los ingleses fué más terco y
duró desde 3 de Noviembre de 1762 hasta Marzo
de 1765. Empezó pidiendo los individuos que se les
mudase el alcalde mayor y las justicias de los pueblos y que se les quitase el tributo. Se atrevían á pedir estas exorbitancias porque los ingleses estaban
apoderados de las Islas y pensaban que finalmente se
quedarían dueños de ellas. Los españoles, por la misma causa, usaron con ellos de alguna condescenden-
cia hasta que vieron que era preciso tomar las armas.
La primera expedición que se hizo contra ellos se vió
precisada á retirarse; se envió más tropa, y luego se
les derrotó; pero se hicieron fuertes en los montes
bajo la dirección de diversos cabecillas, y fué preciso
irlos venciendo de uno en uno. Murieron muchos á
manos del hambre y de la espada; de modo que en la
primera liquidación faltaron más de 29.000 personas.

Es verdad que muchas volvieron después porque se
habían refugiado en otros pueblos.

Los habitantes de esta provincia son dos clases de
naciones. Los que viven en los pueblos de Bacnotan
y los que siguen hasta Santo Tomás son de la nación
ilocana; hablan su idioma y en nada se diferencian
de los ilocos. Los que habitan en lo demás de la provincia hasta Paniqui, último pueblo de Pangasinán,
confinante con la Pampanga, son los verdaderos pangasinanes, nación distinta de las demás de las Islas,
que tiene su idioma particular, aunque semejante á
todos los dialectos de las Filipinas. No es fácil averiguar su origen, porque los españoles los encontraron
tan estúpidos en esta parte como en otras provincias,
donde sólo tenían algunas fábulas extravagantes de
la primera aparición del hombre. En tiempo de la Conquista había muy poca gente en Pangasinán, como
se deja ver por las liquidaciones antiguas y modernas. El año de 1735 sólo se contaban en toda la provincia de Pangasinán, inclusa la de Zambales, que se
segregó después de ella y forma provincia aparte
con 1.209 tributos; sólo se contaban, digo, 14.661 tributos, y ahora se numeran entre mestizos y naturales 20.556, que es un número prodigioso si se considera los muchos que murieron en el alzamiento y los
que se segregaron de Zambales. Los 719 tributos son
de mestizos, los restantes de naturales, semejantes
casi en todo, menos en el idioma, á los demás indios
de Filipinas. Los PP. Agustinos empezaron á reducirlos á la Religión, y los Dominicos han seguido doc-
trinándolos desde el año de 1611, en que, con motivo
de una desavenencia sobre quién había de celebrar la
fiesta del *Corpus* primero, se convinieron en que los
Dominicos la celebrasen un año en San Agustín y los
Agustinos otro en Santo Domingo, alternando en esta

forma, como lo hacen hasta ahora, y por arras de
este contrato les dieron los Agustinos el pueblo de
Lingayén, que es la cabecera de la provincia, donde
reside el alcalde mayor.

En Pangasinán están establecidos los estancos de
vino, tabaco y gallos; el Rey saca muy poco de ellos
y son muy perjudiciales á los indios. Si se arbitrara
un impuesto sobre el tabaco y vino, los indios quedarían muy aliviados y ganaría mucho la Real Hacienda. Parte del tributo de esta provincia se paga
en arroz, lo demás en plata; se aumentaría mucho la
industria si se les obligase á pagar todo el tributo en
efectos, particularmente en tejidos, que saben hacer,
aunque se dedican poco á ello por su natural indolencia y estupidez. Por aquí se debe empezar á fomentar la industria de los naturales de Filipinas;
porque enseñados á cierta especie de trabajo, aunque
sean flojos, su misma multitud es suficiente para
abastecer más de lo que se piensa, y, como la hormiga, poco á poco hacen lo que no se esperaba.

Estas gentes se dedican á hacer sus sementeras
de arroz, á plantar caña dulce para hacer azúcar, á
sembrar añil, trigo y legumbres, á pescar y cazar
venados. De todos estos géneros hacen su comercio,
y de la cera y oro que compran á los igorrotes, á
quienes venden puercos, vacas y carabaos ó búfalos,
que es lo único que extraen estos infieles á los pueblos cristianos. Con estos efectos pagan su tributo y
compran algunos géneros de Costa y China, platos y
utensilios de cocina, que es lo que les entra de afuera. Los pueblos que hablan la lengua ilocana viven
reducidos bajo campana. Los pangasinanes tienen sus
casas en hilera en los caminos; este es el mejor método de población en Filipinas, porque así pueden tener los indios una huerta junto á su casa, donde cui-

dan de todo género de frutas, plantan pimienta y cacao y siembran todo género de legumbres, que es un recurso muy grande para las gentes pobres; porque si no tienen arroz para dar á sus hijos, los acallan con un plátano ó con otras frutas, y nunca les falta algo para comer con el arroz, insípido por sí mismo si no se mezcla con alguna vianda, que ellos llaman *ulam*. Esta conveniencia de las huertas, juntamente con el mucho pescado que se coge en los ríos y lagunas y aun en las mismas sementeras, hace que coman mejor que los ilocos, sus vecinos. El temperamento de Pangasinán es muy húmedo; sin embargo los naturales, hechos á él, gozan de bastante salud, y no se notan más enfermedades que en otras provincias.

§ III

PROVINCIA DE CAGAYÁN

Esta provincia confina por el S. con la Pampanga y con Tayabas; al Poniente tiene los montes de Igorrotes, y lo demás de ella está rodeado de mar desde la ensenada de Casiguran, perteneciente á Tayabas, hasta la punta que sale de los montes Carballos y es la división de las provincias de Ilocos y Cagayán. Toda la parte del Oriente de esta provincia es una costa brava, á causa de los montes que hay junto á ella y corren N.-S. todo lo largo de esta provincia; de modo que, si bien se examina la cosa, la parte de Cagayán, que está poblada de vasallos del Rey de España, es un largo valle que se extiende desde Nueva Segovia hasta la provincia de la Pampanga. El valle es estrecho, pero muy largo, y por medio de él corre el río Tajo, que sale de los montes de Santor, en la

Pampanga, y va á desaguar á Aparri, después de haber corrido más de 50 leguas N.-S. La barra de Aparri es fondable y capaz para patches. La ciudad de Nueva Segovia está en 18 grados y 15 minutos de latitud, 2 grados y 30 minutos de longitud O. de San Bernardino; es cabecera de la provincia y fundación del Gobernador D. Gonzalo Ronquillo. Fué mucho tiempo silla de los señores obispos, hasta que ésta se trasladó á Vigan, y en ella reside el alcalde mayor y se puso un presidio de infantería contra los indios alzados llamados *irrayas*. Ya no hay rastro de esta ciudad, ni ha quedado otra cosa que un pueblo de indios llamado Lalo, que es la cabecera de la provincia. Al E. de Lalo hay una laguna que bojea de 9 á 10 leguas; es conocida con el nombre de Laguna de Cagayán. Los demás pueblos están en las orillas del río Tajo.

El terreno de Cagayán es excelente; se dan bien el trigo, maíz, menestras y arroz. El café, pimienta, cacao, añil, azúcar, algodón y todo género de frutas producen con primor, y sólo tienen la desgracia de perderse por los vientos, que son fuertes; y como las cogen al desabrigo, suelen derribar los árboles y marchitan las plantas. Hay en Cagayán una frutita como una cereza pequeña llamada *loba;* es muy fresca y buena para los que adolecen de calenturas. Se crían en Cagayán muchas vacas y caballos, algunos puercos y aves para el consumo de la provincia, y sería mayor su número si tuviesen salida; pero sólo las vacas y caballos se pueden llevar á Manila, único mercado de las Islas donde se vende cuanto se cría en ellas. En los montes hay cera, brasil, ébano y otras maderas de estimación, además de las cañas, bejucos y maderas que se emplean en las casas de la provincia. Se cazan muchos búfalos y venados, cuyas pieles es un renglón de comercio. Del venado se hace tapa y se vende en Manila á buen precio; particularmente se cultiva con más cuidado el maíz, el arroz y el algodón. Estos indios se han dado á comer maíz, más que los de otras partes, y no es porque les falte arroz, pues se da muy bien y pagan parte del tributo en esta especie. El algodón lo cultivan para venderlo en rama para los tejidos que se fabrican en la provincia y para hilarlo y extraerlo en madejas.

Antiguamente se sembraba mucho tabaco en esta provincia y era el más fuerte de cuanto se conoce en las Islas Filipinas. Desde que se estableció el estanco se prohibió esta siembra, de lo que se resintieron tanto los indios, que se ausentaban muchos de la provincia y se venían á Manila. Los amigos de buen orden reprobaban estas disposiciones y gritaban que se les debía permitir á los cagayanes la siembra del tabaco y que lo comprase la Renta para surtir los estancos, que á veces estaban cerrados por no tener tabaco que vender. Los que dirigen esta Renta se hacían sordos pretextando el contrabando; y cuando se empeñó el Gobierno en conceder la siembra del tabaco en Cagayán, convinieron en ello, con tal que no lo extraviase para otras partes; condición, decian ellos, que nunca guardarían los indios, y que sería preciso prohibirles lo mismo que se les concedió. Pero hace años que está establecida la siembra, y no vemos extravíos de tabaco cagayán, ni lo veremos jamás. Está muy lejos de Manila esta provincia para que los contrabandistas se tomen el trabajo de ir á ella á buscar contrabandos que tienen más cerca, y además de esto la mitad del año, durante la estación de las aguas, es impracticable el tránsito de la Pampanga á Cagayán. Yo creo que bien sabían todo esto los que se oponían á esta siembra; pero motivos particulares les hacían acaso buscar estos pretextos. Los cagayanes están muy contentos con la permisión de sembrar tabaco.

El primero que descubrió esta provincia fué Juan de Salcedo: entró en un río; pero hallando mucha gente en las riberas y no teniendo consigo más que 17 hombres, no se atrevió á saltar en tierra. Después de la venida de los españoles se estableció un corsario japón en esta provincia. El Gobernador D. Gonzalo Ronquillo envió contra él á Pablo Carrión, que lo desalojó de aquella tierra y fundó la ciudad de Nueva Segovia por los años de 1580 poco más ó menos. Los que predicaron el Evangelio en Cagayán fueron los Agustinos; los Franciscanos dicen que tuvieron allí religiosos á los principios, pero los que la acabaron de reducir fueron los PP. Dominicos, los cuales, desde que llegaron á estas Islas hasta ahora, no han cesado de trabajar en su conversión. Las dos veces que dije arriba que se alzaron los pangasinanes se sublevaron también los ilocos; sus alzamientos no fueron tan tenaces, y el que los quiera saber lea mi *Historia*, capítulos 19 y 36.

La gente que se encontró en tiempo de la Conquista en los pueblos reducidos era muy poca. No obstante lo mucho que habían crecido, hasta el año de 1735 no se numeraban por este tiempo más que 7.036 tributos, y ahora se cuentan 9.888, por donde se ve que esta provincia no ha crecido á proporción de las otras. Los cagayanes se diferencian poco de los demás indios; tienen un idioma algo diferente de los otros de las Islas; son más robustos y tienen fama de más valientes; pero yo no hallo en la historia monumentos de su valor. Salen muchos para Manila, donde sirven de criados; se meten á guardas y soldados, de que ha provenido sin duda la fama de

valor que se han adquirido. Los infieles que habitan
en los montes de esta provincia son muchos y de diversas castas. En los montes del Poniente hay igorrotes, ilongotes y varias castas con diversos nombres; en los del Oriente, aetas ó negritos y calingas,
todos indios más ó menos bárbaros, según la forma
de gobierno que tienen entre ellos. Los PP. Dominicos han tratado en su conversión, y tienen varios misioneros que se dedican continuamente en catequizar
y civilizar á estos bárbaros. Las misiones de Panique
las abrieron estos religiosos; las de Ituy fueron abiertas por los Agustinos, los cuales, desde la provincia
de la Pampanga que administraron desde los principios de la Conquista, se internaron por estos montes
y redujeron á muchos á la vida civil y cristiana. El
año de 1740 entregaron estas misiones á los PP. Dominicos para que, juntas con las de Panique, quedasen unidas las provincias de Pangasinán y Cagayán,
que administran estos Padres.

A los principios llevaron muy á mal los indios
esta mutación de ministros doctrineros, y hasta los infieles tomaron parte en el asunto. Un señor oidor que
estaba de visita en Pangasinán envió tropa para sose-
garlos; se les dió una batalla, con lo cual quedaron so-
segados por entonces; pero no tardaron en inquietar-
se y apostataron muchos de la Fe, los cuales, unidos
con los infieles, quemaron algunas iglesias, persiguie-
ron á los que se mantenían fieles, y los mismos misioneros, á quienes antes tenían tanto respeto, no salvaron las vidas sino ocultándose. El Sr. Arandia, que
se hallaba de Gobernador, hizo en el año de 1757 una
expedición contra ellos y contra los igorrotes: surtió
poco efecto; pero los PP. Dominicos fueron sosegando
á aquellos bárbaros poco á poco, y en el día cuentan
en sus misiones de Panique é Ituy 18.863 almas de

cristianos y 811 de catecúmenos, de los cuales hay algunos más en otros pueblos de cristianos; de modo que contados todos los catecúmenos de Cagayán son 1.612, según una lista del año de 1802 que me franqueó el Ilmo. Sr. D. Fr. Agustín Blaguier, obispo de Nueva Segovia.

En las misiones de Ituy, en el sitio de Itugod, hay un presidio y otros fuertecitos en otras partes para contener á los infieles. Debían ser más los presidios y tener tropas arregladas que defendiesen á los misioneros, porque en Filipinas, así como los militares nada han hecho sin los misioneros, éstos tampoco han hecho nada sin los militares. Los indios son inconstantes, naturalmente noveleros y supersticiosos. Á pesar del respeto que tienen á los religiosos, una patraña urdida por uno de ellos basta para conmoverlos, y poner en riesgo la vida de sus doctrineros si no tienen miedo ni respeto á los presidios cercanos que salgan y castiguen sus insolencias. El comandante de estos presidios debe ser de tales circunstancias que no haga daño á la misión. Si empieza á comerciar con los indios y hacerles drogas, ó si por ostentar su poder con cualquier pretexto hace expediciones al monte, el presidio será de más daño que provecho. Un religioso Dominico me contó que mientras estaba comandado el presidio de sus misiones por españoles sucedían de estos atentados; pero que desde que pusieron un indio por comandante, el cual está á disposición de los misioneros, el presidio llena todos los fines para que se estableció; también es preciso aumentar la renta á los ministros de doctrina, que por no tener bastante para comer gastan las escoltas, como lo he visto en la Pampanga, y se van solos por el monte, con riesgo de que cualquier infiel les tire un flechazo. Las escoltas son un cierto número de indios que destina el Rey para acompañar al misionero cuando sale de su pueblo; están reservados de tributos y servicios personales y tienen un pequeño estipendio anual, que paga el alcalde mayor de la Real Hacienda, y esto es lo que cobran algunos misioneros para sí y no tienen escoltas.

Otro consuelo más se debe proporcionar á los religiosos que viven en estos montes, que es una casita de piedra. Sabemos que casi todos los PP. Dominicos se enferman gravemente en llegando á las misiones. Desde que han hecho algunas casas de piedra no experimentan enfermedades. El viento fresco de las noches cargado de rocío y varias exhalaciones de los montes entra con facilidad por las rendijas de las tablas ó cañas, de que suelen ser estas casas; atacan las fibras y producen espasmos, que es la enfermedad que suele dar á los misioneros. Es una especie de tabardillo, que á unos les quita la vida y á otros los pone en los umbrales de la muerte. Para todo esto es preciso gastar más de lo que se gasta; pero también es cierto que el Papa que concedió á los Reyes de España estas tierras les impuso la obligación de catequizarlas, y SS. MM. jamás han reparado en gastos cuando se trata de su conversión: aunque no fuera más que por caridad, se debía tomar con empeño la pacificación de estos infelices, que se matan unos á otros como bestias por superstición. Los que se precian de fieles servidores del Rey, porque le ahorran un poco de estos gastos, debian considerar que más de 20.000 vasallos que tiene el Rey de España en estas misiones y los nuevos que se agregarán en algún tiempo reintegrarán á la Corona de los gastos que se han irrogado en su conversión.

Al N. de Cagayán están las islas de Babuyanes y Batanes. Los Dominicos tienen en ellas dos religiosos, que cuidan de los indios cristianos y procuran acristianar muchos infieles que no han abrazado la Religión de los españoles. Muy á los principios de la Conquista de Filipinas se establecieron estos religiosos en Babuyanes, y el año de 1690 se vinieron para Cagayán, trayéndose los cristianos; el Rey mandó que á estas gentes se les volviese á su tierra, y el religioso dominico que las conducía abrió una misión en Batanes; pero muerto él y su compañero se abandonó la conversión de estos indios, hasta el año de 1718, en que se puso otro religioso Dominico en la isla de Calayán. Esta tierra era muy enfermiza para los europeos, y fué preciso dejar esta empresa. El año de 1754 se volvió á emprender la obra, y se abandonó igualmente por muerte de los religiosos que se destinaban á estas misiones. Finalmente, el año de 1783 el Gobernador D. José Basco emprendió esta conquista, y los PP. Dominicos consiguieron establecerse en Batanes y conquistar algunas almas para el cielo. Se puso un gobernador y un presidio que hacía unos gastos enormes, porque era necesario enviar de Manila todos los años un barco con el situado. Al Sr. Basco se le concedió por esta empresa el título de Conde de la Conquista; pero ha sido preciso evacuar aquel Gobierno por gastos inútiles que hacía y se han quedado los PP. Dominicos con una pequeña escolta. Se les socorre de Cagayán, y van adelantando mucho aquellas cristiandades. Se numeran en el día 13.150 cristianos.

Estas islas son muy acosadas de los huracanes que en Filipinas llamamos baguios; el arroz, el trigo y el maíz producirían bien, pero llega un baguio y enteramente los destruye. Los naturales se mantienen de camote, ubi y otras raíces, que, como se crían dentro de la tierra, no las pueden perjudicar estos

terribles vientos, que lo talan todo. Los naturales de
estas islas son como los demás indios de Filipinas;
hablan un dialecto de la lengua madre, de que son
dialectos todas las lenguas de estos mares; comen
mal, pero son felices, pues están contentos con lo
poco que les produce su patria. Dampierre, después
de haber andado á corso ó pirateando por las costas
de la América, vino por estos mares, y estuvo en
una de estas islas; dice que los indios son sencillos
y que les vendían oro; pero que no lo quisieron comprar porque les pareció que sería otro metal, porque
veían que le daban color continuamente. Ellos se en-
gañaron, pues ciertamente es oro, aunque de pocos
quilates. Al N. de estas islas está la isla Hermosa; los
holandeses se establecieron en ella, y los españoles
hicieron lo mismo en la banda opuesta. Los PP. Dominicos enviaron religiosos para convertir aquellos
indios; empezaron con mucha felicidad; tenían ya algunos pueblecitos de cristianos; pero los holandeses,
que no los querían por vecinos, los desalojaron de
sus establecimientos y quedaron dueños de la isla,
hasta que Cogen, corsario chino, los echó tomán-
doles la plaza que tenían en ella, y quedó comprendida en la nación China esta isla, que verdaderamente es hermosa, desde el año de 1660 poco más ó
menos.

Estas tres provincias de Ilocos, Pangasinán y Cagayán son las que componen el Obispado de Nueva
Segovia. Se numeran en todas ellas 75.297 tributos
entre naturales y mestizos, que hacen la suma de almas de 379.500. Por aquí se puede ver lo que llevo
dicho en otra parte, que cada tributo entero, que son
dos personas, hace cinco personas escasas; y así,
cuando pongo el número de tributos de una provincia, multiplicándolo por cinco se hallará el número

de almas de ella, rebajando algunos, pues nunca llega á este número. Estas almas del Obispado de Ilocos están administradas por religiosos Agustinos, Dominicos y por clérigos indios en esta forma: los Padres Agustinos administran 191.264 almas; los PP. Dominicos 139.263 almas, y los clérigos 48.973. Del número de infieles no se puede tener noticia; unos lo exageran mucho y otros lo disminuyen. No me persuado á que sea muy excesivo, y me fundo en que continuamente están en guerras unos con otros y en que se matan mutuamente por superstición, y esta forma de gobierno no es buena para que se aumente su población; por lo cual se debe tratar de veras de la pacificación de estas gentes, para hacerlas felices en esta vida y en la otra. Para completar lo que pertenece á este Obispado, pondré el mapa de los tribu-tos que hay en cada provincia y su importe.

Estado general que manifiesta los tributos de indios y mestizos del Obispado de Ilocos y el importe de lo que pagan al Rey.

PROVINCIAS	TRIBUTOS DE NATURALES	TRIBUTOS DE MESTIZOS	IMPORTE
Ilocos.........	44.852 ¹/₂ »	631 » »	68.856 7 »
Pangasinán....	19.836 ¹/₂ »	719 ¹/₂ »	25.366 » »
Cagayán.......	9.888 » »	» » »	11.244 6 6
TOTAL....	74.577 » »	1.350 ¹/₂ »	105.467 5 6

CAPÍTULO XXVIII

DEL OBISPADO DE NUEVA CÁCERES
Ó CAMARINES

L Obispado de Camarines comprende toda la parte oriental de la isla de Luzón. Empieza por la provincia de Tayabas, que se extiende desde la mar del embocadero hasta la otra mar, donde llega hasta Casiguran y punta de San Ildefonso, confines del Obispado de Ilocos. Se une con las demás tierras del Obispado de Nueva Segovia y del Arzobispado de Manila por las provincias de Batangas, La Laguna, Pampanga y Cagayán, que están al N. y O. de este Obispado; lo demás de él está rodeado de mar y lleno de ensenadas. Empezando por el embocadero por la parte en que se une con el Arzobispado, la primera tierra de Camarines es la ensenada que forman la punta del Galbán, perteneciente á la provincia de Batangas, y la cabeza de Bondoc; sigue la ensenada de Piris hasta Guinayangan, que está en el mismo recodo de la ensenada donde acaba la provincia de Tayabas, y después sigue el pueblo de Bangsa, perteneciente á la provincia de Camarines, la cual pasada, se encuentra la provincia de Albay, y va siguiendo la costa hasta que se encuentra la ensenada de Sorsogón: detrás de ésta se halla la ensenada de Bulusan y luego la de Albay: pasado ya el embocadero de San Bernardino, cuya boca se forma de la isla de Baga-Rey y la punta Montufar, sigue la ensenada de Malinao y punta de Tigbí, donde empieza otra vez la provincia de Camarines. Esta punta, con la de Lognoy, forma la boca de la ensenada de Bula, y pasada la punta de San Miguel se encuentra la ensenada de Naga, donde está fundada la ciudad de Nueva Cáceres. La punta de Siroma forma esta grande ensenada, que tiene diez y seis leguas de bojeo con la punta de Talisay. Á seis leguas de esta punta se halla la ensenada de Daet, en la cual entra un río que viene del monte de Paracale, bien conocido por sus minas de oro. Como á seis leguas de este río se encuentra la punta del Diablo, así llamada por los bajos que se introducen en la mar y son muy peligrosos. Pasada esta punta está el río de Capalonga, donde acaba la provincia de Camarines y comienza otra vez la de Tayabas. Aquí se mete la mar tierra adentro y forma con la mar del embocadero un istmo de solas cinco leguas. Este pequeño golfo se llama la

de Ticao, Masbate y Burias.—Recuerdo histórico.—Censo de población.—«Estado general que manifiesta el número de tributos de indios y mestizos y el importe de lo que pagan al Rey en el Obispado de Camarines».

mar de Gumaca, que es muy bravo; en su costa se
hallan los pueblos de Gumaca, Atimonan y Maubán,
y siguiendo hacia el N. se encuentra la isla de Polo,
la ensenada de Lampón, el pueblo de Baler, la ensenada de Casiguran y la punta de San Ildefonso, término en que se unen los Obispados de Nueva Cáceres y Nueva Segovia.

Este Obispado se fundó el año de 1595 por Bula de
Clemente VIII; señalaron al obispo 4.000 pesos de
renta anuales que se envían de las Cajas Reales de
México por no haber diezmos en Filipinas, porque los
indios no los deben pagar y los españoles se dedican
poco á cultivar la tierra. Al cura de la Catedral se le
dan 180 pesos y al sacristán 92 pesos; tiene dos capellanes de honor para que le asistan cuando celebra de
pontifical, y gozan la renta de 100 pesos cada uno. El
obispo tiene su silla en Nueva Cáceres, que está en
la provincia de Camarines; la fundó el Gobernador
D. Francisco Lasande; pero no ha quedado de esta
ciudad más rastro que el pueblo de indios llamado
Naga, que es la cabecera de la provincia; tiene la Catedral y palacio episcopal de piedra y un seminario
conciliar para clérigos del país. Su jurisdicción se
extiende á las provincias enteras de Camarines y Albay, hasta las islas de Ticao, Masbate, Burías y Catanduanes, y á la provincia de Tayabas hasta Lucbán,
y en la contracosta de Maubán hasta Binangonan,
Polo, Baler y Casiguran, de que voy á hacer la descripción, empezando por Tayabas.

§ I

PROVINCIA DE TAYABAS

Esta provincia, aunque poco numerosa en gente, tiene una distancia desmedida; se extiende desde el embocadero hasta la contracosta de Maubán, y corre toda esta costa hasta la punta de San Ildefonso, por donde confina con el Obispado de Ilocos y provincia de Cagayán por la banda del N. Por el O. confina con la Pampanga hacia las misiones de Pantabangan con la laguna de Bay por los montes y pueblos de Majayjay, y con la de Batangas por los pueblos de San Pablo de los Montes y el Rosario, entre los cuales está el pueblo de Tiaong, perteneciente á Tayabas. Por el E. tiene la provincia de Camarines, y confina con ella por un pequeño istmo que hay entre la ensenada de Guinayangan, que está en el embocadero, y la ensenada de la mar opuesta, llamada Lucmón. En cada una de estas ensenadas desagua un río, que se puede navegar con embarcaciones pequeñas, y se juntan tanto, que no quedan más de tres cuartos de legua entre los dos. De modo que entre las aguas de estos dos mares, cuyas corrientes son tan encontradas que dicen que cuando las unas crecen las otras menguan, sólo hay tres cuartos de legua de distancia. En este sitio hay dos camarines para los pasajeros y para los guardas ó centinelas que hay continuamente para los avisos de despachos prontos de las provincias. Lo restante de la provincia de Tayabas está rodeado de mar; por el S. la circunda el estrecho del embocadero de San

Bernardino, y por el NO. el mar de Gumaca ó de Maubán.

Su terreno es montuoso por lo regular; pero no faltan muchas llanadas, particularmente en las playas, excelentes para arroz, que es el principal sustento de sus habitantes. En los montes hay ricas y excelentes maderas, y he oído decir que muchas de las mesas del Palacio Real de Madrid se hicieron de maderas de estos montes que envió el P. Serrano, provincial de San Francisco. Hay también muchas vacas, caballos y carabaos ó búfalos, los cuales, remontándose desde la hacienda de Putingbuhanguin y otra estancia que hubo en tiempos antiguos por estas cercanías, se han hecho silvestres, han procreado mucho, y los caza quien quiere. Se cogen también muchos jabalíes y venados. La caza de volatería, como patos, palomas, pogos, ticlines y gallos de montes, es infinita; los indios no se dedican á ella, porque no tienen quien se la compre, y aunque á ellos les gusta, es mayor su desidia que su gula. Sin embargo, cazan algunas de estas aves con lazos. Se sacan de estos montes pez, brea, alquitrán y mucha cera de la que crían las abejas silvestres. Hay en ellas unas ranas grandes como galápagos; las cazan con perros, y los indios de la Laguna las llevan á Manila á vender; los que las comen dicen que hacen un plato exquisito. Se crían muchos árboles de *manungal;* su madera es poco menos ligera que el corcho, es amarilla y muy amarga; dicen que es muy estomacal, y sirve de quina en las calenturas intermitentes. De ella se hacen jarros para agua, con el fin de que estando en él tome el gusto de la madera y algunas partículas amargas que hacen mucho bien á los enfermos que la beben. Se cree que las culebras huyen de este palo; pero yo oí decir á uno que lo tenía que en cierta ocasión encontró una culebra enroscada en él.

Los indios crían muchas vacas y caballos; éstos son muy estimados por su casco, que es muy duro, requisito necesario en los caballos de Filipinas, donde no se pueden herrar, porque la humedad y calor consumen en un instante el hierro, y el herrumbre daña á las uñas de los caballos. En los terrenos blandos los caballos crían los cascos blandos, pero en los pedregosos como Tayabas son muy duros y no necesitan de herraduras. Se coge en esta provincia bastante arroz, y si hubiera brazos, podia abastecer á muchos pueblos. Hay campiñas grandes incultas excelentes para este fruto, particularmente en sus dos extremos, esto es, en los confines de la Pampanga y de la provincia de Batangas. El trigo se da muy bien, así como las menestras, el azúcar, añil, café, algodón, cacao y pimienta. La Real Compañia ha procurado fomentar los ramos de pimienta y algodón. Para este efecto ha tenido factores en varios pueblos; pero los indios son tan perezosos, que acerca del algodón han conseguido muy poco. El ramo de pimienta se ha adelantado más, pero se coge todavía poca. Los marranos y aves caseras son muy baratos porque no tienen extracción, y en la provincia se consumen pocos de estos animales. Respecto al consumo regular podemos decir que abundan los comestibles; pero si llega una armadilla, apenas se encuentran víveres para surtirla, excepto vacas, que, como se pueden llevar á vender á Manila, los naturales crian las suficientes para su abasto y para vender fuera de la provincia. Además de estos frutos hay de todo género de árboles frutales y hortalizas comunes á las Islas, y en los montes cocos y varios géneros de palmas y árboles, de que sacan vino, aceite y brea.

La cabecera de esta provincia es Tayabas; se halla á los 14 grados y 12 minutos de latitud y 2 grados 47 minutos de longitud al O. de San Bernardino. La cabecera antigua era Calilaya; se quitó de aquí y se trasladó tierra adentro á corta distancia por motivo de los moros. Ahora és su puerto, y hay en él una fortaleza para defenderlo de los moros. Sadiaya, Cavinti y Tiaong están también tierra adentro; los demás pueblos todos están en la contracosta en el mar de Gumaca. El principal pueblo de éstos es Maubán, que sirve de puerto para las embarcaciones de Camarines. Los de Manila que quieren ir á Camarines por el camino más corto van á este puerto á embarcarse. Se sale por el río de Manila, y atravesando la laguna de Bay, se desembarca en uno de sus pueblos; desde aquí se va por tierra á Maubán, donde se vuelve á embarcar para Nueva Cáceres ó Naga. El camino de la laguna á Maubán es corto; se puede hacer en un día; pero es muy áspero; lo mas de él no se puede hacer á caballo, y es preciso andarlo á pie ó cargado por indios. En la parte del N. de esta provincia está el puerto de Lampón, que alguna vez ha servido á nuestras embarcaciones para refugiarse de los corsarios que les daban caza. El Sr. Arandía quiso trasladar el arsenal de Cavite á este puerto. Siguiendo este proyecto, no hay duda que se lograría cultivar este gran terreno, pero á Manila le traería poca utilidad. Aquí es donde se ha establecido la Nueva Écija, que puede ser que consiga el poblarlo. Si no hubiera barco de Acapulco, los españoles no dejarían de aprovecharse de estas riquezas naturales de las Islas.

El primero que descubrió la provincia de Tayabas fué Juan de Salcedo. Conquistada La Laguna, tuvo noticia de las minas de Paracale; y escogiendo algunas de sus tropas, atravesó esta provincia y llegó á las

minas deseadas, donde padeció mucho, y fué preciso
que su abuelo enviase gente en busca suya. Los Padres Franciscanos la redujeron á la Religión católica
y la administran hasta ahora. Los indios hablan el
idioma tagálog, que es el que se habla en las cercanías de Manila, de que se infiere que son descendientes de los de La Laguna de Bay ó de los de Batangas.
Eran muy pocos los naturales que encontraron aquí
los españoles. El año de 1735 sólo se contaban 2.004
tributos, los cuales han crecido tan extraordinariamente, que en el día hay 7.396 tributos de naturales
y 12 de mestizos. Sus usos, costumbres, supersticiones, ingenio y fisonomía son enteramente semejantes
á los de la nación tagala, de donde descienden.

§ II

PROVINCIA DE CAMARINES

La isla de Luzón forma en su parte oriental una
península, cuyo istmo está entre las provincias de
Tayabas y Camarines, del cual ya he hablado arriba.
En medio de esta península se halla el monte de Albay, en cuya cima hay un volcán que se ve del mar
desde muy lejos y es la división de estas dos provincias. Toda la parte oriental de este monte pertenece
á Albay y la occidental de Camarines, por lo cual
esta provincia confina con la de Albay por el E. en
este monte, y por el O. con la de Tayabas en el istmo referido. Su jurisdicción abraza los dos mares.
En el mar del estrecho de San Bernardino sólo tiene
los dos pequeños pueblos de Bangus y Pasacao. Los
demás pueblos están en la costa opuesta de la mar
ancha ó en sus cercanías tierra adentro. En medio de

esta costa se halla la ensenada de Naga, en la cual
desagua un río caudaloso llamado Vícol, y en su ribera está fundada la ciudad de Nueva Cáceres, cabecera de la provincia. Á la banda del S. hay tres lagunas llamadas Bao, Buhi y Bato; se comunican unas
con otras y desaguan por Naga en su ensenada. Al N.,
como á quince leguas, está Paracale, famoso por sus
minas de oro, que encontraron abiertas los españoles
y se benefician hasta ahora.

El terreno de esta provincia es por lo regular
montuoso; pero no faltan grandes llanadas en que
se siembra arroz y todo lo demás que producen otras
provincias de estas Islas. Hay bastantes marranos y
gallinas y mucho ganado vacuno y caballar. Los toros se emplean en Camarines para cultivar la tierra;
algunos dicen que esta práctica se debía entablar en
todas las Islas y desterrar los carabaos ó búfalos, que
son muy perjudiciales. Es verdad que el carabao es
muy tardo, y que es necesario soltarlo en calentando
el sol para que se vaya á revolver en los lodazales,
so pena de que no trabaje más y se levante contra
el dueño si lo apura; además de esto destruye todos
los caminos con su pesadez; pero es bestia de tan
buena boca que se mantiene en cualquiera parte: en
muchos parajes de las Islas, los toros se morirían de
hambre, y los carabaos se mantienen gordos y aptos
para el trabajo. Aquí no se puede desterrar el carabao, y en todas partes es muy propio para la pereza
del indio; parece que Dios lo crió para compañero de
su pereza. También se da en Camarines algo de seda
y algodón, pero su principal cosecha para tejidos es
el abacá, especie de cáñamo.

El abacá se saca de un plátano silvestre; se hacen
pedazos de cerca de dos varas de largo cada uno, se
moja y se limpia bien hasta quedar las hebras sepa-

radas. Estas hebras se van escogiendo una por una,
por ser las unas más finas que las otras; se hacen de
ellas varias clases, y sirven para distintos géneros de
ropa que se llaman *sinamayes* ó *guinaras;* á las telas
más finas se les llama *nipis.* Las hebras más gordas
se destinan para hacer cables de navíos ó jarcias; las
más delgadas se van anudando unas á otras, y sin
ser necesarias hilarlas se forman tejidos para pabe-
llones y camisas de hombres y mujeres. Una camisa
fina de mujer que sólo llega á la cintura, y por consiguiente entra en ella poca tela, suele costar tres ó
cuatro pesos. Se cría también en esta provincia un
junquillo duro, correoso y flexible, de que se hacen
sombreros que llaman de nito, muy buenos, y que
usan los indios, españoles, clérigos y religiosos. De
las palmas hacen esteras, que sirven de alfombras en
las iglesias. Todo esto se tiñe de varios colores y se
les dan diferentes labores, en que los indios son muy
diestros. Hay también muchos cocales; y hablando
de ellos el P. Murillo en la *Geografía,* lib. 8.º, capítulo 8.º, dice así: «Hay muchos cocales desde Naga á
Quipayo; y este es el pueblo más hermoso que yo he
visto en las Islas. Las calles son anchas, largas, dere-
chas, tiradas á cordel y muy iguales. Las sementeras
están divididas en cuadros y cercadas por todos ellos
de cocos puestos á cordel, altos y derechos que hacen una vista hermosísima, de la que si estuviera en
Francia habría ya varias láminas».

En los montes hay varios y diferentes árboles; se
halla con abundancia el *naga,* que da nombre á la
cabecera de la provincia; el *amuyón* y el palo María,
de los cuales dice el P. Murillo en el libro citado de
su *Geografía,* cap. 2.º: «El árbol de naga se halla en
varias partes; su madera es medicinal contra indi-
gestiones y obstrucciones; echada en el agua es bue-

na para los que padecen de piedra y otros acciden-
tes, é hiriéndola sacan de ella un licor colorado que
sirve de sangre de dragón en las boticas». Este árbol
es muy corpulento y de excelente madera. El amuyón es árbol muy grande que da una frutilla como
avellanas, tan picante y eficaz como la pimienta; es
contraveneno, y muy medicinal para frialdades, calenturas, desconciertos de vientre y otras cosas. El
palo María es grande como un nogal y echa como
unas nueces redondas; destila una goma, que es un
bálsamo prodigioso para todo género de heridas; se
saca brea y aceite muy medicinal. Se encuentra en
estos montes mucha caza de venados, jabalíes, palomas, patos, gallos de monte y otras aves, y hay muchas abejas silvestres que crian infinita miel y cera,
muchas especies de gusanos de luz y varios géneros
de mariposas de diversos tamaños y colores; pero la
más especial es el cigarrón, del que dice la historia
franciscana, part. 1, lib. 1, capítulo XII, lo siguiente:
«Si yó dixése, que de vna hoja de vn Arbol se forma
aquí vn viviente (que puede entrar, por lo que buela,
en la Categoría de las Aves) todos empezáran á reir-
se: y fue testigo de esta verdad el Illustrissimo Señor
Obispo de Camarines, y toda su Familia, y Comen-
sales, que lo vieron en Parácale, y el Señor Obispo le
tuvo á este Animalito en vna Jaula en su Palacio
para criarle, alimentandole con las mismas hojas de
su origen, y quando estas le faltaron, dexó de ser viviente. Como yó no me creo de ligero, hize de esta
verdad rigoroso examen entre nuestros Religiosos,
que administran en toda aquella Provincia de Camarines; y no solo me certificaron del caso antecedecen-
te; sino me aseguraron aver visto estos Animalillos
en otras partes; y que su figura es de vn *Cigarrón*
grande con sus alas competentes; del colór propio de

la hoja de donde sale, y en él vén todas las Venillas grandes, y pequeñas, que la hoja tiene, y aun el del Señor Obispo (dicen) no estaba bien acabado de formarse. Á vn Religioso de especial graduacion, y verdad, se le entró vno en la Celda vna noche, y le dió mucho que hacer con su modo de canto lúgubre, sin aver podido ver donde estaba escondido, por mas que intentó buscarle. Hechó vn sahumerio de Romero *rectum, ab errore;* y á la mañana le halló muerto, que avia caydo de la techumbre; y registrandole todas sus partes, vió, que era vna hoja arrollada de vn Arbol verde, con pies, y con alas, como vna Cigarra grande».

Abunda esta provincia de pescado, particularmente Naga y sus cercanías. Lo hay de agua dulce en sus ríos y lagunas, y hasta en las sementeras bajas de pesca en tiempo de la siembra. También hay mucho de agua salada, que se coge en la mar con corrales y otras artimañas, en que son muy. diestros los indios. Los pescados son de diversas calidades y tamaños, como los de otras partes de las Islas, y el año de 1596 se cogió en una de estas costas un pez disforme de que hace mención el Dr. Morga en su historia de Filipinas, capítulo 8.° Era en el cuerpo y figura tan disforme y tan horrible, que nunca se ha visto semejante en estos mares.

El primero que descubrió esta provincia fué Juan de Salcedo, cuando pasó á ella á ver las minas de Paracale. Volvió después á Camarines de orden de Guido de Labezares, gobernador interino; conquistó esta provincia y fundó en el río de Vícol una villa que llamó Santiago de Libón, donde dejó por justicia mayor al capitán Pedro de Chaves con 80 soldados. D. Francisco Lasande, segundo gobernador propietario de Manila, mandó á este capitán que fundase una

ciudad en Naga, y en memoria de la patria del Gobernador se le puso por nombre Nueva Cáceres. Está en
los 13 grados 44 minutos de latitud y 52 minutos longitud O. de San Bernardino. Es la cabecera de la provincia y residencia del obispo de Camarines. Para su
gobierno temporal hay un alcalde mayor, y un administrador para la renta del tabaco. Este era antes
factor, y por los motivos que he referido hablando de
Vigan en Ilocos en el capítulo pasado, se mudó en
administrador. El estanco es una carga insoportable
para esta provincia y la de Albay, como lo es en todo
el Obispado de Ilocos, sin fruto alguno á la Corona,
como llevo dicho allí. En la provincia de Tayabas es
preciso que quede esta renta, porque de lo contrario
por sus puertos se introduciría el contrabando; pero
en las dos provincias, Albay y Camarines, en la de
Nueva Écija y las tres provincias del Obispado de Ilocos, donde S. M. gasta más en mantener la renta que
lo que la renta le produce, el mantener el estanco es
una terquedad de los que gobiernan este ramo, perjudicial á los indios y al Rey. Se funda en que así se
quitan los contrabandos; y ¿por qué no se podrán impedir de otro modo, como se impiden los de las provincias de Visayas, donde no hay estanco?

Las mujeres de Camarines hicieron un memorial
para la Reina, en que hacían presentes sus trabajos; le
contaban cómo estaban metidas en el agua hasta la
cintura para sembrar, y otras varias cuitas que padecen. Decían que el único consuelo que recibían en estas miserias era el tabaco, que las preservaba contra
las humedades, y le pedían que les quitase el estanco. Este memorial lo entregaron en el idioma del país
á su obispo, que lo era D. Fr. Juan de Orbigo y Gallego. Este señor lo trasladó al castellano y se lo remitió á la Reina en los dos idiomas. De él resultó que

mandó nuestro piadoso y amable Monarca Carlos IV que se quitasen los estancos de las Islas y que se le pagase tributo doble, aunque perdía mucho la Corona. Los que gobernaban en Manila preguntaron á algunos indios, y les tomaron declaración, de qué era lo que querían más, si el tributo doble ó el estanco: ellos, que acaso eran interesados, respondieron que más querían el estanco. Se dió parte á la Corte con estas diligencias, y el estanco ha quedado como antes. Yo no intento oponerme á los derechos de la Corona, y digo que enhorabuena quede el estanco en todo el Arzobispado de Manila y en la provincia de Tayabas, porque es útil á la Corona, y los pueblos más ladinos no se dejan ultrajar con tanta facilidad de los guardas, como en las provincias remotas; pero el mantenerlo fuera de estos límites es muy perjudicial á los indios é inútil al Rey, que sacaría mucho más si se les impusiese el tributo doble. Es verdad que éste no pueden pagarlo en dinero, pero lo pagarían en especie, con lo cual se fomentaría la industria; y si no se quiere adoptar este medio, se les puede imponer á los cosecheros una cuota por cada fardo y tasarle el número de plantas que han de cultivar, para evitar así los contrabandos.

Los indios de Camarines hablan distinto idioma de las demás provincias; se llama vícol, y trae su denominación del río de Naga, que se llamaba así antes de la venida de los españoles. Estos indios se diferencian muy poco de los demás. Las mismas facciones, los mismos usos y costumbres se encuentran en Camarines que entre los tagalos. Los hombres son amigos de ir á Manila, donde sirven á los españoles y religiosos; se dedican mucho á cocineros, como los ilocos y cagayanes á cocheros. Á pesar de esto, y de lo acosada de moros que está esta provin-

cia, los indios crecen mucho: el año de 1735 se numeraban en ella 9.106 tributos de indios, y ahora se
cuentan 19.841; de los cuales los 154 1/2 son mestizos
de chinos. Los PP. Agustinos fueron los primeros
que predicaron el Evangelio á estas gentes; pero habiendo llegado á Manila los PP. Franciscanos, les cedieron este partido, y ellos lo acabaron de reducir á
la fe, menos los montes, donde han quedado muchos
negritos ó aetas, que es casi imposible que se cristia-
nen, y muchos indios que se van reduciendo poco á
poco.

§ III

PROVINCIA DE ALBAY

La provincia de Albay abraza la parte más oriental de la isla de Luzón y varias islas adyacentes.
Confina por el Poniente con la provincia de Camarines, y en medio de la división está el monte de Albay,
que sirve como de mojón á las dos provincias. Lo
restante de esta provincia está circundado de mar,
por la banda del S. del mar del estrecho, y por el E.
y N. de la mar ancha. Tiene cuatro ensenadas grandes, dos en el estrecho, que son Sorsogón y Bulusan, y otros dos en la mar ancha: la una se llama
Malinao y la otra de Albay. El monte de Bulusan es
el remate de esta isla por el Oriente; es bastante alto,
y sirve de atalaya para ver los navíos que vienen de
Nueva España, ó navegan por aquellas costas. Su
punta con la isla de Sámar forma el estrecho de San
Bernardino, ó *Embocadero*, tan célebre en la historia
de Filipinas, porque regularmente lo pasan todas las
naos de Acapulco, de ida y vuelta á la Nueva España. En medio de este estrecho hay un islote ó peñas-

co alto y pelado que da la denominación á todo este
estrecho. Se halla en altura de 12 grados y 46 minutos, y dista de la punta de Bulusan una legua y dos
tercias y es la entrada para el embocadero. Á dos
leguas de la tierra de Bulusan está el bajo de Calantas, que tiene la hechura de una barca trastornada;
en él se perdió el año de 1733 el galeón *San Cristóbal*,
de vuelta de Nueva España, y el año de 1793 varó en
el mismo el *Magallanes*. Sorsogón es una grande y
segurísima ensenada, en cuya boca está la isla de Bagatao, donde se han hecho algunos galeones por la
comodidad de las maderas, puerto, astillero, botade-
ro y fábrica de cables y jarcias, que se hacen en el
pueblo de Sorsogón, donde está la cordonería del
Rey. La ensenada de Albay forma su boca con la
isla de Baga-Rey y la punta de Montúfar, y á poca
distancia está el puerto de Baco, distante del de Albay como cinco leguas. Aquí se abrigó la *Sacra Familia* el año que se perdió en Pola de Mindoro, y en
los bajos de la punta de Montúfar naufragó el galeón
Nuestra Señora de Guía.

El terreno de Albay es montuoso, pero en las playas hay llanadas grandes para sembrar arroz y mantener mucha más gente de la que habita en toda esta
tierra. Se coge en ella mucho abacá, aceite de coco,
y se daría bien el trigo, menestras, algodón, pimienta, café, cacao y todas las producciones comunes á
estas Islas, de que he hablado muchas veces, si los
naturales se dedicasen á cultivarlas; pero contentos
con su arroz, y enseñados á pocas necesidades, se dedican poco al fomento de todos estos ramos, y aman
más la holgazanería que las riquezas. Los montes los
surtían de una infinidad de raíces y frutas silvestres
de caza y miel, y los libran de la pena de trabajar
para comer. La cera que recogen, juntamente con la

miel, la venden en la cabecera, y es un ramo de comercio para Manila. El abacá en rama y en tejidos que llaman sinamay, las esteras ó petates finos de palma, el aceite y algo de cacao son los otros renglones de comercio de estas gentes. Hay puercos, vacas, caballos, gallinas y otras aves; pero nada de esto se puede llevar á Manila, único mercado de extracción de todas las provincias. La caza y la pesca son abundantes; pero los naturales son muy amantes del reposo para dedicarse á estos ejercicios á menudo. Cuando se les antoja van á pescar ó cazar venados ó jabalíes; mientras dura lo que han cazado ó pescado comen bien, reparten con sus amigos y parientes, y en acabando se vuelven á su frugal morisqueta.

Albay, capital de la provincia y residencia de su alcalde mayor, está cerca del monte de su nombre, que es muy alto y tiene la forma de un pilón de azúcar puesto boca abajo. En la cima del monte hay un volcán llamado el Mayon, del cual trata la historia franciscana en el lugar citado, cap. V, y dice lo siguiente: «Continuamente está exhalando humo por la copa, y á veces llamas. Muchas veces se oye, en distancia de algunas leguas, el ruydo, que hacen las piedras en sus entrañas como si fueran Truenos de vna Tempestad recia. Otras veces há bomitado gran cantidad de piedras embueltas en llamas, que, como Rios, hán corrido por aquellas llanadas circunvecinas; de que se vén aora todas cubiertas de arena, y piedras negras, en todo el termino de *Cagsava,* de que soy testigo de vista: y de toda aquella circunferencia suena, al pisarse, á hueca; por donde se teme, que se hunda, y se haga Laguna; que de esto ay muchos exemplares en esta Tierra; (y aun de hundirse Montes enteros, y dejar vna hoya muy ancha, y muy profunda) sin salir de Camarines á buscar las de otras

4 *

Provincias; porque no es una sola». Mr. Le Gentil, en su *Viaje* á las islas Filipinas, cap. 2.º, art. 3.º, trae otra erupción de este volcán acaecida el año de 1766. Su relación es una carta del alcalde de Albay al fiscal del Rey, en que se cuentan los fenómenos de esta erupción y los estragos que hizo la arena y la lava que salió del volcán, la que formó ríos caudalosos, destruyó pueblos y mató mucha gente.

En esta alcaldía y la de Camarines se cobra parte del tributo en efectos, de cables, jarcias y otras cuerdas de abacá y cabo negro. Los alcaldes mayores se utilizan mucho en esto, porque tienen buena salida en Manila estos géneros, y ofrecen ganancia; los toman á su cuenta, y si valen baratos, los reciben á cuenta del Rey, en lo que siempre sale perjudicado. Los indios padecen sus vejaciones, porque los alcaldes mayores los precisan á entregar muchos efectos cuando valen caros, y se resisten á recibirlos cuando en Manila valen baratos, por cuyo motivo no se puede fomentar la industria, porque el indio no sabe cuándo le comprarán toda la cosecha y cuándo no. Para remediar estos inconvenientes, se les debía señalar á los indios los efectos que deben entregar; y así como á ellos se les obligaba á introducirlos, los alcaldes mayores debían tener la recíproca obligación de aceptarlos de cuenta del Rey en todo tiempo, que valiesen caros ó baratos.

. Los indios de Albay son enteramente semejantes á los de Camarines; hablan la misma lengua y fueron conquistados al mismo tiempo que los otros. Los PP. Franciscanos los redujeron á la Religión católica; pero el año de 1636 los entregaron á los clérigos, siendo obispo de Camarines el Sr. Zamudio, Agustiniano. Después han vuelto á tener estos pueblos los PP. Franciscanos y Recoletos, como encomienda, y ahora están con clérigos indios que cuidan de su pasto espiritual. El vestido de estos indios es algo distinto del de los tagalos, particularmente el de las mujeres, las cuales no usan tapis ni saya, sino una especie de saco, en el cual meten el cuerpo, y recogiéndolo por la cintura, le dan una vuelta, con que queda asegurado.

De esta provincia dependen varias islas; la mayor de todas es Catanduanes, está al E. de la punta de Tigbí, á 7 leguas de distancia en la mar ancha. Lo largo de ella es N.-S., y se extiende como 10 leguas y tiene como 6 leguas de ancho. La isla es montuosa y tiene muchos ríos; el uno de ellos, llamado Catandungan, es el que le ha dado el nombre de Catanduanes. Se coge aquí mucho arroz, miel y cocos, y hay mucha cera y oro, que se saca de los lavaderos. Los naturales son corpulentos, y antiguamente solían pintarse el cuerpo como los visayas. Cuando llegaron los españoles eran muy bárbaros y mataron la primera misión de PP. Agustinos que traía el P. Herrera, que para este fin había vuelto á España; la cual, viniendo en el barco de Acapulco, naufragó en estas islas. Tienen estos indios una enfermedad que es casi regional: la piel tienen cascada y como llena de caspa ó escama. Las mujeres son varoniles; ellas cultivan las sementeras y salen á pescar como los hombres; su traje es el mismo que el de las visayas. Están administrados por clérigos.

La isla de Ticao, perteneciente á esta provincia, está dentro del embocadero; se extiende N.-S. por espacio de 9 leguas, y tiene dos puertos muy buenos en la banda oriental, el uno Ticao y el otro San Jacinto. Aquí se detienen los galeones para hacer aguada y esperar la primera colla de vendavales para desembocar con facilidad y hacer su viaje á Acapulco. Mr. Le Gentil, en su *Viaje á Filipinas*, cap. 2.º, artículo 15, dice: que en esta detención hallan una ventaja admirable, esto es, toman bastantes cosas de los Padres y alcaldes para la Nueva España. Estas son reflexiones de viajeros preocupados, desconocedores de los países de que escriben. Ni los Padres pueden dar tales cosas para Acapulco, porque les está prohibido el comercio, ni los alcaldes las dan, porque no las tienen. Los indios suelen llevar algunas esteras ó petates de tan poca consideración, que no se debe hacer mención de ellas: ¿cuánto menos llamarlas ventaja admirable? El año de 1726 se perdió la nao *Santo Cristo de Burgos* en el puerto de Ticao, á la ida para Nueva España; y el año de 1798 se perdió la nao *San Andrés,* que llevaba la misma derrota, en los Naranjos, que son unos islotes que están á 3 leguas de este puerto, por la misma fuerza de las corrientes que están tan encontradas, que hacen dar vueltas á la embarcación, sin hallar otro recurso que dejarla hasta que cambie de marea. En esta isla hay un pueblo de indios que administra un clérigo de su color.

Después de Ticao, siguiendo la derrota de Manila, se encuentran las islas de Masbate y de Burías, pertenecientes á esta jurisdicción. La isla de Burías tiene 12 leguas de largo NO. y SO., y 4 de ancha; se llama así por las muchas palmas de *buri* que hay en ella; está desierta, y sirve de refugio de los moros. Cerca de la punta SO. de Burías está la punta N. de Masbate, dejando un canal de 2 leguas entre las dos islas, por el cual pasa la nao de Acapulco. Corre Masbate NO.-SO. 19 leguas, y tiene de ancho más de 5. Hay en ella un pueblecito de indios; su ministro de doctrina es un clérigo del país. D. Luis de Guzmán redujo de paz estas dos islas el año de 1569, y mientras Miguel López de Legazpi se disponía para la conquista de Manila, el capitán Andrés de Ibarra fué á la de Masbate con el P. Fr. Juan Alba, Agustino, que después se quedó allí solo con seis soldados, porque el capitán Ibarra fué á acompañar á Manila al General; se los redujo á aquellos indios con mucha facilidad á nuestra Religión y á la obediencia del Rey de España. Los españoles hallaron bastantes minas de oro en esta isla; pero ahora no se trabajan, y sólo se cogen algunos polvos en los lavaderos. Además de éstas hay otras muchas islas en la compresión de Albay, todas ellas desiertas, de las cuales se aprovechan más los moros que los cristianos.

. La alcaldía de Albay numera en el día 12.339 tributos de indios y 146 de mestizos. El año de 1735, según la historia franciscana, sólo se numeraban 4.067 tributos. Considérense los prodigiosos aumentos de todas las provincias de las gentes que están sujetas al Rey de España; cotéjense con los indios infieles que viven en las faldas de los montes, de cuya población tenemos alguna noticia, y hallaremos que éstos no crecen, al mismo tiempo que los otros se multiplican. De aquí debemos deducir que estos indios son felicísimos en haberse sujetado á los españoles. Los motivos de su aumento no pueden menos de prevenirles de muchos bienes reales y verdaderos que constituyen una felicidad real y no imaginaria y aparente, y, por el contrario, los motivos por que no crecen los infieles deben ser otros tantos motivos de su infelicidad verdadera. El estar continuamente en guerra unos con otros; el salir los de una ranchería á matar á traición á tantas personas de la otra por un principio de superstición; el no tener recurso el año que pierden la cosecha, y el estar sujetos al gobierno despótico de un reyezuelo, son las mayores infelicidades que pueden venir á los hombres. Dejen ya los extranjeros de exagerar los malos tratamientos que hacemos los españoles á los indios, y confiesen que aun para esta vida los hemos hecho felices. Añádase que les hemos enseñado en la Religión, que les promete una eterna felicidad.

Estas son las tres provincias que forman el Obispado de Camarines; todo él sólo enumeraba el año de 1735, como llevo dicho, la suma de 15.177 tributos, y ahora cuenta 39.734, como consta de la liquidación que me franquearon oficiales reales, cuyo resumen pondré á continuación:

Estado que manifiesta el número de tributos de indios y mestizos y el importe de lo que pagan al Rey en el Obispado de Camarines.

PROVINCIAS	TRIBUTOS DE INDIOS	TRIBUTOS DE MESTIZOS	SU IMPORTE
Camarines....	19.686 1/2 »	154 1/2 »	24.994 3 »
Albay.........	12.339 » »	146 » »	16.093 3 9
Tayabas.......	7.396 » »	12 » »	9.288 7 »
SUMA....	39.421 1/2 »	312 1/2 »	50.376 5 9

CAPÍTULO XXIX

DEL OBISPADO DE CEBÚ

L Obispado de Cebú es el más dilatado de todos los de Filipinas; comprende todas las provincias de Pintados ó Visayas, y es uno de los tres sufragáneos que erigió para estas Islas Clemente VIII por su breve de 14 de Agosto de 1596. La Silla episcopal está en Cebú, que á los principios se llamó San Miguel, pues se fundó por Miguel López de Legazpi. El obispo tiene 4.000 pesos de renta; sus dos capellanes de honor á 100 pesos cada uno; el cura del Sagrario 180 pesos, y el sacristán 92 pesos; se debía dividir este Obispado y poner otro obispo en Panay, pues es tan dilatado y tan difícil de visitar, que es imposible que un obispo lo ande todo, y no dudo que habrá pueblos donde ninguno se haya confirmado desde la Conquista. Los moros hacen imposible la visita á los obispos más celosos, y por sí misma es muy dificultosa, porque abraza la jurisdicción de esta diócesis las provincias de Cebú, Leyte, Sámar, Caraga, Misamis, Isla de Negros, las tres provincias de la isla de Panay, la de Calamianes y los gobiernos de Zamboanga y Marianas. Trataré individualmente de todas estas provincias.

§ I

PROVINCIA DE CEBÚ

La provincia de Cebú comprende la isla de su nombre, la de Bohól y otras islas más pequeñas; Cebú es una isla larga y estrecha; se extiende N.-NE. á S.-SO. por espacio de 30 leguas y tiene poco más de 11 de ancha. La cabeza del N., que se llama punta de Bulalaqui, está á los 11 grados y 14 minutos de latitud, y en el primer grado de longitud O. de San Bernardino á los 28 minutos; la punta más meridio-

---

—Número de tributos.—Comercio.—Recuerdo histórico.—*Gobierno de Zamboanga.*
—Situación.—Corcuera.—Juan de Chaves.—Presidios.—La fortaleza de Zamboanga, según el P. San Antonio. — Lo que cuestan los moros. — El capitán Figueroa.— La laguna de Mindanao.—Los moros: sus piraterías.—Consecuencias.—El problema de Mindanao, según el P. Zúñiga. — *Corregimiento de la Isla de Negros.* — Extensión. — Tributantes. — *Provincia de Iloilo.* — La isla de Panay.— Límites de las tres provincias de que la constituyen.—Los caballos de Iloilo.—Las vacas.—La villa de Arévalo.—Diego Quiñones.—Los holandeses.—Número de tributos.—Los mundos. — Condiciones físicas de los indios de Panay.—Tejidos: son inferiores á los de Camarines. — *Provincia de Cápiz.*—Su extensión.— El río de Panay.—Dumarao y Dumalag.— El pueblo de Cápiz.—Los ates y el P. Barrona.—Recuerdo histórico.—

nal se llama Tañón, y está á los 9 grados y 38 minutos de latitud, y en 1 grado y 8 minutos de longitud. El terreno de esta isla es muy estéril para arroz, sustento general de sus habitantes; como es isla baja, pasan las nubes con facilidad sobre ella y llueve poco en tiempo de vendavales, por lo cual el arroz, que requiere mucha agua, se produce mal; pero hay otros géneros de frutos en que es muy abundante; una semilla que llaman los españoles *brona,* á manera de mijo, cuyo grano es más menudo, es el común sustento de los naturales de esta isla. Se coge también abacá, ajos, cebollas, tabaco, algodón, cera, algalia, y no falta oro; tiene también esta isla mucho cacao, cocos y todo género de frutas comunes á estas islas, y se da bien la caña dulce, el añil, la pimienta y el café; se provee de arroz de las islas de Negros y de Panay. Al Oriente de Cebú está la isla de Mactan, de 3 leguas y media de larga y una de ancha; forma con la isla de Cebú un pequeño estrecho que se asemeja á una ría, en medio de la cual hay una pequeña ensenada que sirve de puerto ó surgidero, donde las embarcaciones están resguardadas de los vientos; esta isla es famosa, por haber sido muerto en ella Magallanes, primer descubridor de las Filipinas; tiene un pequeño pueblo llamado Opón, de 500 tributos, de indios descendientes de los que dieron muerte á aquel héroe famoso.

Magallanes propuso al Rey de Portugal el descubrimiento de una nueva derrota por el S. de la América; fué despreciado su proyecto de los portugueses, y lo propuso al Rey de España, que lo era entonces el Emperador Carlos V; se le dió una escuadra en España y salió de Sevilla el 10 de Agosto de 1519. Descubrió el estrecho de su nombre, y pasando por él, entró en la mar del Sur y fué el primero que atravesó este inmenso golfo; llegó á Cebú á 7 de Abril de 1521. El reyezuelo de la isla, llamado Hamabar, le recibió de paz y aun se bautizó; pero el de Mactan, no sólo no quiso hacer paces con los españoles, sino que los desafió y se armó contra ellos: Magallanes tomó 50 soldados y fué muy satisfecho contra los indios, sin reconocer el terreno, y, caminando por manglares y cenagales con el agua hasta los pechos, se acercó tanto á los enemigos, que pudieron herirle con una flecha, y quedó muerto en la batalla con seis compañeros. Después de esta malograda expedición empezaron los cebuanos á tener en poco á los españoles; les dieron un convite y mataron alevosamente á cuantos se hallaron en él; los que habían quedado en los navíos se hicieron á la vela, y después de varias fortunas, Sebastián del Cano, con 18 hombres, volvió á España con la nao *Victoria,* que era la única que había quedado de cinco embarcaciones que había sacado Magallanes de Sevilla. Este es el primer barco que dió la vuelta al mundo; por lo cual el Emperador dió á su comandante Cano un escudo de armas con este mote: *Hic primus geometres.* Después vinieron á Filipinas varias armadas, y se desgraciaron todas hasta la expedición de Legazpi, que conquistó esta isla.

Miguel López de Legazpi salió del puerto de Natividad, en la Nueva España, el 21 de Noviembre

de 1564. Traía cuatro buques y en ellos cinco religiosos Agustinos; uno de ellos el P. Urdaneta, que dirigía la navegación; llegó á Cebú el 27 de Abril de 1565,
requirió á los naturales de paz, y el reyezuelo, que
era Tupas, envió unos principales, pidiendo que no
disparasen la artillería para que no se asustase el
pueblo. Era ésta una estratagema para retirar sus
muebles y tener tiempo de armarse contra los españoles. Al día siguiente se presentaron armados los
indios en la playa y en sus embarcacioncillas; el General mandó disparar por alto la artillería, y los indios, no acostumbrados á aquel estruendo, huyeron
inmediatamente; saltaron los nuestros á tierra y llegaron, sin encontrar resistencia, á la población de los
indios; la encontraron ardiendo, y, procurando apagar el fuego, saquearon las casas donde no había
prendido. Entre otras cosas de poca monta encontró
un vizcaíno la imagen de un Santo Niño Jesús que
veneraban los indios; y sin duda les había quedado
de la escuadra de Magallanes; y los españoles empezaron entonces á venerarla, y hasta ahora las gentes
le tienen una grande devoción. Los indios se retiraron al monte, y le costó á Legazpi mucho trabajo el
reducirlos á que volviesen á su antigua población; su
grande prudencia allanó esta dificultad y otras muchas que le sobrevinieron mientras vivió en esta
isla. Volvieron los indios á su antiguo pueblo, y para
los españoles formó otro pueblo junto al de los indios, con la advocación de San Miguel; hizo un fuertecillo para su defensa. Como esta isla es estéril de
arroz y los indios son muy desproveídos, empezaron
á faltar los bastimentos á Legazpi; hubo también varios alzamientos en el campo; vinieron los portugueses con una armada para desalojarlos de Cebú, y su
prudencia los mantuvo en esta isla contra todos es-

tos enemigos hasta Enero de 1571, en que erigió en
villa aquella población bajo la advocación del Santísimo Nombre de Jesús; y dejando en ella dos alcaldes ordinarios, seis regidores y cincuenta vecinos,
partió á fines del mes para la conquista de Manila.

Esta es la ciudad de Cebú; en el día no tiene alcaldes, ni regidores, ni vecinos españoles: es una población de indios y no tiene de ciudad más que el
nombre; es residencia del alcalde mayor de toda la
provincia, y Silla del obispo; hay una fuerza con artillería, un convento de Agustinos y otro de Recoletos, en los cuales sólo vive un religioso en cada uno;
el convento de los Jesuítas está destinado para Seminario. La Catedral y el palacio episcopal son de piedra, pero malas fábricas; hay un curato que llaman
del Parián, cuyos feligreses son la mayor parte mestizos de sangley; fuera de los términos de la ciudad
está el pueblo de San Nicolás ó Cebú el Viejo, que
fué el primer sitio que conquistaron las armas españolas, año de 1565, y por esta razón gozan de reserva de tributos los naturales de este sitio.

Pertenece á esta alcaldía la isla de Bohól, que está
entre Cebú y la isla de Leyte; es de figura ovalada y
está como cortada en seis pedazos, que forman los
seis principales ríos que bajan de los montes: tiene
de largo de E. á O. 13 leguas, y de ancho N.-S. 11,
poco más ó menos; la parte más septentrional está en
10 grados y 3 minutos de latitud y 4 minutos de longitud, y la parte más meridional en 9 grados y 27 minutos de latitud, y en el primer grado de longitud de
San Bernardino, á los 4 minutos, como la parte septentrional. Antes de ir á Cebú pasó Miguel López de
Legazpi por esta isla, y se sangró con un reyezuelo de
ella llamado Sicatuna, para ratificar las amistades con
él, y conseguir por este medio bastimentos para ha-

bilitar un barco y enviarlo á Nueva España. La ceremonia de sangrarse se hacía sacándose un poco de
sangre los dos contratantes, y bebiéndola mezclada
con agua ó vino, era el pacto más firme de amistad
entre estas gentes. Pero no obstante esta ceremonia,
Legazpi consiguió pocos bastimentos en Bohól, aunque los pagaba bien, y se vió precisado á proseguir
á Cebú. Desde aquí se pacificaron algunos de los
pueblos de esta isla, y los Jesuítas la acabaron de reducir á la Religión católica y á la obediencia del Rey
de España. El año de 1623 se sublevó toda la isla,
menos dos pueblos; los alzados fueron vencidos con
facilidad, no obstante la fama de valientes que tienen
estos indios; pero algunos se retiraron al monte y
permanecieron en su rebelión; poco á poco han ido
bajando á los pueblos, y los PP. Recoletos que administran en esta isla los tienen á casi todos reducidos.
El terreno de esta isla es bueno para arroz, cacao,
café, pimienta, abacá, algodón y todos los frutos propios de estas Islas; los naturales sólo se dedican á la
siembra del arroz, cacao, abacá y algodón; fabrican
bastantes tejidos de estas dos clases, y cogen en el
monte mucha cera, y en las playas algo de balate, sigüeyes y algunas perlas con que hacen su comercio.

Al SO. de Bohól está la isla de Siquihol, entre
Isla de Negros y las isletas de Panglao y Balicasag,
que están pegadas á Bohól, y pertenecen á esta alcaldía; tiene 5 leguas de larga y 2 ¹/₂ de ancha; es isla
rica por el mucho cacao que los naturales han plan-
tado en ella; estuvo administrada por clérigos, y el
año de 1793 la cedió el obispo á los PP. Recoletos,
que le dieron en cambio dos pueblos en la provincia
de Cápiz ó Panay. Además de estas islas tenía antí-
guamente la provincia de Cebú territorio en Mindanao y cuatro pueblos en Isla de Negros, que le perte-

necían por lo que hace al Real Haber. De los pueblos
de Mindanao se ha formado la provincia de Misamis,
y á los de Isla de Negros les cobra el tributo el corregidor de aquella isla. En todos estos distritos sólo
se contaban el año de 1735 el número de 8.114 tributos y ahora tiene 20.812 $^1/_2$ de indios y 625 de mestizos, que hacen como 100.000 almas; muchos de ellos
están bien acomodados, particularmente en Cebú,
donde hay bastantes mestizos de un caudal de 10 á
20.000 pesos.

§ II

PROVINCIA DE SÁMAR

La provincia de Sámar comprende toda la isla de
Sámar y otras pequeñas islas adyacentes; antiguamente se llamó también esta isla Ibabao, y así la
nombran á veces los historiadores; ahora sólo es conocida con el nombre de Sámar; pero si atendemos
al modo de hablar de los indios, se llama Samal, por
las costas de adentro de la isla, y por las de afuera
se llama Ibabao. No hace mucho tiempo que hacía
una provincia con la isla de Leyte, y los antiguos
confunden á veces estas dos islas y las mencionan
como si fuera una sola, pero ya componen dos alcaldías, que se separan por el estrecho de San Juanico.
Á la isla de Sámar dan nuestros autores la figura
triangular, por las tres principales puntas que tiene;
pero una especie de codo que forma en el estrecho la
hace que se asemeje más á un cuadrilongo que á un
triángulo. La primera punta que se halla de esta isla
viniendo de Nueva España á Filipinas, es el cabo del
Espíritu Santo, que está en la altura de 12 grados
y 27 minutos y en 1 grado 25 minutos al E. de San

Bernardino; corre esta costa por todo el Oriente de esta isla, que los naturales llaman Ibabao, hasta la punta de Guiuán, que es la más meridional y está á los 11 grados y 14 minutos de latitud y 1 grado y 50 minutos de longitud E. En toda esta costa hay algunos puertos ó surgideros; pero no están resguardados de los estes. Los principales son Boronğan, Sual y Túbig; en Boronğan se han refugiado algunos barcos.

Doblando la punta de Guiuán se dejan al S. cinco islotes y corre la costa hacia el Poniente, hasta el estrecho de San Juanico, por donde las islas de Leyte y Sámar se unen tanto, que este estrecho apenas tiene una legua de ancho. En este estrecho hay varios islotes. El P. Callazo, Agustino, formó en ellos algunos fuertecillos, les puso artillería, y de este modo cerró enteramente el paso á los moros, en gran beneficio de todos los pueblos de la otra banda del estrecho adonde no pueden ir ahora estos piratas sino saliendo á la mar ancha por el E. de Leyte y Mindanao, lo que regularmente no se atreven á ejecutar.

Al salir de la boca de este estrecho, hacia el N. está la isla de Parasan, de cuatro esquinas, de 3 leguas de larga y dos de ancha, y en acabando de doblar el codo que forma aquí la isla de Sámar corre la costa hasta la punta de Bulicuato, que los españoles nombran Balicuatro. Esta es la punta más septentrional de esta isla, y por esta banda es por donde se acerca más á la isla de Luzón, y con ella forma el estrecho de San Bernardino, de que he hablado en el capítulo antecedente. Al O. de Balicuatro, distancia de 3 leguas, está la isla de Capul, de 5 leguas de larga N.-S. y una de ancha. Pertenece á esta alcaldía, y hay en ella un pueblo pequeño que administra un clérigo indio. En otros tiempos era doctrina de los

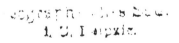

Jesuítas, y cuando los ingleses tomaron á Manila, los barcos que iban en busca del *Filipino* llegaron á Capul á pedir un práctico que los sacase del estrecho de San Bernardino; el Jesuíta doctrinero les dió un mestizo, y le encargó que detuviese á los ingleses en el embocadero todo el tiempo que pudiera. El mestizo lo hizo tan bien, que se salvó toda la plata en las provincias de Albay y Camarines. Volviendo á Balicuatro, desde esta punta corre la costa al E. hasta llegar al cabo de Espíritu Santo, donde empecé la descripción geográfica de esta isla. En ella se encuentra la ensenada ó puerto de Palápag, donde suelen invernar las naos de Acapulco cuando llegan entrados ya los vendavales.

La isla de Sámar es áspera y montuosa, pero en sus llanos es fértil de arroz, cera y abacá, de que los naturales hacen telas para vestirse y para vender en Manila; todas las producciones de las demás islas prosperan en Sámar; pero sus naturales se contentan con los renglones referidos, á que es preciso añadir el coco y el cacao. En Guiuán particularmente se hace mucho aceite de coco; los indios no lo cuecen, como en otras partes, para sacarlo, sino que parten los cocos, los echan en un artesón de madera y los dejan al sol para que destilen su aceite. Este uso es algo sucio, y el aceite que se saca así no suele ser tan bueno como el otro; sin embargo, tiene gran consumo en Manila, y los indios y mestizos de Guiuán y Catbalongan, en entablándose los estes, vienen á Manila con unas embarcaciones que llaman *caracoas* y las traen cargadas de aceite, cacao y *guinaras* ó sinamayes, que son los tejidos que se hacen de abacá. Estas embarcaciones tienen el casco de madera, que suele ser de una sola pieza, de un árbol grande, y lo restante es de cañas; son muy endebles, pero aguantan entre islas los mares en la buena estación. En los montes hay muchos géneros de palmas, bejucos y excelentes maderas para fábricas de navíos. Siendo Gobernador D. Alonso Fajardo se construyeron dos galeones en esta isla. Aquí se da una palma que cría la pepita de San Ignacio, que se usa mucho en estas islas para varias enfermedades. La cabecera es Catbalongan, donde reside el alcalde mayor, que cobra el tributo de los indios y les administra justicia. Los PP. Agustinos fueron los primeros que predicaron el Evangelio en estas islas; después entraron los Jesuítas y la administraron hasta su expulsión. Los párrocos que hay ahora son Franciscanos y Agustinos calzados, que tienen dos pueblos, el de Guiuán, muy rico por los muchos mestizos de chino que hay en él, y el de Basey, célebre por su río hermoso y grande, en que hay un puente natural hecho de un monte, por debajo del cual pasa el río. El P. Murillo, en su aprobación en la historia franciscana dice: «Tres cosas bien singulares, entre otras, hé visto en estas Islas. La primera, saliendo de Bassey Rio arriba, como tres leguas, se encajona el Rio entre dos Paredónes altos, blancos, y derechos, que son de Piedra Marmol, y al pié se vén muchas concavidades como Cuebas, y se representan várias Figuras formadas en las Piedras: passada mas de media legua, se entra con la Embarcacion por debajo de vn Arco pequeño formado de la misma Piedra, luego se sigue vn espacio, como vn Pátio grande, luego se entra debajo de vn Arco muy grande, alto, y ancho, que forma el mismo Monte de Piedra llamado Socotón, que hace allí, como un Puente, por donde passa el Rio, y por arriba está cerrado, y lleno de Arboles: Y desde el Cañón de la Bóveda hasta el piso de la Tierra creo, que avrá como

5 *

veinte varas, y mucho mas de vna Puerta á otra, que es como lo largo de dicho Puente, y lo ancho de Pared á Pared tendrá como diez varas, y por enmedio passa el Rio, y deja margen para caminar la Gente: dicho Monte, y Puente es de Jaspe, y está continuamente destilando por las Paredes, y Techo; donde hace como arranque el Puente está cóncavo, yá por lo que roban las avenidas, y yá por lo que se aumenta con lo que se quaja de la destilacion. Se representa á la vista vna Iglesia grande, assi por el Atrio, y entrada, que dije, como porque en el cuerpo mismo parece se vén Columnas, Ventanas, Clarabóyas, Púlpito, y várias Figuras».

Los indios de esta isla se llaman visayas ó pintados; tenían la costumbre de pintarse el cuerpo antes de que viniesen los españoles, y por la pintura se conocía su nobleza ó sus hazañas. Esta costumbre de pintarse el cuerpo estaba establecida en todas las Visayas, que son las que forman el Obispado de Cebú, y en las provincias de Albay y Camarines, pertenecientes al Obispado de Nueva Cáceres. En algunas gentes de Asia, en otras de la Europa y aun en los moros de África, se ha encontrado esta costumbre, y creo que la han abrazado los unos sin tener noticia ni comunicación con los otros. En la Florida y el Brasil, de la América, se hallaron también hombres pintados, que sin duda jamás se comunicaron ni tuvieron relación alguna. En la grande isla de Macasar se encontraron hombres que se pintaban el cuerpo; tienen un idioma semejante al de los visayas y se les asemejan mucho en sus usos y costumbres. De aquí han inferido algunos autores que nuestros pintados descienden de Macasar; pero también sabemos por el *Viaje* de Quirós, por el de Cook y por otras relaciones, que en casi todas las islas del mar del Sur, hasta Otaiti, Sandwich é isla de Pascua, es bastante común la costumbre de pintarse; se hablan diversos dialectos de la misma lengua, de que son dialectos los diversos idiomas de Visayas; tienen los mismos usos y costumbres: ¿por qué no diremos que descienden de ellos? Yo sé que todas estas gentes traen un mismo origen; pero no me atreveré á decir cuál sea el principio de este origen común. Los indios de Sámar hablan un idioma semejante al de Leyte, pero distinto del de Cebú, y otras lenguas de Visayas. En sus casas, vestidos, usos, costumbres y supersticiones, se diferencian en poco de los tagalos. El año de 1649 se alzaron estos indios; uno llamado Sumoroy mató al Jesuíta que estaba de doctrinero en Palápag; de allí á dos días se presentó en el pueblo é instigó á los naturales á que robasen la iglesia y convento y se declaró la rebelión, que cundió en toda la isla. Los españoles sujetaron á los rebeldes, desalojándolos de un cerro en que se habían hecho fuertes, y viéndose vencidos, cortaron la cabeza á su capitán Sumoroy, y la entregaron al General español para congraciarse con él y conseguir que los perdonase. Los tributos de esta provincia son 3.042 de indios y 13 de mestizos.

§ III

PROVINCIA DE LEYTE

Esta provincia comprende toda la isla de Leyte y otras más pequeñas. La cabeza del N. de esta isla está en 11 grados y 19 minutos de latitud, y en 41 minutos de longitud al E. de San Bernardino; á las 4 leguas al Oriente se encuentra la punta de Cancabató,

desde donde corre la costa de la mar ancha hasta la
punta de Cabalían por muchas leguas de terreno, y
en el cual están los pueblos de Palos, Hinundayan y
el reino de Tangdaya, de que hacen mención nuestras historias, porque el señor de esta tierra, llamado
Tangdaya, recibió á la armada de Villalobos con mucha benevolencia el año de 1543. Legazpi pasó tambien por esta tierra. La punta de Cabalían dista poco
de la punta de Naguipo, que es la más meridional de
esta isla. Apenas hay 7 leguas de travesía entre estas
dos puntas, y se forma con ellas una grande ensenada, en la cual está el pueblo de Sogod. La punta de Naguipo, que, como llevo dicho, es la más meridional de
Leyte, está á 9 grados y 31 minutos de latitud, y un
grado y 8 minutos de longitud. Desde esta punta se
extiende la costa por muchas leguas por la banda de
dentro, formando varias ensenadas hasta la punta de
Pogote, que es la más occidental. Hay en esta costa
varios puertos y los pueblos de Maasim, Hilongos,
Baybay y Palompón. Desde la punta de Pogote hasta la cabeza del N. de esta isla, donde comencé la
descripción, hay una ensenada muy grande y otra
algo pequeña. En éstas se encuentra el puerto de
Leyte que da nombre á toda la isla, y está defendido
por la isla de Panamao, que está al N. en la boca de
la ensenada y se extiende á E.-O. 7 leguas y tiene más
de 2 leguas de ancha; tiene esta ensenada 3 leguas
y media de bojeo, y es puerto seguro á todos vientos para embarcaciones de mediano porte. La otra
ensenada tiene 9 á 10 leguas de bojeo, y en ella están los pueblos de Carigara y Barugo, donde suelen
vivir los alcaldes mayores.

Entre las dos puntas de Cabalían y Naguipo, que
hacen la parte más meridional de Leyte y la parte
más septentrional de Mindanao, hay varias islas que

forman algunos estrechos, por donde pasaron Magallanes y Miguel López de Legazpi con sus respectivas escuadras. Una de estas islas se llama Dimasaua ó Limasaua; tiene 4 leguas de larga y 2 de ancha. Su reyezuelo recibió á Magallanes con mucho agasajo y afecto; contrajo amistad con los españoles, los acompañó á Cebú y se bautizó. Probablemente renunció en su bautismo juntamente su derecho en el rey de Cebú, después de la muerte de Magallanes. Cuando pasó Legazpi, el rey se llamaba Bangcao; también lo recibió de paz, lo acompañó y se hizo cristiano, por lo cual el Rey de España, Felipe II, le envió una cédula en que le concedió muchos privilegios. En su vejez fué infiel y sublevó á los indios de esta isla de Leyte, sin más motivo que el mal ejemplo de los de la isla de Bohól, que, como llevo dicho, se sublevaron el año de 1623; fué una armadilla contra Bangcao y sus secuaces, los derrotó, y en la refriega murió atravesado de una lanzada; su cabeza se puso en una escarpia para escarmiento de los demás, y produjo buen efecto.

El terreno de Leyte es fragoso, áspero y montuoso como el de la isla de Sámar; pero tiene grandes llanadas propias para arroz, trigo, algodón, añil, abacá, cacao, café, pimienta y otras plantas. Los naturales siembran mucho arroz, abacá, cacao, y cuidan muchos cocos para hacer aceite. Del monte sacan cera, brea y azufre, con lo que hacen su comercio. Para vestirse fabrican telas de abacá y algodón, y no compran al extranjero sino algunas ropas de Costa y China para hacerse vestidos para los días de fiesta y de gala, y azúcar, pues aunque tienen caña dulce no saben beneficiarla. Desde los principios de la Conquista empezaron los españoles á sacar brea de esta isla, pues consta de la historia que estando aún en

Cebú Miguel López de Legazpi, envió á Pedro de Herrera á Leyte para este efecto, y sus soldados, confia-
dos en la amistad de los indios, dejaron las armas en
la embarcación para recibir la brea; y viendo la buena
ocasión de acometerlos, se apoderaron de cada soldado diez ó doce isleños, y querían llevarlos á una em-
boscada que les tenían prevenida. Pudo desatracarse
de ellos un gaditano; con un puñal salvó á todos sus
compañeros, excepto uno que pudieron matar los
indios, porque lo llevaban ya muy adelante. En el
gobierno de D. Santiago de Vera pagaban estos indios
en cera su tributo. En estos últimos tiempos, y en
nuestros días, un alcalde mayor trató de fomentar
el ramo del añil; pero apuraba tanto á los indios, y
les hacía tales extorsiones, que se presentó la provincia contra él; se le trajo preso, ganó el pleito la provincia, pero se abandonó este ramo.

La cabecera de Leyte es Carigara, pueblo pequeño, por lo cual suelen los alcaldes mayores vivir en
Barugo. Los tributos de toda esta provincia son
7.678 de indios y 37 de mestizos; si se juntan con los
indios y mestizos de Sámar, hacen la suma de
10.860 tributos. El año de 1735, en que estas dos islas hacían una sola provincia, eran sus tributos
11.331, por donde se ve que la gente de estas islas, en
vez de aumentarse, se ha disminuido. No ha habido
para esto más motivo que las incursiones de los moros, los cuales, escondiéndose en sus muchas ensenadas, han hecho muchos estragos en todos los pueblos. Los indios de Leyte son en todo semejantes á
los de Sámar; fueron instruídos por los Jesuítas en
la Religión cristiana. Después de su expulsión entraron los Agustinos en todos sus curatos; pero algunos de ellos fueron cautivados de los moros, otros
se volvieron locos, y estos Padres se vieron precisa-

dos á ceder á los clérigos la mitad de estos ministerios.

§ IV

PROVINCIA DE CARAGA

La provincia de Caraga está en la grande isla de
Mindanao, que abraza las tres jurisdicciones de Caraga, Misamis y Zamboanga, de los españoles, y un
grande terreno dominado por los moros. Esta isla se
llamó antiguamente Cesárea, nombre que le impuso
Bernardo de la Torre, maestre de campo de Rui López de Villalobos, el año de 1543; le dan comúnmente los escritores la figura triangular, por sus tres
puntas ó cabos bien conocidos y nombrados: el de
San Agustín, el de Surigao y el de Zamboanga; pero
tiene tantas y tan grandes ensenadas, y, por consiguiente, tantas puntas, que algunos la comparan á
una raíz de jengibre, por sus muchas grietas y cortaduras. Tiene 300 leguas de circunferencia ó de bojeo. El cabo de San Agustín es el más meridional, y
mora á los 6 grados y 22 minutos de latitud, y 2 grados y 4 minutos de longitud al E. de San Bernardino. Desde aquí corre la costa oriental de esta isla,
que se suele llamar la costa de Caraga, por espacio
de 80 leguas hasta la punta de Surigao, que es la
más septentrional, y mora á los 9 grados y 30 minutos de latitud. Desde Surigao ó Banáhao, como propiamente se llama esta punta, corre la costa del N.
por más de 100 leguas hasta Zamboanga, que es la
punta más occidental de esta isla; y de Zamboanga
hasta la punta de San Agustín, donde se empezó la
descripción, hasta más de otras 100 leguas. Zamboanga está á los 7 grados y 8 minutos de latitud, y

3 grados y 30 minutos de longitud al O. de San Bernardino. Por aquí se puede conocer que esta isla es la mayor de las Filipinas, después de Luzón, y que lo grueso de ella está en la frente del E.-O, contra lo que suele suceder en las demás islas de este Archipiélago, que se extienden N.-S. Esta isla es la más rica de todas las Filipinas; tiene mucho oro, azufre, salitre y cera. La tierra es de montes altos y ásperos, pero hay también hermosas llanadas; tiene dos grandes volcanes, ambos en los dominios del moro. Son muchos y muy caudalosos los ríos de esta isla, que forman las dos célebres lagunas: la de Manaláo y la de Mindanao. Más de 300 son los ríos que tienen nombre, y más de 20 los que se navegan con embarcaciones pequeñas.

Abunda esta isla de vacas, búfalos y venados, y hay muchas y extraordinarias aves. El tabón, de que he hablado, que pone sus huevos en la arena, es muy común, y los indios cogen muchos de sus huevos en las playas. Se encuentra también el *salangán*, que hace su nido de una babilla, y no sólo se come, sino que es muy estimado en China, y hace un ramo de comercio, aunque de esto hay mayor abundancia en Joló. Aquí hay otra especie de pájaro muy raro, que se llama «pájaro del paraíso ó manucodiata», que por no tener pies no baja á la tierra, sino que habita siempre en el aire; descansa en las ramas de los árboles. También abunda esta isla de pescados, y tiene muchas campiñas fértiles para trigo, menestras y arroz; pero los naturales las cultivan muy poco, y muchos de ellos se mantienen con raíces, que plantan ó encuentran en el monte, ó con palmas de que sacan el sagú, que les sirve de pan. Hay en esta isla mucha pimienta y canela que se vende en Nueva España; y aunque no es tan buena como la de Ceylán

para la cocina, es mejor para sacar el espíritu de canela. De todas estas Islas Filipinas se podía decir lo
que refiere el poeta del siglo de oro; pero sus versos
se acomodan mejor á la isla de Mindanao, la más feraz de todas ellas.

La provincia de Caraga está en esta isla en la parte oriental de ella. Pasada la punta de San Agustín,
como á 20 leguas de la costa del E. se halla la población de Caraga, que es administración de PP. Recoletos, y á 10 leguas está la ensenada de Bangabanga,
y siguiendo 6 leguas más se encuentra el presidio de
Catel. Se halla este presidio en la orilla del río media
legua tierra adentro, y se fundó para contener á los
moros que están fronterizos y pueden hacer excursiones por tierra. Pasado Catel, en la primera ensenada grande que se halla está el pueblo de Bislig,
donde suele vivir el P. Recoleto que administra á todas las rancherías que hay hasta Caraga. Á las espaldas de esta ensenada, tierra adentro, habitan los tagaboloyes, que toman su nombre de los montes
llamados Boloy. Nuestros autores dicen que son blancos y descienden de japones. Si esto fuera así, con-
servarían la lengua japona y no hablarían un dialecto de las lenguas en Filipinas como lo hablan todos,
sin saber otra lengua. Lo más que se puede conceder
es que algún barco de japones ó chinos naufragó en
estas costas, y mezclándose la tripulación con la gente del país han salido algo más blancos que los otros
indios; y como no andan á la pesca y viven en lugares más frescos, en casas y con alguna policía, han
podido conservar la blancura. Son enemigos de los
moros, con quienes tienen guerra continuamente, y
por esto guardan las espaldas á los cristianos de la
costa, con quienes comercian. Son infieles; algunos
pagan, no obstante esto, su tributo al Rey de Espa-

ña, y muchos se han bautizado á instancias y persuasión de los PP. Recoletos, que han sido curas de Bislig; pero teniendo tantas rancherías de cristianos á que atender, no se han podido ocupar en la conversión de estas gentes. Si se pusieran misioneros, no tardarían en hacerse cristianos.

Después de Bislig siguen algunas ensenadas, ríos y rancherías donde hay varios puertos ó surgideros, y se encuentra el pueblo de Tandag, donde hay una fortaleza de piedra para defensa de los moros. Su figura es triangular, está rodeada de un foso, y tiene cañones, y soldados que viven en unas casitas ó camarines de caña. Mora este pueblo á los 8 grados y 32 minutos de latitud, y 2 grados y minutos de longitud al E. de San Bernardino. Después de Tandag sigue la costa á Surigao, dejando varias rancherías en ella y algunas islas hacia el este. Cerca de Surigao está la punta de Banáhao, que es la cabeza del N. de esta grande isla. Doblada esta punta comienza la costa del N. de Mindanao y sigue la provincia de Caraga, y á 13 leguas de distancia se halla el río de Butuan, pueblo muy antiguo, donde estuvo Magallanes con su escuadra. Después de Butuan no hay más población que la de Hingoo, que es una ranchería que administra el cura de Butuan, y es el término de la provincia de Caraga, porque después entra ya el corregimiento de Misamis ó Iligan. Este pueblo es célebre en nuestra historia por ser la primera tierra que pisaron los españoles, y su primer confederado de todos los de las Islas Filipinas. Domingo de Pascua de Resurrección del año de 1521 estaba Magallanes en Butuan; mandó celebrar en tierra el santo sacrificio de la Misa y colocó una cruz en un montecillo cerca de la playa. Los naturales asistieron á estas funciones y presenciaron la toma de posesión de la tierra en nombre de la Corona de Castilla: hechas estas ceremonias prosiguió á Cebú, donde lo mataron. Los butuanos se han mantenido siempre fieles al Rey de España y á la Religión que recibieron de los españoles. Corriendo el río de Butuan hacia su nacimiento, á distancia de 40 leguas hay un presidio que sirve para impedir á los moros que bajen por el río á inquietar á los cristianos, y para contener á los infieles que viven en los montes, llamados *manubos*, los cuales son bárbaros y tienen poca policía. Algunos de ellos están bastante civilizados; pagan tributo al Rey de España, y no faltan quienes se hacen cristianos. Un misionero haría muchos progresos en estos montes.

El terreno de esta provincia es grande y fértil, se coge arroz para los naturales de ella, cacao, cera y abacá, y bastante oro. La gente que había en Caraga el año de 1735 ascendía á solos 1.357 tributos; en el día cuenta 3.497 tributos de indios, que es un aumento desmesurado. El importe de lo que le toca al Rey es 4.977 pesos y 7 reales, y el gasto que se hace en ella es de 5.204 pesos, que excede al recibo. Es de notar que esta provincia está gobernada por un alcalde mayor, que se muda de cinco en cinco años ó de tres en tres, y en este corto espacio de tiempo se hace con cerca de 20.000 pesos: de modo que parece que sólo se conquistó esta tierra para que el Gobernador de Manila haga rico á un español librándole el billete de alcalde mayor de Caraga. Los tres presidios que tiene, y son la causa de estos gastos, se fundaron en tiempo en que eran muy necesarios; ahora los conservamos maquinalmente, porque no hay que esperar que los alcaldes mayores avisen de su inutilidad, pues cuanto más gaste un presidio más ganan ellos. Se fabricaron estas fortale-

zas contra los moros; subsisten aún estos enemigos;
pero ¿no habrá otro medio de defenderse de ellos sin
hacer los gastos de estos castillos? En los demás
pueblos hay sus fortalezas; los naturales cuidan de
defenderlas: ¿por qué no se podrá hacer lo mismo en
Catel, en Tandag y en Linao? De los caragueños se
dice que son valientes, y que se alzaron en otro
tiempo; lo mismo se puede decir de las demás provincias, donde los alzamientos han sido más frecuentes y se conservan sin castillo. Si en lugar de
estos presidios se pusieran misioneros en los indios
tagaboloyes y en los manubos, con una pequeña
guarnición en cada una de estas naciones para defender á los misioneros é imponer respeto á los infieles, yo aseguro que no se gastaría tanto, y que los
PP. Recoletos, que catequizaron esta provincia, aca-
barían de acristianar los indios montaraces.

§ V

CORREGIMIENTO DE MISAMIS Ó ILIGAN

El corregimiento de Misamis está en la costa del
N. de la isla de Mindanao, y empieza en donde acaba
la provincia de Caraga, cuyo último pueblo es Hingoo, visita de Butuan. Después de Hingoo se encuentra una gran ensenada que bojea más de 20 leguas, y
es formada por las puntas de Sipaca y Sulauan, la
cual se llama Cagayán Chico. Se le ha dado este
nombre por la semejanza que tiene esta tierra con la
provincia de Cagayán, en el N. de la isla de Luzón.
Hay aquí un presidio y fortaleza de cuenta del Rey;
está en la orilla del río, á un cuarto de legua de la
mar, y sirve para que los moros no tengan paso li-

bre de sus tierras á esta costa. Dòblada la punta de Sulauan, está la gran ensenada de Pangil, que se interna tanto tierra adentro, que sólo quedan 6 ó 7 leguas de tierra hasta la costa opuesta del S. Al Oriente de esta ensenada, como á 5 leguas tierra adentro, está la laguna de Malinao, que desagua en la mar del N. de Mindanao, y en el río que sale de esta laguna, en el sitio donde entra en la mar, está el presidio de Iligan, cabecera de este corregimiento y residencia del corregidor que lo gobierna. La fuerza es de piedra; forma un cuadro, y en cada esquina hay un baluarte con artillería y soldados de guarnición. En la otra banda de esta ensenada, antes de pasar la punta de Layaban, está el presidio de Misamis, y pasada esta punta el de Dapitan, en otra ensenada pequeña, donde entran dos ríos que bajan de los montes, y sigue esta costa hasta el puerto de La Caldera, que pertenece al partido de Zamboanga. En esta costa hay algunos ríos, y pueblecillos de indios cristianos.

Este partido se sujetó á los españoles desde el principio de la Conquista; empezaron á doctrinarlo los PP. Agustinos, y después entraron los Jesuítas, que lo redujeron todo á nuestra Religión. Cuando se fueron éstos quedaron de curas los PP. Recoletos, los cuales lo administran hasta ahora. Toda su gente se reduce á 1.278 tributos de indios, que pagan al Rey 1.674 pesos. El gasto que hace S. M ·en toda la provincia es de 12.689 pesos 4 reales, los cuales van á parar á la bolsa del corregidor, porque lleva géneros de Manila y paga con ellos á los soldados, ganando lo que le dicta su conciencia, que suele ser poco escrupulosa. Este dinero jamás entra en la provincia sino muy poco; su apoderado lo cobra y envía efectos al corregidor y la plata necesaria para pagar á los curas, y para comprar algunos efectos de la pro-

vincia, aunque los más de éstos los recibe á trueque
de otros efectos de Manila; esto es, géneros de Costa
y China, que es lo único que falta, pues lo demás se
coge en la provincia, cuyo terreno es feraz y produce arroz, cacao, oro, balate, sigüeyes, abacá y algodón, de que hacen tejidos para vestirse, y muchos
cocos y todo género de frutas.

Este corregimiento pertenecía antes á la provincia
de Cebú, de donde se administraba. Desde que los
presidios se han aumentado y el situado ha sido
grande, se ha puesto un Corregidor, que se hace rico
en cinco años, mientras el Rey gasta 60.000 pesos
en mantener su corregimiento. Los indios de Misamis son como los demás de Visayas, de los cuales se
distinguen en el idioma, que es diverso dialecto,
aunque tan semejante como las lenguas española y
portuguesa. Los de Dapitan recibieron con mucho
agrado á los primeros conquistadores y los acompa-
ñaron á Cebú, por lo cual el Rey los reservó de tributo y les concedió muchos privilegios. Cerca de la iglesia de este pueblo hay un cerro que se eleva pirami-
dalmente y aparece una verruga de la tierra, y en su
cima hay capacidad para refugiarse todo el pueblo y
defenderse de los moros. En los montes hay algunos
gentiles enemigos de los moros; no hay misioneros
para convertirlos, pero los PP. Recoletos, que están
de curas, suelen bautizar á algunos.

§ VI

GOBIERNO DE ZAMBOANGA

Pasada la punta más occidental de la isla de Mindanao, que propiamente es un recodo, á la banda del
S. está el Gobierno de Zamboanga. Su jurisdicción se

extiende hasta el río de Sibuguey, que baja de los montes de Dapitan, y después de formar una laguna al Poniente de la ensenada de Pangil, desagua en el mar del sur de la costa de Mindanao. Este río se considera como división de los términos de Zamboanga y Mindanao; pero en todo este terreno no tiene el Gobierno español más población que Zamboanga, la cual sólo forma todo el Gobierno y la provincia. Está Zamboanga en 7 grados y 8 minutos de latitud, y 3 grados y 30 minutos de longitud al O. de San Bernardino. El puerto de La Caldera, que está media legua de la plaza, está guarnecido con un fuertecillo de madera para defender las embarcaciones; su guardia se compone de soldados de Zamboanga. El año de 1589 se puso aquí un presidio, y al siguiente año se mandó retirar. El año de 1634 D. Juan Cerezo, Gobernador interino, á persuasión de los Jesuítas, trató de fabricar el presidio de Zamboanga; hubo en Manila muchas contradicciones para esta fundación; pero se efectuó, porque el Gobernador se empeñó en ello. Se disputó también sobre el sitio donde debía colocarse la fortaleza; querían algunos que se pusiese en la boca del río de Sibuguey; otros en la Sabanilla, y muchos en la boca del río de Buhayén. Estos lugares están muy poblados de moros, y en cualquiera de estos sitios que se hubiese puesto el presidio hubiera contribuído más á su reducción particularmente después que los venció D. Sebastián Hurtado de Corcuera; pero se resolvió ponerlo en el sitio donde está para atajarlos el paso en las expediciones que hacían contra las demás islas, y creían algunos que colocando otro presidio en Ipolote, en la isla de Paraua, los moros no se atreverían á pasar entre estas dos plazas. Para ver lo absurdo de este modo de pensar, no hay más que ver el mapa, y se hallará que la mar entre estos dos lugares se extiende cerca de 100 leguas, que son bien difíciles de guardar, aunque hubiese grandes escuadras en cada uno de estos puertos. D. Juan de Chaves fué nombrado para la fundación de Zamboanga; envió algunas compañías para saquear los pueblos de los moros, y plantó su nueva fortaleza según el plan que formó el P. Vera, Jesuíta, en el lugar en que la vemos. El sitio es hermoso, pero quedaba indefenso el puerto de La Caldera, y la plaza no tenía agua. El primer inconveniente se remedió poniendo un castillo de madera en el puerto y enviando un destacamento de la plaza, y el segundo trayendo el agua de un río por medio de un canal, por donde corre en tanta abundancia que pasa por las murallas y desagua en la mar después de haber regado un gran terreno.

El año de 1662 se desamparó este presidio para retirar su guarnición á Manila, que era amenazada de Cogsen, corsario chino, que tomó á Isla Hermosa, y á 19 de Junio de 1712 lo mandó reedificar S. M.; pero no se verificó hasta el año de 1718, en que D. Fernando Bustamante, llamado el Mariscal, bien conocido por su muerte trágica, lo reedificó contra el parecer de los de Manila. La descripción de esta plaza la trae por menor la historia franciscana en la parte 1.ª, libro 1, cap. XXXVIII, donde dice: «Su *Fabrica* es de *Piedra*. Y su *Figura Quadrilatera;* cuyo *Fondo* es de 69. baras de *Largo*, y 55. de *Ancho;* en que está formada la *Plaza* de *Armas*. Tiene 4. *Baluartes* á sus 4. Esquinas, con los nombres de *San Francisco, San Phelipe, San Fernando,* y *San Luis.* Desde San Phelipe, hasta San Fernando corre la *Lienza, Sur quarta al Sueste,* y *Norte quarta al Norueste,* 59. baras, y vna quarta; y desde San Francisco á San Luis la *otra Lienza* en la misma distancia, y Rumbo; y los *otros* 2. *Lien-*

:os de esta Fuerza corren *(Oeste quarta al Sudueste,* y *Leste quarta al Nordeste)* 58. baras, y vna quarta. Y desde el recinto de la Punta de San Phelipe ay 11. baras hasta vna *Plataforma redonda,* que sale á fuera, de 19. baras de *Fondo,* con sus 2. *Orejones* á los lados. En la Plaza de Armas á la mano derecha está el *Cuerpo de Guardia,* y el *Calabozo;* y á la izquierda la *Capilla:* y en los Lienzos de vna vanda, y otra están los *Alojamientos,* y los *Almacenes;* y á la Esquina, la *Subida para el Baluarte.* La *Puerta* tiene su *Mira* con su Garita; y está mirando al *Leste quarta* al *Nordeste.* Desde el Castillo se sale por vn *Postigo* á la *Ciudadela,* cerrada con 2. *Baluartes,* distantes vno de otro 251. baras; el vno es la *Santa Bárbara,* de 8. baras, y vna quarta *en Quadro;* y de 5. baras de *Alto:* y el otro es *Santa Cathalina,* de 8. á 9. baras de *Largo* sus *Lienzos.* Desde el *Baluarte de Santa Bárbara,* hasta el *Baluarte de San Francisco* se cierra la *Ciudadela* con 215. baras, y dentro de ella, á esta vanda está el *Hospital,* y el *Cuerpo de Guardia* de los Pampángos. Desde el *Baluarte de Santa Cathalina,* hasta el de *San Fernando* cierra la otra línea 208. baras de *Largo;* y á esta vanda, dentro de la Ciudadela, está el *Collegio y Iglesia* de los Padres de la Compañía, y la *Casa* del Governador. Y desde *San Fernando,* hasta la *Plataforma* sigue vna *Estrada* de 100. baras de largo, con su *Fosso.*»

Hay en Zamboanga un gobernador que manda en lo militar y administra justicia á un destacamento del fijo de Manila, algunos presidiarios desterrados y las gentes que se mantienen de lo que produce esta tierra. Esta colonia sólo tiene 5.162 almas entre indios, españoles, soldados y presidiarios, y no hay esperanza de que crezca mucho. El Rey gasta anualmente 25.000 pesos. Un pueblo que tiene buenas tierras y un situado de 25.000 pesos en plata debía ser

6 *

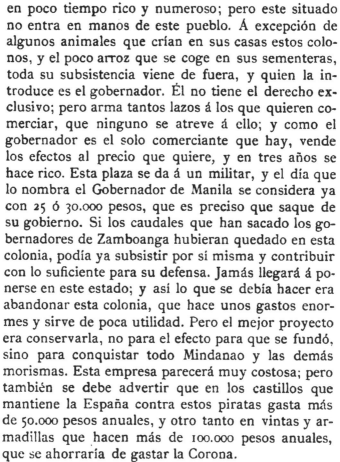

en poco tiempo rico y numeroso; pero este situado no entra en manos de este pueblo. Á excepción de algunos animales que crían en sus casas estos colonos, y el poco arroz que se coge en sus sementeras, toda su subsistencia viene de fuera, y quien la introduce es el gobernador. Él no tiene el derecho exclusivo; pero arma tantos lazos á los que quieren comerciar, que ninguno se atreve á ello; y como el gobernador es el solo comerciante que hay, vende los efectos al precio que quiere, y en tres años se hace rico. Esta plaza se da á un militar, y el día que lo nombra el Gobernador de Manila se considera ya con 25 ó 30.000 pesos, que es preciso que saque de su gobierno. Si los caudales que han sacado los gobernadores de Zamboanga hubieran quedado en esta colonia, podía ya subsistir por sí misma y contribuir con lo suficiente para su defensa. Jamás llegará á ponerse en este estado; y así lo que se debía hacer era abandonar esta colonia, que hace unos gastos enormes y sirve de poca utilidad. Pero el mejor proyecto era conservarla, no para el efecto para que se fundó, sino para conquistar todo Mindanao y las demás morismas. Esta empresa parecerá muy costosa; pero también se debe advertir que en los castillos que mantiene la España contra estos piratas gasta más de 50.000 pesos anuales, y otro tanto en vintas y armadillas que hacen más de 100.000 pesos anuales, que se ahorraría de gastar la Corona.

La empresa no es tan ardua como parece, aunque la tengo por más costosa de dinero que lo que piensan muchos. Para hablar de ella con algún discernimiento es preciso conocer las gentes que se deben conquistar y el terreno donde habitan. Por lo que llevo dicho de esta isla, se puede ver que poseemos los españoles las dos terceras partes de sus costas y

que apenas queda á los moros la tercera parte, pues
desde el río de Sibuguey en la costa meridional por
donde confina con Zamboanga, hasta después de re-
basar la punta de San Agustín y encontrar los términos de la provincia de Caraga, apenas hay cien leguas, que es la tercera parte de la isla. En este terreno están los cinco reinos, principados ó naciones de
los moros de Mindanao. Después del río de Sibuguey
se encuentra la punta de Flechas, así llamada por la
superstición que tenían los moros de tirar las flechas
en este lugar, y según quedaban clavadas aseguraban
de su expedición. El P. Mastrilli, jesuíta, que acompañó al Gobernador Sr. Corcuera á su expedición de
Mindanao y de Joló, dijo misa en este sitio para pu-
rificarlo de los sacrificios impuros que se le ofrecían
allí á Lucifer. Á partir de esta punta, hacia el Oriente, fórmase la gran ensenada de Mindanao, que tiene 40 leguas de bojeo, y desaguan en ella varios
ríos; y en esta ensenada ó cerca de ella están todas
las naciones moras, pues aunque después hay otra
grande ensenada llamada de Tapoloog, entre la punta Sicuran y la de San Agustín, está poco poblada.
La primera tierra que se halla digna de consideración después de la punta de Flechas es la Sabanilla
ó Tubog, donde tiene una fortaleza el rey de Mindanao, la cual tomaron los españoles el año de 1724;
siguen en esta costa varias ensenadas, en cuyas bocas este rey tiene algunas fortalezas y palacios de
caña, donde habita. Siguiendo la costa están los estados del príncipe de Tamontaca, que confinan con
los del rey de Mindanao, en una de las dos bocas
que forma el rio de Buhayén al entrar en la mar. Al
acabar el siglo XVI hizo una expedición á Mindanao
el capitán Figueroa, que tenía título de Marqués de
lo que conquistase; lo mató á traición un moro, y

quedó mandando la expedición su maestre de campo, el cual se retiró á Tamontaca, donde formó un pueblo con consentimiento del príncipe de la tierra, que era nuestro amigo, y nombró regidores de su propia autoridad. Sabido en Manila, lo mandó llamar el Gobernador y deshacer el castillo y pueblo. Si no se hubiera destruído esta población, la isla de Mindanao estaría acaso reducida á la obediencia del Rey de España.

En la laguna de Mindanao, que bojea 30 leguas, tienen sus estados el rey de Buhayén y el príncipe de Malínog; el principal terreno es del rey de Buhayén, que tiene su corte y varias fortificaciones á la orilla de esta laguna; el príncipe de Malínog sólo tiene una fortaleza en la punta de Cabuntalan. En otros tiempos tenía un presidio en una isla que forman las dos bocas del río Buhayén; pero se la quitó el rey de Mindanao, que la posee ahora. La quinta nación mora de Mindanao es la que habita la laguna de Malanao, que está al N. de la Sabanilla, á 5 leguas de distancia, y desagua en la costa opuesta en nuestro presidio de Iligan, cabeza del corregimiento de Misamis, con quienes confinan estos moros. Los malanaos han enviado embajadas á Manila pidiendo religiosos Recoletos; los Jesuítas se opusieron á que se les enviasen, diciendo que se dudaba mucho de que procediesen con buena fe. Además de estas gentes hay muchos infieles en los montes y algunos negritos; pero éstos no hacen daño á los españoles. Frente de Zamboanga está la isla de Basilan, á 3 ó 4 leguas de distancia; es tierra fértil y abundante; está poblada de infieles que habitan en los montes, y de moros que viven en las playas; tienen un reyezuelo que ha estado siempre confederado con el rey de Joló contra los cristianos. Joló es otra isla, menor que Basilan;

está al SO. de 'amboanga, como á 40 leguas de distancia. Es isla . ca, porque abunda de perlas, ámbar, nido, venados, ·lefantes y todo género de comestibles. Sus habitantes son moros; tienen un rey que ha hecho muchos estragos en las islas Filipinas, y está continuamente haciendo esclavos para venderlos á los borneyes y á otras islas que hay más al S. de Joló. Hay también otras islas de moros más pequeñas, como Tauitaui, y las de los camucones y otros infieles.

Los habitantes de estos sitios que acabo de describir son los moros con quienes estamos en guerra continuamente y que nos hacen gastar más de 100.000 pesos en presidios y armadillas de vintas y lanchas cañoneras. Son indios como los de Filipinas; tienen el mismo origen, el mismo idioma con diversidad de dialectos, y los mismos usos y costumbres, y sólo se diferencian en que han abrazado la religión mahometana, y están más instruidos en las armas por estar continuamente en guerra y vivir muchos de ellos del corso ó de la piratería. Cuando el Dr. Lasande, segundo Gobernador de Manila, fué á Borney, pasó por sus tierras, y dieron vasallaje al Rey de España; pero como no se establecieron los españoles en sus pueblos, ni se les pusieron predicadores evangélicos, sacudieron el yugo inmediatamente. El año de 1637 los venció D. Sebastián Hurtado de Corcuera, y los sujetó á los españoles; pero las desavenencias de los Jesuítas, que quedaron conservando estas conquistas, impidieron los frutos de estas victorias. Se añadió á esto que el año de 1645 se desamparó el presidio de Joló para reforzar á Manila, que era amenazada de los holandeses, y el año de 1662 el de Zamboanga, por temor á Cogsen, corsario chino, que acababa de desalojar á los holandeses de Isla

Hermosa, y quería venir contra Manila. Por esta
causa no se consiguieron las ventajas que prometían
las victorias del Sr. Corcuera. Se han hecho otras
expediciones contra ellos antes y después de esta
conquista; todas se han desgraciado, y yo no espero
que se consiga jamás el conquistar estos endebles
enemigos mientras no se emprenda la conquista
desde Nueva España por un general que venga independiente del Gobernador de Manila. Yo he leído
por menor todos los esfuerzos que han hecho los españoles contra los moros, y he visto que excepto algunos que se han sacrificado por el Rey, los demás
sólo han pensado en comerciar, en evitar los riesgos
de perder la vida y en culpar á sus compañeros.
Fiados en los empeños que cada uno creía tener en
Manila, cuidaban poco de que saliese bien ó mal la
expedición, porque les parecía que siempre quedarían bien; se embrollaban de tal modo los sucesos,
que no se podía castigar á nadie, sino á algún tonto,
y si en alguna ocasión se descubrió la verdad y se
hizo algún castigo justo, fué después que no había
remedio. Si consideramos lo que son los hombres,
siempre sucederá lo mismo; por el contrario, un general que venga encargado de esta conquista, se es-
tablecerá en el río de Buhayén, como Legazpi se estableció en Manila; de aquí acudirá á todas partes,
verá los modos de proceder de sus soldados, todos
desearán darle gusto, porque de él dependen sus as-
censos é intereses, y la conquista se conseguirá como
se consiguió la de las otras islas. Será, es cierto,
más difícil el domar á los moros que lo fué el domar á los otros indios; pero también debemos de
considerar que son muchos menos, y que ocupan un
territorio muy corto en comparación de todas las islas del Archipiélago filipino. Interin no estén entera-

mente sujetos los moros, debe este Gobierno permitir algún comercio con Acapulco, para fomentar esta nueva colonia. Cuando no haya que temer de estos enemigos, se podía agregar otra vez esta tierra al Gobierno de Manila, para evitar gastos en la manutención de dos plazas de armas, que serían muy gravosas al Estado. Para hacer esta conquista serían necesarios muchos gastos, pero se ahorraban los 100.000 pesos anuales que se irrogan contra estos enemigos, los innumerables fuertecillos que hay en las playas de que cuidan sus respectivos pueblos, el tributo que no pagan sus castellanos, y el tributo que pagarían infinitas gentes que se hacen cautivos por los moros y los hijos de éstos que nacerían y aumentarían la población.

§ VII

CORREGIMIENTO DE ISLA DE NEGROS

La Isla de Negros está al Poniente de la de Cebú; tiene la misma figura que ésta, pero es más grande; se extiende N.-S., desde la cabeza del N., que está á los 11 grados y 16 minutos de latitud, y 1 grado y 3 minutos de longitud, hasta la punta de Dumaguete, que es la más meridional, y está á los 9 grados y 9 minutos de latitud, 1 grado y 25 minutos de longitud al O. de San Bernardino. Entre la costa del Oriente de esta isla y la del Poniente de Cebú se forma un canal, que tiene dos leguas en la boca del N., y en la del S. una legua. En la banda del Poniente forma la isla de Negros una especie de codo, cuya punta, llamada Sojotón, está á los 10 grados y 9 minutos de latitud, y 1 grado y 59 minutos de longitud. Tiene esta isla como 37 leguas de largo, y de ancha en

partes 6, en partes 8, y en el recodo de Sojotón 10.
Es tierra fèrtil, y abunda mucho de arroz para su
consumo y para surtir á la isla de Cebú y otras.
Hay en esta isla mucho cabo negro, que sirve para
hacer cables para las embarcaciones, y se coge mucho pescado, que los naturales llevan á vender á Iloilo; también se hace algún aceite de coco, y se coge
cera y cacao, de que hacen comercio sus naturales.
La cabecera es Ilog, que quiere decir río, por estar
sobre un río grande y hermoso, que se divide en dos
brazos antes de entrar en la mar. Llamábase antiguamente Buglás, y los españoles la llamaron de Negros por los negritos que habitaban en sus montes,
de los cuales han quedado aún algunos. En las playas vivían los indios visayas, que se pintaban como
sus paisanos, y hablaban un dialecto de la lengua.
Los Jesuítas entraron en esta isla por los años de
1628 y acabaron de reducirla á la Religión cristiana.
Después de su expulsión se encomendó á los PP. Dominicos, y de allí á poco la encomendaron éstos á los
clérigos indios, que la administran al presente. Tiene un corregidor que administra justicia y cobra el
tributo de los naturales. En otro tiempo algunos de
los pueblos de la isla de Negros entregaban su tributo al alcalde de Cebú y otros al alcalde de Iloilo; pero
el año 1734 se le entregaron todos estos pueblos para
su cobranza al corregidor de la isla. Se numeran en
esta provincia 5.741 tributos de indios; la historia
franciscana no trae el número que tenía el año de
1735, porque como hacía poco tiempo que se segregó de la cobranza de Cebú é Iloilo, los incluyó sin
duda en aquellas dos provincias. Estas gentes se
ocupan en fabricar algunos *lompotes,* que son ciertas
telas de algodón, y sinamayes ó guinaras, que son
tejidos de abacá; con estas manufacturas y los fru-

tos naturales de la isla se mantienen con la misma frugalidad que los otros indios.

§ VIII

PROVINCIA DE ILOILO

La provincia de Iloilo está en la isla de Panay, que abraza tres alcaldías ó provincias: la de Iloilo, la de Panay ó Cápiz, y la de Antique. Esta isla está al Poniente de Isla de Negros, y es de figura triangular; tiene tres puntas bien conocidas y nombradas: la de Násog, la de Bulacaui y la de Potol; la punta de Násog es la más meridional de la isla, y está á 10 grados y 23 minutos de latitud, y 2 grados y 28 minutos de longitud al O. de San Bernardino. Los ingleses que vienen de Europa para China suelen reconocer siempre esta punta. Desde aquí se extiende la costa por todo el Oriente de esta isla hasta la punta de Bulacaui, que mora á los 11 grados y 24 minutos de latitud, 1 grado y 25 minutos de longitud, y es la más oriental septentrional de la isla. La punta de Potol está á la banda opuesta, es la más septentrional occidental, y está á los 11 grados y 35 minutos de latitud, y 2 grados y 25 minutos de longitud. De punta á punta hay una provincia; la de Iloilo comienza en punta de Násog y sigue hasta la punta de Bulacaui; por el Oriente está bañada de la mar, por el N. confina con la provincia de Panay ó Cápiz, y por el Poniente tiene la cordillera de montes que atraviesa toda la isla, y corre N.-S. desde la punta de Potol hasta la de Násog, separando á las provincias de Panay é Iloilo de la de Antique. El terreno de esta provincia es llano en los pueblos de la playa y los cercanos; produce mucho arroz, y es bueno para algodón, pimienta, cacao, café y todo género de árboles frutales. Conforme se va acercando al monte, el terreno es alto y fragoso; pero da bien el arroz, trigo, añil, algodón, café, pimienta y cacao, y no hay planta en Filipinas que no pueda producir este terreno. Los naturales sólo se dedican á plantar arroz, abacá y algo de pimienta y cacao, y á sembrar algodón, tabaco, trigo, menestras y hortalizas; hay en el monte muchos venados y jabalíes, y se crían muchos caballos, vacas, carabaos y carneros.

Los caballos de Iloilo son los mejores de las Islas; hemos visto en Manila algunos excelentes, que regalan los alcaldes mayores; no se traen de comercio, porque su transporte cuesta mucho. Las vacas son también muy buenas; cerca de la punta de Bulacaui hay una hacienda llamada «de Aguilar», que cría unas vacas extremadamente sabrosas; tampoco se traen á Manila por la distancia y porque se echan á perder en la navegación. Los carneros procrean bien en estas Islas, pero no han prosperado en la de Luzón, porque se les suele criar en las playas donde no tienen que comer, y se mantienen flacos ó se mueren. En la provincia de Batangas, que es tierra alta y abunda de buenos pastos, se conservan gordos y procrean excelentemente; pero hay tantos perros enseñados á la caza de venados y que tanto los persiguen, que no dejan corderillo vivo. En Iloilo no sucede así, ó porque no hay tantos perros de caza, ó porque no se cuida más de ellos. Los Padres tienen rebaños de á doscientos carneros para su gasto, y mantendrían más si los necesitasen; los indios no los cuidan, porque no hay quien los compre en la provincia, ni se pueden extraer para otra parte.

Desde tiempos antiguos tiene esta provincia un

castillo en el puerto de Iloilo, y la villa de Arévalo, que fundó D. Gonzalo Ronquillo, en memoria de su patria, el año de 1581, la cual dista del puerto una legua corta. En lo antiguo gobernaba esta provincia el castellano de Iloilo, que era capitán de la infantería española, justicia mayor de la villa de Arévalo, donde tenia su residencia, y proveedor general de Pintados. En el dia está despoblada la villa de Arévalo, y gobierna esta provincia un alcalde mayor, que vive en el puerto de Iloilo, y cobra el Real Haber como los demás alcaldes mayores. La fuerza de Iloilo se empezó el año de 1616 por haber sido atacada esta provincia por los holandeses, que vinieron contra ella con diez navíos. Diego Quiñones, cabo superior de Pintados, fortificó la punta de Iloilo con una trinchera de maderas y terraplén, con un reducto, un foso, cortaduras, estacadas y otras fortificaciones que pudo hacer de pronto y colocó cuatro cañoncitos de hierro que tenía; con esta débil fortaleza y sesenta soldados se puso en defensa contra aquellos enemigos poderosos. El 29 de Septiembre de 1616 empezaron los holandeses á batir su fuertecillo con todos los navíos, mataron seis españoles y abrieron brecha en la estacada. Quiñones reparó este daño, y preparó su gente para resistir al asalto que se temía darían al dia siguiente, como sucedió, pues echaron á tierra más de quinientos hombres en trece lanchas, y acometieron al fuertecillo tres ó cuatro veces, y otras tantas fueron recibidos y rechazados por los nuestros con vigor. Entonces se retiraron y levantaron trincheras en la playa para volver al asalto después de descansar. El cabo de Pintados, Quiñones, se hallaba herido en una ingle y no podía caminar; pero se hizo cargar en una silla por dos negros, y asistió á los otros asaltos que dieron, animando á los suyos, y mostrando tanto valor, que obligó á los holandeses á abandonar la empresa, porque habían muerto ya de su parte más de ochenta hombres y tenían cien heridos.

El día que se fueron los holandeses llegó socorro de Manila con ocho piezas de artillería gruesa y orden de que se fortificase aquella punta. Se puso luego la primera piedra, y el año siguiente de 1617 estaba concluído aquel castillo, todo de piedra, y con buenos baluartes guarnecidos de artillería gruesa y almacenes. Esta obra está demasiado cerca del agua de la mar, cuyas olas le hacen mucho daño, y ha costado mucho el repararla. Esta fortaleza y otras de las Islas se conservan, no por otro motivo, á mi ver, porque se fabricaron cuando eran necesarias. Yo no puedo adivinar las utilidades que traen á la Nación, porque si se mantienen para imponer respeto á los indios, ¿por qué no se forman presidios en otras provincias tan inquietas ó más que éstas? Si contra los moros, ¿por qué no se ponen en todos los pueblos playeros? Y si estos pueblos se defienden de estos piratas con sus pequeñas fortificaciones, ¿por qué no se defienden Iloilo del mismo modo y las otras poblaciones donde hay semejantes presidios? Si se conservan contra las naciones europeas, son muy débiles y no pueden hacerles resistencia siempre que quieran tomarlas. Á quien son útiles es á los alcaldes mayores, que reciben el sueldo de los soldados, y los pagan con géneros que les venden al precio que se les antoja, y tienen un criado en cada soldado de un castillo.

La gente de esta provincia es la nación visaya; habla el mismo dialecto que los de Antique y Panay, y su lengua se diferencia poco de la tagala. Todos estos indios se pintaban el cuerpo antes de la venida

de los españoles, y tenían casi la misma religión,
usos y costumbres, que los tagalos convertidos á la
Religión cristiana por los PP. Agustinos desde los
principios de la Conquista; mantienen aún algunas
supersticiones, y de tiempo en tiempo suelen algunos ofrecer á sus dioses en el monte sus antiguos sacrificios, particularmente cuando les sobreviene alguna calamidad, lo que prueba que aun no están
bien radicados en la Fe. El número de tributos de
esta provincia el año de 1735 era de 11.695; al presente hay 29.723 tributos de indios y de mestizos. Si
se considera que en el número del año de 1735 están
inclusos algunos tributos de Isla de Negros, y todos
los de la provincia de Antique, que llegan á cerca
de 10.000, se hará increíble este enorme aumento, y
yo mismo no lo creería, sin embargo de verlo estam-
pado en la liquidación que trae impresa la historia
franciscana, y en la que me franquearon los oficiales Reales, á no haberlo experimentado por mis ojos,
y haber visto algunos pueblos que en menos de veinte años se ha duplicado su gente. En los montes hay
muchos indios que llaman *mundos;* se deben llamar
vagamundos, pero los indios á las palabras castellanas algo largas les comen la mitad. Estos mundos
son descendientes de los cristianos que, no pudiendo
vivir en los pueblos por sus delitos, se han retirado
al monte. No se oponen á hacerse cristianos con tal
que los Padres vayan á sus rancherías á vivir; pero
como esto es imposible por ser aquellos lugares in-
accesibles á gente culta, se están en su infidelidad.
Algunos bajan á los pueblos, y en su lugar se esca-
pan otros que cometen nuevos delitos, y se conserva
continuamente esta casta de gente, no obstante los
esfuerzos que se han hecho para reducirlas. Los indios comercian con ellos, y les dan arroz y ropa en

trueque de la cera y brea que bajan del monte, y por
no perder este interés se han opuesto á que los mundos se reduzcan á vida civil y cristiana. También
hay en estos montes negritos, que viven como bestias; están divididos en rancherías, y cada una tiene
su rey que los gobierna. Cuando falta éste y no se
pueden componer entre ellos sobre quién debe ocupar este empleo, bajan á los pueblos de los cristianos
y piden á los PP. que les nombren rey. El Padre á
quién se dirigen ve quién es el más á propósito y le
da una bula vieja ú otro cualquier papel, y con este
título es tenido por rey y respetado en toda la ranchería. Piden también á los Padres ó á los indios
amigos que les den un puerquecillo, lo amansan y
les sigue á todas partes como si fuera un perrito, y
en estando grande se lo devuelven á su dueño, y no
piden por el trabajo de criarlos más que algunas
hojas de tabaco.

Los naturales de esta provincia y aun de toda la
isla son sanos, corpulentos, bien encarados y hábiles
para cualquier trabajo. Comercian en cera, aceite,
brea, cacao y varios tejidos. Las mujeres son dies-
tras tejedoras; hacen de abacá unas telas muy finas
que llaman nipis. Las señoras de Manila y las indias
de sus cercanías que las compran para hacerse camisas, se quejan de que son de menos dura que los nipis de Camarines. Si depende esto del árbol de que
se saca el abacá, no se puede remediar este defecto;
pero si consiste en el modo de beneficiarlo, se podía
remediar teniéndolo menos tiempo en el agua, donde acaso se pudrirá algo. De este mismo abacá hacen
otras telas más gruesas, que sirven para hacer pabe-
llones de cama para precaverse de los mosquitos, y
tiene buen despacho en Manila y en Nueva España.
Fabrican también telas de algodón, que llaman lom-

potes, y les dan tanta suavidad como tienen las telas de la Costa, á las que nada ceden en fortaleza y finura. Cuando los indios de Iloilo y Antique hacían una sola provincia y apenas llegaban á 10.000 tributos, se extraían de su país muchos lompotes; y ahora que forman cerca de 40.000 tributos nada se extrae, y se llevan los ingleses el dinero que podía quedar en nuestra colonia. El pie en que está el barco de Acapulco no permite otra cosa, ni se aumentará jamás la industria de Filipinas mientras no se obligue á los comerciantes á extraer de las Islas para Nueva España cierta cantidad de efectos.

§ IX

PROVINCIA DE CÁPIZ

La provincia de Cápiz ó Panay corre desde la punta de Bulacaui hasta la de Potol, por toda la costa que forma el N. de esta isla; por el Oriente confina con los montes que empiezan en punta de Potol y siguen hasta punta de Násog y por el S. con la provincia de Iloilo. Además de esto comprende varias islas que están al N. de la isla de Panay, y son Romblón, Isla de Tablas, Sibuyan, Simara, Bantón, Bantoncillo y otras. Los PP. Recoletos, á cuyo cargo están los indios de estas islas para su administración espiritual, tienen dos religiosos en ellas; el uno reside en Romblón y el otro en Bantón, y de aquí salen para los pueblecillos que hay en las otras islas á darles el pasto espiritual, cuando pueden y les permiten la estación y los moros. El terreno de Cápiz es semejante al de Iloilo; tiene las mismas producciones naturales y es más abundante de arroz; tiene un gran-

de río llamado de Panay, que la atraviesa; viene del
S. y desagua en la mar del N., cerca de Cápiz. Este
río fecunda mucho esta provincia; sólo en los pueblos de Dumarao y Dumalag se coge tanto arroz,
que no obstante la mucha extracción que hay de este
grano, jamás vale más de dos reales la fanega. Quedan aún inmensas llanadas incultas, y si se diera
extracción para China, el número de fanegas de
arroz que se cogería en esta provincia sería incalcu-
lable, y tiene la comodidad de poder llevarlo al puerto de Cápiz en balsas de caña y en embarcaciones
pequeñas. Los indios de esta provincia son en todo
semejantes á los de Iloilo, y tienen el mismo comercio y manufacturas. El año de 1735 tenía 9.267 tributos, y en el día tiene esta jurisdicción 11.459 tributos
de indios y 89 de mestizos.

Un alcalde mayor gobierna esta provincia; reside
en Cápiz, que es la cabecera, donde hay buen castillo
de piedra y estacada; contra los moros tiene armas y
soldados para su defensa, y para que hagan centinela en algunas barras de la provincia. Los naturales
podían y debían defender su provincia como hacen
los de la isla de Romblón, que defienden su territorio
de los moros con una fuerza que hizo un Padre Recoleto, que fué su cura doctrinero, sin hacer gasto
alguno al Rey; pero los alcaldes mayores exageran
la necesidad de estos presidios por lo que se utilizan
con sus soldados. Algunas veces se emplean estas
tropas y las del fuerte de Iloilo contra los mundos,
que ya he dicho que habitan en los montes de esta
isla y bajan á robar á los pueblos; pero además de
que casi siempre llegan tarde, armando á los indios
del país con fusiles harian tanto como los soldados.
Los mundos que se meten á ladrones se llaman *ates*,
y suelen juntarse hasta 300 ó 400; bajan á robar á los

pueblos, y aunque no cautivan la gente, llevan sus alhajas y vestidos. Hace pocos años que bajaron al pueblo de Dumalag más de 400 ates; el P. Barrona, riojano, religioso Agustino, juntó su pueblo y salió á recibirlos con armas á las puertas del lugar; pero luego que se acercaron se le huyeron todos los indios; su fortuna fué que los mundos tuvieron miedo, y separándose del camino se fueron por las sementeras á refugiarse en la Iglesia; el P. Barrona acudió á defenderla, volvieron algunos de los indios que se habían huído y pudieron matar cuatro ó cinco mundos, lo que bastó para que huyesen los demás. Alentados los indios con esta victoria, no tardaron en matar al capitán de ellos, llamado Pedro, y desde entonces ha estado libre esta provincia de estos rateros. Los alcaldes mayores de Cápiz, Iloilo y otras provincias tienen de cuenta del Rey algunas vintas para enviarlas á corso contra los moros. Los gastos que se hacen en estas expediciones se abonan de Cajas Reales, con tal que los PP. curas certifiquen que se han invertido en la expedición, y este es un manantial de pleitos entre los párrocos y los alcaldes mayores. Ve el párroco que las vintas vuelven de su expedición cargadas de efectos, que sus comandantes, como *personeros* del alcalde mayor, han comprado en los pueblos por donde han pasado: ¿con qué conciencia certificará este párroco que han andado á corso unas embarcaciones que no han hecho más que recorrer los pueblos donde hay algún comercio? Pues si no lo certifica, ya tiene un pleito con el alcalde mayor; le imputa mil excesos y le quita el crédito, ¡porque no quiere cooperar á su latrocinio! Podía referir mil anécdotas que causarían horror y moverían á los corazones más duros á tener compasión y lástima de estos religiosos. El alcalde mayor de Cápiz, con es-

7 *

tas drogas que ellos llaman «buscavida», con el comercio del arroz, abacá, cera, cacao y tejidos, y el
oro que puede rescatar de lo que se saca en su provincia, hace un buen caudal en tres ó cuatro años
que le dura la alcaldía, y si tiene la fortuna de que
la mina dé mucho oro en su tiempo, se hace rico.

Esta provincia fué muy frecuentada de los españoles desde los principios de la Conquista. Estaba
aún en Cebú Miguel López de Legazpi, cuando enviaba á ella algunas embarcaciones en busca de arroz;
y viendo la necesidad en que se había visto mientras
que la escuadra del portugués Pereyra le había tenido cerrada la boca del puerto de Cebú, determinó
trasladar el campo al río de Panay, tierra más abundante, que podía surtirlo de arroz en cualquier aprie-
to. Los de Panay lo recibieron con agrado y le sirvieron con más fidelidad que los cebuanos. Desde
Panay envió al maestre de campo y á su nieto Juan
de Salcedo á la conquista de Manila, y de este mismo
sitio después de su vuelta de esta expedición salió él
mismo con toda su gente para fundar aquella ciudad
que había de ser la Metrópoli de estas Islas. En Cebú
dejó una villa de 50 vecinos con un religioso Agustino; en la isla de Masbate otro religioso Agustino con
seis soldados, y en esta provincia de Panay otros
cuantos soldados y otro P. Agustino que cuidase de
la conversión de las almas. Desmembrado su campo
de estos pequeños destacamentos, hizo alarde de su
gente en la isla de Lutaya, y halló que tenía 280 soldados, con los cuales fué á la conquista de Manila.
El Padre Agustino que quedó en Panay se estableció
en el pueblo de Dumangas, que hoy día pertenece á
Iloilo, y desde allí empezó á sembrar el grano evangélico, hasta que le llegaron otros compañeros, con
los cuales convirtió á la Fe toda la isla.

§ X

PROVINCIA DE ANTIQUE

La provincia de Antique comprende en sí toda la parte accidental de la isla de Panay, empezando en la punta de Potol y acabando en la de Násog. Una cordillera de montes que atraviesa toda esta isla de N. á S. la separa de las provincias de Cápiz é Iloilo por el Oriente, y por el Poniente la baña la mar ancha. Tiene pocas ensenadas y esteros, y no es á propósito para que la hostiguen mucho los moros, porque no tienen donde esconderse. Sin embargo, se fabricó en ella un presidio de estacada con castellano y soldados, y para que se vea el entusiasmo que hay en conservar estos presidios, en el día está enteramente destruída esta fortaleza, y se conservan los soldados de una fuerza que no existe. Estaba esta fuerza en la barra de un río á corta distancia del pueblo de Antique, que era la cabecera de la provincia; se acaba de mudar esta cabecera y se ha trasladado al pueblo de San José de Buenavista, donde reside el alcalde mayor, que administra justicia y cobra el tributo de los indios. El terreno de Antique es excelente para arroz, cacao, pimienta y todo género de frutos que se dan en las Islas. Los naturales casi sólo se dedican á la siembra del arroz, con el cual pagan parte de su tributo, y lo restante en dinero que sacan de la cera, brea y maderas que producen sus montes, y del cacao y aceite de coco. La gente es enteramente semejante á la de Iloilo, con la que formaba una provincia, hasta que pocos años hace se segregó de ella, por haber crecido mucho los natura-

les y ser difícil la cobranza del tributo. Cuenta hoy
día sola la provincia de Antique 9.288 tributos de indios; no hay mestizo alguno, y este es un mal, porque aunque los mestizos son algo perjudiciales á los
pueblos en algunos puntos, les acarrean también algunas utilidades.

Los indios son naturalmente descuidados, ni se
acuerdan de los trabajos que han pasado, ni piensan
en los que les han de venir. En esta provincia cogen
tanto arroz, que jamás pasa de real y medio la fanega de arroz cáscara en tiempo de cosecha, y por su
inadvertencia padecen hambre algunas veces. El alcalde mayor compra arroz para sus negociaciones, y
los mestizos de otras islas acuden á comprar este
grano. Los indios, sin echar la cuenta con el consumo de su provincia, venden su arroz; llega el tiempo
de carestía, y no hay quien lo venda, porque ninguno tiene que vender. Los infelices no hallan en todo
este tiempo más recurso que las raíces comestibles
que se encuentran en el monte. Si hubiera mestizos,
ellos comprarían el arroz, y lo guardarían para venderlo con lucro á los naturales del país ó se lo darían
prestado con usuras, que aunque es malo, es peor
que se mueran de hambre. Estos indios tienen la
misma lengua y el mismo origen que los de Iloilo y
Cápiz. Sus costumbres son unas mismas; sencillos
como los de otras islas, pero más crédulos y supersticiosos. El año de 1589, viniendo los moros contra
esta isla, hicieron muchos cautivos; el siguiente año
repitieron sus correrías. Una babaylana les persuadió
que los españoles estaban concertados con los moros para que les hiciesen anualmente estos daños, y
la creyeron tanto los indios, que desamparando sus
pueblos se refugiaron al monte, y costó mucho trabajo á los PP. Agustinos el desimpresionarles de este

despropósito. No hace cinco años que en Sibalón, pueblo numeroso de esta provincia de Antique, que pasa de 2.000 tributos, empezaron algunas mujeres á ofrecer sacrificio á unos idolillos de madera: cundió tanto el mal que se hallaron 180 babaylanas; ofrecían éstas á sus dioses un puerco, matándolo á lanzadas; mientras duraba esta función se estremecían tres veces, y la tercera echaban espumarajo por la boca, y se enfurecían extraordinariamente: en este estado comenzaban á profetizar y responder á las preguntas que les hacía el que pagaba el puerco para el sacrificio. Se cumpliese ó no su profecía, ella se llevaba un cuarto del puerco, y lo restante era para el dueño y los espectadores. Esto prueba que estos indios están poco radicados en la fe; pero no faltan cristianos buenos que descubren á los Padres estos abusos, para que los remedien.

§ XI

PROVINCIA DE CALAMIANES

La provincia de Calamianes comprende la grande isla de la Paragua, las de Cuyo, Lutaya, Calamianes y otras más pequeñas. La isla de Paragua es una de las mayores de Filipinas y la más occidental de todas ellas. Se extiende N.-S. por más de 50 leguas, y tiene de ancha de 9 á 13. La parte septentrional está á los 11 grados y 8 minutos de latitud, y 5 grados y 4 minutos de longitud al O. de San Bernardino, y la meridional á los 8 grados y 5 minutos de latitud, y 5 grados y 48 minutos de longitud. En toda esta grande isla sólo tenemos los españoles un pueblo, que es Taytay, cabecera de la provincia, residencia del alcalde mayor y de un Padre Recoleto, que cuida de la administración espiritual de Taytay, y otros pueblecitos que hay por la costa del Oriente de esta isla, y son visitas de la cabecera que no pueden mantener un cura. En Taytay hay un buen presidio con armas, municiones y soldados, que paga el Rey para defender esta isla de los moros. En otro tiempo ha habido otros presidios, pero se han desamparado por haberlos reconocido por inútiles para los fines para que se fundaron.

Al Oriente de la Paragua, entre esta isla y la de Panay, está la isla de Cuyo, perteneciente á Calamianes; es isla hermosa, muy abundante de vacas, puercos, gallinas, cacao, cocos y todo género de frutos de estas Islas. Hay en ella un pueblo de indios y un religioso Recoleto para administrarles los Sacramentos y defenderlos de los moros. Hay en este pueblo un buen castillo de piedra con sus baluartes, armas y municiones. Lo fabricaron los PP. Recoletos con ayuda de los indios sin hacer gasto alguno de la Real Hacienda, y lo defienden los mismos indios del pueblo sin necesidad de soldados de paga.

La isla de Lutaya está al N. de Cuyo, á poco más de 2 leguas de distancia; es isla pequeña, como la de Cuyo; sólo tiene dos leguas y media de larga y una de ancha. Viven en ella algunos indios que, con los de otras islas más pequeñas, forman un pueblo, cuya cabecera está en Lutaya. Un religioso Recoleto administra estas gentes, y para que esté á cubierto de los insultos de los moros, comenzaron los naturales una fortaleza con arbitrios que dió el general Rojas, que tenía encomendada esta isla, y muerto éste la concluyeron los PP. Recoletos; el Gobierno de Manila la surtió de pertrechos de guerra, y los naturales de la isla la defienden de los moros sin sueldo alguno.

Al N. de la isla de Paragua hay varias islas é islotes, y entre ellas la isla de Calamianes, que dió el nombre á toda la provincia, porque fué el primer establecimiento de los españoles en esta alcaldía; tiene de larga 7 leguas y 3 de ancha. Hay en ella un pueblo con una fuerza llamada Culión, que es cabecera de otras visitas; una de ellas Linapacan, en la isla de su nombre, adonde se trasladó el convento y castillo que había en Dinay, para evitar las continuas incursiones de los piratas moros. Los naturales fabricaron estas fortificaciones, y las defienden de los enemigos á su costa, y sólo se les ayuda del Real Haber con armas y municiones.

El terreno de toda esta provincia es montuoso; pero cerca de las playas tiene excelentes llanadas para arroz, algodón, cacao, café, pimienta, legumbres y otros frutos de la tierra. Pero los naturales se dedican poco á estos plantíos, y apenas cogen de todos estos renglones lo suficiente para su manutención. Se dedican también poco á hacer tejidos y otras manufacturas, porque los bienes naturales de las islas les bastan para subsistir. Se coge en esta isla mucho oro, cera, nido, balate, sigüeyes, géneros todos de mucha estimación en Manila, porque sirven para el comercio de varios reinos. Los naturales de esta alcaldía sólo componían el año de 1737 el número de 1.384; y sin embargo de estar continuamente perseguidos de los infieles del monte y de los moros de Mindanao y Joló y de los camucones, que habitan las islas cercanas á Borney, se han aumentado bastante, pues se cuentan en el día 2.289; pagan al Rey de tributo estos indios 3.161 pesos 2 reales, y se gasta en la conservación de la provincia 3.328 pesos 4 reales; parece que sólo conserva el Rey este terreno para hacer rico á un español que va cada tres ó cada cinco años á ser alcalde mayor de Calamianes, y saca de veinte á treinta mil pesos en su alcaldía, si no es tonto ó desgraciado.

En la isla de la Paragua hay infinitos infieles que tienen un gobierno bárbaro, como el que tenían los demás indios de las Islas antes de la venida de los españoles. Hablan uno de los dialectos de estas lenguas, y tienen un origen común con los otros indios. Algunos de ellos son muy crueles, y persiguen á los cristianos y á todos los del país que no son de su tribu; los otros son más mansos y bajan á comerciar á los pueblos, donde truecan el oro y la cera por ropa y utensilios de hierro. Si en lugar de los gastos que se hacen en mantener el presidio de Taytay, se dedicase este dinero á mantener misioneros para la conversión de gentiles, sería mucho mayor el producto para la Corona, á más de que se harían felices una infinidad de gentes que viven en esta isla miserablemente, no sólo en cuanto al alma, que no saben si la tienen, sino también en cuanto al cuerpo, que apenas tienen unas comidas toscas para no morirse de hambre. No digo que se abandone el presidio de Taytay; pero ¿por qué no podrá ser defendido de sus naturales como lo son el de Cuyo, Lutaya, Culión y otros que hay en las visitas?

Por los años de 1658 administraban los PP. Recoletos esta provincia, y el Gobernador D. Sabiniano Manrique de Lara mandó retirar los presidios de Ternate, Zamboanga y Calamianes para reforzar la Capital, que era amenazada de Cogsen, corsario chino, que acababa de conquistar á Isla Hermosa. echando de allí á los holandeses. Los moros, viendo tan buena ocasión, salieron á robar las islas con sus armadillas, y los PP. Recoletos, no pudiendo mantenerse en Calamianes, abandonaron la provincia. El Obispo de Cebú puso clérigos en su lugar; pero se vieron precisados á salir huyendo de los moros. Los Recoletos, compadecidos de los indios, volvieron á Calamianes, y sostenidos del presidio de Taytay y de las fortificaciones que he dicho que hicieron en varios pueblos, siguieron administrando hasta el año de 1718, que el Gobernador Bustamante mandó reedificar á Zamboanga. Entonces pidieron los Recoletos que se pusiese otro presidio en la Paragua, y el Gobernador se lo concedió y lo colocó en el sitio de Lalo, donde duró poco, pues el Sr. Cuesta, Arzobispo de Manila, que entró á mandar las Islas después de la desgraciada muerte del Mariscal, lo mandó retirar, y con su guarnición reforzó el presidio de Taytay. De estas mutaciones resultaron diferentes informes que se enviaron á la Corte, y se mandó que se fundase otro presidio en la isla de Paragua, para contener con él y con el de Zamboanga á los piratas. Esto no puede ser, porque entre Paragua y Zamboanga hay una mar ancha de 100 leguas, y los moros pueden navegar por ella sin que los vean los de los presidios. Sin embargo, el Sr. Ovando quiso ir en persona á la fundación de esta plaza, mas se lo impidió la Real Audiencia diciéndole que no convenía que arriesgase su persona.

Para proceder en todo arregladamente envió una embajada al rey de Borney pidiéndole que nos diese la parte que poseía en la isla de la Paragua. No tuvo inconveniente en concederlo aquel reyezuelo, y nuestro Gobernador despachó una armadilla á cargo de D. Antonio Faveau, que llevaba consigo al nuevo gobernador del presidio que se debía fundar. Salió Faveau de Cavite con once embarcaciones y llegó á Calamianes con toda felicidad; prosiguió al sitio de Ipolote, que está á lo último de la isla de la Paragua á la

banda del Oriente, para desalojar á los moros que
solían guarecerse en aquel paraje; allí se enfermó la
gente, y no pudo hacer otra cosa que tomar posesión
del terreno y volverse á Manila, habiendo dejado 270
muertos, y trayendo muchos enfermos de una epidemia que entró á la tripulación. Desde este tiempo
no se ha pensado en fortificar más á Calamianes, ni
se debe pensar en ello, pues lo que no hagan los fuertecillos que fabrican los pueblos para su defensa, no
lo harán los presidios, que sólo sirven para hacer
gastos al Rey y engrosar á los alcaldes mayores. Si
parte de lo que se gasta en estos presidios se emplea-
se en dar armas y municiones á los pueblos para tener en buen estado sus fortalezas ó cotas, como ellos
llaman, se gastaría menos y se adelantaría más. De
cuantos presidios hay en las Islas sólo el de Zamboanga y el de Iligan no pueden defenderse por los
naturales; los demás no necesitan de soldados; el de
Iligan es preciso conservarlo, pero el de Zamboanga
lo tengo por inútil, y creo que perderíamos poco si
se abandonase en las circunstancias presentes.

§ XII

GOBIERNO DE LAS ISLAS MARIANAS

Las islas Marianas, llamadas antiguamente «de
los Ladrones», están en el Océano Oriental ó mar
del Sur, á los 17 grados al E. de San Bernardino;
esto es, cerca de 300 leguas antes de llegar á Filipinas viniendo de la Nueva España. Es un grupo de islas que se extienden N.-S., desde los grados 12 hasta
17 de latitud y aun hasta el grado 23 y 20 minutos
si contamos las que se han descubierto nuevamente

hasta la isla de Santa Tecla. Las principales de estas islas son diez y seis, de las cuales dos solas hay pobladas, que son las de Iguan ó Guajan y la de Rota. La isla de Guajan se extiende N.-S. 12 leguas, y de ancha tiene como 4 ó 5. La cabeza del N. está á los 13 grados y 30 minutos de latitud, y la del S. á los 12 grados y 55 minutos; tiene varios puertos ó surgideros, pero todos ellos muy peligrosos, y se han perdido algunos barcos de la carrera de Acapulco en esta isla. El puerto de San Luis, que no dista mucho de la capital, es el menos malo; pero los galeones de Acapulco que hacen escala en esta isla á su vuelta para Manila suelen fondear en Umatag, donde el gobernador de Marianas tiene una casa donde vive mientras el galeón está fondeado. La capital donde reside de continuo el gobernador es Agaña, tiene una fortaleza con guarnición española y un sargento mayor, que es el segundo del gobernador. Hay una iglesia parroquial que administra un P. Recoleto y un colegio de niños fundado por la Reina doña María Ana de Austria, y de quien tomaron el nombre estas islas por esta fundación y por haber enviado á ellas algunas misiones de los Padres de la Compañía. Hay también en esta isla algunos pueblos; los demás están en la de Rota.

El primero que descubrió estas islas fué Magallanes, el año de 1521; el de 1528 estuvo en ellas Álvaro de Saavedra, y Miguel López de Legazpi tomó posesión de estas islas en nombre del Rey de España y mandó decir allí Misa á los PP. Agustinos á 25 de Enero de 1565. Desde que se entabló el comercio de Manila con Nueva España fueron estas islas la escala regular en que se hacía aguada, y se tomaban refrescos á la vuelta de la nao de Acapulco. Los misioneros que venían de España intentaban quedarse allí para convertir á nuestra Santa Fe á los indios; no se les podía permitir esto; pero el P. San Vítores, Jesuíta, concibió al pasar por allí el designio de convertirlos, y consiguió una Real cédula que llegó á Manila el año de 1666 en que se mandaba esta conquista. El año de 1668 empezó su predicación el P. San Vítores con otros cuatro Jesuítas, un lego y algunos soldados. Á los principios hizo grandes progresos la predicación. Un chino llamado Choco, que se había salvado de un naufragio en la isla de Guajan y hacía veinte años que se había establecido entre los indios en el pueblo de Paa, impidió algo su curso; pero lo bautizó el P. San Vítores reduciéndolo con razones al camino verdadero, y la predicación volvió á tomar su primer aumento. No tardó en haber otra nueva posesión, porque un español salió á cortar madera y los indios, por robarle el machete que llevaba, lo mataron. Los españoles prendieron algunos indios, y haciendo las prisiones mataron sin querer á un principal llamado Gunfac, cuya muerte exasperó á aquellos isleños y tomaron las armas. Había solamente doce españoles y diez y nueve indios filipinos que hiciesen resistencia á aquella multitud. Se encerraron en un fuertecillo de estacas, y se mantuvieron en él rechazando los continuos asaltos que les daban aquellos bárbaros por espacio de 40 días, hasta el 21 de Octubre de 1671, en que se hicieron las paces. Duró poco esta amistad, pues el año siguiente mataron los de Chuchugo á Diego de Bazán, natural de Méjico, y á Manuel Rangel; los de Ipao á Nicolás de Figueroa, los de Funhón á Damián Bernal, los de Guay á Manuel de Nava, y en Tunhón un principal que se había bautizado y se llamaba Matapang mató al P. San Vítores y á un criado suyo, indio visaya.

Estos alborotos siguieron por algún tiempo y los

isleños mataron á algunos PP. Jesuítas y seculares. El año de 1674 pasó el galeón *Nuestra Señora del Buen Socorro* por frente de Guajan y envió la lancha con el situado de estas islas; pero habiéndole entrado un recio viento no pudo esperarla y siguió á Agaña con la tripulación, y el capitán Damián de Esplana, hombre de valor que no tardó en reducir á los indios con 30 soldados que tenía y obligarlos á pedir la paz que se les acordó. Desde este tiempo no hubo sublevación alguna general, pero los indios mataron á algunos españoles y religiosos que andaban por las rancherías separados de los otros. El año de 1678 pasó por allí el Sr. Vargas, que venía de Gobernador de Filipinas, y conforme á una orden que traía del Rey, dejó 30 hombres de tropa arreglada, y de gobernador de las islas Marianas á D. Juan de Salas. Este gobernador y su sucesor sujetaron á estos rebeldes, que peleaban por la libertad que habían perdido, y estuvieron quietos hasta el año de 1690, en que estuvo á peligro de perecer esta colonia. Este año venía de Gobernador de Manila D. Fausto Cruzat y Góngora, y en su compañía venía otro barco que naufragó en Marianas. Los soldados que se salvaron del naufragio y los soldados de presidio se sublevaron é intentaron matar á los demás españoles, y lo hubieran hecho á no haberse convertido en un sermón el jefe de la conjuración y dado aviso al gobernador. Esta desavenencia de los españoles dió ánimo á los indios y comenzaron su sublevación dando la muerte á los PP. Jesuítas y á los españoles que vivían indefensos en sus pueblos. El gobernador salió contra ellos, los venció y los obligó á vivir precisamente en las islas de Guajan, Rota y Saipan, con cuya providencia se les ha tenido sujetos hasta ahora. La isla de Saipan se halla al presente despoblada, porque los indios la han desamparado voluntariamente por vivir en las otras dos islas, donde gozan de más comodidades.

En estas disensiones, que duraron veinticuatro años, murieron algunos indios, pero no tantos como si hubiera sucedido entre otras naciones. Los indios son naturalmente cobardes, no mataban á los españoles sino á traición, y cuando éstos los perseguían les hacían resistencia desde lejos y toda su defensa la ponían en la fuga. Nuestros historiadores, que echaron la cuenta á bulto, dijeron que eran muchísimas estas gentes; y como los padrones numeran pocas almas, se ven precisados á decir que se han disminuído mucho y buscar la causa de esta disminución. La historia franciscana y el P. Murillo, Jesuíta, dicen que se disminuyen continuamente estos isleños y dan por causa una epidemia que hubo á principios del siglo XVII, á la desesperación con que se ahorcan con un lazo, y á que las mujeres se hacen estériles voluntariamente, ó matan á sus hijos en pariendo, porque no queden sujetos á los españoles. Son todas éstas unas patrañas, según me han asegurado los españoles que han vivido en Marianas, á quienes doy crédito, porque es falsa la disminución de los indios, porque los tratan tan bien los españoles que ni aun pagan tributo ni derecho alguno eclesiástico, pues á los Padres Recoletos que los administran les envía el Rey desde México sus estipendios: ¿quién creería que no era cierta la disminución de la gente de Marianas viéndola atestiguada por dos escritores españoles de Manila, y el uno de ellos jesuíta, y de un cuerpo á quien en aquellos tiempos estaba encargada la administración de aquellas islas? Sin embargo, yo no la creo, porque hallo en la misma historia Franciscana que el año de 1735 había en Marianas sólo 2.697 almas, y ahora hay 7.555, cuyo número se ha aumentado poco á poco según las liquidaciones que me han franqueado los Padres Recoletos.

El terreno de estas islas es montuoso, pero no faltan terrenos propios para arroz, trigo, maíz y todo género de frutas, y si se coge poco es por la pereza de los naturales y porque abundan tanto de ratones que destruyen todos los plantíos. Conforme se vaya aumentando la población se acabará esta plaga y las islas producirán bien. Lo que hace el sustento más ordinario es la rima ó árbol del pan, que produce una fruta grande como la cabeza de un niño, y los naturales de casi todas las islas del mar del Sur la han adoptado para comerla, en lugar de pan, con las otras viandas. Hay también camotes y otras raíces, y muchos cocos. Los españoles han llevado caballos, vacas, puercos y gallinas, que han procreado muy bien. Los particulares cuidan en sus casas todos estos animales y hacen de ellos el uso que les acomoda; se crían otros del común y sirven para el Gobernador, la tropa y los Padres Recoletos. Hay también excelentes plátanos y sandías, pero es necesario que vaya de Manila el trigo, azúcar, chocolate, ropas y todos los utensilios de cocina. Hay pocas maderas y malas, y de ellas se hacen las casas y embarcaciones. Los indios son como los filipinos, pero los más están cascados; hablan un idioma semejante al de los tagalos ó visayas, de quienes dicen nuestros autores que descienden, aunque yo me inclino más á que traen su origen de las islas de las Palaos ó Carolinas, de donde llegó desgaritada una embarcación á Marianas el año de 1721, y por un motivo semejante se poblaron sin duda estas islas. En lo antiguo andaban enteramente desnudos; ahora han añadido algo de ropa para ir á la iglesia, y para la sementera y caza un taparrabo; son de malísima catadura.

En estas islas casi no hay más comercio que el que hace el gobernador; éste tiene en Manila un apoderado que le envía ropa y cuanto tiene salida en Marianas. Con estos efectos paga á los soldados, y casi todo el situado que envía el Rey sin entrar en las islas sigue á Manila á casa del apoderado del gobernador. En cinco años suelen hacer 50.000 pesos los gobernadores de Marianas; ellos sólo son los comerciantes, y pueden aumentar ó disminuir este caudal á su gusto conforme á la delicadeza de su conciencia, que pocos de ellos la arreglan por consulta de los teólogos. Gasta el Rey en mantener esta colonia como 27.000 pesos anuales, pudiendo hacerse con 8 ó 10.000 quitando al Gobernador, que sólo sirve para arruinarla.

Estas diez provincias, juntamente con los gobiernos de Zamboanga y Marianas, componen el Obispado de Cebú. Se numeran en ellas 95.828 tributos entre indios y mestizos, que hacen cerca de medio millón de almas. Estas gentes, esparcidas por muchas islas y provincias, están administradas por clérigos y religiosos Agustinos, Franciscanos y Recoletos, que padecen muchísimos trabajos en su administración á causa de los moros que infestan casi todos los pueblos de este Obispado, y es preciso estar continuamente alerta contra sus invasiones. El obispo, por este motivo, no suele poder en muchas ocasiones visitar estas provincias ni confirmar á sus moradores, por lo cual sería muy conveniente que se añadiese otro Obispado, como llevo dicho, y se pusiese en la isla de Panay, que está entre Isla de Negros y Calamianes, dos alcaldías que se le debían agregar. Los gastos que se aumentan á la Corona no llegan á 5.000 pesos, cantidad bien pequeña si se compara con lo que pagan de tributo estas gentes, que hace la suma de 124.159 pesos, como consta del estado de estas provincias que voy á poner á continuación:

Estado que manifiesta el número de tributos de indios y mestizos y el importe de lo que contribuyen al Rey estas gentes en el Obispado de Cebú.

PROVINCIAS	TRIBUTOS DE INDICS	TRIBUTOS DE MESTIZOS	SU IMPORTE
Cebú.........	20.812 ¹/₂	625 »	28.863 »
Samal.........	3.042 »	103 »	4.060 »
Leyte.........	7.678 »	37 ¹/₂	10.011 »
Caraga........	3.497 »	»	4.077 »
Misámis......	1.278 »	»	1.674 »
Isla de Negros.	5.741 »	»	7.170 »
Iloilo.........	29.723 »	166 »	37.760 »
Cápiz.........	11.459 »	89 »	14.867 »
Antique.......	9.288 »	»	11.610 »
Calamianes....	2.289 »	»	3.161 »
SUMA.....	94.807 ¹/₂	1.020 ¹/₂	124.159 »

CONCLUSIÓN

———

AS Islas Filipinas, como las acabo de describir, se van haciendo una colonia muy
interesante y populosa. Cuentan en el
día 312.251 tributos de indios y mestizos,
que hacen más de millón y medio de al-
mas. En el año de 1735, según la historia franciscana, parte 1.ª, lib. 1, cap. 58, sólo había en las Islas 837.182 almas; por donde se ve que de aquella
época acá casi se han duplicado los habitantes de
esta colonia. Hablando en particular de las provincias, y refiriendo los tributos que les da la citada
historia, he dicho que ascienden al duplo de los que
se numeraban en aquel año. Así debía ser según el
cómputo que la historia pone en cada una de las
provincias, pues todas juntas sólo numeraban 127.621
tributos. Aunque demos cinco individuos por tributo no hacen la suma de almas que refiere el Padre
San Antonio, y sería preciso que los tributos de
aquellos tiempos fuesen 167.435, esto es, 40.000 tri-

Observaciones á los cálculos estadísticos, sobre población, hechos por el P. San
Antonio.

butos más para salvar la correlación de tributos y almas conforme al cómputo, que todos los días experimentamos los párrocos cuando hacemos los padrones. Para aclarar esta equivocación que noté al acabar esta obra, leí con todo cuidado la citada historia, y creo que la he descubierto enteramente. En el citado capítulo dice que las Religiones le franquearon las listas de almas hasta los años de 1735 ó 36, y que le acababa de llegar la lista de los señores clérigos al tiempo de la impresión que se hizo el año de 1738. No se puede dudar que la relación más antigua de las almas es del año de 1735. La de los tributos debe ser más antigua, acaso del año de 1720, en que dice que los oficiales Reales en una consulta que presentaron á S. M. numeraban 700 templos y visitas, los que habían sin duda crecido al tiempo en que escribía. De esto conjeturo que los tributos que cita en cada provincia son del año de 1720, y que hasta el año de 1735 crecieron 40.000 tributos; y de este modo se salva la equivocación de la historia franciscana, que se debe tener presente siempre que habla del aumento de tributos, que no se debe considerar comprendido desde el año de 1735, sino desde el año de 1720.

Sea como fuere, siempre se verifica que en poco más de 60 años se han duplicado los individuos de este pais, y que dentro de poco tiempo habrá en las Islas dos millones de almas, que bien gobernadas podían formar un establecimiento muy floreciente y muy útil á la Nación. ¡Dios dé á los superiores acierto para conseguirlo!

TABLA DE MATERIAS

FIN DE LA TABLA

✠

A. M. D. G.

Fenece la obra intitulada

ESTADISMO DE LAS ISLAS FILIPINAS,

*escrita en los primeros años de este siglo
por el ilustre historiador Fr. Joaquín Martínez
de Zúñiga, agustino calzado de la Provincia del
Dulcísimo Nombre de Jesús, de aquellas Islas,
y comienzan los APÉNDICES á la dicha
obra, escritos por su más entusiasta
admirador, W. E. Retana.
(Año de 1893.)*

✤

APÉNDICES

APÉNDICE A

NOTAS

1.—*Pág. 6.*—... «éramos ocho personas sin los criados:»...

Eran nueve: sin duda el Autor se equivocó en el número, pues no cabe suponer que quisiese escribir: *eran ocho*, descartándose él en la enumeración.

2.—*Pág. 10.*—«Todo el tiempo que ha durado la guerra»...

Refiérese el P. Martínez de Zúñiga, así en este pasaje como en otros que menudean en la obra, á la llamada «guerra de los ingleses».—V. *Guerra de los Ingleses.*

3.—*Pág. 20.*—«El barco de Acapulco»...

En otras páginas dice *la nao*. En uno y otro caso, hácese referencia al buque que ponía en comunicación al Archipiélago filipino con Nueva España (México); como se verá en el lugar correspondiente, hubo una época, bien larga por cierto, en la que todo el comercio de exportación de Filipinas no tuvo otro vehículo que el famoso barco de Acapulco.

4.—*Pág. 26.*—«La máquina de que se sirven para sacar el agua»...

Más adelante *(pág. 38)* se pone el nombre de este aparato rudimentario, de origen sínico indudablemente.—V. *Timba.*

5.—*Pág. 29.*—«En otros tiempos se había pensado en Manila en fomentar la seda, y se encontró un *Sermón,* viejo, impreso, de un P. Agustino»...

He repasado el *Catálogo* del P. Cano y el del Padre Moral, y no hallo noticia de este *Sermón,* que, cuando lo menciona Fr. Martínez de Zúñiga, ha existido seguramente. Tal vez descubriera el impreso objeto de esta nota el lego agustino Fr. Manuel Rebollo, que tuvo vara alta en la Sociedad de Amigos del País de Filipinas, y para la cual escribió varias *Memorias.* En aquella tierra, donde el fraile hace las veces de tutor de los indios, chicos y grandes, de su feligresía, es cosa muy común que en las iglesias alternen con las pláticas religiosas verdaderas lecciones de agricultura, industria y comercio.

6.—*Pág. 30.*—«El autor de la historia franciscana»...

Este autor es el P. Fr. Juan Francisco de San Antonio, y su obra, la que lleva por título *Chrónicas apostólicas,* etc., de la que damos noticia circunstanciada en el *Apéndice bibliográfico.* El P. San Antonio habla de las cosechas del arroz y del cansancio de las tierras, á que se refiere el texto que anotamos, en su

mencionada obra, par. I, cap. VIII, § 76. El P. Martínez de Zúñiga no citaba siempre con la debida precisión, ni copiaba con toda fidelidad; pero esto último no podemos apreciarlo de una manera absoluta
por lo mismo que no conocemos el códice original.

7.—*Pág. 31.*—«Mr. Le Gentil... escribió sus viajes,
sacando de esta historia *(la obra, ya citada, del Padre
San Antonio)* lo único bueno que nos dice de estas
Islas»...

Así es la verdad; véase el tomo II (donde se halla
el *Viaje á Manila),* cuya tercera parte contiene muchas páginas que no son otra cosa que una traducción mal disimulada.—En el art. 6.º de dicha tercera
parte, pág. 41, *escribe* Mr. Le Gentil: «*On m'a affuré
qu'autrefois les terres redoient cent & cent cinquante
pour un aux Philippines, mais qu'aujour d'ui ces mêmes
terres sout fatiguées»,* etc.—Voyage *dans les mers de
l'Inde,* etc., *par M. Le Gentil.*—El comentario que sigue, y que traduce nuestro Autor, va en la misma
pág. 41 del segundo tomo, de la citada obra francesa.

8.—*Pág. 39.*—«Se cree que los españoles trajeron
de la costa este rico árbol»...

Muchas veces escribe el P. Martínez de Zúñiga la
palabra *Costa,* que en los más de los casos se refiere
á la de Coromandel; en esta página *(la 39),* por descuido nuestro, no va con mayúscula, como hemos
decidido ponerla siempre que es sinónima de territorio extraño.—V. *Reino vegetal* y *Lugares geográficos.*

9.—*Pág. 54.*—... «nos faltaba aún media legua de
camino hasta la posada».

Esta *posada* no es otra que el convento; véase la
página siguiente *(la 55).* En Filipinas no existían en-

tonces posadas, ni en rigor existen hoy; lo que hay, de algún tiempo á esta parte, son *fondas,* y bien pocas en verdad, y estas pocas sólo en Manila y alguna otra población importante. Los españoles, y los más de los extranjeros que viajan por el Archipiélago, suelen hospedarse en la casa parroquial, aun sin conocer al párroco, el que acoge por lo común con los brazos abiertos á aquel ó á aquellos que por más ó menos días van á poner un paréntesis á la monótona vida que de ordinario llevan los frailes; tan monótona y solitaria, que esta es una de las razones por las cuales—como ya lo indica nuestro Autor en las páginas 37 y 234—no les parecen apetecibles los curatos filipinos á los clérigos españoles. Piensen en esto los que creen que sería cosa fácil reemplazar á los religiosos con sacerdotes seculares de cara blanca.

10.—*Pág. 60.*—... «echar una *loa* al General»...

Todo lo relativo á las *loas,* al *teatro* y demás manifestaciones del ingenio literario de los indios, véase en *Indios: Literatura de los.*

11.—*Pág. 63.*

Véase *Indios: sus bailes y cantos populares.*

12.—*Pág. 66.*—... «vino á Manila de orden del Rey cuando se estableció la Compañía».

Alúdese á la Real Compañía de Filipinas.—Véase el *Apéndice* correspondiente.

13.—*Pág. 87.*—... «Fr. Gaspar de San Agustín, Agustino calzado, en su historia de Filipinas»...

Se titula *Conquistas de las Islas Filipinas,* etc.—V. el *Apéndice bibliográfico.*—La cita que trae el P. Martínez de Zúñiga la he compulsado escrupulosamente, y sale como se halla en la mencionada obra del Padre San Agustín.—V. lib. II, cap. X, págs. 253-255.

14.—*Pág. 89.*—«El Padre de Táal nos enseñó otra erupción»...

Este Padre era Fr. Gabriel Rodríguez, según se desprende del contenido de la pág. 92, donde se le menciona.—Concuerda con esta noticia la dada por Cano, 202.

15.—*Pág. 89.*

Lo escrito por el P. Pingarrón tráelo también el *Diccionario* de los PP. Buzeta y Bravo (II, 470-471), de donde lo copió Centeno para su estudio *El Volcán de Táal* (págs. 32-33), y de éste tomó la noticia el señor Mas (D. Francisco), para su *poema* del mismo título, pero con la mala suerte de equivocarse en la fecha (pág. 73, nota 21). Claro es que por tratarse de un *Ms.* del que no creo existan copias en la Metrópoli, no he podido compulsar el fragmento citado por nuestro Autor.

16.—*Pág. 91.*—«Consta, por la relación de los Padres escritores de estas erupciones,»...

El principal de ellos es, se me figura á mí, fray Francisco Bencuchillo *(Moral, I, 30)*, cuya obra se conserva inédita en el Archivo de San Agustín de Manila. Aunque nada dicen los bibliógrafos de la Orden Agustiniana, á la que pertenece desde la Conquista el pueblo de Táal, me resisto á creer que no escribiera algo acerca de la erupción de 1754, ó á lo menos de sus consecuencias, el P. Fr. José Victoria, que fué quien dispuso la traslación del pueblo al lugar que hoy ocupa, deseoso de alejar de la isla del Volcán á todos sus feligreses.—Cano, 157.

17.—*Pág. 92.*—... «nos metió dentro del río que va por el pueblo nuevo,»... «río que sale de la laguna,»...

V. *Pansipit,* en *Lugares geográficos.*

18.—*Pág. 94.*—«La mejor parte de la pesca va ahora á parar al capitán y oficiales,»...

Esto es, al gobernadorcillo y á los oficiales reales, como se denominaban ciertos empleados del Estado.

19.—*Pág. 100.*—«Fr. Gaspar dice que Táal fué antiguamente muy grande y que iba disminuyendo»...

Fr. Gaspar de San Agustín, en su obra cit. *Conquistas,* etc.: véase libro II, cap. X, pág. 254, col. 1.ª— En lo demás, véase el *Apéndice* donde tratamos del creciente desarrollo de la población de Filipinas.

20.—*Pág. 105.*—... «como el Arzobispo de Manila se resistía á administrarle el bautismo»...

Éralo entonces D. Fr. Pedro de la Santísima Trinidad, del Orden de San Francisco; y era Gobernador general, como se dice en el texto *(pág. 104),* el señor Arrechederra, obispo electo de Ilocos.—Véanse las biografías de ambos en el *Apéndice* correspondiente.

21. — *Pág. 108.* —... «la de Bauang *(la iglesia)* le excede *(á la de Batangas)* en que tiene una campana que pesa cien arrobas»...

Y no es ésta sola en las Islas, de tanto peso: lo que prueba la solidez de esas torres, en aquel país de terremotos, todas ellas edificadas bajo la dirección de algún fraile.

22.—*Págs. 117-118.*—V. el párrafo del P. San Antonio, que nuestro Autor transcribe.

Sabido es que el mayor rubí de que se tiene noticia—el que perteneció á Isabel de Austria, esposa de
Carlos IX,—era casi del tamaño de un huevo de gallina; y por mucho que *alumbrase,* no sería tanto seguramente como alumbraba la «Antorcha» que en
los tiempos del P. San Antonio teníase por maravilla
inexplicable. La ciencia ha progresado mucho desde
entonces acá, y hoy ya sabemos que existen plantas
fosforescentes que despiden destellos más ó menos
intensos: el *yolismati* es una de estas plantas extraordinarias. Tal es la solución más admisible á mi juicio;
dado que las hipótesis del pedernal y de la piedra
preciosa no pueden tomarse en serio.

23.—*Pág. 130.*—... «los infieles, moros y cristianos que habitan en esta isla».

La generalidad de los autores emplean esta misma nomenclatura: son *moros* los mahometanos de
raza malaya más ó menos pura, en cuya civilización
hay rastros de antiguas barbaries del Oriente, y de
las que hablaremos en lugar oportuno; *infieles (ó gen-*
tiles), los filipinos que por toda religión tienen idola-
trías, más ó menos ridículas, propias de los salvajes,
y *cristianos* no hay para qué decir que son los indios
á quienes nuestros beneméritos religiosos convirtie-
ron á la Fe de Jesucristo.

24.—*Pág. 137.*—... «tampoco se deben permitir
pueblos grandes cuando la gente está muy lejos de
la iglesia».

De entonces acá, la división territorial ha experimentado muchas modificaciones: no sólo se han aumentado las provincias, sino que dentro de cada una
de éstas se han creado nuevos pueblos. El primer aumento se ha hecho con exceso; resulta inconcebible;

pero la política moderna tiene muchas exigencias, y claro está que á mayor número de provincias, mayor número de empleados, y consiguientemente mayor número de compromisos satisfechos. En cuanto al aumento de pueblos, no sólo hay que tener en cuenta la extensión, sino la densidad de los habitantes que la ocupan: existen jurisdicciones de gran área que carecen de los individuos necesarios para formar un pueblo; y en los tiempos del P. Zúñiga acontecía esto en mayor proporción que actualmente. Por lo demás, nuestro Autor, tan sagaz, no debió de echar en saco roto la escasez de religiosos que ha habido casi siempre en Filipinas. Lo que allí hace más falta, es que se cumplan ciertos mandatos de las antiguas ordenanzas de policía y buen gobierno, para que los indios no vivan lo diseminados que viven en la mayor parte de las provincias. Pero la innata propensión de esas gentes á la vida semisalvaje, quizás porque así gozan de una casi absoluta inmunidad, que á ellos les encanta, es y será por largo tiempo la rémora principal con que se luche para la formación de tantas verdaderas poblaciones, cuantas sean necesarias en cada provincia.

25.—*Pág. 141.*—«La antigua rivalidad de estos pueblos *(Salá y Tanauan)* va cesando ya, y con el tiempo se olvidarán enteramente y podrán hacer una iglesia»...

Así ha sucedido en efecto; nadie se acuerda ya de lo pasado. Dudo que entre los indios de Tanauan existan dos que sepan que hubo un pueblo denominado Salá.

26.—*Págs. 144-146.*

La relación que transcribe nuestro Autor no acertamos á saber quién la escribiría; es curiosa, sin duda alguna, y del contexto de la misma, amén de ciertas frases, se deduce su antigüedad. Las reflexiones que me surgieren algunos nombres, hágolas en los lugares donde esos nombres figuran. Añadiré tan sólo que la relación que motiva esta nota debió conocerla D. Sinibaldo de Mas, ó de lo contrario, debió disfrutar del códice original del ESTADISMO: véase la analogía que existe entre lo copiado por nuestro Autor y la pág. 10 del *Estado de los filipinos á la llegada de los Españoles,* en el tomo I de la obra del dicho D. Sinibaldo.

27.—*Pág. 151.*—... «todas cuantas *(plantas)* pone el famoso arte del P. Clain,»...

No hay tal *arte:* el título es muy otro, según puede verse en el *Apéndice bibliográfico.* La obrita, en efecto, tuvo cierta fama, hasta que la desbancó el *Manual de medicinas caseras,* del P. Santa María. Uno y otro libro se estiman hoy á título de curiosidades bibliográficas principalmente; sin embargo, como el segundo es cosa muy práctica, por decirlo así, no es extraño que se hayan hecho de ese *Manual* nuevas ediciones, dada la escasez extraordinaria que de médicos suele haber en las provincias de Filipinas.

28.—*Pág. 160.*—... «y así la sabia ley de Indias que ordena que la tierra que se deja baldía»...

V. *Agricultura, Industria y Comercio.*

29.—*Pág. 162.*—*Bandolerismo.*

Sin perjuicio de tratar este asunto en el extenso trabajo que dedicamos á los indios, no podemos sustraernos al deseo de poner aquí cuatro renglones. Desgraciadamente el bandolerismo ha continuado en

la provincia de Batangas, como en otras; y para que
se vea cuán necesarios son en aquella tierra los castigos ejemplares, ahí están los filipinos honrados en-
careciendo esa triste necesidad de los castigos duros,
como único remedio para atajar los crímenes epidé-
micos. Véase lo que se contiene en el *Cronicón* ó libro
de cosas notables del pueblo de Lipa (Batangas); y
advierto al lector que la copia que conservo está autorizada con la firma del que era gobernadorcillo de
dicho pueblo en Octubre de 1886.—De los disparates
gramaticales... *responda* otro, *no yo;* que me limito á
transcribir, según mi costumbre, fidelísimamente.

« *1854. — Don José Luz* (*). En este año llegó en este
pueblo un Coronel conocido por Potol (dandole este ape-
lativo por estar cortada la una mano) con sesenta soldados de su mando en persecucion de malhechores. Este Sr
muy rigoroso, há mandado asotar á varios individuos
200 asotes alternados ó sean 400 en Totalidad, dejando
encarnisado desde el celebro hasta tras del tobilllo, mu-
riendose unos y otros se dejaron postrados boca abajo
dos á tres meses. Mando afucilar á un malhechor apre-
sado estando en camino en el barrio de Malalimnalodlod
de esta jurisdiccion. En aquel tiempo no solo este pueblo
sino toda la provincia há estado muy quieta y pasifica,
desapareciendose toda clase de hechos punibles como en
especialidad, robos, hurtos, raterias &ra. Todo por temor de aquel Sr. A la zason los honrados agricultores y
propietarios dormian con su riquesa sin sosobra dejaban
sueltos sus animales para cogerlos á la madrugada y
usar en sus faenas agriculas, y no se desaparecian, pero
fue el terror de todos los malvados no solo de los que
son propiamente malhechores, ladrones rateros, osiosos
y jugadores, sino tambien de los que tenian apariencia
de buenos ciudadanos pero se hacian cabesa de picaro
conocido en el pais *Calaquing tandang ó mahin* que en

(*) El que fué aquel año elegido gobernadorcillo.

este idioma dice hombre gallo. Demanera que aquel Sr Coronel fue el refugio de los buenos y la plaga de los malos.»

Durante una buena serie de años, como se desprende de lo transcrito, no hubo un bandido en toda la provincia; pero tanto bienestar no podía eternizarse, según testimonio del *Cronicón* de Lipa, que dice así en la página correspondiente al año

«*1879. — Simeon Luz.* En este año llegó en este pueblo el Sr Comandante D.ª Faustino Villa Abrille en comision para la persecucion de malhechores, habiendo caido en sus manos los famosos tulisanes Nicolas (a) Iğal, Anobing, Pangalang y otros. Este Sr fue el 2.º que apasiguó la provincia, durante el tiempo de su permanencia en este pueblo, se sosegaron los asaltos, robos hurtos y raterias, aunque no fue tan rigoroso, y si justicioso. Es hombre de fuerza que *(á)* un tulisan de constitucion mas que regular con una sola mano suya *(de Villa Abrille)* le cabalga y le apea en la silla del caballo».

Ahora viene lo mejor; porque fué escrito el mismo año en que á mí se me expidió copia de las cosas notables acaecidas en Lipa.—Véase:

«*1886. — Continua el mismo* (*). Aun cuando no se consiga estinguir de un todo los tulisanes, ladrones, rateros, osiosos y jugadores al prohibido, ya es necesario la constitucion en este pueblo ó en la Capital de la provincia de un Comicionado para la persecucion de aquella clase de gentes que sea del caracter y criterio, y energia de aquellos Sres Coronel y Comand.ᵗᵉ Villa Abrille, á fin de que los honrados industriales tanto agricultores como comerciantes no se malogren en sus negocios, apasiguando los robos asaltos detencion ilegal, hurtos de animales y demas hechos punibles. Esto es lo unico que debe esperar este pueblo, pues á pesar de haber sido invadido por

---

(*) *Felipe Reyes*, que figura elegido el año de 1885.

langostas, destruyendo los sembrados de palay, conti-
nuan los comercios y vendra la cosecha cafe principal
recurso de este pueblo, y de donde la requiza *(riqueza)* y
adelantamiento del mismo se debe.
Lipa 17 de Octubre de 1886.

FELIPE REYES». *(Rubricado.)*

30.—*Págs. 165-172.*

La cita tomada de la obra *Práctica del Ministerio,*
debida á la pluma del eximio agustiniano Fr. Tomás
Ortiz, no me fué posible compulsarla; porque ni en
Madrid, ni en La Vid (Burgos), adonde hice un viaje
expresamente, ni en el Escorial, adonde fui también
con el mismo objeto, hallé un solo ejemplar de tan
notable obra; más tarde, en Junio de este año, y
cuando ya estaba impreso el tomo I del ESTADISMO,
di en Valladolid con el interesante volumen que tan
obstinadamente había perseguido. Voy, pues, á reproducir aquí el texto *verdad;* y observarán los curiosos, á más de ligeras diferencias, que las comillas debieran cerrar, no donde las puso el amanuense del
Sr. Cabezas de Herrera, sino al final del párrafo que
figura íntegro en la pág. 172.—He aquí la reproducción exacta de la cita. *(Práctica del Ministerio, capítulo I, § IV, págs. 11-15):*

«N.º 31. Porque muchos naturales, y en especial los
de Provincias distantes de Manila, son muy inclinados á
los Nonos, ó Genios, á Idolatrias, Maganitos supersticiones hechizos, malificios, y brujerias, que tienen mucha
diversidad como tambien la tienen las brujas; y por eso
las llaman con diversos nombres, que son segun los varios officios, que las atribuyen, es necesario que los Padres Ministros, no solo continuamente los prediquen,
arguyan, reprehendan, y afeen tan pestilenciales abusos,
sino que tambien esten muy advertidos, solicitos, y cui-

dadosos, para descubrir las personas inficionadas con
este mortal veneno, y poner contra él el remedio necessario. En las confessiones por el mismo caso que rara vez
se logra que se acusen, se deven hazer quantas diligencias fueren posibles (sin exceder los limites de la prudencia) para ver si algo se consigue, y el que tubiere la dicha
de que se confiesse con él alguna bruja se portará con ella
como enseñan los Authores. Tambien deven hazer cargo
á los Naturales de la obligacion, que tienen de denunciar
al Ordinario.... etc.

»N. 32. Son muchos los abusos, (ó como ellos dicen
los Vgales) que tienen los Naturales contra nuestra santa
Feé, y buenas costumbres, y entre otros son los siguientes. Lo primero, esta Idolatria de los Nonos; sobre que
se deve advertir, que la palabra Nono, no solo significa
Aguelo, sino que tambien sirve para llamar con Respecto
alos ancianos y genios; estos los tienen los Indios debaxo
de la palabra Nono como los tienen los Chinos debaxo de
la palabra Espiritus, y tuvieron los Romanos debaxo de
la palabra Dioses, que otros llamaron, Lares, ó Penates
&c. Con dichos Genios, ó Nonos executan los Indios muchas. y muy frequentes Idolatrias, como son Vg. pedirles licencia, socorro, ayuda, y que no les hagan daño, ni
sean sus enemigos &c. Lo qual hazen en muchas ocasiones, y entre otras son las siguientes. Quando quieren tomar alguna flor, ó fruta del Arbol, le piden licencia al
Nono, ó genio, para poderla tomar quando pasan por algunas Sementeras, Rios, esteros, ó arroyos, Arboles
grandes, Canaberales, y otras partes, piden licencia y
buen pasaxe alos Genios, ó Nonos. Quando son obligados
á cortar algun Arbol, o ano guardar las cosas, ó Ceremonias, que ellos Imaginan, ser del agrado. de los Genios, ó
Nonos les piden perdon, y se escusan con ellos diziendo
entre otras muchas cosas, que el Padre se lo mandó, que
no es voluntad, suya faltar a su respecto, ni contra venir
á su voluntad &c. Quando caen enfermos con la enfermedad, que llaman *Pamave*, y que ellos atribuyen á los Genios ó Nonos (aunque esto lo procuran ocultar con dezir,

que les probo la tierra) les piden salud, y les ofrecen comidas, lo qual executan assi en esta ocassion, como entre
otras muchas, en las Sementeras, Cañaberales, Arroyos,
alpie de algun Arbol grande, que suele sér el mas ordinario algun calunpan, y en otras Varias partes. Este genero de Idolatria esta muy estendida arraigada, y enveje-
zida en los Indios, y por esso es muy necessario, que los
Padres Ministros pongan mucho cuidado, y fuerza para
extirparla, no perdonando diligencia, ni trabajo alguno
hasta anichilarla.

»N. 33. Lo segundo suelen creer muy ordinariamente
los Indios, que las almas de los difuntos buelven asu casa
al tercer dia de su muerte para visitar á la gente de ella,
ó asistir al combite, y por consiguiente para asistir á la
ceremonia del tibao, que tapan, y ocultan con dezir que
se juntan en casa del difunto para rezar el Rosario por
él; y si les dizen que lo rezen en la Iglesia no lo quieren
hazer, por que no es eso lo que pretenden, por lo que el
Ministro impedirá el acompañamiento á la casa de el difunto acavado el Entierro, y no permitirá suban á ella
con pretexto alguno, y menos el dia tercero. = Lo quarto
en consequencia de dicha ceremonia del tibao, ó de su
mala inclinacion encienden candelas esperando ala Alma
del diffunto; tienden vn petate, y en el esparzen zeniza,
para que en ella se impriman las huellas, ó pisadas de la
alma, y por ellas puedan conocer, si vino, ono la alma,
ponen tambien vna fuente de agua á la puerta, para que
quando venga la alma, se labe alli los pies. No parece,
que seria mucho dezer, que estas cosas de los Nonos, ó
genios, y diffuntos las tomaron los Indios de los sangleyes, que estan criados con vnas, y otras cosas pero pide
eficaz remedio.

»N. 34. El Tigbaläg que vnos llaman fantasma y otros
duende, parece ser el genio, ó diablo, que se les aparece
en figura de negro, ó en figura de viejo, ó como ellos
dizen en figura de viejo muy pequeño, ó en figura de cavallo, ó de monstruo, &c. Y les pone tanto miedo, que
vienen á hazerlas amistades con el, y le entriegan el Ro-

sario, y reciben de él cosas supersticiosas como son pelos, yervas, piedras, y otras cosas, para conseguir cosas prodigiosas, y se ayudan de el para algunas operaciones suyas.

»N. 35. El Patianac aquien algunos llaman tambien duende, (sino es ficcion, sueño, ó imaginacion suya,) será el genio, ó diablo, que suele jugar con ellos, como tambien con otros muchos, que perdiendo la Feé, se le arrimaron, lo metieron ó sugetaron. A este atribuyen el mal suzesso de los partos, y dizen, que para dañarlos, ó hecharlos á perder, se pone, ó esconde en algun Arbol, ó otra qualquiera cosa zecana ala casa de la mujer, que está de parto, y alli cantan amanera de los que van bagando. &c. Para impedir el daño del Patianac, se ponen desnudos con las partes verendas al ayre, y se arman con coraza, catana, lansa, y otras armas, y de esta suerte se ponen en el cavallete del tejado, y tambien debajo de la casa, donde por todas partes dan muchos tajos, y rebeses con la catana, y hazen varios ademanes, y machinadas ordenadas al intento dicho. Otros para impedir dicho daño suelen mudar á la que está de parto á otra casa, por dezir que á aquella su casa tiene Patianac.

»N. 36. Tambien atribuian al Patianac entre otras cosas las muertes de los Niños, como tambien al Vsang, y los refieren en la forma siguiente. Dizen que el Pajaro llamado Tictic es el alcaguete del Brujo llamado Vsang, aquien bolando encamina á las casas de las paridas, y que se pone en el tejado de la casa vezina, y desde alli alarga la lengua en forma de hilo, que mete por el trasero del Niño, y con ella le saca las tripas, y le mata. Otras vezes dizen que se muestra en figura de perro, otras vezes de gato, otras de cucaracha. que se mete debajo del Petate, y alli executa lo dicho. Para evitar este daño hazen algunas cosas de las dichas. = Atribuyen asi mismo al Patianac el descaminarse, operder el camino los caminantes; y para acertar con el camino se desnudan y ponen las verguenzas al ayre, y con esta diligencia dizen, que ya acertaron con el camino: porque entonces

10 *

el Patianac les tiene miedo, y ya no puede descaminarlos.

»N. 37. El Bongsol que vnas vezes dizen ser varios Durujones, que causa el Brujo Ganay, y corren por todo el cuerpo del echizado, el qual suele quedarse algunas veces como muerto, ó desmayado, y otros como loco, ofurioso con la vista del Ganay, que se le aparece en varias figuras. Para curar este mal ó echizo llaman á otro echicero, que despues de los echizos, ó diligencias, que luego se diran le suele dexar como se estaba otras vezes dizen parece ser enfermedad natural, ó dolor de estomago causado de obstrusiones, ó Durojones, que se crian en el estomago, ó asulado, ó de frialdades, que se mudan de vna parte á otra de que comunmente adolecen las mugeres de esta tierra. Pero quando no la puedan curar con la brevedad, que ellos quieren, suelen dezir, y en especial los Medicos, que dicha enfermedad es Bongsal, esto es echizo, y que ninguno la puede curar sino solo el que es de la facultad, esto es algun echicero. Traen pues vn echizero, quien executa las cosas de su facultad, y llama al primer echizero, que dizen causo dicho echizo, y no mejorado de la enfermedad, concluye su funcion, diziendo, que dicho primer echizero esta lejos, y no hapodido oyrle, y por esso no havenido, para poder curar dicha enfermedad, y de esta suerte dexan al enfermo consus dolores.

»N. 38. La ceremonia, ó supersticion del Bilao se ordena adescubrir con ella algun ladron, y se reduce á poner en un Bilao, Arnero, ó Criva vnas Tixeras clavadas de punta, en figura de Aspa de San Andres y en ellas cuelgan su Rosario, y luego van diziendo el nombre de cada vno de los que estan presentes, y que para ello se juntaron; y si al nombrar Vg. el nombre de Pedro se menea el Bilao, dizen, que Pedro es el Ladron. = Tambien suelen encender candelas á San Antonio de Padua, al fin de descubrir al ladron de alguna cosa, para lo qual se ponen á rezar (y acaso á dezir ó hazer cosas indecentes, y esperan á que la luz de la Candela se incline á alguno de los circunstantes Vg. á Iuan, y entonces dizen que Iuan, es el ladron. Es muy ordinario en los indios el traer consigo varias cosas para conseguir efectos marabillosos. Vg. zedulas escriptos, Oraciones, viziadas ó misturadas con palabras ordenadas á su mal intento, yervas, raizes, cascaras, pelos, pellejos, huesos piedras, &c. Para efecto de no poder ser vencidos de no poder ser muertos, ó cogidos de la justicia, de conseguir riquezas, mugeres y otras cosas. Son tambien moy inclinados acreer agueros, y dias de aciago, sobre que suelen tener varios quadernos manoescritos, que se les debian quemar.

» N. 39. Suelen los Naturales circuncidar á los muchachos, y aunque hazen la Circuncision rompiendo el á lo largo el pellejo del Miembro viril, y no en redondo pero parece, que esso sea de material, respecto de que esta Ceremonia se discurre, que la introdugeron los Moros de Borneo, Mindanao, ó Holo, en Philipinas, como tambien la palabra Biñag, de que han vsado para bautizar, y para dezir Christiano, y la palabra simba que pareze significa entre ellos adoracion, y de aqui latraian para dezir sus templos, y mezquitas, y los tagalos la tomaron no para dezir adoracion, sino Iglesia, y despues la vsaron para dezir á Misa, loqual nunca pudo significar. No solo circuncidan á los hombres sino tambien á las mugeres doncellas, niñas, ó dalagas lo qual ellos llaman sonad. Y se reduze acortar ó abrirse algo. Si bien algunos y congran fundamento, afirman, que tal ceremonia á si en ellos como en ellas mas es hija de la Luxuria, que de el Judaismo. Suelen tambien medir, ó cotexar las armas, que hacen Vg. midiendo apalmos la catana, y rezando al mismo tiempo el Padre nuestro, y si al acabar de medir la corresponde, ó tocó dezir la palabra *perdonanos*, dizen que ya no pueden ser castigados mas que maten gente &c. Parece se há introducido en las mugeres recien paridas no ir á la Iglesia esperando el dia Quadragessimo, ó sexagessimo como dizen de la Purificacion de sus cuerpos, en que no solo faltan al precepto de oyr Missa sino que tambien executan vna ceremonia Mosayca.

»N. 40. Suelen estar tambien los Indios inficionados
de muchos errores, que fuera cuento largo el referirlos
por lo que los Ministros andarán con gran cuidado, para
extirparlos, por que aunque en vnos no cause gran daño
por su ignorancia, y falta de advertencia en otros si Vg.
Angel catutubo que en rigor significa, que el Angel de-
guarda mio, nacio Iunto conmigo, ó al mismo tiempo
que yo, para quitar peligros digasé Angel taga tanor, y
assi en otras lenguas.

»N. 41. Vltimamente son tantas las supersticiones,
Agueros, y errores, que se hallan entre los Indios, que
seria muy dificultoso, ó imposible referirlos todos. Hanse
referido los arriva dichos para que por ellos puedan los
PP. Ministros examinar otros; advirtiendo, que entre los
Indios se dan sectarios, y Predicadores de varias sectas
falsas, y espccialmente en las Provincias distantes, ó ya
sea porque ellos tenian sectas falsas antiguamente, y
prosiguen con ellas, ó ya sea por que las tomaron (que
acaso es lo mas cierto) de los Holoes, Mindanaos, Sangleyes, y otras naciones gentilicas conquienes suelen
communicar.

»N. 42. Quando se eclipsa la Luna, suelen los Indios
de varias partes salir á la calle, ó alcampo con campanas,
Panastanes &c. Las quales tocan con grande fuerza, y
apresuracion para de esa suerte de fender á la Luna, que
dizen, la esta comiendo, ó tragando el Dragon, Tigre, ó
Cayman. Y lo peor es, pará dezir el eclipse de la luna, es
muy general en Philipinas vsar de esta misma lo que la,
diciendo: el Dragon, Tigre, ó Cayman se tragó la luna. Y
los Tagalos vsan tambien de ella, y dicen. *Linamon nang
laho bovan.* Todo esto parece, que los Indios lo aprehen-
dieron de los Sangleyes de China, donde se executa, y
practica todo lo dicho á la Letra. Y no es razon dexarles
con estos abusos de los Chinos, y no enseñarles los vsos,
y verdades nuestras. Todo lo dicho en este §. no es vniversal en todas partes por lo que aunque todos los Ministros deven estar solicitos para averiguar si lo ay ó no en
sus Ministerios, no deveran pasar areprehender lo que

no supieren de cierto pues esso seria quizas enseñarles lo
que vamos aextirpar.»

31.—*Pág. 192.*—... «han hecho contrata... á un
precio tan barato que no pueden costearse sin extra-
viar alguna cosa.»

Del *extravío* de antaño á la *irregularidad* de hoga-
ño no hay dos dedos de diferencia. Acerca de cómo
extraviaban el tabaco, la bonga y otros artículos estancados, hay en el ESTADISMO páginas muy curiosas
(en particular la 253), como hacemos notar en el *Apéndice* correspondiente.—V. *Administración de Hacienda:
Rentas.*

32.—*Pág. 210.*—*Milagro.*

Los antiguos cronistas de Filipinas son á cual más
milagreros, por decirlo así; nuestro Autor quizás sea
el primer religioso que rompe con la tradicional costumbre de aceptar en absoluto todos los que hasta
entonces venían pasando por milagros. No es esto
negar que se verificara el del caimán á que se refiere
el texto que comento; de otros más extraordinarios
dan noticia las crónicas, y tampoco me permito dis-
cutirlos, ni menos negarlos: sólo el P. Fr. Casimiro
Díaz, en su segunda parte de la obra de Fr. Gaspar
de San Agustín, *Conquistas de Filipinas,* etc., los pone
por docenas (lib. I, cap. XI; lib. II, caps. I, II, VI,
XVIII, XX, etc., etc.); algunos de los cuales son objeto
de discretas notas del P. Fr. Tirso López. Pudiera
citar aquí muchos ejemplos de casos maravillosos;
mas como ocuparían excesivo espacio, limítome, en
cuanto á los milagros, á algunos ejemplos solamente,
que se contienen en una que, por parecerme muy
rara relación, merecen ser transcriptos.

✠

Carta que escriuió el P. Fr. Iuan Garcia Racimo, etc.
(Madrid, 1671.) ·

(Pág. 3.ª, col. 2.ª:)

«En el Conuento de N. P. Santo Domingo de Manila,
estando vn Religioso en el Coro, vió que entró N. P. S.
Francisco dentro en la Capilla mayor, y los dos Colaterales, y Altar mayor incensó, y boluiendose azia el Coro,
por señas, mandó al Religioso que se saliera fuera, y al
mismo instante se cayó toda la Iglesia, menos lo que el
Santo auia incensado.»

(Seguido:)

«Auiendose comido vn cayman a vn Indio todo un
lado, de lo qual murio, lleuandolo a la Iglesia para enterrarlo, el Obispo mandó que el cuerpo se pusiesse junto
a vna Imagen de nuestro P. S. Francisco, y dixole al
Santo, que no lo auia de enterrar, hasta que se le restituyera; y auiendolo dexado toda aquella noche, por la mañana hallaron el cuerpo todo entero, sin que le faltasse
nada.»

(Seguido:)

«Teniendo guerra los Españoles con los Chinos, doze
mil dellos fueron a demoler, y quemar el Conuento de
S. Diego, que esta quatro leguas de Manila, en vn Lugar
llamado Polo. Salió el Santo y a cordonaços arrojó la
mayor parte de los Chinos a vn rio, en que se ahogaron;
los demas que quedaron, fueron a manos de los Españoles, que los acabaron de matar; saluo algunos que por la
presencia de los Religiosos fueron libres, que como los
señores españoles son tan corteses, y tienen tanto respeto a las cosas dedicadas a Dios» ... «en la presencia de los
Religiosos no se atreuieron a executar el orden que lleuauan de su Señoria, que era, que los passaran todos a
cuchillo...»

(Sigue el párrafo:)

«Tambien vna Imagen de N. P. S. Francisco, estuuo cinco dias llorando sangre viua» (*).

(Siguen otros milagros; fol. 4.º, cols. 1.ª y 2.ª)

(Pero el más extraordinario va á la pág. 3.ª, col. 1.ª:)

«Contaronme los mismos Olandeses, como auian ido a correr las costas de las Islas Filipinas con diez y ocho nauios, y que auian encontrado con vna nao sola que iva de la America cargada de plata para el socorro de Manila, y que la tenian sitiada, los cordeles preuenidos para amarrar los Españoles, y que el Galeon S. Diego, que assi se llamaua el Español, começo a despedir de si no valas, sino es rayos, y que en menos de quatro horas les auia echado a pique siete nauios, y ella no auia recibido ningun daño, y assi trataron de huirle el cuerpo, y auiendo caminado aquella noche con buen viento, por la mañana se hallaron enredados con el Galeon S. Diego, y que les auia dado los buenos dias con echarles otras dos naos a pique, y que los Españoles se subian á las Gauias, y a grandes vozes dezian: Aguardad Olandeses, no huyais a Españoles, que somos pocos, y viendo que no les podian dar alcance, boluió la proa a su Ciudad de Manila, y con prosperos sucessos entró en su Puerto, vestida de Gallardetes, publicando vitorias, y gloria a Dios, y que en otra ocasion fueron sobre Cabite, jurisdicion de Manila, con doze nauios: començaron a batir el Conuento de San Diego, que está en la orilla del agua, y que en lo alto del texado se auia puesto vna Muger vestida de blanco, y con sus manos cogia las valas en el ayre, y las boluia a

---

(*) Los PP. Jesuitas refieren otro milagro un tanto análogo á éste: «Predicó San Xavier el Evangelio en las Indias diez años, y en memoria de estos, se hacen Oraciones, ó otras Devociones diez Viernes seguidos, en honra del Santo. Se ha fijado esta Devocion á los Viernes, porque murió el Santo en la Isla de *Sanciam*, Viernes 2. de Diciembre de 1552. y tambien porque el último año de su vida, el Crucifixo del Oratorio del Castillo de Xavier, sudó sangre copiosa todos los Viernes, la que no cessó hasta su muerte».—Así la nota de la pág. 105 del tomo I de las *Cartas edificantes.*

repetir con mayor fuerça que la poluora la despedia de si, y no me espanto, que es muy fuerte el braço de la que fue concebida en gracia en el primer instante de su ser:»...

Por lo que respecta á casos maravillosos, estupendos, hé aquí un *botón* curiosísimo; transcribimos íntegra la siguiente

☩

RELACION
VERDADERA DE GRAN
ADMIRACION Y ESPANTO, Y DIGNA

de fer contada, laqual embió el Padre fray Lucas de Soto, Re- | ligiofo Defcalço de la Orden de San Francifco, defde la ciu- | dad de Manila en las Filipinas, a su hermano que Die- | go Lopez de Soto, mercader de la ciudad de Lisboa, dandole | cuenta de los grandes suceffos y prodigios, y defgracias que | a auido en la villa de Frefno, y en otro lugar que fe llama Val- | hermoso, distantes dos leguas de la ciudad de Manila en las | Filipinas, y porque son dignas de fer contadas, efcriuo | efta Relacion, que fucedio a veyte y quatro de | Mayo, de 1622. y duró hasta a tres de | Agofto, del mismo año, cada | dia fu prodigio.

Contecio que en 24. de Mayo de mil y seyscientos y veyte y dos años, en la villa de Fresno, y en otra que se llama Valhermoso, distante dos leguas de la ciudad de Manila, en las Filipinas, andaua en estos dos lugares vn hombre dando vozes de noche, vnas veces en vn lugar, otras veces en el otro, y diziendo: Ay de ti villa de Fresno! Ay de ti Valhermoso! que aueys de venir a ser perdidas, y assoladas, assi vosotras como vuestras haziendas. Lo qual aunque se hizieron hartas diligencias para coger este hombre, jamas vuo orden ninguna, assi en vn lugar como en el otro. Si le oyeran aqui, que les parecia que estauan ya junto a el, ya daua vozes en otra parte. Fue de suerte, que por diligencias grandes que hizieron, y con grandissimo cuydado que anduuieron, jamas vuo orden de poder dar con el que parecia cosa inuisible. De manera, que toda la gente andaua espantada, y atemorizada, y no sabian que hazerse, ni adonde yrse, vnos con otros echando mil juizios, que que podia ser aquella voz: y si atemorizados y confusos estauan de noche, mucho mas lo estauan de dia, segun los prodigios veyan, y cosas tan espantosas, que son dignas de ser contadas.

El primer dia, vieron como por espacio de tres oras y media peleó el Sol con la Luna, y la vencio el Sol. Y al cabo desto dentro de una ora larga, vino vna obscuridad tan grande, que con ser de las doze, á la vna del dia, no parecia sino vna noche obscura y tenebrosa, que naturalmente parecia vna boca de lobo. Vino a ser tanto, que fue necessario encender luzes, duró mas de quatro oras esta obscuridad.

Desde alli a cinco dias, vieron como en el ayre estaua vn Dragon, y vna Serpiente, peleando el vno con el otro, y la Serpiente echaua por la boca grandissimas llamaradas de fuego, anduuieron peleando estos dos animales mas de quatro oras largas, con con todo esso vencio el Dragon a la Serpiente.

De alli a doze dias, vieron como un rio muy grande y caudaloso, que se llama Melamber, que confina con las murallas de esta villa de Fresno, lleuaua sangre, y duró esto mas de tres dias.

Despues desto vieron leuantarse tanta abundancia de ratones, que vna cosa era dezirlo, y otra cosa era verlo, porque eran sin numero, y los ratones desta tierra son tan grandes como los gatos de España, y fueron tantos, y en tanta abundancia, que quitauan la vista de los ojos, y mas que si fueran personas de entendimiento, y aquella gente les vuiera hecho muchos agrauios, no hizieran el estrago que hizieron. Y fue que a cualquier persona que topauan en la calle, se abalançauan a el, y le azian del gaznate, y no le dexauan hasta que le auian ahogado. De manera que era que no se atriuian a andar por las calles, ni salir de casa. Duró esto mas de tres dias en la villa de Fresno, sin otros quatro o cinco dias que hizieron el destroço en el campo, que a todos los panes les cortauan las espigas, y las desmenuzauan en el suelo. Demanera que los dexaron perdidos todos los panes que no fueron de prouecho ninguno.

Y en fin desto, luego vieron papablemente algunas personas esta abundancia de ratones passar este rio Malamber, que es muy caudaloso, que está entre los dichos dos lugares de Fresno, y Valhermoso, y el mismo estrago y destroço que hizieron en la villa del Fresno, assi en la gente como en los panes, lo mismo hizieron en Valhermoso, que quedaron de la misma manera destruydos los panes, y mucha gente por manos de los ratones.

Demas desto les vino de alli a vnos dias una tempestad de agua y piedra, que para esta tierra era cosa muy nueua, que quedaron estos dos lugares assolados y destruydos, porque no se podian fauorecer vnos a otros, y quedaron sin gente ninguna. Duró esta tempestad mas de tres dias, y assi perecieron todos. Demanera fue, que en la ciudad de Manila, que es en las Filipinas, quedaron todos espantados, y admirados de auer visto semejantes prodigios. Oy dia cuentan y no acaban de semejantes sucessos y estragos como sucedieron, y hombres de mucha edad dizen que jamas han visto tales ni tan espantosos prodigios.

Y assi ruego yo a su diuina Magestad se sirua de aplacar su ira, y nos mire con ojos de piedad, y nos dexe acabar en su santo scruicio, y nos dé buena muerte, por su muerte santissima, Amen, que bien lo emos menester, porque estamos metidos entre enemigos cossarios, y assi tenemos necessidad del amparo de su diuina gracia, y tener grandissima defensa con nosotros, que quien anda

entre enemigos, como son los parientes de v. m. que no
andan entre pocos. Y assi para su defensa dellos, y de mi,
suplico a v. m. se sirua de embiarme algunas reliquias de
santos para traer consigo, y para personas conocidas y
parientes de quien recibo particular merced. Nuestro Señor guarde a v. m. los felices años que yo desseo, y su
diuina Magestad puede darle. De Manila y de Agosto, a 8.
de 1622. años. Su hermano de v. m.

Fray Lucas de Soto.

(A la v., pág. 4.ª y última:)

Y dicho Diego Lopez de Soto, viendo esta relacion de
su hermano, y la certidumbre que el portador della con
otros mercaderes que venian de aquellas partes le hicieron, como testigos de vista, dio cuenta dello á su Señoria
Illustrissima, el Arçobispo de Lisboa, el qual dio licencia
para que se imprimiesse.

Con licencia, Impreffa en Lisboa por | Antonio Alua-
rez, año 1623.

33.—*Págs. 221-222.*—... «hasta que lo desengañó
(al Gobernador Fajardo) el provincial de San Agustín»...

«El Padre Provincial de San Agustin Fray Gerónimo Medrano se resolvió á desengañarlo, le manifestó el estado de la Republica, y lo que se decia de
su privado Venegas».—Martínez de Zúñiga, *Hist.,*
cap. XVIII, pág. 305.

34.—*Pág. 225.*—«Los religiosos que viven en este
convento son los empleados en los oficios,... los locos y los legos».—... «convento *(otro)* bastante capaz
para mantener el coro..., locos y viejos que están
cansados de administrar á los indios».

Hoy los casos de locura entre los religiosos son
muchos menos que antes. Se comprende perfecta-

mente que algunos perdiesen la razón, y lo que parece raro es que no enloquecieran en mayor número. ¡Qué vida la de aquellos pobres misioneros!... No ya la nostalgia, que es bastante martirio, sino el aislamiento en que necesariamente viven, más espantoso aún en las primeras décadas de nuestra dominación. Hay todavía ministros que se pasan meses y meses sin ver un solo compatriota; sin hablar en castellano; sin poder cambiar ideas con nadie absolutamente. La vida de los religiosos en comunidad, por austera que sea, ofrece la ventaja de que, en ciertas horas, es posible esparcir el ánimo, departiendo unos con otros sobre muchas cosas de las cuales con los indios no es posible tratar, por su ignorancia, por su escasa capacidad, porque, en último término, no comprenden otro lenguaje que el sencillo, el elemental, el rudimentario que han mamado. La antigua credulidad, exagerada en muchos, les solía llevar á ver visiones, á experimentar fenómenos, hoy no tan comunes: en las crónicas puede verse cuántos frailes vivían atormentados por duendes; horribles pesadillas que á la larga desequilibraban las facultades mentales (*). Los que se imaginan á los misioneros de Filipinas, sin conocerles, dándose *la gran vida*, ¡qué lejos se hallan de la exactitud! Si doloroso es vivir á miles de leguas del medio ambiente nativo, mayor lo es aquella abrumadora soledad, que tanta melancolía infunde en el ánimo de muchos.

35.—*Pág. 230.*—«En virtud de esta cesión se hicieron cargo los Dominicos de la enseñanza de los niños, y con licencia del Gobernador y Arzobispo se erigió la casa de Guerrero en colegio»...

(*) Uno de éstos fué el famoso P. Fernández Navarrete, autor de los *Tratados históricos de China.*

Eran entonces: Gobernador, D. Sebastián Hurtado de Corcuera; Arzobispo, D. Fr. Fernando Guerrero, ambos famosos por sus infortunios.—V. las biografías de estos dos personajes y *San Juan de Letrán: Colegio de.*

36.—*Pág. 235.*—«Parece muy extraordinario que se nos obligue á pagar el 3 por 100 para un Seminario que, después de todo, no nos sirve de utilidad ninguna».

Dada la franqueza del Autor, ¿qué hubiera escrito si lo hubiese hecho setenta años más tarde? En general, los principales enemigos de los españoles en Filipinas—como aconteció en América—lo son los más de los curas del país, los mismos cuyos seminarios se sostienen con el 3 por 100 que dan los frailes. Á propósito de unos y otros—frailes y clérigos—tengo una obrilla que se ha leído bastante; remito, pues, al lector á ese librillo, si bien no puedo menos de reproducir aquí una extensa nota del Sr. Jimeno Agius, hoy intendente de Hacienda en el Archipiélago, el cual señor, á las págs. 15-18 de su folleto *Población y Comercio de las Islas Filipinas,* dice lo siguiente ante la cifra *748 clérigos indígenas,* que había en el año de 1876:

«No es para tratada incidentalmente la cuestión que entrañan estas cifras; mas por lo mismo que es muy importante no debe desaprovecharse ocasión alguna de llamar sobre ella la atención de nuestros hombres de gobierno, y esto es lo que vamos á hacer, ya que no reproduciendo todos los documentos en que se contiene la opinión contraria á la colación de Órdenes sacerdotales en favor de los indígenas, porque esto fuera imposible, recordando la sublevación ocurrida en Cavite en 1872, y presentida por el ilustrado general Sr. Gándara cuando, después de demostrar que los clérigos indígenas no reunen las condiciones de ilustración y virtud indispensables para el desempeño de su altísimo ministerio, decía en una interesantísima Memoria que se le atribuye: «Cuan-»do reunan estas condiciones, ¿tendrán el patriotismo de »las Órdenes religiosas? ¡Quiera Dios que esta clase no »sea un peligro para España!»

»Del mismo modo opinaba el Sr. D. Patricio de la Escosura.

«Los eclesiásticos indígenas, se lee en el capítulo VIII »de su notabilísima Memoria, salvas contadísimas excep-»ciones, son aquí, ó una mengua para el Clero, ó un peli-»gro para la colonia. En este punto, como en todo, es pe-»nosa obligación de mi empleo decir al Gobierno de S. M. »la verdad desnuda, tal como en mi leal saber y entender »lo comprendo, sin consideraciones de ningún género. »Siento que mis informes redunden en descrédito de cla-»se alguna; medito mucho, por lo mismo, cuanto escribo; »pero como antes que todo es el cumplimiento de mi »obligación, trato de cumplir con ella á toda costa, en la »seguridad de que el Gobierno sabrá hacer de mis fran-»cas observaciones el uso prudente que convenga.»

«He dicho que los eclesiásticos indígenas son, gene-»ralmente hablando, una mengua para el Clero, y así es »la verdad, por desdicha. En los más de ellos, la instruc-»ción no profundiza lo bastante para no ir desapareciendo »con el tiempo; su moralidad se resiente siempre de la »propensión natural de los orientales á la molicie; rara »vez, rarísima, es su castidad ejemplar, y la invencible »pereza, en fin, que es la plaga dominante en este país, »los hace poco á propósito para el desempeño de las fun-»ciones pastorales, que tanta virtud, tanto celo y tan con-»tinua diligencia requieren.»

«Añádase á esto que el pueblo no los mira, ni cabe en »lo posible que los mire nunca, más que como individuos »de su propia raza, que está habituado á considerar como »inferior á la europea y á ella sometida, y se compren-»derá facilísimamente cómo los coadjutores (que no sue-»len, por regla general, pasar de esa categoría los indíge-

»nas) ocupan en el orden sacerdotal aquí un lugar ínfimo,
»desairado, y á veces mucho peor que desairado.»

«Descuellan, sin embargo, algunos, aunque pocos,
»muy contados entre la muchedumbre de clérigos indíge-
»nas. cuyo menor defecto es la nulidad absoluta; pero
»esos que descuellan, es rarísimo que dejen de ser un pe-
»ligro para la colonia.»

«Con más ó menos fundamento, con prevención ó por
»convencimiento, pero siempre que aquí se distingue un
»clérigo indígena, por su saber ó por su actividad, siem-
»pre que se le ve prosperar en su carrera, siempre que
»brilla de un modo ó de otro, se produce infaliblemente
»el mismo fenómeno moral: la opinión pública designa al
»interesado como *insurgente,* y los descontentos le bus-
»can y rodean, y los leales se abstienen, más ó menos
»declaradamente de su trato.»

. . . .

«Los clérigos indígenas ó mestizos, lo mismo que los
»abogados de esta clase, excediendo el nivel de sus razas
»en virtud de su carácter profesional, no alcanzan nunca
»á equipararse con los europeos, ni pueden aspirar, con
»probabilidades de buen éxito, á los primeros puestos de
»sus respectivas carreras. Colocados así en continuo con-
»tacto con el fruto prohibido, naturalmente su ambición
»se excita y enardece, y como, por regla general, cuanto
»más se acercan á la meta más insuperable encuentran la
»barrera que tocarla les impide, degenerando en pasión
»envidiosa, engendra en ellos un espíritu de oposición
»sistemática á la supremacía española, muy parecida al
»de insurgencia, ya que no tan graduado siempre, que
»pueda de delito calificarse.»

«Las consecuencias de tal estado de cosas, fácilmente
»se deducen; y calcular su gravedad es obvio, teniendo
»en consideración que, como los abogados son los gesto-
»res, por privilegio, de todos los intereses sociales de más
»importancia, y los clérigos dirigen las conciencias, una
»y otra clase tienen grandes medios de influir en los in-
»dios.»

»Otros muchos vaticinios en igual sentido pudieran citarse, por ser cuestión en que han estado unánimes cuantos de ella se han ocupado, pero nos limitaremos á reproducir lo manifestado por D. Sinibaldo de Mas en el capítulo «Política interior» de su libro *Estado de las Islas Filipinas en 1842*, y esto porque, no habiéndose tirado de dicho capítulo más que contadísimos ejemplares, por lo delicado de las materias en él tratadas, es muy poco conocido, no obstante ser tan leída la excelente obra de que forma parte. «Es preciso hacer, dice aquel ilustrado escri-»tor, de modo que en cada pueblo haya un cura español, »siendo preferible dejarle sin ministro que el ponerle á »cargo de un clérigo filipino. Nada puede hacerse tan di-»recto para promover la emancipación de Filipinas, como »el ordenar de sacerdote á los indígenas. Algunos obser-»van que son ineptos y viciosos, y, por consiguiente, no »infunden respeto, ni ejercen influencia, ni son temibles, »Mas si un clérigo filipino vive de la crápula y aun come-»te, como ya ha sucedido, atroces delitos que le conduz-»can al patíbulo, no por eso deja de ser sacerdote y de-»grada á la clase que corresponde, y socava el prestigio »de santidad que circunda el carácter religioso. Y esta »idea de que por ser filipino no debe causar sombra, que-»da destituída con el reciente hecho de Tayabas, donde »un simple donado, mozo y sin ninguna cualidad perso-»nal ó antecedente que le hiciera venerable, pudo amoti-»nar una población y armar una turba de tres á cuatro »mil hombres, hasta el punto de hacer fuego contra sus »propios pastores, matar al Gobernador de la provincia y »atacar á las tropas nacionales, sin que fueran bastante »para estorbarlo los ejemplares impresos de la amonesta-»ción del Arzobispado de Manila, ni los frailes españoles »de los territorios vecinos» (*).

»Á continuación de tan terminantes frases, cita D. Sinibaldo de Mas trozos en igual sentido de una exposi-

---

(*) Llamábase este donado Apolinario de la Cruz.—V. los *Apuntes biográficos*, en el *Apéndice* correspondiente.

ción del Capitán general al Rey. fecha 25 de Noviembre
de 1804 (*), otra del Ayuntamiento de Manila, 'de 12 de
Julio del mismo año, una carta de Fr. Gaspar de San
Agustín, de 8 de Junio de 1725, sobre las consecuencias
de poner las islas en manos de indios ordenados de sacerdotes, y otra exposición dirigida al Rey por el Capitán
general D. Pedro Sarrio, en la que se dice: «La experien-
»cia de dos siglos ha enseñado que en todas las guerras,
»sublevaciones y alzamientos, han tenido los párrocos re-
»gulares la mayor parte en la pacificación de los inquie-
»tos. Se puede asegurar que en cada ministro europeo
»tiene V. M. un centinela que está en observación de to-
»das las acciones y movimientos de los indios. para dar
»parte á este Gobierno de todo lo que ocurre. Y al contra-
»rio, como casi todos los españoles viven en Manila y sus
»inmediaciones, si todas las parroquias estuviesen en ma-
»nos de clérigos indios ó mestizos sangleyes, carecería el
»Gobierno de aquellos conductos por donde con toda se-
»guridad se le comunicasen las luces y noticias necesa-
»rias. El ser sacerdotes no les desnuda de la calidad de
»conquistados, ni del afecto natural á sus paisanos é igua-
»les. Aunque la benignidad de la legislación debe hacer-
»les suave el yugo de la sujeción, la poca reflexión de al-
»gunos pudiera alguna vez que les pareciese una carga
»pesada. Demos que los clérigos no influyan positivamen-
»te contra la debida subordinación, pero siempre queda
»el recelo de que sean omisos en apagar cualquiera chispa
»en sus principios, y en comunicar á los jefes aquellas no-
»ticias conducentes para aplicar á tiempo el remedio. De
»esto tenemos un reciente ejemplo en el mes de Febrero
»del presente, con el suceso de la provincia de Bataan,
»donde es constante que dos curas eran sabedores de la
»alteración de ella y motín que se disponia contra el res-
»guardo del tabaco, en que perecieron un teniente visita-
»dor y diez y siete guardas, y con todo, no dieron parte,
»ni al Arzobispo, ni á este Gobierno.»

(*) Era á la sazón Gobernador general de Filipinas el Sr. D. Rafael María de
Aguilar, citado por nuestro Autor algunas veces.

»De antiguo, pues, concluye el Sr. Jimeno Agius, viene señalado el peligro, y tristes sucesos han dado por
completo la razón á los que han considerado al Clero indigena como funestisimo elemento para la integridad de
la patria. ¿Qué más se necesita para adoptar una determi-
nación radical en el asunto? ¿Qué clase de consideraciones pueden oponerse todavía á la clausura definitiva de
las cátedras de Teología establecidas en Manila, y á su
reemplazo por cursos de agricultura, de náutica, de comercio, de industria, de las llamadas escuelas de artes y
oficios y de estudios análogos, mediante las que podrían
los jóvenes del país proporcionarse decorosa subsistencia, con beneficio manifiesto para el Archipiélago y sin
riesgo alguno para la dominación española?»

Bastante ha dicho y ha copiado el Sr. Jimeno
Agius para que nosotros digamos ni copiemos por
ahora una sola palabra sobre este tan enojoso asunto.

37.—*Pág. 236.*—«Hay también en Manila una casa
de recogidas, adonde el Provisor envía algunas mujeres malas para que se las castigue y enseñe á vivir
bien»...

Debía de ser esta casa de fundación reciente; porque según Real orden de 18 de Noviembre de 1777,
S. M. echaba de menos la existencia de establecimientos de esta índole, é *insinuaba* al propio tiempo
la necesidad de que se *promoviera* y *estableciera* «un
»HOSPICIO CIRCVNSTANCIADO donde se recoja innume-
»rable gente que por la corrupcion de costumbres y
»amor al libertinage les hace declinar á estos estre-
»mos deplorables». La *insinuación* no pasó inadvertida; en prueba de ello, el ministro de Justicia D. Manuel del Castillo y Negrete, con fecha 30 de Septiembre de 1779, enviaba impresas al Monarca unas bien
meditadas *Ordenanzas ó Instrucciones*, precedidas de

un *Discurso,* del cual conviene reproducir algunas frases:

«22. Lo que si alteró nuestros ánimos, y estimuló nuestra conciencia fué la experiencia, que nos dió el Tribunal, notando absolutamente desarmada la Justicia, pues con harto dolor nuestro y demas Ministros del Rei no la podiamos administrar, ó poner en execucion en los casos, y causas que ocurren, por no haver vna Casa de recogimiento, donde poder contener y castigar el vicio de la luxuria, tanto mas reparable quanto mas se experimenta en aquel sexo, á quien la Naturaleza favorece con la innata especial propension de la verguenza, (1) vicio frequente en esta Capital, tan cruel y execrable que no perdona la irracional, (2) é infeliz victima de la simple, é inocente hija, ni la innatural (3) é infernal oferta de la amante mas honesta y casta esposa;»...—*(Pág. 40.)*

. . . .

(Número 33.)—«Es cierto, y asi lo vemos que la natural voluntaria fecundidad (4) de estos Paises en todas las Estaciones del año presta con poco, ó quasi ningun trabajo los alimentos necesarios, de que ordinariamente vsan sus naturales; que los Mares, con sus Playas, las Lagunas, Esteros, Rios, y Arroyos, y aun las Sementeras en los tiempos sin comparacion pluviosos les dan abundante pesca; que los Montes, Riscos, Valles, Begas, y Riveras les franquean en todas las estaciones del año agradables, gustosas, y sabrosas Frutas, Yerbas, y Raizes, que á beneficio solo del fuego sin ningunas otras sales, ni condimentos les alimenta, cria, nutre, y mantiene; que

---

(1) Vide J. Cothofred. ad Leg. 2. de Reg. jur.—*N. de Castillo y Negrete.*

(2) Vide leg. 6. Cod. tit. 40. lib. 9. et ad ejus exposit. Lúcas de Pennas: es vna de las causas por que los hijos salen del poder de los Padres: vide leg. 18. tit. 18. Part. 4.—*Ibid.*

(3) Apost. ad Ephes. 5. viri diligite uxores vestras, sicut Christus Eccletiam dilexit vnusquisque exorem suam sicut se ipsum diligat. vide Glos. 3. Greg. Lop ad Leg. 4. tit. 27. Part. 4.—*Ibid.*

(4) Virg. L. 2. Georg. Namque aliæ nullis hominum congentibus, ipsæ. Sponte sua veniunt.—*Ibid.*

la temperie, ó clima de estas Istas es tan benigno y suave que ningun dia, ni noche necesitan, fuego, ni hogar donde refugiarse, ampararse, ó libertarse de la crudeza, ó rigor de los tiempos; y que notamos en los que mas desean las racionales comodidades, que no se valen, ni vsan de otros materiales que la Caña, Bejuco, y Nipa para construir sus chozas Barracas, ó Cabañas entretejidas, ó enrejadas, y cubiertas solo para preserbarse de la humedad; y que por ultimo su suma desnudez sin distincion de sexos obliga á la verguenza, ó tal vez á la conciencia apartar la vista de sus cuerpos. (1) Todo escierto; asi lo experimentamos.»— *(Págs. 52-53.)*

....

«42. Cesáran los sentimientos de que tienen sus casas expuestas al vicio de los Naturales propensos á hurtar, y notarán, que no son tan frequentes en lo subcesivo las muertes, y heridas violentas, saqueos de casas, disoluciones, y otros vicios que diariamente se experimentan en esta República, sin embargo de la vigilancia, castigos, y exemplares, que se executan de orden de los Tribunales.»—*(Pág. 65.)*

En cuanto á las *Ordenanzas* ó *Instrucciones,* todo el título III de las mismas trata de las MVGERES MALAS, para quienes pide, que se las corrija *con amor por primera* y *segunda vez;* «y castigandolas (por mano de »Mugeres) con Cepo, Azotes, minoracion de Comida, »y bebida, velacion, ú otra pena proporcionada á la »falta, en caso de que por malicia, ó pereza incurrie»ren por tercera vez en ella á arbitrio prudente del »Administrador»...—*(Pág. 8.)*

La circunstancia de que el proyecto del Sr. Castillo y Negrete fué muy bien acogido en la Colonia, como lo atestiguan los pareceres que van al final, me induce á sospechar que esa *Casa de recogidas* á que

---

(1) Murillo loco citato.—*N. de Cast. y Negr.*

alude nuestro Autor se rigiese, si no por las mismas, por muy parecidas *Ordenanzas* á las ideadas por el digno togado de referencia. En la actualidad no hay, que yo sepa, tal casa de recogidas; debió de ser suprimida al poco tiempo, antes seguramente de 1834, porque no consta en el *Almanaque-Guía* de este año. Y se me figura que la supresión debió de obedecer á abusos que en ese establecimiento se cometerían, algunos de ellos por gentes calificadas.

38.—*Pág. 253.*—... «pero los interesados en que permanezcan supieron hacer informaciones y probar que los indios más querían tener estas gabelas que pagar el tributo doble»...

En este particular, los indios continúan siendo los *niños grandes* de siempre: se obtiene de ellos, con mediana astucia, todo lo que se quiera: «Poned sobre la mesa del tribunal de un pueblo un pliego de papel blanco; decidle á todos los indios de la localidad que estampen en él su firma, y lo harán todos ellos, sin que se les ocurra preguntar si lo que firman es la súplica de un indulto ó la propia petición de ir *graciosamente...* á presidio. Que interroga alguno: «¿Se puede saber qué es esto?» Pues contestadle lo primero que se os venga á la boca: creerálo el indio á pies juntillas. Y así se han visto en aquel país escritos con infinidad de firmas, puestas por gentes que no supieron lo que firmaron. Dígasenos ahora si no es perfectamente exacta la frase de cien autores *el indio es un niño grande*». Esto hemos dicho en una de nuestras obras (*) á propósito del escrito que el día 1.º de Marzo de 1888 presentaron unos cuantos indios de Manila en solicitud de que expulsasen del país al Ar-

(*) *Avisos y Profecías*, 2.ª parte: pág. 163.

zobispo y á las Órdenes monásticas: ¡810 firmas con-
tenía aquel ominoso documento! Instruído proceso,
demostróse hasta la saciedad que sólo unos cuantos
indios—á lo sumo doce—sabían á conciencia lo que
habían firmado.—Otra confesión de parte: «Ya sabe
»usted por propia experiencia que en cada esquina
»de las calles de los pueblos se encuentran personas
»capaces de afirmar todo lo que se les dijera, dándo-
»les dinero; así es que es aquí muy peligroso admitir
»prueba testifical;...» Este párrafo lo tomamos de
un escrito firmado por un indígena, y redactado por
otro, famoso picapleitos, hijo de Batangas»... (*).

39.—*Pág. 256.*—«Manila hace fiestas públicas el
día de San Andrés»...

En conmemoración de la victoria obtenida por los
españoles contra las huestes del corsario chino Limahong; dice á este propósito el ilustrado dominico
Fr. Evaristo Fernández Arias (**):

«La victoria contra las numerosas huestes de Limahong, obtenida en circunstancias grandemente desfavo-
rables por un pelotón de españoles (a) dispuestos á morir cien veces antes que entregar el invicto pendón de
Castilla y con él á Manila y á todo el Archipiélago al poder de los hijos de Confucio, es victoria de nuestra Religión, de nuestra raza, de nuestra Patria; es la victoria de
Filipinas española; y como la Religión, la raza, la Patria,
aunque las circunstancias cambien y los individuos des-

(*)   *El Indio batangueño,* pág. 53.
(**) *Sermón,* págs. 3-5.
(a)   ...«los Españoles que en la ciudad de Manila auia, (que todos no passa-
uan de setenta, por andar los demas descubriendo, y poblando nueuas islas)»...—
GONZÁLEZ DE MENDOZA, *Hist. de las cosas más notables,* etc., parte II, lib. I, cap. III,
fol. 7 (vuelto).—Limahong llevaba una muy numerosa flota, y el primer cuerpo de
desembarco que saltó en tierra constaba de 400 hombres.—Obra cit., cap. V,
fol. 10.

aparezcan, viven hoy como vivían en los primeros años del señorío de Castilla es estas regiones, de ahí que ese hecho gloriosísimo, sea aunque antiguo, siempre nuevo; sea hoy tan de actualidad como lo fué el 30 de Noviembre de 1574; nos pertenezca á nosotros, como perteneció á los inmortales Chacón y Velázquez (1); pertenezca al tiempo presente, como fué del pasado y será del porvenir, mientras haya una sola gota de sangre leal en Filipinas.

»Unidos, pues, ya que nuestro como de ellos es el triunfo, á los insignes patricios que tan grande hazaña realizaron; en familia (¡la Patria nos autoriza á tanto!) con aquel gigante de nuestra historia Juan de Salcedo que en esta sazón reverdeció los laureles del incomparable Hernán Cortés; vertiendo lágrimas de santo gozo y á la vez de luto sobre los gloriosos restos del valeroso Alcalde de Manila Francisco de León, y del intrépido Sancho Ortiz, que en tan noble lid supieron inmolar sus vidas; presididos por aquel enérgico anciano Guido de Lavezares, y tremolando á nuestra vista el sagrado pendón de Castilla, el magnánimo Alférez Real Amador de Arriarán, cortejado por numeroso pueblo en el que se destacan el apostólico P. Alba y los demás religiosos de San Agustín, que en ese día orando ante el Santísimo Sacramento (2), contribuyeron cual otro Moisés al logro de tan memorable victoria; en tan grata y honrosísima compañía, celebremos esta fiesta religiosa aclamando con el Cabildo y vecinos de esta Ciudad en 1575 (3) al glorioso Apóstol San

(1) La derrota completa de las huestes de Limahong se verificó en dos diferentes acciones. La primera fué el día de San Andrés de 1574, en que, sorprendida la ciudad, hallándose ésta sin murallas, las casas de madera y por sola defensa la sencilla cota ó empalizada sin foso *(después la fuerza de Santiago)*, los capitanes Lorenzo Chacón, Alonso Velázquez, y los alféreces Gaspar Ramírez y Amador de Arriarán, Alférez Real, lograron rechazar al escuadrón chino que capitaneaba el japonés Sioco. El segundo ataque fué el do$ de Diciembre, en que, con los refuerzos que de Ilocos trajo el insigne Salcedo, fué algo más fácil, aunque no menos glorioso, á los españoles acabar de derrotar y poner en huida al corsario.—*N. del P. Arias.*

(2) Gaspar de San Agustín. *Conquistas de las Islas Filipinas.* Lib. 2, cap. 17.

(3) «A dos de Enero del año siguiente de 1575, dice el citado Donoso, reconocido el Gobernador como tan católico cristiano á las grandes mercedes de la Magestad de Dios, ordenó una gran procesión en la iglesia parroquial de esta ciudad, donde

Andrés, nuestro Patrono y celestial caudillo; y reiterando las más rendidas y fervorosas gracias al Dios de los Ejércitos, en cuya mano está la suerte de las batallas, como cristianos hagamos solemne profesión de nuestra Santa Fe Católica, y como españoles demostremos estar siempre aparejados á imitar la noble conducta de los héroes á quienes todos los años ofrecemos este homenaje de gloria.»

La conmemoración de tan señalado hecho histórico ha dado motivo para que en la Catedral de Manila se hayan pronunciado notables discursos recordándolo. Desgraciadamente son raros los que se han impreso (*). El de 1892, del ya citado P. Fernández Arias, mereció los honores de la impresión, por iniciativa y á costa del Alférez real de aquel Ayuntamiento.—Fuente importantísima para el estudio de los hechos del pirata Limahong lo es la *Historia de las cosas más notables... de la China* (por mí citada hace un momento en la nota *(a)*), de la cual hablamos con la extensión debida en el *Apéndice bibliográfico;* es también fuente curiosa la *Copia del memorial* que

celebrando solemnemente los divinos oficios predicó el R. P. Fr. Francisco de Ortega, Prior en la isla de Mindoro y dignísimo Obispo que fué después de Nueva Cáceres; excitó la devoción de los fieles al gran Apóstol San Andrés por haberse librado esta ciudad en su día, aseverándolo con palabras dignas de su espíritu, dijo: «Creo ha librado Dios Nuestro Señor esta nobilísima ciudad y nueva planta de la Iglesia de Manila por intercesión de este glorioso Santo.» A su instancia, el Cabildo y Regimiento le recibió por su Patrón principal, instituyendo una devotísima cofradía de San Andrés, en que entraron con los vecinos todos los capitanes y oficiales, de que á vuelta de nuestra corta devoción se ha olvidado con el tiempo.»—*Nota del Padre Fernández Arias.*

El Donoso aquí citado no es otro que un antiguo canónigo de la Catedral de Manila; escribió largo y tendido acerca de la dominación española en Filipinas: el capítulo referente á la hazañosa empresa llevada á cabo contra Limahong, reprodújolo en su *Revista* el Sr. Pan.

(*) Uno de los más antiguos se halla contenido en el curioso volumen *Lealtad empeñada, finesas de amor*, etc., publicado por D. Francisco de Moya y Torres, en Manila, en 1678: predicólo el P. Fr. Alvaro de Venavente, agustino calzado, el año anterior.

acerca del desembarco del mencionado pirata escribió la Ciudad de Manila, y dirigió al virrey de la Nueva España, documento que fué publicado por primera vez en *La Ciudad de Dios,* tomo XVIII, páginas 232-240, reproducido por el *Diario de Manila* en el primer semestre de 1889. Y por lo que respecta al ceremonial de la fiesta llamada «del Pendón», consulte, el que quiera conocer bien los pormenores, la *Revista de Filipinas,* tomo I, págs.: 326-332.

40.—*Pág. 258.*—... «hay comedias, fiestas de toros»...

La ignorancia en que viven los más de los escritores contemporáneos de asuntos filipinos, es tanta, que creen que en aquel país las corridas de toros son cosa recientísima. Entre las pruebas que en contrario podría apuntar aquí, he de poner dos solamente, por hallarse contenidas ambas en sendas relaciones bastante raras, mayormente la primera, *Estado, i svcesso de las cosas de Iapon, China y Filipinas,* impresa en Sevilla en año de 1621. Hé aquí un párrafo:

«De nuestras islas Filipinas, lo primero que se ofrece avisar a v. P. son las solenes fiestas que se an hecho a la Inmaculada concepcion de la Virgen santissima. An sido tales, que no á quedado inferior Manila a la grandeza conque en otras partes de Europa, y de la America se an celebrado. Duraron quinze dias, y dexando aparte las de los seglares, de toros, mascaras &c, y las muchas luminarias...»

La otra noticia la tomamos de la *Relacion de la entrada del Svltan Rey de Iolo Mahamad Alimuddin,* impresa (según infiero) en Manila en 1750; al fol. 17, léese lo siguiente:

«Se dispuso que jugassen Toros para que en lo cruel,

y espantoso espectaculo de su lucha admirasse el Rey la agilidad y valentia de los Españoles, interesando á la N. C. en esta complacencia; pues tambien ostentando su lubilo en esta ocasion, preparó su bien despejada plaza con fuertes cercados cortinaje de ricos Damascos en su balconeria, y refrescos muy explendidos; corrieronse tres dias los Toros cuyas suertes de la diestra gente de á pie y de á Cavallo divirtieron sin peligro a el concurso. El Sultan daba sus premios a los mejores luchadores, pues para este saynete se le asignaba diariamente vn bolcillo de galas, para no perder lanze engrangearse del todo el animo para la consolidacion de su bautismo.»

En esta misma relación se da noticia de las fiestas teatrales,·que debieron de ser costosísimas, en honor de aquel bárbaro *rey de Iolo:*

«Se lebantó en la plaza de Armas vn Theatro costossisimo, y muy exquisito por la pintura, lienzos, y bastidores para las transmutaciones de los pasos de tres Comedias, que se representaron muy al vivo, con Saynetes Loas, y otras piezas que se entresacaron del Parnaso para llenar del todo á el cumplido del festejo.»

41.—*Pág. 259.*—... «casi no hay casta de gente en el mundo que no tenga en Manila algunos individuos.»

En 1878, escribía el Sr. Pan, por vía de nota al texto de Comyn:

«Cuvier ha señalado las Filipinas como el país mas propio para el estudio comparativo de todas las razas en que se considera dividida la especie humana; y tenía razon, porque aquí las encontramos todas. El negro *Aeta* ó *Papua*, tipo n.° 1.° de la clasificación adoptada por los naturalistas modernos (*) aqui ofrece, á pocas leguas de Ma-

(*) Hubiera dicho por Hæckel y sus secuaces, y se habría expresado con más propiedad el Sr. Pan. Forman mayoría precisamente los que no siguen la opinión del Profesor de Jena. Por lo demás, bien sabido es que entre los modernos hay eminentes naturalistas que siguen otro método que el empleado por Hæckel para·

nila, cientos de hermosos ejemplares; se encuentran algunos, aunque muy raros, de los tipos 2 á 5 *(Hotentote, Cafre, Negro* africano y *Australiano)* casi todos inmigrantes; el n.° 6 ó *Malayo* forma la mayoría de la poblacion; el *Mongol* n.° 7, está representado por 40,000 chinos y 200,000 descendientes de chinos y japoneses; el *Americano* n.° 9, tambien ofrece algunos ejemplares en los arrabales de Manila; el *Draviniano* n.° 10, tiene, así mismo, cientos de ellos cerca de Manila, en descendientes de *Cipayos,* y los cuales conservan admirablemente el tipo de raza; por último, el *Mediterraneo* ó *Caucasiano* como antes se le llamaba, aparece en unos 15 á 20,000 europeos y descendientes de ellos; solo los tipos n.°ˢ 8 y 11 *(Artico* y *Nubiano)* no hemos conseguido ver hasta ahora; lo cual está muy lejos de significar que no se encuentren en el Archipiélago. Era, pues, fundada la proposicion de Cuvier, relativa á que en las Filipinas se encuentran mas fácilmente que en otro país, tipos de casi todas las variedades de la especie humana» (*).—*(Pág. 346.)*

42.—*Pág. 260.*—... «se entabló un continuo comercio entre las dos naciones *(China y Filipinas),* que no se ha interrumpido hasta ahora, no obstante los varios alzamientos de estas gentes» *(los chinos).*

Ya en la pág. 49 aludió nuestro Autor al alzamiento de los chinos en 1603, que por ser el primero de que dan noticia las crónicas, merece le refiramos, ó mejor, que le refiera el mismo P. Martínez de Zúñiga, el cual en su *Historia,* cap. XIII, dice así:

«Por Mayo de 1603. llegaron tres Mandarines Chinos con la extravagancia de averiguar, si era cierto, que la

___

clasificar las razas.—Sobre este asunto, consúltese la magnífica obra del Cardenal González *La Biblia y la Ciencia,* especialmente en todo el capítulo primero del segundo tomo: esta clasificación de Hæckel va á las págs. 52-53 de dicho volumen.

(*) Despréndese de las palabras *especie humana* que el Sr. Pan aceptaba la clasificación de Hæckel como de *variedades* dentro de la unidad; pero no en la genuina significación que el sabio alemán le diera, toda vez que, según éste, cada una de dichas variedades constituye una *especie* distinta de las demás.

Isla de Cavite era de oro, como havia dicho á su Emperador un Chino llamado *Tiongon,* que trahian preso, por
que havia prometido conquistarla sopena de perder la
vida. Se creyó, que esto era una pura estratagema, para
reconocer la tierra, por.que se supo, que el Emperador
quedaba disponiendo una armada de cien mil hombres,
para conquistar estas Islas por Diciembre. El Governador
(D. *Pedro de Acuña)* obsequió á los Mandarines, les enseñó la Isla de Cavite, para que se desengañasen de su
error, y les explicó, que por el Comercio, que alli se hacia, era como si fuera de oro aquella Isla. No tubo efecto
la armada de los Chinos, pero se siguió un alzamiento de
ellos, para lo qual quedaron bien preparados desde esta
embaxada.

»Havia en Manila un Sangley, que se havia quedado
desde el tiempo de Limahon, que se llamaba Engcan, estaba bautizado (*), era muy rico, y amigo de muchos Españoles, el qual ofreció en nombre de los de su Nacion
hacer un parapeto, de los que se fabricaban en la Muralla, para hacer este servicio al Soberano. Comensose la
obra, y se empesó á sospechar de la fidelidad de los Sangleyes, el Governador quiso exâminar sus intenciones
por medio de sus contrarios los Japones, de que resultó
por falta del secreto de estos, que se empezó á divulgar
entre los Sangleyes, que el Governador queria matarlos
con la ayuda de los Japones, y resolvieron entre ellos alzarse entrar en Manila la vispera de San Francisco por la
noche, y degollar á todos los Españoles. Veinte y cinco
mil Sangleyes tenian tramada la traicion, que se descubrió por una Yndia, que dió aviso al Cura de Quiapo (**)
el qual dió parte de todo al Señor Don Fr. Miguel de Be-

(*) Su nombre de pila, Juan Bautista de Vera: asi Morga, cap. VII, pág. 220;
San Agustin, lib. III, cap. XXIV; Argensola, lib. 9.º, págs. 319-320.

(**) Desempeñaba este cargo el licenciado Juan de Talavera, según el P. San
Agustin, en su historia, pág. 509.—Según otras versiones, esta india era hechice-
ra; hizo públicas sus hechicerias, y llegaron á oidos del Sr. Obispo, el que á su vez
fué «célebre en el espiritu de profecia» *(El Serafin Custodio,* pág. 15); y aun pudiéramos añadir otras versiones más, pues en este punto hay gran disconformidad
entre los cronistas.

navides del Orden de Santo Domingo, que governaba el
Arzobispado, para el qual estaba electo, y este lo partici-
pó sin demora al Governador, para que pusiese remedio.
Dos clases de Chinos havia entonces en Manila unos que
venian anualmente al Comercio, y otros que estaban ave-
cindados en una Alcayzeria, que llamamos Parian, extramuros de la Ciudad, donde cuidaban los Padres Dominicos de convertirlos á la fé, y les administraban los Sacramentos en una Yglesia, que para este efecto tenian en
aquel Sitio. El Governador procuró sosegar los ánimos
de los viageros Chinos, que eran muchos, pero esto no
impidió, el que se juntase en un lugar á media legua de
Manila un gran numero de Sangleyes en ademan de mo-
tin, quedando en el Parian los restantes. Hizo confianza
El Governador del Sangley Engcan, y lo embió en Compañia de algunos Españoles, para que los sosegase, pero
nada se consiguió de los alzados, que fortificados en aquel
Sitio se creian Superiores á los nuestros. Por la noche salieron algunos de ellos, y quemaron los pueblos de Quiapo, y Tondo, y mataron muchos Yndios. Fueron contra
ellos ciento, y treinta Españoles, y casi todos perecieron
á sus manos, entre otros murieron Don Luis Dasmariñas,
Don Thomas Bravo, y Don Juan de Alcega, cuyas cabezas embiaron al Parian, para mover á los de su Nacion
á que siguiesen su partido. Se averiguó, que el Sangley
Engcan era el principal motor de la rebelión, y se le puso
preso, lo que hizo tal moción entre otros muchos Chinos,
que se ahorcaron desesperados.

»Viendo los Españoles, que no les quedaba mas recurso, que el de las armas, se esforzaron á pelear, y vencer con su valor la muchedumbre de sus enemigos. Era
comun el riesgo, y así no fué dificil el que tomasen las
armas hasta los Religiosos, en particular Fr. Antonio Flores (*), que havia sido soldado en Flandes, é Italia, y se

---

(*) De la singular bizarria de este lego se hizo lenguas el gobernador Acuña,
en una relación que de aquel acontecimiento dirigió á S. M., la cual relación va
inserta á las págs. 510-511 de las *Conquistas* de Fr. Gaspar de San Agustín. Cítalo
también, con gran elogio, Argensola, lib. 9.º, pág. 330.

halló en la batalla de Lepanto de Alferez de D. Bernardino de Meneses, y despues tomó el habito de San Augustin se colocó en un Sitio del rio, por donde debian pasar los alzados, para unirse con los Chinos del Parian, é hizo en ellos grande estrago. Se dice, que San Francisco se apareció en la Muralla, poniendo terror á los Sangleyes, quando quisieron escalarla, con cuya ayuda los rechazaron los nuestros con facilidad. Entonces se retiraron al Parian, y á Dilao, donde se hicieron fuertes, y tenian sitiada la plaza, salió el Capitan Gallinato, les quemó el Parian, y los desaloxó de Dilao, y el Capitan Luis de Velasco los persigió hasta *Tabuco*, que ahora llamamos Cabuyao. No pudiendo mantenerse aquí los Chinos, siguieron á San Pablo de los montes, donde mataron á Velasco, que los perseguía, y á dos Padres Franciscanos (*) y se fortificaron tambien *(tan bien)*, que fué preciso juntar en Manila otro exercito contra ellos. El Sargento mayor Christoval de Acuña (**) fué encargado de esta expedición, procuró quitarles los vivires *(víveres)*, y los reduxó

(*)   Con las tropas iban cuatro religiosos franciscanos: Fr. Diego de la Magdalena, Fr. Miguel de San Lucas, Fr. Diego de Santa María y Fr. Buenaventura del Rincón, legos estos dos últimos. «Al Padre Fr. Diego (de la Magdalena) degollaron de un alfanjazo, sacrificándose víctima al Crucificado, que enarbolaba, entregando en sus manos su espíritu, abrazado con el Crucifijo. El Padre Rincon, viendo rendido, y muerto al que enarbolaba la sagrada Bandera del ejército cristiano, trató de mudar de rumbo.

»Habia sido este Religioso Capitan de distincion en las guerras de Flandes... Pues acordándose ahora de su militar disciplina antigua, empuñó un montante; y cerrando con los Chinos por aquella parte, que tenian acorralados á los indios, etc. —»De tal suerte le arrinconaron los sangleyes, que rindieron á aquel grande esfuerzo, y le redujeron en menudas piezas». — Fr. Miguel de San Bernardo, *El Serafín Custodio*, cap. VI, págs. 30-34.

Argensola dice que los chinos mataron al padre dominico Fr. Bernardo de Santa Catalina, noticia que copia el anotador de Morga. Es falsa: el P. Santa Catalina murió algunos años después, y bien lejos de Manila, como puede verse en la crónica de Aduarte, lib. II, cuyo cap. IV (págs. 418-428); está todo consagrado á la biografía de aquel ilustre hijo de Santo Domingo.

(**)   Cristóbal de Acuña, no; Cristóbal de Azcueta era el sargento mayor, según puede verse: Argensola, lib. 9.º, pág. 335; Aduarte, lib. I, cap. LVII, página 264, y San Agustín, lib. III, cap. XXIV, pág. 509. Sin duda la equivocación de nuestro Autor obedece á que también figuró en aquella memorable jornada D. Tomás de Acuña, sobrino del gobernador D. Pedro: Aduarte, loc. cit.

á tal miseria, que no pudieron menos de dexar aquel Sitio, por no morirse de hambre. Una noche su huyeron á Batangas, siguiólos nuestra tropa, y acabó alli con ellos, haviendo muerto en los diferentes combates veinte y tres mil hombres, por que de todos los alzados solo quisieron dexar vivos ciento, para que remasen en las Galeras, y sirviesen de escarmiento á los de su nacion, que quedaron vivos por no haver tenido parte en el alzamiento, ó que viniesen de nuevo á establecerse en Manila, para cuyo efecto se mandó á horcar al Chino Engcan, y poner su Cabeza en una Jaula».—(Págs. 202-208.)

El anotador de Morga se entusiasma de ver que ni éste ni Argensola hacen mención del milagro á que alude nuestro Autor, y concluye de aquí que sólo los Franciscanos lo dan *como cosa cierta y averiguada;* «parece—añade—que este prodigio sólo se »averiguó después de muchos años, pues Morga y »Argensola publicaron sus obras el de 1609, esto es, »cinco años después» (*). Pudo haber añadido que ni Fr. Gaspar de San Agustín, ni Fr. Diego Aduarte, en sus respectivas obras históricas, mencionan tampoco ese milagro; en cambio, dicen otros autores:

COLÍN: «Apiadose Dios de la Ciudad por intercession de San Francisco, que fué visto sobre las murallas, y que por su medio la poca artilleria que entonces auia en ellas, hizo tan buenos efectos, que obligó al Chino á retirarse.» —Lib. I, cap. XXIII. pág. 151, col. 2.ª

MALDONADO DE PUGA: ...«assaltaron *(los chinos)* á las Murallas el dia tres de Octubre. Frustóse su depravado intento, por intercesion del Glorioso Seraphin, y Patriarcha San Francisco, que fue visible, lanzando de las Murallas á los Chinos Enemigos. En cuyo reconocimiento le tiene Jurado esta Capital por su Escudo, Adalid, y Patrono.»—Cap. II, pág. 22.

(*) MORGA, ed. de 1890; véase la nota de la pág. 225.

Delgado: «Envió *(Acuña)* socorros á Ternate y reprimió los chinos cuando se alzaron la víspera del seráfico padre san Francisco, á quien vió el padre Raimundo de Prats, andar corriendo sobre las murallas, para que dichos sangleyes no pudiesen asaltarlas; por lo cual fué instituido por patrón de Manila»...—Pág. 194.

Concepción: ...«la intercesión de el Patriarcha San Francisco en esta summa afliccion fué mui visible; está testimoniado, y authenticado, que fué visto en las murallas; que por su medio la poca, y mal provehida Artilleria, que havia en ellas, hizo tán buenos efectos, y se aprovecharon tán oportunamente sus tiros, que obligó al furor de los Chinos, á retirarse, y apartarse con mucha montandad de ellas: por esto celebra su Fiesta como de singular Patrono»...—Tomo IV, cap. II, pág. 62.

Ninguno de éstos es franciscano. Por lo demás, quien quiera conocer aquel hecho histórico en poco rato, lea la obrita, ya citada, de Fr. Miguel de San Bernardo, *El Serafín Custodio.*

Otra sublevación de chinos acaeció durante el mando de D. Sebastián Hurtado de Corcuera, y acerca de la cual dan noticia circunstanciada las historias; é igualmente una relación que, por lo rara, voy á transcribir íntegramente; dice así:

RELACION VERDADERA
DEL LEVANTAMIENTO QVE LOS SANGLEYES
o Chinos hizieron en las Filipinas, y de las vitorias que tuuo côtra | ellos el Gouernador Dõ Sebaſtian Hurtado de Corcuera, | el año paſſado de 1640. y 1641.

Para mayor beneficio de las Islas Filipinas, mandó D. Sebastian Hurtado de Corcuera, Cauallero del Orden de Alcantara, del Consejo de Guerra de su Magestad, y su Gouernador, y Capitan General, que cultiuassen las Tierras de Calamba, que estan doze leguas de Manila, Corte de aquel remotissimo Imperio los Chinos labradores para su Magestad, que Dios guarde. Iuntó hasta 2 ℈. y puso al Doctor Luis Arias de Mora por Alcalde mayor en Bay, para que assistiesse a la labrança. Mas él apretando la comission, trató con aspereza demasiada a los labradores. De aqui tomaron motiuo los Sangleyes (que son Chinos, que entran con licencia a comerciar, pagando a tres reales de a ocho por cabeça) para leuantarse, vnieronse los del Parian, los de S. Cruz, y los de fuera de Manila, cartearonse con Yquan Sanglus, cossario que andaua en las costas de la China. Ajustaron que llegaria Sabado, vispera de Nauidad, del año de 1639. que era el dia destinado para la traycion. Dispusieron que entonces entrassen en la Ciudad todos los maessos de los oficios, acompañado cada vno de cinco, o mas oficiales, estos eran los çapateros, sastres, canteros, espaderos, bordadores, plateros, y otros deste tenor, cargados de aues, capones y gallinas, cosa vsada entre ellos, con ellas entrarian en las casas de los Españoles, y detenerse en ellas hasta ser de noche, y quedarse a dormir en la ciudad en las panaderias, y en los Monasterios. Y que al amanecer del dia de Pasqua entrassen cinquenta con vna viga muy grande al ombro, y la dexarian caer atrauesada a la puerta del Parian, con achaque de auerseles quebrado el bejuco, o mecate con que la conducian, entonces alçarian todos vn grande alarido, que tomaron por seña para que los Sangleyes de Manila acometiessen a las casas de los Españoles descuidados, y los degollasen. Los panaderos hauian de acudir a tomar las puertas, y el muro, y los de Parian señorearse de la ciudad, no siendo bastantes para defender la puerta, ni desviar la viga los soldados de guardia, por ser pocos: a las mugeres no auian de tocar, ni matarlas, reservandolas para vsar dellas. Y luego dar auiso al Cossario Yquan, para que escogiesse las naos, que se esperauan de la Nucua España. Assi lo tenian dispuesto. Mas no permitio Dios se lograssen tan maluados designios. Porque los de Bay, impacientes se adelantaron, y á 19. de Nouiembre, Sa-

bado en la noche mataron al Alcalde mayor Luis Arias de
Mora, y a vn Sacerdote, y quemaron su casa. Con este
delito se pusieron en arma, marchando la buelta de Manila, por la ribera de la laguna de Bay,,y de vn rio que
nace della. Turbó esta nueua la ciudad, sabiendo por las
listas que auia con licencia en aquella comarca 35 ℈. Sangleyes, y otros 10 ℈. en las Prouincias distantes. Mandó
el Gouernador se disparasse toda la artilleria de las murallas, que es el modo de tocar arma vniversal. Passó el
Capitan Martin de Aduna a Tumasan, pueblo cercano,
con los estancieros. Quiso pelear temerario, mas quedó
muerto, y su gente huuo de retirarse. Llegaron el Mier-
coles siguiente los enemigos a San Pedro, pueblo que
está legua y media de Manila, pusieron fuego al Templo
de los Padres de la Compañia de Iesus, y fortificaronse
en aquel lugar. Aquel dia el Sargento mayor D. Iuan de
Arzeo salió con 150. Españoles infantes, y cauallos, y con
200. Indios amigos, y se aquarteló á vista de los rebeldes,
mató algunos Sangleyes en algunas escaramuças, acome-
tiolos despues peleando hasta la noche, mató 400. con
perdida de vn Español, y herida de otro. Retiraronse los
Sangleyes aquella noche, y al amanecer les fue picando
hasta el cerro de san Iuan, en cuya eminencia se hizieron
fuertes, sitiolos el Sabado, llegando el Almirante D. Fernando Galindo a socorrerle, con solos tres españoles, y
con 200. Indios. Acometieron el cerro, y desbarataron los
Sanglayes. matandoles 600. y poniendo en huida los demas, con muerte de algunos Indios, y ninguna de Español, con que D. Iuan de Arceo boluio vitorioso a Manila.
Leuantose el pueblo de S. Cruz con 15 ℈. Sangleyes el
dia de San Andres. Hallauanse en Manila 30; infantes, 30.
cauallos, 50. Iapones y mas de 70. Siyaos, estos salieron a
coger la frente a los enemigos que marchauan a apoderarse de Tondo, y fortificarse en su Yglesia por ser de
piedra. Pelearon en vnos esteros, murieron 270. Chinos,
y de los nuestros tres Españoles, y vno de a cauallo, 24.
Iapones y dos Siyaos. Huyeron los Sangleyes y nuestra
gente ocupó a Tondo, y se fortificó en las casas Reales, y

en la Yglesia donde repentinamente los embestian tropas de 4. mil enemigos. El dia del gran Apostol de la India S. Francisco Xauier, passando a nado el rio 600. Sangleyes entraron en el Parian, donde auia 18 ℔. de su nacion. Alborotaronlos, y obraron de modo, que los hizieron tomar las armas, y arbolar vanderas, matando seis Españoles que hazian posta. Está el Parian a 50. passos de la muralla de Manila. Acudió el Gouernador con vna compañia, y el Maesse de Campo y por la puerta del Parian, y la de Tondo, degollando 2. mil Sangleyes. Pusose fuego al lugar, por saluarse del, huyeron los demas al rio, donde se ahogaron mas de 4. mil anhelando a pasar a la ribera contraria, los que escaparon se fueron a juntar con los alçados de santa Cruz, y de las demas Prouincias en el pueblo de Zampala, media legua de Manila. Quemose en el Parian de las haziendas de los Sangleyes y otros interesados, valor de cinco millones. Perecieron los edificios, que eran de vna madera muy estimada, llamada Molaue. Y esto y la Yglesia, y casas de piedra se valuó en dos millones. Dio el Gouernador orden que se alistassen todos los vezinos, assi Indios, como mestizos, Iapones, y los negros libres. Señaloles capitanes a todos, y escogido por plaça de armas a Tondo con quatro cañones, y barricadas muy gruesas y fuertes. Nombró por Capitan de aquella plaça a su Alcalde mayor el Doctor Iuan Fernandez de Ledo, dandole los vezinos de fuera de los muros. Esta preuencion fue de gran consideracion, por la vtilidad que se siguio de mantener aquella plaça. Mandó que con vna compañia formada de vezinos assistiesse en el Palacio de Manila el General D. Iuan Claudio. Otra dio a D. Pedro de Xara para custodia de la Puerta de Parian, y otra al Almirante D. Pedro Ezquerra, encomendandole la puerta grande. En los caualleros de la muralla dexo en vno con los negros libres al Sargento mayor Pedro Palomino, añadiendole guarnicion de Españoles, y en otro con los Padres de la Compañia de Iesus y sus Colegiales al Almirante Iuan Alonso de Roa. Otro encomendó con Colegiales al Sargento mayor Francisco Sancho Flores.

En otro puso los Clerigos con el Capitan Ahumada, dandole tambien la guardia de la puerta de S. Lucia con Religiosos del Orden de S. Agustin. En otro los encomenderos viejos a orden del General D. Iuan Ezquerra. A los Religiosos del Orden Serafico de S. Francisco fió la puerta Nueua, dandoles por cabo a D. Gregorio de Moxica. En otro mandó poner los Padres Recoletos Augustinos, y la puerta de S. Domingo encargó a la vigilancia del Sargento mayor D. Marcos Zapata, que la guardasse con los Religiosos del gran Patriarca S. Domingo, y sus Colegiales. A dos de Diziembre se degollaron cuantos Sangleyes auia en Manila andando en su busca el Oidor D. Diego de Ribera con 200. negros bien armados. Murieron 1 ☽ 600. que lleuaron a echar en el rio 400. negros que se ocuparon en su conducion. Arribaron a las bocas de Mari-Velez veinte campanes (son embarcaciones) con los Sangleyes de las demas Prouincias conuezinas que venian a juntarse con los rebeldes. Mas saliendo quatro campanes nuestros con 40. Españoles, y con 100. Pampangos, echaron á pique onze de los enemigos, y mataron 650. Trató el Gouernador de salir a campaña. y assi con el Maesse de Campo y sus dos compañias con la de Simon Delgado, y con la mayor parte de las quatro de los vezinos, otras quatro de Pampangos, vna de Iapones, dos de Sangleyes mestizos, y otros 115. Pampangos, llegauan todos a 30. cauallos, 250. vezinos, 200. mestizos, 100. Iapones, 5. mil Indios y quatro piezas de campaña aunque pequeñas. Marchó a sitiar con este exercito al enemigo, y en algunas escaramuças le mató 2. mil Sangleyes, con muerte de tres Capitanes reformados nuestros. Viendose assi sitiados los Chinos, lunes a 9. de Diziembre, rompieron por el lado que menos se imaginó, y se fueron huyendo, siguiolos el Gouernador y alcançolos en el pueblo de Passi, que auian ya quemado antes la Iglesia. Matoles 2. mil con gran valor. Y despues de algunos encuentros se peleó de poder a poder en batalla campal en que pasaron a mejor vida diez Españoles, murieron algunos Indios, mas acabaron 2. mil Sangleyes.

Quiso el dia siguiente romper el enemigo con animo de atrauesar el rio de Candaua. Pero hallo al oposito al Sargento mayor Don Rodrigo de Messa, que con sumo valor resistio a los contrarios, hallandose en aquel quartel con nueue Españoles, y con 300. Indios. El passo era muy estrecho, con que los enemigos huuieron de boluer sobre Passi. Prendieronle algunos en cantidad de setenta, estos confessaron que su Mandarin, o General, tenia puesto precio al Sangley que le lleuase cabeça de Español, de 500. moyos tributarios, y por muger vna Española de las que cautiuase. Salio el P. Fr. Ioan Ramirez de Arellano, Prouincial de la Orden de S. Augustin con los Padres de su Religion, y otros que se le agregaron Dominicos, Franciscos, Recoletos, y Iesuitas, diez soldados, 70. Indios, y algunas embarcaciones a defender el passo del rio de Manila al enemigo, que se le acercaua: fue en calidad de General, y estuuo alli diez dias sustentando a su costa a quantos le acompañauan. Pescó varias vezes, y mató 270. enemigos. El grueso contrario se fue la vuelta de la laguna de Bay, el Gouernador continuó este alcance como los demas, y en el se halló en vna hoguera vn Santissimo Crucifixo de bulto de vara y media, sin otra lesion de fuego, mas que la que puede dar el humo. Esta ofensa del Redentor animó a los soldados, que lleuaron siempre el Crucifixo en las manos, hasta que la guerra fue concluida. Los Sangleyes al fin torcieron por Moron, y Pelilla, sin parar a la laguna de Bay, caminando mas de 30. leguas. Hizieron alto en Cauinti y Lumban donde nuestro exercito les auia ganado la frente. Salio lo restante de nuestra gente, siendo en todos 300. Españoles con 8 ℈. Indios. Sitiaronlos por todos los lados, y de los prisioneros que cogieron se supo, que el designio de los Sangleyes, era atrauesar a la contra costa de Manila, distante 200. leguas de la China, con la mucha clauazon, y hierro que lleuauan, fabricar champanes para nauegar a su patria. No les dio este lugar el Gouernador, pues los tuuo sitiados 28. dias, sin permitirles su vigilancia, que saliessen de los quarteles. Forçados de la hambre mouie-

ron platicas de paz, con calidad de que les diessen las
vidas, y passo para ir a su tierra, dos meses arroz de
valde, y lo demas por su precio, hasta su embarcacion.
Concediole todo en esta conformidad, en nombre de su
Magestad. Assi rindieron las armas 7 ℈.793. Sangleyes, a
24. de Febrero de 1641. boluió el Gouernador con ellos a
Manila, y entró triunfando. Alojolos en Tondo en vna estacada con sus trincheras y puertas, donde empeçaron a
exercer los oficios los que eran oficiales. Despachó luego
el Gouernador a la China, vn champan con 30. Sangleyes,
y Nayes, auisando el rebelion y la culpa que en el auian
tenido los mismos Sangleyes, que la guerra estaua fene-
cida, y assi podian venir á Filipinas con seguridad los
mercaderes, donde se les haria la misma acogida que
siempre. Con este auiso vinieron cinco nauios de la China, con mercaderias, donde se embarcaron dos mil de los
alçados, y los demas se iran en auiendo embarcacion.
Este fin tuuo aquel sangriento leuantamiento, que tan
cerca estuuo de extinguir en aquel apartado clima la Religion Catolica, plantada con tan inmensos trabajos, por
los Monarcas de España, desde el año de 1564. que fueron descubiertas. Y el mismo fin esperamos en Dios han
de tener los demas rebeldes desta Monarquia, que se
conmouieron contra ella al mismo tiempo y en el año
mismo que alguna peruersa constelacion iua influyendo
subleuaciones en tantas partes del mundo, contra esta
potentissima Corona, y nuestro gran Rey, que ha de
triunfar como destos, de los demas enemigos que se oponen a su poder.

CON LICENCIA.

Impreffa en Madrid, por Catalina del Barrio y Angulo.
Y por fu | original, en Seuilla, con licencia del feñor Oy-
dor D. Iuan | de Gongora, por Iuan Gomez. Año 1642.

Acerca del miserable comportamiento de los chinos durante la guerra de los ingleses (dice algo nuestro Autor, pág. 346), hablamos en otras notas de estos *Apéndices.*—Fundadamente recomienda el P. Fr. Casimiro Díaz *que no se deben consentir muchos chinos en Filipinas.*—Lib. III, caps. XXXIII y XXXIV de *Conquistas.*—Han sido y serán siempre un verdadero peligro para la tranquilidad del Archipiélago magallánico.

43.—*Pág. 264.*—«En las consultas del Padre Paz, dominico, impresas en Manila»...

Acerca de este sabio dominico, escribe el P. Ocio en la segunda parte de su *Reseña* (pág. 110):

«Respecto de los reprobados *ritos sínicos*, después de tener nuestros Religiosos varias conferencias con aquellos señores Obispos, todavía creyeron hacer nuevas consultas á la Sagrada Congregación encargada de estos negocios. Al efecto hicieron un catálogo de *doscientas sesenta preguntas;* pero no pudiendo recibir la respuesta tan pronto como la urgencia del caso demandaba, acordaron mandarlos entre tanto, *con otros catorce más* que luego se ofrecieron, al célebre P. Fr. Juan de Paz, Religioso de nuestra Orden, que las resolvió en brevísimo tiempo y con bastante difusión. Estas *doscientas setenta y cuatro cuestiones* imprimiéronse aquí *(en Manila)* en un volumen el año de 1680, y salieron en todo conformes á lo decidido en Roma sobre todos y cada uno de los puntos controvertidos.»

Con razón dice el P. Martínez-Vigil, en su *Catálogo* (pág. 344), que el P. Paz «fué llamado el oráculo de Asia», pues aun los mismos rivales de los dominicos le tenían por verdadera celebridad; véase si no la alusión que á su obra dirige el *Preste Juan de las Indias,* nombre bajo el cual se ocultaba, á lo menos por esta vez, el de algún religioso de cierta Corporación que no estaba en muy cordiales relaciones con la de PP. Dominicos. En esa *Respuesta del Preste Juan de las Indias,* léense estas palabras:

«Consultad al Maestro de toda essa vuestra Provincia Fray Iuan de la Paz en su docto Libro, impresso en essas Islas, y casi al mismo tiempo en la Ciudad de Sevilla...»

44.—*Pág. 270.*—...«los españoles sólo trabajamos para los ingleses, holandeses y chinos.»

Hoy, en 1893, se sigue diciendo exactamente lo mismo, sólo que á los extranjeros enumerados hay que añadir los alemanes, los yankées, los franceses, los suizos... ¡hasta los malabares!

45.—*Pág. 293.*—«Todas las noches de cuaresma, pasando por las calles se puede estar seguro de oir en muchas casas recitar en verso la *Pasión de nuestro Señor Jesucristo;* un Padre franciscano,... se la puso en verso y la imprimió»...—...«suelen valerse del pretexto de leer la *Pasión* los mozos y mozas para poner en práctica sus amores».

Ignoro qué Padre fuera éste; no le hallo en el *Estado* de Huerta, ni en el *Catálogo* de Gómez Platero, ni el Sr. Barrantes me saca del apuro en su *Nota bibliográfica,* inserta en el *Teatro tagalo.* Por lo que respecta al segundo punto de los anotados, véase lo que he dicho en otro lugar:

«A las pasiones—como también se llama á las casas donde se canta, en cuya sala hay un altarcito puesto con mayor ó menor lujo de imágenes y ornamentos,—suelen ir muchos convidados. Los *tenoriones* aprovechan la oportunidad para hacer sus campañas amorosas; que algún resultado práctico han de dar, pues es sabido que á los nueve meses justos de esa época llamada «de cuaresma», el número de nacimientos excede á la cifra acostumbrada».—*El Indio batangueño,* pág. 62.

46.—*Pág. 294.*—«Hay *(indios)* herreros, carroceros,... impresores»...

Continúa la costumbre de llamar *impresores* á muchos que no lo son, sino *cajistas.* Acerca de los impresores que ha habido en Manila, ponemos un apunte en la introducción al *Catálogo bibliográfico.*

47.—*Pág. 300.*—*Todo el párrafo; refiérese á la propagación del castellano entre los indios.*

La primera disposición sobre este particular data nada menos que del 17 de Julio de 1550, día en que el emperador Carlos V, en Valladolid, libró el siguiente despacho:

¶ *Ley xviij. Que donde fuere possible se pongan Escuelas de la lengua Castellana, para que la aprendan los Indios.*

HAVIENDO Hecho particular examen sobre si aun en la mas perfecta lengua de los Indios se pueden explicar bien, y con propiedad los Misterios de nuestra Santa Fé Catolica, se ha reconocido, que no es possible sin cometer grandes disonancias, é imperfecciones, y aunque están fundadas Catedras, donde sean enseñados los Sacerdotes, que huvieren de doctrinar á los Indios, no es remedio bastante, por ser mucha la variedad de lenguas. Y haviendo resuelto, que convendrá introducir la Castellana, ordenamos, que á los Indios se les pongan Maestros, que enseñen á los que voluntariamente la quisieren aprender, como les sea de menos molestia, y sin costa: y ha parecido, que esto podrian hazer bien los Sacristanes, como en las Aldeas de estos Reynos enseñan á leer, y escrivir, y la Doctrina Christiana.»—*Libro VI, tit. I.*

Pero en rigor la promoción de la enseñanza del castellano *en Filipinas* fué debida á los PP. Agustinos; el Sr. Barrantes, en su obra *La Instrucción primaria,* escribe:

«Pues no más tarde que en 1596, encontramos ya en las actas de la órden de San Agustin el siguiente notabilisimo acuerdo del capitulo provincial:

»*Item.* «Se encarga á todos los ministros de indios que »asi como á los muchachos de la escuela se enseñan á leer »y escribir, *se enseñen tambien á hablar nuestra lengua »española, por la mucha policia y provecho que de esto se »sigue.»—(Archivo de San Agustin de Manila.)*»

La cédula en que se encarece á los religiosos la enseñanza del castellano en los reinos de las Indias, es la que sigue, por «D. Felipe Quarto en Madrid á 2. »de Março de 1634. Y á 4. de Noviembre de 1636». Dice así:

¶ *Ley v. Que los Curas dispongan á los Indios en la enseñança de la lengua Española, y en ella la Doctrina Christiana.*

ROGAMOS Y encargamos á los Arçobispos y Obispos, que provean y dén orden en sus Diocesis, que los Curas y Doctrineros de Indios, vsando de los medios mas suaves, dispongan y encaminen, que á todos los Indios sea enseñada la lengua Española, y en ella la doctrina Christiana, para que se hagan mas capaces de los Misterios de nuestra Santa Fé Catolica, y aprovechen para su salvacion, y consigan otras vtilidades en su govierno y modo de vivir.»—*Libro I, tit. XIII.*

Á su vez los gobernadores generales hacian objeto de algunas de sus *Ordenanzas de buen gobierno* la cuestión de propagar nuestro idioma entre los indios: el marqués de Obando, con fecha 19 de Octubre de 1752, disponia:

...«he resuelto ordenar como por la presente ordeno y mando á dichos Gobernadores, Corregidores, Alcaldes mayores y demás justicias de estas Islas, que precisa y puntualmente y sin interpretacion ni arbitrio dén y hagan dar las mas oportunas providencias para que en los pue-

blos de sus distritos se erijan, establezcan y funden de
hoy en adelante escuelas donde los hijos de los naturales
y demás habitantes de ellos sean educados y enseñados
(en primeras letras y en lengua castellana ó española) ce-
lando y vigilando que en esta y no en la del país ni en
otra alguna se aprenda, enseñe y eduque; procurando su
mayor aumento estension é inteligencia sin consentir ni
permitir que por persona alguna de cualquier estado ó
condicion que se vaya ni contravenga á esta determina-
cion ni se erijan ó planteen escuelas de otra lengua pena
de quinientos *(pesos)* aplicados á arbítrio de este Superior Gobierno, sinó que luego que se supiere ó entendiere
que por persona eclesiástica ó secular se pretenda ó in-
tente ir contra esta resolución, impida, embarace y estor-
be su efecto dando cuenta del que lo inquieta y perturba,
si fuere eclesiástico, para providenciar se determinen y
no se continuen, y si fuese secular lo aprehenda y forme
causa breve y sumariamente, confiscándole sus bienes y
remitiéndolo preso con ella para que se apliquen las mas
rigorosas proporcionadas penas»...—*Documentos para la
Historia*, etc., sacados nuevamente á luz por D. J. F. del
Pan, págs. 176-177.

En las *Ordenanzas* llamadas de Raón (1768), impresas para su cumplimiento por el Sr. Aguilar (1881),
dícese en el cap. 79 que para ejercer el cargo de gobernadorcillo es «precisa circunstancia, que sepan
»leer, escribir y hablar el idioma español»; etc.—*Documentos para la Historia*, etc., pág. 100.

Otras disposiciones podíamos citar; pero éstas
bastan para que se aprecien los candorosos propósitos de monarcas, gobernadores generales y primeros
apóstoles del Cristianismo en aquel país; aparte de
que en lo antiguo no podía el fraile solo llevar el
peso del trabajo extraordinario que supone la enseñanza de un idioma que no les cabe en la cabeza sino
á rarísimos indios, no deja de ser perfectamente ilu-

soria la aspiración de que nuestra lengua suplante á las muchas que en Filipinas se hablan. En otros lugares he tratado de este mismo asunto, que, por su importancia, y por lo mucho que hoy lo cacarean ciertos elementos del país, póneme en el caso de reproducir aquí una *Carta abierta* que desde las columnas de *La Época* (*) dirigí al ex Ministro de Ultramar Sr. D. Manuel Becerra; copio:

«No se me alcanza, Sr. D. Manuel, que exista un solo español á quien no halague saber que pueblos que viven á muchas leguas del nuestro tienen por idioma propio el idioma castellano: ¿cómo no ha de enorgullecernos la persuasión de que en ambas Américas existen, próximamente, unos cuarenta millones de individuos que hablan nuestra hermosa lengua? Es éste un legado que les dejamos, con sello tan duradero, que no bastarán siglos y siglos para que pueda borrarse. Así que estimo muy meritorio ese vehemente afán de Ud. porque allá en Filipinas dejen los malayos sus monótonos y pobres dialectos y opten por la lengua que hablamos en Castilla.

Muy meritorio es, en efecto, *entre nosotros* sustentar tan bella teoría; y digo «entre nosotros», porque si Ud. fuera inglés y expusiera sus laudables propósitos, en la Cámara de los Lores ó de los Comunes, de difundir el idioma de la Metrópoli entre los indígenas de las colonias desiguales, tenga Ud. por seguro, Sr. Becerra, que de todos los lados del recinto saldrían signos y aun voces de desagrado; que es cosa harto sabida que en la Gran Bretaña, como en Holanda, y, en cierto modo, como en Francia también, no se mantiene, ni en *teoría* siquiera, que sea conveniente que las *razas dominadas* sepan la lengua de la *raza que domina*. El gran Macaulay, liberal demócrata, librepensador sincero y entusiasta, hizo público su afán de que se propagara el Cristianismo en la India, pero

---

(*) Número del 5 de Junio de 1891; esta carta la publiqué nuevamente en la primera parte de mis *Avisos*, págs. 123-128.

jamás habló de la propagación del inglés en el Imperio
indostánico.

Piense Ud. en esto, mi Sr. D. Manuel, y concédame
Ud. que, si puede halagarnos á los españoles *todos* que
nuestro idioma se desparrame por los ámbitos del mundo, puede haber *algunos* que, pensando *á la inglesa*, con-
ceptúen inconveniente, desde el punto de vista político,
esa propaganda.

Mas dando de mano con tales tiquis-miquis, pues que
tengo para mí que hoy son ya excepcionales los compatriotas nuestros que piensan *á la inglesa* en este asunto,
vamos á la madre del cordero. Para Ud., D. Manuel, es
por lo visto cosa fácil, practicable en breve plazo, meter-
les el castellano en la cabeza á los 7.000.000 de indios filipinos...

Permítame Ud. una cita, que viene de perlas: decía, no
há muchos meses, el director del Real Colegio del Escorial, por más señas Fr. Francisco Valdés, hombre de superior talento, que ha vivido en Filipinas diez y ocho ó
veinte años: «Nuestro idioma no podrá sustituir ventajo-
»samente al tagalo *mientras la educación social de aquel*
»pueblo no experimente profundas y radicales transforma-
»ciones.» Y añade el mismo escritor: «Y como la transfor-
»mación total de las costumbres y modo de ser de una
»raza *no es obra de un año, ni siquiera de un siglo*, de
»aquí nuestra firme convicción de que, por grandes que
»sean nuestros esfuerzos y mucho que se exagere la afi-
»ción del indio al castellano, *éste no será nunca el idioma*
»VULGAR *de Filipinas*» (*).

Y es porque la amplitud del espíritu de los idiomas—
por decirlo así—está siempre en relación del espíritu más
ó menos amplio de sus respectivos pueblos: observe Ud.
cómo acá, por Europa, á medida que anda el tiempo, las
lenguas se acicalan, pulen, toman nuevos giros y ensan-
chan sus moldes: el castellano de hoy, v. gr., es mucho

(*) *La Ciudad de Dios*, número correspondiente al 20 Enero de 1891: vol. XXIV,
pág. 95.

más extenso que el castellano de D. Pedro Calderón, del
propio modo que el inglés de hoy es mucho más rico que
el inglés en que escribía Shakspeare... Porque aquí, por
Occidente, la evolución progresiva por nosotros mismos
es ley de naturaleza, mientras que allá, por Oriente, las
más de las razas, entre ellas las malayas, sólo avanzan lle-
vadas de la mano, mas no por sí mismas, y así que, en
todo aquello que les es genuinamente propio, permanecen
estacionarias: observe Ud., que el tagalo de hoy es el mismo, exactamente el mismo, que hablaba Lacandola á fines
del siglo XVI (*), salvo el estar metodizado, cosa que debemos á los frailes. ¿Nada le dice á Ud. esto, Sr. Becerra?
Á aquellas razas les cuadra perfectamente el idioma escueto que poseen, y no les sirve, á la inmensa mayoría de
sus individuos, otro de mayor amplitud, porque no cabe
en los reducidos moldes del espíritu propiamente malayo.
Siento decirle que procedo á la inversa que Ud., y, por lo
tanto, antepongo á los caprichos de un ideal democrático
las leyes inflexibles de la antropología.

¿Concibe Ud. arrancarles el hígado á 7.000.000 de individuos, poniéndoles otro nuevo, así... de buenas á primeras? Pues el propio idioma, en el propio país, nace y
se desarrolla con el individuo, y no hay fuerza humana
que en muchos años lo arranque: á un paso de nosotros
están Cataluña y Vascongadas, donde no logra ser común
el habla de Cervantes; entre individuos á quienes les viene muy ancho, y les asfixia, el ropaje ampuloso de nuestro rico idioma... ¡menos aun podrá serlo!

En América, unos 40.000.000 de sus hijos hablan castellano; pero vaya Ud. allá y vea á qué raza pertenecen
esos cuarenta millones... No son los maestros, no, los que
más propagan: tantos maestros como en Cavite hay en
Bulacán, v. gr., ó más; y en Cavite se habla bastante castellano, mientras que en Bulacán apenas se habla. ¿Por
qué? Porque en Cavite son muchos los españoles que allí
residen, y en Bulacán tal vez no haya cincuenta.

(*) Entiéndase el tagalo *puro*, esto es, despojados los nahuatlismos y otras
voces extrañas que muchos suponen genuinamente filipinas.—*N. de esta edición.*

Por lo demás, otra cita y termino; habla el notable filipinista Fr. F. Valdés:

«Son muchos los indios que llegan á conocer bastante »bien lo material de la palabra castellana; pero la indole »interna, el carácter lógico de nuestro hermoso lenguaje, »es para ellos arcano indescifrable; nuestros giros y mo- »dismos pugnan con su modo peculiar de concebir y rela- »cionar las ideas; de esta discrepancia en la asociación de »ideas nacen productos literarios tan disparatados como »el que á continuación vamos á copiar. eligiéndole entre »innumerables del mismo género, por ser obra de un »maestro que entre los de su clase pasaba. y era efecti- »vamente, de los más instruidos. El asunto es una invi- »tación, elegantemente impresa y hecha con motivo de la »Misa llamada de *Varas,* que los gobernadores suelen »hacer se celebre con gran pompa el día en que reciben »del señor gobernador la *vara* ó baston de mando. Dice »asi: *El diez y nueve de su mañana del presente plenilunio* »*tendrá lugar la Misa de mi Varas en esta iglesia de mi* »*cargo, que Dios gratuitamente me ha concedido esta car-* »*ga honerosa. Invito á Ud., tanto como á mi casa, que* »*desde luego se llenará el vacío acendrado de mi corazón* »*en su asistencia hasta resonar mi última hora en el Relo* »*del Eterno*» (*).

»Vamos, D. Manuel, ¿qué dice Ud. á esto?»

Mucho más podríamos extendernos en este im- portante asunto para probar que los *ordeno y mando* de los que gobiernan se estrellarán siempre ante difi- cultades insuperables; y por lo tanto, acusar á los re- ligiosos de que por ellos no es popular el castellano en Filipinas —cuando tenemos el dato elocuentísimo de que en las parroquias regidas por clérigos del país se habla menos castellano que en las regidas por frailes,—es una solemne simpleza, en la que sólo

(*) *La Ciudad de Dios,* vol. XXIII, pág. 425.

pueden incurrir los malévolos ó los que no conozcan experimentalmente aquellas razas.—Consúltense: Ba- rrantes: *La Instruc. prim. en Filipinas;* Valdés: *El Archipiélago filipino.*

48.—*Pág. 339.*—... «yo no cuento á Caloocan, que tiene gobernadorcillo, porque como no tiene Padre, es peor que si no lo tuviera.»

En la actualidad, tanto Caloocan como otros pue- blos que eran civiles exclusivamente, tienen ya cura párroco, sin que esto sea decir que no subsista la mala costumbre de fundar pueblos sin dotarles de parroquia desde el primer día de su fundación. La experiencia ha venido demostrando que los pueblos sin cura son los peores; en efecto, sobre faltarles el tutor que tan preciso les es á los indios, carecen en la localidad de quien les infunda el debido respeto para que vivan vida pacífica á par que civilizada.

49.—*Pág. 345.*—«Un sargento francés que había desertado de los ingleses, servía en nuestro Ejército de capitán.»

Llamábase Bretaña, según nuestro Autor, en su *Historia,* cap. XXXV, pág. 646. Y no fué Bretaña el único desertor; véase lo que dice Jaén y Castillo en su *Compendio Histórico-poético:*

«Toda Francesa Tropa (*) determina
A los Nuestros passar, y se le huye
En trage de Mugeres disfraçada,
Al Español afecta declarada.»

(*) Los Franceses Prissioneros de *Pondicheri*, que forzados militaban en las Tropas Inglesas, disfrazandose en trage de Mugeres, se passaron de noche á nuestro Campo, manifestando en esto su verdadera inclinacion á nuestras Armas.—*N. del autor;* obra cit., pág. 18.

50.—*Págs. 345-346.*—«El 27 de Julio de 1763, antes del amanecer»...

Así en el manuscrito. Errata evidente: debe ser *Junio:* sobre que, como se dice en la pág. 350, el *23 de Julio* llegó á Manila la fragata que conducía los pliegos de la paz, nuestro mismo Zúñiga escribe en su *Historia* (pág. 653) 27 de *Junio,* fecha que confirma D. Sinibaldo de Mas en la parte histórica de su *Estado* (tomo I, pág. 186).

51.—*Pág. 347.*—... «enviaba el gobernador de Malinta á su gente,»...

Así también en el manuscrito. Debe de ser *Manila,* y no *Malinta.*

52.—*Pág. 350.*—«El 23 de Julio de 1763»...

(V. la nota 50.)

53.—*Pág. 351.*—... «al arzobispo Rojo, á quien habían encontrado en Malinta»...

Malinta, por *Manila,* en el manuscrito.

54.—*Pág. 356.*—«Pasada la iglesia, un puente de tabla como el de Marilao»...

Sin duda el Autor escribió: *existe,* ó *hay* un puente de tabla como el de Marilao.

55.—*Pág. 363.*—«El párroco del pueblo, que era un religioso Agustino»...

Más adelante, en la pág. 370, escribe su nombre: llamábase Fr. Gregorio *(Domínguez)* Guerra.

56.—*Pág. 390.*—«Por esta causa llevan *(los indios)* amuletos para que no les toquen las balas, y para librarse de otros peligros. Sus amuletos suelen ser libritos»...

Todavía los usan los bandidos, los mediquillos, y otros. Los tienen en grandísima estimación; considéranlos verdaderos talismanes, y es muy difícil, casi imposible que el europeo consiga hacerse de una de estas *obritas*. Yo sólo he visto tres, que fueron de otros tantos tulisanes y hoy pertenecen al P. Fr. Casimiro Lafuente, del Orden de Predicadores, ex párroco del pueblo de Santa Bárbara (Pangasinán), y actualmente conventual en el Colegio de Ávila. Dicho Padre me prestó el más curioso de los tres que en su larga carrera de párroco pudo obtener, y del cual amuleto voy á reproducir á continuación algunas páginas (*), con las correspondientes transcripciones al margen, transcripciones cuyo contenido débese, en su mayor parte, al antecitado P. Lafuente.

OBSERVACIONES

DE CARÁCTER GENERAL

Fácilmente se comprenderá que las páginas que siguen no están escritas en un solo idioma: las hay castellanas y haylas también en pangasinán; pero obsérvese que es muy rara la que no ha experimentado una más ó menos lastimosa adulteración: tomadas al oído por el que compuso ó los que compusieron el

(*) Reprodúzcolas con rigorosa exactitud; el cuadrilátero de filetes que limita las páginas nos da la medida del librito. Éste es manuscrito; su papel, del llamado comercial, azul; consta de 52 hojas útiles. Todo induce á creer que fué copiado hacia 1850 de otro muy anterior. Quien desee más pormenores, consulte la obrilla *Supersticiones de los indios filipinos: un Libro de Aniterías,* que el autor de estos renglones imprime en estos momentos.

amuleto, hase hecho con ellas la mescolanza más singular, principalmente con el fin de que las *oraciones* no sean entendidas por la generalidad de los indios, muchos de los cuales atribuyen privilegios extraordinarios á tales *oraciones*. Con ellas los mediquillos engañan á maravilla á los enfermos y parientes de éstos, y á todos los explotan impunemente. Los bandidos creen en la eficacia de las *oraciones;* y las dicen en todos aquellos momentos en que se ven apurados. Superfluo parece añadir que los poseedores de estas *alhajas* huyen de los párrocos; por lo común, los indios poseedores de amuletos los meten en bolsitas hechas *ad hoc,* y los llevan colgados del cuello á la manera de escapularios.

(1)

✠ sit Christes mortosos ✠

sit Christos Sepolnios

✠ sit Christ.ᵃ Resurecset

✠ Christus Acendit ✠

Christos empir.ᵗ ✠ Chr.ᵗ

tos de polgorimos defen

dat ✠ Christus pobi

cam estate Sanctus

Dios Sanctus portes

(1)

Toda esta página, con la primera línea de la siguiente, constituye una oración que dice el mediquillo, después de tomar el pulso á los enfermos. Cada cruz del texto indica cuándo ha de hacerlas en los ojos, nariz, boca, estómago, etc., del paciente: remeda al sacerdote cuando administra la Extremaunción.

(2)

Esta oración—bien claro se lee—es contra las armas de fuego. Debe de ser invención de algún antiguo bandido. Se santiguan tantas veces como cruces hay. Deben rezarse además un Padrenuestro y Avemaría.

(2)

misererenobis Anime.

Oracionde Ntro Sor Jesu Christo, Contra. armas de fuego. Padre Ntro. y Av.ª

✠ Jesu Christe magis ter a Domini benedec tus ✠ Jesus orsis ✠ Jesus Stos en morta

(3)

Por el estilo de la anterior, sino que esta *oración* se atribuye nada menos que á San Pablo, ¡como si á San Pablo le hubieran perseguido alguna vez con fusiles y otras armas de *foigo*, á las que tanto temen los ladrones! ..

(3)

talis misererenobis

Amin.

Oracion de S. Pablo contra armas de Foigo ip.ʳᵉ Ntro. y Av.ª

Jesus S. Pablo Poni- tom quiter Deus Sa- lucam tuam, Amin.

(1)

Oracion de Ntro Sor ·
s. Agostin Contra ar-
mas de mano i p.ᵉ Ntro
y Av.ᵃ

De S. Agostin ó gutia
piam inapirvititequia
lalomi Jesus Jesus Am.ⁿ

Salitay Cat.ⁿ Jesuch.ᵗ

(1)

Esta oración, del P. San
Agustín, es la que rezan
cuando temen ser atacados
con armas blancas. Con-
cluye en la pág. 5, y sus
últimas palabras, en pan-
gasinán, dicen: «Palabras
de N. S. Jesucristo contra
los que saben mucho». (Y
por lo tanto nos pueden
conocer y denunciar á la
Guardia civil.) Las pala-
bras de Jesucristo comienzan: *Quiem*... (pág. 5). Sigue una

(5)

Christo Contrad sa-
vay macalacal.

Quiem cristis suliquit
bita nobis quia Egus.ᵐ

misiriator Omnis.

Oracion na Catao.ⁿ

tin Jesu Christo, say
dasalen ed aguco a

(5)

Oración de N. S. Jesu-
cristo que se debe rezar
todos los días y noches:
Padrenuestro y Avemaría
(pág. 6), y después ✠, haciendo bendiciones donde
están las cruces. Queda
explicada la pág. 6, menos

(6)

las dos últimas líneas, donde comienza una oración para que no revienten ni hagan ruido las armas de fuego del uso del bandido. Ocupa toda la pág. 7.

(6)

guco tan labilabi
Padre Ntro y Av.'

✠ Jesus ado bisat
Y nos sa Crus ✠ stos
Jesus entrilot ✠ Jesus in mortalis misererenobis

Oracion Córtra armas
de Fuigo (agon-

(7)

Las cruces indican los movimientos de una gran bendición.

(7)

buetag tan agontanol.)

✠ Jesu Chis to Filio
aferlas pama liam et
dig nom binitue ✠ Jesu Chris to benedic tetue
Jesus Or sensos ✠ Jesus sancte in mortales
miserere no bis Amin

(8)

Oracion Contrad
O Log.

Serapite sermin trebo-
lani Amen.

Oracion contrad y
baoanen tan mag
co co lam:

Malo Jesu Christo
qui nobis tas qui-

(8)

Contiene dos oraciones:
la primera contra las cu-
lebras; la segunda (acaba
en el primer *Amin* de la
página siguiente), es contra los hechiceros, en los
que creen todavía muchos
indios.

(9)

Mariam de lo set
Amin

Oracion contrad
Lase

Corpos Christe sanc-
te pecame Salvame
Amin

Oracion na Sant.°
contrad armas de

(9)

El centro lo ocupa una
oración contra el rayo. Al
final comienza una nueva
oración contra las armas
blancas.

(10)

Acaba la oración contra las armas «de mano», y comienza (al final) una oración contra la Justicia, ó sea contra los jueces, capitanes ó gobernadorcillos, Guardia civil, etc., etc.

(10)

mano. S Padre-
Ntro y Av.ª

Deombis g ravis sto
y ruega y María y
niralos senitam cam
ore tem pecatum man
patre am Comam mi
amin Amin:

Oracion contrad
Justicia

---

(11)

Las líneas del centro recomiendan que se recen doce Credos á los doce Apóstoles, medio eficacísimo de que surta los más felices efectos la oración contra la Justicia. Sigue á ésta, otra nueva contra las armas «de mano».

(11)

Enompilater Coltam
pises Eternom pecestel
soom Amin.

Mandasal na Labin-
duan Manisiaac a
i pabtang cd Labin-
duan Apostoles

Oracion a manam
sam na Armas

(12)

Salvo Y madre cruse
yao na

♫	♭	m
ℳ	t	m
Ŀ	t	m
♫	t	m

Sàyan devocion mari

(12)

Aqui se contiene toda
una fuga de vocales:

No ge-me.. *(No gimas.)*
No te-me.. *(No temas.)*
Le te-me.. *(Témele)*.
No te-me.. *(No temas.)*

Sàyan devocion, etc. (pasa á la 13), se traduce:

(13)

desal na apateran Ania
mi Apateran inanisi
ac apatiran bindeto ed
cabuasan tan ngarem

Si Amatamon sitimmo

Simatua tamon malam
bam

Si matua tamon hocmal

Saguey ya Amami

(13)

«Esta devoción pide que
se recen cuatro Padrenuestros, cuatro Credos y cuatro Bendito y alabado por
mañana y tarde». — *Si
Amata*... hasta *hoc mal*, y
lo que sigue, pide que se
rece un Padrenuestro.

(14)

(14)

En ésta se recomienda añadir al Padrenuestro anterior un Bendito y alabado á la Santísima Trinidad.—Síguese una oración de N. S. Jesucristo cuando le prendieron en el Huerto: recomienda el librito que se rece un Credo y la oración *Quem*, etc., hasta BUS, que es adulteración de *vos*.

tan sagüey a bendeto
a ipabtang ed sicaran
talo

Oracion na Cat.ª tin Jesu
Christo nen ere len dad
lahortay hitchimani sa-
guey Manisiaac.

Oracion

Quem Quirites deguit
binobes qua Egusom
miseriator omnis

B U S

Por el estilo son las oraciones para hacer huir al que lucha con el poseedor del amuleto; para «ablandar el corazón de los superiores», como jueces, jefes de la fuerza pública, etc.; contra los caimanes, etcétera, etc.—Tan pintoresca sarta de disparates no debo darla íntegra en estos *Apéndices;* reproduciré, sin embargo, algunas páginas, que por ser casi indescifrables, ó indescifrables de todo punto, merecen un puesto entre las de esta obra, siquier á título de curiosidad.

(28)

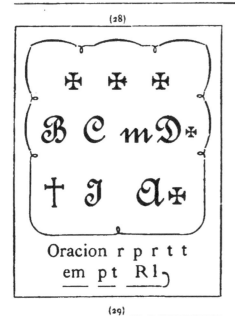

Oracion r p r t t
em p t R l⌐

(28-29)

Las letras, cruces y de-
más garabatos, no creo que
haya quien los entienda.
El tulisán de quien adquirió el amuleto el P. La-
fuente, se negó en redon-
do á dar la traducción á
dicho Padre. Cree éste que
desde luego no son ambas
páginas mero capricho del
que escribió el librito.

(29)

Prele queno niar en res
tom Domi nom nos
tom

h	✠	a
✠	✠	✠
Q	✠	n

(30-31)

Tampoco de estas dos páginas se puede sacar nada en limpio. Al final se lee: «Oración contra el que te ponga pleito».

(30)

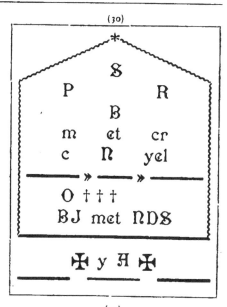

(31)

S S S

P P P

tun D L

Oracion

Santo sto sto Sicut
Dios anima san Corpos
Christe

Oracion no oalaycacol
mo.

(32)

Gloria pater seles
amitar blancer Stus
amildor Amen.

Man da sal na loran
Amami i pabtang ed
Sta Barbara

J. Uto milibre es de
mi ocacion

Say Bay Cat.ᵃ J.
christo
G n s t t

(32)

Recomienda que se re-
cen tres Padrenuestros á
Santa Bárbara.—*Say Bay,*
etcétera. Traduc.: *la abuela de Jesucristo.*

(33)

b R G t
l b x t
I l c g
s l b s
y l

Sanen bog ca lot nitan
biniagan say ngaranto

Sionto sia

Say Dasalen 3 Pdre
nuestro Saquey à siac

(33)

Indescifrable la prime-
ra mitad.—Lo que sigue
quiere decir: que cuando
era infiel (la abuela de Jesucristo) se llamaba como
indican las letras simbóli-
cas que anteceden. Pero
después que se la bautizó
le pusieron por nombre
Siontosia.—Síguese la re-
comendación de que se re-
cen tres Padrenuestros, un
Credo y una Salve (esto,
ya en la 34).

(34)

Oración al caimán.
(Buaya.)—Id. á las abejas. *(Potiocan.)*

(34)

manag Ca salanan tan
saquey à Salve:

Oracion ed Buaya

Sorpite minte el bienite
y mi gracia

Oracion ed potiocan

Egosom pamis adeog
perbos obe die selos
Amen.

(49-50)

Ambas son completamente indescifrables.

(49)

✠ Christus pobis com es
tate Stos Dios Stos
pertes misererenobis Amin

Fiel m.ª

r tini 4n 4b9
s 2 g n, PK.

S 2 g n Pk NR.S 19 FR

Es m' ı Gerem

(50)

S239 M5 riJ ⊳⊲⊳⊲R

✠ c 1925 sin G53 n.

c m i ✠ n5b2 3t3r

mg 53e ✠ ti

m2n t3 d21 ✠ Amin

Jesus ✠ ✠ ✠

Igusum templometa

ni ma mean Amen

† † † Verbom Carom

(57)

A ❋ N

❋ ❋ ❋

G ❋ h

{ Jesus peribus }

Oracion ed admas.

Mitem Claodiom tuad
bajenam Calez aunque

(57-58)

También son indescifrables.

Hé aquí, por último, las cuatro páginas con que termina esta famosa *obra*, talismán inapreciable, cuya pérdida aun seguirá llorando el bandido á quien perteneció:

(101)

Crucem patram

venidictam corpos

sia na salaje —

Christus amagos medi

pindit Jesus M.'

Jusep Liberame

(101-104)

Difícil es comentar esta serie de disparates: desde la pág. 95 hasta el final de la obrilla, todo carece de sentido. Se conoce que el *autor* tuvo á mano alguna vez un *Breviario* viejo que después perdió, y recordando ciertas palabras por él leídas las fué colocando — adulterándolas á la vez — donde le vino en talante.

(102)

Sacalima

bota lima

Sacalima·

botalima

Saca limay

Jesus Cadiamor

Jesus Eterno

Jesus mas de

(103)

Pas no bis

Pit mumper

Pas ti cum

Subamnobis

Omni dum

Emine deum

Jesus Maria

Jesus Abroco

(104)

Egusum sta M.'

Petis Pratis sulion

Verbom carum

factum est etabit

inobis Jesus M.'

y Jusep ——

Examinado un libro de *aniterías,* bien puede asegurarse que se han examinado todos los demás. No existen otras diferencias que el mayor ó menor número de *oraciones,* aparte el *idioma local,* que así como en este librillo es pangasinán, en otros será tagalo, ó visaya, etc. Acerca de los amuletos de esta índole de los indios filipinos no existe ninguna monografía; ni nadie, hasta hoy, ha reproducido páginas de los mismos: de suerte que nos cabe la satisfacción de haber sido el primero que ha descendido á estos detalles, que no creemos rehusen los etnógrafos curiosos.

57.—*Pág. 400.*—...«nos decía que le daba vergüenza... porque se lo impedía... la mala inteligencia de un decreto... dimanado de unas instrucciones del año 1768,»...

Estas *instrucciones* no son otras que las *Ordenanzas* llamadas «de Raón» (el general que las dictó), restablecidas en tiempo del general Aguilar (1801), según ya dijimos en la nota 47 de este *Apéndice* (*); las cuales *Ordenanzas* fueron, y con razón, una verdadera pesadilla para los frailes, puesto que un buen número de sus capítulos estaban escritos expresamente para lastimar á los curas párrocos. Los jefes de provincia, concusionarios casi todos, explotaron cuanto pudieron el *antifrailismo* del general Raón, á modo de desquite contra los religiosos, ya que éstos solían interponerse entre el pueblo y el alcalde para evitar abusos. Las *Ordenanzas* de Raón, juntamente con las de Cruzat y otras, se hallan en el tomo de D. J. F. del Pan *Documentos para la Historia de la Administración de Filipinas;* también pueden verse (las de Raón) en el

(*) V. la pág. 59 *. Por cierto que se ha deslizado la errata *1881* por 1801.

tomo I de los *Autos acordados* (págs. 29 y siguientes) y en el I de la *Legislación Ultramarina* de Rodríguez San Pedro (págs. 245 y stes.).

58.—Pág. 426.—*La relación de Quirós.*

Además de la que incluye Morga en su obra, hay otras del mismo Pedro Fernández de Quirós, contenidas en la obra *Historia del descubrimiento de las regiones Austriales,* publicada por el sabio americanista D. Justo Zaragoza.—V. el *Apéndice bibliográfico.*

59.—*Pág. 479.*—…«y lo que más me mortificó fué ver que las librerías que habían dejado *(los frailes)* en algunos conventos estaban enteramente destruídas»...

Bastó que unos cuantos años reemplazasen en toda la Pampanga los curas indios á los curas frailes, para que en los conventos reinase la más espantosa incuria. Hoy que tanto interesan los estudios acerca de la imprenta en Filipinas, considérese lo mucho que el bibliógrafo lamentará aquel abandono incalificable de los clérigos indígenas, sin el cual no sucedería que sean de una rareza excepcionalísima los libros impresos en Lubao (Pampanga), de los que seguramente habría no pocos ejemplares en esas bibliotecas que perecieron por el ningún celo de unos hombres que debieron conservarlas con mayor cuidado que si hubieran sido propias, si hubiese habido en ellos una pizca de conciencia y algún amor al estudio.

60.—*Pág. 480.*—«Aquí llegó descaminado vn Pampángo (á quien el Padre Colín, dice»...

V. Colín, lib. I, cap. IV, pág. 17.—En otro lugar se verán las opiniones de los principales autores acerca del origen de los indios.

61.—*Pág. 495.*—«Mr. Le Gentil, en su *Viaje* á Manila, capítulo 10»...

Así en el manuscrito. Debe de ser errata; porque ese *Viaje* (las 366 primeras págs. del tomo segundo), consta tan sólo de tres capítulos. Hemos buscado inútilmente la cita en toda la obra, y no hemos dado con ella. Ó el P. Zúñiga manejó otra edición que la de 1781, ó se ha confundido con otro autor. Tal vez nosotros nos equivoquemos.

62.—*Pág. 504.*—...«del cual *(Súbic)* dice Mr. Le Gentil en su *Viaje...* la siguiente».

Dícelo así en su mencionada obra, parte tercera, cap. II, artículo 18, pág. 275 (del tomo 2.º).

63.—*Pág. 507.*—...«por una arbitrariedad de los señores Gobernador y arzobispo»...

Esto que nuestro Autor califica de arbitrariedad llevóse á cabo en 1795, siendo gobernador D. Rafael M.ª de Aguilar y arzobispo D. Juan Órbigo y Gallego. —El pueblo desmembrado de Cavite Viejo llámase Imus. Los decretos del superior Gobierno disponiendo ambas desmembraciones (de Cavite Viejo, Imus; de Parañaque, Las Piñas), fueron fechados el 3 de Octubre y el 5 de Noviembre, respectivamente, del año citado de 1795.—PROVINCIA *de San Nicolás de Tolentino,* págs. 80 y 36.

64.—*Pág. 529.*—*Cuervos:* «El P. Murillo dice que vió uno blanco».

Dícelo así en su *sentir* acerca de la obra del P. San Antonio, *sentir* que va en los preliminares del tomo I. «Ay muchos Cuervos, y hé visto algunos, que tienen »tal qual pluma blanca como canas, vno ví en Manila

»enteramente blanco sin tener nada negro, bien que »propissimamente es *rara Avis in Terris, alboque si- »milima Corvo*».

65.—*Pág. 529.*—«Hay unos ratoncillos ciegos como topos que dan un olor como almizcle».

Llámanse *chirosos*, según el P. Murillo Velarde, en el *sentir* mencionado en la nota precedente.

(TOMO SEGUNDO)

66.—*Pág. 3.*—«Este Obispado es sufragáneo de Manila:»...

La fecha de la erección está equivocada, según puede verse en el *Apéndice bibliográfico, Col. de docms. inéditos*, tomo XXXIV.

67.—Pág. 4.—«Hay un administrador de tabaco... y un factor de la Compañía para fomentar»...

Este factor era D. Tomás de Comyn, famoso por su obra *Estado de las Islas Filipinas en 1810*, que en otro lugar encarecemos por su extraordinario mérito.

68.—*Pág. 15.*—...«es falso que tengan *(los igorrotes)* atesorados millones de pesos, como dice Mr. Le Gentil»...

V. parte 3.ª, cap. I, artículo 8.º

69.—*Pág. 17.*—«También dicen que hay una laguna grande»... «También se dice que hay un volcán»...

Así es la verdad; véase lo que sumariamente indica el señor Centeno en su notable *Memoria geológico-minera* (1876), pág. 8. Por lo que respecta al *volcán*, invito al lector á que lea en el *Apéndice* siguiente *(B)* la curiosísima relación *Svcceso raro de tres Volcanes,* de gran interés para los geólogos.

70.—*Pág. 26.***—**«Un señor oidor que estaba de visita en Pangasinán»...

Llamábase D. José Ignacio Arzadum y Rebelledo. —Ferrando, *Hist. de los PP. Dominicos,* t. IV, pág. 404.

71.—*Pág. 35.***—**«Este Obispado se fundó el año de 1595»...

Repetimos aquí lo dicho en la nota 66: creóse este Obispado al propio tiempo que el de Nueva Segovia.

72.—*Pág. 44.***—**... «el año de 1576 se cogió en una de estas costas un pez disforme, de que hace mención el Dr. Morga»...

En estos términos: ... «con una tormenta grande que hubo en las Islas, en una costa de Luzón, hácia la provincia de Camarines, varó en tierra un peje, tan grande y disforme, que aunque era en más tres brazas y media de fondo, no pudo volver á ponerse en flote, y allí pereció. Los Naturales decían, no haber visto semejante animal, ni otro de aquélla forma; la cabeza era de estraña grandeza y ferocidad, y en la frente tenia dos cuernos, que le caían hacia el lomo, el uno de ellos se trajo á Manila, que estaba cubierto con su pellejo ó cuero, sin pelo ni escama, y era blanco, de largor de veinte pies, y grueso al nacimiento, como el muslo, y iba adelgazando hasta la punta, en proporcion, algo corvo y no muy redondo, á lo que parecía, todo macizo, que causó mucha admiracion á los que lo veían.»—Morga, cap. 8.º, página 273 (ed. moderna).

73.—*Pág. 46.*—*Conveniencia ó inconveniencia del estanco del tabaco.*

Lo mismo en este pasaje que en otros análogos que existen en el ESTADISMO, podríamos reproducir lo que de los indios dijimos en la nota 38.

74.—*Pág. 50.*—«Mr. Le Gentil, en su *Viaje* á las Islas Filipinas, cap. 2.º, art. 3.º»...

No es en el capítulo 2.º, sino en el *primero* (páginas 14 y siguientes de la tercera parte), donde se halla la carta á que alude nuestro Autor.

75.—*Pág. 55.*—*Erección del Obispado de Cebú.*

Como se verificó en igual fecha que el de Nueva Segovia, recordamos al lector lo dicho en la nota 66.

76.—*Págs. 58 y siguientes.*

Todo lo relativo á Magallanes y los primeros viajes de los castellanos á las Islas Filipinas, debe cotejarse con lo escrito por Herrera, Padre Grijalva y otros autores, y muy especialmente con los *documentos* insertos en la *Colección* de D. Martín Fernández de Navarrete. Respecto de la muerte de Magallanes, hay que acoger con gran reserva lo escrito por Pigafetta (página que reproduce con gran delectación el anotador de Morga). Fernández de Oviedo trató á Juan Sebastián del Cano, y en su *Libro XX* describe la muerte del gran marino portugués en distintos términos que el aventurero autor de *Primo viaggio in torno al globo;* Maximiliano Transilvano y Pedro Martir de Anglería, tampoco relatan aquel funesto acaecimiento de la manera que Pigafetta. Éste tenía odio profundo á los españoles—cosa que leyéndole se descubre en seguida—y así se explica la forma en que refiere el triste fin que tuvo Magallanes.

77.—*Pág. 67.*—«El año 1649 se alzaron estos indios; uno llamado Sumoroy mató al Jesuíta que estaba de doctrinero;»...

Llamábase este víctima de la traición Miguel Ponce Barberán; á su muerte y al alzamiento de Palápag consagra Murillo todo el cap. XXIV del libro II de su obra *Historia de la Provincia de Filipinas* (fóls. 171-175).

78.—*Pág. 96.*—... «los de la isla de Romblón defienden su territorio de los moros con una fuerza que hizo un Padre Recoleto»...

Fr. Pedro de San Agustín, más conocido por *el Padre Capitán.*—*Prov. de San Nicolás de Tolentino,* página 124.

79.—*Pág. 109.*—«Este año *(1690)* venía de Gobernador de Manila D. Fausto Cruzat y Góngora»...

El hecho á que se refiere nuestro Autor, acaeció, no como se da á entender en el texto que vamos á aclarar, sino del modo siguiente, según el P. Murillo:

«El Governador *(de Marianas),* D. *Damian de Esplana* paso á Manila el año de 1688 con pretexto de recuperar la salud, y dexó en su lugar al Sargento Mayor, *D. Ioseph de Quiroga.* La Milicia con las rebueltas pasadas vivia con notable desorden. Quiroga pretendió reducirlos á vida Militar, y Christiana: pero ellos acostumbrados á vna vida licenciosa, no querian sufrir ningun genero de freno. Conjuraronse contra el Governador, y de mano armada lo *prendieron,* y pusieron en vn calabozo. El P. Gerardo Bovens, que era el Superior, temiendo como todos los Misioneros, que tan violenta conducta podia destruir en vn puñto todo lo que hasta entonces se avia trabajado, hablo á los amotinados, y les exhorto á que diesen libertad al Comandante. Pero ellos no quisieron conceder, lo

que se les pedia, y solo dieron palabra, de que no le quitarian la vida. Sin embargo todos los Padres estaban con
grandisimo cuydado del exito de aquella rebolucion, y
viendo, que sus diligencias con los hombres avian salido
todas invtiles, acudieron á negociar con Dios el remedio,
con oraciones, y continuas, y asperas penitencias. Hizieron vna fervorosa Mision, para reducir á los amotinados,
y quiso Dios consolarlos con la conversion del Principal
de todos, el qual con heroyca resolucion fue a ver á Quiroga, y arrojandose á sus pies todo bañado en lagrimas,
le pidió perdon de la afrenta, que le avia hecho, y le prometió reparar el grande escandalo, que avia dado. Hablo
á sus compañeros, puso á Quiroga en libertad, restituyolo á su empleo, y le dio los honores correspondientes á
su dignidad....

»El año de 1690. por Iunio avistaron á Marianas la Capitana, Santo Niño, y la Almirante, Nuestra Señora del
Pilar, que en Isla de Cocos se perdio, y alli se detuvo la
Mision de San Francisco de veinte sugetos. Salvaronse
todos los del Navio, que eran muchos. Entre ellos venia
numero de *forzados* de Nueva España, que impacientes
de aquellos trabajos, y por librarse de los que tenian en
adelante, y vivir en su vida licenciosa, determinaron alzarse con las armas, matar al Governador, y á los principales oficiales, y á los Misioneros, reservando vno para
Capellan, y coger el Patache, que se esperaba por Agosto,
y hechos dueños de su riqueza, y de todas las Islas, irse
á donde viviesen con libertad. El dia de Santa Rosa era
el aplazado, quando todos concurriesen á la fiesta de
Agat. Pero la amorosa providencia de Dios dispuso, que
aunque á veinte de Agosto se descubrió el Patache, no
pudo tomar tierra á treinta de Agosto. Con que se fueron
desbaratando las ideas, y aviendose arrepentido vno de
los conjurados, el dia ocho de Septiembre de la Natividad
de la Virgen, descubrió la conjuracion el Governador Esplana, que luego ocurrió al daño con tal diligencia, que á
las ocho de la noche del dia nueve prendieron veinte de
los conjurados, y el dia diez arcabuzearon á onze de ellos

y nueve el dia siguiente, todos en Agaña, y el dia treze otros tres en Vmatag»...—*Lib. IV, cap. XX, fol. 365.*

El gobernador general Cruzat llegó, en efecto, el año 1690 á Manila; pero como hizo su entrada en la Capital el 25 de Julio, claro es que no pudo sofocar la sublevación de Agosto del mismo año en Marianas, como podría deducir algún lector, dado que el texto del P. Zúñiga no está suficientemente claro, por más que nosotros, para evitar confusiones, hemos escrito la palabra *gobernador* con minúscula, regla que hemos seguido siempre para distinguir gobernador de provincia con *Gobernador* de todas las islas españolas de la Oceanía.

APÉNDICE B

BIBLIOGRAFÍA

INTRODUCCIÓN

Antes de presentar el *Catálogo bibliográfico* formado con las obras citadas por el P. Zúñiga, las que hemos consultado para la redacción de estos *Apéndices* y algunas otras que por su mérito científico ó por su rareza han sido objeto de nuestro examen, parécenos oportuno dar algunas noticias acerca de la imprenta en Filipinas, desde su fundación hasta nuestros días. Voy, pues, á presentar el esqueleto de todo un libro, que hace tiempo vengo trabajando (*). Limítome á citar las principales fuentes (que por cierto son pocas, y no siempre claras), y á transcribir *pies* de imprenta, diferentes todos, y todos vistos por mí, á excepción de algunos muy contados, obtenidos de des-

---

(*) En el número de *La Política de España en Filipinas* correspondiente al día 11 de Abril de este año de 1893, anuncié la publicación de la *Historia de la Imprenta en Filipinas*, obra que nadie ha escrito todavía.

cripciones que me merecen absoluta confianza; los seis ú ocho *pies* que aquí se citan y que no he podido ver en las obras á que pertenecen ni en descripciones hechas á conciencia, póngolos con el nombre del escritor que menciona esos seis ú ocho volúmenes.

DÓNDE FUÉ ADQUIRIDA LA PRIMERA IMPRENTA

No se sabe. Desde luego no es admisible que la llevasen de España; pudo ir de México, donde ya había bastantes; pero parece más verosímil que se pidiera ó á Goa, ó al Japón, países que sostenían relaciones comerciales con Filipinas.—*Años, 1606 á 1609.*

Goa.—La obra más antigua que conozco, impresa en este punto, es *Coloquios dos simples:* 1563.

Japón.—«En el año de 1590 introdujeron *(los jesuitas)* el arte de fundir tipos europeos, lo que les puso en disposición de producir una serie de libros en caracteres latinos (*).»

China.—Como tanto se ha hablado de la antigüedad de la imprenta en China—país bien cercano de Luzón,—preciso es descartar la hipótesis que de China fuese la primera imprenta, descarte que hago en obsequio de los que puedan sustentar hipótesis semejante. El P. González de Mendoza (**) dedica todo un capítulo á «la costumbre de estampar ó imprimir en este Reino»; y el P. Fernández Navarrete *(tratado segundo, cap. I)*, dice: «La antiguedad de la Imprenta, »segun Trigancio, y otros, passa *(en China)* de mil y

---

(*) «Ernest Satow, *The Jesuit Mission Press in Japan from 1590-1610.* London 1888. Véase *Saturday Review* 29 Dec. 1888.»—Cit. del P. José Dahlmann, en su obra *Estudio de las Lenguas y las Misiones,* traduc. del P. Jerónimo Rojas (ambos jesuitas): Madrid, 1893.—*Pag. 98.*

(**) En su obra *Historia del gran Reino de la China,* Madrid, 1586. Hay otras ediciones, que se especifican más adelante.

»seiscientos años. *Hacese en tablas,* las de peral son »las mejores, abren en ellas las letras con vn buril, »impresso el libro, se queda el dueño con las tablas», *etc.*—La imprenta á la europea, la de Gutenberg, dotada de tipos aislados que se van colocando uno á uno, no la hubo en China hasta que la llevaron los europeos, bastantes años después que la hubiese en Filipinas.

EL PRIMER IMPRESOR

Fué un chino cristiano adictísimo á los PP. Dominicos, y muy en particular al Demóstenes tagalo, Fr. Francisco Blancas de San José, de la dicha Orden, español peninsular, escritor laboriosísimo, celoso del bien común, varón esclarecido y piadoso sin cuyo influjo la imprenta habría tardado tal vez algunos años más en ser introducida en Filipinas. Oigamos al Padre Aduarte, gran amigo que fué del P. Blancas; dice así, hablando del pueblo de Binondo:

«Ha avido en este Pueblo muchos Chinos de muy exemplar vida, **Iuan de Vera** no solo era hombre muy devoto, y de mucha oracion, sino que hazia que todos los de su Casa lo fuessen, oia siempre Missa, y era frequentissimo en la Iglesia, y la adornava curiosissimamente con colgaduras, y pinturas, por entendérsele esta arte: y solo atendiendo al mucho fruto, que se sacaria con libros Santos, y devotos, se puso al gran trabajo, que fué necessario para salir con Imprenta en esta tierra, donde no avia Oficial ninguno, que le pudiesse encaminar, ni dár razon del modo de imprimir de Europa, que es diferentissimo del que ellos tienen en su Reyno de China, y con todo esso ayudando el Señor tan pio intento, y poniendo él en este negocio, no solo vn continuo, y excessivo trabajo, sino tambien todas las fuerças de su ingenio, que era grande: vino á salir con lo que desseava, y **fue el primer impressor que en estas Islas huvo,** y esto no por cudicia, que

ganava el mucho mas en su Oficio de mercader, y perdió
de buena gana esta ganancia, por solo hazer este servicio
al Señor, y bien á las almas de los naturales, que no se
podian aprovechar de los libros santos impressos en otras
tierras, por no entender la lengua estraña, ni en la propia los podian tener, **por no aver en esta tierra Imprenta, ni
quien tratasse de ella, ni aun la entendiesse,** y assi fue este trabajo muy meritorio ante el Señor, y de gran provecho á
estas gentes, y por él le dió Dios vna felicissima muerte,
con tanta alegria, y devocion, que començó á cantar muy
alto alabanças al Señor, yá en su lengua China, yá en la
de los Indios, yá en la Española (que todas las sabia bien)
estavan al rededor de su cama muchos Religiosos, (que
por ser tan devoto le amavan mucho) y vno de ellos en
voz baxa al que estava junto á si dixo: parece que con la
gravedad de la enfermedad sale de si, y como si lo huviera
dicho recio, lo entendió el enfermo, y le respondió, no he
perdido el juizio Padres, que en esta ocasion qualquiera
que le tuviere bueno, que ha de hazer sino lo que hago,
cantar alabanças al Señor, y darle muchas gracias, porque me hizo Christiano? Mil lenguas quisiera saber para
alabarle en todas, y con esta devocion, y fervorosos efectos murió, dexando á los Religiosos no solo muy conso-
lados, sino muy embidiosos de tal muerte. Tenia Iuan de
Vera vn hermano poco menor que él, y viendose morir le
llamó, y le dixo: hermano vna cosa quiero pedirte que
hagas por mi, con que morire consolado, y es que lleves
adelante este Oficio de Impressor, porque no se pierda el
gran servicio que á Dios con él se haze; bien se que has
de perder por esto mucho de tus ganancias; pero mucho
mas te importa lo que ganará en él tu alma, imprimiendo
Libros devotos para los Indios, bien se puede dexar aquella ganancia Temporal por esta que es eterna, *prometió-
selo el hermano,* y cumplióle la palabra *con muchas ventajas,*
porque movido grandemente con la dichosa muerte del
hermano, mejoró él mucho su vida, y començó vna muy
particular devocion, que le duró hasta morir, hizose Mayordomo de Nuestra Señora, y serviala con gran diligen-

cia, y de su hazienda le hizo muchos Ornamentos ricos,
dió á la Iglesia vna Cruz grande, y Ciriales de Plata para
Processiones, y vna Lampara de Plata para el Santissimo
Sacramento, y mucha limosna para la Fabrica de su Iglesia, dandole Nuestra Señora para todo, porque tenia en
sus mercancias concierto con esta Señora de darle vn tanto de las ganancias, y se avia obligado á esto con particular
voto, y con esta devocion crecia su merito, y su hazienda,
y él iba cada dia sintiendose mas obligado, y *servia con
mas devocion su Oficio*, en el qual murió, con muy buen
nombre como tal vida merecia.»—ADUARTE, *Tomo primero de la Historia de la Provincia*, etc., *libr. I, cap. XXVII,
págs. 99-100 de la ed. de Zaragoza, 1693.*

Más adelante, en el capítulo que dedica exclusivamente á la vida y trabajos de Fr. Francisco Blancas
de San José, escribe:

«Compusoles *(á los indios)* muchos libros de devocion
manuales, y porque no avia Imprenta en estas Islas, ni
quien la entendiesse, ni fuesse Oficial de imprimir, dió
traça como hazerla por medio de vn Chino buen Christiano, q̃ viendo que los libros del Padre Fr. Francisco
avian de hazer gran provecho puso tanto cuidado en este
negocio, que vino á sacar, (ayudado de lo que le dezian
algunos que sabian algo) todo lo necessario para imprimir, é imprimió estos libros»—*Libr. II, cap. II, pág. 410.*

Finalmente, dice algo más adelante, en el mismo
capítulo:

«Imprimió muchos libros para el bien de los Indios Tagalos, á quien principalmente administró, que han sido
de mucha importancia, assi para los Religiosos, y otros
Sacerdotes, que de nuevo aprenden esta lengua, como
para los Indios, para quien se imprimieron, á los quales
han hecho, y hazen gran provecho. Imprimió pues su
Arte para aprender la lengua Tagala, vn memorial de la
vida Christiana, vn libro de las quatro postrimerias, otro
para la preparacion de la Comunion. Vn Confessonario,

otro de los misterios del Rosario de Nuestra Señora, otro
para aprender los Indios Tagalos la lengua Española, y
dexó muchas cosas muy devotas, y curiosas en la lengua
destos Indios, de que se aprovechan los Ministros de
ellos»...—*Pág. 412.*

Los párrafos que acabamos de copiar del primer
cronista de los PP. Dominicos de la Provincia de Filipinas, es *lo único* que hallamos en las obras antiguas relativo á la fundación de la imprenta en aquel
país. Como se ve, faltan dos datos interesantísimos:
ni se precisa el año, ni el punto dónde adquirió Juan
de Vera los utensilios de su famoso *establecimiento
tipográfico,* como hoy se dice. El P. Martínez-Vigil,
también dominico (actual Obispo de Oviedo), en su
obra *La Orden de Predicadores,* al hablar del P. Blancas, escribe lo siguiente: «Montó antes de 1609 la primera imprenta que se conoció en Filipinas». Y reproduce del P. Aduarte estas palabras: «Como no había
»imprenta en las islas, ni quien la entendiese ni fuese
»oficial de imprimir, dió traza cómo hacerla por me-
»dio de un chino cristiano, que... vino á sacar todo
»lo necesario para imprimir, é imprimió estos libros»;
y añade el señor Obispo: «Tengo á la vista un autógrafo de la misma fecha *(1609)* que afirma lo mismo».
—*Pág. 248.*

Á título de curiosidad vamos á transcribir un suel-
to que publicó *La Oceanía Española,* de Manila, en su
número del día 12 de Enero de 1883; dice así, bajo el
título *Antigüedad de la Imprenta en Manila:*

«Noticia (que creemos necesita comprobacion con respecto á fechas) tomada de una carta del General Enrile,
en 1831, al Ministerio:

«Desde que llegué á estas Islas, me propuse reunir to-
»das las obras de cualesquiera clase que fuesen, escritas
»en los distintos dialectos de este Archipiélago Filipino.

»Me enteré de que las habia impresas desde 1605, pero
»por mas esfuerzos que he hecho, no ha sido posible en-
»contrar ni una sola edicion de aquellos tiempos; pues
»una especie de polilla particular de estos climas y la
»hormiga que nace en breve tiempo, todo lo pulverizan
»por mucho cuidado que se tenga. Siguiendo aquella idea
»he formado una coleccion de vocabularios y gramáticas
»ya sean impresas ó manuscritas, para que si fuese del
»agrado de S. M. se coloquen en la Real Biblioteca de
»Madrid, donde puedan consultarse. Un siglo antes que
»los ingleses ú holandeses hubiesen escrito una página en
»las lenguas del Asia, por la laboriosidad de nuestros Re-
»ligiosos, ya teniamos muchas obras escritas; la lengua
»tagala habia sido analizada y habia tenido su Ciceron, y
»la lengua Japona su diccionario que incluyo. Es de ad-
»vertir de paso, que por próximas que habiten las distin-
»tas naciones de un espacio determinado, cada una se
»expresa con su dialecto particular que poca ó ninguna
»relacion tiene con el vecino. Acompaño tambien el dic-
»cionario Malayo, holandes y frances, como la gramática
»China y Portuguesa impresa en esta Ciudad. Si este pe-
»queño trabajo mereciese la aprobacion de S. M., es todo
»lo que apetezco.»

LOS PRIMEROS IMPRESOS

Que había imprenta en Filipinas el año de 1610, es
cosa que está fuera de toda duda, por cuanto existe
un *Arte y Reglas de la lengua Tagala* impreso en ese
año; que pudo haberla antes de mil y seiscientos diez,
dedúcese de lo escrito por el mencionado señor Obispo de Oviedo, que vamos á ampliar con otra cita del
mismo señor, la cual hallamos en el estudio que acerca de los antiguos alfabetos filipinos publicó en la
Revista de Filipinas, tomo II, págs. 33 á 37 (año de
1876). Después de consignar que tenía á la vista un
manuscrito (el mismo á que alude en la cita prece-

dente) trabajado en los años de 1609 á 1610 (*), dice
que *copia* de ese documento:

«*Los que primero imprimieron*, concluye el autógrafo,
fueron del órden de San Agustin el P. Fr. Juan de Villa-
nueva, algunos tratadillos; mas del órden de Sto. Domingo
el P. Fr. Francisco de San Joseph cosas mayores y de mas
tomo (**) *el primero que* escribió *en lengua araya fué de la*
Compañía».

No conociendo yo ningún impreso anterior al *Arte
y Reglas de la Lengua tagala*, ni descripción ninguna
que á ellos se refiera, limitaréme á describir el mencionado volumen del P. Blancas, *Arte y Reglas*, por
ser el más antiguo que he visto de todos cuantos libros filipinos llevo registrados. — Hé aquí la portada
de dicho *Arte:*

_____

(*) Escribe el Sr. Martínez-Vigil, que era entonces catedrátieo de la Universidad de Manila:

«Tenémos á la vista un riquísimo códice, de más de seiscientas fojas, en papel
de China, perfectamente conservado, de autenticidad indiscutible, no sólo por su
aspecto, sinó por las firmas y decretos que contiene, y escrito con claridad y correc-
cion admirables, aunque algo difícil de leer para quien no esté habituado á su pa-
leografía. Fué escrito este códice singular en el año de 1609, como consta de varios
pasajes del mismo, y particularmente del mismo capítulo en el cual trae el alfabeto
que en *otro tiempo usaban* los indios»,... «El códice abarca sucesos importantísimos
ocurridos en estas islas, donde fué escrito, desde 1581 hasta 1606, y dióse fin á su
escritura en el año de 1610.»—*Revista cit., t. II, págs. 33-34.*

(**) Aquí pone una nota el Sr. Martínez-Vigil para presentar la lista de los principales escritos del P. Blancas de San José, algunos de los cuales fueron, en efecto,
de bastante mayor cuerpo *(tomo)* que un tratadillo.

ARTE Y REGLAS

* DE LA LENGVA *

✦ TAGALA. ✦

¶ Por el Padre .F. Fray Francifco de .S. Iofeph de la Ordẽ de .S. Domingo Predicador General en la Prouincia de .N. Señora del Rofario de las Iflas Filipinas. ↄ

(Gran escudo de la Orden grab. toscamente en made-ra, con esta leyenda al rededor: + MIHI AVTEM AB-SIT GLORIANISI INCRUCE D̄N̄I N̄R̄I IESVXP̄IAD-GAL. 6)

En el Partido de Bataan ✦
galo, Año de 1610. ↄ

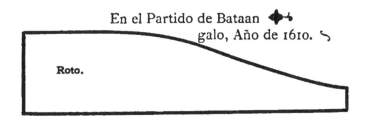

Roto.

En 4.°; papel de arroz.—*Páginas:* 16 *(sin numerar)*+311 *(numeradas).—Es de advertir: que la pág. 157 lleva equivocadamente el número* 156, *la equivocación corre hasta el final de la obra, y por consiguiente, la última de todas, en vez de ser* 312, *es* 311.

*A la vuelta de la portada, ó sea en la pág. 2 sin numerar:—*Aprob. del P. Fr. Miguel Ruyz: Binondoc, en seys de Febrero de 1609.—Lic. del Provincial: Manila, tres de Junio de 1609.—Sigue otra censura, fechada en Quiapo a veynte y quatro... *(roto)* seis cientos y nueue.—*Como está roto, falta la firma.*

Pág. 3 s. n.:
Lic. del Dean y Cabildo: Manila, veyte y ocho de Iulio de mil y seyscientos y nueue años.

El Dean de Manila	El Arcediano Arellano.

Don Luys de Herrera   Diego de Leon.   Francisco
    Sandoual. ↘   Ceruantes

   Francisco de Carrança   Miguel Garcetas. ↘

     Por mandado del Dean y Cauildo
                       Pedro de Rojas

ERRATAS

. . . .

(Acaba la pág. 3, cuya signatura es ésta: ✠ 2.)

Págs. 4, 5, 6 y parte de la 7:
Himno en verso tagalo, dedicado á la Madre de Dios.— Va á dos cols.
(Hoja 3.ª, sig. ✠ 3.)

Hoja 4.ª, ó sea pág. 7 s. n.: el primer tercio, como queda indicado, lo ocupa la conclusión del *Himno* en tagalo. —Siguese una ¶ ORACION EN QVE SE PIDE A N. S. DIOS | fauor para alcançar la lengua neceffaria para pre | dicar dignamente fu dotrina. | *(Termina con la hoja 4.ª)*

5.ª hoja, ó sea, pág. 9 s. n.: A los Padres Ministros del Evangelio: *7 págs. justas.*

Pág. 16 s. n. (última de los prels.): *Varias leyendas en latín.*

Texto.—Comienza con *Algunas advertencias*, de las cuales la segunda es muy notable, por contener dos palabras en los antiguos caracteres tagalos.—De éstos hay alguno que otro por el texto.

La obra carece de índice.

Los tipos denuncian algún uso, en toda la obra.

Descrito ya el libro más antiguo que conocemos, entre los impresos en Filipinas, urge que digamos quién fué el impresor, cuyo nombre no se lee en la portada, por hallarse ésta rota, según queda indicado. El *Manuel du Libraire*, de Brunet, nos saca del apuro. En efecto, en el tomo V *(imp. 1864)*, cols. 108-109, y señalada con el número 11.908, hallamos la siguiente papeleta:

«SAN JOSEPH (el P. fray Fr. de). Arte y regla de la lengua tagala, por el Padre F. fray Francisco de San Joseph de la orde de San Domingo. *En el Partido de Bataan, por Thomas Pinpin Tagalo. Año de* 1610 in-4. de 310 pp., sans les préliminaires.»

Á continuación, escribe el famoso librero el precio que alcanzó un ejemplar, y añade:

.... «C'est la plus ancienne production connue de la presse établie au monastère de Bataan, ordre de Saint-Francois, dans l'ile de Luçon.»

Equivocadamente debió de escribir San Francisco en vez de Sto. Domingo, pues en aquella fecha no había ningún franciscano misionero en la provincia de Bataan. El asignar 310 págs. en vez de 312, se explica perfectamente: ó es errata de caja, ó mal cálculo de Brunet, disculpable si se tiene en cuenta el error de la numeración: restó *una*, en lugar de sumarla. Por lo demás, no hay duda de que el ejemplar de que da cuenta el notable *Manuel* es de la misma edición que el que nosotros hemos examinado en el Museo Biblioteca de Ultramar, que fué de Gayangos, el mismo precisamente cuya descripción dejamos consignada.

Así, pues, podemos concluir diciendo: que THOMAS PINPIN, TAGALO, *fué el impresor de la primera edición de la* **Gramática** *del benemérito fraile Francisco Blancas de San José.*

Pero aun queda otro punto por aclarar: ello es que *en el Partido de Bataan* equivale á decir: *en la provincia de Bataan:* ¿cuál fué, pues, *el pueblo* donde estuvo la imprenta que regentaba Pinpín? Por aquel tiempo, el pueblo más importante era el de *Abucay*, donde se había establecido la Vicaría: me inclino á creer que estuvo en *Abucay* la imprenta. Cierto que en lo antiguo hubo pueblo de Bataan (*), pero debió de ser de escasa importancia, porque desapareció, á lo menos el nombre, y desapareció antes, seguramente, del año de mil y seiscientos diez.

Como detenernos más acerca de los primeros impresos nos obligaría á quebrantar nuestro propósito de no dar aquí sino el esqueleto de nuestro libro en preparación, hora es ya de que presentemos el

---

(*) Escribe el P. Huerta, tratando de la provincia (antes partido) de Bataan:
«El primer apóstol de esta provincia fué nuestro venerable P. Fr. Sebastian de Baeza, quien penetró sus espesos bosques en Enero de 1578, plantando fervoroso la enseña consoladora de la Cruz do quiera que hallaba un alma que convertir, corriendo impávido toda la costa O. de Luzon, reduciendo multitud de rancherías y formando algunos pueblos, si bien en nuestros registros solo se expresa el pueblo de Bataan por estas palabras *«formó el pueblo de Bataan y algunos otros».* » — HUERTA, *Estado* (ed. de 1865), pág. 561.

ÍNDICE ALFABÉTICO

ABUCAY.—Pueblo de la provincia de Bataan, donde debió de estar la imprenta de Tomás Pinpín.—V. PINPÍN.

ADRIANO (Tomás).—*Manila.*

1754)
1764 } Reg. de la Imp. de Sto. Tomás.
1781)

No parece verosímil que ADRIANO trabajase de regente treinta años seguidos: por lo que nos inclinamos á creer que debieron de ser dos del mismo nombre y apellido, padre é hijo indudablemente.

Amigos del País (Imprenta de, ó de los).—*Manila.*
1846.—A cargo de D. Feliciano Calvo.
1848.—A cargo de M. Sánchez.
1858.—A cargo de José Morillo.
1861.—A cargo de Esteban Plana.
1873.—Imprenta de los Amigos del País.
1874.—Imprenta «Amigos del País».
1878.—Imprenta de Amigos del País.
1878.—Imprenta de los Amigos del País.
1879.—Imprenta de «Amigos del País».
1891.—Tipo-litografía y Almacén «Amigos del País».
1892.—Tipografía «Amigos del País».

AOIZ (A.).—*Manila.*
1871-1872.—Regente de la Imp. de Sto. Tomás.

AQUINO DE BELÉN (Gaspar). V. BELÉN.

ARGÜELLES DE LA CONCEPCIÓN (Fr. Pedro), lego franciscano.
1795-1803.—Reg. de la Impr. del Convento de Ntra. Sra. de Loreto, en *Sampáloc.*

Asilo de Huérfanos (Pequeña imprenta del).—Estuvo primeramente en *Guadalupe* (1886-1890); pasó después á *Tambobong,* donde continúa. (1890-1893.)

Es de los PP. Agustinos. Ambos pueblos pertenecen á la provincia de *Manila.*

1886.—Pequeña imp. del Asilo de Huérfanos.

1890.—Pequeña imp. del Asilo de Huérfanos de N. S. de la Consolación.

ATAYDE (Juan).—*Santa Cruz* (Manila).

1890-1893.—Imprenta de D. Juan Atayde.

(Llámase también de *El Eco de Filipinas.)*

BACOLOR?—Capital de la provincia de la Pampanga. No hallo en las crónicas ninguna noticia referente á que hubiese imprenta en esta población; pero tengo una nota del P. Ocio en la que figura una obra impresa en 1619, en BACOLOR, por *Antonio Damba* (*).

BALBÁS (Imprenta de Esteban).—*Manila.*

1881.—Á cargo de Federico Hidalgo.

1892.—Creo fué en este año cuando desapareció esta impr., por defunción de su propietario.

BATAAN.—Véase lo que dejamos escrito bajo el epígrafe *Los primeros impresos.—*V. además PIMPÍN y TALAGHAY.

Batangas.—Desde hace un par de años, existe en esta capital una imprentilla para membretes y otros trabajitos de escasísima importancia. Es su dueño Eliseo L. Claudio.

BAUTISTA (Gregorio).—*Binondo* (Manila).

1888-1889.—Reg. de la Impr. de *La Opinión.*

BELÉN (Andrés de).—*Manila.*

1637.—Reg. de la Imp. de Sto. Tomás.

BELÉN (Gaspar Aquino de).—*Manila.*

1711-1712.—Reg. de la Impr. del Colegio de la Compañía de Jesús.

BELTRÁN (Luis).—*Manila.*

1637-1640.—Reg. de la Imp. de Sto. Tomás (1).

«*Boletín de Cebú*» (Imprenta del).—En *Cebú* (Bisayas).—Fundada en 1886.

«*Boletín oficial*» (Imprenta del).—*Manila.*

1854-1855.

(*) Esa misma obra figura impresa en *Manila* en los *Catálogos* de M.-Vigil, Nicolás Antonio, y otros. Creo que no debió de haber imprenta en Bacolor.

(1) En 1637 tenía por compañero á Andrés de Belén.

BOTA (Enrique).
    1885.—Establecimiento tipográfico de D. Enrique
    Bota.—*Manila.* (En rigor en *Binondo.*)
BOTA Y COMPAÑÍA.
    1884.—Establecimiento tipográfico de Bota y Com-
    pañía.—*Manila.* (En rigor en *Binondo.*)
BINONDO.—Aunque no lo declare de una manera
    concluyente el texto del P. Aduarte que dejamos
    copiado al tratar del primer impresor, debió de
    estar en Binondo la imprenta de los hermanos
    VERA.—En 1623 imprimía PINPIN en el *Hospital
    de San Gabriel* de Binondo: ¿sería en la misma
    imprenta?
BLANCAS DE SAN JOSÉ (Fr. Francisco).—*Insigne ta-
    galista español, á cuya iniciativa se debe la introduc-
    ción de la Imprenta en Filipinas.*—V. los prelimina-
    res de este breve estudio.
CALVO (Feliciano).
    1846.—Reg. de la Impr. «Amigos del País».—*Manila.*
CARMELO (N.).
    1887.—Litografía de Carmelo.
    (En la actualidad se halla asociado.)
Cavite?—En *San Telmo,* de Cavite, he leído que fué
    impreso uno de los opúsculos de D. Ildefonso Ara-
    gón.—1817.
Cebú.—Impr. del «Boletín de Cebú».—V. *Boletín de
    Cebú.*
Ciudad Condal, de PLANA Y COMPAÑÍA.—Más tarde, de
    CHOFRÉ Y COMPAÑÍA.—*Binondo.*
    1872.—Establecimiento tipográfico «Ciudad Con-
    dal», de Plana y Compañía.
    1874.—Imprenta «Ciudad Condal», de Plana y
    Compañía.
    1881.—Imprenta, Almacén de papel, etc., «Ciudad
    Condal», de Plana y Compañía.
    1881.—(En la noche del 15 al 16 de Sept., se que-
    mó: estaba en la calle de la Escolta *(Binondo);*
    trasladóse á la plaza de San Gabriel, del mis-
    mo arrabal.—Esto detuvo por bastantes meses
    la impresión de la *Flora,* ed. monumental.)
    1883.—Estab. tipolitográfico Ciudad Condal, de
    Chofré y Compañía.

(V. Plana.—V. Chofré.)
Claudio (Eliseo L.).—V. *Batangas.*
Claudio (Vidal).—*Manila.*
 1826.—Reg. de la Impr. de Sto. Tomás.
Compañía de Jesús—ó Colegio de la Compañía.—Manila.
 1628.—En Manila, en la Compañía de Jesús, por
 Raimundo de Peñafort.
 1641.—*En la port.:* En la Compañía.—*Al final:* por
 Raymundo Maguisa.
 1649.—«Oficina de los PP. Jesuítas».—Moral, *Catálogo,* II, 337.
 1678.—Imprenta de la Compañía de Jesús, por
 D. Santiago de Matangso.
 1711.—... por G. Aquino de Belen.
 1712.—Impresa en el Colegio de esta M. N. y L.
 Ciudad de Manila, por D. Gaspar Aquino de
 Belén.
 1716.—En la Imprenta de la Compañía de Jesus.
 1745.—En la Imprenta de la Compañía, por D. Nicolás de la Cruz Bagay.
 1751.—En la Imprenta de la Compañía de Jesús,
 por N. de la Cruz Bagay.
 1760.—Imprenta de la Compañía de Jesús, por
 D. Nicolás de la Cruz Bagay.
   (Después de la expulsión de los Jesuítas, deno-
 minose «Imprenta del *Seminario Conciliar*».—V.)
Correa (Juan).—*Manila.*
 1712-1726.—Reg. de la Impr. de Santo Tomás.
Correa de Castro (Jerónimo).—*Manila.*
 1731-1739.—Reg. de la Impr. de Santo Tomás.
 1752.—Imprenta del Capitán D. Jerónimo Correa
 de Castro.
 1748.—En Manila, por el Capitán D. Jerónimo Correa de Castro.
Cortada (Juan).
 1858-1863.—Reg. de la Impr. de Santo Tomás.—
 Manila.
Cruz (Francisco).—*Manila.*
 1815.—Reg. de la Imp. de Sto. Tomás.
Cruz Bagay (Nicolás de la).
 1745-1760.—Reg. de la Impr. de la Compañía de
 Jesús.—*Manila.*

1747.—Reimpresa en Manila por D. Nicolás de la Cruz Bagay. (No expresa la impr.)

CHOFRÉ (Salvador) Y COMPAÑÍA.—*Binondo* (Manila).

1883.—Estab. tipográfico Ciudad Condal, de Chofré y Compañía.

1883.—Estab. tipográfico de Chofré y C.ᵃ

1885.—Tipo-Litografía de Chofré y C.ᵃ

1890.—Establecimiento tipo-litográfico de Chofré y C.ᵃ

1893.—Tipo-Litografía de Chofré y C.ᵃ
(Es la imprenta más surtida y mejor servida de las que hoy existen.)

DAMBA (Antonio).

1619.—En Bacolor, por Antonio Damba?

1621.—Regente de la Imprenta del Convento de San Pablo.—*Manila.*

DAYOT (José María).—Después, SUS HEREDEROS.—*Manila.*

1832.—Imprenta nueva de D. José María Dayot, por Tomás Oliva.

1836.—En la Imprenta de D. J. M. Dayot, por Tomás Oliva.

1841.—Imprenta de D. Manuel y de D. Félix Dayot, por Tomás Oliva.

1842.—Imprenta de Manuel y Félix Dayot.

«*Diario de Manila*».—*Manila.*

1850.—Establecimiento tipográfico del *Diario de Manila.*

1850-1851.—Imprenta del *Diario de Manila.*
(Fué de los Sres. Ramírez y Giraudier; desde 1887 es de los Sres. Ramírez y Compañía.)

DÍAZ PUERTAS Y COMPAÑÍA.—*Binondo.*
(V. *Revista Mercantil.*)

DILAO,—ó SAN FERNANDO DE DILAO. —Pueblo de la provincia de Manila.—V. SOTILLO.

«*El Eco de Filipinas*».—*Santa Cruz* (arrabal de *Manila*).

1891.—Imprenta de «El Eco de Filipinas».

1892.—Imprenta de «El Eco de Filipinas», de Don Juan Atayde.—V. *Atayde.*

«*El Eco de Panay*».—*Iloilo* (Bisayas).

1887-1893.—Imp. de «El Eco de Panay».
(De D. Francisco Gutiérrez.)

«*El Eco de Vigan*».—En *Vigan,* capital de la provincia de Ilocos Sur.
    1883-84.—Imp. de *El Eco de Vigan.*
«*El Faro Jurídico*».—*Manila.*
    1882?-1893.
        (Es de D. José María Pérez Rubio, abogado y propietario de la revista del título expresado.)
«*El Oriente*».—*Manila.*
    1880.—Imprenta y Librería de *El Oriente.*
«*El Porvenir de Visayas*», — después, — *de Bisayas.*— *Iloilo.*
    1887.—Imp. y tipog. de «El Porvenir de Bisayas».
    1889.—Tipog. é imp. de «El Porvenir de Bisayas».
    1893.—Imp. de «El Porvenir de Bisayas».
        (Fundada en 1885, por D. Diego Jiménez.)
«*El Porvenir Filipino*».
    1876.—Imprenta de «El Porvenir Filipino».
ENRÍQUEZ (Cayetano Julian).—*Sampáloc* (arrabal de Manila).
    1829.—Reg. de la Imprenta de Sampáloc.
        (V. *Sampáloc.*)
Escuela de Artes y Oficios.—*Manila.*
    1891-1892.—Imprenta de la Escuela de Artes y Oficios.
EUGENIO (Juan).—*Sampáloc.*
    1797.—Reg. de la Imp. de Sampáloc.
Filipina.—*Manila.*
    1826.—Imprenta Filipina.
GARCÍA (N.).—*Manila.*
    1820.—Imprenta que fué de García.
GARCÍA (Pedro).—*Manila.*
    1849.—Regente de la Impr. de la Viuda de López.
GONZÁLEZ (Atanasio).—*Manila.*
    1818-1820.—Reg. de la Impr. de D. Manuel Memije.
GONZÁLEZ MORAS (Bruno).—*Binondo* (arrabal de *Manila).*
    1871-1872.—Imprenta de Bruno González Moras.
GUEVARA, VALDEZCO Y COMPAÑÍA.—*Binondo* (Manila).—
    (V. VALDEZCO, Guevara y Comp.ª)
Guadalupe.—(Pueblecito de la provincia de *Manila.*)
    1886-1890.—V. *Asilo de Huérfanos.*

HIDALGO (Federico).—*Manila.*
    1881.—Reg. de la Imp. de Balbás.
HOSPITAL DE SAN GABRIEL.—*Binondo.*—V. BI-
    NONDO, y PINPIN (año 1623).
IGNACIO AD-VÍNCULA (Pedro).
    1765.—Reg. de la Imp. del Seminario.
Iloilo.—Cap. de provincia.—V. «*Porvenir de Bisayas*».
JESÚS Y ROSARIO (José de).—*Santa Cruz* (arrabal de
    Manila).
    1889.—Imprenta de Santa Cruz, de José de Jesús
    y Rosario.
La Bicolana.—Acaba de fundarse en Nueva Cáceres.
La Gran Bretaña.—*Manila.*
        (Nombre de la tienda de la que es anexa la
    imprenta de J. A. Ramos.—V. *Ramos.)*
La Industrial.—*Binondo* (Manila).
    1883.—Establecimiento Tipográfico *La Industrial,*
    de Valdezco, Guevara y Compañía.
«*La Oceania Española*».—*Manila.*
    1877.—Imp. de *La Oceania Española.*
    1883.—Estab. tipográfico de *La Oceania Española.*
    1893.—Imp. de *La Oceania Española.*
«*La Opinión*».—*Binondo.*—*Sampáloc.*—*Santa Cruz.*
    1888-1889.—Establecimiento tipográfico de *La Opi-
    nión,* á cargo de G. Bautista.
    1890.—Imp. de *La Opinión.*
LÓPEZ (Cándido).—*Manila.*
    1837-1843.—Reg. de la Imp. de Santo Tomás.
LÓPEZ (Viuda de).—*Manila.*
    1846-1847.—Imp. de la Viuda de López.
    1849.—Impr. de la Viuda de López.
    1849.—Imp. de la Viuda de López, á cargo de
    D. Pedro García.
LÓPEZ SABINO (Sebastián).—*Manila.*
    1729.—Reg. de la Imp. de la Compañía de Jesús.
LOYZAGA Y COMP.ª.—*Binondo.*
        (V. Imp. de la *Revista Mercantil.)*
LUBAO.—Pueb. de la prov. de la *Pampanga,* en el
    que hubo imprenta, á juzgar por estas palabras
    de Fr. Gaspar de San Agustín, en su obra *Con-
    quistas de Filipinas:* «Se han celebrado en este Con-
    »vento algunos Capitulos intermedios, y mucho

»tiempo huvo Estudios menores de Gramatica, y
»Retorica; y teniamos tambien en él vna muy bue-
»na Imprenta, traida del Japon, en que se impri-
»mian muchos libros, assi en la lengua Española,
»como Pampanga, y Tagala» (*).—El convento de
LUBAO erigióse en los primeros años de la dominación. El P. Fr. Guillermo Masnou (vive) escribió un estudio acerca de la antigüedad de esta imprenta; pero se extravió. Como Fr. Gaspar no
precisa el año en que se fundó la imprenta ni
contradice al P. Aduarde, cuya *Historia* cita en
las *Conquistas,* tenemos motivos para sostener
que la imprenta de LUBAO es posterior á la establecida por los PP. Dominicos, contra lo que cree
el P. Masnou, de quien me dicen que sostiene lo
contrario.—No he visto ninguna impresión de
LUBAO, ni el P. Moral, el bibliógrafo de los Agustinos, da noticia de una sola: esto prueba que, de
existir, deben de ser de la más extraordinaria rareza (**).—Recordamos al lector lo dicho por nosotros en la nota 59 del *Apéndice A.*

MACABEBE (provincia de la *Pampanga).*

　　En Nicolás Antonio *(Nova,* I, 416) y en Pinelo (ed. de Barcia, II, 636), hallo una obra impresa en MACABEBE, en 1621.

MAGARULAU (Jacinto). – *Manila.*

　　1628-1631.—Reg. de la Impr. de Sto. Tomás.

　　1630.—En Manila, por Tomás Pinpin y Jacinto
Magaurina (según una nota que me fué remitida por el P. Ocio).

MAGUISA (Raimundo).—*Manila.*

　　1628.—Reg. de la Imp. de la Compañía de Jesús.

　　1634.—Reg. de la Imp. de Sto. Tomás.

MANILA.—Capital del Archipiélago. Es la población
donde ha habido mayor número de imprentas. Del
Estado del P. Huerta tomo las notas siguientes:

(*) *Conquistas de las Islas Filipinas...,* Madrid, 1698: V. lib. II, cap. IX, página 249. Fr. Gaspar debió de escribir estos renglones hacia 1685: se conoce que á
la sazón ya la imprenta no existía.

(**) El M. R. P. Fr. Eduardo Navarro, Comisario de Agustinos en Madrid, me
asegura que tuvo hasta hace poco un librito religioso, impreso en Lubao. Y el reverendo P. Fr. Francisco Valdés, también agustino, díjome hace ya tiempo que había visto dos ó tres librillos de la misma imprenta.

«*Devocional tagalog,* (del P. Jerónimo Montes, franciscano), impreso en Manila el año de 1610, y reimpreso en dicha ciudad, en la oficina de Tomas Pinpin en 1648.» Huerta, *Estado* (ed. de 1865), 495.

«Impreso en Manila en 1613, en la oficina de Tomás Pimpín». (El primer *Diccionario,* tagalog, del P. Fr. Pedro de S. Buenaventura, franciscano). Huerta, *Estado* (ed. de 1865), pág. 501.

«En Manila *(1625),* por Tomás Pimpín. Huerta, *Estado* (ed. de 1865), pág. 401.

De ser exactas las noticias del P. Huerta, dedúcese de ellas que Tomás PINPIN debió de trasladar á MANILA su imprenta de BATAAN el mismo año de 1610. Pudo, también, cederla á TALAGHAY (V. este apellido); pero de aceptar esta hipótesis, hay que convenir en que en un mismo año tuvo PINPIN dos imprentas diferentes. Toda vez que no seconocen impresiones de BATAAN posteriores al antedicho año de 1610, parece lo más verosímil aceptar la hipótesis del traslado á MANILA. Entre otras impresiones que no llevan al pie nombre ninguno de imprenta ni de impresor, pondré la siguiente:

1792.—Sexta vez impreso con las licencias necesarias en Manila, año de 1792.—(Creo que esta impresión se hizo en Sto. Tomás.)

MARIANO (El hermano Baltasar), donado franciscano.

1788-1794.—Reg. de la Imprenta del Convento de Ntra. Sra. de Loreto, en *Sampáloc.*

MATANGSO (Santiago de).—*Manila.*

1678.—Reg. de la Impr. de la Compañía.

MEMIJE (Gervasio).—*Manila.*

1877-1888.—Reg. de la Impr. de Sto. Tomás. (Actualmente lo es de la de M. Pérez, hijo.)

MEMIJE (Manuel).—*Manila.*

1818-1820.—Imprenta de D. Manuel Memije, á cargo de D. Atanasio Gonzaga.

MEMIJE (Pedro).—*Manila.*

1875-1876.—Reg. de la Imp. de Santo Tomás.

Militar.—Manila.

1864-1873.—Imprenta Militar.

MIRALLES (Celestino).—*Manila.*
>1878.—Establecimiento tipográfico de Celestino Miralles.
>1879-1880.—Reg. de la Impr. de Ramírez y Giraudier.
>1880.—Regente de la Imp. de Pérez, hijo.
>(Ha sido uno de los más notables.)

MORILLO (José).—*Manila.*
>1858.—Reg. de la Imprenta de Amigos del País.

Nueva Cáceres.—V. *La Bicolana.*

Nuestra Sra. de Loreto (Convento de).—*Sampáloc.*
(V. *Sampáloc.*)

Nuestra Señora de los Ángeles (Convento de).—*Manila.*
>(Debe de ser esta impr. la misma que fué llamada antes de *N. P. San Francisco.*)
>1731-1733.—(3 impresiones sin el nombre del regente.)

OLIVA (Tomás).—*Manila.*
>1833-1841.—Reg. de la imprenta de D. José M. Dayot y de la de sus herederos D. Manuel y D. Félix Dayot (1841).

OPPEL (N.).—*Binondo.*
>1871-1877.—Litógrafo.—Fué el primero que hubo en Filipinas.

ORBETA Y AINCIBURO.—*Binondo.*
>1855.—(«Hay una en la Escolta denominada de *Orbeta y Ainciburo* encontrándose en el piso bajo de la misma casa donde se halla, el establecimiento de martillo y comision que lleva el mismo título.—*Comisión central de Estadística.* 2.º cuaderno.—1855.)
>(No conozco ninguna impresión hecha en esta imprenta.)

PLANA JORBA (Esteban).—*Manila.*
>1861-1866.—Reg. de la Imp. de Amigos del País.
>1869.—Reg. de la Impr. de Sto. Tomás.
>(Esteban Plana no ha tenido rival en Filipinas; sólo Miralles se le aproxima en talento y buen gusto.)

PLANA (Esteban) Y COMPAÑÍA.—*Binondo.*
>1874.—V. *Ciudad Condal.*
>1877.—Establecimiento tipográfico de Plana y C.ª
>1879.—Imprenta de Plana y C.ª

1881.—Establecimiento tipográfico de Plana y C.ª
(V., además *Chofré y Compañía.*)

PARTIER.—*Manila, ó Binondo?*
1892.—Lit. Partier.
1893.—Impr. y Lit. Partier.

PEÑAFORT (Raimundo).—*Manila.*
1628.—Reg. de la Imp. de la Compañía.

PEÑAFORT (Raimundo). (Hijo del anterior?).—*Manila.*
1863.—En Manila, por Raimundo Peñafort.

PÉREZ, hijo (Manuel).—*Binondo.*
1880.—Imp. de M. Perez, á cargo de C. Miralles.
1883.—Imp. y Lit. de M. Perez, hijo.
1885.—Establecimiento tipo-litográfico de M. Pérez, hijo.
1887.—Imprenta y Litografía de M. Pérez, hijo.
1888.—Establecimiento tipo-litográfico de M. Pérez, hijo.
1891.—Imprenta y Litografía de M. Pérez, hijo.
1893.—Imp. y Lit. de M. Pérez (hijo) á cargo de D. G. Memije.

PIMPÍN ó PINPÍN (Tomás).—*Bataan.—Manila.*
Después de lo dicho en las papeletas BA-TAAN y MANILA, réstanos apuntar aquí un hecho que refuerza nuestra creencia de que PINPÍN sólo estuvo como de paso en BATAAN: en este partido misionó algún tiempo el P. Blancas de San José; quizás sucedió que, por no abandonar el partido, encareciera á Pinpín que montase la imprenta en el convento en que radicaba de ordinario el P. Blancas, con el objeto de atender á la tirada sin alejarse del campo de sus trabajos apostólicos. Y una vez concluída la obra, y la que de seguida se imprimió por el ya citado TALAGHAY, tomó PINPÍN los bártulos y se trasladó con ellos á Manila. Esto, en el supuesto de que fuese suya la imprenta; que muy bien pudo suceder que fuese de los PP. Dominicos, en cuyo caso es mucho más verosímil todavía el que la imprenta sólo estuviera en Bataan una parte del año de mil y seiscientos diez, mientras la necesitara el celoso P. Blancas.

1610.—En el Partido de Bataan, por Thomás Pimpin, Tagalo.

1610 ⎫
1613 ⎬ En Manila.—V. MANILA.
1625 ⎭

1623.—En el Hospital de San Gabriel de *Binondoc,*
por... impresor de libros, año 1623.

1625-1626.—Reg. de la Impr. de Santo Tomás.

1630.—En Manila, por Tomás Pimpín y Jacinto
Magaurina.

1625.—

1637.—

1639.—

(Conozco impresiones de estos tres años,
en las que se llama *impresor,* y en alguna, nada.)

PIMPÍN (Simón).—*Manila.*

1648.—«En Manila, por Simón Pimpín».—Gómez
Platero, *Catálogo,* pág. 146;—Huerta, Estado
(ed. de 1865), pág. 429.

(¿Sería hijo de Tomás?)

PINEDA HERMANOS.—*Iloilo.*

1891.—Imp. y Librería de Pineda Hermanos.

RAMÍREZ (Manuel).—*Manila.*

1849-1857.—Reg. de la Impr. de Sto. Tomás.

RAMÍREZ (Manuel) Y GIRAUDIER (Baltasar).—*Manila.*

1858.—Imprenta y Litografía de Ramírez y Giraudier.

1860.—Imprenta de Ramírez y Giraudier.

1879.—Establecimiento tipográfico de Ramírez y
Giraudier.

1882.—Imprenta de Ramírez y Giraudier.

1885.—Establecimiento tipográfico de Ramírez y
Giraudier.

RAMÍREZ (Viuda de).—*Manila.*

1887.—Establecimiento tipográfico de la Viuda de
Ramírez.

RAMÍREZ (Viuda é hijos de D. Manuel) Y COMPAÑÍA.—
Manila.

1888.—Estab. tipog. de Ramírez y C.ª

1891.—Estab. tipo-litográfico de Ramírez y C.ª

1892.—Tipo-Litografía de Ramírez y C.ª

1893.—

RAMOS (José A.).—*Manila.*
1887.—Imprenta de J. A. Ramos.
(Es de mala muerte; tiénela en su establecimiento de ferretería y quincalla *La Gran Bretaña.*)
RAMOS (Fr. Marcial). *Manila.*
Díaz Puertas en su *Ms.* «Ligeros apuntes»
elogia mucho á este lego dominico, que, como
encargado de la Procuración de Santo Tomás
(años 1840-1860), introdujo en la imprenta del
Colegio grandes adelantos.
«*Revista Mercantil*».—*Binondo.*
1871-77.—Imprenta de la *Revista Mercantil* de J.
Loyzaga y C.ª
1887.—Imprenta de la *Revista Mercantil.*
1891-93.—Imprenta de la *Revista Mercantil* de Díaz
Puertas y C.ª
REYES (El capitán Gaspar de).—*Manila.*
1685-1692.—Reg. de la Imp. de Sto. Tomás.
RODRÍGUEZ (N.).—Extramuros de *Manila?*
1892.—Foto-litografía de Rodríguez.
RODRÍGUEZ (Manuel).—*Manila.*
1846-1848.—Reg. de la Impr. de Santo Tomás.
ROSA Y BALAGTAS (Agustín de la).—*Manila.*
1788.—Reg. de la Impr. del Seminario Conciliar.
SALÓ (Babil).—*Manila.*
1864-1868.—Reg. de la Imp. de Santo Tomás.
SAMPÁLOC.—(Arrabal de *Manila.)*—Escribe el Padre Huerta, en su notable *Estado:* «En este con-
»vento de Sampaloc hubo comunidad de religio-
»sos y fué casa de Noviciado desde 614 hasta 619.
»El año de 1692 estableció esta provincia de S.
»GREGORIO en el mismo convento una imprenta,
»que por largo tiempo fué de gran utilidad á estas
»Islas, hasta que por los años de 1808 pasó á ser
»propiedad de los hermanos de nuestra V. Orden
»Tercera de Penitencia, quienes últimamente la
»enagenaron por hallarse bastante deteriorada, y
»no poder competir con las modernas estableci-
»das en Manila de poco tiempo á esta parte».—
(Ed. de 1865, pág. 59).—Véase además lo consignado en la papeleta DILAO.

1725.—«Impreso en Sampaloc».—Gomez Platero, *Catálogo*, pág. 385.
1736.—En el Convento de N. S. de Loreto del pueblo de Sampáloc.
1738-1744.—En el Convento de N. S. de Loreto, del pueblo de Sampáloc, por Fr. Juan del Sotillo.
1745.—En el Convento de N. S. de Loreto, del pueblo de Sampáloc.
1779.—Impreso en el pueblo de Sampaloc.
1787.—Imprenta de Nuestra Señora de Loreto del Pueblo de Sampaloc.
1788-1792.—En el Convento de N. S. de Loreto: por el hermano Baltasar Mariano.
1795.—En el Convento del pueblo de Sampaloc por el hermano Pedro Argüelles de la Concepcion.
1795-1796.—En el Convento de N. Sra. de Loreto del pueblo de Sampáloc, por Pedro Argüelles de la Concepción.
1796.—En la Imprenta de Ntra. Sra. de Loreto en el Pueblo de Sampaloc, extramuros de Manila por el herm. Pedro Argüelles de la Concepcion.
1797.—Reimpreso en la Imprenta de Sampaloc, por Juan Eugenio, Impresor.
1820.—Impreso en Sampáloc.
1829.—En la Imprenta de Sampáloc.
1834.—Reimpreso en Sampáloc.
SÁNCHEZ (M.).—*Manila*.
1854.—Reg. de la Impr. de Amigos del País.
SÁNCHEZ Y COMPAÑÍA.—*Binondo*.
1868.—Impr. de...
San Francisco (Convento de).—*Manila*.
1726.—En la Imprenta de N. P. S. Francisco, por Clemente de S. Cecilia y Cardoso.
(V. *Nuestra Sra. de los Ángeles.*)
SAN GABRIEL *(Binondo)*.—Aquí debió de estar la imprenta de Juan de Vera.
San Pablo (Convento de).—*Manila*.
1621.—Impreso en el Convento de San Pablo *(de PP. Agustinos)*, por Antonio Damba.
SANTA CECILIA Y CARDOSO (Clemente de).—*Manila*.
1726.—Reg. de la Imp. de San Francisco.

Santa Cruz (Imprenta de).—(Arrabal de *Manila.)*
   1886-1891.—Imp. de Santa Cruz.
   1891-1893.—Imp. de Santa Cruz, de D. José de Jesús.
San Telmo (Cavite).—V. *Cavite.*
SANTO DOMINGO (Fr. Antonio de), franciscano:—«estableció imprenta en Tayabas donde imprimió el
   Diccionario Tagalog de Fr. Domingo de los Santos».—Gómez Platero, *Catálogo,* pág. 325.
SANTOS (Juan Francisco de los).—*Manila.*
   1783.—Reg. de la Imp. de Santo Tomás.
Santo Tomás (Imprenta del Colegio y Universidad de).
   —*Manila.*
   1625.—En el Colegio de Sto. Tomás de Aquino,
      por Tomás Pinpín.
   1626.—En el Colegio de Sto. Tomás de Manila por
      Tomás Pimpin, impresor.
   1628.—Emprenta del Collegio de Sancto Thomás
      de Aquino, por Iacinto Magarulau.
   1631.—En el Colegio de Santo Tomás de Manila,
      por Jacinto Magarulau.
   1633.—Colegio de Santo Tomas.
   1634.—... por Raimundo Maguisa.
   1637.—Manila en el Colegio de S. Thomas de
      Aquino por Luis Beltran y Andres de Belen im-
      presores de Libros.
   1638 *(1639, según Heredia).*—En Manila en el Co-
      legio de Sāto Thomas por Luis Beltran Impres-
      sor de Libros.
   1640.—Colegio de Santo Tomas, opera Ludovici
      Beltrán.
   1685.—Imprenta del Colegio Universidad de Santo
      Tomás de Aquino, por el Capitán Don Gaspar
      de los Reyes.
   1692.—En el Collegio de Sancto Thomas de Aqui-
      no por el Capitán D. Gaspar de los Reyes, Im-
      pressor de la Vniversidad.
   1712.—En el Colegio y Universidad de Sto. Tho-
      mas de Aquino, por J. Correa.
   1726.—En el Colegio y Vniversidad de Sto. Tho-
      más de Manila, por Juan Correa.
   1731.—En el Collegio y Vniversidad de Sto. Tho-
      más de Manila por Geronimo Correa de Castro.

1739.—*Año de 1739.* (Esto solo; s. l. ni nomb. de
Imp.)
1739.—En el Colegio y Universidad del Señor
Santo Tomás por Gerónimo Correa de Castro.
1742.—En la Imprenta de dicho Collegio, de Santo Thomás de la dicha Ciudad.
1754.—En el Colegio de Santo Tomás, por Tomás
Adriano.
1764.—En el Colegio y Universidad de Sto. Tomás,
por Tomás Adriano.
1764.— En el Colegio y Universidad de Santo
Tomás.
1768.—Imprenta de la universidad de Santo Thomas.
1781.—En el Colegio de Santo Tomás por Tomás
Adriano.
1783.—En la Imprenta de dicho Colegio, y Universidad, por Juan Francisco de los Santos.
1815.—En el colleg. y vniversidad de Santo Thomas de Manila por D. Francisco de la Cruz.
1826.—En la Imprenta de Sto. Thomas de Manila
por Vidal Claudio.
1837.—Imprenta de Sto. Thomas, por D. Cándido
López.
1839.—Imprenta de Sto. Tomás, á cargo de Don
Cándido López.
1840.—En Santo Tomás de Manila, por D. Cándido López.
1843.—Reimpreso en Santo Thomás de Manila,
por D. Cándido López.
1846.—En el Colegio de Santo Tomás, por D. Manuel Rodríguez.
1847.—Impreso en el Colegio de Santo Tomás, por
D. Manuel Rodríguez.
1848.—En la Imprenta del Colegio de Santo Tomás, por D. Manuel Rodríguez.
1849.—Establecimiento tipográfico del Colegio de
Sto. Tomás, á cargo de D. Manuel Ramírez.
1854.—Imprenta de Santo Tomás, á cargo de Don
Manuel Ramírez.
1855.—*(Pie en latin: una obra de Filosofía.)*

1857.—Establecimiento tipográfico del Colegio de Santo Tomás, á cargo de D. Manuel Ramírez.

1858.—Imprenta del Colegio de Santo Tomás, á cargo de Juan Cortada.

1858.—Imprenta del Real Colegio de Santo Tomás, á cargo de D. Juan Cortada.

1861.—Imprenta del Colegio de Santo Tomás.

1862.—En la Imprenta del Colegio de Santo Tomás, á cargo de D. Juan Cortada.

1863.—Reimpreso en Manila, Imprenta de Santo Tomás.

1863.—Imprenta del Colegio de Sto. Tomás, á cargo de D. Juan Cortada.

1864.—Establecimiento tipográfico del Colegio de Sto. Tomás, á cargo de D. Babil Saló.

1865.—Establecimiento tipográfico á cargo de Don Babil Saló.

1866.—Imprenta del Colegio de Santo Tomás, á cargo de D. Babil Saló.

1868.—Imprenta del Colegio de Sto. Tomás, á cargo de D. Babil Saló.

1868.—Imprenta del Colegio de Sto. Tomás, á cargo de Simeón Zapata.

1869.—Imprenta del Colegio de Santo Tomás á cargo de E. Plana-Jorba.

1871.—(Pie en latín; regente, Aoiz.)

1872.—Establecimiento tipográfico del Colegio de Santo Tomás, á cargo de A. Aoiz.

1875.—Establecimiento tipográfico de Santo Tomás, á cargo de Pedro Memije.

1876.—Imprenta del Colegio de Santo Tomás, á cargo de P. Memije.

1877.—Imprenta del Colegio de Santo Tomás á cargo de Gervasio Memije.

1878.—Establecimiento tipográfico del Colegio de Santo Tomás, á cargo de G. Memije.

1879.—Imprenta del colegio de Sto. Tomás, á cargo de G. Memije.

1880.—Imprenta del Real Colegio de Santo Tomás, á cargo de D. Gervasio Memije.

1881.—Establecimiento tipográfico del Colegio de Santo Tomás, á cargo de D. Gervasio Memije.

1882.—Imprenta del Colegio de Santo Tomás, &.
1883.—Establecimiento tipográfico del Colegio de Santo Tomás, &.
1888.—Imprenta...
1890.—Establecimiento tipográfico del Colegio de Santo Tomás. *(Sin Regente.)*
1891.—Establecimiento tipográfico del Real Colegio de Santo Tomás.
1892-1893.—Establecimiento tipográfico del Colegio de Sto. Tomás.

Seminario Conciliar, y Real de San Carlos.—Manila.

1775.—Imprenta del Seminario, por Pedro Ignacio Ad-Vincula.
1788.—Imprenta del Seminario Conciliar y Real de San Carlos, por Agustín de la Rosa y Balagtas.
(La que fué de la Compañía de Jesús.)

SOTILLO (Fr. Juan del).—*Sampáloc.*—De este religioso, dice Gómez Platero en su Catálogo: «fué instituído Confesor en 730, se le ocupó casi siempre en la direccion de la imprenta que esta Provincia de San Gregorio tuvo en Dilao y después en Sampaloc y falleció en Santa Cruz en 30 de Mayo de 1760».—*(Pág. 415.)*

1738-1744.—Reg. de la Imprenta de Sampáloc, de PP. Franciscanos.

TALAGHAY (Diego).—*Bataan.*

1610.—Debo al P. Ocio la noticia de una impresión del *Arte para que los tagalos aprendan castellano,* por el P. Blancas, hecha en Bataan en 1610 por mencionado Diego Talaghay.

Tambóbong.—(Pueb. de la provincia de *Manila.)*

1890-1893.—Pequeña imprenta del Asilo de Huérfanos.
1890-1893.—Pequeña imprenta del Asilo de Huérfanos de Ntra. Sra. de la Consolación.
(Estuvo antes en *Guadalupe.*—V. *Asilo de Huérfanos.)*

TAYABAS.—V. SANTO DOMINGO.

1703.—«Impreso en Tayabas». Gómez Platero, *Catálogo,* pág. 294.—Salvá, *Catálogo,* II, 290.—Según Huerta, en 1700: debe de ser errata.

VALDEZCO (C.).—*Manila.*
1885.—Imprenta de C. Valdezco.
VALDEZCO, GUEVARA Y COMPAÑÍA.—*Binondo.*
1883.—Establecimiento tipográfico «La Industrial»,
de Valdezco, Guevara y Compañía.
(V. *La Industrial.*—V. GUEVARA, Valdezco y Compañía.)
VERA (Juan de).—V. EL PRIMER IMPRESOR.
VERA (N.), hermano del anterior.—Véase lo que escribe el P. Aduate, que dejamos copiado.
ZAPATA (Simeón).—*Manila.*
1868.—Reg. de la imp. de Sto. Tomás.

CATÁLOGO BIBLIOGRÁFICO

ABREVIATURAS

Anteport....................	Anteportada.
Apr.......................	Aprobación.
Col., cols.	Columna, columnas.
Ded., dedic.................	Dedicatoria.
E..	Escudo.
E. de a. r..................	Escudo de armas reales.
Fol., fols...................	Folio, folios.
G. en c....................	Grabado en cobre.
G. en m.	Grabado en madera.
G. pap.	Gran papel.
H., hs.....................	Hoja, hojas.
Lám., s............	Lámina, s.
Lic.	Licencia.
Lit........................	Litografiado, a.
M.-B. de U.................	Musco-Biblioteca de Ultramar.
Orl., orls........	Orlada, orladas.
Pág., págs..................	Página, páginas.
Pap. marq..................	Papel marquilla.
Port......................	Portada.
Prelim., s..................	Preliminar, es.
s. n.......................	Sin numerar.
Ult.	Último, ó última.
Vol., vols..................	Volumen, volúmenes.
V. en b....................	Vuelta en blanco.

Advertencias.

Cuando en la transcripción de una portada halle el lector una ó más palabras en letra cursiva y entre paréntesis, entienda que las añado yo para facilitar la inteligencia de lo copiado.

Cuando, al expresar la cifra de las págs. ú hs., no sigan á dicha cifra las iniciales s. n., entiéndase que están numeradas.

Finalmente, he señalado con tipos egipcios los números de las papeletas correspondientes á obras de las cuales poseo un ejemplar.

A

ABELLA Y CASARIEGO (Enrique).

1. Memoria | acerca de los criaderos auríferos | del segundo Distrito | del | Departamento de Mindanao, | Misamís. | Seguido de varios *Itinerarios geológiccs* | referentes á la misma comarca | por | D. Enrique Abella y Casariego | Ingeniero del Cuerpo de Minas | (Del Boletín de la Comisión del Mapa Geológico.) | *Madrid* | Imprenta y fundición de Manuel Tello, | ... | ... | 1879.—*(Al final del texto:* Manila 24 de Octubre de 1877.)

En 4.º—Págs.: 4 s. n. + 49 (y la v. en b.).—Siguen 5 láms. tiradas aparte.

2. Monografía geológica | del Volcan de Albay | o | el Máyon | escrita por | Enrique Abella y Casariego | Ingeniero Jefe del Cuerpo de Ingenieros de Minas, Jefe de Admon. | Civil de 2.ª clase, Comendador de número de la Real y | distinguida órden de Isabel | la Católica | é individuo de la Sociedad Seismológica | del Japón. | (Publicado por la misma)—*Á la cabeza:* «[From the *Transactions of the Seismological Society of Japan,* | *Vol V. Tokio,* Government Printing Office, 1883.]».

En 4.º—Págs.: 4 s. n. + 19 (y la v. en b.).—Tres láms. tiradas aparte.

Ded. á la Sociedad Seismológica del Japón: Manila, 1.º Abril de 1882.

3. Terremotos | de | Nueva Vizcaya (Filipinas) | en 1881 | Informe acerca de ellos, seguido de unos | Apuntes físicos y geológicos | tomados en el viaje de Manila á dicha provincia | por | Enrique Abella y Casariego | Ingeniero del Cuerpo de Minas | *(En la cubierta:* Publicado de Real orden.) | *Madrid* | Imprenta y fundición de Manuel Tello | ... | ... | 1885.—*(Al final:* Manila 24 de Octubre de 1881.)

En 4.º—Págs.: 31 (y la v. en b).—Con un plano.

4. El Mayon | ó | Volcán de Albay | (Filipinas) | por D. Enrique Abella y Casariego | del Cuerpo de Ingenieros de Minas | Publicado de Real orden | *Madrid* | Imprenta y fundición de Manuel Tello | ... | ...| 1885.—*(Al final:* Manila 1.º de Abril de 1882.)

En 4.º—Págs.: 23 (y la v. en b.).—Con dos láms.

5. Emanaciones volcánicas | subordinadas al Malinao | (Filipinas) | por | D. Enrique Abella y Casariego | del Cuerpo de Ingenieros de Minas | Publicado de Real orden | *Madrid* | Imprenta y fundición de Manuel Tello | ... | ... | 1885.—*(Al final:* Manila 28 de Abril de 1882.)

En 4.º—Págs.: 14 + 2 en b.—Siguen 3 láms.

6. La Isla de Bilirán (Filipinas) | y sus azufres | por | D. Enrique Abella y Casariego | del Cuerpo de Ingenieros de Minas | Publicado de Real orden | *Madrid* | Imprenta y fundición de M. Tello | ... | ... | 1885. —*(Al final:* Manila 18 de Julio de 1882.)

En 4.º—Págs.: 15 (y la v. en b.).—Con una lám.

7. El Monte Maquilin | (Filipinas) | y sus actuales emanaciones volcánicas | por | D. Enrique Abella y Casariego | del Cuerpo de Ingenieros de Minas | Publicado de Real orden | *Madrid* | Imprenta y fundición de M. Tello | ... | ... | 1885.—*(Al final:* Manila 10 de Setiembre de 1882.)

En 4.º—28 págs.—Siguen dos láms.

8. Ligera reseña | de la Minería | de las | Islas Filipinas | por | D. Enrique Abella Casariego | Ingeniero Jefe de Minas. | *Madrid* | Imprenta y fundición de M. Tello | ... | ... | 1883.

En 4.º—Págs.: 15 (y la v. en b.).

9. Rápida descripción | física, geológica y minera | de la Isla de Cebú | (Archipiélago filipino) | por | D. Enrique Abella y Casariego | Ingeniero Jefe del Cuerpo de Minas | (Publicado de Real orden) | *Ma-*

drid | Imprenta y fundición de Manuel Tello | ... | ... |
1886.—Fecha del pról.: Madrid, Octubre de 1884.

En 4.º—Págs.: 187 (y la v. en b.) + 1 s. n. (y la v. en b.) + h.
en b.—Siguen 7 láms.; la 3.ª *Bosquejo geológico de la Isla de Cebú.*

10. Descripción | física, geológica y minera | en
bosquejo | de la | Isla de Panay | por | D. Enrique
Abella y Casariego | Inspector general de Minas del
Archipiélago | y Jefe de Administración Civil de 1.ª
clase. | Publicación oficial. | *Manila* | Tipo-Litografía
de Chofré y C.ª | ... | 1890.—*(Fecha del pról.:* Manila,
Diciembre de 1890.)

En 4.º—Págs.: 203 (y la v. en b.) + 8 s. n. (Indice) + 1 s. n. (y
la v. en b.).—Dos láms. entre las págs. + 1 al final + un *Bosquejo
de Panay*, en dos hojas aisladas.

Las obras de Abella, rigorosamente científicas, son
muy interesantes; uniendo á éstas las de Centeno, puede,
el que las lea todas, conocer casi completamente la geo-
logia del Archipiélago.

D. Enrique Abella nació en Filipinas de padres peninsulares.

ADUARTE (Fr. Diego), Dominico.

11. Tomo primero | de la Historia de la | Provin-
cia del Santo Ro- | sario de Filipinas, Iapon, y Chi-
na, | de la Sagrada Orden de Predicadores. | Escrita|
por el Ilvstrissimo señor Don Fray Diego | Aduarte,
natural de la Imperial Ciudad de Zaragoça, y Obis-
po | meritifsimo de la Nueva Segovia | Añadida | por
el Mvy R. P. Fray Domingo Gonzalez, | Comiffario
del Santo Oficio, y Regente del Colegio de | Santo
Thomas de Manila. | Se Dedica | á la Excelentissima
Señora Doña María Henriqvez de | Guzman, Duquefa
de Villa-Hermosa, Condefa de Luna, Saftago, Ficallo,
y Morata; | Marquefa de Aguilar; Varonefa de Pedro-
la, Torrellas, Grañen, y Efquer en el | Reyno de Ara-
gon; y de Arenos, Efpadilla, y Artana en el de Valen-
cia, | Señora de la Villa de Pina, y otras Villas, Lu-
gares, y Vaffallos, &c. | Y saca a lvz de orden de
Nvestro Reverendissimo Padre | Maeftro General
Fr. Antonio Cloche; El M. R. P. M. Fr. Pedro Martyr
de Buenacafa, | Prior del Real Convento de Predica-
dores de la Ciudad de Zaragoça, | Examinador Sy-

nodal de fu Arçobifpado, y de la Nunciatura de | España, Predicador de fu Magestad Catolica. | Año *(E. de la Orden Dominicana.)* 1693. | Con licencia: En *Zaragoça*, por Domingo Gascon, Infançon, Impreffor del Santo | Hofpital Real, y General de Nueftra Señora de Gracia. Año 1693.

Un tomo en fol.; texto á dos col.—Págs.: 8 s. n. + 767 + 53 s. n. Port. - V. en b.—Dedic. por Fr. Pedro Martyr de Buenacasa, en Zaragoza, 2 de Julio 1693.—Apr. del R. P. Fr. Francisco de Paula: 12 Julio 1693.—Apr. del Revdmo. P. Fr. Prudencio Ruiz: Zaragoza, 10 Julio 1693.—Apr. de los M. RR. PP. Mtros. Fr. Juan Francisco de Hurtado y Fr. Juan de Maya: Zaragoza 8 Mayo 1693.—Lic. de la Orden: Barcelona 12 Abril 1693: firman, Fr. Domingo Alda, Provincial, y Fr. Manuel Tomás Saldaña, presentado y compañero.—Prólogo al lector (del autor).—Protestación del autor.—Texto. —(Al final del cual (pág. 767) va una carta del Rey al Provincial de la Orden en Filipinas).—A la v., *Prólogo* de los Indices.—Indices de los capítulos.— *Indice segundo de los Españoles.—Indice de los nombres, títulos, y Conventos de todos los Religiosos,* etc.—*Indice qvarto de todas las cofas mas notables de efte Tomo.*

Esta magnífica obra, necesaria de todo punto al historiador, fué impresa por primera vez en Manila. Hé aquí la nota de que esa primera edición se sirvió remitirme el Padre Ocio:

12. «Historia de la Provincia del Sto. Rosario de la Orden de Predicadores en Filipinas, Japón y China por el Rmmo. P. Fr. Diego *E*duarte Obispo de la Nueva Segovia: añadida por el M. R. P. Fr. Domingo Gonzalez, Com.º del Sto. Oficio.—*Manila,* Colegio de Sto. Tomás, opera Ludovici Beltran anno 1640, de 427 págs. fol.»

El mismo P. Ocio me ha facilitado la siguiente papeleta bibliográfica, entre otras, de obras del dicho Padre Aduarte; copiaré la que me parece de más importancia:

13. «Relacion de algunas entradas que han hecho los Religiosos de la Orden de N. P. Sto. Domingo de la Provincia de Sto. Rosario en las Islas Filipinas en tierras de infieles de las mismas Islas y otras vecinas á ellas de pocos años á esta parte y de algunos Stos. Varones ya difuntos de la misma Provincia dirigida á la Soberana Virgen del Rosario.—*Manila,* Colegio de Sto. Tomás, año de 1633.—En 4.º, de 94 págs.».

Todavia el P. Aduarte es autor de otras obras: Gallardo, en su famoso *Catálogo*, consigna la

14. Relacion de los gloriossos martirios de seis religiosos de Santo Domingo, etc.—*V. t. I., cols. 28-29.*

En el Colegio de Agustinos de Valladolid he registrado yo una muy curiosa

15. Relacion de los martires que ha auido en Japon desde el año 1626, *etc.*,

impresa en Manila, como la consignada en el inventario de Gallardo. El P. Aduarte nació en Zaragoza; fué á Filipinas con el P. Blancas; allí desempeñó comisiones sumamente delicadas, la de embajador, entre otras. Contemporáneo de Morga, de Chirino y demás cronistas primitivos, sus obras tienen singular importancia, en especial la Historia de los PP. Dominicos. Fué obispo de Nueva Segovia; murió el año de 1636.

AGANDURU MÓRIZ (Fr. Rodrigo de), Recoleto. (Llamósele en la Orden Fr. Rodrigo de San Miguel).

16. Historia general | de las | Islas Occidentales á la Asia adyacentes, llamadas Filipinas, | por | el Padre Fray Rodrigo de Aganduru Moriz, | calificador del Santo Oficio de la Inquisicion. | *(Ms.* de la Biblioteca del Sr. D. Mariano de Zabalburu.)

Esta Historia constituye todo el tomo 78 y una buena parte del 79 de la serie de obras que llevan la siguiente común portada:

Coleccion de Documentos inéditos para la Historia de España, por el Marqués de la Fuensanta del Valle, D. José Sancho Rayon y D. Francisco de Zabalburu.—Madrid, *Imprenta de Miguel Ginesta.*

Tomo LXXVIII, I de la Historia del P. Aganduru. —Impreso en 1882.—Págs.: IX + 3 s. n. + 546 + 2 en b.

Anteport.— V. en b.—Port.—V. en b.—Advertencia preliminar (la últ. en b.).—Port. de la Historia.—V. en b.—Texto.—Indice.

Tomo LXXIX, II de la obra del P. Aganduru:—Impreso en 1882. —Págs.: VII + 3 s. n. + 229 + 3 de Indice (al final del volumen).

H. en b.—Anteport.—V. en b.—Port.— V. en b.—Advertencia preliminar: datos biográficos del P. Aganduru (la últ. en b.).—Port. de la Historia (con el núm. romano: II).—V. en b.—Texto (la últ. en b.).—Siguen *Documentos* agenos á la Historia filipina.—Indice. (Ocupa las págs. 542-544.)

Aunque me he propuesto no citar manuscritos en este *Catálogo,* no debo dejar de poner aquí una ligera noticia acerca del hallado en Mayo de este año, por un hermano mío, en Albacete, por tratarse de obra que, como escrita por el P. Aganduru Móriz, contiene muchas curiosidades. Es éste:

17. CONUERSION *de Philippinas y Japon de los Agustinos descalços por el Padre F. Rodrigo Moriz de la misma Orden; y Obediencia que da a la Sancta Sede Apostolica el mismo Padre en nombre de los Christianos Chaldeos Scismaticos que reduxo a la Iglesia anno de 1625.* Gobernando la Santidad de Vrbano Papa VIII en tiempo de la Magestad Catholica de Philipo Quarto mi Señor, Rey de las Hespañas, siendo su Embajador D. Rodrigo de Silba y Mendoza Duque de Pastrana, Principe de Melito Caçador mayor de su Magestad, y de su Consejo de Estado.—*Al final: Roma* y Mayo 19 de 1626.—En 4.°; de más de 200 págs.

El P. Aganduru fué un escritor concienzudísimo; detallista en grado máximo: de su obra HISTORIA GENERAL no se conoce más que una parte, pequeña á juzgar por los tomos publicados por el señor marqués de la Fuensanta. Si inferior á Argensola en el estilo, supérale en la veracidad de las noticias, las más de ellas tomadas *sobre el terreno,* pues el P. Móriz fué un viajero infatigable. Conoció sin duda alguna una copia del *Viaje* de Pigafetta: «yo sigo, »dice, una relacion manuscrita, original de *un compañe-»ro de Magallanes,* que tengo en mi poder». *(Tomo I, pág. 19.)* El P. Aganduru murió en Roma, el 27 de Diciembre de 1626. El P. Minguella busca afanoso la continuación de la *Historia general* y otros escritos que dejó aquel su sabio antecesor. Respecto de la obra CONUERSIÓN, diré que lo más notable es á mi juicio las págs. que dedica á la batalla que D. Juan de Silva libró contra los holandeses. En este *Ms.* hay dos palabras trazadas con los antiguos caracteres tagalos.

AGUDO (Fr. Guillermo), Recoleto, y OTROS.

18. Importantísima cuestion | que puede | afectar gravemente á la existencia | de las | Islas Filipinas. | *Madrid* | Imprenta de *El Clamor Público* á cargo de D. Diego Navarro, | ... | 1863.

En fol.—**66 págs.**

Port.—V. en b.—Introducción: Madrid 14 Noviembre 1863; firman: Fr. Guillermo Agudo,—Fr. Celestino, *Mayordomo*.—Cópianse á seguida 15 *Documentos*, el primero de los cuales comienza en la pág. 17.

18 *(bis)*. *Complemento* | de los | Documentos del folleto de 14 de Noviembre | de este año de 1863, | sobre | cuestiones de curatos. | *Madrid: (Igual pie que el anterior)* 1803.

En fol.—Págs. 50 + 1 s. n. (de Indice; la última en b.)
Port.—V. en b.—«Número 16» *(documento)*.—Siguen otros hasta el núm. 38 que es el último de todos.—Apéndice á la refutación del manuscrito anónimo.—Inamovilidad de los Religiosos curas en Filipinas, por «Un Agustino Calzado»:—Inamovilidad de los curas por Derecho Divino.—Solución de dos dificultades.—Inamovilidad de los curas por Derecho Eclesiástico.—Aplicación del Derecho canónico Divino de la inamovilidad á los Religiosos curas, en especial en Filipinas.—Resumen —Indice.

Ambas obras forman una sola en rigor. Este libro responde perfectamente á la importancia del título. Es lástima que no sea más conocido, pues en sus págs. se discute con gran copia de razones y documentos el legítimo derecho que tienen los frailes para desempeñar curatos en propiedad.

AGUILAR (Rafael María de).—Gobernador general que fué de Filipinas. El P. Zúñiga le cita diferentes veces.

19. Con fecha 4 Diciembre 1793, dirigió desde Manila una curiosa carta á D. Jacinto Sánchez Torado, residente en la Metrópoli, dándole cuenta de sus impresiones de recién llegado.—En el M.-B. de Ultramar existe una copia (en 4.°; págs. 21 + 3 en b.), de la época. Es de advertir que su autor recomendaba que de esta carta se sacasen copias para varias personas de su familia.

20. Restableció las ordenanzas de Raón, mandándolas imprimir en 1801. No conozco esta edición; pero tengo un ejemplar de la de 1834, en la imprenta de D. José María Dayot.—En fol.: págs. XX + 78.

21. Aunque las anteriores *Ordenanzas* molestaban, con fundamento, á los frailes, porque en algunos de sus capítulos se les trataba desconsideradamente, fué Aguilar gran defensor de las Comunidades religiosas, como lo prueba el documento que con fecha 25 de Noviembre de 1804 dirigió á S. M., á propósito de la superioridad de los curas

frailes sobre los curas indios. Dicho documento puede verse en Agudo, *Cuestión importantísima,* págs. 19-26.

ALBO (Francisco).—Piloto de la expedición de Magallanes; escribió un

22. Diario ó derrotero del viaje de Magallanes, desde el cabo de San Agustin en el Brasil, hasta el regreso á España de la nao Victoria.

Por lo tanto, no fué Pigafetta *el primero* en escribir acerca de Filipinas, como creen los poco versados en estos asuntos; Pigafetta y Albo escribieron al mismo tiempo; el trabajo de éste supera al del aventurero de Lombardia en que es más científico. Quien no conozca el Diario de Albo puede verlo en el tomo IV de la *Colección* de D. Martín Fernández de Navarrete, *Documento* número XXII, que ocupa las págs. 209-246 de dicho volumen (impr. en 1837).

23. ALGUNOS DOCUMENTOS | relativos á la | Universidad de Manila | *Madrid* | Manuel Minuesa de los Ríos, impresor | ... | Febrero, 1892.

En 8.º—Págs.: 37 (y la v. en b.) + 1 s. n. (de Indice; y la v. en b.).—A la v. de la anteport.: «Tirada de 100 ejemplares; 5 en gran papel».—No se ha puesto á la venta.

24. *Almanaque* | filipino | i | Guia | de | forasteros | para el año de 1834 | *Manila* | Imprenta de D. José María Dayot, | por Tomas Oliva.

En 12.º; port. orl.—Págs.: 288 + 8 s. n. (Indice).—Con un Mapa del Archipielago al final, á varias tintas.

Al pie de la tabla va la siguiente:—«*Nota.* Esta es la primera guía que se publica de Filipinas *(sic);* i se hallará de venta en la botica de don Domingo Ballarini á beneficio de los presos de la carcel de corte».—Se equivocan, pues, los autores (y Buzeta es uno de ellos) que aseveran fué en 1837 cuando se publicó la primera *Guía.*

ALMODÓVAR (El Duque de).—V. Malo de Luque.

ÁLVAREZ DE ABREU (Antonio).

25. Extracto historial | del | expediente | que pende | en el Consejo Real, y Supremo | de las Indias, | -á instancia ı de la ciudad de Manila, | y demás de las Islas Philipinas, | sobre la forma en que se ha de hacer, | y continuar el Comercio, y contratacion de los Texidos de China | en Nueva Efpaña: Y para la mejor comprehenfion, diftinguiendo, | y feparando Tiempos, fe notan los Lances de efta dependencia defde el | defcubrimiento de las Islas Philipinas, y concefion de fu Comercio, | con todo quanto ha ocuᵣrido hasta el prefente de oficio, | y á inftancia del Confulado, y Comercio | de Efpaña. | *(G. en c.)* | Formado, y ajustado de orden del Rey, | y acuerdo del mifmo Confejo, y á cofta de fu Magestad, por un Miniftro de | la Tabla, fobre los Papeles, y documentos entregados por la Secretaría | de Nueva-Efpaña y otras memorias particulares, que ha puefto | el mifmo Miniftro, para mayor Complemento de la Obra, | y luz de la materia. | En *Madrid:* En la Imprenta de Juan de Aritzia. Año de 1736.

En fol.; port. á dos tintas.—Fols.: 14 s. n. + 324.

Port.—V. en b.—*Motivo de esta impresion.*—*Tabla de los diez tiempos en que se divide esta obra.*—Texto.—La últ. pág. en b.

(Consta en los prels. que el autor es D. Antonio Alvarez Abreu.— Consta también en los mismos que la tirada fué de 100 ejemps.)

Esta obra, como otras muchas de excepcional importancia, no la conoció D. J. F. del Pan: es indispensable para el conocimiento de la historia del Comercio, y de ella obtuvo las mejores noticias D. Manuel Azcárraga y Palmero, para escribir su librito

26. La libertad del Comercio en las Islas Filipinas. *Madrid,* 1872. (Imp., Noguera.)

ANDA Y SALAZAR (Simón de).

27. Representacion hecha por el Señor D.ʳ Don Simon de Anda y Salazar el dia 29,, de Julio de 764,, para vindicar su honor y satisfa.ʳ a lo que contra su conducta tiene noticia presentó á S. M. el Rev.ᵈᵒ Arzobispo, y Da cuenta delos procedimientos de este.

Ms.; copia del siglo pasado; presumo que tomada directamente del original, que debió de obrar en la Audiencia de Manila, punto donde fué firmada esta Representación.

En fol.; 22 hs.; pap. de arroz.

Port.—V. en b.—Texto.—La últ., v. en b.

28. Abusos ó desórdenes que se han criado en las Yslas Filipinas... que se deben cortar de raiz para

que los Gobernadores que se envien á aquellas partes
si fuesen buenos, se han *(sic)* mejores, y si malos,
no sean peores, *etc.—(Al final:) Madrid* 12 de Abril
de 1768.—Doctor D.ⁿ Simon de Ánda y Salazar.

Ms.; copia moderna. — Carece de port.: el tít. copiado va á la
cabeza.

En 4.º—41 págs. (y la v. en b.).

Es evidente que D. Simón de Anda, sin el apoyo de
los frailes—muy especialmente el de los Agustinos—no
habría adquirido la fama que en la historia tiene como defensor del territorio español contra la invasión de los ingleses en 1762. Bastó, sin embargo, su resentimiento personal con un religioso de la expresada Orden, para que
se desencadenase contra todos ellos; en su memorial ABU-
SOS dice lo que jamás debió de escribir un hombre que
todo lo debia á esos mismos á quienes con tanta ingratitud pagó. Anda al morir fué asistido por los PP. Recoletos, y así consta en una *Relación* impresa, que he visto, y
de la cual posee un ejemplar el R. P. Fr. Toribio Minguella. Me aseguran que el Sr. Barrantes posee las instrucciones originales que dió Carlos III para verificar la ex
pulsión de los Jesuitas que habia en Filipinas.

ANGLERÍA (Pedro Mártir de).

29. Fuentes históricas | sobre | Colón y América |
Pedro Martir Angleria | del Real Consejo de Indias, |
agregado constantemente á la Corte de | los Reyes
Católicos, y primer historiador del | descubrimiento
del Nuevo Mundo que, á instancias | de los Papas de
su tiempo, escribió en latín dándoles cuenta | de
todo, según lo sabía por cartas y explicaciones | ver-
bales del mismo Colón, de casi todos los | capitanes
y conquistadores y de cuantos | volvían de América. |
Libros rarísimos que sacó del olvido | traduciéndolos
y dándolos á luz en 1892, el | Dr. D. Joaquín Torres
Asensio | ... | ... | ... | canónigo lectoral de Madrid. |
Tomo tercero | *Madrid* | Imprenta de la S. E. de San
Francisco de Sales | ... | 1892.

En 8.º—Págs.: 445 (y la v. en b.) + 2 de anuncios.—Después de
la port., interpoladas 2 hojas con el retrato y la biografía de Magallanes.

El *Libro VII* de la *Década quinta* trata DE LA VUELTA AL
MUNDO. Abraza las págs. 309-358.—Las obras *completas* de
P. M. de Anglería imprimiéronse por primera vez en 1530;

reprodujéronse en París en 1536 y en la misma población en 1587. El sabio D. Martín Fernández de Navarrete encarece la importancia de esta fuente histórica, y al igual Vargas Ponce, en su *Viaje al Magallanes*.

30. APUNTES INTERESANTES | sobre | las | Islas Filipinas | que pueden ser útiles | para hacer las reformas convenientes y productivas | para el pais y para la Nacion. | Escritos por un Español | de larga experiencia en el pais y amante del progreso. | *Madrid:* 1869. | Imprenta de *El Pueblo.* | ...

En 8.º—Págs.: 4 s. n. + 281 (y la v. en b.).

En verdad que son interesantes; están bien escritos y mejor pensados. Su autor revela profundo conocimiento de las cosas de Filipinas. Porque en algunas páginas hay frases que delatan al político liberal, bastante avanzado si se quiere, son raros los que sospechan que este libro sea fruto del talento de un fraile; yo siempre he creido que escribió estos APUNTES el P. Fr. Casimiro Herrero, agustino, hallándose en Madrid de comisario-procurador de su Provincia.

ARAGÓN (Ildefonso de).

31. Estado de la poblacion de las | Yslas Filipinas correspondientes al | año de MDCCCXVIII | Lo da al publico el Ylustre Ayuntamiento de | la M. N. y L. Ciudad de Manila. | En 19 de Abril de 1819.—*(Al final:) Manila* y Diciembre 30 de 1818. | El Comandante de Yngenieros | Yldefonso de Aragon.

(No expresa la imprenta; pero puede asegurarse que lo fué la de D. Manuel Memije, á cargo de Anastasio Gonzaga.)

En gran fol., apaisado; pap. de arroz.—Págs: 2 s. n. + 26, todas orladas.

Port.—V. en b.—Pág. 1. (Prov. de Tondo). — 2 (Bulacán).—3 (Pampanga).—4 (Pangasinán).—5 (Ilocos).—6 (Cagayán).—7 (Zambales y Bataan).—8 (Nueva Ecija y Tayabas).—9 (Camarines).—10 (Albay).—11 (Batangas y Cavite).—12 (La Laguna).—13 (Mindoro y Antique).—14 (Ilo ilo).—15 (Cápiz, isla Roblón y otras).—16 (Leite).—17 (Cebú). —18 (isla Bohol y otras).—19 (Sámar).—20 (Calamianes y Batanes).—21 (Negros).—22 (Caraga).—23 (Misamis y Zamboanga).—24 (Marianas).—Advertencia,—25 Sigue la Adver.—Resumen.—26 (acaba el Resumen).

32. Manila | Capital de las Yslas Filipinas | Ym-

portacion y exportacion correspondiente al año de
1817. | Con el estado del Ymporte y la contribucion
directa | y productos liquidos de rentas | Lo da al
publico el Exmo. Ayuntamiento de esta | M. N. y L.
Ciudad de Manila. | Impreso en la Imprenta de Don
Manuel Me- | mije por D. Anastacio Gonzaga.—*(Al
final de la obra:) Manila* 30 de Julio de 1819.—*En el
ángulo inferior de la izquierda:* A. A. A.

En gran fol., apaisado; págs. de distintos tamaños, todas orls.—
Hojas: 6 s. n.

Port.—V. en b.—Texto.—En b. la v. del últ. fol.

33. Estado que manifiesta*n* la importacion y | ex-
portacion de esta ciudad, en todo el presente año;
en | que se hacen ver la contribucion, productos li-
quidos de rentas, y reales derechos; como | igual-
mente los Frutos y efectos del Pais exportados; y sus
valores en Plaza, y Venta. | Ympreso con superior
permiso, á expensas de este M. N. y L. Ayuntamien-
to de la | Excma. Ciudad de *Manila.* | En la Ympren-
ta de D. Manuel Memije, por D. Anastacio Gonza-
ga.—*Á la cabeza:* Yslas Filipinas. | Manila—Año de
MDCCCXVIII.—*Al final de la obra:* Manila 30 de Julio
de 1819. | Y. A. A.

En grau fol., apaisado; págs. de distintos tamaños, todas orls.—
Fols.: 1 s. n. + 5.

Port.—V. en b.—Texto.—En b. la v. del fol. 5.

34. Descripcion | geografica y topografica | de la |
Ysla de Luzon o Nueva | Castilla | Con las particula-
res de las diez y seis Pro- | vincias ó Partidos que
comprehende. | Formadas por el Coronel | Coman-
dante del Real Cuerpo | de Yngenieros en estas Ys-
las | D. Yldefonso de Aragon. | Impresas, con su-
perior permiso, a expen- | sas de la M. N. L. y Ex-
celentísima Ciudad de *Manila.* | En la Imprenta de
D. Manuel Memije, por D. Anastacio | Gonzaga, Año
de 1819.

En 4.º—Págs.: 2 s. n. + 14.

Port.—V. en b.—Texto.—Sigue un plano de Manila que falta á
mi ejemplar.

35. Yslas Filipinas | Relacion y plano topografico

de la | Provincia de Bulacan | Que es uno de los quince Partidos | de que se compone | la Ysla de Luzon, ó Nueva Castilla | cón el estado de su poblacion en fin | del año de 1818. | Lo dá al Publico el Excelentísimo Ayuntamiento | de la M. N. y L. Ciudad | de Manila. | Impresa en *Manila* en la Imprenta de D. Manuel Me- | mije por D. Anastacio Gonzaga.— Año de 1819.

En 4.º—Págs.: 2 s. n. + 21 (y la v. en b.).
Port.—V. en b.—Texto.—Sigue un Mapa, que falta á mi ejemplar.

36. Estados de la poblacion | de Filipinas correspondiente | a el año de 1818. | Lo dá al publico el Excmo. Ayuntamiento | *del* M. N. y L. Ciudad de | *Manila* | Impreso en 15 de Octubre de 1820. | En la Imprenta de D. M. M. Por Anastacio Gonzaga.

Port. en 4.º; lo demás de la obra, en gran fol., apaisado.—Doce hojas + la de la port. todas orls.
Port.—V. en b.—Estados (numerados así: «N.º I.º», «N.º II.º», etcétera).—Las hojas no tienen todas el mismo tamaño.

Algunas de estas obras están incompletas; es imposible que el lector se imagine nada más farragoso, con ser obras excelentes, pues bien puede asegurarse que el coronel Aragón echó en Filipinas los cimientos de la Estadistica. No tenemos palabras para censurar al Ayuntamiento de Manila, que no pudo imprimir de una manera más indecorosa las obras de tan ilustre ingeniero. El librero Hiersemann (de Leipzig), en su *Catálogo n.º 62*, anota una obra de Aragón en esta forma:

34 *(bis)*. «Descripcion geografica y topografica de la Ysla de Luzon o Nueva Castilla. Con las particulares de las diez y seis Provincias ó Partidos que comprehende. 6 pties. 1 vol. Con 5 cartas. 4 Manila 1819.»

En el convento de Dominicos de Ocaña he registrado yo las obras (incompletas) de este famoso Coronel, y hé aquí las descripciones que de ellas hice; son las que siguen:

36 *(bis)*. Estados de la poblacion de Filipinas correspondiente a el año de 1818.—Lo da al Publico el Excmo. Ayuntamiento del M. N. y L. Ciudad de Manila.—*(Impreso en)* 15 de Octubre de 1820 en la Imprenta de D. M. M. por D. Anastasio Gonzaga.

Un volumen en 4.º Doce estados con noticias referentes á varias provincias (habitantes, tributos, etc.). Al final, impreso, *Ildefonzo de Aragón.*—Después siguen: otro con la importación y exportación de Manila, y otro, que va señalado: «Pág. 1.»—La 2, 3, 4 y 5 son otros tantos estados.—En el mismo volumen, pero con nueva numeración, esta portada:

34 *(trip.).* Descripcion geográfica y topográfica de la Ysla de Luzon ó Nueva Castilla/Con las particulares de las diez y seis Provincias ó Partidos que comprehende, formadas por el Coronel Comandante del Real Cuerpo de Yngenieros de estas Yslas Don Yldefonso de Aragon. *(Manila.)* 1819.

Pág.: 14 + 49 + 10, sin numerar, + 21 + 38 (y un plano de la Pampanga, hecho en Cadiz, 1819) + 25 + 28 + 59.

Celebraré que con todas estas noticias pueda el curioso reconstruir un Aragón *completo.*

ARANA (Camilo de).

37. Derrotero | del | Archipiélago Filipino | redactado segun los documentos más recientes | por | Don Camilo de Arana, | Capitan de fragata. | Publicado de orden del Ministerio de Marina. | *Madrid* | ... | ... | 1879.—*(Á la v. de la port.:* Imprenta de los Señores Rojas.)

En 4.º—Págs.: XXXVI + 1.233.—Sigue una *Carta.*
Antepor.—V. en b.—Port.; á la v. pie de imp.—Advertencias.—V. en b.—Pról.—V. en b.—Indice.—Texto (hasta la pág. 1.152).—Tabla de las posiciones de varios puntos del Archipiélago.—Apéndices.—Indice alfabético.—Erratas.—Carta.

Publicación importante, necesaria para los que quieran conocer bien la geografia *marítima* de Filipinas.

38. Araucana (La).—Poema del inmortal poeta Alonso de Ercilla y Zúñiga, impreso por primera vez en 1569. Posteriormente se han hecho muchas ediciones; la primera *completa* es de 1590. Nuestro Autor cita este notabilísimo poema en la pág. 428 de su Estadismo.

ARECHEDERRA (Fr. Juan), Dominico.

Unos autores le llaman Arrechederra, otros Arrechedera, otros Arechedera, y otros, finalmente, *Arechederra,* que es como debe ser, pues así firmaba aquel eminente dominico. Escribió:

39. Relacion de la entrada del | Svltan Rey de Iolo | Mahamad Alimuddin en eſta Ciudad de Manila: y del | honor, y regocijos, con que le recibió en 20. de He- | nero de 1749. el Illmo, y Rmo Señor Doctor, y Mro | D. Fr. Ioan de Arechederra del Orden de Pre- dicado- | res del Conçejo de ſu MG. Obiſpo Electo de Nue- | va Segovia, Governador, y Capitan Gral de | eſtas Islas, y Preſidente de ſu Real | Chancilleria. | Sv estacion, y progressos hasta la conver- | sion de dicho Sultan á la Fee de Ieſuchristo, declarada el dia 1. de Di- | ziembre del miſmo año. Su Bautiſmo exe- cutado en la Iglesia de Santa | Rosa del Pueblo de Paniqui Provincia de Pangaſinan de la Dioceſis de | Nueva Segovia á los 28. de Abril de eſte año de 50, administrado | por el R. P. Fr. Enrique Martin de dicho Orden de Predicadores, | y subſtituyendo en nombre de dicho Illmo, y Rmo Señor Governador | por Padrino el General D. Ignacio Martinez de Faura Theniente de | Capitan General destinado por dicho Señor Governador | para conducir, y reducir la per- ſona de dicho | Señor Sultan á eſta Capital. | Reales festeios, y pvblicos rego- | cijos, que en la celebridad de eſta Converſion, y Bautiſmo ſe hán executa- | do en eſta Ciudad con las Solemnes gracias, que corona- ron eſtas fieſtas en | la Iglesia del Señor Santo Do- mingo con Miſa, y Sermon, y aſiſ- | tencia de la Real Audiencia, Ciudad, y Sagradas Religiones el dia 30. | de Mayo dedicado al Señor San Fernãdo Rey de Eſ- paña, | cuyo nombre en ſu obsequio, y por afecto á | nueſtro Rey, y Señor | Don Fernando VI. | reynante, tomó dicho Señor Sultan, que oy ſe dice | D. Fernan- do I. Rey de Iolo.—*(Tan largo título, no deja espacio para el pie de imprenta: sospecho debió imprimirse en la de Sto. Tomás, en 1750.)*.

En 4.°; port. orl.; pap. de arroz; 20 hojas sin numerar.
Port.—V. en b.—Texto.—La últ.ª pág. en b.

Esta es la *Relación* de que hacemos mérito en la nota 40 del *Apéndice A*. El P. Arechederra fué gobernador ge- neral interino. Sólo la conveniencia política propia de aquellos tiempos, le disculpa de la debilidad que tuvo por el bárbaro reyezuelo de Joló, á quien prodigó honores tan eminente hijo de Sto. Domingo.

(M.-B. de U.; fué de Gayangos.)

ARGENSOLA.—V. LEONARDO DE ARGENSOLA.

AZCÁRRAGA Y PALMERO (Manuel). V. núm. 26.

B

B. (Fr. J.), Dominico.

40. Memoria | sobre la | influencia del Catolicismo | en la | Conquista y civilizacion | de los pueblos del Archipielago Filipino | y sobre | las costumbres y prácticas supersticiosas | de los infieles que existen aun por reducir | en las principales montañas de las Islas | Escrita | para ser presentada en la Exposicion Colonial | que ha de verificarse | en Amsterdam en Mayo de 1883 | Manila | Establecimiento tipográfico del Colegio de Sto. Tomás | á cargo de D. Gervasio Memije | 1883.—Al final: Fr. J. B.—O. P.—Manila, 15 de Enero de 1883.

En fol.—Págs.: 23 (y la v. en b.).

De esta interesante MEMORIA es autor Fr. Jenaro Buitrago, distinguido catedrático, que fué, de la Universidad de Santo Tomás de Manila.

BALBÁS Y CASTRO (Tomás).

41. Minas de cobre | de | Lepanto | Manila. | Imp. de Ramirez y Giraudier. | 1861.

En 4.º—Págs. 7 (y la v. en b.).

Al final: «Manila 25 Diciembre de 1861.—Tomás B y Castro.»—(Rubricado el núm. 25 de la fecha, va manuscrito.)

BAÑUELOS (Jerónimo).

42. Estado de las Filipinas y sus conveniencias. México, 1638.

(Así N. Antonio: *B. Nova*, I, 568.—No conozco este impreso.)

BARRANTES (Vicente).

43. La | Instruccion primaria en Filipinas | por | V. Barrantes, | Ex-diputado á Córtes, Consejero de Administracion de | aquellas islas, Vocal ponente de la Junta de reformas creada | para ellas en el Ministerio de Ultramar. | *Madrid.* | Imprenta de *La Iberia.* —*(Al final:* Madrid 5 de Abril de 1869.)

En 12.º—174 págs.

Dedic., á D. Adelardo López de Ayala, Ministro de Ultramar: Madrid, 3 Febrero 1869.

Obrita de oportunidad: en aquellos días, de grandes disturbios políticos como consecuencia de la Revolución, escribióse mucho en Madrid contra la gestión del Gobierno de Filipinas, y muy especialmente contra los religiosos: disparatóse de lo lindo, y á reprimir desahogos de periodistas y literatos fué enderezado el folleto del señor Barrantes, el cual, por haber desempeñado el importante cargo de secretario del Gobierno general de las Islas, aporta á la cuestión de la enseñanza primaria datos curiosos y razones de peso.

44. Guerras piráticas | de | Filipinas | contra mindanaos y joloanos, | corregidas é ilustradas | por | D. Vicente Barrantes | Individuo de número de las Reales Academias | Española y de la Historia | *Madrid* | Imprenta de Manuel G. Hernandez | ... | 1878. —*(Á la cabeza, esta línea:* «Biblioteca Hispano-Ultramarina».)

Un vol. en 4.º—Págs.: XVI + 448.

Anteport.—Port.— «Carta nuncupatoria al Excmo. é Ilustrísimo Sr. Obispo de Córdoba Fr. Zeferino González».—Introducción (páginas 1-5;—V. en b.).—Texto.—Apéndices (págs. 287-392).—Correcciones y aclaraciones.—Indice de materias.—Tabla general.

La *Historia de la piratería*, de Montero Vidal (V.), publicada posteriormente, ha quitado á la obra del Sr. Barrantes alguna importancia; sin embargo, siempre será de consulta por su innegable valor. En los *Apéndices* va uno bibliográfico relativo á papeles y libros que tratan, los más, de los moros y sus depredaciones en las Islas Filipinas.

45. El | Teatro tagalo | por | D. Vicente Barran-
tes | Individuo de número | de las Reales Academias
Española y de la Historia | *(Viñela)* | *Madrid* | Tipo-
grafía de Manuel G. Hernández | ... | ... | 1889.

En 4.°—Págs.: 199 (y la v. en b.).—Las 141-199, *Apéndices,* que
contienen curiosas notas bibliográficas.

Esta obra fué publicada primeramente en *La Ilustra-
tración Artística,* de Barcelona, en 1888; después, bastante
ampliada, en la *Revista contemporánea,* cuyos moldes se
aprovecharon para la tercera edición, que contiene nuevas ampliaciones. Lleva dos *apéndices bibliográficos;* uno
de la *Pasión* y otro de *Lingüística:* ambos me parecen
escasos de noticias; pero son únicos en sus géneros respectivos. La publicación, por primera vez, de *El Teatro
tagalo,* que contiene tal cual equivocación (creo que invo-
luntaria), dió motivo á Rizal para hilvanar unos artículos
atrabiliarios publicados en *La Solidaridad* (números 9
y 10) de los que se hizo tirada aparte, con esta port.:

46. Barrantes | y el | Teatro tagalo | Barcelona. | Im-
prenta Ibérica de Francisco Fossas | ... | 1889.—*A la cabe-
za:* Biblioteca de «La Solidaridad» | I.—*Al final de la obra:*
José Rizal.)

En 12.°—Págs.: 23 (y la v. en b.).

BARROS ARANA (Diego).

47. Vida i Viages de Hernando de Magallanes.—
Santiago de Chile, Junio de 1864.

En 4.°—Págs.: VI s. n. + 155.

Es de lamentar que el autor, en todo aquello que perjudica á los
españoles, siga al pie de la letra á Pigafetta.

(M.-B. de U.—Fué de Gayangos.)

BENCUCHILLO (Fr. Francisco), Agustino.

M. de Zúñiga y otros autores escriben *Buencuchillo;*
pero Cano y Moral, ambos de la misma Orden, escriben
BENCUCHILLO. Sus principales obras permanecen inéditas;
helas aquí:

48. *La erupción del Volcán de Táal,* y destrozos que
causó en 1754.—CANO, 149.

49. *Poema* en verso tagalo acerca de la *Toma de Manila por el Ejército Inglés* (1762).—CANO, 149.

Del *Ms.* relativo á la erupción del Volcán, existen algunas noticias en el *Dic.* de Buzeta y en el *poema* de Mas, aparte las que da nuestro Autor en la pág. 91 del tomo I.—Barrantes, en *Guerras piráticas* (pág. 392), escribe *Beneuchillo.*

BERNÁLDEZ (Emilio).

50. Reseña historica | de la Guerra | al Sur de Filipinas, | sostenida | por las armas españolas contra los piratas | de aquel Archipielago, | desde la conquista hasta nuestros dias. | Por el Coronel | D. Emilio Bernaldez, | Caballero del hábito de Santiago, | de la Real Orden Americana de Isabel la Católica, | de la Militar de San Fernando de primera clase, | Condecorado con la cruz de distinción de Joló, | Individuo de la Sociedad de Amigos del Pais de Filipinas, | Oficial de Ingenieros del Ejército, etc., etc. | *(E. de la Impr.)* | *Madrid:* | Imprenta del Memorial de Ingenieros. | 1857.

En 4.º—Págs.: 243 (y la v. en b.) + 3 s n. (y la v. en b.).—Siguen 6 láms.

Anteport.—V. en b —Port.—V. en b.—Dedic.: al General D. Antonio Remón Zarco del Valle y Huet: Emilio Bernaldez y Fernandez de Folgueras.—P. en b.—Objeto y plan.—P. en b.—Explicación de algunas palabras. — Texto.—Indice.—Erratas.—Láms. (todas diestramente dibujadas por E. B.—el autor—y grabs. con esmero).

De extraordinario mérito; será, quizás por muchisimos años, la más notable desde varios puntos de vista. En las láminas se reproducen armas y otros objetos.

51. BIOGRAFIA y retrato del Muy Reverendo Padre Fr. Pascual Ibañez de Santa Filomena, Religioso Misionero Agustino Recoleto de Filipinas, y muerte heróica del mismo acaecida en el asalto de Joló.— Triunfo de la expedicion mandada por el Excmo. Señor Marqués de la Solana, con la historia y pormenores de ella hasta su regreso á Manila, y el acta de sumision y adhesion del Sultan del mencionado Jolo. Á S. M. Católica la Reina Doña Isabel II y su Gobierno. *Madrid:*—1851.—Imprenta de los Sres. Martinez y Minuesa.

En 4.º—74 págs.—El retrato, litografiado, bastante bien hecho.

Esta obrita, que he examinado en el Colegio de Agustinos filipinos de Valladolid, póngola en este Catálogo á titulo de recuerdo del heroico P. Ibáñez, muerto al tiempo de clavar la bandera española en una cotta de los joloanos. Su excepcional bizarría y ardiente patriotismo no deben ser olvidados por los buenos españoles.

BLANCO (Fr. Manuel), Agustino.

52. Mapa general de las almas que administran los Padres Agustinos calzados en estas Islas Filipinas. Formado en el año de 1833.—Impreso en *Sampáloc,* año de 1834.

En 4.º—Págs.: 60 s. n.

53. *Otro como el anterior.* Formado en el año 1835. Impreso en 1836.

63 págs. s. n. + 1 en b.

He examinado ambas obras en el Colegio de Agustinos de Valladolid; la segunda de éstas lleva la firma autógrafa de su insigne autor.—Estos Mapas (de los que conozco ocho ó diez diferentes), tienen gran interés histórico y geográfico.—V. *Mapa.*

54. Flora | de | Filipinas. | Segun el sistema sexual de Linneo. | Por el P. Fr. Manuel Blanco | Agustino Calzado. | Con las licencias necesarias | *Manila.* Año de 1837. | En la Imprenta de Sto. Thomas por D. | Candido Lopez.

Un vol. en 4.º—Págs.: LXXVIII + 2 s. n. + 887.
Port.—V. en b.—Pról.—Introdución.—Nomenclatura botánica. (La últ. v. en b.).—«Resumen de los Generos de la Obra».—H. en b. —Texto.—«Indice | de los Generos de este Tratado.»...—La últ. en b.

55. Flora | de Filipinas, | segun el sistema sexual de Linneo: | Por el P. Fr. Manuel Blanco, | Agustino calzado.—Segunda impresion, corregida y aumentada | por el mismo autor. | *Manila:* | Imprenta de Don Miguel Sanchez | 1845.

Un vol. en 4.º—Págs.: LIX (y la v. en b.) + 619 (y la v. en b.).
Port.—V. en b —Pról.—Introdución.—Nomenclatura botánica.— Explicación de la clave del sistema sexual de Linneo.—Ordenes de las clases.—Resumen de los géneros de la obra.—Texto.—Indice de los géneros.—Erratas.—La últ. en b.

EL MISMO y OTROS

56. Flora | de | Filipinas | por el | P. Fr. Manuel
Blanco | Agustino calzado | adicionada con el manus-
crito inédito | del P. Fr. Ignacio Mercado | las obras |
del P. Fr. Antonio Llanos | y de un Apéndice | con
todas las nuevas investigaciones botánicas referen-
tes | al | Archipiélago filipino | Gran edicion *(terce-*
ra) | hecha á expensas de la Provincia de Agustinos
calzados de Filipinas | bajo la direccion científica
del P. Fr. Andrés Naves | Tomo... | *Manila* | Estable-
cimiento tipográfico | de Plana y C.ª | 1877.

En gran fol.—Port. á dos tintas.—Consta la obra de 4 tomos; texto bilingüe: en castellano y latin.

Tomo primero.—Págs.: XXX (la últ. s. n.) + 350 + VII (y la v.
en b.).—Anteport.—V. en b.—Port.—A la v.: «Editor: Domingo Vidal y Soler, Ingeniero de Montes».—Pról. (Es su autor, según el Padre
Moral, Fr. Guillermo Masnou).—Nueva port.: «Tercera impresión».—
V. en b.—Biografía del P. Blanco.—Pról. de la 2.ª edición (por el
autor).—Notas.—Texto.—Indice.—Entre las págs. de los prels., una
alegoría al agua fuerte, un facsímile de una cuartilla del P. Blanco y
el retrato de éste, muy bien grab. en a.—Gran núm. de láms., lito-
grafs., tiradas aparte, debidamente ingeridas en el texto.

Tomo segundo.—Impreso en 1878.—Págs.: 418 + 1 s. n (y la v.
en b.) + VIII—Anteport.—V. en b.—Port.—A la v.: «Editor,...»—
Texto.—Indice.—Gran núm. de láms., como en el t. I.

Tomo tercero. — Impreso en 1879. — Págs.: 271 (y la v. en b.)
+ VI.—Anteport.—V. en b.— Port.—A la v.: «Editor,...»—Texto.
—Indice.—Gran núm. de láms., como en los tomos I y II.

Tomo cuarto.—Impreso en 1880. (Al final: «Imp. Ciudad Condal
de Chofre y C.ª | 15 *de Junio de* 1883».)—Págs.: XVIII + 108 + 2
en b. + VI + 63 (y la v. en b.) + IX (y la v. en b.) + 375 (y la
v. en b.).—Anteport.—V. en b.—Port.—A la v.: «Editor,...».—Portada especial (á dos tintas):

Fragmentos | de | Algunas Plantas de Filipinas | no
incluidas en la Flora de las Islas | de la primera ni segun-
da edicion | dispuestos segun el sistema linneano | por
el | P. Fr. Antonio Llanos | Agustino calzado | añadidos
con otros trabajos del autor y vertidos al latín | por el |
P. Fr. Celestino Fernandez-Villar | del mismo Instituto.

V. en b.—Biografía del P. Llanos, por Fr. C. F. V. *(Celestino
Fernández-Villar).*—Pról. (del P. Llanos).—Texto.—Advertencia.—
(pág. 97, por el Dr. M. P. Graells).—Apéndice.—Tabla de revisión.
—Indice.—H. en b.—2.ª port. especial (á dos tintas):

Libro | de | medicinas de esta tierra | y | declaraciones

18 *

de las virtudes de los árboles y plantas | que están en
estas Islas Filipinas | compuesto | Por el P. Predicador
Fr. Ignacio de Mercado | filipinense | del Orden de San
Agustin | hijo del Convento de San Pablo de Manila | co-
rregido é ilustrado con las clasificaciones científicas | P.
el P. Fr. Celestino Fernandez-Villar | del mismo Instituto.

V. en b.—Biografía del P. Mercado, por Fr. C. F V. *(Celestino
Fernández-Villar)*, sólo en castellano.—Texto.—Indice.—Anteporta-
da especial.—V. en b.—Port. correspondiente (á dos tintas):

Novissima Apendix | ad | Floram Philippinarum | R.
P. Fr. Emmanuĕlis Blanco | seu | enumeratio contracta
plantarum pilippinensium | hucusque cognitarum | Cum
synonymiis PP. Blanco, Llanos, Mercado | et aliorum
auctorum | Auctoribus | PP. FF. Andreâ Naves et Celesti-
no Fernandez-Villar | Augustinianis | *Manilæ* | Apud Pla-
na et socios, typographos et Bibliopolas | MDCCCLXXX.

V. en b.—Proemio.—Texto.— Indice.—Tabla de concordancias.
—Tabla numérica de las plantas de que se trata en el *Novísimo Apéndice*, según la clasificación científica que les corresponde.—Gran número de láms. distribuídas por todo el tomo.

(Hay dos pliegos que sirven de pauta para la colocación de las láminas, de que he prescindido en la descripción).—De los 1.500 ejemplares de que consta la edición — según mis noticias — 500 de ellos
tienen las láminas hechas al cromo (las de mi ejemplar son en negro),
y el pap. correspondiente á dichos 500 es de hilo, especial, pero un
poco más pequeño que el de la edición corriente.

Seria perder el tiempo ponderar el mérito de la Flora
del P. Blanco, obra que los sabios naturalistas, asi propios como extraños, mencionan llenándola de alabanzas.
El mayor mérito del P. Blanco estriba precisamente en
que éste fué á Filipinas sin ninguna preparación científica.
Á fuer de verdadero sabio, era modestísimo: tuvo que rei-
terársele de R. O. la conveniencia de que imprimiese su
Flora. Recomendamos el estudio que acerca del P. Fray
Manuel Blanco y la flora de Filipinas publicó en *La Ciudad de Dios* el P. Fr. Angel Rodríguez; hállase también
dicho trabajo en el tomo *Cuestiones científicas*, págs. 303-
326. (Madrid, 1892).

Al P. Llanos le llaman sabio D. Sebastián Vidal, don
José Centeno y otros ingenieros de gran prestigio. En 1851
publicó en Manila:

57. Fragmentos de algunas plantas de Filipinas, no in-
cluídas en la Flora de las Islas ni en la 1.ª ni 2.ª edición.
—Imprenta de Sto. Tomás.—En 8.º; 125 págs. (y la v. en b.).

Los PP. Naves y Fernández-Villar están también alta-
mente reputados.

Y, finalmente, del manuscrito del P. Mercado (mestizo, nacido en Parañaque en 1648), diré que no fué *descubierto* hasta el año de 1876, por D. Domingo Vidal (por cesión de su poseedor, D. José Martínez Cañas), quien dió noticia del hallazgo en *El Comercio*, de Manila (del 16 de Mayo del 76), la cual noticia fué reproducida en la *Revista de Filipinas* (tomo I, págs. 597-599).—Yo tengo una copia de la famosa *Declaración de las virtudes de los árboles y plantas*, hecha indudablemente á principios del siglo pasado; y como no creo que fuese *única*, no deja de ser extraño que tanto se haya tardado en describir tan estimable y curiosa obra. Esto lo explica en cierto modo la escasez de bibliófilos que siempre hubo en aquel país.

BLUMENTRITT (Fernando).

58. Las | razas del Archipiélago filipino | por | Don Fernando Blumentritt | I | Vademecum etnográfico de Filipinas | II | Las razas indígenas de Filipinas | *Madrid* | Establecimiento tipográfico de Fortanet | ... | ... | 1890.

En 4.º—Pags.: 70.—Con un *Mapa etnográfico* á colores al final.

Aunque me he propuesto no citar obras de extranjeros, hago mención de ésta por ser su autor (alemán) grande amante de las cosas filipinas. Nadie puede negarle que es un distinguido filipinólogo; lástima que, como político, capitanee, consciente ó inconscientemente, á los indios tildados de antiespañoles. El profesor Blumentritt es autor de otros muchos estudios (todos brevísimos), siendo el que aquí anotamos el más instructivo y mejor dispuesto. Publicóse por primera vez en el *Boletín de la Sociedad Geográfica de Madrid* (tomos XXVII y XXVIII).

BOBADILLA (P. Diego de) y MASTRILLO (P. Marcelo Francisco), Jesuítas.

59. ✠ | Relacion | de las gloriosas | victorias qve en mar, y tierra | an tenido las Armas de nueſtro invictifsimo Rey, | y Monarca Felipe IIII. el Grande, en las Islas Fili- | pinas, contra los Moros mahometanos de la | gran Isla de Mindanao, y ſu Rey | Cachil Corralat, | debaxo de la condvta | de Don Sebaſtian Hurtado de Corcuera, Cauallero | de la Orden de Alcantara, y del Conſejo de Guerra | de ſu Mageſtad, Gouernador y Capitan General | de aquellas Islas. | Sacada de varias relaciones qve eſte año de 1638. vi-

nieron de Manila. | Año de *(Escudo de los Jesuítas)*
1638. | Con licencia. | ¶ En *Mexico,* en la Imprenta de
Pedro de Quiñones, enfrente | de la Caſa Profeſſa.

En 4.º—Fols.: 2 s. n. + 40.

Port.—Ded , á D. Íñigo Hurtado de Corcuera (hermano de D. Sebastián): México, y Febrero 25, de 1638: Diego de Bobadilla.—Texto.—Á la v. del fol. 40 (últ.):

«Con licencia. | ¶ En *Mexico,* en la Imprenta de Pe-
dro de | Quiñones, enfrente de la Casa Profeſſa, | Año
de 1638.»

La ded., que á la vez sirve de prólogo, comienza á
la v. de la port.; dice el P. Diego de Bobadilla, que la
firma:

Que el navío de Filipinas llevó á México *diversas relaciones,* «avnque muy conformes (porque la verdad siempre es vna) de diferentes personas. dignas de todo credi-
to, assi Ecclesiasticas, como Seglares»; y deseando todos
verlas, decidióse por imprimirlas. «Verdad es que me vi
perplexo, y dudoso de que relacion echaria mano, por ser
algunas, las que tenia como he dicho, y despues de muy
mirado me determiné de imprimir la del P. Marcelo Francisco Mastrillo, que es vna Carta que escriuió al P. Iuan
de Salazar, Prouincial de la Prouincia de la Compañia
de IESVS en aquellas Islas, la qual firmada del mesmo
P. Marcelo se me embió, en ella le da cuenta de todo el
suceso muy en particular, y ninguno mejor que el Padre
puede dar, y ser testigo de todo lo que pasó, por auer ydo
siempre con vn Estandarte de S. Francisco Xauier junto
al señor D. Sebastian, y en la llaneça, y sinceridad con
que cuenta las cosas, resplandece mas la verdad, y assi
pareció conueniente no immutar su estilo.»

Materias del texto:

1. «Cventase el milagro qve San Francisco Xavier
Apostol de la India. obró con el Padre Marcello Francisco Mastrillo, de la Compañia de IESVS.»—*(Fol. 1.)*
2. «¶ Como llego á las Islas Filipinas el Padre Marcelo.»—*(Fol. 8 vto.)*
3. «¶ Dase cventa de la gran isla de Mindanao, y de las
Hostilidades que aquellos Mahometanos an hecho á las
Islas Filippinas.»—*(Fol. 9 vto.)*
4. «¶ Cventase la batalla nabal qve nuestra Armada
tubo con la de Cachil Corralat, y victoria que alcançó.»—
(Fol. 14.)
5. «CARTA del P. Marcelo Francisco Mastrillo, en que
dá quenta al Padre Iuan de Salaçar Provincial de la Compañia de IESVS en las Islas Filipinas, de la conquista de

Mindanao.»—Fechada en Taytay, y Junio 2 de 1637.—
(Fols. 15 vto.-37.)—Contiene notas del prologuista.

6. «❡ Solemne trivnfo con qve entro en Manila el Gouernador D. Sebastian Hurtado de Corcuera. Regocijo
que se hizieron, por la victoria. Gracias que se rindieron
á Dios, por el buen sucesso. Y honrras que se celebraron
por los Difuntos en la Guerra.»—*(Fol. 37 vto.)*

Este capítulo termina así:

«Otro dia se hizo *(debió de ser á fines de Junio de 1637)*
en la mesma Yglesia vna gran fiesta al Santissimo Sacramento, en accion de gracias, en la cual predicó el Padre
Prouincial Iuan de Salazar, con gran afecto, y deuocion.
Y por remate se hizo una gran Comedia de la toma del
Pueblo de Corralat, y conquista del Cerro, cosa extremada, assi en Poesia, como en la representacion. Assistió á
ella con gran gusto el Gouernador, Real Audiencia, Arçobispo, y lo principal de la Ciudad de Manila.»

(M.-B. de U.; fué de Gayangos.)

BUENCUCHILLO (Fr. Francisco).—V. Bencuchillo.

60. **Buffón.**—Insigne escritor francés y uno de los más
grandes hombres de ciencia de la Francia del siglo XVIII.
El P. Martínez de Zúñiga debió leerle detenidamente, como lo prueba el hecho de que discute algunas de sus teorías (V. tomo I, págs. 58, 80, 91, 185, 190...), reconociendo,
sin embargo, la valia del eximio naturalista francés, uni-
versalizada desde hace tiempo, razón que nos releva de
alargar más esta nota.

BUZETA (Fr. Manuel) y BRAVO (Fr. Felipe), Agus-
tinos.

61. Diccionario | Geográfico, Estadístico, Históri-
co, | de las | Islas Filipinas | dedicado á S. M. el Rey |
por los M.M. R.R. P.P. Misioneros Agustinos Calza-
dos | Fr. Manuel Buzeta | actual comisario y procu-
rador general de las misiones de Asia en esta Corte |
y | Fr. Felipe Bravo | Rector del Colegio de Vallado-
lid. | *Madrid.* | 1850 | *(Todo litogr. sobre cartulina; E.
de a. r.; dibujos alegóricos.—En la anteport.:) Madrid,*
1851.—Imprenta de D. José C. de la Peña...

En 4.º; dos tomos.

Tomo I.—Págs.: 10 s. n. (excluídas la h. de la port. y las de los
retratos de SS. MM.) + VII (y la v. en b.) + 567 (y la v. en b.) +
6 s. n. + 7 estados.

Anteport.—V. en b.—Port.—Ded., por Fr. Manuel Buzeta.—V. en b.—Retratos de los Reyes D. Francisco y Doña Isabel, litogr. sobre cartulina. — Pról. — Discurso preliminar. — Diccionario (texto á dos cols.)—Estados.

Tomo II.—Págs.: 4 s. n. + 476 + 2 s. n. + 18 + 2 s. n. + 13 estados, y un cuadro sinóptico y un plano de Manila.

Port. (igual á la anteport. del t. I).—V. en b.—Diccionario (comienza en la letra D.).—Observaciones.—Apéndice. — Erratas.—H. en b.—Estados.—Cuadro sinóptico.—El *Plano*, entre las págs. 296-97.

Hombre tan competente y poco sospechoso como Don Sebastián Vidal y Soler, dice *(Mem. de Montes, Apéndice bibliográfico)* de este DICCIONARIO: «Obra utilísima que debe consultar á menudo todo el que estudia el Archipiélago. La extensa introducción contiene una reseña natural de las islas, un estudio de las razas que las pueblan, un resumen histórico desde su descubrimiento, una reseña política, judicial, militar, marítima, económica, administrativa, eclesiástica, agrícola, industrial y comercial, terminando con una descripción de la vida social, usos y costumbres de los indígenas. Es uno de los libros más completos, ó quizás el más completo, que se han escrito sobre el Archipiélago.»—«Es la publicación más importante que conocemos sobre Filipinas y que, aun después del tiempo transcurrido desde que se escribió, consulta hoy con fruto toda persona que quiera conocer el país, con tal que posea noticias sobre el aumento que ha tenido desde entonces la población, la producción y los consumos, así como sobre los cambios en la organización administrativa. Hay en los dos tomos en 4.° que componen la obra una cantidad de trabajo tal, y de múltiples conocimientos, que no se comprende se haya podido hacer sino por personas de gran talento, instrucción vasta y empleando para ello mucho tiempo y gran perseverancia.» *(J. F. del Pan.)*—Después de tan autorizadas opiniones, holgaría la nuestra; no creemos, sin embargo, ocioso consignar que, en 1893, esto es, transcurridos tantos años desde que tales afirmaciones hiciera el Sr. del Pan, ninguna obra existe que reemplace al DICCIONARIO de Buzeta y Bravo, no obstante que muchas de sus noticias no son de utilidad actualmente.

C

CABEZAS DE HERRERA (José).

62. Apuntes históricos | sobre | la organizacion | político-administrativa | de | Filipinas. — *(En la cubierta:)* Por | J. Cabezas de Herrera. | *Manila.* | Establecimiento Tipo-litográfico Ciudad Condal | de | Chofre y C.ª | 1883.

En 4.º mayor.—Págs.: 29 (y la v. en b.) + 1 s. n. (y la v. en b.).

63. Informe | emitido | por el Consejo de Ultramar | sobre la conveniencia de establecer en Filipinas | Bancos Hipotecarios | *Madrid* | Tipografia de Manuel Ginés Hernández | ... | ... | 1889.—*(A la cabeza:)* Cabezas de Herrera.

En 8.º—Págs.: 145 (y la v. en b.) + h. en b.

(Está fechado el Informe el 23 de Mayo de 1888.—Las págs. 143-145, *Apéndice.)*

De los varios trabajitos del Sr. Cabezas, el segundo de los mencionados es el mejor; en sus páginas se hace una síntesis histórica, bastante apreciable, de la propiedad territorial en Filipinas.

CALANCHA (Fr. Antonio de la), Agustino.

64. Coronica moralizada del orden de San Avgvstin en el Perv, *etc.—Barcelona,* Pedro Lacavalleria, 1638.—En folio.

Algunos autores antiguos (entre ellos el P. San Antonio), citan al P. Calancha con motivo de las págs. que éste dedicó en su *Crónica* al viaje de Magallanes.

CANGA-ARGÜELLES Y VILLALBA (Felipe).

65. La Isla de la Paragua | Estudio geográfico político-social | por | Felipe Canga-Argüelles y Villalba | Capitan de fragata retirado | Secretario que ha sido del Gobierno general de Filipinas | y Socio correspondiente de la Sociedad económica | de Amigos del País | *Madrid* | Establecimiento tipográfico de Fortanet | ... | ... | 1888.

En 4.º—88 págs.—(Las 43-88, de *Apéndices.)*

De las varias monografías modernas de las provincias de Filipinas, esta es una de las mejores. El Sr. Canga-Argüelles figura al frente de la Compañía colonizadora de la Paragua.

CANO (Fr. Gaspar), Agustino.

66. Catalogo | de los | Religiosos de N. P. S. Agustín | de la | Provincia del Smo. Nombre de Jesus de Filipinas | desde su establecimiento en estas Islas hasta nuestros dias, con | algunos datos biográficos de los mismos. | Compuesto | y ordenado siendo Provincial de dicha Provincia el M. R. P. Fr. | Juan J. Aragonés, por su Secretario Fr. Gaspar Cano. | Con las licencias necesarias. | *Manila* | Imp. de Ramirez y Giraudier. | 1864.

En 4.º—336 págs.

Port. — V. en b. —Decreto del P. Provincial: Septiembre 15 de 1864.—V. en b. —Autorización del Gobierno general: 19 Septiembre 1864: Rafael Echagüe.—V. en b.—Texto.—Tabla de los religiosos, por orden alfabético de nombres.

Obra útil, pues contiene datos biográficos, por desgracia demasiado lacónicos, acerca de todos los PP. Agustinos misioneros de Filipinas, desde los primeros años de la Conquista hasta el de 1864. Urge que esta obra se continúe; pero es preciso que el continuador incluya también en el *Catálogo* aquellos individuos de la Provincia que *no han estado en Filipinas*, muchos de los cuales son notabilísimos por más de un concepto. El P. Cano tuvo por guía al P. Agustin María, cuyas obras permanecen todas inéditas (gran injusticia, que la Orden debe cuanto antes remediar), entre las que descuella el *Osario venerable,* ó sea un *Catálogo* de los Agustinos fallecidos. (V. María.)

CANTOVA (P. J. Antonio), Jesuíta, y OTROS.

67. Découverte et description | des | Iles Garbanzos (Carolines) | ... | ... | ... | ... | Por el Padre J. Antonio Cantova... | Publié | Par le Capitainé de Frégate D. Francisco Carrasco | A traduit de l'espagnol | ... | Par M. M. Eugène Gibert,... | et A. W. Taylor,... |

(Extrait du *Bulletin de la Société Académique Indo-Chinoise*, juillet 1887.)

(Lo copiado es cabeza; carece de port.—*Al final: París.*—Imprimerie Chaix...)

En 4.° 12 págs.—Es traducción del trabajo inserto en el tomo X, págs. 263-279, año 1881, del *Boletín de la Sociedad Geográfica de Madrid*.

El librero Ch. Chadenat, de París, anuncia así una obra del P. Cantova:

68. «Histoire de la decouverte des isles Carolines, mœurs des insulaires des isles, 60 pp., *et carte*.»

El P. Zúñiga cita al P. Cantova en la pág. 430 del ESTADISMO. Excusado parece decir la importancia de la obrita del P. Cantova, dada la fecha en que fué escrita: primer tercio del siglo pasado.

CARRILLO (Fr. Manuel), Agustino.

69. ✠ | Breve relacion | de las Missiones | de las quatro Naciones, | llamadas | Igorrotes, Tinguianas, Apayaos, | y Adanes, nuevamente fundadas en las Islas | Philipinas, de los Montes de las Provincias | de Ilocos, y Pangaſinan, por los Religioſos | Calzados de N. P. S. Aguſtin de la | Provincia del Santiſimo Nombre | de Jesus. | Escrita por el Provincial de | la miſma Provincia, el Maestro Fr. Manuel | Carrillo, que es el miſmo que fundó | las dichas Miſsiones. | Año *(Viñeta.)* 1756. | En *Madrid* en la Imprenta del Conſejo de Indias.—*Al final:* Manila, 27 Junio 1755.

En 4.°—Págs.: 4 s. n. + 28.
Port. — V. en b. — Lic. del Consejo de Indias: Madrid, 11 Oct.* 1756: Don Pedro de la Vega.—V. en b.—Texto.

Con justicia se hace mérito de esta obra en la *Historia de los PP. Dominicos* de Ferrando *(t. I, 50-51):* la RELACIÓN del P. Carrillo es de gran interés para el etnógrafo. Con la publicación corrió el P. Fr. Miguel Vivas, Procurador de Agustinos en Madrid. Los ejemplares escasean bastante. El P. Cano dice del P. Carrillo que escribió *dos tomos* sobre las Misiones (pág. 153), noticia que copia el P. Moral: creo que no escribió más que el folleto de que dejo hecho mérito.

70. CARTAS | de | Indias. | Publícalas por pri-

mera vez | el | Ministerio de Fomento. | *(E. de a. r.)* |
Madrid. | Imprenta de Manuel G. Hernandez, | ... |
1877.

En gran fol.—Págs.: XVI + 877 (y la v. en b.) + 78 hs. de fac-
símiles + 23 íd. de láms. + 5 íd. de índice.—Con 4 cartas y algunas
hs. que sirven de anteports. especiales.—Ded., á S. M. D. Alfonso XII.

La carta CVIII (págs. 637-654), es del Obispo Fr. Domingo de Salazar; y en ella se contienen los primeros
datos estadisticos, hechos con algún fundamento, relativos al número de almas existentes en aquella época (1585)
en Filipinas. Las CARTAS DE INDIAS, como obra tipográfica, ofrece la particularidad de que no tiene una sola línea
con guión al final; es decir, no existe ni una sola palabra
dividida. D. Vicente Barrantes colaboró en la confección
de este magnífico libro.

71.   CARTAS | de | los PP. de la Compañía de Je-
sus | de la | Mision de Filipinas. | *(Grab.)* | *Manila.* |
Establecimiento tipográfico de Ramirez y Giraudier, |
á cargo de Celestino Miralles, | ... | 1879.

En 4.°—Págs.: 257 (y la v en b. + h. en b.).

——— | de los | PP. de la Compañía de Jesus | de
la | Misión de Filipinas | *(Grab.)* | *Manila* | Estableci-
miento tipográfico de Ramirez y Giraudier | á cargo ·
de C. Miralles... | 1880.

En 4.°—Págs.: 215 (y la v. en b.) + 3. s. n. (Indice; y la v. en
b.).—Con un Mapa de Mindanao é islas adyacentes al final.

——— | de los | PP. de la Compañía de Jesus | de
la | Mision de Filipinas | Cuaderno 4.° | *(Grab.)* | *Ma-
nila* | Tipografía del Real Colegio de Santo Tomás | á
cargo de D. Gervasio Memije. | 1881.

En 4.°—Págs.: 180 + 2. s. n. (Indice).

——— | de los | PP. de la Compañía de Jesús | de
la | Misión de Filipinas | *(Un lema)* | *(Grab.)* | Cua-
derno 5.° | *Manila* | Imprenta del Colegio de Santo
Tomás | á cargo de D. Gervasio Memije | 1883.

En 4.°—Págs.: 276 + 3 s. n. (de indice; y la v. en b.).

——— | de los | PP. de la Compañía de Jesus | de
la | Mision de Filipinas | *(Un lema)* | *(Grab.)* | Cua-
derno 6.° | *Manila* | Establecimiento tipo-litográfico
de M. Perez, hijo | ... | 1887.

En 4.º—Págs.: 2 s. n. + 341 (y la v. en b.) + 6 (y la v. en b.).
—Con un Mapa, reproducción del famoso del P. Murillo Velarde.

—— | de los | PP. de la Compañía de Jesus | de
la | Mision de Filipinas | *(Un lema)* | *(Grab.)* | Cua-
derno 7.º | *Manila* | Establecimiento tipo-litográfico
de M. Perez, hijo | ... | 1887.

En 4.º—Págs.: 349 (y la v. en b.) + 3 (Indice; y la v. en b.).—
Con un Mapa etnográfico de Mindanao.

—— | de | los PP. de la Compañía de Jesús | de
la | Misión de Filipinas | *(Un lema)* | *(Grab.)* | *Mani-*
la | Tipo-Litografía de Chofré y Comp.ª | ... | 1889.

En 4.º—Págs.: 491 (y la v. en b.). — Entre las 4 y 5, una h. de
Erratas.

—— | de los | PP. de la Compañía de Jesús | de
la | Misión de Filipinas | Cuaderno IX | *(Viñeta)* | *Ma-*
nila | Imprenta y Litografía de M. Pérez, hijo | ... |
1891.

En 4.º—Págs.: 683 (y la v. en b.).—Sigue un Plano de los Distritos 2.º y 5.º de Mindanao, á varias tintas.

(Los tengo todos; sólo me falta el primer volumen de la serie para tener la colección completa.)

Es esta una publicación muy interesante; en sus págs.
abundan los datos topográficos, etnográficos, geológi-
cos, etc., etc. No faltan. para que haya de todo, errores
de bulto, en opinión del Dr. Cabeza y otros antropólogos
que han residido en Mindanao y Joló.

CARTAS EDIFICANTES (de los PP. Jesuítas).

72.   Cartas | edificantes, y curiosas, | escritas | de
las Missiones estrangeras, | por | algunos misione-
ros | de la Compañia | de Jesus | Traducidas del
idioma francés | por el Padre Diego Davin, | de la
Compañia de Jeſus. | Tomo... | Con privilegio | En
Madrid: En la Oficina de la Viuda de Manuel Fernan-
dez | ... | Año...

Sólo tengo los tomos *primero* (1753), *sexto* (1754) y *sép-*
timo (1775).—Se han publicado veintitantos. Los más de
ellos contienen *Cartas* enviadas desde Filipinas.

CARTAS MARÍTIMAS y geográficas.

73.   Como quiera que el P. Zúñiga en su Estadismo

cuenta los grados de longitud siguiendo el sistema del P. San Antonio, esto es, tomando por Meridiano de arranque el del Estrecho de San Bernardino, paréceme oportuno transcribir aquí algunas noticias curiosas que sobre Cartas de Filipinas apunta en sus *Crónicas* el mencionado P. San Antonio, el cual dice *(parte I, 55):*

«Todas las medidas de *Latitud* hé procurado arreglarlas á los mejores Derroteros, y Cartas planas, por donde aora se goviernan estas Carreras, como son las de los Pilotos Salazar, Antonio Gil, General Roxas, Almirante Henrique, conocido hoy por *Pajarito,* General Montero, y Almirante Cabrera Bueno, y otras Cartas, que aunque sin nombre, se aprecian por veridicas, y no se desdeñan los mejores Pilotos de governarse por ellas; todas las quales tengo á mi vista, aprovadas por los que aun viven y practican aora la Naútica. Tengo tambien pressentes varios Mapas, en que no hallo mucha conformidad con lo que aora se practica, y experimenta: por lo qual sigo solo á las Cartas propias de estas *Islas*, en quanto á estas medidas.

»Y por quanto en los referidos Mapas hallo en las medidas de la *Longitud* summa diferencia assi entre si mismos, como con las Cartas de estas *Islas;* tomo para las medidas de *Longitud* el *Meridiano de San Bernardino,* siguiendo las dichas Cartas, que aquí goviernan, que todas ponen á *San Bernardino* en *Cero,* y empiezan desde aí en Derrotos; y con esto me quito de la confusion, que puede ocasionar la variedad de medidas de los otros Mapas. Porque el Padre Colin (pag. 5 de su Descripcion) pone al *Embocadero* ó á *Manila* en 155. grados de *Longitud*»

« El Almirante Romero en el Mapa, que imprimió en Madrid de estas *Islas* el año de 1727, puso al *Embocadero de San Bernardino* en 153. grados y 16. minutos: y en 162. grados, y algunos minutos el Padre Murillo en su Mapa de estas *Islas*, que se imprimió el año de 1734. en Manila. En el Mapa Olandés de Jacob Allard se halla á *San Bernardino* en 150. grados, y 30 minutos. En el de J. Cobens. y C. Mortier en 169. En las Tablas de Nicolas Henriquez Gictermaker, y de Abraham de Graff, corrndeespo *Manila* á los 140 grados, y 35. minutos de *Longitud...* Y en las Tablas de Manuel Pimentél Cosmôgrapho mayor de Portugál está *Manila* ó *Manivélez* en 162. y el *Cabo del Espíritu Santo* en 148. grados, y 15. minutos.»

Considero tarea dificilísima la de hacer una bibliografía de *Cartas de Filipinas;* creo que solo nuestro sabio Coello podría realizar este trabajo con probabilidades de aproximarse á la perfección.—Resulta de lo dicho por el

P. San Antonio, y de apuntes que nosotros conservamos, que no es el del P. Murillo, como algunos creen, el *primer* MAPA que de Filipinas se hizo. Otro jesuita lo confirma, el P. Delgado, contemporáneo de aquél: que escribe *(página 18):* «Según los *nuevos* mapas, que por orden de »nuestro católico monarca Felipe V, se hicieron é impri- »mieron en Manila»... La palabra *nuevos* implica la existencia de otros anteriores. ¡Y tan anteriores!... Como que en las *Décadas* de Herrera hallarán uno los que deseen comprobar esta noticia.—V. además la *Biblioteca* de León Pinelo.

CASAS (Fernando).

74. Memoria | sobre el tétano, | especialmente interior, | y con particularidad de los órganos digestivos, | conocido con el nombre | de cólera-morbo, | y padecido | en las Islas Filipinas. | Por Fernando Casas, | Profesor de la Real Armada, primer médico del hospital | militar de Manila, secretario de las juntas de Sanidad | y Vacuna de aquella ciudad, individuo de la sociedad | económica de las Islas Filipinas, y recien-llegado | á esta corte con licencia. | Tercera edicion. | De Real orden. | *Madrid* en la Imprenta Real. | Año de 1832.

En 12.º—Págs.: 116.

Cito esta obra á título de curiosa, pues no creo que exista ninguna otra anterior á ella, relativa al estudio del cólera en Filipinas.

CASTILLO Y NEGRETE (Manuel del).

75.)?(✠)?(| Remedio | político, y civil pa- | ra Corregir los defectos de una | Republica, que infinuado | por | el Rei Nro. Señor | en sv Real orden de 18. de No- | viembre de 1777. manifiesta, y promueve | para la Capital de las Islas Philipinas | D. Manvel del Cas- | tillo, y Negrete. | Impreso en el pueblo de *Sampaloc:* Con la Licencia de | la Real Audiencia Año de 1779.

Un vol. en fol.: papel de arroz.—Págs.: 2 s. n. + 68 + 4 s. n. + 71 + 13 s. n.

Port.—V. en b.—Exposición á S. M.: Manila, 30 Septiembre 1779. —Ded., al Excmo. Sr. D. José de Gálvez, Gobernador del Supremo de

Indias, etc.: Manila, 30 Septiembre 1779.—*Discurso*.—En la pág. siguiente á la 68, esta port.:

Ordenanzas | ó instrucciones. | qve se | proponen. | Para el regimen y govierno | del Hospicio general para los po- | bres Mendigos, Mugeres de Mala | vida, Niños Expositos, y Huer- | fanos que se intenta fundar en la | Ciudad de Manila | Capital | de las Islas Philipinas.

V. en b.—Indice de los títulos de estas Ordenanzas.—V. en b.—Ordenanzas. — P. en b. — Rentas que se considera tendrá el Hospicio, *etc.*—Gastos precisos, *etc.*—Tres cartas: del Ldo. D. Félix Quijada, del Dr. D. Miguel Cortes y del M. R. P. Fr. Manuel Gutiérrez, Dominico.—Marmosete de adorno.

Sólo en el primer *Catálogo* de Leclerc recuerdo haber visto el anuncio de esta obra, que la tengo por rara, debido á la malísima calidad del papel y la inferioridad de la tinta; es ésta tan corrosiva, que si el libro no se maneja con cuidado córrese riesgo de que las hojas se caigan á pedazos.—De este libro hicimos mérito en la nota 37 del *Apéndice* anterior.

CASTRO DE LA SANTÍSIMA TRINIDAD (Fr. Manuel), Recoleto.

76.   Sagrada Misión de Agustinos Recoletos á las cuatro partes del mundo, apoyada en principios teológicos y documentos históricos. Elogio de esta religiosa orden á su Capítulo general en la ciudad de Alcalá de Henares el domingo de Pentecostes año 1820 Presidido por su electo Vicario general de España en Indias El Rmo. P. Fr. Justo García del Estiritu Santo. Fué orador el R. P..., Año 1827. *Huesca:* oficina de la Viuda de Larumbe.

En 4.º—XVI + 52 + IV + 88 de Adiciones.

Aunque la obra está dedicada á la «Venerable y Santa Provincia de San Nicolás de Tolentino en las Islas Philipinas», poco hay que sea de particular provecho al filipinólogo.

(He registrado un ejemp. en Valladolid, en el Col. de Agus. filips.)

CASTRO Y ARAUJO (Lic. D. José de).

77.   *(Un grab. que representa á San Francisco Javier)* | MANIFIESTO | IVRIDICO. | Por | el Maestre de Campo D. IVAN DE | Vargas Hurtado, Cavallero de la Orden de Santiago, Pre- | fidente, Governador, y Capitan

General, que fue de | la Audiencia de la Ciudad de
Manila, | è Islas Filipinas. | En respvesta | del qve ha
escrito, y sacado a lvz | Fray Raymundo Berart, del
Orden de Predicadores, como poder | aviente del Re-
verendo Arcobispo de aquellas Islas, | Don Fray Feli-
pe Pardo. | Sobre | la absolvcion, y penitencia pvbli-
ca, impvesta | por efte Prelado à dicho Don Iuan de
Vargas. | Con licencia del Real, y Supremo Confejo
de las Indias. | En *Madrid:* Por la Viuda de Roque
Rico de Miranda. Año de 1691.

En fol.; port. orl.—Hojas, 46; la últ., s. n., con la v. en b.
Port.—V. en b —Texto.—Erratas (advertencia sobre las mismas).
—V. en b.—Todos los fols. orls.—Carece de indice.

(Introducción). — DISCURSO PRIMERO, — § *primero:* En
que se prueba la inculpabilidad de D. Juan de Vargas, en
la resolución de la extrañeza del Rdo. Arzobispo, que decretó la Audiencia, y en los lances que se subsiguieron
hasta su ejecución.—§ *segundo:* En que se funda no haber
excedido D. Juan de Vargas en lo obrado en la ejecución
de la extrañeza del Rdo. Arzobispo, ni en los lances posteriores á ella, y se satisface á lo que contra esto se opo-
ne en contrario.—Refiérese lo acaecido y obrado después
de la extrañeza del Rdo. Arzobispo, y sobre el gobierno
del Arzobispado, y se funda la ninguna culpa de D. Juan
de Vargas en este hecho.—Propónense las resoluciones
de la Audiencia...—DISCURSO SEGUNDO.—En que se prueba que D. Juan de Vargas por ninguno de los hechos referidos incurrió en censuras algunas, y que el R. Arzobispo no procedió legitimamente en decretarle y publicarle
por incurso en ellas.—§ *primero:* Satisfácese al fundamento que en contrario se deduce de la detestación de
D. Juan.—§ *segundo:* En que se propone el defecto de
justificación con que á D. Juan de Vargas se le declaró y
publicó por incurso. — DISCURSO TERCERO.—En que se
prueba que el R. Arzobispo pudo y debió absolver á dicho
D. Juan sin el gravamen de la penitencia pública que le
impuso.—*Firma:*

Lic. *Don Joseph de*
Caftro y Araúxo.

(B.-M. de Ultramar; ejemp. que fué de Gayangos.)

78. CATÁLOGO | de las | Plantas del herbario |
recolectado por el personal | de la suprimida | Comi-
sión de la Flora Forestal | *Manila* | Establecimiento
tipográfico del Colegio de Sto. Tomás | 1892. — *Á la*

cabeza: Inspección general de Montes | de Filipinas.

En 4.°—Págs.: 231 (y la v. en b.).—Con una lám.
Pról. por *S. Cerón.*

Útil para el estudio de la *Flora general* de Filipinas.

79. CEDULARIO | de la Insigne, | Muy Noble, | y siempre Leal Ciudad de Manila, | capital | de estas Islas Filipinas, | destinado | al uso de los señores Regidores | que componen su Excmo. Ayuntamiento. | Impreso | En la imprenta de D. Jose Maria Dayot. | Año de 1836. *(Manila).*

En fol.—Págs.: 1 s. n. (port.; v. en b.) + 233 (texto; la últ. v. en b.) + 23 (de Indice de las cédulas).—La últ. en b.

Recopilación de las principales reales disposiciones relativas al Ayuntamiento manilense. Es obra necesaria en la biblioteca de todo filipinista.

80. CENSO de poblacion verificado el 31 de Diciembre de 1887 | en virtud de Real orden del Ministerio de Ultramar | de 11 de Julio del mismo año. | *Manila.* | Imprenta de «Amigos del País» | ... | ... | ... | 1889.—*A la cabeza:* Archipiélagos Españoles | en la Oceanía.

En doble fol., apaisado.—Consta de 12 hojas sin numerar + un grande estado al final, plegado.

CENTENO Y GARCÍA (José).

81. Memoria geologico-minera | de las | Islas Filipinas, | escrita por el Ingeniero Inspector·general del ramo | en el Archipiélago, | D. José Centeno y García, | Jefe de Administración civil de segunda clase, y Jefe de primera | del Cuerpo de Ingenieros de Minas. | Publicada de Real órden. | *Madrid.* | Imprenta y fundicion de Manuel Tello, | ... | 1876.—*(A la cabeza:* Ministerio de Ultramar.)

En 4.°—Págs.: VIII + 61 (y la v. en b.) + 1 s. n. (de Indice y la v. en b.). Un *Mapa* después de la últ. h.
Al final del texto: «Manila 30 de Junio de 1875».

82. Memoria | Sobre los temblores de tierra | ocurridos en Julio de 1880 | en la | Isla de Luzon | por | D. José Centeno y García | Ingeniero de Minas.

(Á la v. de la anteport.: Imprenta y litografía de *La Guirnalda,* Pozas, 12, *Madrid.—(Al final de la obra):* Manila 31 de Marzo de 1881.)

En 4.º—Port. lit., de adorno.—Págs.: 104. — Grab. intercalados en el texto; 13 láms. tiradas aparte, distribuídas entre las págs.; y al final, 5 láms. más, en 4 hs.

83. Estudio geológico | del | Volcán de Taal | por | José Centeno | Inspector general de Minas de Filipinas | Publicado de Real orden | *Madrid* | Imprenta y fundición de Manuel Tello | ... | ... | 1885.—*(Al final de la obra:* Manila 12 de Mayo de 1883.)

En 4.º—Págs.: 4 s. n. + 53 (y la v. en b.) + h. en b. — Con 4 láminas.

84. Noticia | acerca de los | Manantiales termo-minerales de Bambang | y de las Salinas del Monte Blanco | en la provincia de Nueva Vizcaya (Filipinas) | por | Don José Centeno | Ingeniero Jefe del Cuerpo de Minas | Publicado de Real orden | *Madrid* | Imprenta y fundición de Manuel Tello | ... | ... | 1885.—*(Al final de la obra:* Manila 18 de Setiembre de 1884.)

En 4.º—Págs.: 16, y un mapa tirado aparte.

EL MISMO y OTROS.

85. Memoria descriptiva | de los manantiales minero-medicinales | de la | Isla de Luzón | estudiados por la Comisión compuesta de los señores | D. José Centeno | Ingeniero de Minas y Vocal presidente, | D. Anacleto del Rosario y Sales, | Vocal farmacéutico, | y | D. José de Vera y Gómez, | Vocal médico, | Creada | por el | Excmo. Sr. D. Joaquín Jovellar y Soler, | Gobernador general de Filipinas | Publicada de Real orden. | *Madrid* | Imprenta y fundición de Manuel Tello | ... | 1890.

En 4.º—Págs.: 120 + 1 s. n. (de Indice; y la v. en b.).—Las 117-18, constituyen un larguísimo estado apaisado, impr. solo por el anverso.

Todas estas obras son muy interesantes; remitimos al lector á lo que dejamos dicho en la pap. ABELLA.

CERERO (Rafael).

86. Estudio | sobre la | resistencia y estabilidad de los edificios sometidos | a | huracanes y terremotos | por el | General de brigada Comandante general subinspector de Ingenieros del Archipiélago filipino | D. Rafael Cerero | *Madrid* | Imprenta y litografía del Depósito de la Guerra | 1890.

En fol. — Págs.: 86 + 1 s. n. (Indice; y la v. en b.). — Siguen 5 láms. plegadas. Contiene además otra después de la port.

Primer trabajo de esta índole que se ha publicado.

CEVICOS (Juan).

87. Discvrso | de don Ivan | Cevicos, | Thesore- | ro de la 1.ª Yglesia de | la Ciudad de Manila, | Metropoli de las Islas Philipinas, | y Prouifor de fu Arço- | bifpado. | Sobre los privilegios de | las Sagradas Religiones de las | Indias. | En el qval se ponen algv- | nas dudas, acerca de que los Religiofos eftien- | den los dichos priuilegios á mas de lo | que pueden en cofas gra- | uifsimas. | Con licencia | En *Mexico* En la Imprenta del Bachiller Iuan de Alcaçar. | Año de M. DC. XXIII.

En 4.º—Hojas: 58.

Port.—A la v.: Carta «A los mvy revedos·(sic) Padres Svperiores de las sagradas Religiones de la Nueva España, Y en su ausencia, á los Padres Superiores de los Conuentos de la ciudad de Mexico»: Mexico, Abril de 1623. — Texto. — Al final: «Fecho en Manila a 8. de Iunio de 1622. años».

Está dividido este Discvrso en tantas partes (XIV), como *Dudas* pretende resolver el autor.

(B.-M. de U.; fué de Gayangos.)

CLAIN ó KLEIN (P. Pablo), Jesuíta.

88. «Remedios fáciles para diferentes enfermedades, apuntados por el P. Pablo Clain, de la Compañia de Jesus, para alivio y socorro de los padres ministros evangélicos de las doctrinas de los naturales. Dedicados al glorioso arcángel S. Rafael. Con las licencias necesarias en *Manila,* en el colegio y universidad de Santo Tomas de Aquino, por J. Correa, año de 1712.

En 4.º—Papel chino.—298 págs.

Esta obra es una especie de medicina doméstica. — Los remedios son caseros, á que acompaña el «Modo de preparar algunas medicinas.» P. 229.

Índice de algunas palabras extrañas ó difíciles de entender, y los nombres castellanos 'latinos Tagalos, Bisayas, ó Pampangos que les corresponden.

«Porque en esta obrilla uso de vocablos vulgares de esta tierra, que quizás no entenderán todos, he puesto á lo último un índice de ellos con su explicación.» Jb.

Aprobaciones de Fray Cristóbal de San Pedro, Agustino.—D. José de la Torre, cirujano del hospital de Manila. — D. Antonio Enrique, médico de la ciudad de Manila.»

(Gallardo, t. II, col. 470.)

Brunet *(Manuel,* últ. ed.), al apuntar las págs. pone: «de X ff. et 298 pp.»; es decir, 20 págs. más de las consignadas por Gallardo.

He aquí otras obras filipinas del mismo autor, según la nota que me fué remitida por el P. H. Jacas, S. J.:

89. «*Carta* del P. Pablo Clain al R. P. General de la Compañía de Jesús. Manila 10 de Junio 1697. En las *Cartas edificantes,* t. IV, 672-675.»

90. «*Historia* de las Islas Marianas, recientemente convertidas á la Religión cristiana, y de la gloriosa muerte de los primeros misioneros que predicaron en ellas la fe.—*Paris,* imp. de Nicolás Pepie, 1700, in 12.°»

91. «*Carta* del P. Pablo Clain de la Compañía de Jesús, fecha en Manila á 10 de Junio de 1697, dirigida al R. P. Tirso González, General de la misma Compañía, sobre el nuevo descubrimiento de dos islas al Sur de las Marianas.—BACKER, IV, 136.»—Hállase en el tomo I de las *Cartas interesantes.*

La obrita *Remedios fáciles* cítala el P. Zúñiga en el tomo I, págs. 151 y 528.

CODORNIÚ Y NIETO (Antonio).

92. Topografía médica | de | las Islas Filipinas | por el Doctor | D. Antonio Codorniu y Nieto, | Subinspector Médico de primera clase del Cuerpo | de Sanidad Militar, y Gefe del mismo Cuerpo | en aque-

llas Islas. | *Madrid:* 1857. | Imprenta de D. Alejandro Gomez Fuentenebro, | ...

En 4.º—Págs.: 376.
Ded., á D. Manuel Codorniú y Ferreras.

Los médicos elogian mucho esta obra, primera de su género, y casi única, pues lo hecho posteriormente no tiene la extensión ni la importancia que el libro de Codorniú.

COELLO (Francisco).

93. La Conferencia de Berlín y la cuestión de las Carolinas. *Madrid,* Fortanet, 1885.—Con un mapa.

Tirada aparte del estudio inserto en el tomo XIX del *Bol. de la Soc. Geográfica de Madrid* (págs. 220-268; 273-335).—Las *Notas bibliográficas* constituyen un trabajo sobresaliente.

94. COLECCION | de | Autos acordados | de la | Real Audiencia Chancillería | de Filipinas. | Y | de las soberanas y superiores disposiciones que afectan al ramo de Justicia | ó conviene tengan presentes los Jueces que reunen á la vez el carácter de | Gobernadores de provincia. | Publicada por dicho Superior Tribunal. | Tomo... | *Manila* | Imprenta de Ramirez y Giraudier. | 1861.

En 4.º; texto á dos cols. Consta la obra de cinco tomos.
I.—Págs.: 2 s. n. + III (y la v. en b.) + 424 + 1 s. n. (y la v. en b.).
II.—Págs.: 426 + 1. s. n. (y la v. en b.).
III.—Impreso en 1862.—Págs.: 439 + 1 s. n.
IV.—Impreso en 1865.—Págs.: 436 + 1 s. n. (y la v. en b.).
V.—Impreso en 1866.—Págs.: 149 (y la v. en b.) + 1 s. n. (y la v. en b.).

95. COLECCION de documentos inéditos relativos al descubrimiento, conquista y colonizacion de las posesiones españolas en América y Oceanía, sacados, en su mayor parte, del Real Archivo de Indias.

(Todos los tomos impresos en *Madrid.)*
Tomo I.—Impreso en 1864.
Tomo III.—Impreso en 1865.—Contiene:

Asiento y capitulaciones, entre el virey de Nueva Es-

paña, D. Antonio de Mendoza, y el adelantado, D. Pedro
de Alvarado, para la prosecución del descubrimiento de
tierra nueva, hecho por Fr. Marcos de Niza (29 de Noviembre de 1540).—*(Págs. 351-363.)*

Tomo V.—Impreso en 1866.—Contiene:

Relación del viaje á las Molucas, por URDANETA.
(Págs. 5 á 67.)—*Importantísima.*—Valladolid, 26 Febrero, 1537.

Relación hecha por Vicencio de Nápoles, del viaje que
realizó la Armada que Hernán Cortés envió en busca de
la Especería. (Expedición de *Saavedra.*)—Págs. 68-69.

Relación del viaje de Ruy *Gómez* de Villalobos. (Páginas 117-209).—*Muy curiosa.*—Fírmala GARCÍA DESCALANTE
ALVARADO; Lisboa, 1.º Agosto 1548.—Sigue la lista de los
individuos «que son viuos», después del desembarco.

Tomo XIII.—Impreso en 1870.—Contiene:

Carta de Miguel Lopez de Legazpi y otras personas
que le acompañaban en la isla de Zebú. (29 Mayo 1565).—
(Págs. 527-529.)

Carta de Miguel Lopez de Legazpi y otras personas
que le acompañan en la isla de Zebú, pidiendo se haga
merced al P. Fr. Andrés de Hurdaneta, y que vuelva á
aquella isla (1.º Junio 1565).—*(Págs. 529-531.)*

Carta de Fr. Andrés de Aguirre al ilustrísimo señor
Arzobispo de Méjico, gobernador y capitán general de
Nueva España, dando noticias del descubrimiento de las
islas nombradas de Armenio, en la costa del Sur. (Año
de 1588).—*(Págs. 545-549.)*

Pág. 537: Se le dice al Rey que vuelve la nao «á descubrir la buelta á los reinos de Vuestra Magestad, y en
ella el venerable padre Fray Andres de Urdaneta.»

Pág. 528: «quedan acá el padre fray Diego de Herrera,
fray Martin *de H*errada y fray Pedro de Gamboa, religiosos, de quien recibimos toda buena doctrina y consuelo.»
—*Firman:*

Miguel López de Legazpi.
Mateo del Saz.
Martín de Goiti.
Fr. Diego de Herrera.
Fr. Martín *de Rada.*
Guido de Lavezaris.
Andrés de Cabihela.
Fr. Fedro de Gamboa.
Andrés de Miranda.
Andrés de Ibarra.
Juan Maldonado de Berrocal.

Luis de la Haya.
Joan de la Isla.
Gabriel de Ribera.

Pág. 529: «El gran servicio, que á Dios Nuestro Señor y á Vuestra Magestad â fecho el venerable padre fray Andrés de Hurdaneta, es digno de gran mérito y crescida merced, por aber alumbrado, asi en lo espiritual como en lo temporal, en todo lo que en este biaje se á ofrecido, por no venir en el armada persona que nos diese lumbre, sino fué la suya;»...—*Firman:*

Legazpi.
Saz.
Goiti.
Lavezaris.
Calaheba (Andrés).
Mirandaola (Andrés de).
Ibarra (Andrés de).
Haya (Luis de la).
Riquelme (Fernando), escribano de Gobernación.
Arrian (Anibal de).
Maldonado de Berrocal (Juan).
Rivera (Gabriel).
Monzon (Gerónimo de).
López (Hernando).
Herrera (Pedro de).
León (Francisco de).
Herrera (Marcos de).
Pacheco Maldonado (Juan).
López Pilo (Diego).
Angulo (Cristóbal de).
Bañuelos (Luis Antonio).
Padilla (García de).
Rea (Martín de la).
Ramos (Lope).
Ramirez (Garcia).
Machado (Lloreynte).
Rivera (Pedro de).
Ernandez (Pablo), cabo de escuadra.
López (Francisco).
Rodríguez (Bartolomé).
Fernandez de Montemayor (Diego)
Flores (Antonio).
Jurado (Juan).
Alvarez de Grado (Antón).
Herrera (Francisco de).
Monroy (Hernando de).

Tomo XIV.—Impreso en 1870.—Contiene

Traslado... de una capitulacion que Su Magestad hizo
con el adelantado D. Pedro de Alvarado. (1532).—*(Páginas 537-540.)*

Tomo XVI.—Impreso en 1871.—Contiene:

Asiento y capitulación de compañía, que celebraron
D. Antonio de Mendoza, Virey de Nueva España y el
adelantado D. Pedro de Alvarado, sobre el descubrimiento
que este ofreció hacer en el Mar del Sur, *en la provincia
de Guatemala.*—(Año de 1540).—*(Págs. 342-356.)*

Traducción castellana de la Bula de Alejandro VI sobre la particion del Mar Oceano *(1493).—(Págs. 356-
363.)*

«é para que siendoos concedida la liberalidad de la Gracia Apostolica, con mas libertad é atrevimiento tomeis
el cargo de tan importante negocio, motu propio, é no
á instancia de peticion vuestra, ni de otra que por vos *no*
lo haya pedido, mas de nuestra mera liberalidad ó de
cierta ciencia é de plenitud de poderío apostholico, todas
las islas é tierras-firmes halladas é que se hallaren descobiertas é que se descobriesen hacia el Occidente é Mediodia, fabricando é componiendo una linea del Polo ártico,
que es el Setentrion, al Polo antártico, que es el Mediodia, ora se hayan hallado islas é tierras-firmes, ora se
hayan de hallar hacia la India ó hacia otra cualquier parte, la cual linea diste de cada una de las islas que vulgarmente dicen de los Azores é Cabo-Verde, cien leguas hacia el Occidente y Mediodia; asi que todas sus islas é tierras-firmes, halladas é que se hallaren descobiertas é que
se descobrieren desde la dicha linea hacia el Occidente é
Mediodia, que por otro Rey ó Principe cristiano no fuesen actualmente poseidas hasta el dia del Nacimiento de
Nuestro Señor Jesucristo procsimo pasado, del cual comienza el año presente de mil é cuatrocientos é noventa é
tres, cuando fueron por vuestros mensageros é capitanes
halladas algunas de las dichas islas por la autoridad del
Omnipotente Dios, á Nos en San Pedro concedida, é del
Vicariato de Jesucristo, que ejercemos en las tierras, con
todos los Señorios déllas, Ciudades, Fuerças, Lugares,
Villas, Derechos, Jurisdiciones, é todas sus pertenencias,
por el tenor de las presentes, las damos, concedemos é
asignamos, perpetuamente, á vos é á los Reyes de Castilla é de Leon, vuestros herederos é sucesores.»...

...«Dada en Roma en San Pedro á cuatro de Mayo del
año de la Encarnacion del Señor mil cuatrocientos é noventa é tres en el año primero de nuestro Pontificado.»

Tomo XXII.—Impreso en 1874.—Contiene:

Pág. 100.—Que en el caso de que los diezmos non sean bastantes, que acuda á los oficiales reales—«á los cuales »Mando que constándoles por testymonio que todo lo so- »bredicho non llega á quinientos mil maravedises cada »año, lo que faltare á complymiento dellos, os lo den é »paguen de Mi Real Facienda...»
Á Nueva Segovia (pág. 102).—Y en términos idénticos á Nueva Cáceres.

96. COLECCIÓN | de | documentos inéditos | relativos al descubrimiento, conquista y organización | de las antiguas posesiones españolas de Ultramar. | Segunda serie | Publicada por la Real Academia de la Historia. | Tomo núm. 2. | I | de las Islas Filipinas. | *Madrid:* | Est. tipográfico «Sucesores de Rivadeneira», | ... | ... | 1886.

En 4.°
Tomo núm. 2, I de Filipinas.—Págs.: XXXII + 484.

Tomo núm. 3, II de Filipinas. — Págs.: XXVII (y la v. en b.) +
491 (y la v. en b.).
(Los prels. de ambos tomos firmados *F. J. de S.)*

97. COLECCION general | de las providencias
hasta aqui tomadas | por el Gobierno | sobre el extra-
ñamiento y ocupacion de temporalidades | de los re-
gulares de la Compañia, | que existian en los Domi-
nios de S. M. | de España, Indias, é Islas Filipinas | á
consequencia del Real decreto de 27 de Febrero, | y
Pragmática-sancion de 2 de Abril de este año. | Par-
te... | *(E. de a.)* | De orden del Consejo, en el Extra-
ordinario. | En *Madrid* en la Imprenta Real de la Ga-
zeta. | Año de 1767.

En 4.º—Consta de cinco partes.
Parte primera.—Págs.: 104.
Parte segunda.—Impresa en 1769.—Págs.: 91 (y la v. en b.).
Parte tercera.—Págs.: 135 (y la v. en b.).
Parte quarta.—Impresa en 1774.—Págs.: 144.
Parte quinta. — Impresa en 1784. — Págs.: 4 s. n. + 74. (Las 6
últs., de *Tabla.)*

Esta es la obra completa; las *Colecciones* que suelen
anunciar los libreros constan tan sólo de las tres primeras partes. S. S. el Papa Clemente XIV, por su *Breve* del
21 de Julio de 1773 disolvió la Compañía de Jesús. Pero el
Papa Pio VII la restableció en 1815. El *Breve* de Clemente XIV se imprimió en Madrid, por Pedro Marín, en 1773;
yo tengo la reimpresión que lleva por título:

98. Breve de nuestro muy santo Padre Clemente XIV
por el cual Su Santidad suprime, deroga y extingue el
Instituto y Orden de los clérigos regulares, denominados
de la Compañia de Jesús... Madrid, Tip. de Gregorio Estrada, 1873.

COLÍN (P. Francisco), Jesuíta.

99. Labor evangelica, | ministerios apostolicos |
de los obreros | de la Compañia de Iesvs, | fvndacion
y progressos | de sv Provincia | en las Islas Filipi-
nas. | Historiados | por el Padre Francisco Colin, |
Provincial de la misma Compañia, | Calificador del
Santo oficio, | y sv Comisario en la governacion | de
Samboanga, y sv distrito. | Parte primera. | Sacada
de los manvscriptos del Padre | Pedro Chirino, el
primero de la Compañia que pafsò de los Reynos de |

Efpaña á eftas Islas, por orden, y a cofta de la Catholica, | y Real Magestad. | Con privilegio | En Madrid, Por Iofeph Fernandez de Buendia, Año M. DC.LXIII.

Un vol. en fol., texto á dos col.—Págs.: 22 s. n. + 820 + 24 s. n.—Con una lám. grab. en negro.

Port.—V. en b.—Dedic., á San Francisco Xavier.—V. en b.—Al religioso lector.—Protesta.—Lic. de la Orden, en Alcalá de Henares, 1.º Enero 1661, por Francisco Franco.—Parecer del P. Mtro. Fr. Miguel de Cárdenas, en Madrid, 20 Noviembre 1659.—Lic. del Ordinario, 2 Diciembre 1659, D. Adolfo de las Rivas.—Apr. del R. P. Maestro Fr. Francisco de Lizana, Madrid, 20 Julio 1662.—Suma de los Privilegios.—Suma de la tasa.—Fe de Erratas.—Compulsa del texto con el original, por el Lic. D. Carlos Murcia de la Llana, Madrid, 12 Abril 1663.—Indice y sumario de las materias.—Texto. — Indice alfabético de las cosas notables etc.

Algunos libreros llaman *carta* á la lám. que va á los comienzos. Por cierto que los ejempls. con lám. son muy contados. Esta obra fué escrita á beneficio de los materiales que dejara el P. Pedro Chirino; pero no hay duda de que el P. Colín puso bastante de su cosecha; es obra de importancia extraordinaria, indispensable de todo punto. Creo que es la primera (de las que pudiéramos llamar genuinamente filipinas) que publicó noticias de algún valor científico (caps. XVII y XVIII), acerca de la flora del Archipiélago. Trata de todo: topografía, fauna, flora, etnografía, historia, etc., si bien la mayor parte—cual era el propósito de su sabio autor—se refiere á los hechos de los PP. Jesuitas en sus misiones de Filipinas. En *Labor evangélica* vió la luz por primera vez la célebre carta del P. Alonso Sánchez al gobernador Gómez Pérez Dasmariñas.—La *segunda parte* de esta obra, escribióla el P. Murillo Velarde; pero la publicó con diferente titulo, como puede verse más adelante. (V. Murillo.)—Montero Vidal afirma que existe una segunda ed. del Colin hecha en Manila en 1749. Lo dudo mucho. Creo, en cambio, que ha confundido esa edición de que da noticia (véase su *Historia general*, t. I, pág. 128) con la *Historia* del P. Murillo, impresa precisamente en 1749.—El P. Zúñiga cita á Colín en las págs. 209, 425 y 480.—El P. Fernández Navarrete en sus *Tratados*, pap. 429 y sts., rebate la hipótesis sostenida por Colín de que las Filipinas sean las *Maniolas* de Ptolomeo.—V. además Fernández de Enciso.

Debo al P. Jacas las dos notas siguientes:

«Publicó este religiosisimo Padre con autoridad del Arzobispo de Manila y la Real Audiencia, dos *Sermones* en español que predicó en dos solemnes ocasiones:

100. »En la institución de la fiesta anual, por haberse librado la Armada española de las asechanzas de los holandeses.

101. »En las honras fúnebres que celebró Manila por la muerte del Príncipe de las Españas. 1649.

»Stowel.—Backer, III, 951.»

El P. Colin es autor de otros escritos, entre los cuales descuella

102. *India Sacra,* impresa en *Madrid,* por Fernández Buendía, año de 1666.

En 8.º—Págs.: XVI s. n. + 507 (y la v. en b.) + XVI s. n. (Indice). — En la segunda parte he visto que describe algunas islas de Filipinas.

(B.-M. de U.; fué de Gayangos.)

COLLANTES (Fr. Domingo), Dominico.

103. Historia de la Provincia del Santi- | simo Rosario de Filipinas, China, | y Tunquin Orden de Predi- | cadores. | Qvarta parte | desde el año de 1700. | hastael de 1765. | Por | el M. R. P. Fr. Domingo | Collantes, Calificador del Sto. Oficio, | Rector, y Cancelario del Colegio: Real, | y Pontificia Vniversidad de Santo | Tomas de Manila. | Con permiso de los Svperiores. | En la Imprenta de dicho Colegio, y Vniversidad *(Manila):* por Iuan Franc. de los Santos. | Año de 1783.

En fol.; port. orl.—Págs.: 94 s. n. + 659 + 1 s. n. (Erratas).

Port.—V.: *lema.*—Censura de los PP. Fr. José Muñoz y Fr. Juan Amador: Manila, 17 Octubre, 1782.—Lic. de la Orden: Binondo *(Manila),* 6 Noviembre 1782: Fr. Cristóbal Rodríguez, Prov.; Fr. Francisco García, Srio.—Censura del Dr. D. José Patricio Molina, Canónigo: Manila, 8 Enero 1783.—Lic. del Ordinario: 11 Enero 1783: Basilio (Sancho de Santa Justa y Rufina), Azpo.—Censura de Fr. José Casánez, Franciscano: (firma Casañe*s*): Santa Ana (Manila), 23 Febr. 1783. —Lic. de la R. Audiencia: 22 Marzo 83: Ramón Orendaín, escribano de Cámara.—Carta dedic «(que sirve de Prologo)» á los Dominicos de España, Aragon y Andalucia: 30 Agosto, 1782, Manila. — Lista cronológica de los Conquistadores y Gobernadores de Filipinas.— Idem de los Arzobispos de Manila. — Idem de Provinciales de Dominicos.—Tabla de capítulos de la obra.—Texto *(no es á dos cols.).*— Fe de erratas (la últ. pág. de la obra).

Como el título indica, esta es la cuarta (y última) parte de la antigua crónica de los PP. Dominicos: la primera es del P. Aduarte, añadida por el P. Fr. Domingo González; la segunda del P. Santa Cruz y la tercera del P. Salazar. Yo he buscado inútilmente el tomo de Collantes para tener completa la obra; he visto ejempls. en Avila, en Ocaña y en la Vid; la nota que doy es según el que examiné en este último punto. El P. Ferrando entresacó lo mejor de dichos cuatro volúmenes, y con algunos datos nuevos, escribió su *Historia de los PP. Dominicos*, que publicó, modificándola en el plan y en el estilo, el P. Fonseca, escritor de mucho fuste. Ni el Collantes ni el Salazar recuerdo haberlos visto anunciados en los *catálogos* de las librerías; en general, se cree que la antigua crónica de los dominicanos se reduce á los dos tomos de Aduarte y Santa Cruz publicados en Zaragoza en 1693.

COMBES (P. Francisco), Jesuíta.

104. «Historia de las Islas de Mindanao, Ioló y sus ayacentes; progresos de la Religion y armas Católicas, compuesto por el padre Francisco Combes, de la Compañía de Jesus, catedrático de Prima de Teología en su colegio y Universidad de la ciudad de Manila. Dedícala al Sr. D. Agustin de Cepeda Camacedo, Maestre de Campo General del Ejército de estas Islas Filipinas. Con privilegio, en *Madrid,* por los Herederos de Pablo de Val. Año 1667. A costa de Lorenzo de Ibarra, mercader de libros. Véndese en su casa, en la calle de Toledo, junto á la Compañía de Jesus.

Fol. á dos cols.—567 ps., más 5 de tabla al fin, con 24 de portada y principios, á saber: Dedic. (larga, elegante y noticiosa).—Lic. del superior de la Compañía, el padre Felipe de Osa: Madrid, Colegio imperial 2 Junio 1665.—Aprob. del maestro fray José Barnesa, general de la Merced en Lima: Madrid, sin fecha.—Lic. del ordinario D. García de Velasco: Madrid, 4 Marzo 1665.—Aprob. del maestro fray Tomás de Avellaneda, mostense: «Su lectura es muy apacible, el estilo levantado, el lenguaje propio y sentencioso, como lo pide la Historia»: Madrid, convento de San Norberto 18 Mayo 1665. — Firma del priv., despachado por el secretario J. de Subiza: Madrid, 10 Mayo 1665.— Errat.: Madrid, 29 Abril 1667.—Tasa, á 5 mrs. pliego: Mayo de 1667. Índice de los capítulos.»

Doy esta nota según consta en el *Ensayo* de Gallardo, t. II, col. 550, pues la que yo tomé hace tiempo, del único ejemp. que he visto, es muy deficiente. Gallardo dice: «Es »obra escrita con buen plan, saber, diligencia histórica y »diccion limada y castiza.» Puede añadirse que es fundamental, indispensable para el estudio de la antigua historia de Mindanao.

Natural de Zaragoza, nació en 1610. Ingresó en la Compañía á los 23 años. Pasó á Filipinas en 1640. Enseñó Teología en el Colegio de Manila. Destinado en 1665 de Procurador en Roma, emprendió el viaje, que no terminó, pues le sorprendió la muerte en Acapulco, el 29 de Diciembre del mismo año. No falta quien le regatea al P. Comber la absoluta paternidad de su interesantísima obra sobre Mindanao. — V. Pimentel.

105. COMISIÓN CENTRAL | de Estadística | de Filipinas. | *(E. de a. r.)* | (2.° Cuaderno.) | *Manila:* | Imprenta del Boletín oficial, | 1855.

En 4.° — Págs.: 68 + 24 s. n. + 18 + 2 en b. + 20. — Entre las págs. 2 y 3 del principio, ingerida una h., s. n., impresa por el anverso.

COMPAÑÍA DE FILIPINAS.

He aquí los impresos que poseo relativos exclusivamente á la vida de aquella que fué poderosa Sociedad:

106. Exposición | dirigida | al Excelentísimo señor Secretario | del Despacho de Hacienda | por la Junta de Gobierno | de la Compañía de Filipinas. | *Madrid.* | Imprenta de Don Mateo Repullés. | 1822.

En 4.° men.—Págs.: 15 (y la v. en b.).
La exposición está fechada en Madrid, sin firma, el 5 de Junio de 1822. — Sigue una nota del Intendente D. Vicente Jaudenes, con igual fecha, — y á esta nota la *Respuesta de la Dirección* (de la Compañía), dada dos días después.

Munárriz (José).

107. Suplemento | al *Correo Universal* | de literatura y política, | ó | Refutación de sus números 1.° y 2.° | en lo relativo | a la Compañía de Filipinas. | *Madrid* | Imprenta de Ibarra. | 1820.

En 4.° men.—32 págs.
Port. - Á la v., *Advertencia.*—Texto.—Este es una carta (Madrid, 30 de junio de 1820), dirigida al Sr. Redactor del *Correo Universal:* fírmala, *José Munarris.*

108. Nueva Real Cédula | de la Compañía | de Filipinas.| de 12 de Julio de 1803. | *(E. del Impr.)* | *Madrid.* | En la Imprenta de la Viuda de Ibarra.—*(No expresa el año; pero debe de ser del mismo en que se expidió esta R. Cédula.)*

En fol.; pap. marquilla. - Págs.: 4 s. n. + 44 + 4 s. n.
E. de a. r., grab. en c. — V. en b.—Port. — V. en b. — *El Rey.*
(Texto de la R. Cédula).—Indice.

109. REAL CÉDULA | de ereccion | de la Compañía | de Filipinas | de 10 de Marzo de 1785. | *(E. del Impr.)* | *Madrid.* Por D. Joachin Ibarra, Impresor de Cámara de S. M.—*(No se expresa el año; pero debe de ser el mismo en que se expidió esta R. Cédula.)*

En fol.: Págs.: 2 s. n. + 57 (y la v. en b.).
Precede á la port. una h. de pap. marq., con un e. de a. r., grabado en c.

Obras que dediquen una parte de sus págs. á tratar de la necesidad de crear una poderosa compañia en las Indias Orientales, sé de varias: una de ellas es la de

110. FORONDA (Valentín de).
Miscelánea, | ó coleccion de varios discursos.

Tengo la 2.ª ed., impresa en Madrid, por Manuel González en 1793. En 4.°—V. págs. 42-61.

111. PUERTO (Vizconde de).
Reflexiones Militares.

(V. t. II, lib. 9, cap. X,—según cit. del P. San Antonio, t. I, pág. 26.)

VIANA (Francisco Leandro de).—V. VIANA.

Después de creada la Compañía, muchos autores trataron de ella, entre otros de mérito:

ALMODÓVAR ó MALO DE LUQUE.—V.

y

COMYN (Tomás de).

112. Estado | de las Islas Filipinas | en 1810, | brevemente descrito | por Tomás de Comyn. | Con permiso del Supremo Consejo de Indias. | *Madrid.* | Imprenta de Repullés. | 1820.

En 4.° —Págs.: 8 s. n. + 190 + 10 hs. s. n. (estados) + 11 (y la v. en b.).
Anteport.—V. en b.—Port.—V. en b.—Objeto de la *Memoria.*—Indice.—Texto.—Estados (los 10 primeros, en hs. grandes).—La última en b.

113. Estado | de las | Islas Filipinas | en 1810. | Por Tomas de Comyn. | Edicion con notas. *(De D. J.*

F. del Pan.) | Anexa a la | Revista de Filipinas. | *Manila.* | Imp. de Ramirez y Giraudier. | 1877.

Un vol. en 4 ° de 218 págs.

Anteport.—V. en b.—Port.—V. en b.—Pról. de esta edicion *(segunda),* por el Editor de la «Revista» *(Sr. del Pan).*—V. en b.—Prólogo del autor en la edicion de 1820.—V en b.—Texto.—(Los estados que en la primera edicion son hojas grandes plegadas, en esta segunda constituyen las págs. 186-218.—H. en b

114. COMYN y PAN (J. F. del).

Las | Islas Filipinas. | Progresos en 70 años. | Estado a principios de este siglo, segun don Tomas de | Comyn, y en 1878, segun el Editor de la Revista | de Filipinas. | *Manila.* | Imprenta de *La Oceania Española.* | 1878.

Es la misma anterior (2.ª edición), sino que añadida por el principio con un pliego de 16 págs. y por el final con las págs. 219-430.—Así lo advierte el Sr. del Pan en el prólogo: que quedándole 400 ejemplares de la edición de 1877, le añadió nuevos pliegos, con notas, para hacer un paralelo entre 1809 y 1878, deseoso de complacer á un amigo que desde la Peninsula se lo pedia.

H. en b.—Port.—V. en b.—Razón de este libro.—P. en b.—Indice.—Anteport de la 2.ª ed.—V. en b.—Port. de la misma (en 1877, como queda dicho).—V. en b.—Pról. del editor (el de 1877).—P. en b.—Pról. de Comyn.—P. en b.—Texto de Comyn (termina en la página 215). — Indice (pág. 216-218). — Notas (las añadidas en 1878; ocupan las págs. 219-430).—H. en b.

(He visto ejemplares que tienen arrancadas las hs. de la anteport. y la port. de la edición de 1877.)

El Comyn es un libro de mérito extraordinario: no es posible decir más en menos palabras: son muchos los escritores modernisimos que obtienen en esas páginas, no obstante lo añejas que ya son, lecciones de gran provecho. Teniendo esto en cuenta, y la escasez de ejemplares además, el editor de la *Revista de Filipinas* hizo la nueva edición de 1877, que amplió al siguiente año en la forma que dejamos indicada. Dicho señor editor, D. José Felipe del Pan, se expresa en estos términos en el prólogo: «Gran »irritacion produjo en esta Capital *(Manila),* de 1821 á »1826, la aparicion del libro de D. Tomás Comyn, que po- »nía al descubierto el débil y artificioso mecanismo de los »intereses materiales, que debían ser apoyo firme de los »morales en esta sociedad. Mas, pocos años después, los »acontecimientos vinieron á justificar las previsiones y se-

»veros juicios del autor acerca de la administracion y del
»Comercio de Filipinas.»—«Comyn, hombre de instruc-
»cion vasta, especialmente en las ciencias sociales, residió
»ocho años en Manila, habiendo recorrido algunas provin-
»cias, y por razon del cargo de Factor general de la *Com-*
»*pañía de Filipinas,* experimentó grandes contrariedades
»para el desarrollo de los negocios cuya direccion le esta
»ba encomendada.» — He aquí ahora las materias que
abraza el famoso libro: Población; Agricultura; Minerales; Hacienda; Industria; Comercio Interior; Comercio Exterior; Caudales del Comercio; Caudales de Obras Pías;
Marina Mercante; Real Compañía; Real Hacienda; Administración civil; Administración espiritual; Moros y sus
piraterías.—Vidal consigna en sus apuntes bibliográficos
(Memoria de Montes) que «en 1821, y en Londres, publicó
»Guillermo Walter una traduccion inglesa con notas, y
»precedida de un discurso preliminar».—Es, en suma, una
obra magnífica, y en la que, por cierto, descuella el estudio, exactísimo, que de los frailes hace.

CONCAS Y PALAU (Víctor).

115. Estudios referentes á servicios de Marina en
Filipinas.

(Publicados en la *Revista general de Marina.* Madrid, Fortanet.—
Extraídos de los núms. siguientes: Tomo XI, cuaderno 3.° (Sept. 1882),
págs. 297-306;—cuaderno 4.° (Oct.), págs. 413-423; — cuaderno 5.°
(Nobr.), págs. 523-535 (sigue una lám.);— cuaderno 6.° (Dbre.), páginas 615-639;—tomo XII, cuaderno 1.° (Enero 1883), págs. 3-18;—
cuaderno 2.° (Febrero), págs. 141-176;—cuaderno 3.° (Marzo), páginas 261-279;—cuaderno 4.° (Abril), págs. 415-433 *(concluye).*)

CONCEPCIÓN (Fr. Juan de la), Recoleto.

116. Historia general de | Philipinas. | Conqvistas
espirituales y tem- | porales de estos Españoles Do-
minios, estable- | cimientos Progresos, y Decaden-
cias. | Comprehende | Los Imperios Reinos y Pro-
vincias de las Islas y Con- | tinentes con quienes há
havido communicacion, | y Comercio por inmediatas
Coincidencias. | Con | Noticias Universales Geogra-
phicas Hidrographicas de | Historia Natural de Poli-
tica de Costumbres y de Religio- | nes, en lo que de-
ba interesarse tan universal. | titvlo. | Por el P. Fr.
Juan de la Concepcion Recoleto Agusti- | no Descalzo
Lector Iubilado Ex-Provincial Exami- | nador Sino-
dal de el Arzobispado de Manila, y Coronis- | ta de

su Provincia de San Nicolas de las Islas | Philipinas. | Socio Numerario de la regia Sociedad de Manila. | Con permiso de los Svperiores. | En *Man. (ila)* en la Impr. del Seminar. Conciliar, y Real de S. | Carlos: Por Agustin de la Rosa y Balagtas. Año de 1788.—Port. orl.

Consta de 14 tomos en 4.°; papel de arroz.

Tomo I.—Págs.: 56 s. n. + 434 + 61 s. n.; y dos cartas: la primera anónima; la segunda es reproducción del notable *Mapa* del Padre Murillo Velarde, grab. en 1734.—Anteport.—V. en b.—Port.—V. en b.—Dedic., de Fr. Joaquín de la Virgen de Sopetrán, Provincial, en nombre de la Provincia y por fallecimiento de Fr. Juan de la Concepción, al «Illvstrisimo, y Reverendissimo Señor Don Fray Iuan Ruiz de San Agustin Dignissimo Obispo del Obispado de nueva Segovia, del Consejo de su Magestad, &c.».—P. en b.—Prólogo y razón de la obra.—Texto—Indice.—Nota (excusándose de por qué no se pone fe de erratas).—La últ. en b.

Tomo II.—La orla de la port., es algo más estrecha; aparece suprimida la línea: «Socio numerario de la regia Sociedad de Manila», y, en su lugar, se lee: «Tomo II»; al pie, escríbese con todas sus letras las palabras *Manila é Imprenta.*—Págs.: 4 s. n. (anteport. y portada, ambas con v. en b.) + 502 (de texto) + 57 s. n. (de Indice); y tres planos, el tercero grab. por C. Bagay.—La últ. pág. en b.

Tomo III.—Págs.: 4 s. n. (anteport. y port.) + 439 (de texto; la últ. v. en b.) + 55 s. n. (de Indice), y un mapa grab. por C. Bagny.—La últ. en b.

Tomo IV.—Págs.: 4 s. n. (anteport. y port.) + 487 (de texto; la últ. v. en b.) + 2 s. n. (de *Fee de erratas)* + 62 s. n. (de Indice).

Tomo V.—La port. de este tomo y de los sucesivos es algo más tipográfica, pues ya no son tantas las líneas con guión.—Págs.: 4 s. n. (de anteport. y port.) + 478 (de texto) + 1 s. n. (de *Fee de erratas;* v. en b.) + 68 s. n. (de Indice).

Tomo VI.—Varía, á partir de este tomo, el pie de imprenta; que es el siguiente: «En el Conv. de Nra. Sra. de Loreto del Pueblo de Sampaloc: | Por el Hermano Balthasar Mariano, Donado Francifcano | Año de 1788.»—Págs.: 4 s. n. (de anteport. y port.) + 439 (de texto; la últ. v. en b.) + 70 s. n. (de Indice), y un mapa.

Tomo VII.—Impreso en 1789. A partir de este tomo, la orla es más bella.—Págs.: 4 s. n. (de anteport. y port.) + 364 (de texto) + 51 s. n. (de Indice), y dos cartas, ambas con esta firma: «Phel. Sevilla. Sc.».—La últ. pág. en b.

Tomo VIII.— Impreso en 1790. — Págs.: 4. s. n. (de anteport. y port.) + 391 (de texto; la últ. v. en b.) + 56 s. n. (de Indice).

Tomo IX.—Págs.: 4 s. n. (de anteport. y port.) + 424 (de texto) + 63 s. n. (de Indice), con una carta, por C. Bagay.—La últ. en b.

Tomo X.—Págs: 4 s. n. (de anteport. y port.) + 410 (de texto) + 49 s. n. (de indice).—La últ. en b.

Tomo XI.—Impreso en 1791.—Págs.: 4 s. n. (de anteport. y port.)
+ 420 (de texto) + 46 s. n. (de Indice) + 2 s. n. (de *Fee de erratas*).
Tomo XII.—Impreso en 1792.—Págs.: 4 s. n. (de anteport. y portada) + 419 (de texto; la últ. v. en b.) + 1 s. n. (de *Fee de erratas;*
v. en b.) + 35 s. n. (de Indice).—La últ. en b.
Tomo XIII.—Pags.: 4 s. n. (de anteport. y port.) + 464 (de texto) + 33 s n. (de Indice) + 1 s. n. (á la v.) de *Fee de erratas.*
Tomo XIV y último.—Impreso en 1792.—Págs : 4 s. n. (de anteport. y port.) + 381 (de texto; á la v. comienza el *Indice)* + 17 s. n.
(de Indice y *Fe de erratas*, que ocupa una parte de la últ. de todas).

Todos los bibliógrafos convienen en que es esta la obra
más importante y notable de cuantas históricas filipinas
se han escrito. Debió de haber hace algunos años gran escasez de ejemplares completos; porque dice Salvá: «pare-
»ce imposible, atendida la época de su publicacion, lo di-
»ficil que se ha hecho el conseguir ejemplares completos
»de ella. Yo de mí sé decir que sólo he visto en Francia
»é lnglaterra un ejemplar perfecto y otro únicamente con
»los seis tomos primeros, los mismos á que hace referen-
»cia Brunet.»—Y yo de mí sé decir que poseo un ejemplar magnifico, irreprochable, adquirido por 100 pesetas,
sin que me costase hallarle tanto trabajo como me han
costado la *Historia* del P. Zúñiga, el Chirino, y otros libros. Creo que ha debido existir oculto durante bastante
tiempo un gran depósito de ejemplares de la soberana
obra del P. Concepción; porque hoy no es difícil hallarla.
Tipográficamente considerada, representa un lamentable
anacronismo; imprimióse precisamente cuando, como
consecuencia de la guerra de los ingleses, la imprenta decayó de un modo extraordinario, sin levantar cabeza hasta pasados unos treinta años, después de la toma de
Manila.

Consultas del P. Paz.—V. Paz.

Cook (el Capitán).

117.   Los *Viajes* de este célebre navegante inglés cíta-
los el P. Zúñiga en las págs. 425-428, 474, 502, 534 y 66 del
tomo II del Estadismo. Supongo que conoceria la *Rela-
tion* impresa en París en 1774-89 (14 volúmenes). pues
hasta 1853 no tengo noticia que se publicase en España
la *Historia de los Viajes del Capitán Cook.* Este murió á
manos de los salvajes de Sandwich el año 1779.

118.   COPIA | de vna carta qve | embió Ydata Ma-
camune Rey del | Bojú en el Iapon, a la ciudad | de.

Seuilla, en que dá cuĕ- | ta de fu conuerfion, | y pide
fu amistad, | y otras cosas. | *(Escudo imperial)* | ¶ Con
licencia, en *Seuilla,* por Alonfa Rodriguez Gamarra,
en la | calle de la Muela. Año de mil y feyfciĕtos y
catorze. | Donde fe venden.

En fol.—2 hojas s. n.
El texto ocupa las págs. 2 y 3.—En la 4.ª, un gran marmosete
circular.

Dice que se hizo cristiano por el P. Fr. Luis de Sotelo
(de Sevilla); envía una espada y una daga con dicho padre y el japonés que le acompaña en calidad de embajador, «Faxecura Rocayernon».—*Fecha:*

«De nuestra corte de Genda, y a los catorze de la Luna
nouena el decimo otauo año del Querco. Que son veyte y
seys de Otubre de mil y seyscientos y treze años.»

 · Aunque me he propuesto no citar impresos referentes
al Japón y China, hago gracia de esta *Carta* por su rareza.—Existe en el M.-B. de U.; fué de Gayangos.

CORCUERA.—V. Hurtado de Corcuera.

CRUZAT Y GÓNGORA (Fausto).

119.   Reformó (en 1696) las más antiguas *Ordenanzas
de buen gobierno* que se conocen, dictadas por Hurtado
de Corcuera en 1642.—Cruzat fué gobernador general de
Filipinas, durante los años 1690-1701.

Cuvier (Jorge).—Insigne naturalista francés; citasele en
la nota 41 del *Apéndice A.*

CH

CHACÓN Y CONDE (Antonio).

 · 120.   Dias grandes en Filipinas. | Brebe exposicion
de las fiestas y público regocijo que, | con motivo de
la entrada pública del Real Retrato, | que S. M. el
Señor Don Fernando Séptimo (que Dios | guarde) |
tubo la dignacion de remitir y regalar á las Is | las
Filipinas, conducido por el Gobernador y Capitan
Ge- | neral de ellas, Presidente de su Real Audiencia,

Gran Cruz | de la Real orden Americana de Isabel la
Catolica, Maris· | cal de Campo de los Reales Egerci-
tos D. Mariano Ricafort, | celebró la lealtad de la Ciu-
dad de Manila Caveza Princi· | pal, y sus Estramu-
ros, el dia diez y ocho de Diciembre | ultimo y si-
guientes hasta el veinte y dos. | Lo presenta y consa-
gra á la Catolica Magestad Reynante, | por medio del
mencionado dignisimo Capitan General | de estas Is-
las. | El | Teniente Coronel primer Comandante del
Batallon Vete- | rano primero ligero D. Antonio Cha-
con y Conde, hijo | del País, que siguiendo la Senda
del honor que le tra- | zó su Padre, sirvió de Guar-
dia en la Real Compañia | Americana, continuando
succesivamente en la | honrosa carrera militar. Año
de 1826. | Imprenta Filipina.—Al final: Manila y Ene-
ro 12: de 1826.—Señor—A L. R. P. de V. M.,—Antonio Chacon y Conde.

En 4.°; pap. de arroz.—Págs.: 22 + 2 en b.

H. en b.—Anteport.—V. en b.—Port.—V. en b.—Texto.—Sigue
una h. en b.—La impresión es muy inferior.

Este folletillo es raro, y curioso por lo mal escrito.

CHIRINO (P. Pedro), Jesuíta.

121.   Relacion | de las Islas Filipinas | i de lo qve
en ellas | an trabaiado | Los Padres dæ la Compañia |
de IESVS. | Del P. Pedro Chirino | de la mifma Com-
pañia Procurador ¹ de aquellas Islas. (E. de la Com-
pañia, g. en m.) En Roma, | Por Eftevan Paulino,.
Año de MDCIV. | Con licencia de los Superiores.

Un t. en 4.°—Págs.: 4 s. n. + 196 + 4 s. n.

Port.—V. en b.—Autorizacion del P. «Claudio (Aquaviva) Prepo·
fito General», y—Censura por Fr. Tomás Maluenda, O. P., ambos en
la misma pág.—V. en b.—Texto.—Tabla. — Corrección de los versos.
(Ocupa la mitad de la últ. pág. de la obra.)

Cuantos bibliófilos conocen esta obra, convienen en
que es rara y curiosa.—Según mis noticias sólo se imprimieron doscientos ejemplares.—Para la lingüistica del Archipiélago, quizás la más antigua de todas las impresas,
si es exacto que se imprimió en 1604. Chirino, no sólo refiere los trabajos evangélicos realizados por los PP. Jesuítas en Filipinas, sino que trata además del descubrimiento
de las Islas, usos y costumbres de sus moradores, etc., etc.
En cuanto á si fué impresa ó no en 1604, es de advertir que

los PP. Backer, bibliógrafos de la Compañia, la creen posterior. Los que opinan con Backer agregan que el P. Chirino cita el Morga (impreso en 1609), detalle que para nosotros no tiene fuerza, porque pudo muy bien haber leído el manuscrito de los *Sucesos,* y aun una copia de ellos, habida cuenta que el famoso oidor debió de escribir los más de ellos algunos años antes de 1609. Como el Chirino no lleva autorizaciones fechadas, ni en ninguna de sus páginas hay indicios que disipen las dudas, claro es que tanta razón tienen los unos como los otros, por más que ni unos ni otros aleguen razón de peso que justifique sus respectivas opiniones. Yo no recuerdo haberlo visto citado en obras escritas de 1605 á 1620: Argensola, tan erudito y rebuscador, que tuvo á la vista bastantes documentos é impresos, no cita en su *Conquista* (1609) el Chirino. Y sin embargo, no soy yo de los que regatean la exactitud de la fecha á la obra del famoso P. Pedro. Finalmente; confieso haber visto impresiones de Esteban Paulino hechas en Roma en mil y seiscientos veintitantos; mas ninguna (exceptuada la RELACIÓN de que hablamos) anterior á mil y seiscientos veinte. Este libro fué reimpreso en 1890, en la imprenta de Balbás, de *Manila;* la edición fué hecha tan pedestremente, que dudo mucho que la dirigieran los Padres Jesuítas; debió de ser cosa del director de la *Revista Católica de Filipinas,* un señor completamente profano en materias de esta indole.

D

Dampier.—Autor cit. por el P. Zúñiga (tomo II, pág. 30).

122. Nouveau voyage autour du monde.—*Rouen.* 1723; en 5 vols.—Descubrió en 1700 un estrecho entre Nueva Bretaña y Nueva Guinea.

DELGADO (P. Juan J.), Jesuíta.

123. Historia general | sacro-profana, política y natural | de las Islas del Poniente | llamadas Filipinas | por el Padre | Juan J. Delgado, | de la Compañía de Jesús | Tomo único | *Manila* | Imp. de *El Eco de Filipinas* de D. Juan Atayde | ... | 1892.—*Á la cabeza:* Biblioteca Histórica filipina.—*En la anteport.:* Volumen I de la Biblioteca.

En 4.º—Port. y anteport. á dos tintas.—Págs.: 4 s. n. + XVI +

1009 + 3 s. n. (E. de a. de Manila, colofón y E. de a. de España en
la últ.). — Las 961-1009, *Lista de suscriptores*. — Al final del texto va
un mapa, reproducción del famoso del P. Murillo Velarde.

Esta obra comenzó á imprimirse por primera vez en
1889; la ed. era en fol., á dos cols., y se daba como anexa
á la *Revista Católica de Filipinas*.

124. Tengo 10 pliegos de dicha ed.; creo que no
se imprimieron nuevos pliegos, pues fracasó la empresa por falta de entusiastas.

Pero fué allá D. José Gutiérrez de la Vega, con el destino de director general de Administración civil; solicitó
y obtuvo el apoyo de las demás personas que en Manila
desempeñaban altos cargos, y fundó la *Biblioteca Histórica Filipina*, á título de *Monumento nacional*, cuya primera piedra fué la obra, ya impresa en parte, del P. Delgado. Merced á la presión oficial, este libro fué puesto en
manos de 3.000 hijos del pais, tan fuera de sazón, en momentos tan poco felices, que yo no vacilé en estimar anti-
político lo hecho bajo la tutela del Sr. Gutiérrez de la
Vega, fundándome en que en esa obra del P. Delgado se
publicaba la *Carta* del P. San Agustin con una refutación
plagada de candideces. Y acerté; y en prueba de ello, que
el órgano de los mal avenidos con el sosiego público *(La
Solidaridad)*, reprodujo con gran contentamiento suyo la
consabida refutación. Por lo demás, la obra del P. Delgado encierra págs. muy curiosas é interesantes, siendo
grande lástima que los encargados de su publicación no
hayan tenido mayor interés en ilustrar el códice, y por de
contado algún buen gusto en lo tocante á la parte material, que es inferior hasta lo inverosimil. El original de la
Historia de que se trata existe en la Biblioteca Nacional,
cosa que no debían de saber ni el prologuista ni los demás
señores encargados de la publicación de este libro; hé
aquí cómo el gran Gallardo da noticia del códice de referencia:

125. «Historia general sacro-profana, política y re-
ligiosa de las islas de el Poniente, llamadas Filipinas.
Parte 1.ª Escribiala un Religioso de la Compañía de
Jesus, y la ofrece y dedica á la milagrosa Imágen de
Nuestra Señora de Borongan... Año de 1751. (B.-N.)

MS. original en fol., papel filipino, á dos cols., sin foliacion, con
dos mapas.

Esta primera parte está dividida en cinco libros.

El capítulo XI del libro 3.º trata: «De las letras y policía de estas
islas.»

El libro IV se divide en varios tratados:

1.º   De las maderas.
2.º   De los árboles frutales.
3.º   De los árboles propios de los montes.
4.º   De los árboles del mar.
5.º   De los arbolillos.
6.º   De las palmas.
7.º   De las plantas y flores.
8.º   De las enredaderas.

El libro V trata de las aves, animales, culebras, peces y mariscos.»
(Gallardo, t. I, cols. 809-810.)

DÍAZ (Fr. Casimiro), Agustino.

126.   Conquistas | de las | Islas Filipinas: | la temporal por las armas de nuestros católicos Reyes de España, | y la espiritual | por los Religiosos de la Orden de San Agustín, | y fundación y progresos de la Provincia del Santísimo Nombre | de Jesús de la misma Orden. | Parte segunda | que | á beneficio de los materiales que dejó recopilados | el M. R. P. Fray Gaspar de San Agustín, | autor de la primera parte, | compuso | el Padre Fr. Casimiro Díaz, | natural de Toledo, | del Orden de N. P. San Agustín, Cronista de esta Provincia del Santísimo Nombre de Jesús, Procurador General, | Secretario dos veces y Definidor de la misma. | Con las licencias necesarias. | *Valladolid:* | Imprenta, Librería... | de Luis N. de Gaviria | ... | 1890.—*Á la cabeza de la cubierta,* esta línea: *Biblioteca de la «Revista Agustiniana».*

Un vol. en 4.º mayor, texto á dos col.—Págs.: 7 (v. en b.) + 854 + 1 s. n. de fe de erratas.

Anteport.—V. en b.—Port.—V. en b.—Advertencia, por Fr. Tirso López, Valladolid 28 Enero 1890.—*(Pág. 7.)*—V. en b.—Elogio del M. R. P. Juan Antonio Beaubolier, en versos latinos *(Pág. 1.)*—Prólogo del autor.—Protesta del mismo.—Indice. —Introducción. *(Páginas 17-58).*—Libro primero y siguientes. *(Págs. 59-817).*—V. en b.—Apéndice. (Desde la 819 á la 843). —Indice *(alfabético),* (843-854). —Erratas.

El mismo título indica que es esta importante obra (sabiamente dirigida su publicación por el eruditísimo Padre Fr. Tirso López) continuación de la escrita por Fr. Gaspar de San Agustín, que cita más de una vez Fr. Joaquín M. de Zúñiga.—Peca el libro del P. Casimiro de excesivamente minucioso; abundan los detalles desprovistos de interés para la generalidad de los lectores—y cuenta que no pocos los suprimió el P. López,—y esta es á mi juicio la causa principal de que no se la cite tan á menudo como debieran citarla los historiógrafos.

De otra obra de distinta índole, pero del mismo autor, que he examinado en El Escorial (el ejemp. pertenece al colegio de La Vid), obra clásica para el conocimiento de lo moral de los indios, doy nota á continuación; héla aquí:

127. Parrocho | de Indios | instrvido | Idea de vn perfecto pastor co- | piada de los SS. PP. y Concilio. | con la resolucion de las prin- | cipales dudas que en la adminiftracion de los | Sacramentos fe ofrecen á cerca de los Indios. | Dedicado | A. N. M. R. P. L. Fray Remigio Her- | nandez Examinador Synodal de efte Arzobifpa- | do, Provincial abfoluto de efta Pro- vincia; Vica- | rio Provincial, y Prior actual del Con- vento de | Nueftra Señora de Guadalupe. | Por el Pa- dre L. F. Casimiro Dias | toledano, de el Orden de N. P. S. | Auguftin Calificador del Santo Oficio, Difi- nidor, (que afido, de efta Provincia de el SS. Nom- bre de | Iefus de eftas Iflas Philipinas, su Choronifta, | y Prior de varios Conventos. | Con las lizencias ne- cessarias en *Manila* en la | Imprenta de la Compañia de Iefus, por D. Nicolas de | la Cruz Bagay, año de 1745. Port. orl.

En 4.°; port. orl.—Hojas: 14 s. n. + 273.—Hay algunas erratas en la numeración.

Port.—V. en b. — Ded. — Lic. de la Religión: Convento de San Pablo de los Montes, 2 Enero 1745: Fr. García Brazeros, Provincial; Fr. Pedro Espineyra, Srio.—Aprob. del P. Pedro Murillo Velarde: Ma- nila 27 Enero 1745.—Lic. del Gob.: decreto de 21 Enero, 1745.—Cen- sura del P. Bernardo Pazuengos: Manila 1.° Febrero 1745.—Lic. del Ordinario: Auto de 1.° Febrero 1745.—Prólogo.—Texto.—Tabla de Capítulos (comienza cn el fol. 240).—Indice de las cosas más princi- pales (comienza fol. 245).—Erratas (comienza 271—*por error dice 261*).

Consta de dos libros; el 1.° de 16 capítulos; el segundo de 8.—Con más un tratado de Misioneros—(en 5 capi- tulos).

DÍAZ ARENAS (José).

128. Memorias históricas y estadísticas | de Fili- pinas | y particularmente de la grande isla de Lu- zón: | escritas por | Don Rafael Diaz Arenas, | Gefe

de Hacienda, cesante, | quien las dedica | Al Escelen-
tísimo é Ilustrísimo señor Arzobispo. | 1.ª Entrega. |
(Grab. en m., alegórico de la Impr.) | Imprenta del
Diario de Manila. | 1850.

En fól. men.—17 cuadernos y uno más de suplemento *(segundo).*
—Todas las págs. sin numerar.

I: 2 ports. (la 2.ª sin el grab.) + 22 págs.—II: 16 págs.—III: 20
págs.—IV: 42 págs. + h. en b.—V: 32 págs. (la últ. en b.), y un estado.—VI: 24 págs. (la últ. en b.).—VII: 38 págs. + h. en b.—VIII:
30 págs. (la últ. en b.) + h. en b.—IX: 28 págs. (la últ. en b.).—X:
36 págs.—XI: 32 págs. (la últ. en b.).—XII: 30 págs. (la últ. en b.)
+ h. en b.—XIII: 24 págs.—XIV: 26 págs. + h. en b.—XV: 34 páginas + h. en b.—XVI: 34 págs. + h. en b.—*Adiciones y suplemento:*
XVII: 56 págs. (la últ. en b.) + h. en b.—*Adiciones y suplemento:* 20
págs. + h. en b. + 6 (de Indice) + h. en b. + 7 (de *Lista de sus-
critores).*—La últ. en b.

Obra farragosa, deslabazada, con no pocos errores de
bulto. Pero contiene muchas curiosidades, y estas salvan
el libro, que será siempre estimable. Diaz Arenas, en punto á conocer impresos relativos á Filipinas, era un igno-
rante de cuerpo entero.—Escribió dos obras más, de escaso valor.

DÍAZ PUERTAS (Francisco).

Extrañará seguramente á los que conozcan este modesto nombre, que le citemos en el presente *Catálogo:*
somos justos; y así que cumplimos un deber de conciencia anotando la obrilla manuscrita (de la cual poseemos
una copia):

129. *Ligeros apuntes sobre la Imprenta en Filipinas.—Manila,* 18 Marzo, 1887.

La copia que poseo ocupa *veinte páginas* en folio, bien
espaciada la letra. Cito este trabajillo, porque es el primero que he conocido de su género. Está hecho *de memoria;* el autor *supone* que la imprenta se fundó en 1620, y
después de consagrar una docena de lineas á las antiguas
de Sampáloc y la Compañia (también *de memoria),* hace
una á modo de relación de los establecimientos tipográfi-
cos modernos (todo con arreglo á los *recuerdos* del autor,
que lleva en el país treinta ó treinta y cinco años).

DÍEZ (Fr. Hilarión), Agustino.

130. Contestacion | que | el Prov.ª de Agusti-
nos calzados | de Filipinas | con fecha 5 de Febrero

de 1822 | ha dado | á la Exma. Diputacion provincial de Manila | sobre misiones. | *(Escudete del Impr.)* | *Madrid:* | en la Imprenta de D. Leonardo Nuñez de Vargos, | ... (s. año.) (Pero evidentemente, del 23 lo más tarde.)

Cuaderno de 14 págs. + h. en b.

Port.—V. en b.—Excmo. Sr.—Determinaciones.—Señor (exposición al Rey, hecha por el Cap. general de Filipinas D. Pedro Sarrio, en 22 Diciembre 1787: alaba mucho los frailes: encarece la necesidad de que haya muchos misioneros: compáralos con curas indios, y salen éstos mal librados.—*El Rey:* San Ildefonso, 17 Sept. 1788: es R. o. contestando. De todo lo cual certifica *Fr. Manuel Pastor*, Secretario de Agustinos.

(He registrado este folletito en el Colegio de Agustinos de La Vid.)

El P. Fr. Hilarión Diez es además autor de la siguiente obra:

131. Estado general de los Religiosos de que se compone la provincia del Dulcísimo Nombre de Jesús de Padres Agustinos calzados de estas Islas Filipinas, y del número de almas que dicha provincia administra, sacado de los mapas de almas del año de 1818: hecho en 31 de mayo de 1819.

El ejemp. por mí registrado en Valladolid, carece de port.; lo copiado va á la cabeza de la pág. 3.

En 4.º—Págs.: 46.—Firmado en Manila, á 20 de Agosto de 1819, el autor, provincial de la Orden como queda dicho.

La impresión, manilense (si no me equivoco), contrasta con la abominable de otros folletos de la misma época. —Esta obrita debe afiliarse entre los *Mapas* de los Agustinos, los anónimos y los hechos por el P. Blanco y las *Memorias* de indole análoga escritas por los individuos de la misma Orden.

DIEZ GONZÁLEZ (Fr. Manuel), Agustino.

132. Memoria | acerca | de las Misiones | de los Padres Agustinos calzados | en las Islas Filipinas | presentada | al Excmo. Sr. Ministro de Ultramar | en 1880 | por el R. P. Comisario de la misma Orden | *Madrid.* | Imprenta de Alejandro Gómez Fuentenebro, | ...—*(Sin año; creo debió ser impreso á principios de 1881.)*—*Al final:* Madrid 1.º de Diciembre de 1880. | El Comisario, | Fr. Manuel Diez González.

En 4.º mayor.—Págs.: 83 (y la v. en b.).

Trabajo muy estimable; las noticias estadísticas son curiosas y están presentadas con todas las de la ley. Este trabajo, ligeramente retocado, y con algunas añadiduras de actualidad, es el mismo que, en 1892, lleva la firma de *Fr. Salvador Font.*

DISCURSOS universitarios.—*Manila.*

Los pronunciados, ó mejor, leídos en la apertura de curso, son los siguientes:

133. Rivas (Fr. Francisco).—1866.
134. Fonseca (Fr. Joaquin).—1868.
135. Corominas (Fr. Benito).—1869.
136. Martínez-Vigil (Fr. Ramón).—1870.
137. Narro (Fr. Miguel).—1871.
138. Puebla (Fr. Manuel).—1872.
139. García (Fr. Miguel).—1873.
140. Nozaleda (Fr. Bernardino).—1874.
141. Cueto (Fr. José).—1875.
142. Puebla (Fr. Manuel).—1876.
143. Vilá (Fr. Juan).—1877.
144. Rivilla Ramiro (Fr. Julián).—1878.
145. García y R. Navacerrada (Fr. José María).—1879.
146. Gómez Zamora (Fr. Matías).—1880.
147. Buitrago de la Rosa (Fr. Jenaro).—1881.
148. Prado (Fr. Norberto).—1882.
149. Álvarez Cienfuegos (Fr. José).—1883.
150. Clera (Fr. Casto).—1884.
151. Fernández Arias (Fr. Evaristo).—1885.—(Este es el primer *Discurso* que contiene estados sobre el número de alumnos, etc.)
152. Laynez Hernando (Fr. Marcos).—1886.
153. Velázquez y Conde (Fr. Raimundo).—1887.
154. Vidal (Fr. Prudencio).—1888.
155. Andreu (Fr. Jaime).—1889.
156. Ruiz (Fr. José María).—1890.
157. Noval (Fr. José).—1891.
158. Alonso Fernández (Fr. Manuel).—1892.
159. Martín Tembleque (Fr. Gabriel).—1893.

Todos de la Orden de Predicadores, catedráticos que son ó han sido de la R. y P. Universidad de Manila.

160. DOCUMENTOS | para la | Historia de la Administración | de | Filipinas. | Las Ordenanzas de buen gobierno | de | Corcuera, Cruzat y Raon. | Publícalas *La Oceanía Española* | con el objeto de conservar para la | Historia el primero de dichos docu |-mentos, hasta ahora inédito. | Manila: 1891 | Establecimiento tipográfico de *La Oceanía Española*, | ...

En 4.º—Págs.: 8 s. n. + 183 (y la v. en b.).

La *Introducción* comprende las págs. 1-39; esta y el pról. van firmados por J. F. del Pan.

DONOSO.—V. MORENO DONOSO.

DRASCHE (Ricardo).

161. Datos para un estudio geológico | de | la Isla de Luzon | (Filipinas) | por el | Dr. Richard von Drasche | (Del Boletin de la Comision del mapa Geológico de España) | Madrid | Imprenta y fundicion de Manuel Tello | ... | ... | 1881.

En 4.º—Págs.: 78 + 2 en b.—Siguen dos láms.—Grabs. intercalados en el texto.

Incluyo esta papeleta, porque Drasche, sabio de reputación europea, cita al P. Martínez de Zúñiga (v. pág. 59), tratando del volcán de Táal, siendo lo notable que á la opinión del ilustre Agustino se adhiere F. von Hochstetter, eminente geólogo moderno, y la tiene muy en cuenta el propio Drasche.

E

162. EL | CORREO SINO-ANNAMITA | ó | Correspondencia de las Misiones | del | sagrado Órden de Predicadores | en | Formosa, China, Tong-King | y Filipinas. | Volumen ... | *(E. de la Orden.)* | Manila | Imprenta del Colegio de Santo Tomás | *(Año).* — En 4.º

Van publicados 26 volúmenes (1866-1892); de los cuales contienen trabajos filipinos los siguientes:

Vol. I. (1867.)—Tres cartas, por el P. Fr. *José Lorenzo,* dos fechadas en Ibáay, y la tercera en Quiangan.

Vol. IV. (1869.)—Cartas de: Fr. *Antonio Vicente,* desde

Santo Domingo de Basco (Batanes); Fr. *Francisco Carro-
zal*, desde Solano; Fr. J. *Guixá*, desde Bayombong; Fr. *Bonifacio Corujedo*, id. id.; y Fr. *Juan Villaverde*, desde
Ibáay.
Vol. VI. (1871.)—Cartas: ocho del P. *Villaverde*, desde
Iba-ay, Bayombong y Legavi; tres del P. *Guixá*, desde
Bayombong; una de Fr. *Victorino García*, desde Legavi;
una de Fr. *Antonio Vicente*, desde Legavi, y una del P. *Ca-
rrozal*, desde Solano.
Vol. VII. (1871.)—Cartas de: Fr. *Rafael Cano*, desde
Saptang, y otra de Fr. *Antonio Vicente*, desde Santo Domingo de Basco, con 7 cuadros estadísticos referentes á
las islas Batanes.
Vol. VIII. (1873.)—Cartas de: Fr. *José María Vitrian*,
desde San Nicolás (Pangasinán); y P. *Villaverde*, desde
Bayombong.
Vol. XIII. (1879.)—Informe sobre la reducción de los
infieles de Luzon, por Fr. *Juan de Villaverde.* — Páginas: 8-107. — Se hizo tirada aparte, de la que tengo un
ejemplar.
Vol XIV. (1880.)—Cartas de los PP. Fr. *Juan de Villaverde* (págs. 71-72); *Buenaventura Campa* (73-74); *Villaverde* (75-77); Fr. *Antonio Vicente* (78-80).
Vol. XV. (1881.)—Plan de Misiones para reducir á los
igorrotes de Nueva Vizcaya, Isabela y Cagayán, por el
P. *Villaverde* (págs. 203-226).—Se hizo tirada aparte; tengo ejemplar.—Carta del P. *Campa* (págs. 227-234).
Vol. XVIII. (1884.)—Necrología del Sr. Cuartero, primer Obispo de Jaro (págs. 5-28), *anónima*.
Vol. XX. (1886.)—Cartas del P. *Villaverde* (págs. 7-18;
19-25).
Vol. XXI. (1887.)—Cartas de los PP. Fr. *Isidoro Martinena* (págs. 169-172); y Fr. *Juan Malumbres* (págs. 173-192).
—Al final, un estado del nombre de las rancherías de los
bunguianos, por el P. *Malumbres*.
Vol. XXII. (1888.)—Carta del P. Fr. *Joaquín Lázaro*
(págs. 597-601).
Vol. XXIII. (1889.)— Cartas: del P. *Villaverde* (páginas 411-416); del P. *Malumbres* (págs. 417-463); del P. *Lázaro* (págs. 464-472); del P. *Malumbres* (págs. 473-485), y
del P. *Villaverde* (486-488; 489-491).
Vol. XXIV. (1890.)— Cartas: del P. *Villaverde* (páginas 455-457; 458-460; 461-462, con un croquis); del P. *Lázaro* (págs. 463-482); del P. *Teodoro Jimeno* (págs. 483-485);
y del P. *Malumbres* (págs. 486-494).
Vol. XXV. (1891.)—Igorrotes de los montes de Nueva
Vizcaya, por el P. *Malumbres* (págs. 197-210); Cartas del
P. *Jimeno* (págs. 211-216); del P. *Malumbres* (págs. 217-224);

del P. Fr. *Ramón Zubieta* (págs. 225-232); Visita á las rancherías de ilongotes, por el P. *Campa* (págs. 561-646), con
un croquis, que va al final del volumen.
Vol. XXVI. (1892.)—Cartas de los PP. *Malumbres*, desde Abulug; *Jimeno*, desde Bambang; *Martinena*, desde
Ilagan; Los mayoyaos y la raza ifugao, estudio del
P. *Buenaventura Campa*, misionero de Echagüe.
Los más de los trabajos de que hemos dado noticia
tratan de los indígenas (en su mayoría infieles) que pueblan el interior de la parte N. de Luzón: hay estudios
muy notables, y la mejor prueba de la importancia de
esta obra la tenemos en la gran dificultad con que se hallan algunos de sus volúmenes. Los sabios geógrafos
franceses elogian mucho El Correo Sino Annamita.

EL GLOBO.

La empresa de este periódico publicó, con motivo de
la Exposición de Filipinas, la siguiente obra:

163. Exposición de filipinas | Colección de artícu-
los | publicados en | *El Globo* | diario ilustrado | po-
lítico, científico y literario | *Madrid* | Establecimiento
tipográfico de *El Globo*, | á cargo de J. Salgado de
Trigo, | 1887.

En fol.—Págs.: 220 + 2 s. n. (de Indice).—Contiene varios grabados, y un retrato, grab. aparte, de D. Víctor Balaguer.

· Merecen especial mención el artículo del P. Fr. Toribio
Minguella, sobre lingüística, y el del Sr. Vidal, sobre botánica.

Ercilla y Zúñiga.—V. Araucana (La).

ESCOSURA (Patricio de la).

164 Memoria | sobre | Filipinas y Joló | redactada
en 1863 y 1864 | por el Excmo. Señor | D. Patricio de
la Escosura | Comisario regio que fué en aquellas
provincias | Ministro de la Corona | Embajador en
Berlín, de la Academia Española, etc., etc. | Publíca-
se ahora | por primera vez | ilustrada con un mapa y
precedida de un prólogo | de D. Francisco Cañama-
que | *Madrid* | Imprenta de Manuel G. Hernandez |
... | 1882.—*(En la cubierta:* Segunda edición.)

En 4.º—Págs.: XL + 445 + 2 s. n.—Sigue un *Mapa* de las Islas
Filipinas, Joló, &.
Anteport.—V. en b.—Port.—V. en b.—Real orden del Ministerio

de Ultramar á D. Francisco Cañamaque, para que imprima, por cuenta de dicho Ministerio, la MEMORIA de Escosura: Madrid 12 de Marzo 1875: Fernando de León y Castillo.—V. en b.—Pról.—Texto.—Indice.—Mapa.

Es la MEMORIA del Sr. Escosura uno de los trabajos más importantes, entre los modernos. En 1877 ocurrió-sele á Cañamaque pedir á Escosura un prólogo para la obrita *Recuerdos:* complacióle éste, y como la obra de Cañamaque no agradase en Filipinas, no se conformaron algunos imbéciles periodistas con llenar de injurias al autor de los *Recuerdos;* también insultaron al del *Prólogo,* Escosura, al cual, entre otras lindezas, llamaron «Académico de la *legua*». Probablemente si Escosura hubiera vuelto á Filipinas, esos mismos periodistas le habrían rendido vasallaje servil; que así es cómo suelen portarse los más de aquellos ignorantes gacetilleros: adulación ruin á los presentes, y el insulto más desvergonzado para los que viven lejos, así éstos valgan cien millones de veces más (y este ejemplo cuadra muy bien á Escosura), que todos los periodistas de Filipinas reunidos.

ESPINOSA Y TELLO (José). *(Compilador.)*

165. Memorias sobre las observaciones astronómicas hechas por los navegantes españoles en distintos lugares del globo; ordenadas por D. Josef Espinosa y Tello.—*Tomo II.*—Comprende: *Memoria Tercera.* | *Observaciones practicadas en las Islas* | *Marianas y Filipinas,* etc.—Impresa en *Madrid* en 1809.

. En 4.º—Págs.: XX + 199 + 1 s. n. (Erratas).

(Mi ejemp. carece de port.).

Obra curiosa y de interés geográfico.

166. ESTADO general de la | Provincia de San Nicolas de Tolentino. | De PP. Agustinos Descalzos de Filipinas manifiesta su | numero. | De conventos, sus Ministros y Religiosos, las Pro- | vincias en que administran. | Las Islas que ocupan, la situacion geografica de | estas. | Sus principales producciones; el estado de In- | dustria. | Y civilizacion de sus havitantes su numero de tribu- | tos, y de almas. | Y. | El presente destino de cada uno de los expresados | Religiosos. | Deducido todo de los Planes de almas é informes. | Remitidos por los RR. PP. Ministros en el año | proximo pasado de 1819. | Dispuesto y publicado de Orden de el M. R. P. | Provincial. | Examinador Sinodal del Arzobispado Fray Nicolas | Becerra de la Virgen de la Montaña | en este año de 1820. | Impreso en *Sampaloc* año de 1820.—*(Á la cabeza:* «Página 1».—*Al pie, la sig. A.)*

En 4.º—118 págs.—Port.—V. en b.—Advertencia.—Á la v. comienza el texto.—Entre las págs. 110-111, un estado apaisado con la v. en b.—Al final: «Convento de San Nicolas de Agustinos Descalzos de Manila 20 de Agosto de 1820. años.—Fr. Nicolas Becerra de la Virgen de la Montaña. Provincial de Recoletos.»

No conozco ningún otro más antiguo que éste, de los *Estados* de la Provincia de San Nicolás de Tolentino.

167. ESTADO, | I SVCESSO DE LAS CO- | SAS DE IAPON, CHINA, I | FILIPINAS. | ¶ Dafe cuenta de la cruel perfecucion que padece la Cristiandad de | aquellas partes, i del numero de martyres que en ellas á avido | de diferentes religiones. | Afimifmo fe dizen los grandes i efpatōsos terremotos, aber | turas de tierra, i protentos q̃ fe an vifto, juntandofe los mon | tes unos con otros, affolando ciudades, i haziendo | grandes eftragos. | Efcrito por un Religiofo de la Cōpa- ñia, q̃ afsifte en las Filipinas, a otro de Mexi | co, i de alli enbiado en el auifo a los defta ciudad de Seuilla. | *(Gran marmosete)* | ¶ Con licencia impreffo en *Sevilla,* por Francifco de Lyra. | Año 1621.

En 4.º; 4 hs. s. n.—Á la v. de la la port. comienza el texto.

De esta rara relación copiamos algunas noticias en la nota 40 del *Apéndice A.* Véanse ahora otras noticias, que seguramente serán del agrado de los curiosos:

«Los efetos del Cometa del año passado an sido este, mui espantosos, en especial en dos Prouincias de Filipinas, Ilocos, i Zagaian, en la Prouincia de Ilocos, á avido tan grandes i continuos tenblores de tierra, que la gente andava como mareada con grandes dolores de cabeça. El dia de san Andres a medio dia en el pueblo de Bataris con el tenblor se cayo la Iglesia, casa i granero, que era mui fuerte, los frailes se arrojaron por las ventanas, i aunque escaparon las vidas salieron mui maltratados. En Dingles se cayo vna buena parte de la Iglesia, i el Prior del convento se arrojo por vna ventana. En Sinai la Iglesia se trastornó. An se abierto grandes grietas en la tierra, que caben por ellas onbres, solo vno perecio en vna donde caió en los montes de Bigan. Dos cerros distantes se juntaron i cogieron en medio dos pueblos de Gentiles, los quales quedaron assi todos enterrados, sino fue vn honbre solo. En la prouincia de Zagaian. que es confinente con esta Isla de Manila. fueron maiores los tenblores el mismo dia de S. Andres de suerte. que parecia era llegada la execucion del Evangelio siguiente, que era del juicio. Expelia de si la tierra a la gente con tanta violencia, que ni aun sentados podian estar los honbres que andavan tan desvanecidos i atonitos como los tomados de vino. En la nueva Segovia cabeça desta provincia se cayó la Iglesia i parte del conuento que era mui suntuoso, i fuerte todo de piedra, maltrataronse los religiosos, aunque todos se escaparon con las vidas. En otros lugares solos dos hobres perecieron. Lo mismo sucedio en la Iglesia de S. Vicente. En Tocolano conser de vna muralla mui gruesa vinieron abaxo otros muchos tenplos i edificios de piedra que por abreviar no cuento. Caieron grandes montes, descubrieronse grandes ojos de agua, los rios mudaron sus corrientes, y sucedieron otras cosas prodigiosas.»

Al pie: (rozando el final del texto): Licencia de la Orden y el *imprímase*—del Gobierno?

Colegio de San Hermenegildo, 13 Julio 1621.

(B.-M. de U.; fué de Gayangos.)

F

FECED (Pablo).—V. Quioquiap.

Feijóo (El Padre).—Famoso escritor español, cuyo *Teatro crítico universal* ha inmortalizado su nombre. El P. Zúñiga le cita para rebatirle, en la pág. 508. Feijóo floreció á mediados del siglo pasado, y sus obras constan de 14 tomos.

FERNÁNDEZ (Fr. Alfonso), Dominico.

168. Historia eclesiastica de nvestros tiempos, qve es compendio de los excelentes frutos qve en ellos el estado Eclesiastico y sagradas Religiones han hecho y hazen, en la conuersion de idolatras y reducion de hereges. Y de los ilustres martirios de varones Apostolicos, que en estas heroicas empresas han padeci-

do. Por el P. Fr. Alonso Fernandez, *etc.* En *Toledo,* por la Viuda de Pedro Rodriguez... Año de 1611.

En fol.—Págs.: 8 s. n. + 496.—Texto á dos cols.

Contiene pormenores acerca de los primeros misioneros de Filipinas, y ensalza la acción civilizadora de éstos, mencionando á los famosos PP. Plasencia, Oropesa y otros.—En la ded., al Rey, le dice que *le ofrece las primicias de los estudios que hasta aora he publicado.*

(B.-M. de U.; fué de Gayangos.)

FERNÁNDEZ ARIAS (Fr. Evaristo), Dominico.

169. Memoria | histórico-estadística | sobre la enseñanza secundaria y superior | en Filipinas | escrita | con motivo de la | Exposicion Colonial de Amsterdam | por encargo de la Subcomision | de estas Islas | *(Viñeta.)* | (Edicion Oficial.) | *Manila* | Establecimiento tipográfico de *La Oceania Española* | ... | 1883.—*(Al final:* Manila 22 de Febrero de 1883.—Fray Evaristo Fernandez Arias.)

En 4.º—Pág.: 79 (y la v. en b.) + 2 s. n.—Con 29 cuadros estadísticos al final.—Sigue 1 h. *(Advertencia).*

Este excelente trabajo se halla dividido en cuatro partes:

1.ª Real y Pontificia Universidad de Manila: estudio histórico.

2.ª Estado actual de la enseñanza superior: estudio crítico.

3.ª Observaciones sobre los cuadros estadísticos.

4.ª Cuadros estadísticos, que comprenden el movimiento de alumnos de la enseñanza superior y secundaria de Filipinas desde su establecimiento hasta 1883.

170. PARALELO | entre la | conquista y dóminación | de | América | y el | descubrimiento y pacificación | de | Filipinas | por el Padre | Fr. Evaristo Fernández Arias | del sagrado Orden de Predicadores | Catedrático de la Universidad de Santo Tomás de Manila | ex Prior del Convento de Santo Domingo | de la misma ciudad, etc. | Memoria | laureada en el certamen celebrado en la capital de Filipinas | con motivo de la conmemoración del | cuarto centenario del descubrimiento de América | *En Madrid* | Á costa de W. E. Retana | y sin permiso del autor | 1893 | Á *la v. de la port.:* En la Imprenta de la Viuda de M. Minuesa de los Ríos.

Como de esta obra no imprimí más que cien ejemplares, según consta en el colofón, creo oportuno reproducir la *Nota bibliográfica* que va al final; dice así:

«Esta *Memoria,* á raíz de ser laureada (el certamen se verificó el 12 de Octubre de 1892), publicóse simultáneamente en los periódicos diarios *La Oceanía Española* y *La Voz Española,* ambos de Manila: de este último la tomé para reproducirla en *La Política de España en Filipinas,* revista quincenal que sale á luz en Madrid. Pendiente se hallaba la publicación, cuando llegó á mis manos un ejemplar de este opúsculo, en 4.°, de páginas 2 (sin numerar; portada y vuelta) + 31 + 1 en blanco; hecho evidentemente á beneficio de las formas compuestas para *La Voz Española,* é impreso, según infiero, en la *Imprenta de «Amigos del País»,* de aquella capital, editora del mencionado diario; y digo *según infiero,* porque nada se indica acerca de este interesante particular en el folleto de que doy cuenta, OBSEQUIO DE VARIOS AMIGOS, como se lee al pie de la portada. Escribenme de Manila que ha sido tan corta la tirada, que á la Península sólo han podido enviarse *diez y ocho* ejemplares, ninguno de ellos para ninguna biblioteca pública; y en mi deseo de propagar aquí entre americanistas y filipinistas esta patriótica *Memoria* (y fiando, por supuesto, en la benevolencia del Padre Fernández Arias), héme determinado á hacer la *quinta* edición aprovechando las formas del quincenario *La Política de España en Filipinas,* dando á los ejemplares la distribución siguiente».—*(Sigue la lista.)*

En 4.°, 66 págs. en junto.

Es obra notable por lo brillante del estilo, y lo bien que se sintetiza el hermoso pensamiento que la inspira.

171. SERMÓN | que en la fiesta | Cívica-Religiosa de San Andrés | patrón de Manila | llamada generalmente del Real Pendón de Castilla | predicó el año 1892 en la S. I. Catedral | el | M. R. P. Fr. Evaristo Fernandez Arias | del órden de predicadores | *(E. de Manila)* | Publícase por el Alférez Real del Excelentísimo Ayuntamiento de esta | M. N. y S. L. Ciudad de Manila. | Con las licencias necesarias. | *Manila* | Imprenta de «Amigos del País» | 1892.

En 4.° mayor.—Págs.: 26.

De este SERMÓN hicimos ya mérito en la nota 39 del *Apéndice A.*

FERNÁNDEZ DE ENCISO (Martín).

172.　　*(Gran viñeta: una esfera armilar.)*

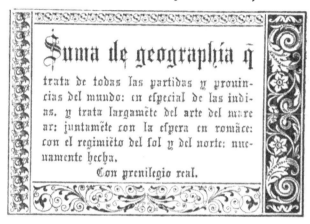

Al final: «fue facada efta fuma de muchos y auc-tenticos autores. Conviene a saber dela hiftoria ba-triana, los dos Tholomeos... Fue impreffa en la nobi-lliffima y muy leal ciudad de *Seuilla* por Jacobo Crö-berger alemã enel año dela encarnacion de nuestro feñor, de mil y quinientos y diez y nueve.»

En fol.; gótico.—El ejempl. por mí revisado en el M.-B. de Ul-tramar (fué de Gayangos), contiene, si mal no he contado, 75 hojas s. n.; Heredia pone 76.—Véase la segunda edición, de la que existe un ejemp. en el lugar citado y que procede también del Sr. Gayangos:

173.　Suma de geographia q̃ | trata de todas las partidas Ꝣ provinci | as del mundo: en especial de las indias. | Ꝣ trata largamente del arte del marear | jun-tamente con la espera en romance: | con el regimiẽto del sol y del norte: *(por Fernandez de Enciso)* ago | ra nuevamente emendada de algunos | defectos q̃ te-nia en la impressiõ passada. | *(colofón:)*... Fue impres-sa en la nobilissima Ꝣ muy leal cibdad de *Sevilla* por Juã Cromberger en el año dela encarnacion de nues-

tro señor Jesu Christo de mil t quinientos. t. xxx.
(1530).

También en fol., y góticos los tipos. Consta de 70 hojas, pero erró-
neamente pone lviij.—Se asemeja mucho á la anterior.

En ninguna de estas dos SUMAS DE GEOGRAFÍA, con
estar escritas teniendo á la vista los mejores tratados y
las mejores monografías hechas hasta entonces, se alude
á las antiguas Islas del Poniente para nada; y advierta el
lector que Fernández de Enciso tuvo muy en cuenta lo
escrito por Ptolomeo. Dígase lo que se quiera, la disqui-
sición de Colín acerca de que las Filipinas fuesen las *Maniolas* de Ptolomeo, carece de base sólida. Ptolomeo no
pudo sino congeturar que *más allá* había islas, como muchos siglos antes de que naciese Colón se había congetu-
rado que existía el Nuevo Mundo. Lo del nombre *(Maniolas)* es pura casualidad. Las *Maniolas* de Ptolomeo estaban pobladas de ¡hombres *con rabo! (sic)*... A esto, y
á que los barcos no llevaban clavazón de hierro para no
ser atraidos por la mucha piedra imán que había en *aquellas* islas, viene á reducirse lo que *adivinó* de las *Maniolas*
el famoso Ptolomeo. He visto notables mapas anteriores
á 1500, y en ninguno he hallado *tierra* en el sitio que
próximamente ocupa el Archipiélago filipino.—V. PTO-
LOMEO.

FERNÁNDEZ DE NAVARRETE (Eustaquio).

174. Historia | de | Juan Sebastian del Cano | es-
crita por | Eustaquio Fernandez de Navarrete | Co-
rrespondiente que fué de la Real Academia de la His-
toria: | publícala | Nicolas de Soraluce y Zubizarre-
ta | Tambien Correspondiente de la misma Academia
y Cónsul de la | República Argentina, en San Sebas-
tian. | *Vitoria* | Imprenta de los Hijos de Manteli | á
cargo de R. Ibañez de Betolaza. | 1872.

En 4.º—Págs.: LVIII + h. en b. + 366 + 6 s. n. (Indice).—
Tres láms., tiradas aparte: *Monumento á Elcano, plano de Guetária y
plano de la prov. de Guipúzcoa.*

Consta en el pról. de esta interesante obra que el autor de la misma escribió una «*Historia de Filipinas*, desde
su descubrimiento y pacífica conquista para España, con
todas las biografías de los hombres célebres que han figu-
rado en aquel archipiélago». *(Pág. XLVII.)*—Insértase la
traduc. de una buena parte de la relación de Pigafetta.

FERNÁNDEZ DE NAVARRETE (Martin). (Coordinador é ilustrador.)

175. Coleccion | de los viages y descubrimientos, | que hicieron por mar los españoles | desde fines del siglo XV, | con varios documentos inéditos concernientes á la historia de la | Marina castellana y de los Establecimientos españoles | en Indias | coordinada é ilustrada | por D. Martin Fernandez de Navarrete, | Caballero de la Órden de S. Juan, Gran cruz de la Real | Órden de Isabel la Católica, del Consejo de S. M. y su | Secretario, Director del Depósito Hidrográfico y de la | Academia de la Historia, del número de la Española, con- | siliario de la de S. Fernando, Correspondiente de la So- | ciedad de Geografia de París, de la Filosófica de Fila- | delfia, de la de anticuarios de Nomandia y de los del | Norte de Cophenague, y de la Academia Real de Ciencias | de Berlín. | Tomo... | Expediciones... | De órden de S. M. | *Madrid,* en la Imprenta Nacional | año de...

Consta la obra de 5 tomos en 4.º—Aunque tengo todos cinco, sólo haré mención de los dos últimos, que son los que se refieren á Filipinas.

Tomo IV.—«Expediciones al Maluco.=Viage de Magallanes | y de Elcano.»—Impreso en 1837.—Págs.: XC. + 416.—Con un retrato de Magallanes y otro de Elcano.

Tomo V.—«Expediciones al Maluco.=Viages de Loaisa y de Saavedra.»—Impreso en 1837.—Págs.: 2 s. n. + 501 (y la v. en b).

Son de una importancia excepcional; deben figurar estos dos tomos en la biblioteca de todo filipinista, y aun en las redacciones de los periódicos del Archipiélago, en las cuales hay tantos ignorantes. Parece increíble que conteniendo esta obra documentos de un valor inapreciable, sea desconocida del 99 por 100 de los que tratan á diario de usos y costumbres de los antiguos indios filipinos. Y por lo que respecta á la geografía histórica de aquella tierra, ¿qué decir, siendo así que en estos tomos se contienen *Diarios* de navegación de los primeros pilotos que fueron á aquellos mares? Es también sobresaliente, aunque de distinta índole, la obra cuya nota doy á continuación:

176. Biblioteca | Marítima Española, | obra póstuma | del Excmo. señor don Martin Fernandez de Navarrete, | Director que fué del Depósito Hidrográfico

y de la Academia de la | Historia, etc. etc. | Impresa
de Real orden. | Tomo... | *(Viñeta alegórica).* | *Ma-
drid.* | Imprenta de la Viuda de Calero. | *(Año).*

Dos tomos en 4.º
Tomo I; impreso en 1851.—Págs.: XXXV (y la v. en b.) + 1 s. n.
(y la v. en b.) + 671 (y la v. en b.).
Tomo II; impreso en 1852.—Págs.: 4 s. n. + 784.

FERNÁNDEZ DE OVIEDO (Gonzalo).

177. Historia | general y natural de las Indias, | Is-
las y Tierra-Firme del Mar Océano, | por | el capitan
Gonzalez Fernandez de Oviedo y Valdés, | primer
cronista del Nuevo Mundo | Publícala la Real Acade-
mia de la Historia, | cotejada con el códice original,
enriquecida con las enmiendas y adiciones del autor, |
é ilustrada con la vida y el juicio de las obras del mis-
mo | por | D. José Amador de los Ríos, | Individuo
de Número de dicho Cuerpo, Catedrático de Amplia-
cion de la Literatura Española en la Universidad de
esta Córte, etc. | ... parte | *(E. de a. r.)* | *Madrid* | Im-
prenta de la Real Academia de la Historia. | A cargo
de José Rodriguez, ... | ...

4 volúmenes en folio; texto á dos col.
«Primera parte.»—Impresa en 1851.—Págs : 2 s. n. + CXII +
632 + 1 s. n. (Erratas; y la v. en b.).—Con cinco láms.—(La vida y
escritos de Fernández de Oviedo ocupa las págs.: IX-CVII.)
«Tomo primero de la segunda parte | segundo de la obra.»—Impre-
so en 1852.—Págs.: VII (y la v. en b.) + 512 + 1 s. n. (Erratas; y
la v. en b.).—Con 3 láms.
«Tomo segundo de la segunda parte, | tercero de la obra.»—Im-
preso en 1853.—Págs.: VIII + 652 + 1 s. n. (Erratas; y la v. en b.).
—Con 2 láms.
«Tercera parte.—Tomo IV.»—Impreso en 1855.—Págs.: VIII +
620 + 1 s. n. (Erratas; y la v. en b.).—Con 5 láms.

De esta obra, tenida por los americanistas por una de
las más notables, y, desde luego, por indispensable de
todo punto para el estudio de la antigua historia de las
Indias, es fundamental para el filipinólogo el *Libro XX*,
impreso por primera vez independientemente en Valladolid en 1557; de suerte que exceptuada la *Epístola* de Maximiliano Transilvano y la *Vuelta al Mundo* de Pedro Mártir Anglería, puede asegurarse que el *Libro XX* de la
Crónica de Oviedo es la primera obra *impresa* que trata
en especial de la perdurable expedición de Magallanes.

Hé aquí ahora nota bibliográfica de la antigua ed. de dicho *Libro XX.*

178. *(Esculo de |armas.)*

℗ **Libro, xx. Dela segunda parte dela general historia de las Indias, Escripta por el Capitan Gonçalo Fernandez de Oniedo y Valdes, Alcayde de la fortaleza y puerto de Sācto Domingo, dela isla Española, Cronista desu Magestad Que trata del estrecho de Magallans.**

℗ **En Valladolid. Por Francisco Fernandes de Cordoua Impressor desu Magestad. Año de M. D. L. vij.**

En fol.: 64 hs. á dos cols.—La obra completa (esto es, los 20 libros de la *Historia general* impresos en el siglo XVI) hállase en el M.-B. de U; el ejemp., magnífico, fué de Gayangos.

En un Ms. que con el titulo *Biblioteca Asturiana* cita Gallardo *(papeleta «Anónimos». t. I)*, hallamos la siguiente noticia (col. 418), relativa al *Libro XX:*

«Esta parte, dice D. Nicolas Antonio que se imprimió separadamente, año de 1552, en fólio, y que la Historia general se imprimió en Salamanca, año de 1547; aunque el Sr. Barcia, en el «Ensayo cronológico para la historia de la Florida» (bajo el nombre de Cárdenas Z. Cano), dice que se hizo en Valladolid la segunda parte. año 1557. Yo la he visto impresa por Francisco Fernandez de Córdoba.»

FERNÁNDEZ DE QUIRÓS (Pedro). —V. ZARAGOZA.

FERNÁNDEZ NAVARRETE (Fr. Domingo), Dominico.

179. Tratados | historicos, | politicos, ethicos, | y religiosos de la Monarchia | de China. | Descripcion breve | de aquel Imperio, y exemplos raros | de Emperadores y Magistrados del. | Con narracion difvsa

de varios svcessos, | y cosas singvlares de otros Rey-
nos, | y diferentes navegaciones. | Añadense los De-
cretos Pontificios, | y proposiciones calificadas en
Roma para la Mission | Chinica; y vna Bula de nues-
tro M. S. P. Clemente X. en fauor de los | Mifsiona-
rios. | Por el P. Maestro Fr. Domingo Fernandez
Navarrete, Cathedratico de Príma del Colegio y Vni-
verfidad de S. Thomás de Manila, | Mifsionario Apof-
tolico de la gran China, Prelado de los de fu Mifsion, |
y Procurador General en la Corte de Madrid de la
Prouincia del Santo | Rofario de Filipinas, Orden de
Predicadores. | Dedica sv obra | al Serenissimo Se-
ñor D. Ivan de Avstria. | Año (E. de a.) 1676. | Con
privilegio: | En Madrid: En la Imprenta Real. Por luan
Garcia Infançon. | A costa de Florian Anisson. Mer-
cader de Libros.

En fol.; port. orl. y á dos tintas.—Págs.: 20 s. n. + 518 + 25
s. n. (Indice alfabético; y la v. en b.).—Texto á dos cols.
Port.—V. en b.—Ded.—Al pío y curioso lector.—Lic. del Provincial de España: Madrid, 25 Junio 1675: Fr. Luis de Villazan; Fr. Diego
Cordero, Secretario.—Aprob. de los PP. Dominicos Fr. José Gonzalez
y Fr. Jacinto de Parra: Madrid, 21 Junio 1675.—Aprob. del Rmo. Padre Fr. José Rodríguez de Espinosa: Madrid, 8 Enero 1676.—Aprobación del Rmo. P. Fr. Nicolás Hurtado de Ulloa, Agustino: Madrid,
23 Noviembre 1765.—Lic. del Ordinario: Madrid, 13 Diciembre 1675.
—Suma del privilegio.—Fe de erratas.—Tasa.—Indice de los tratados.—Texto.—Indice alfabético.—La últ. en b.

El P. Fernández Navarrete, gran viajero, dotado de
un espíritu tan amante de la evangelización que, siendo
catedrático de la Universidad de Manila, aprovechaba las
vacaciones para ir á misionar á la isla de Mindoro y otros
puntos, está reputado como uno de los primeros sinólo-
gos: bien claramente lo demuestran sus TRATADOS, obra
que debió continuar, y que no pudo, sin embargo, ha-
cerlo—para el público, se entiende—porque se lo impidió
el Santo Tribunal de la Inquisición, á consecuencia de
ciertas intrigas de los PP. Jesuítas (*), á los que no se
les trata del todo bien en la obra de que hablamos; pues
en la cuestión de los ritos sínicos tuvieron una toleran-
cia por la cual no pasaban los demás religiosos, que por

(*) En diferentes épocas tuvieron privanza extraordinaria; y por tal modo im-
ponían su voluntad, que se daba el caso de incluir en el Indice obras aprobadas
por el Papa. Es digno de leerse el estudio que, con el título Jansenismo y Regalismo
en España, viene publicando en La Ciudad de Dios el P. Fr. Manuel F. Miguélez.

cierto ganaron el pleito en Roma. No es, pues, de extrañar que á los Jesuitas se les indigestase el libro de
Navarrete, que refutaron en otros libros (conozco alguno); y duró tanto la inquina, que todavía un siglo después hallamos escritores de la Compañía (Murillo, entre
otros) que zahieren cuanto pueden á aquel ilustre varón,
el cual, por más señas, elevado al Arzobispado de la Habana, dispensó á los Jesuitas distinciones que no solía
tener para los individuos de otras Corporaciones.

FERRANDO (Fr. Juan) y FONSECA (Fr. Joaquín),
Dominicos.

180. Historia | de los PP. Dominicos | en las Islas
Filipinas | y en sus Misiones del Japón, China, Tung-
Kin y Formosa, | que comprende | los sucesos prin-
cipales de la Historia general de este Archipiélago, |
desde el | descubrimiento y conquista de estas Islas
por las flotas españolas, | hasta el año de 1840. | Obra
original é inédita del | M. R. P. Fr. Juan Ferrando, |
Rector y cancelario que fué de la Universidad de
Santo Tomás de Manila, | y corregida, variada y re-
fundida | en su plan, en sus formas y en su estilo |
por el M. R. P. Fr. Joaquín Fonseca, | Profesor de
Teología, y Vice-rector de la misma Universidad | con
un apéndice hasta nuestros dias. | Se imprime por
orden del M. R. P. Provincial | Fr. Pedro Payo. | To-
mo... | *(E. de la Orden.)* | Con las licencias necesa-
rias. | *Madrid.* — 1870. | Imprenta y Estereotipia de
M. Rivadeneira, | ...

Consta de 6 tomos en 4.º

Tomo I.—Págs.: 10 s. n. + 751 (y la v. en b.).—Con un grab. al
principio y un estado al final.

Tomo II. — Págs.: 4 s. n. + 621 (y la v. en b.). — Un grab. al
principio.

Tomo III.—Impreso en 1871.—Págs. 4 s. n. + 797 (y la v. en b.).
—Con un grab. al principio.

Tomo IV.—Págs.: 4 s. n. + 750.—Con un grab. al principio.

Tomo V.—Págs.: 4 s. n. + 634.—Con un grab. al principio.

Tomo VI y últ. — Impreso en 1872. — Págs.: 4 s. n. + 186 +
CXCIX (y la v. en b.; *Apéndice)* + 4 (de Indice, núms.: 201-204).—
Un grab. al principio.

Obra muy importante; porque ligados con los sucesos
de la Orden de PP. Dominicos, se hallan los principales
acaecidos en Filipinas; avalora á esta obra el estilo, que,
como del P. Fonseca, es notabilísimo; sobre todo en el

tomo VI, hay págs. que no se desdeñaría de firmarlas ninguno de nuestros grandes literatos.

FONSECA (Fr. Joaquín), Dominico.

181. La Catedral de Manila | o sea | Reseña cronológica | de su origen y restauraciones sucesivas, | desde su primitiva fundacion hasta su reconstruccion actual, | bendecida é inaugurada en los dias 7 y 8 de Diciembre de 1879. | Por el | M. R. P. Fr. Joaquin Fonseca, | del Orden de Predicadores, | Rector y Cancelario de la Universidad de Sto. Tomás | *(Viñeta.)* | *Manila.* | Establecimiento tipográfico del Colegio de Santo Tomás | a cargo de D. Gervasio Memije. | 1880.

En fol.; port. á dos tintas.—82 págs., todas orls.—Con un grabado, tirado aparte, al principio.

Obrita interesante; pero el crítico imparcial no debe perdonar al autor la preterición que hace del Sr. Yagüe y Mateos, el cual trabajó bastante en las obras de restauración de dicho templo.—V. YAGÜE.

FRAGOSO (Juan).

182. Discursos delascosas Aromaticas, arboles y frutales, y de otras muchas medicinas fimples que se traen de la India Oriental, y firuen al vfo de medicina, autor el licenciado Iuan Fragofo, medico, y cyrugiano de fu Mageftad.—*Madrid.* Año 1572.

En 8.º—Hojas: 8 s. n. + 211 + 16 s. n.

Creo que este libro tiene bastante importancia para la historia de algunas plantas que se producen en Filipinas. Si bien no trata de la flora filipina en particular, trata de la de regiones próximas, y habla de especies vegetales idénticas á algunas de las que se cultivan en el Archipiélago magallánico.

(M.-B. de U.; fué de Gayangos.)

G

GAÍNZA (Fr. Francisco), Dominico.

183. Memoria | y | antecedentes | sobre | las expediciones | de | Balanguingui y Joló | por | Fr. Fran-

cisco Gainza | Catedratico de SS. Cánones en Santo
Tomás. | *Manila:* 1851. | Establecimiento tipográfico
del Colegio de Santo Tomás, | á cargo de D. M. Ra-
mirez.

En 4.° –149 págs. + 3 hs. s n.

Antepor.—V. en b.—Port.—Á la v., lema: un párrafo tomado del
«Informe del Sr. Suarez, Asesor general de gobierno de 27 de Abril
de 1800».—Advertencia.—P. en b.—Objeto y plan.—Texto. (La
últ. en b.).—3 hs. con noticias estadísticas.

Dice Barrantes en sus *Guerras piráticas* (pág. 373):
«Escrita, al parecer, con precipitación y no bien maduro el
plan, abunda de incorrecciones é incongruencias. Aun así
pasará á la posteridad, como todo lo que ha salido de la
docta pluma del actual prelado de Nueva Cáceres». Tiene
el Sr. Gainza porción de obras, que conocemos, y á más
de la ya apuntada merece citarse la *Memoria* que escribió
acerca de la fundación (por él precisamente) de la Escuela
Normal de Maestras de Nueva Cáceres, la primera que
hubo en Filipinas.

GARCÍA (P. Francisco), Jesuíta.

184. Vida | y milagros | de San Francisco Xavier,
| de la Compañia de Jesus, | Apostol de las Indias. |
Por | el Padre Francisco Garcia, | Maeftro de Theolo·
gia, de la mifma | Compania de Jefus. | *(E. de la*
Comp.) | Con privilegio | En *Madrid:* Por Juan Garcia
Infanzon. | ... | ...—*Sin fecha.*

En 4.°; port. orl.—Págs.: 10 s. n. + 490 + h. en b.

Port.—V. en b.—Aprob. del P. Fr. Alonso de Villarroel: Madrid:
28 Julio, 1672.—Lic. de la Religión: Madrid, 15 Junio 1672.—Lic del
ordinario: Alcalá, 9 Junio 1672. — Suma del prio.: Madrid, 11 Septiembre 1682.—Fe de erratas: Madrid, 13 Diciembre 1685.—Suma
de la tasa. — 2 hojas en latín, en loor del Santo.—Texto. — (Acaba
pág. 457).—Á la v. (pág. 458): protesta del Autor.—Índice.—Páginas: 465-490, *novena de San Francisco.*

Libro V, cap. II *(De los Reynos, y Provincias que co-*
rrió S. Francisco Xavier, y las almas que convirtió), página 341: «... aviendo tocado en la Isla de Sanchon, le llevó
una tempestad á Mindanao, una de las Islas Philipinas,
que se precia de tenerle por primer Apostol, y Predicador
de la Fé.»

(M.-B. de U.; fué de Gayangos.)

El P. Delgado, en su ya citada *Historia sacro-profana,*
pretende quitar á los Agustinos la gloria indiscutible de

haber sido los primeros misioneros que en Filipinas evangelizaron; y se funda en que San Francisco Javier estuvo en Mindanao: estuvo, sí; pero aparte de que á esa isla no le llevó su deseo, sino el azar, en ella residió el menos tiempo posible, para irse á otros países extranjeros, de los que con razón se le llama su primer apóstol.

GARCÍA RACIMO (Fr. Juan), Francisco.

185. ✠ | Carta que efcriuió el P. Fr. Iuan Garcia Racimo, Religiofo Defcalço de la Orden | de N. P. S. Francifco, y Procurador general de las Filipinas, en que dá quen- | ta á fu Prouincial de las cofas fucedidas en las Islas Filipinas, Iapon, y Chi- | na, y otras partes del Afia, y de como fe apareció N. Señora en Cabite, encima | del tejado del Conuento de S. Diego, que lo estauan acañoneando, y recibia | en fus manos las balas, y las boluia á los enemigos.

En fol.; dos hojas s. n.—Texto á dos cols. — *Al final* (pág. 4.ª):

Hijo de V. Caridad, y Subdito.
Fr. Iuan Garcia Racimo
Con licencia en Madrid. *Año de 1671.*

(La carta carece de fecha.)

En la nota 32 del *Apéndice A* se reproducen fragmentos de esta *Carta.*

(M.-B. de U.; fué de Gayangos.)

186.

GENERAL

RELACION

de las nueuas de Philippinas, venidas en efte año de 1643.

De Manila. De la India. De Camboja. Del Iapon. De
China. De Macan. De Terrenate. Y de Ambueno.

(E. de a. r.)

DE MANILA

· ·

Concluye *(pág. 4.ª)* la Relación (anónima):

Esto es por mayor lo que ay oy de que auisar. Manila,
y Iulio 25 de 1642. años.

CON LICENCIA

¶ *En* Mexico, *por la viuda de Bernardo Calderon, en
la calle de | San Augustin.*

En 4.º; 4 páginas.

(M.-B. de U.: fué de Gayangos.)

Esta *Relación* es bastante rara.

GOGORZA Y GONZÁLEZ (José).

187. Datos | para | la fauna filipina | por | D. José Gogorza y González | Doctor en Ciencias naturales | Vertebrados | *Madrid* | Imprenta de Fortanet | ... | 1888.

En 4.º—Págs.: 4 s. n. + 57 (y la v. en b.).

La fauna de Filipinas está muy poco estudiada; existen varios trabajos parciales, entre ellos uno de *conchología* hecho por un alemán; de los parciales escritos por españoles, merece especial mención el del Sr. Gogorza.

GÓMEZ PLATERO (Fr. Eusebio), Franciscano.

188. Catalogo biográfico | de los Religiosos Franciscanos | de la | Provincia de San Gregorio Magno de Filipinas | desde 1577 en que llegaron los primeros á Manila | hasta los de nuestros días | formado | por el P. Fr. Eusebio Gomez Platero | por mandato del M. R. P. Ministro Provincial de la misma | Fray Pedro Moya. | *(E. de la Orden.)* | *Manila* | Imprenta del Real Colegio de Santo Tomás, | á cargo de don Gervasio Memije | 1880.

En 4.º—Págs.: 813 (y la v. en b.) + LX (de Indice de los Religiosos por orden alfabético de nombres) + 2 s. n. (Erratas).

Viene á ser esta obra lo que el *Catálogo* del P. Cano: y con ser ambas necesarias, dejan bastante que desear. El mejor de cuantos *Catálogos* biográficos han hecho los frailes filipinos, es el del P. Ocio, *Reseña biográfica*, etc., aunque tanto éste como los dos anteriormente citados adolezcan del defecto de dar de una manera demasiado lacónica y poco precisa las noticias bibliográficas.

GONZÁLEZ (El Cardenal Fr. Ceferino), Dominico.

En la nota núm. 41, del *Apéndice A.*, hemos citado *La Biblia y la Ciencia*, obra en la cual el sabio ex catedrático de la Universidad de Manila trata muy extensamente el problema de las *razas*.

GONZÁLEZ (Fr. Domingo), Dominico.

Compuso parte del *Tomo primero de la Historia de los PP. Dominicos.* V. ADUARTE.

GONZÁLEZ DE MENDOZA (Fr. Juan), Agustino.

Hé aquí reproducida, lo más fielmente posible, la portada del libro más antiguo de cuantos (impresos) tratan *circunstanciadamente* de Filipinas:

189.   # HISTORIA

DE LAS COSAS

MAS NOTABLES,

RITOS Y COSTVMBRES,

Del gran Reyno dela China, Sabidas affi por los libros
delos mcfmos Chinas, como por relacion de Religio-
fos y otras perfonas que an eftado en el dicho Reyno.

HECHA Y ORDENADA POR EL MVY R. P. MAESTRO

Fr. Ioan Gonzalez de Mendoça de la Orden de S. Aguftin, y penitenciario Appoftolico a quien la Mageftad Catholica embio con fu real
carta y otras cofas para el Rey de aquel Reyno el ano. 1580.

AL ILLVSTRISSIMO S. FERNANDO
de Vega y Fonfeca delconfejo de fu Majeftad y fu
prefidente en el Real delas Indias.

Con vn Itinerario del nueuo Mundo.

```
┌─────────────┐
│   ESCUDO    │
│             │
│     DE      │
│             │
│   ARMAS     │
└─────────────┘
```

Con Priuilegio y Licencia de fu Santidad

En Roma, a cofta de Bartholome Graffi.   1585.
en la Stampa de Vicentio Accolti.

En 8.º—Págs.: 29 s. n. (y la v. en b.) + h. en b. + 440.
Port.—V. en b.—Motu propio de S. S. Pio V (2 págs.).—Ded. (5
págs.): Roma, 17 Junio 1585.—Al lector (1 pág.): alude al motu propio de S. S.—Al lector (4 págs.): á guisa de pról.—Soneto.—Otro, á
la vuelta.—Memorial de los capítulos (13 págs.).—P. en b.—H. en
b.—Texto.

Dividese éste en *dos partes;* la primera consta de tres
libros, que tienen, respectivamente, 10, 10 y 24 capitulos.
La segunda parte consta también de otros tres libros,
que tienen, respectivamente, 32, 15 y 22 capítulos.
Este *libro tercero* de la segunda parte es el que constituye el ITINERARIO, cuya port. especial dice así:

*Ytinerario | del Padre Custodio | Fray Martin Ignacio, |
De la Orden del bienaventurado Sant | Francifco, que pafo
ala China en | compañia de otros religiosos | de la misma
Orden, | y de la provincia de S. | Iofeph, por orden del Rey
D. Philippe | Nueftro Señor, | y de la bvelta que dio por |
la India Oriental y otros Reynos, | rodeando el Mundo. |*
Donde se trataran las | cosas mas notables que entendio
y vio en la jorna | da, y los ritos, ceremonias, y coftum-
bres, de la | gente que toparon, la riqueza, fertilidad, y
forta- | leza de muchos Reynos por donde paso, con la |
descripcion que conforme a la noticia que tuuo | de ellos
pudo haçer.

Corresponde esta port. á la pág. 341. Toda la obra va en letra
cursiva, exceptuados el índice de capítulos y los dos prólogos.

Al final del 2.º libro de la segunda parte, declara el Padre González de Mendoza que el Itinerario es obra del
P. Fr. Martin Ignacio.—(El *Itinerario* va apostillado.)

(Hemos registrado este ejemplar en el Colegio de Agusts. Filips. de
Valladolid; véase ahora la descripción de la edición de Madrid, de la
cual tenemos un ejemplar, procedente de la biblioteca del conde de
Benahavis:)

190. Historia | de las cosas | mas notables, ritos
y | coftubres del gran Reyno de la China: Sabidas
afsi | por los libros delos mifmos Chinas, como por
re- | lacion de religiofos, y otras perfonas que han |
eftado enel dicho Reyno. | Hecha y ordenada por | el
muy R. P. M. F. Iuan Gonçalez de Mĕdoça, de | la
orden de S. Auguftin, | predicador apostolico, y | pe-
nitĕciario de fu Santidad: A quien la Magestad | Ca-
tolica embio con su real carta, y otras cosas, para |
el Rey de aquel reyno, el año de M.D. LXXX. | Y ago-

22 *

ra nueuamente añadida por el | mismo Autor. | Al
Iulluſt. ſeñor Fernãdo de Vega y Fonseca, | del con-
ſejo de ſu Magestad, y ſu Presiden- | te en el Real de
las Indias. | Cõ vn Itinerario del nueuo Mũdo. | Con
privilegio. | En *Madrid*, En caſa de Pedro Madrigal. |
M.D.LXXXVI. | A costa de Blas de Robles, librero.

En 8.º—Hojas: 12 s. n. + 116 (primera parte) + 4 s. n. (tabla)
+ 244 (segunda parte) + 8 s. n. (segunda tabla).

Al final: En *Madrid* | En caſa de Pedro Madrigal, |
Año. 1587.

Diferénciase esta edición de la de Roma, en que el *Itinerario* consta de 27 capítulos, ó sean cinco más.—Esta
edición tiene grabados, y se reputa por ser la más completa y pulida.—La segunda parte lleva port. especial,
con e. de a. r., y el itinerario (fol. 147) también.

Véase ahora la descripción de la edición hecha en Medina del Campo:

191. Historia | de las cosas | mas notables, | ritos y
coſtũbres del grã Reyno de la China, ſa | bidas afsi por
los libros de los meſmos Chi- | nas, como por relacion de
los Religio- | ſos, y otras personas que han | eſtado en el
dicho | Reyno. | Ordenada por el P. M. F. | Iuã Gõzales
de Mẽdoça de la Ordẽ de S. Augu- | ſtin, Predicador
Apoſtolico, y Penitẽciario de ſu | Sãctidad. A quien la
Magestad Catholica embio | cõ ſu Real carta, y otras co-
ſas para el Rey de | aquel Reyno, el año de 1580. Y nue- |
uamente añadido por el | meſmo Author. | A Fernando
de Vega, y | Fonseca. del Conſejo de ſu Magestad, y ſu |
Presidẽte en el Real de las Indias. | Con vn Itinerario del
Nueuo Mundo. | Con privilegio | En *Medina del Campo*,
por Sãctiago del Canto, | M.D.XCV. | Por los herederos
de Benito Boyer.

En 8.º men.—Port. á dos tintas.—Hojas: 12 s. n. + 348 + 9 s. n.
Port.—A la v., escud. del impr.—Tasa.— El Rey *(priv.)*: 15 Diciembre 1585, «fecha en Flix».—*Motu propio* del Papa Sixto V: Roma,
8 Junio 1585.—Ded., en Roma, 17 Junio 1585.—Al lector.—Al lector (2.ª vez).—Soneto.—Otro soneto.—Erratas.—Texto: dividido en
dos partes, y cada una de éstas en tres libros.—El tercero de la segunda parte es el *Itinerario;* cuya port. especial va á la v. del folio 257.

Á la v. del fol. 348 (últ.), escudet. del impr.—Memorial de los capítulos, etc.

(M.-B. de U.; fué de Gayangos.)

Y ahora, por último, la descripción de la edición de
Amberes, de la que tengo también un ejemplar:

192. Historia | de las cosas | mas notables, | ritos y costvmbres, Del gran Reyno de la China, fabidas afsi por los li- | bros de los mefmos Chinas, como por relacion de | religiofos y otras perfonas que an eftado en el di- | cho Reyno. Hecha y ordenada por el Mvy R. P. | maeftro Fr. Juan Gonçalez de Mendoza de la Orden de S. Au- | guftin, y penitenciario Apoftolico a quien la Mageftad Catholica embio con fu real carta y otras cofas para el Rey de a- | quel Reyno el año. 1580. | Con vn Itinerario del nueuo Mundo. | (*E. del impresor.*) | en *Anvers*, | En cafa de Pedro Bellero, | 1596. | Con priuilegio.

Un vol. en 12.º—Pág.: 24 s n. + 380 + 1 s. n. (y la v. en b.) + 1 hoja en b.

Port.—V. en b —l'e.l.: «Al Illvstrissimo | Señor Fernando | de Vega y Fonseca | mi Señor»: Roma, 17 Junio 1585. Al Lector.—Al lector (2.º Pról.).—Soneto.— Soneto.—Memorial de los capítulos.— Texto, dividido en tres partes. La 3.ª y últ., constituye el *Itinerario*, que comienza en la pág. 295.—Termina el *Itinerario* (y la obra), en la pág. 380. En la de enfrente, s. n., va la *Approbacion*, por F. Mateo de Ovando: «Bruffellas a doze de Octubre de 1595».—V. en b.— H. en b.

Ademas de estas cuatro ediciones de que he dado noticia con alguna minuciosidad, existen las siguientes:
 · En *Valencia*, 1585. (*Catálogo* de S. P. Junquera.)
 En *Barcelona*, 1586. (*Catálago* de Cuesta.)
 En *Génova* (en *italiano*), 1586. (*Catálogo* de Dufossé.)
 En *París* (en *francés)*, 1580. (Id., id.)
 Sin lugar (en *francés*), 1606. (Id., id.)
 En *Londres* (en *inglés*), 1854. (*Catálogo* de Hiersemann.)
También algunos bibliógrafos registran otra edición de *Paris*, en *francés*, hecha en 1588, otra en *Amsterdam*, en 1595, y finalmente, otra en *Francfort* (en *latín)*, hecha en 1585 (*).

Tantas ediciones en breve transcurso de tiempo, dice bien á las claras el éxito extraordinario que este libro tuvo; libro injustamente relegado al olvido por los escritores filipinistas contemporáneos, y que debieran de reproducir los PP. Agustinos, en la seguridad de que prestaban un señalado servicio á la historia y á las letras. El Padre Fernández Navarrete le rectifica, como otros, en determi-

---

(*) Leclerc consigna dos eds. de Roma, en 1585: una por Accolti y otra por Grassi: es equivocación: repárese bien el pie de la ed. de dicho año, hecha en Roma, y se comprenderá que Accolti fué *editor;* y Grassi *impresor.*

nados puntos relativos á China, país que, contra lo que supone algún escritorzuelo indio que conoce de oidas la obra de González de Mendoza, éste no visitó, razón que contribuye á realzar su mérito. El famosísimo agustino P. Rada le proporcionó libros sínicos muy antiguos. En suma, esta es una obra preciosa, y fuente de inestimable valor para tratar ciertos asuntos históricos de las Islas Filipinas.

GRAU Y MONFALCÓN (Juan).

193. Memorial | informatorio | al Rey nvestro Señor | en sv Real y Svpremo Conseio | de las Indias. | Por la insigne y siempre leal civdad | de Manila, Cabeça de las Islas Filipinas. | Sobre las pretensiones de aqvella | Ciudad, y Islas, y fus vezinos, y moradores, y comercio | con la Nueua Efpaña. | Por don Ivan Grav y Monfalcon | fu Procurador General en efta Corte. | (E. de M.) | En Madrid, en la Imprenta del Reyno. 1637.

En fol.; port. orl.—Fols. 1 s. n. + 21. Port.—V. en b.—Texto comienza: «Señor. Don Iuan Grau y Monfalcon...

(Pondera mucho la importancia de las Filipinas.)

Al fol. 18, un interesante catálogo de (postilla del margen) «Infortunios, perdidas y daños que ha padecido la ciudad de Manila, y sus vezinos.»

(Va por años.)

A Labezares le llama (fol. 18) Labacarris.

Conozco otra ed. hecha en México, de la que había un ejemp. en la Bibl. del Ministerio de Ultr.; ejemp. que pereció en el incendio acaecido recientemente en dicha Biblioteca.—Hállase también este Memorial en el tomo Extracto historial (V. ALVAREZ DE ABREU), y en los Documentos inéditos (1.ª serie).—Es un escrito curioso, en el que se demanda el planteamiento de medidas tales, que redunden en beneficio de la colonia, y mayormente de su comercio exterior. Tiene importancia histórica la estadística de almas incluida en este documento, no citado por ningún escritor contemporáneo en estudios sobre el desarrollo progresivo de la población de Filipinas.

GRIJALVA (Fr. Juan de), Agustino.

194. Cronica | de la Orden de | N. P. S. Auguftin en las prouin | cias de la nueua efpaña | En quatro

edades def- | de el año de. 1533 hafta | el de. 1592 |
Por el. P. M. F. Iuan de Grijalua | prior del conuento
de N. P. S. | Auguftin de Mexico | dedicada ala pro-
uincia del SS. nombre | de Iefus de Mexico.

(Port. grab. en m.; semeja un pórtico con dos columnas por cada
lado; en ambos intercolumnios, sendos frailes; arriba, bajo el arco, el
anagrama de *Jesus;* abajo, correspondiendo con los intercolumnios,
sendas leyendas latinas.)

(Al final:)

¶ *Mexico.* En el Religiofifsimo conuento de S. |
Auguftin, y imprenta de Ioan Ruyz. Año de 1624.

. En fol ; texto á dos cols.; Hojas: 4 s. n. + 218 + 6 s. n.

Port.—V. en b.—Licencias: de la Real Audiencia: México, 1.º
Febrero 1624.—Del Arzobispado: Tacuba, 28 Octubre, 1623.—Nota
en la que se dice que los nueve PP. del Definitivo dieron licencia, &.
—Aprob. de Fr. Alonso de Almería: México 4 Enero 1624.—Id. del
P. Fr. Juan Robledo: México, 14 Dbre. 1623.—Erratas. —Ded. México, 1.º Mayo 1623.—Al lector.— Divídese esta crónica en cuatro
edades:

1.ª «en que estuuo sujeta esta Prouincia á la de Castilla por espacio de diez años.»
2.ª «en que la Prouincia leuantó cabeça, y se governó
por si mesma.»
3.ª «en que la Prouincia se dilató por las Islas del Poniente, y otras partes.»
4.ª «en que la Prouincia empesó á tener trabajos.»

Texto.—En el que á las *edades* se las denomina *libros.*
—Tabla de capitulos. (Comienza á la vuelta del fol. 218.—
Indice, alfabético, de cosas notables.—Al pie de la última
página: colofón.

Libro I: consta de 37 capítulos.
» II: » de 33 »
» III: » de 39 »
» IV: » de 29 »

Es la del P. Grijalva, obra de gran importancia. Los
ejemplares escasean muchísimo: sólo conozco uno, el
existente en el Col. de Agusts. Filips. de Valladolid: no
creo que en Manila haya ninguno. El P. Grijalva era americano; trata con relativa benevolencia á los antiguos indios de las Filipinas. Por todas estas razones, creo oportuno trasuntar aquí las principales noticias que acerca de
la conquista y pacificación del Archipiélago de Legazpi,
nos da Grijalva en su curiosa obra.

LIBRO PRIMERO

CAPÍTULO XXXI

Agustinos de la expedición de Villalobos.

Fr. Jerónimo de San Esteban. (Iba de prior).—Fr. Nicolás de Perea.—*Fr. Juan de la Cruz, designado, no pudo ir.*—En su lugar el P. Fr. Alonso de Alvarado.—Y Fr. Sebastian de Reyna, que después se llamó de Trasierra.—Todos Agustinos.—*(Folio 52.)*

CAPÍTULO XXXII

Villalobos llamó á aquellas islas, *Filipinas:*—«Llamauanse hasta entonces aquellas Islas Archipielago de los Celibes.»—*(Fol. 54.)*

CAPÍTULO XXXIII

EN ABUYO.—Un indio mató á Bustos é irió á Francisco Alvarado. *(Fol. 56.)*—El P. Gerónimo Marín gobernaba en nombre del General. *(Ib.)*—Embarcaron para Tandaya.—Naufragio.—Los indios les recibieron bien.

LIBRO TERCERO

(Expedición de Legazpi.)

CAPÍTULO I

EL P. URDANETA,—«Era... el mayor hombre que se hallaua en el Arte Nautico: porque en ella hazia ventaja, á quantos en la ocasion viuian, y fué el que añadió á la aguja aquel viento que los Marineros llaman Huracán, los cuales creen que quando el sopla, que soplan todos los treinta y dos vientos de la aguja, no corriendo mas de vno solo, cuyo rumbo va haziendo el caracol de Polo á Polo, y por esso sopla de todas partes, y es tan violento haciendo remolino». *(Fol. 110.)*—(Prosigue la biog. del P. Urdaneta.—Copiosa (*).)

CAPÍTULO III

RELIGIOSOS NOMBRADOS.—Urdaneta, Prior.—2.° Martin de Rada («hombre el mas insigne de su tiempo en la As-

---

(*) Un desliz garrafal hallamos. que no se comprende cómo pudo incurrir en él tan puntual cronista: dice que Urdaneta fué compañero de Magallanes. Creemos que fué error involuntario.

trologia, y judiciaria, gran Theologo, y muy sieruo de
nuestro Señor. Pero en esto de la judiciaria el mas singular hombre, que se ha conocido»).—3.º Fr. Diego de Herrera.—4.º Fr. Andrés de Aguirre.—5.º Fr. Lorenzo Ximénez (que murió estando en el puerto de Nauidad para embarcarse).—*Ultimo:* Fr. Pedro de Gamboa. *(112.)*

CAPÍTULO IV

22 Enero.— Llegan á las islas Ladrones.—Los isleños,
mentecatos y embusteros. *(114.)*

CAPÍTULO V

En Filipinas.—Sin precisar la isla.—*Pacto de sangre:*
«La ceremonia se haze, sacando delos pechos delos que
contraen la amistad vna poca de sangre, y mezclando la
vna, y la otra en vn poco de vino, le veuen por iguales
partes los contrayentes.»—El general no se sangró, sino
el Maestre, porque no estaba el reyezuelo.—Legazpi les
agasajó. *(114.)*
—Los *Castillas* («que este era el nombre que por allí
corría»)...—Urdaneta halagaba á los indios, prometién-
doles paz y protección. Los indios se conducian bien.—
Pero pronto descubrió el general la malicia de los isleños.—Juan de la Isla y Fr. Martín de Rada, con otros, salieron en busca de un buen puerto.—Los indios querían
sangrarse. Los españoles, no. Accedió Francisco Gómez,
y cuando se desabrochaba para verificar la ceremonia,
«le passó vn Indio con vna lança de parte á parte.»—El
general, disgustado de los Indios; porque habiéndoles hecho regalos, ellos sólo habian traido por bastimentos un
gallo y un huevo.—Fuéronse. (El general, con los suyos;
Isla y Rada hacia diez dias que estaban ausentes).—Descubrieron una bahia que llamaron de San Pedro.—Allí
vino á verles un sobrino de Tandaya. Quiso sangrarse:
Legazpi dijo que con el tio, sí.—A este sobrino le llama
bárbaro el P. Grijalva.—Legazpi, de acuerdo con Urdaneta, envió á *Goiti* á descubrir el rio de Tandaya».—Fué con
él el P. Herrera (Fr. Pedro).—«Y vaya reparando el lector
que ninguna faccion huuo enque no se hallase alguno de
nros. Frayles».—Despachada la nave, saltó á tierra Legazpi: dijo misa el P. Aguirre. De allí se fue, *estero arriba,* hacia el pueblo de *Caniongo,* llevando *(el general)*
consigo al P. Urdaneta y al P. Aguirre «para hablar á los
moradores». Los indios estaban dispuestos para la pelea.
Legazpi quiso disuadirles. No pudo. Bajó el estero. Los
indios, creyendo que huía, «fueron dando grita».—Tirá-

ronles piedras á los castellanos. Vióse Legazpi en el caso
de disparar los arcabuces. Los espantó, pero no mató á
ningún indio, porque no quiso. ¡Cuánta prudencia! *(115.)*
GOITI.—Hallándose tomando agua, en su descubrimiento del rio Tandaya, un indio mató traidoramente á
un criado del capitán Goyti.—Huyó el asesino. *(115.)*—
Descubrió un gran río, luego gran población. Había:
arroz, ganado prieto, gallinas de Castilla. El pueblo se
llamaba **Cabalian**. *(116.)*—Con esto, regresó en busca del
general.—El general pasó á Cabalian: mandó á tierra al
P. Aguirre.—Indios, al parecer, contentos.—A sus embarcaciones llamaban *paraos.*—Vino un hijo del *Señor* de Cabalian: se sangró con el alférez general, «que era hijo
del General» (*).—Este indio mancebo llamábase Cama-
tuan (**).—Los indios de Cabalian recogieron durante la
noche todo cuanto tenían de algún valor, inclusives bastimentos, y huyeron al monte, dejando burlado al buen
Legazpi. *(116.)*

CAPÍTULO VI

El General congregó á sus notables: aburrido de ver
el comportamiento de los indios, todos informales y mentecatos.—Los bastimentos escaseaban mucho.—Urdaneta
propuso que, en último caso, con las armas se agencia-
sen los bastimentos, visto lo *bárbaros* que los indios eran.
Saltó en tierra Goiti, con 50 armados; pregonó la paz y
seguridad del comercio; que si no, con las armas se bus-
carían los bastimentos. Los indios,.... ¡oidos de mercader!
«Determinaron de pasarse en Machagua», por haber
sido *antiguo receptáculo de los Castillas.*—Cuando llegaron, ya los indios se habían remontado, llevándoselo todo.—Hicieron otras diligencias, «por medio de un Moro
fator del Rey de Burney, aquien el Maese de campo prendió en vna batalla que tuuo en la Mar con Portugueses».
—(Estaba este moro al servicio de Legazpi.) *(116.)*—Era
(el moro) «muy inteligente en las cosas destas Islas».
(117.)—El moro mostraba buena voluntad en lo referente
á negociaciones entre castilas y filipinos.

Hácese breve referencia del patax San Lucas.—Urdaneta aconsejó que la armada se estableciese en Zebú.
(117.)

CAPÍTULO VII

EN ZEBÚ.—27 Abril, dia de la Resurrección del año 1565.
—Salvas; pregones de paces.—Vino un moro intérprete

(*) Error del P. Grijalva; no era hijo, sino nieto.
(**) Más adelante dice *Matuan.*

mensajero de Tupas.—El General obsequió al Moro y
mandó las gracias á Tupas. *(118.)*—Al siguiente día, Tupas no venia.—Hízose, pues, un desembarco.—Los indios trataron de oponerse por la fuerza.—Usaban lanzas
«y diferentes armas.»—La conducta del P. Urdaneta disuadió á los indios de acometer.—Urdaneta sabía alguna
lengua malaya.

Pasados algunos dias sin venir Tupas, Legazpi ordenó
un desembarco con ordenes perentorias, para que viniesen Tupas y los principales.—Un indio dijo que él gobernaba por Tupas; que él se sangraría. pues Tupas se
hallaba enfermo.—No aceptó el Maese.—Urdaneta servia
de mediador. *(119.)*

Otro día *(sigue sin venir Tupas)*, había en la playa
muchos indios armados; en la mar, muchos en paraos; y
todos en son de guerra.—Legazpi reunió Junta; los Religiosos se abstuvieron: no optaban por la guerra.—Ordenóse á Juan de la Isla y á Goiti que con sus compañías
batiesen á los indios: «Apenas vieron los Indios la gente,
»quando empesaron á terciar las lanças, y á flechar los ar-
»cos para ofender al botel en acercandose. Abria por to-
»dos dos mil Indios bien apercibidos con lanças, que re-
»mataban en vnos hierros largos, y agudos con que po-
»dian herir de punta, y cuchilla, á modo de Dalles. Todos
»tenian sus alfanjes ceñidos, varas arrojadisas, arcos, y
»flechas; y algunas cerbatanas con que tirauan algunas
»flechas pequeñas, que para cerca eran muy peligrosas.
»Las armas defensivas, eran paueses y ichcahuipiles como
»los desta nueua España. Tambien tenian coseletes de
»palo bastantes á sufrir qualquiera golpe de espada, y
»lança.»—Dispararon los nuestros, y los Indios huyeron.—
Al saltar á tierra los capitanes, «ya no sela defendian, ni
hallaron con quien pelear».—En el pueblo hubo un incendio, no se sabe si á consecuencia de los disparos de los
españoles.

CAPÍTULO VIII

Hallazgo del Santo Niño.—El General trató de averiguar el origen, y los indios no supieron dar razón. *(119.)*
—Lo habian utilizado (los indios), para obtener lluvias.
(120.)—Los nuestros pensaron que procedia de la expedición de Magallanes.—Objeta el autor que cómo en
cuarenta años no había nadie en la isla que lo recordase.
Insiste en que los indios no sabían dar razón.—Lo cree
milagro: «Por que dado caso que fuesse del tiempo de
Magallanes, milagro era manifiesto tener tan nueuo el
vestido, y el barniz tan lustroso, al cabo de quarenta
años». *(120.)*

CAPÍTULO IX

El temor de los indios fundábase en que creian que los castilas iban á vengar la muerte de Magallanes.—Se les disuadió.—Pero Tupas no venía. *(120.)*—Creyeron los nuestros que el fuego, habido, no fué por causa del que se hizo desde las embarcaciones, sino intencional de los indios, para que no se proveyeran de bastimentos los españoles.—Un español que se desvió y se fué á un pozo á beber agua, fué muerto traidoramente por los naturales: le atravesaron de una lanzada, y de seguida le cortaron la cabeza.—El General mandó cortar palmas, para aclarar el terreno.—*(Su paciencia, ante las miserias de los indios, me parece infinita.) (120.)*

Había arroz, millo, gallinas.

La ciudad se llamó del Nombre de Jesús.

Hicieron voto de celebrar anualmente la invención de la imagen: 28 Abril *(121.)*

Legazpi propuso:

—Perdón por la muerte Magallanes;

—Sumisión al Rey de España;

—Que tributasen.

A esto último, por prematuro, se opusieron los frailes. *(121.)*—Pero llegó á ponerse el tributo, porque al fin vino Tupas, por cierto muy rendido.—*Se celebró la sangría con gran solemnidad y salvas.* Legazpi les perdonó todo á Tupas y á su cohorte de bárbaros. *(121.)*

CAPÍTULO X

«De como el P. Urdaneta descubrió la buelta de Philipinas á esta tierra». *(121.)*—Salió de Cebú el 1.° Junio 1565. *(122.)*—Iban con él: Felipe de Salcedo y el P. A. de Aguirre.—El piloto y el maestro murieron en saliendo del puerto.—Luego murieron otras catorce personas. ¡Qué viaje! *(122.)*

P. Urdaneta.—De México pasó á Madrid.—Le oyó el Rey.—El fraile se negó á recibir mercedes de S. M.—Regresó á Nueva España (siempre acompañado del P. Aguirre), donde murió el 3 de Junio de 1568. *(122.)*

P. Aguirre.—Estuvo este Padre en Nueva España hasta el año 80, que volvió á Filipinas llevando diez religiosos.—Le eligieron Provincial (en Filipinas), y tornó á México. *(122.)*—De nuevo volvió á Filipinas en 1593, donde murió.

CAPÍTULO XII

Refiérese el episodio de la india cautiva, cuyo marido la quería rescatar. *(123.)*—Los indios comenzaban á dar señales de adhesión, ó por lo menos de no tener por hostiles á los castilas.—Padres que habia á la sazón:

Fr. Diego de Herrera, *Prior.*
Fr. Pedro de Gamboa.
Fr. Martin de Rada. *(123.)*

Estos padres «ya sabian mucha lengua, en particular el P. Fr. Martin de Rada, que con la vehemencia de su imaginatiua, y buena habilidad auia deprendido lengua Visaya, con la facilidad que auia aprendido en esta tierra la Otomita, que (como diximos) la predicó en cinco meses.» *(124.)*

CAPÍTULO XIII

El primer bautismo que hicieron: una india muy principal, sobrina de Tupas: «Fue el Baptismo con gran so-»lemnidad, por ser el primero que se celebraua en aque-»llas Islas» (*).—Llamóse Isabel en el bautismo. *(125.)*—Bautizaron también á un viejo enfermo, que sanó.—Después á otros.—Entre los convertidos, fué uno el Moro que habia servido de intérprete. *(126.)*—Y la mujer y dos hijos de éste.—Este moro tenia gran influencia en todo el pais.—En las Islas habia bastantes «Mahometanos y Turcos», que habian entrado por el seno Pérsico y Mar Bermejo. *(126.)*

CAPÍTULO XIV

Rivalidades de los portugueses con los nuestros.—Duró el desasosiego desde el 66 al 69. *(126.)*

Juan de Salcedo, nieto de Legazpi, llegó á Filipinas en compañía de Felipe, el 67, con 200 hombres. *(127.)* «Este cauallero *(Juan)* tenia diez y siete años solos, y fue tan valeroso, que le juzgauan todos por desdichado, de que le huuiese lleuado la fortuna donde sepultaua el olvido los mas valerosos hechos, que se han visto en cauallero.» *(127.)*

CAPÍTULO XVIII

Una india vendedora de bastimentos, dió tóxigo y murieron algunos en Cebú. *(133.)*

Los frailes trabajaban mucho por cristianizar debidamente á los indios:—«era infinita la dificultad que halla-

---

(*) Consta de las relaciones del viaje de Magallanes que el primer bautismo fué un episodio de aquella expedición memorable.—V. HERRERA, entre otros.

uan los Isleños en admitir las leyes del Matrimonio, y de la restitucion. Sentian a par de muerte las Indias entender, que las auian de dexar siendo segundas, ó terceras, y mucho mas que esto sentian los Indios el que los obligasen á permanecer siempre con vna muger. Porque aunque en todas materias son varios, en esta son por extremo antojadisos.»

«En materia de restitucion era vna maraña inextricaole; por que desde que nascen se crian hurtando, no hay entre ellos mas derecho, que el de la fuerça, y violencia. Sus heredades, y sus riquezas estan en aquellos Paraos con que corren las costas y roban todo quanto hallan, matandose, y captiuandose los vnos á los otros como si fuera en justa guerra; en esto ponian toda su honra, y sus haziendas; sus cantares, y versos eran celebrando estas hazañas al son de los remos quando nauegaban. En sus bodas y sacrificios, que eran infinitos, cantauan los robos de sus antepassados, sus trayciones, y sus engaños, como si fueran grandes hazañas, y quitarles esto, era quitarles la vida, y la hazienda.» *(133.)*

TUPAS: su conversión y la de un su hijo de 25 años:— «Como el era tan rico, y tan principal, que aunque no era señor de la Isla, por que nunca le huuo, era tan poderoso empero que la mandaua toda. Tenia muchas mugeres y tenia mucho, que restituir. Y aunque en lo primero se cumplió exactamente con el repudio de las mugeres, retificando el Matrimonio, que mejor derecho tenia. En lo demas de las restituciones contentaronse los Religiosos por entonces con que propusiese la enmienda. Por que hecharon de ver, que ni auia personas determinadas, ni cierta cuenta en la materia: por que como los sucessos de la guerra son tan varios auia auido en todo perdidas, y ganancias. Y como lo que por alli se tragina son bastimentos vssu consumptibiles. Por todo les pareció, que obligandose á la ley para de alli adelante, que se le podia administrar el santo Sacramento del Baptismo, como se le administraron tercera Dominica de Quaresma año de 1568. fue su Padrino el Gouernador, y de su hijo fue Padrino Iuan de Salzedo. Tupas se llamó Don Phelipe, y su hijo Don Carlos. Hizieronse grandes fiestas, y abrióse gran puerta á la conuersion de aquellas Islas. Por que á su exemplo todo era yr, y venir gente á aquella Isla, y de las comarcanas á pedir el santo Baptismo con que los Religiosos no cessauan de trabajar en la viña del Señor.» *(134.)*

«El año de 69. llegó á las Islas el patax S. Iuan, y en el llegaron dos Religiosos de nuestra Orden, que fueron de gran consideracion. Por que de tres Religiosos que era-

mos (*), el P. Fr. Pedro de Gamboa no auia tenido vn dia
de salud, y assi se embarcó para esta nueua España, y
murió en la mar. El P. J. Diego de Herrera auia parecido
conueniente que viniesse á la nueua España en el patache
S. Lucas, en que venia Phelipe de Salzedo segunda vez,
á dar quenta del estado que tenia la guerra, de lo mucho
que nos apretauan los Portuguezes, y de la gran necesidad que auia de gente.» *(134.)*

(El P. Herrera volvía á México á expresar la necesidad
que habia de enviar religiosos á Filipinas.)—Quedó, pues,
solo en las Islas, el P. Rada.—Cuando más necesitados se
hallaban, llegaron dos agustinos más:

—Fr. Juan de Alba (33 años de servicios en Nueva España; hombre venerable), y

—Fr. Alonso Ximénez, «que deprendió muy presto la
»lengua de aquellas Islas, donde predicó y administró
»toda su vida.» *(134.)*

Con este refuerzo, el P. Herrera se despachó para
México; pero antes de partir celebraron una junta de la
que salió electo provincial el P. Herrera (Fr. Diego de).
«No sé con que fin, ó con que orden, por que para ello no
»tenian facultad de nuestro Reuerendissimo» (**). *(134.)*

Los tres Padres que quedaron en Filipinas:

—M. de Rada, «que sabia la lengua de Zubu, se quedó
en aquella Isla»;

—Juan de Alba «fue al rio de Araud»;

—Alonso Ximénez «á Ybalon.» *(134.)*

CAPÍTULO XX

El año 70 volvió á Filipinas el P. Herrera, con dos
Agustinos más:

—Fr. Diego de Ordóñez, y
—Fr. Diego de Espinar. *(137.)*

Conquista de Manila.

«Con el Adelantado *(Legazpi),*... fue el Padre Fr. Diego
de Herrera á la pacificacion de Manila, la cual se efectuó
el año de 71. sin que huuiese necessidad de llegar á las armas. Los tratos de paz que se assentaron, fue, que el
Adelantado en nombre de su Magestad no queria mas de
sacarlos de la ignorancia que tenian, y encaminarlos á la
ley verdadera: para lo qual les traya alli vn Maestro, se-

(*) *Eran,* puesto que no se halló en Filipinas el P. Grijalva.
(**) El P. Fr. Gaspar de San Agustin, en sus *Conquistas,* recoge la frase, y di-
serta sobre este punto.

ñalando al Padre Fr. Diego de Herrera, y que los pro-
ueeria de otros muchos de aquella calidad y Religion, y
que solo querian de retorno asegurarse dellos para el comercio, y contratacion que pensaba tener, assi en estas
Islas, como enla tierra firme dela Asia. A esto respondieron despues de algunas demandas y respuestas, tres cabeças de la Isla. Radia viejo, Radia Soliman, y Lacandola,
que ellos voluntariamente se ofrecian por vasallos de su
Magestad, y le pedian su amparo y proteccion de que se
(fols. 137-138) sentian muy necesitados.

Pidieron á los indios que les edificasen dos casas: una
para el Gobernador y otra para los frailes. *(138.)*

· «No es de tan poca consideracion la amistad y comercio de los Sangleyes, que la ayamos de passar en silencio.» *(138.)*

Refiérese lo de Mindoro, yendo Legazpi á Manila:
«Estauan ya los de Mindoro en el puerto esperando los
despojos del naufragio. Ley entre ellos authorizada y re-
ceuida: por que diçen, que les dá Dios á ellos lo que les
hecha en sus costas, y que justamente despoja de sus
bienes la justicia diuina, por medio de aquel naufragio á
los primeros dueños, que en el se pierden.» *(138.)*

Algo análogo en otras partes. *(¿Es posible que hubiera
chinos esclavos en Filipinas? Parece que si: véase el párrafo siguiente:)*

«Lo mismo hizo con otros *(chinos)* que estauan en
Bombon, adonde embió al sargento mayor, para que con
oro y ropa los rescatasse. A todos les dió libertad y los
embió á su tierra. Agradecidos pues los Sangleyes á tanta gentileza, y aficionados al comercio de tan generosa
gente, quedaron de voluuer á Manila todos los años á contratar con los nros.» *(138.)*

«Ay en esta Isla *(Manila)* y en la de Tondo muchos
mahometanos, aquienes se les auia pegado la secta por
la contratacion, que tenian en Burneo. Los cuales auiendose casado en las Islas, y auezindadose en ellas, se la
auian pegado, y enseñado, dandoles cartillas ceremonias,
y forma de guardarla. Y assi muchos de la Isla comença-
uan á ser Moros retajandose, y poniendose nombres de
Moros; y cundia el cancer tan de priessa que á tardarse
mas la llegada de los españoles, todos fueran oy Moros,
como lo son ya todos los Isleños, que no estan en el gouierno de las Philipinas. A los quales tienen muy indus-
triados, Gacizes, y otros Moranitas, que les vienen á pre-
dicar por el estrecho de Malaca. y Mar Rojo.» *(138.)*

«La idolatria antigua, y supersticiones dellos no estaua
muy arraigada, por que naturalmente eran poco religiosos. Aunque es assi que adorauan idolos, y reuerencia-

ban deidad suprema, confessauan inmortalidad de las almas. Pero pareciales, que estauan siempre en cuerpos mortales. Y assi tenian por cierta la transmigracion de vn cuerpo á otro; y en esto solo, creyan que premiauan ó castigauan los Dioses en tenerlas encarceladas en cuerpos hermosos, ó feos, pobres, ó ricos, bien, ó mal afortunados. Las costumbres eran muy estragadas. Por que era el robo licito, el engaño gala. y abilidad. La fuerça el derecho, y los deleites tan validos, que no parece que viuian para otra cosa. Aqui empesaron los Religiosos á meter las manos predicandoles el Euangelio, y desengañandoles de sus errores»... *(138.)*

CAPÍTULO XXI

A poco de asentadas las paces:—«Conjurados los Indios, se reuelaron rompiendo la fé que auian jurado. Hizose esta Conquista muy difficil, por ser la gente diestra y belicosa; los lugares cercados de terrapleno, y con algunas pieças de artilleria con que hazian mucho daño á los nuestros.» *(139.)*

El P. Ordóñez aprendió muy pronto el tagalo.—Los religiosos trabajaron mucho.—El Adelantado no hacía nada sin el consejo de éstos. *(139.)*

«El año de 71. llegaron á las Islas dos nauios en los quales llegaron seis Religiosos de nra Orden, con que se reformaron las Islas, y cobró gran fuerça la predicacion.—Fué por mayor el Padre F. Alonso de Aluarado vno de los que peregrinó con Ruy Lopez de Villalobos el año de 42. y desta segunda vez al fin consiguió su desseo, y llegó á las Islas donde passó todos los dias de su vida, y lleno de santa senectud, y de loables trabajos murió. Fueron en su compañia el Padre Fr. Hyeronimo Marin, que despues de auer trabajado mucho en la conuersion de las Islas passó á la gran China por explorador de aquella tierra, y volviendo á esta Prouincia con negocios delas Islas el año de 79. fue á España en prosecucion dellos, y auiendo negociado muy bien, voluió á esta tierra, donde passó lo restante de su vida, y murió con opinion de ser muy sieruo de Dios. El Padre Fr. Francisco de Ortega, que murió Obispo de Camarines. El Padre Fr. Agustin de Alburquerque, que trabajó mucho en las Islas donde fué Prouincial. y murió santamente. F. Francisco Merino. y Fr. luan de Orta, que tambien murieron en las Islas, despues de auer trabajado mucho en ellas.» *(139.)*

«Las primeras espigas que cogieron, y las que por primicias ofrecieron á Dios estos grandes obreros fué la

mas principal de aquellas Islas. Por que Ladia viejo suprema cabeça de Luçon enfermó, y conociendo que se
moria, y por aficion que tenia ya á la Religion Christiana
pidió el santo Baptismo....... No se hartaua el buen viejo
de dar gracias al Adelantado que le via muchas veçes, y
á todos los Españoles que le visitauan del gran bien que
le auian traydo á su tierra. Con estas buenas demostra-
ciones de Christianismo murió Ladia»... *(139.)*

El P. Alvarado entró solo por los pueblos de Zainta y
Taitay, «á verse con los amigos que auia adquirido quando la primera vez entró con el Capitan Iuan de Salzedo.
Fué contra el parecer de todos los Españoles: por que
como estauan reuelados, y con las armas en las manos,
temieron prudentemente la furia de aquellos barbaros.»—
Pero le recibieron muy bien los indios. *(139.)*

Los Religiosos hablaban ya expertamente la lengua.

«Tenian *(los frailes)* muchos niños en casa, aquienes
»enseñauan la Doctrina, siruiendose dellos en la sacristia,
»y otras cosas con gran gusto de sus Padres...» *(139.)*

CAPÍTULO XXXI

A principios de Mayo del 72, en Manila, reuniéronse
los Agustinos y eligieron Provincial al P. Fr. Martín de
Rada.—Acordóse en este Capítulo pasase á México y después á España, el P. Fr. Diego de Herrera, para informar,
etc., y alcanzar favor del Rey: salió de Manila á principios
de Agosto de 1572. *(149.)*

(De 1572 á 1574.)

El P. Rada, activísimo, edifica conventos, etc. etc.—
Al hablar del de *Tahal*, refiere una erupción del *bolcani-
llo*. El P. Alburquerque, que fué de Prior á Táal, en su
deseo de remediar «aquel daño», «leuantó vn altar al pie
de aquel bolcan, y ordenó vna procesion, en que iba todo
el pueblo cierto de la promessa, por que assi se lo auia
dicho el P. Prior fiado enel poder y bondad de Dios...
Alli dixo su Missa lleno de humildad, y confiança.» *(149.)*

Pusiéronse religiosos en:

—Bay........... (10 leguas de Manila.)
—Pásig......... (3 id. id.)
—Calompit...... (13 id. id.)

—«Tambien se puso convento en el pueblo de Lubao
en la Pampanga.»... «Oy es illustrissimo conuento (*), y
tiene casa, y Yglesia acabada de cal, y canto.»

(*) ¿Si dirá *illustrissimo,* porque tuvo imprenta y biblioteca?

—Isla de Panay.. (80 leguas de Manila.)
—Araut.......... (80 íd. íd.; es del Obispado de Zebú
y de lengua bisaya.)—*(150.)*

CAPÍTULO XXX

«De como trataron nuestros Religiosos de passar á la
gran China.»—*(No llegaron á ir, pues escribió el General
á China, y no le contestaron.)*

CAPÍTULO XXXI

✠ Legazpi, en Agosto del 72. Enterrósele en el convento de San Agustín de Manila: predicó el funeral el Padre Fr. Martín de Rada.—El 73, honras en México, en el
convento de San Agustín: predicó Fr. Melchor de los Reyes. *(151.)*
   Sucedió á Legazpi *Guido dela Bazaris. (151.)*

Limahón.

El año 74, fué sobre Manila *Limaon* «famoso en todas
aquellas costas por sus grandes fuerças, y continuos robos. Era Limahon rebelde del gran Chino, barbaro, y tirano. no solo con los estraños, sino con los de su nacion,
y hallandose ya rico y señor de la Mar, desseaua tener
alguna tierra por suya de donde intitularse Rey, y perpetuarse.» *(151.)*
   «En Manila quemó el conuento de nuestro Padre San
Augustin con los ornamentos que su Magestad nos auia
hecho merced. que no fue pequeña perdida.» *(151.)*
   «Los de Mindoro *(moros)* arremetieron al conuento
(de Manila) y robaron cuanto auia en el.» (Aprovechando
el anormal estado de cosas como consecuencia de la venida de Limahón).—«Prendieron *(los de Mindoro)* al Padre Fr. Francisco de Ortega que era alli Prior, y á su
compañero el P. Fr. Diego Moxica.»—Los llevaron á un
monte.—Cuatro dias estuvieron indecisos: Sabido por el
Gobernador, envió unos soldados que salvaron á los frailes. *(151.)*
   «En la Isla de Luçon se reuelaron tambien los Moris-
cos Burneos. de cuya fidelidad nunca se esperó menos, y
lo que mas resintió fue. que se reuclaron tambien los dos
cabeças principales de las Islas Lacandola y Ladia Soliman á titulo de ciertas encomiendas que se auian hecho
en agrauio de sus patrimonios.» *(152.)*
   El estado de los ánimos, en Manila, inquieto.—Limahon en Pangasinán.—No se atrevían á mandar á Salce-

do, por no quedarse sin fuerzas en la Capital. «Estaua di-
»ficultoso el caso, y muy temerosos los de Manila. En fin
»se determinó el Padre Fr. Hyeronimo Marin, á entrarse
»por medio de los enemigos, y quietarlos con buenas ra-
»zones, si pudiesse. Pues quando no saliesse con la em-
»presa, solo se perderia su vida, y saliendo con ella se
»aseguraua todo. Embarcóse en vn junquillo, y passó á
»vn pueblo que se llama Pagaga, donde halló á los al-
»çados con toda su gente armada.»—Los indios le recibieron bien, sobre todo Lacandola, que le suplicó (estaban comiendo los principales) que se pusiese á su lado.—
Lacandola con los suyos se avinieron á las razones del
Padre Gerónimo.

«Ladia Soliman que era el otro cabeça de la Isla, de
nada se satisfacia, por que á la verdad no le desviauan de
los nuestros quexas que tuviesse, sino mala voluntad, y
natural oposicion que tenia. Y assi leuantandose de la
conversacion «con desabrimiento se fue con toda su gente
armada á otro pueblo, donde le parecia que estaua mas
seguro. (152.)

»Quedaronse el Padre Fr. Hyeronimo, y Lacandola
tratando del modo que se auia de tomar en efectuar las
pazes. El Padre Fr. Hyeronimo dezia, que se fuesse Lacandola á presencia del Gouernador y el se quedaria entre los suyos, donde queria que le hiziessen pedaços, si el
Gouernador no cumpliesse todo lo que el prometia. Pero
el barbaro no asegurandose con esto pidió que el Maese
de campo, que era su sandugo, que era auerse sangrado
con el, viniesse á vn pueblo llamado Atambobo, que estaua cerca de Nagabutas, donde estaua el Maese de campo, y que alli se verian los dos, y efectuarian las pazes.
Pero que auia de llegar el Maese de campo solo con el
P. Fr. Hyeronimo, y el auia de estar con toda su gente,
tanto era el miedo que le tenia aquel barbaro, y tan inso-
lentes las condiciones que pedia.

»Partió con esto el Padre Fr. Hyeronimo á Nagabutas,
y propuestas las condiciones de las vistas, todos los nuestros los contradixeron, por que temian alguna traycion
del barbaro, y mas que todas las cosas del mundo qualquier mal sucesso de el Maese de campo, por que ciertamente estauan en el solo, todas las fuerças de aquellas
Islas. Pero el valeroso mancebo, que nunca supo temer
aun en mayores peligros, se resoluió en passar solo, y
dar fin á tan importante negocio. Partieron conesta resolucion el Maese de campo, y el Padre Fr. Hyeronimo, y
el P. Prior que no era de los escluidos. Y quando llegaron á tierra hallaron que desde la playa, hasta las casas
de Lacandola estaua gente armada con lanças, paueces,

arcos y flechas, dejando vna sola calle por donde pasasse
el Maesse de campo. En tomando tierra se llegó á los Indios, y quitandoles las armas de las manos les hazia pedaços los arcos y flechas, con tan grande señorio, como
si los tuuiera rendidos, y el fuera vencedor. En llegando
donde estaua Lacandola le dixo. Que es esto? quando vuestra gente con armas en Mi presencia? despues de auer
assentado pazes con tantas solemnidades? Turbóse el barbaro y dixo. Anda señor el tiempo tan rebuelto, que no
es mucho que ande la gente apercibida, y voluiendose á
los suyos les mandó que luego dexassen las armas delas
manos. Y le prometió al Maese de campo toda amistad y
seguro. El Maese de campo tomandole sobre su palabra
le dixo, que se fuesse al Gouernador de Manila, y fuesse
de seguro, que en todo se le daria entera satisfaccion.

»Con esto se partió el Maese de campo á la Pampanga,
donde estaua haziendo maderas para fabricar un puente,
y Lacandola con el Padre F. Hyeronimo partieron para
Manila donde fueron muy bien recibidos del Gouernador.
y Lacandola tan bien despachado, que Ladia Soliman el
otro cabeça embió á llamar al P. Fr. Hycronimo, el qual
fue y vino, hasta que efectuó tambien estas pazes, con
vna solemnidad entre ellos tan grande, que de esta vez
quedaron los nuestros sin escrupulo, aunque como tengo
dicho, dela voluntad de este nunca hasta este punto nos
auiamos assegurado.

»Con esto quedó la Isla de Luçon assegurada para poder embiar todas sus fuerças contra el tirano Limaon...»
(152.)

La paz se solemnizó con procesión el dia 2 de Enero
de 1575.—Fundóse una cofradia del glorioso San Andrés.—
Predicó el P. Francisco de Ortega.—(153.)

CAPÍTULO XXXV

(157...)

Vuelve á México, procedente de España, Fr. Diego de
Herrera: lleva consigo 36 religiosos; «de los quales solos
»pudieron passar á Philipinas seis, por auer llegado que-
»brantados del Mar (fóls. 158-159) y aver enfermado con
»los temples de la tierra, y deuió de ser prouidencia del
»Cielo, por que no pereciessen todos. A estos seis se jun-
»taron otros quatro desta Prouincia, todos de nombre y
»reputacion».—(Estos:)

—Fr. Francisco Martinez,
—Fr. Lesmes de Santiago (había sido mercader muy
rico),
—Fr. Francisco Vello, y

—Fr. Francisco de Arévalo.

✠ otros seis de los venidos de España. Con todos éstos
pasó á Filipinas el P. Herrera, el cual «lleuaua tambien
»recaudos de N. Reuerendissimo para diuidir aquella pro-
»vincia desta nueva España, y hazer sus Capitulos, y ele-
»gir Prouincial con plena autoridad. Y todo se perdió este
»año cien leguas de Manila, por inauertencia y descuydo
»de el Piloto».—*(Sigue la vida del P. Herrera.)*

Vista la necesidad de obreros que en Filipinas habia,
se resolvió que pasasen á las Islas individuos de «todas
las Religiones». *(159.)*

1577.—Llegaron los Franciscanos: los Agustinos «par-
»tieron *(con ellos)* charitatiuamente, aun de aquello que
»ya tenian pacificado, dandoles todos los Camarines, y la
laguna». *(159.)*

1581.—En compañia del Obispo Salazar «dos, ó tres
»Religiosos de la Órden de nuestro Padre S. Domingo, y
»fundaron conuento en Manila, y aunque fueron los pos-
»treros en tiempo, merecen el jornal de todo el dia.»—*160.*

CAP. XXXVI.—De cómo nuestros religiosos pasaron á la
gran China.

CAP. XXXVII.—Prosigue la jornada de la gran China.

CAPÍTULO XXXVIII

En Manila: A tres chinos importantes, que iban á regresar á su país, y que por cierto se hallaban melancóli-
cos porque no habian sido tan agasajados como creian
que se merecian, pidióles el Gobernador que dejasen ir
con ellos á dos Frailes. Fueron nombrados el P. Alburquerque (que ya otra vez habia querido ir, y no pudo) y
el P. Rada.—Uno de los chinos llamábase Lihaoya. *(164.)*

«Salieron de aquel puerto *(Manila)*, y sin poder disi-
mular la postema muchos dias, rebentó en la primera
Isla donde llegaron llamada Bulinao (*). Alli saltaron en
tierra los Capitanes, y sacaron algunos de sus soldados
bien armados, y consigo á los dos Religiosos, y al interprete, y á los criados, sin reparar en que eran Sangleyes,
y de su nacion. Al interprete açotaron cruelmente, que lo
dejaron alli por muerto. Alos dos Religiosos desnudaron
hasta dejarlos en carnes. Y fingiendo piedad no les quitaron la vida. Pero tuuieron por cierto que los Zambales
Isleños de aquella Isla barbaros, y declarados enemigos
de los Castillas se la quitarian con mayor fiereza. Demodo
que en la piedad estaua embuelta la mayor crueldad que

_____

(*) No isla, sino *punta*, en Luzón.

con ellos se podia, hazer. Y con esto se tornaron á sus naos, y prosiguieron su viaje.»

Después de dos dias, «passó por alli el Sargento mayor Iuan de Morones, que venia del descubrimiento de vnas minas de oro, y sin saber a que, se llegó á tierra con animo de ver si se le ofrecia algun buen lance, ó castigando aquellos rebeldes, ó reduciendolos á paz, que era lo que el mas pretendia. Y halló alli á los Religiosos, y al interprete, y los truxo á Manila.» *(164.)*

El Gobernador no permitió que se intentase de nuevo la vuelta, á pesar de los deseos de los Religiosos, interin no mejorasen las cosas. *(164.)*

El Rey lo sintió.—Nombró el año de 80 por sus embajadores al «Padre Fr. Iuan Gonçales de Mendoça, que »despues fue Obispo de Lipari Isla del Reyno de Napoles, »y luego Obispo de Popayan en el Reyno del Perú»; al P. Fr. Francisco de Ortega, que despúes fué Obispo de Camarines *(fóls. 164-165),* y al P. Fr. Jerónimo Marin «que »fué el primero que entró en la gran China con la emba- »xada del Gouernador de Philipinas»,—todos tres religiosos Agustinos de la Provincia de México.—*Pero la embajada no llegó á ir á China, por razones políticas.*—Los PP. Ortega y Marín *(en México, año de 1580)* pusiéronse de acuerdo para llevar á cabo la embajada.—Se discutió este asunto hasta por el Virrey.—Temióse que el soberano de los chinos desdeñase á los nuestros, y se estimó prudente que la embajada no se llevase á cabo.—«En España parecieron tan bien las razones, que se mandó poner silencio en la embaxada, y fué tan grande el silencio, que hasta oy no emos tornado á hablar en ello». *(165.)—Adviértese* que el P. Ortega habia estado ya en China, solo.)

CAPÍTULO XXXIX

Los Agustinos nombraron Provincial al P. Alburquerque.—Fundáronse conventos en Bulacán, Candava, y se pusieron religiosos de asiento en *Macabiui* y *Bacolololt.* *(167.)*

LIBRO CUARTO

CAPÍTULO IV

1581.—22 Abril.—Fué elegido Prov.¹ de agustinos el P. Fr. Andrés Aguirre, que habia ido con el P. Urdaneta; expedición de Legazpi. Recuérdese que con el mismo P. Urdaneta regresó á España á dar cuenta, *etc. (170.)*— De lo que Fr. Aguirre y otros habian hecho en Filipinas: «Reduxeronlos *(á los indios)* á Republica, por que

como antes emos aduertido, en aquellas Islas no la auia,
sino vnos caçares pequeños y tan faciles de dexar ó mudar á otra parte, que parecian aduares de Gitanos, oy en
la playa y mañana en la cierra. Y los que estauan auecin-
dados con tan poca pulicia que no merecia nombre de
Republica la suya, ni ellos el de hombres racionales. Pero
llegado el Padre Fr. Andres de Aguirre con tan buena
compañia empesaron á trabajar en esto, formandolos al
modo y estilo de las Republicas destos Indios de nueua
España, en que se auian criado, y estauan muy hallados.
Los Indios de las Islas se acomodaron tan bien á aquel
genero de pulicia y doctrina, que en breve tiempo flore-
cieron mucho, vencieronse las difficultades que hasta entonces no se auian arrancar de los abusos antiguos.» *(171)*.

Fundáronse conventos, entre otros puntos, en Macan-
çan «que por la gran similitud que tiene su sitio al de la
»ciudad de Mexico, se llama Mexico, tiene mil y quinien-
»tos tributarios.»—*(171.)* (*).

CAPÍTULO V

El P. Aguirre (Provincial), fué á España.—A su regreso tuvo que detenerse en México, rendido del viaje.—En
1593 salió de nuevo para Filipinas «donde acabó el curso
»de su vida, auiendo nauegado mas de veinte y cinco mil
»leguas en seruicio de nro Señor, sin mas pretension que
»la conuersion de los Indios.» (172).—*Viajes* que habia hecho: De España á México; de México á Filipinas.—Volvió
á España (con Urdaneta).—De España vuelve por segunda vez á Filipinas.—Otra vez (de Provincial) torna á España, y de nuevo hace el viaje de España á Filipinas, donde murió.

CAPÍTULO XVII

Da cuenta de la muerte del P. Fr. Juan de Quiñones
«hijo de la casa de Mexico, y nacido en aquella Ciudad...
Fue lengua Tagala, hizo vocabulario, y Arte della: y aunque fue docto, en entrambos derechos, no predicó á los
Españoles, por ser muy tartamudo.»

CAPÍTULOS XXVII Y XXVIII

Conságralos á relatar la vida y muerte del P. Fr. Pedro
de Agurto, mexicano, obispo de Cebú, donde ✠ á 14 Oc-

(*) Más adelante, al fol. 199, dice que se pusieron religiosos de asiento en *Ma-
sançan*, «que por la semejanza que tiene con el asiento de la Ciudad de Mexico le
»llamaron el nuevo México.»—*Nuevo México*, y no México á secas, como dice en el
fol. 171.—Hoy es *México*; y asi se le llama desde muchísimo tiempo há.

tubre 1608.—Se mortificó horrorosamente, dejando que le picasen por todo el cuerpo legiones de hormigas.

CAPÍTULO XXIX

En 1592: en América:
«Ordenó nuestro Reuerendisimo P. General el M. Fray Flulio Asculano por sus letras dadas en Roma 10. de Nouiembre año 1600. que la Prouincia se diuidiese en dos. La vna con el titulo y nombre antiguo del nombre de IESVS, que es la Prouincia de Mexico. Y la otra que fue la que de nueuo se diuidio con titulo de S. Nicolas de Tolentino.»

Dato para la biografía del P. Grijalva:
«*Quiero yo contar lo que sucedió en la costa de Coli-*
»*ma donde yo naci, y entonces me criaua, y assi lo vi por*
»*mis propios ojos. Estaua en vno de aquellos puertos que*
»*se llama Xuchitzi,...*»

P. GRIJALVA.

(Libro III, cap. XII, fol. 125).

Creo prestar un modesto servicio á los escritores que en Filipinas residen, ofreciéndoles el meollo de una obra magnifica de la cual están privados.

H

HERBELLA Y PÉREZ (Manuel).

195. Manual | de | Construcciones | y de | Fortificacion de Campaña | en Filipinas, | por | D. Manuel Herbella y Perez, | Coronel de Ejército, | Teniente Coronel de Ingenieros. | *Madrid:* | En la Imprenta del *Memorial de Ingenieros.* | 1882.

Dos vols.: *Texto y Atlas.*
Texto.—En 4.°—Págs.: XXII + 2 s. n. + 400 + 2 h. en b.
Atlas.—«Tratado primero.—Construcciones»: 23 láms.—«Tratado segundo.—Fortificacion»: 6 láms.—(Cada trat. con su port. litogr.)

HERRERA (Antonio de).

196. Historia general de los hechos de los Castellanos en las Islas i Tierra Firme del Mar Oceano. Escrita por Antonio de Herrera Coronista mayor de sv M.ᵈ de las Indias y su Coronista de Castilla.

Cada *Década* lleva su port. especial, grab., en las que se lee: *En* Madrid *en la Imprenta Real de Nicolás Rodríguez Franco.*

Pero el final del tomo 4.°, esto es, á lo último de la obra, va este pie: *En* Madrid: | *En la Imprenta de Francisco Martínez Abad. Año de M. DCC. XXVIII.*

La primera ed. es del año 1601; esta de que doy cuenta, que es la que he registrado y la que me ha servido de guía, consta de ocho *Décadas* con más una *Descripción* que va á la cabeza de la obra y una tabla general, minuciosísima, puesta al final. El texto, todo á dos cols., menos la tabla, que va á tres.

Aunque, como se ha visto, el colofón dice: *Año de 1728*, la impresión debió acabarse en el de 1729, porque el pról. del impresor *(vol. I)* lleva la fecha 2 *Febrero de 1729.*

De las catorce cartas geográficas que van al final de la *Descrip.,* la última es la que interesa á los filipinólogos.— La edición de que doy cuenta está hecha por el insigne D. Andrés González Barcia.—Pásale á este libro lo que al de Fernández de Oviedo, al de Grijalva y otros sobresalientes: los escritores contemporáneos, en especial los indios que han dado en la chifladura de *hacer* historia acerca de sus antiguos paisanos, desconocen el Herrera, libro en el que *aprendió* algunas cosas el mismísimo Padre Murillo: esta es la mejor prueba de lo que valen las *Décadas* de Herrera. Voy á entresacar las principales noticias que contiene esta obra magistral, cuyo autor, como es sabido, tuvo á la vista infinidad de documentos de todo género, y pecó de minucioso.

DESCRIPCIÓN

CAPÍTULO XXVI

«De las que llaman Indias del Poniente, que son las Islas de la Especeria, Filipinas, Costa de la China, Japon, i los Lequios.» *(55.)*

Filipinas:

—Mindanao: «abundante de Maiz». (Entiéndase después de la llegada de los españoles.)

—Isla de Buenas Señales, y San Juan, «arrimada á Mindanao por la parte de Oriente, de 20 leguas de largo N.S.».

—Behol:

—Buglas ó Negros.

—Zebú: su Silla, «la Villa de Jesús».
—Matán.
—Quepindo,—Puluan,—Buruey.
—Abuyo ó Babay.
—Tandalaya, «más famosa de todas, que por ser la primera que se descubrió, se llama Filipinas».
—Masbat—al occidente de Tandaya.
—Panay.
—Mindoro.
—Luzón, dicha la Nueva Castilla.

«En todas estas Islas hai muchos Mahometanos, adonde llegaron por la India Oriental, y pudieron facilmente en aquellos ciegos Gentiles plantar su perfidia». *(57.)*

Pág. 57.—Refiérese ligeramente la posesión por Legazpi en 1564.

«i desde estas Islas se ha començado á poner freno á los Mahometanos, que de la Costa de Asia se iban poco á poco estendiendo por estas, i otras Islas, i tambien á los Chinas, i Japones: iá los Portugueses huvieran perdido las Islas de los Malucos, si los Castellanos de las Provincias de las Filipinas no los huvieran aiudado, i socorrido diversas veces en muchas maneras.»

CAPÍTULO XXVII

«De la Nueva Guinea, Islas de Salomon, i los Ladrones, oon que se acaba lo que llaman Indias del Poniente.»

Islas de los LADRONES: sus nombres *(60):*

La Inglesa (la más septentrional).—Otamao.—Chemechoá.—Gregua.—Agán ó Pagán.—Oramagán.—Guguán.—Chareguán.—Natán.—Saepán.—Bota.—Volia.

«Hai entre estas Islas Filipinas otras 18 ó 20, que llaman de los Reies: Arcipielago, ó Islas de Coral, i los Jardines, otra cantidad de Isletas: i Pialogo, San Vilán, otra Isleta junto de los jardines: i la delos Matalotes, i la de Arracifes, i de San Juan, ó de Palmas, cerca de los Malucos.»—*Etc., etc.* (Al N. de las Ladrones.)

DÉCADA SEGUNDA. (TOMO I.)

Viaje de Magallanes.

LIBRO IV.—CAPÍTULO X

Salió la Armada de *Sevilla* á 10 de Agosto de 1519. *(103-105.)*

LIBRO IX.—CAPÍTULO XIII

Magallanes hace justicia de los amotinados.—Se perdió la nao de Juan *Rodríguez* Serrano. *(233.)*

DÉCADA TERCERA. (TOMO II.)

Prosigue el viaje de Magallanes.

LIBRO I.—CAPÍTULO III

Mazaguá.—Aqui se puso la cruz.

En Cebú: ARMAS: *Lanças* y *Paveses.*—Los indios «mira-»ban con grandissimo espanto las Naos, porque nunca »havian visto otras.»—Con los castilas iba el reyezuelo de Muzaguá, que bajó á tierra, y le dijo á *su primo* el reyezuelo de Cebú que aquella gente era de paz.—Asentadas las paces (*), hubo salva: los indios se espantaron atrozmente.—Había en la isla: gallinas, puercos, cabras, arroz, cocos, *Yñames, i otras diversas Frutas. (Pág. 5.)*

CAPÍTULO IV.—**Muerte de Magallanes.**—«Havia diversos Reies en esta Isla de Zebú, que es una de las Filipinas, i acontecio que entre ellos tenian guerra.»—Magallanes mandó á los demás que acatasen al reyezuelo que se había bautizado (**), y que habia reconocido al Rey de España:—«Los dos obedecieron luego, los otros dos no hicieron caso de su mandamiento: por lo qual partió en dos Bateles armados á media Noche, quemó una Villa de estos Reies, i se retiró con mucho Bastimento. El Dia siguiente embió á decir al Rei de la Isla de Matan, que le quemaria su Villa como havia hecho las otras, si no obedecia al Rey Christiano.»—Este aconsejó á Magallanes que no fuese á Mactan, porque uno de los reyezuelos agraviados habia pasado á dicha islita «con más de seis mil hombres».—*(Pág. 6.)*

«Quisiera Magallanes embestir luego; pero el Rei Amigo le aconsejó, que no lo hiciese hasta el Dia: porque sabia que tenian hechos muchos hoios, i en ellos hincados gran cantidad de Estacas agudas, i que su Gente pereceria, i que no era bien ponerse en tanto riesgo. Rogóle, que le dexase acometer primero con sus mil Indios, i que favoreciendole con sus Castellanos, tendria la Vitoria segura: i no solamente no se lo consintió Magallanes, pudiendolo mui bien escusar, si no que le dixo: Que en todo caso se estuviere quedo, mirando como peleaban los Castellanos, sin que de ello huviese necesidad. Siendo iá de Dia mandó, que algunos Hombres quedasen en guarda de los Bateles. Salió con cincuenta i cinco, fue á la Villa, no halló Persona, i haviendo puesto fuego á las Casas,

(*) En el texto no consta que se sangrasen; pero en la postilla de la margen, sí.
(**) Este es uno de los autores que sirven para contradecir á Grijalva, en lo tocante al primer bautismo que se celebró en Cebú.

pareció vn Batallón de Indios por vn lado: i estando peleando con él, se descubrió otro por otro lado, por lo
qual se dividieron los Castellanos; pero cargaron tanto
los Enemigos, que se bolvieron á juntar: pelearon gran
parte del Dia, hasta que iá los Arcabuceros no tenian
Polvora, ni los Ballesteros Saetas: i viendo los Indios que
no les tiraban, se acercaban mucho, i arrojaban gran
cantidad de Lanças: i porque iá los Castellanos andaban
apretados, pareció á Magallanes, que era bien retirarse: i
siempre el Rei Christiano estuvo mirando lo que pasaba,
sin moverse. Estaban los Bateles, como queda dicho, vn
buen tiro de Ballesta, i iendose retirando; era grandisima
la carga de Piedras, Flechas con Yerba, i Lanças que tiraban. Quitaron á Magallanes la celada, con una pedrada,
hirieronle en vna pierna, i de otras pedradas le *(Págs. 6-7)*
derribaron: i estando en Tierra le atravesaron con vna de
aquellas Lanças largas de Cañas Indianas, i de esta manera murió aquel Gran Capitan por su demasiada valentia, i haver querido, sin causa, tentar la Fortuna, i suje-
tarse, como á sabiendas, á las bueltas de ella, i fue con
grande sentimiento de su Gente, que se halló mui descon-
solada con su perdida. Murió tambien Christoval Rabelo,
que era Capitan de la Nao Vitoria, i otros seis Hombres.
El Rei Christiano, visto que Hernando de Magallanes era
muerto, i que los Castellanos havian de perecer, i él con
ellos, acordó de socorrerlos: i fue tan á proposito, que
todos se pudieron embarcar, i bolver á las Naos, adonde
fue grandisimo el llanto de la Gente, porque querian bien
á su Capitan, i tenian de él tan gran concepto, que á cualquiera parte de buena gana, sufriendo grandisimos trabajos, iban con él. Y su muerte sucedió a 27. de Abril, de
este año *(Al margen: 1521):* i esta fue la primera vez que
fueron descubiertas las Filipinas.»
    Fin de Marzo de 1521.—Llegó á San Lúcar la nao *San
Antonio* con su capitán (Alvaro de Mezquita) preso.
    CAPÍTULO IX.—Elección de Barbosa.—Su temeridad (ir
al convite).—Van al convite.—Muerte de los castellanos,
menos Serrano.—Queda Serrano. Dió un grito. Supusie-
ron desde á bordo que entonces le habían asesinado.—Los
muertos con Magallanes, con más los del convite, 35.—
Faltaba gente para gobernar las tres naos: queman la
Concepción.
    Isla de *Quepindo,* cerca de Burney.
    » » *Puluan:* Arroz, Puercos, gallinas, cabras.
    Tomaron un Moro, y se hicieron á la vela.
    En la barra de Burney, navios con las proas doradas.
(Págs. 13 y 14.)
    Armas en Burney: Arcos, flechas, cerbatanas, paveses,

alfanges (tan largos como espadas castellanas) y *Coraças de Conchas de Tortugas. (Pág. 15.)*
Vestidos en Burney: «Paños de Seda». *(15.)*
A Gonzalo Gómez de Espinosa, en Burney, le regalaron «dos Pieças de Damasco de la China», *etc.* Dieron otras para otros castellanos. *(15.)*
CAPÍTULO xv.—Cuando los castellanos partian de Burney, tomaron un junco «en que iba vn Hijo de el Rei de »Luzon, y mas de cien Hombres, i cinco mugeres, i vna »Criatura de dos meses.» *(15.)*—Los castellanos quedáronse con alguna de esta gente en rehenes, mientras no volvian otros que se hallaban en Burney.—Soltaron al *príncipe* de Luzón. *(15.)*
En Burney:
—Arroz, Azúcar, Cabras. Puercos, Camellos.
—Carece de: Trigo, asnos y ovejas.
—Usan letras y escriben en *papel de corteças de Arboles.*
—Habia Templos.—Casas regulares *(16.)*

DÉCADA TERCERA

LIBRO IV. — CAPÍTULO I

De Tidore á San Lúcar.—La *Victoria* partió con 60 hombres europeos y algunos naturales de la isla. Pendencia: murieron algunos.—Samatra =Trapovana (de los antiguos).—Llegaron á San Lúcar el dia 6 de Septiembre de 1522.—Erráronse en un dia en la cuenta: comieron carne los viernes; celebraron Pascua el lunes. *(110.)*
Juan Sebastian del Cano.—«Merecerá siempre eterna memoria este Capitan Juan Sebastian *del Cano, (páginas 110-111)* pues fué el primero que rodeó el Mundo, **no habiendo hasta entonces,** entre los Famosos Antiguos, ni en los Modernos, **ninguno que se le pueda comparar».**
CAPÍTULO IV.—«Que se manda descargar la nao Victoria. Gente que vino en ella.» *(116.)*
... «Iuan Sebastian del Cano, que havia escrito al Rei, dando aviso de su llegada»... Se le mandó pasase á la Corte con las personas de mayor razón de las venidas en la Nao, y con todas las Escrituras, Relaciones y Autos del viaje.—*Fueron á la Corte:*

Miguel de Rodas, maestre.
Martín de Insaurraga, piloto.
Miguel de Rodas, marinero.
Nicolás Griego.
Juan Rodríguez.

Vasco Gallego.
Martín de Iudicibus.
Juan de Santander.
Hernando de Bustamante.
Antonio Lombardo. *(Pigafetta.)*
Francisco Rodríguez.
Antonio Fernández.
Diego Gallego.
Juan de Arratia.
Juan de Apega.
Juan de Acurio.
Juan de Zubieta.
Lorenzo de Iruña.
Juan de Ortega.
Pedro de Indarchi.
Ruger Carpintete.
Pedro Gasco.
Alfonso Domingo, marinero.
Diego García.
Pedro de Valpuesta.
Gimeno de Burgos.
Martín de Magallanes.
Francisco Álvaro.
Roldán de Argote (*).

«A Juan Sebastian del Cano recibió el Emperador con mucha gracia, loandole por el primer Hombre que dió la buelta al Mundo...»—«Llegaron vivos algunos Indios, que deseaban vér al Emperador...» *(116.)*

CAP. XIV—«Mercedes que el Rey hizo á J. S. del Cano, y á sus compañeros.» *(132.)*

Agraciados:
J. S. del Cano.
Miguel de Rodas.
Francisco Albo, *Piloto.*
Leyenda del escudo de armas de J. S. del Cano:

Primus circumdedisti me.

Martín Méndez, Contador de la nao Vitoria.
Miguel de Rodas, Maestre, armado caballero de Santiago en Valladolid.
Hernando de Bustamante.

(*) Entiéndase que estos son solamente los que fueron á ver al Emperador; porque los que volvieron en la nao *Victoria* eran más. (V. *Col. de Viajes* de Navarrete, t. IV.) Entre los que en esta lista no figuran, merece especialísima mención el piloto *Francisco Albo,* cuyo diario de viaje, como ya hemos dicho (V. ALBO), constituye el más antiguo documento científico relativo á Filipinas.

A todos dió escudo de armas.—Y en todos: «*Primus, qui circumdedit me*», menos en el de del Cano, que era según queda escrito. *(133.)*

LIBRO VII.—CAPÍTULO V

«Que se puso á punto el Armada para los Malucos, i que personas iban en ella, i la orden, que se les dió.» *(214.)*

Capitán general: Garcia Jofre de Loaisa, con 450 castellanos. *(215.)*

En la 2.ª nave, capitán, J. S. del Cano.

Instrucción (215-216.)

CAP. VI.—Prosigue la Instrucción *(216-219.)*

CAP. VII.—Salida de la Coruña. Lo habido hasta llegar al Estrecho *(219.)*—La nao *Santi Spíritus* (de la que era capitan del Cano), se pierde. *(220.)*

LIBRO IX.—CAPÍTULO III

«De el Armada, que sacó de Castilla Sebastian Gaboto, para la Especeria, i que se quedó en el Rio de la Plata». *(259.)*

Al Estrecho de Magallanes le decian entonces (1525) de Todos los Santos. *(259.)*

Caboto fué por excitación de gentes de Sevilla, entusiasmadas con las muestras de especeria que habia traido la *Victoria*.

CAP. IV.—La expedición de Loaisa pasa el Estrecho, y entra en la Mar del Sur. *(261.)*

CAP. V.—El armada se desbarata. *(263.)*—Y otros percances. *(264.)*

CAP. VI.—Muerte de Loaisa y de del Cano. *(265.)*—Julio 1526. Del Cano 4 dias después.

Fondo en las Islas de los Ladrones. *(266.)*

Los indios llevaban á los barcos:

Cocos,—Plátanos,—Batatas,—Arroz,—«i otras muchas frutas de la tierra».

Por todo pedian *hierro;* no querian otra cosa.

VESTIDOS.—«Andaban los Indios desnudos en todo su cuerpo, salvo las Mugeres, que traian un hilo ceñido, del qual colgaban ciertas hojas verdes, con que cubrian las partes vergonçosas.»

TEOGONÍA.—«Eran gentiles, i adoraban los huesos de sus Antepasados, los quales tenian en sus casas mui vntados de Cocos.»

NOCIÓN DE LOS METALES.—«ningun genero de Metal alcançaban; i labraban con Pedernales la Madera».

Su ASPECTO.—«Son de buena disposicion: traen el cabello mui largo, Mugeres, i Hombres; i algunos traen las barbas crecidas, i vntados los cuerpos con Aceite de Cocos.»

ARMAS.—«sus Armas son Hondas, i Varas tostadas, i en algunas Varas ponen las canillas de los Hombres, que matan en la Guerra, en las puntas, en lugar de hierros; i hechas dientes, como Sierra.»

OTROS DETALLES.—«No tienen hacienda alguna: precian mucho Conchas de Tortugas para hacer Peines, i ançuelos para pescar.» (216.)

Cinco dias estuvo la Capitana en la Isla de Botahá, tomando agua.

CAP. IX.—2. Octubre. 1526.—«Descubrieron la Isla de Mindanao, i surgieron en el Puerto de Vizaya.»—Un indio que tomaron en rehenes, vestia un paño de Seda, y llevaba una Daga con vn puño de Oro.—Saltó el Lengua (que era un gallego) á Tierra; el Rey le mandó decir «que los que venian en aquel Navio, debian ser Foranguis, que asi llamaban á los Portugueses.» (De los cuales habló mal, por el daño que hacían.) El gallego trató de disuadirle, al rey; el cual poco menos que le despidió con cajas destempladas, sin duda porque no le creía.—En la Ribera habia gente india apostada, sin duda para hacer alguna felonía.—No querian dar nada, ni por dinero, ni por el indio.—El indio que había en rehenes, se desesperaba por la conducta bárbara de sus paisanos. Este aconsejó que tirasen con Escopetas, y asi los indios huirian.—Hay otro indio que viste de raso. Era de otra prov., la que tenía guerra con la de Vizaya. (270.)

Parten de Mindanao. (271.)

Esta isla boxa casi 300 leguas. Indios idólatras.—Su mayor pueblo Mindanao.—«Es vna de las Islas del Arcipielago de los Celebes (*), que **aora se llaman Filipinas.**»

Provincias de la Isla, «según la noticia de entonces»:
Vagundanao.
Parazao,
Bitrian,
Burrey,
Vizaya,
. Malucobuco,
«i los demas tenian Guerras unos con otros».

ARMAS.—Arcos, Alfanges. Dagas, y Pareses; y hasta los niños traian Azagacias.—Tiran unas cañas que llaman

---

(*) Recordamos al lector que esto se escribió antes de 1601; Herrera precede á Grijalva en llamar *Célebes* á las Filipinas.

Calabays, con puntas de palos tostados y muchas puas.
(271.)

«Es Gente belicosa, i falsa».

Los once indios que habían tomado en los Ladrones, se les huyeron en Mindanao: los de Vizaya los mataron, «pensando que eran Cosarios, porque no entendian su Lengua».

«Está aquel Puerto en 8° 4 minutos, en la provincia de Britrian, i en la de Burrey, i hay mucha, i mui buena Canela.»

15 Oct.ᵉ salieron de este puerto de Mindanao con el propósito de ir á Cebú. Los de Cebú, según referencias que hicieron á los castellanos, son belicosos y usan las mismas armas que los de Mindanao.

«i á todas estas Islas acuden cada año Juncos de la China, que son Navios grandes, que llevan muchas Sedas, i Porcelanas, i cosas labradas de Latón, i Caxas, i pequenas, labradas, i doradas, i otras cosas, i en trueque llevan de estas Islas Oro, Perlas, i las Hostias en que se hallan, i Esclavos.»

22 Octubre 1526. Surgieron en una isla llamada Talao. —La gente de esta isla no es de tanta industria, como las de otras. Está en 3 grados y 35 minutos.

Día 27.—Partieron para los Molucos.

Día 29.—Vieron tierra: isla Gilolo.—Aquí algunos indios hablaban en portugués.

Llegaron á Molucas.

«Quichil, es tanto como en Castilla Don». *(271.)*

CAP. XI.—«De la Embaxada que el Cap.ⁿ de los Castellanos envió á los Reyes de Gilolo, y de Tidores. Requerimientos, de los portugueses. *(273.)*

DÉCADA CUARTA. (TOMO II.)

LIBRO I.—CAPÍTULO II

Año 1527.—De la guerra que se hacían castellanos y portugueses. *(3.)*—El Capitán Urdaneta, con algunos indios, da en la isla de Motil contra los portugueses. *(4.)*—Pelea Urdaneta. *(4.)*

CAPÍTULO III.—Urdaneta peleó con extraordinaria bizarría. *(5.)*

LIBRO III.—CAPÍTULO V

A fines del año 1527 se hallaba Alvaro de Saavedra con su nave capitana sin saber de las otras en las islas de Sarraogán y Candigan, que están á 4°, «adonde rescató á dos castellanos del Armada del Comendador Loaysa».

LIBRO V.—CAPÍTULO IV

1528.—«Daba el Rei mucha priesa en el despacho del Armada, que havia de llevar á la Especeria Simon de Açoba Sotomaior. *(83.)*

CAPÍTULO VI.—Vuelve á salir de Tidore *(año de 1529)* Alvaro de Saavedra.—Recorrió el camino que la otra vez: algunas islas del S. de Filipinas. Islas bajas, á 8° N. y á 1.000 leguas de Tidore: los indios salvajes de todo punto: consternáronse al oir el disparo de una escopeta. *(86.)*

Muere Saavedra: reemplázale Pedro Laso, que murió á los ocho dias. *(86.)*—El buque volvió á Tidore pasando por los Ladrones.

El castellano Grijalva, viniendo con Saavedra, á Tidore, pidió quedar en Sarragán, por enfermo. A los ocho meses, el *Gobernador* (indio) le vendió al rey de Mindanao, con el cual ya estaban otros dos castellanos de los que se habian perdido de la Armada de Loaysa.—Luego se salvaron. *(86-87.)*

CAP. IX.—El año 1534 salió de Molucas Hernando de la Torre, después de tanto tiempo, y el 35 Urdaneta. Pasó por Java, donde vió caballos, vacas, búfalos. El 15 Noviembre partió para Cochin, donde halló á Her. de la Torre y á otros castellanos. El 12 de Enero de 1536, salió para España Urdaneta, con cartas de H. de la Torre para el Emperador. *(92.)*

Las gentes de Molucas «tienen quantas Mugeres quieren, i los Maridos dán hacienda en casamiento á los Padres: descasanse quando les parece: estiman en mucho el Oro, que les llevan de las Islas de los Celebes, por Mercaderia»...

«i quando van remando en sus Paraos, siempre van cantando, aunque anden dos, i tres meses por el Mar: precian mucho las cosas de Laton, i Vidrio, Cuchillos, Tijeras, Espejos, Cuentas, i Corales.»—De China les llevan Porcelanas. *(93.)*

DÉCADA SÉPTIMA. (TOMO III.)

LIBRO V.—CAPÍTULO V

1542.—Viaje de Ruy López de Villalobos, por mandado del visorrey D. Antonio de Mendoza.—Dos naos, una galera, y dos pataches.—Partió del puerto de Juan Gallego (México), dia de Todos los Santos.

2 *Febrero 1543.*—En una bahia que llamaron de Málaga (Mindanao); permanecieron en ella un mes.—A la isla pú-

sole de nombre *Cesarea Caroli.*—Bojeo, 350 leguas. *(92.)*
Quisieron ir á Maçaguá, y no pudieron, porque no les
favoreció el viento.

Llegaron á Sarragan: hicieron paces; pero los indios
parece como que se arrepintieron, pues no quisieron proporcionar bastimentos.

2 de Abril.—Acometieron al pueblo, y se ganó; fueron
heridos algunos castellanos, de los que murieron 6. A esta
isla nombraron Antonia; tiene seis leguas en torno, con 4
pueblos. Los indios se refugiaron en un *Peñol,* que los
nuestros ganaron: los indios huyeron.

Pasaron á Cesárea.

En el Peñol «se halló mucha Porcelana, mucho Almiz-
que. Ambar, Algalia, Menjuy, Estoraque. i otros olores
de Pastillas, i Aceites, que mucho usan, que compran de
los que van á Mindanao, á las Islas Filipinas...»

«Mandó Ruylopez de Villalobos, que todos sembrasen
maiz, para que no faltase bastimento: i aunque los Soldados decian que no eran Labradores, ni era su oficio, sino
de pelear. para lo qual estaban muy promptos, i que mas
querian morir en la guerra peleando que en aquella Isla
de hambre: Decia Ruylopez..... que él seria el primero en
hacer la sementera: i los Soldados obedecieron, i el Maiz
se sembró, i nació bien, i ellos lo pasaron mejor, porque
la obediencia es la vase de todo bien». *(92.)*

«Pelean en aquellas Islas con Alfanges, Dagas, Lanças,
Açagayas, i otras Armas arrojadiças. Arcos, i Flechas,
i Cebratanas. i todas con Yerba, i en la Guerra se sirven
de ella, i de otras ponçoñas. Las Armas defensivas. son
Escaupiles de Algodon *(págs. 92-93),* hasta los pies, Coseletes de Madera. i de Cueros de Bufano, Coraças de Cañas, i Palos duros. Paveses, que los cubren todos, Cela-
das de duro Cuero: i tienen alguna Artilleria menuda, y
algunos Alcabuces.»

«No saben tratar verdad, ni la paz. ni amistad les impide, que no hagan qualquier bellaqueria, quando ven la
suia. Y teniendo asentada la Paz, con la Gente de esta Isla,
para que bolviesen á poblarla, i hechas las ceremonias,
que es sangrarse del pecho ó del braço, y beber la sangre
en Vino, los que la hicieron, se arrepintieron, i no la quisieron guardar: i porque no fue bastante la sementera,
llegaron estos Castellanos á tanta necesidad, que no havia cosa, que no les satisfaciese. por delicado manjar,
como Culebras, Lagartijas. Ratones, Perros, i Gatos, i
otras tales Sabandijas, i Yerbas, i hojas de Arboles. i Frutas que de su operacion no tenian noticia, de la qual hambre. i ponçoña murió mucha Gente.» *(93.)*

CAP. VI.—Envia mensaje á Sarriparra, *señor de Min-*

danao.—El bárbaro se niega á dar bastimentos.—*Mindanao*. cincuenta leguas de *Cesarea*.

Ruylópez, aburrido, va en demanda de Sanguin, 30 leguas de Sarragan.—Vuelven á Sarragan, sin haber conseguido nada.—En todas partes los indios son contrarios á dar bastimentos.—Mandan un Navio á Nueva España.

Envíase la galeota á «vnas Islas que llamaron despues Filipinas».

Llegan tres paraos de los Malucos con Portugueses.—Estos requerían á los nuestros. *(93.)*

Se fueron costeando la Cesárea, persuadiendo *(los portugueses)* á los naturales, que no vendiesen bastimentos á los Españoles. *(94.)*

Vuelve con arroz la galeota, y determinan irse á las Filipinas, á la provincia de *Abuyo*, que era abundante en bastimentos.

Fueron á dar en Çagalá, que es del rey de Gilolo.—A éste le habían amenazado los portugueses, si daban bastimentos á los castellanos.—Pero el reyezuelo concertó amistades con Ruylópez. *(94.)*

CAP. VII.—Desembarcan en Gilolo; hacen dos casas; habia alli escacez de bastimentos; envíase embajada al rey de Tidore, pidiendo auxilio. El de Gilolo pidió á Ruylópez que éste pidiera al de Tidore «el Artilleria, que tenia de los Castellanos, que los años pasados dexaron en su poder».

El de Gilolo trataba de traicionar á los nuestros.

«En este tiempo iban, i venian Paraos de Terrenate, á Gilolo, que causaban gran sospecha á los Castellanos». *(94.)*

El Rey de Tidore fué en persona á rogar á los castellanos que se fuesen á su isla, que los daría de comer, porque los portugueses trataban de prenderle. *(94-95.)*

El Rey de Tidore se casó con la hija del de Gilolo.—Los castellanos le ofrecieron protección, al Tidore; pero á condición de no hacer guerra á los portugueses ni quitar á éstos la contratación del clavo.

En dos paraos del Gilolo, fuese en busca de los castellanos que estaban en Filipinas.

PARAOS: «son Navios, que aunque no tienen cubierta, cabe mucha Gente en ellos.»

«i començando á caminar fueron á los Celebes, i á la Isla de Sacio, á Sanguil. á la Nuça, á Candegar, y por la Costa de Cesarea, vn Indio Christiano, que tomaron en Candegar, les iba mostrando los pueblos...» «llegaron á Sarragan, i en la Baia de la Resurreccion, hallaron vna Carta del Padre Santisteban. Prior de los Agustinos, en que decia, *que iba en busca de Rui Lopez de Villalobos...*

que en el pueblo de Tendaya, i en las Filipinas quedaban veinte i un Castellanos de Paz, con los Indios, porque el otro Vergantin se habia perdido en la Baia del Rio de Fendaya, adonde se ahogaron diez Hombres, que el Calaluz se habia perdido en el Rio de Abuyo, porque le tomaron los Indios por traicion, despues de haber hecho con ellos amistad...» (95.)

Costearon Cesárea y llegaron á Maçaguá.—En Brio hallaron dos castellanos en la playa, que digeron que estaban 5 de los 18 que iban con el P. Prior.—Que los demás estaban en Tendaya, con el Prior y Fr. Alonso de Alvarado.

Recogidos los cinco castellanos, pasaron á Tendaya. Costearon la Isla de Abuyo, «i entendieron, que en ella habia Castellanos, del tiempo de Magallanes».

De alli fueron á Sarragan; los indios se frecieron por vasallos, después de sincerarse con ellos los castellanos, pues les habían hecho la guerra.—Desde alli fuéronse á Panquirase, cuyo *señor* se llamaba Bambú Seribú, que les suplicó le auxiliasen en la guerra que tenia con otro pueblo; los castellanos fueron á la guerra, y tuvieron heridos.—De aqui pasaron á Tidore, donde hallaron el Navio *San Juan.* (95.)

CAP. VIII.—Partió el navio *S. Juan,* de Sarrangan, para N. España, 26 Agosto 1543.—Fué á Tendaya á tomar bastimentos.—Después de 13 dias de navegación volvieron á Tendaya: surgieron en una bahia grande: algunos indios llevaban oro en orejas. El *señor* se llamaba Herein; pasó á bordo; llevaba sobre su persona más de 1.000 pesos oro, y los esclavos de barco, con collares de oro.

Pasaron á otro pueblo, cuyo *señor* se llamaba Macahandála, donde les robaron la barca; prendieron á otro *señor,* llamado Turis, para que la hiciese volver.

Determinaron ir en busca de Villalobos. Navegaron y vieron muchas islas á 3 de Enero de 1544.

Fueron á un pueblo cuyo *señor* se llamaba Sicabatuz, donde les atacaron tres paraos de guerra.—No pasó nada.—El navio al fin llegó á Tendaya, por la otra banda, y de alli pasó á Sarragan; y costeando Cesarea dieron en una islilla que no pudieron tomar y de alli fueron á Sanguin, arrastrados por la corriente. Llegaron á Sarragan; no hallaron á los castellanos; los indios mataron al contramaestre.—Pasaron de alli á Abuyo (Rio de). Tampoco hallaron castellanos.—Pasaron á Tendaya, donde hallaron los 21 castellanos, los sacaron, y volvieron á la Bahía, de la Resurrección, donde hallaron las cartas que dejó Ruy López, y la del Prior.—Y «en 4 dias tomaron los Malucos, y surgieron en Gilolo, y supieron que Rui Lopez

estaba en Tidore», á donde fueron—y donde aderezaron el
navio para volver á N. España. *(96.)*
   CAP. XIV.—En el puerto de Ambón murió Villalobos.
(103.)
   Los castellanos llegan á Malaca, después á Goa, donde
estuvieron hasta mediados de Mayo de 1547. *(104.)*
   «Los Religiosos que se hallaron en la jornada, fueron
Frai Geronimo de Santisteban, Frai Sebastian de Trassie-
rra, Frai Nicolás de Salamanca, Frai Diego de Alvarado,
todos de la Orden de San Agustin.» *(104.)*

HERBÁS Y PANDURO (Lorenzo), ex Jesuíta.

197. Catálogo de las lenguas de las Naciones conocidas...—*Madrid:* 1800-1805.—El vol. II, que es el que
principalmente interesa á los filipinistas, imprimióse
en 1801.—En 4.°

   Hé aquí otra obra de inmenso valor que debe de ser
punto menos que desconocida en Filipinas, puesto que
los que allá escriben no la citan jamás, con ser el autor
uno de esos hombres de fama universal. Las 52 primeras
págs. de este vol. II, están tan nutridas de sabiduría, que
es imposible pedir cosa mejor, sobre todo si tiene en
cuenta la época en que la obra fué trabajada.—Esta obra
se publicó por primera vez en italiano; la edición española está retocada por el autor.

HUERTA (Fr. Félix de), Franciscano.

198. Estado | geográfico, topográfico, estadísti-
co, | histórico-religioso | de la Santa y Apostólica
Provincia | de S. Gregorio Magno, | de Religiosos Me-
nores descalzos de la regular | y mas extrecha obser-
vancia | de N. S. P. S. Francisco en las Islas Filipi-
nas: | Comprende | el número de Religiosos, Conven-
tos, Pueblos, situacion de estos, años de su funda-
cion, Tributos, | Almas, producciones, industria, |
cosas y casos especiales de su administracion espiri-
tual, en el | Archipiélago filipino | desde su fundacion
en el año de 1577 | hasta el de 1853. | Compuesto por
el R. P. Fr. Felix de Huerta, Predicador, Lector de
Sagrada | Teología, Examinador Sinodal del Arzobis-
pado de Manila, y Guardian | en el Convento de San
Francisco de dicha Capital. | Mandado dar á luz, en
nombre de esta Santa Provincia, | por el M. R. P. Mi-
nistro Provincial de la misma. | Con las licencias ne-

cesarias. | *Manila:* 1855. | Imprenta de los Amigos del Pais, | á cargo de D. M. Sanchez.

En 4.º—Págs.: 439 (y la v. en b.) + 8 s. n. (al principio). – Un estado al final.—(Está mal dispuesta la numeración de las págs.)

199. Estado | geográfico, topográfico, estadísti-co, *etc.*

(La port. de esta 2.ª edición no tiene apenas diferencia con la de la 1.ª, que acabamos de describir. — Dice, sin embargo, que alcanza hasta *1865.*—Pie de imp.:)

Binondo *(Manila):* | Imprenta de M. Sanchez y C.ª | 1865.

En 4.º—Págs.: 712?
(Creo que á mi ejemplar le falta una h. de índice, pues acaba en la *V.*—Comienza el índice en la 689.)

En esta importante obra, no sólo se sintetizan los hechos culminantes de los PP. Franciscanos como evangelizadores en Filipinas, sino que abunda en noticias geográficas é históricas de gran interés para el hombre estudioso é investigador. Adviértese que en las geológicas hay alguna que otra errónea. Buena parte de la obra la ocupa una *Biblioteca* de autores Franciscanos, que, aunque no se ajusta á las exigencias de la bibliografía moderna, merece ser consultada.

HURTADO DE CORCUERA (Sebastián). .

200. Reproduzco á continuación un memorial que este insigne gobernador superior de Filipinas elevó al Rey; . existe un ejempl. en el M.-B. de Ultramar (fué de Gayangos). Dice así:

«SEÑOR

...el año de 35. vispera de S. Iuan, llegué á el puerto de Cavite, en las Islas Philipinas, y aviendo tomado posesion del gobierno, y entendido que no se avian executado algunas disposiciones, y ordenes del Visitador Don Francisco de Rojas, que dos años antes avia estado en aquellas Islas, las hize executar, y reformé en sueldos y gastos superfluos, 43 ℔. pesos en cada vn año, el siguiente, escrivi al Marques de Cadercita Virrey de la nueba España, que de los 300 ℔. que remitia en dinero, y 200 ℔. en generos por orden de V. M. me contentaba con que embiase 100 ℔. pesos menos en dinero, y 90 ℔. en generos, y con esta cantidad, no solo no me faltó dinero para que aquellas Islas estuviesen bien socorridas, y governadas, pero en el discurso de los nueve años y meses que governé, desempeñé la Caja Real de V. M. en 600 ℈. pesos que devia, assí de sueldos de Soldados y marineros, como de Arroz, Lonas, y otros generos que se devian á los Indios, pagandoles sus libranças al tercio por peticiones, en cuyos decretos se les agradecia el servicio que hazian á V. M. en perdonar las dos tercias partes, á imitacion de lo que hizo en Flandes el Sr. Archiduque Alberto con la Cavalleria, para escusar las alteraciones que tan de ordinario avia, por falta de pagas, que llegaron en su tiempo á ser 27. los motines, preguntando el Rey N. Señor Padre de V. M. la causa de tantas alteraciones, respondió su Alteça que pedian los sueldos, que no se les avia pagado en tiempo del Señor Duque de Parma; á demas de esto, aviendo mas de 33. años que su Mag. avia mandado á mis antecesores, castigasen los Reyes de Mindanao, y Tolo *(sic),* por los robos y muertes que hazian en los Indios vasallos de la obediencia, fueron enviados á Mindanao, el Adelantado Esteban Rodriguez de Figueroa, á quien mataron los Moros en saltando en tierra, con mucha parte de sus Soldados; despues desto otro Governador de mis antecesores embió al Maestro de Campo Gallinato, Soldado tan practico de Flandes, á la Isla de Iolo, y se bolvió sin poder hazer faccion, teniendo nuebas ordenes del Governador D. Iuan Niño de Tabora, embio dos vezes, vno al General D. Christoval de Lubo, y Montalvo, y otra á el Maestro de Campo D. Lorenço de Olaso, con cerca de 800. Españoles en ambas jornadas, y ambos bolvieron descalabrados, sin aver hecho otra cosa que quemar dos Pueblos en la Marina, y haçer de gasto á la hazienda de V. M. el Maestro de Campo D. Lorenço 53 ℈. pesos, y D. Christoval, mas de 20 ℈. El año de 35. me mandó á mi V. M. por vna su Real Cedula que tengo, y me llegó el de 36. por el mes de Iulio, embiase persona de toda mi satisfacion, á castigar estos Reyes Moros, pues no era justo que vnos Indios descalços, se opusiesen á su Corona, y otras raçones que contiene la dicha Real Cedula. Yo tomé resolucion de hazer á V. M. este servicio, ó no bolver vivo á Manila, partí con 300. Españoles y 3 ℈. indios amigos, en embarcaciones pequeñas de Remo, y otras de Vela, que llaman Champanes, por el mes de Diziembre, y aviendo saltado en tierra en el Puerto de Mindanao con solos 70. Españoles, que no avian llegado los demas en las dichas embarcaciones, y algunos de los Indios, llevando vna Pieça de Artilleria de dos libras de Vala á sus hombros, embistieron mis Soldados con el Pueblo, y lo ganaron luego con el Fuerte de estacada doble, y ansi mismo le asaltaron, y mataron vn Sobrino del

Rey que le defendia, y guardaba, con que huyéron los
Moros, y en ombros llevaron á su Rey al Cerro que está
vna legua de alli; en el Rio hallé mas de 300. embarcaciones pequeñas y grandes, assi de su Armada, como de
mercaderes de la jaua, despues de aber saqueado mis
Soldados lo que pudieron, con los Panes de Cera, y Tina-
jas de Azeyte que recogi. y mandé embarcar en mis embarcaciones por quenta de V. M. y con los Esclavos, Plata
labrada, y otras cosas que gané en el Cerro, satisfize en
la Caxa Real, y Almazenes, el gasto que hize en esta jornada, de 10 ℔. pesos, hallose en ella conmigo, el ilustre
martir Marcelo Mastrillo, que despues pasó al Iapon. En
el asalto de este Cerro me mataron 13 Capitanes reformados, y al Sargento mayor D. Pedro Hurtado mi sobrino,
hiriendo mas de otros 30. Soldados, de los que con mas
valor cerraron con las Estacadas, y al ilustre Padre Marcelo pasaron su Sotana con vn verso por tres partes, y de
vn mosquetaço la imagen de S. Francisco Xavier, que lle-
baba con el Guion de las armas de V. M. á sus espaldas,
que en memoria desta Victoria hize colgar en la Iglesia
mayor de Manila. El año siguiente en dos Galeras, y las
mismas embarcaciones pasé á Iolo, con solos 500. Españoles, y mas de 3 ℔. Indios, y estando tan prevenido
aquel moro (aunque le di dos asaltos á su Cerro) no pudieron mis Soldados ganar vn pie de tierra, con que le
hize diferentes minas, volandole algunos Baluartes, y ba-
tiendo sus murallas con dos Pieças de Artilleria de quatro libras de Vala, que hize poner sobre dos Arboles muy
altos en vnas garitas, que á modo de Gavias de Navio me
hizieron los marineros, con los cuales y la Mosqueteria,
defendi á mis Soldados, para que pudiesen trabajar en
las Trincheas que iban abriendo el Cerro arriba: ademas
de esto, por entender que de noche metian muchos bastimentos, y que en viniendo las Aguas (que en aquella Isla
lluebe mucho) me avian de obligar á lebantar el Sitio: tomé resolucion de hazer vna Estacada fuerte con sus garitas por debaxo del Cerro, para que nadie pudice entrar,
ni salir con bastimentos, y al cabo de tres meses faltan-
doles la comida, llamaron á parlamentar, y se rindieron
á merced, haziendosela de las vidas en nombre de V. M. y
aviendo baxado del Cerro mas de 4 ℔. almas, llebandolos
á embarcar á las embarcaciones del puerto, vna legua; so-
brevino vn aguaçero tan grande, que apagando las cuerdas á los Soldados, sino se huvieran valido de los chuços,
los mismos enemigos los huvieran muerto, con que se
huyeron por entre vnos bosques, dexando en la Campaña
toda su hazienda que llebaban cargada, y mas de ciento y
tantas criaturas, que las 33. de ellas por ser pequeñas,

acabandolas de bautiçar el Padre Pedro Gutierrez, murieron; los demas traxe á Manila con muchos prisioneros, y mas de 400. Christianos que estaban Esclavos, á quien di libertad, y vistiendolos y livertandolos del tributo por toda su vida, los embie á sus tierras, dexando vn fuerte de piedra en la marina, y otro de Paliçada en el Cerro, con dos compañias para acabar de sujetar toda la Isla, porque obedeciesen y fuesen Vasallos de V. M. pagandole tributo; volvi á Manila, y el año siguiente de 39. se me amotinaron los Chinos sin averles dado ocasion, ni dexado de hazerles justicia igualmente, solo por averse convenido los Olandeses con vn Capitan de la mar de China, que se llamaba Ycoa: este embió 3 ℔. Soldados en dos años, a titulo de mercaderes a la deshilada con los demas, y hallando ocasion en que este año se cogió gran cantidad de Arroz, tomaron las Armas en la Provincia de la Laguna de Bay, mataron á el Alcalde mayor el Doctor Luis Arias de Mora, embié al Sargento mayor D. Iuan de Arçeo con 300. Infantes, y al Capitan Martin de Aduna, con 80. Cavallos, y le mataron los dichos Chinas, con lo qual juntandose estos con mas de 15 ℔. que avia en el Parian se amotinaron, y tomaron las armas todos, y viendome con 600. Soldados, y otros 500. vezinos, con parecer del M. de Campo Don Lorenço de Olaso, fui forçado a mandar quemar las Casas del Parian, con lo qual por averles hecho desfondar dos dias antes, todas las embarcaciones que en el Rio avia, pasaron á nado á vna Isleta de San Francisco Xavier que estaba en medio, y de alli a otro lado, y juntandose 24 ℔ hombres, teniendo fraguas para hazer Armas y hierros de Picas, que enastaron en Cañas brabas, se armaron todos, algunos con bocas de fuego: y aviendo dexado la guardia necessaria en la Ciudad, con el Castellano Don Fernando de Ayala y Rojas, que aora murió M. de Campo, sali á Campaña con 200. Españoles, 1 ℔. Indios Pampangos, y 3 ℔. Tagalos, no queriendo pelear sino con mi ventaxa, con lo qual en tres meses, picandoles siempre en la Retoguardia con los alcances que hazian los 80. Cavallos, 30. de sueldo, y 50. de las estancias, quedaron muertos en aquellas Campañas, 17 ℔. hombres, y se rindieron 7. á md. de la vida: despues aviendome avisado el Rey de Macasar el año de 41. que los Olandeses de Terrenate, y Batavia, aviendoles salido mal designio de los Chinos, me querian venir á sitiar en Manila, comencé á fortificar la parte mas flaca, por donde se podia abrir trinchea, y valiendome del dinero, que los mismos Chinos me ofrecian y daban, porque los dexase salir á tratar y contratar por las Islas, como lo hazian antes contra Cedula de V. M. en que manda que no se saliesen de su Parian, sino por sus mercaderias á China y les condené á que guardasen y cumpliesen esta Cedula, o que me diesen 10. pesos en cada vn año cada uno, para poder salir á vender sus mercaderias, ellos pedian la licencia, y metian el dinero en la Caxa Real, para satisfacion, porque siempre deseé labrar vna muralla donde tenerlos seguros, en la forma que tiene el Papa en Roma los Indios, y V. M. en Alexandria la Palla, pero como los Olandeses me quisieron inquietar, juzgué de mayor conveniencia, fortificar aquella parte mas flaca de la Ciudad, y de siete fortificaciones que hize, é yba continuando, las tres dejó en pie el Governador D. Diego Faxardo mi sucesor, y las demas mando demoler, que fue el contrafoso, y la estrada encuvierta con dos Cubos de á doze pieças de Artilleria cada vno, pareciendole que no tenia bastante gente para guarnecer aquellos puestos, siendo assi que sacando á ellos los Soldados, y poniendo los vezinos en la Muralla vieja, sobraba mucha gente. Ademas de esto Señor, impuse en el Hospital Real, 10 ℗. pesos de Renta, que los gastaba la Hazienda de V. M. en esta manera, dando orden que cada Soldado y Marinero, pagase al Hospital dos Reales de cada paga, á imitacion de vno que pagavamos al Hospital Real del exercito en Flandes, que cobraba de la media paga que se quedaba á dever cada año. Tambien por Cedula de V. M., y en virtud della, meti en la Caxa Real cerca de 8 ℗. pesos en cada vn año, en tributos vacos para dar el Vino y Aceite, á los Ecclesiasticos y Religiones: y en dicha Cedula se sirve V. M. dezir, que es su voluntad que les dé el vino y Aceite, pero no de su Real Hazienda. Fuera de esto, dispuse hazer vna Capilla Real, en que se enterrasen los Soldados, y gente de Mar, por aver visto en los Libros del Hospital, que en vn Patio se avian enterrado 14 ℗. Soldados sin decirles vna Missa, y esta obra se hizo de donativos que dieron los Capitanes y Soldados en 18. meses, los jueves se dize vna Missa cantada descubierto el Sanctissimo SACRAMENTO por V. M. los Lunes por los Soldados difuntos, y los Sabados á Nuestra Señora por los vivos, y los dichos Soldados se entierran con la piedad y autoridad que se deve á criados de tan gran Señor. El dicho Governador D. Diego Faxardo, á los 17. dias que le entregué el Govierno, me mandó prender, y á los 30. ó poco mas, estrechar la prision, para que nadie me hablase, en vnas Cocinas que yo avia mandado hazer para adereçar la comida á los Soldados: y aviendome mandado embargar todos mis bienes, que los tenia embarcados para venirme, en virtud de Cedula de V. M. no quiso admitir mas de 500 ℗. pesos de fianças que di en la Nueba España, de los hombres mas ricos que alli ay, por dezir avian de ser en Manila, que todas las haziendas de los Vassallos de V. M. no valen otro tanto: de esta manera me tuvo sin darme alimentos cinco años, y siete meses de nabegacion, hasta que llegué á la Nueba España, que la Real Audiencia obedeció y cumplió vna Cedula de V. M. que no quiso poner en execucion D. Diego Faxardo, y donde hize el Pleyto omenaje de presentarme en la Corte, en conformidad del mandato de V. M. los malos tratamientos que alli se me hizieron no los puedo yo referir á V. M. mas porque se está viendo mi Residencia en el Consejo de Yndias, y por no averme dexado defender con tantas opresiones Don Diego Faxardo, prendiendo y desterrando todos mis afectos, y los que podian dezir verdad, y aora me veo por mandado de V. M. donde no puedo acudir á mi defensa, ni á representar, ni alegar de mi justicia.»

....

«Cordoba y Iulio 10. de 1653.

Señor.

B. L. P. de V. Mag. con el respeto y beneracion que deve Sevastian Hurtado de Corcuera.»

En fol. 4 hojas s. n.; la últ. pág. en b.; carece de pie de imprenta. La cabeza es asi: SEÑOR | El año de 11.....

201. El General Hurtado de Corcuera, como ya queda dicho, escribió en 1642 las primeras *Ordenanzas de buen gobierno* que rigieron en Filipinas.

I

IGNACIO DE LOYOLA (Fr. Martín), Franciscano.— V. González de Mendoza, *Itinerario del Nuevo Mundo.*

Añadiré aquí una cosa; á saber: que tal como está redactado el *Itinerario,* no debe de ser obra de Fr. Ignacio. En el cap. XVI (ed. de Amberes) hallamos las siguientes palabras:

«Este Padre (Fr. Silvestre) escriuió vna carta á Malaca »al Padre Fr. Martin Ignacio, y á otros religiosos», *etc.*— Véase además el comienzo del cap. XX.

Me inclino á creer que el P. González de Mendoza re-

fundió el *Itinerario* en vista de lo escrito por Fr. Martín Ignacio. Es decir, el fondo es del Franciscano; la forma del Agustino.

202. ILUSTRACION FILIPINA, | periódico quincenal.—*Manila*.

En fol.; texto á dos cols.; láms. tiradas aparte; dibujos en las últimas planas de los núms. correspondientes al 2.º año.

Núm. 1.º; Manila, 1.º Marzo 1859; n.º últ.º de la publicación: Manila 15 Diciembre 1860.

Imprenta y Litografía de Ramírez y Giraudier, editores, todos los números.

Año I.—Págs.: 172.—20 láms.

Año II.—Págs.: 288.—24 láms.

Escasean mucho las colecciones completas. Este es el primer periódico ilustrado que vió la luz en las Islas Filipinas.—Contiene algunos artículos curiosos.

203. INSTRUCCIONES | generales | de | la Real Renta | del Tababo | en las Islas Filipinas. | Reimpresas | En la Imprenta de *Sampaloc* con superior Licencia: | P. D. Cayetano Julian Enriquez. | Año de 1829. —*A la cabeza, e. de a. r., con esta inscripción al pie:* Estanco Real de Tabaco.

En fol.— Hs.: 7. s. n. − 112.

Port.—V. en b. − Disposiciones que motivaron el estanco.—Indice.—Texto.—En el fol. 51, esta port.:

Instrucciones | formadas para el | gobierno | del Real Ramo de | Naypes, | que debe correr unido | a el del Tabaco, en estas Islas Filipinas. | Reimpresas en la imprenta de Sampaloc | con superior Licencia: | Por D. Cayetano Julian Enriquez. | Año de 1829.—*A la cabeza, el mismo escudo de la port. principal.*

En el fol. 56, esta otra port.:

Instrucciones | formadas para el | gobierno | del Real ramo de | Polvora, | que debe correr unido | a el del Tabaco, | en estas Islas Filipinas.—*El mismo escudo arriba, y abajo el mismo pie de imprenta que en la anterior.*

(Ocupan estas *Instrucciones* hasta el fol. 61. La v. en b.)

Finalmente, en el fol. 84, esta otra port.:

Instrucciones | que debe observar | el Administrador | celador | de las fabricas | de | Puros, Cigarrillos y Polvo | de la Real Renta del | Tabaco | de estas Islas Filipinas. | *Impresas* | En la Imprenta de Sampaloc | con supe-

rior permiso | Por D. Cayetano Julian Enriquez. | Año
de 1829.—*No lleva el escudo á la cabeza.*

El título indica que esta obra es útil para el estudio de
la Administración de Hacienda de Filipinas.

204. Inſtructiŏ, y memoria, de las relaciones que
ſe han de hazer, para la deſcripcion de las Indias, que ſu Mageſtad man
da hazer, para el buen gouierno y ennoblef-
cimiento de ellas.

Por lo curiosa merece ser copiada integra; véase el
celo de nuestros monarcas por conocer detalladamente
sus reinos de Indias. Por otra parte, nuestro Zúñiga di-
jérase que conocia bien esta *Instrucción*, y que se com-
placia en observarla, dada la minuciosidad con que describe ciertas regiones.

PRimeramente, los Gouernadores, Corregidores, ó
Alcaldes mayores, a quien los Vireyes, o Audiencias, y otras personas del gouierno, embiaren estas
instructiones, y memorias impressas, ante todas cosas
haran lista, y memoria de los pueblos de Españoles, y de
Indios, que vuiera en su jurisdiction, en que solamente se
pongan los nombres de ellos escriptos con letra legible, y
clara, y luego la embiaran á las dichas personas del gouierno, para que juntamente, con las relaciones que en los
dichos pueblos se hizieren, la embien á su Magestad, y al
consejo de las Indias.

Y distribuyran las dichas instructiones, y memorias
impressas por los pueblos de los Españoles, y de Indios,
de su jurisdiction. donde vuiera Españoles. embiando las
a los concejos, y donde no, a los curas si los vuiere, y si
no a los religiosos, a cuyo cargo fuere la doctrina, mandando a los concejos, y encargando de parte de su Magestad, a los curas y religiosos. que dentro de vn breue
termino. las respondan, y satisfagan como en ellas se declara, y les embien las relaciones que hizieren. juntamente con estas memorias, para que ellos como fueren reci-
biendo, las relaciones, vayan embiandolas a las personas
de gouierno que se las vuieren embiado, y las instructiones y memorias las bueluan a distribuyr si fueren menester por los otros pueblos a donde no las vuiere embiado.

Y en los pueblos, y ciudades, donde los Gouernadores,
o Corregidores, y personas de gouierno residieren. haran
las relaciones de ellos, o encargar las han a personas in-
telligentes de las cosas de la tierra: que las hagan, segun
el tenor de las dichas memorias.

Las personas a quien se diere cargo en los pueblos de
hazer la relacion particular de cada vno dellos, responde-

ran a los capitulos de la memoria, que se prosigue por la orden, y forma siguiente.

Primeramente, en vn papel a parte, pondran por caueça de la relacion que hizieren, el dia, mes, y año de la fecha de ella: con el nombre de la persona, o personas, que se hallaren a hazerla, y el del Gouernador y otra persona que les vuiere embiado la dicha instruction.

Y leyendo atentamente, cada Capitulo de la memoria, screuiran lo que vüiere que deçir a el, en otro capitulo por si, respondiendo a cada vno por sus numeros, como van en la memoria, vno tras otro y en los que no huuiere que dezir, dexarlos han sin hazer mencion de ellos, y passaran a los siguientes, hasta acauarlos de leer todos, y responder los que tuuieren que dezir: como queda dicho, breue y claramente, en todo: afirmando por cierto lo que lo fuere, y lo que no, poniendolo por dudoso: demanera que las relaciones vengan ciertas, conforme a lo contenido en los capitulos siguientes.

Memoria de las cosas a que se ha de responder y: de que se an de hazer las relaciones.

1. PRIMERAMANTE. en los pueblos de los Españoles se diga, el nombre de la comarca, o prouincia en que estan, y que quiere dezir el dicho nombre en lengua de Indios, y porque se llama assi

2. Quien fue el descubridor y conquistador de dicha prouincia, y por cuya orden y mandado se descubrio, y el año de su descubrimiento y conquista. lo que de todo buenamente se pudiera saber.

3. Y generalmente, el temperamento y calidad de la dicha prouincia, o comarca, si es muy frija, o caliente, o humeda, o seca, de muchas aguas o pocas, y quando son mas o menos, y los vientos que corren en ella, que tan violentos. y de que parte son, y en que tiempos del año.

4. Si es tierra llana. o aspera, rasa o montosa, de muchos o pocos rios o fuentes, y abundosa o falta de aguas, fertil o falta de pastos, abundosa o esteril de fructos, y de mantenimientos.

5. De muchos o pocos Indios, y si ha tenido mas o menos en otro tiempo que ahora, y las causas que de ello se supieren, y si los que ay estan o no estan poblados en pueblos formados y pertenecientes, y el talle y fuerte de sus entendimientos, inclinaciones, y manera de viuir, y si ay diferentes lenguas en toda la prouincia, o tienen alguna general en que hablen todos.

6. El altura o eleuacion del polo en que estan los dichos pueblos de Españoles, si estuuiese tomada, y se su-

piere, o vuiese quien la sepa tomar, o en que dias del año el sol no hecha sombra ninguna al punto del medio dia.

7. Las leguas que cada ciudad o pueblos de Españoles estuuiese de la ciudad donde residiere la audiencia en cuyo districto cayere, o del pueblo donde residiese el gouernador a quien estuuiere sugeta: y a que parte de las dichas ciudades o pueblos estuuiere.

8. Assimismo las leguas que distase cada ciudad o pueblo de Españoles de los otros con quien partiere terminos, declarando, a que parte cae dellos, y si las leguas son grandes o pequeñas, y por tierra llana o doblada, y si por caminos derechos v torcidos buenos v malos de caminar.

9. El nombre y sobrenombre que tiene o vuiese tenido cada ciudad o pueblo, y por que se vuiere llamado assi (si se supiere) y quien le puso el nombre, y fue el fundador della, y por cuya orden y mandado la poblo, y el año de su fundacion, y conquantos vezinos se començo a poblar y los que al presente tiene.

10. El sitio y a siento donde los dichos pueblos estuuieren, si es en alto, o en baxo, o llano, o con la traça y de signo en pintura de las calles, y plaças, y otros lugares señalados de monesterios como quiera que se pueda rascuñar facilmente en vn papel, en que se declare, que parte del pueblo mira al medio dia o al norte.

11. En los pueblos de los Indios solamente se diga, lo que distan del pueblo en cuyo corregimiento, o jurisdiction estuuieren, y del que fuere su cabecera de Doctrina. *(Declarando todas las caueçeras que en la jurisdicion huuiese y los subjectos que cada cauecera tiene (*).)*

12. Y assimesmo, lo que distan de los otros pueblos de Indios o de Españoles que en torno de si tuuieren, declarando en los vnos y en los otros, a que parte dellos caen, y si las leguas son grandes o pequeñas, y los caminos por tierra llana o doblada, derechos v torcidos.

13. Ytem, lo que quiere dezir en lengua de Indios el nombre del dicho pueblo de Indios, y porque se llama assi, si huuiere que saber en ello, y como se llama la lengua que los Indios del dicho pueblo hablan.

14. Cuyos eran en tiempo de su gentilidad. y el señorio que sobre ellos tienen sus señores, y lo que tributauan, y las adoraciones, ritos, y costumbres buenas, o malas que tenian.

15. Como se gouernauan, y con quien trayan guerra,

(*) Estas palabras de letra cursiva, que van entre paréntesis, se hallan manuscritas; la añadidura es indudablemente de la época en que fué impresa la *Memoria* que copiamos.

y como peleauan, y el habito y trage que trayan, y el que
ahora traen, y los mantenimientos de que antes vsauan y
ahora vsan, y si han biuido mas o menos sanos antiguamente que ahora, y la causa que dello se entendiere.

16. En todos los pueblos de Españoles y de Indios se di ·
ga. el assiento donde estan poblados, si es sierra, o valle,
o tierra descubierta y llana, y el nombre de la sierra, o
valle y comarca do estuuieren, y lo que quiere dezir en su
lengua el nombre de cada cosa.

17. Y si es en tierra o puesto sano, o enfermo, y si enfermo porque causa. (si se entendiere), y las enfermedades
que comunmente· suceden, y los remedios que se suelen
hazer para ellas.

18. Que tan lejos o cerca esta de alguna sierra o cordillera señalada, que este cerca del, y aque parte le cac, y
como se llama.

19. El rio o rios principales que passaren por cerca, y
que tanto apartados del, y a que parte, y que tan caudalosos son, y si huuiere que saber alguna cosa notable de
sus nacimientos, aguas huertas y aprouechamientos de
sus riueras, y si ay en ellas, o podrian hauer algunos re-
gadios que fuessen de importancia.

20. Los lagos, lagunas. o fuentes señaladas que huuiere en los terminos de los pueblos, con las cosas notables
que huuieren en ellos.

21. Los volcanes, Grutas, y todas las otras cosas notables y admirables en naturaleza que huuiere en la comarca dignas de ser sauidas.

22. Los arboles siluestres que huuiere en la dicha comarca comunmente. y los fructos, y prouechos que de
ellos y de sus maderas se saca, y para lo que son o serian
buenas.

23. Los arboles de cultura. y frutales que ay en la dicha tierra, y los que de España y otras partes se han lleuado y se dan. o no se dan bien en ella.

24. Los granos y semillas, y otras hortalizas y verdu-
ras que siruen o an seruido de sustento á los naturales.

25. Las que de España se han lleuado, y si se da en la
tierra el trigo, ceuada, vino, y aceite, en que cantidad se
coge, y si ay seda, o grana en la tierra, y en que cantidad.

26. Las yeruas o plantas aromaticas con que, se curan
los Indios, y las virtudes medicinales, o venenosas de ellas.

27. Los animales, y aues brauos y domesticos de tierra, y los que de España se han lleuado, y como se crian
y multiplican en ella.

28. Las minas de oro y plata y otros mineros de metales. o atramentos, y colores que huuiere en la comarca y
terminos de dicho pueblo.

29. Las canteras de piedras preciosas, jaspes. marmoles, y otras señaladas y de estima que asi mesmo huuiere.

30. Si ay salinas en el dicho pueblo, o cerca del, o de donde se proueen de sal, y de todas las otras cosas que tuuieren falta para el mantenimiento, o el vestido.

31. La forma y edificio de las casas, y los materiales que ay para edificarlas, en los dichos pueblos o en otras partes, de donde los truxeren.

32. Las fortalezas de los dichos pueblos, y los puestos y lugares fuertes e inexpunables que ay en sus terminos y comarca.

33. Los tratos, y contrataciones, y grangerias de que viuen y se sustentan assi los Españoles como los Indios naturales y de que cosas, y en que pagan sus tributos.

34. La diocesi de arçobispado, o obispado, o abbadia en que cada pueblo estuuiere, y el partido en que cayere y quantas leguas ay, y a que parte del pueblo donde reside la cathedral y la caucera del partido y si las leguas son grandes o pequeñas, por caminos derechos, o torcidos y por tierra llana o doblada.

35. La yglesia cathedral y la parrochial o parrochiales, que huuiere en cada pueblo con el numero de los beneficios y preuendas que en ellas uuiere, y si huuiere en ellas alguna capilla o dotacion señalada, cuya es, y quien la fundo.

36. Los monesterios de frailes o monjas de cada orden que en cada pueblo huuiere, y por quien y quando se fundaron, y el numero de religiosos y cosas señaladas que en ellos huuiese.

37. Assimesmo los hospitales, y colesios, y obras pias que huuiese en los dichos pueblos, y por quien y quando fueron instituidos.

38. Y si los pueblos fueren maritimos demas de lo suso dicho se diga en la relacion que dello se hiziere, la suerte de la mar que alcança, si es mar blanda o tormentosa, y de que tormentas, y peligros, y en que tiempos comunmente succeden mas o menos.

39. Si la costa es playa. o costa braua, los arracifes señalados, y aque tiempos mayores o menores, y en que dias y horas del dia.

41. Los cauos, puntas, ensenadas y bayas señaladas que en la dicha comarca vuiere, con los nombres y grandeza dellos quanto buenamente se pudiere declarar.

42. Los puertos y desembarcaderos que huuiere en la dicha costa, y la figura y traça dellos en pintura como quiera que sea en vn papel, por donde se pueda ver la forma y talle que tienen.

43. La grandeza y capacidad de ellos, con los pasos y

leguas que tendran de ancho y largo poco mas o menos,
(como se pudiere sauer) y para que tantos nauios seran
capaces.

44. Las baças del fondo dellos, la limpieza del suelo.
y los vaxos y topaderos que ay enellos y aque parte estan, si son limpios de broma y de otros inconuenientes.

46. Las conmodidades y desconmodidades que tienen
de leña agua y refrescos y otras cosas buenas y malas
para entrar. y estar en ellos.

47. Los nombres de las Islas pertenecientes a la costa,
y porque se llaman assi, la forma, y figura dellas en pintura, si pudiere ser y el largo, y ancho. y lo que boxan.
el suelo, pastos, arboles y aprouechamientos que tuuieren, las aues y animales que ay en ellas, y los rios, y fuentes señaladas.

48. Y generalmente. los sitios de pueblos Españoles
despoblados, y quando se poblaron. y despoblaron, y lo
que se supiere de las causas de auerse despoblado.

49. Con todas las demas cosas notables en naturaleza.
y efectos del suelo, ayre. y cielo. que en qualquiera parte
huuiere. y fueron dignas de ser sauidas.

50. Y hecha la dicha relacion, la firmaran de sus nombres, las personas que se huuieren hallado a hazerla, y
sin dilacion la enuiaran con esta instruction a la persona
· que se la vuiere emuiado.

2 hojas; la últ. pág. en b.—Carece de fecha y de pie de impr.

(M.-B. de Ultr.: fué de Gayangos.)

Si estas *Instrucciones* hubieran sido fielmente obede-
cidas en Filipinas, hoy conoceriamos mejor que las conocemos algunas menudencias que no por serlo dejan de ·
tener interés histórico, geográfico, etc.

J

JAEN Y CASTILLO (Alonso).

205. Compendio | historico-poetico, | sobre los
ilustres hechos | del Señor D.ª Simon | de Anda Sa-
lazar, | de el Consejo de S. M. en el Supremo de |
Caftilla, y Oydór que fué de la Real Audiencia de la
Ciudad | de Manila, en la Defenfa de las Iflas Philipi-
nas, defpues de | rendida aquella Paza, y Puerto de
Cavite à las Armas | Britanicas, el 24. de Septiembre

de 1763. | Dedicalo | Al ll.ᵐᵒ y R.ᵐᵒ Señor | D. Fr. Jo-
seph Luis | de Lila, | del Sagrado Orden de San
Augustin, de el Con- | sejo de S. M., y Obispo electo
de la santa | Iglesia de Guamanga, &c. | Su Author |
Don Alonso Jaen y Castillo, | Profeſſor de Philoso-
phía, y Bellas-Letras en la Ciudad de Cadiz su Pa-
tria. | Año de MDCCLXV. | Con licencia: | En Cadiz
por D. Manuel Espinosa de los Monteros | ...

En 4.º—Págs.: 12 s. n. + 23 (y la v. en b.).
Port.—V. en b.—Ded.—Apr del Dr. D. José Eusebio Llano
Zapata: Cádiz, 20 Junio 1765.—*Imprímase:* dos decretos: Cádiz, 21 Ju-
nio, 1765.—Pról.—Texto.—Comienza:

CANTO del Adalid mas esforzado
El Espiritu Marcial mas distinguido: *etc.*

Esta obrilla es curiosa por la oportunidad en que fué
publicada; contiene notas instructivas; pero como obra
poética deja bastante que desear. Téngola por rara.—El
año *1763* de la port., es errata, puesto que la plaza de Manila la rindió el arzobispo Rojo (criollo mexicano) en 1762,
como es sabido. y no ignoraba Jaén.

206.   IESVS. | Cartas que | los Padres y Her- | ma-
nos de la Compa- | ñia de Ieſus, que andan en los
Reynos | de Iapon escriuieron a los de la miſ- | ma
Compañia, deſde el año de | mil y quinientos y qua-
rēta | y nueve, haſta el de mil | y quinientos y ſe- | ten-
ta y vno. | En las quales se da no- | ticia de las varias
coſtumbres y Idolatrias | de aquella Gentilidad: y ſe
cuenta el | principio y ſuceſſo y bondad | de los Chriſ-
tianos de | aquellas par- | tes. Con priuilegio de Caſ-
tilla y Aragon. | En Alcala | En caſa de Iuan Iñiguez
de Le-querica Año | 1575.

En 4.º—Hojas: 8 s. n. + 315? + 3 s. n.? (Porque después del
fol. 314 se nota la falta de dos hojas, una de las cuales debió de ser
texto; la otra, primera del índice.

Al fol. 72 vuelto, van caracteres japoneses: creo sea
esta la primera obra impresa en España que los contiene.
—Este libro es traducción de obra portuguesa; pero se
han añadido cartas inéditas.—Danse noticias de S. Francisco Xavier; pero nada se dice á propósito de su breve
estancia en Mindanao. En las hs. 34-35. dícese cómo *se
sangraban* para pactar paces, describelo en una carta suya Cosme de Torres. Cosme salió de Sevilla para las *Islas*

del Poniente en 1538. — Este tomo ofrece la particularidad de ser el primero en que compilaron *Cartas* los Padres Jesuitas.

(Biblioteca de D. Antonio Cánovas del Castillo.)

JIMÉNEZ TENOR (Antonio).

207. Teoria | de la | formación y marcha de los ciclones ‍ en el | Pacífico y Mar de la China. | La Tierra. | Los Temblores y sus causas | por ‍ D. Antonio Jimenez Tenor. | *Manila* | Imprenta de C. Valdezco | ... | 1885.

En 12.º—Págs.: 64.

Este Sr. Jiménez Tenor se empeñó en creer que había descubierto la cuadratura del círculo, merced á lo cual algunos de sus escritos *chocan,* como *choca* la *Teoría* de los ciclones: sería un nuevo Noherlesoom si acertase con alguna más frecuencia.

JIMENO AGIUS (José).

208. Poblacion y Comercio | de | Filipinas | por J. Jimeno Agius | *Madrid* | Est. tip. de *El Correo,* á cargo de F. Fernández | ... | 1884.

En 4.º—Págs.: 125 (y la v. en b.).

Aunque deficiente desde el punto de vista histórico, tan importante para apreciar mejor la progresión en que se ha desarrollado la población de Filipinas, este estudio merece ser leido y consultado.

JORDANA Y MORERA (Ramón).

Son varias las obras de este señor ingeniero de Montes; la más importante es la que describimos á continuación:

209. Bosquejo | geográfico é histórico-natural | del | Archipiélago Filipino | por | Don Ramón Jordana y Morera, | Ingeniero de Montes, ex-Inspector del ramo en aquellas Islas. | Publicado de Real órden en vista del favorable informe | de la Real Academia de Ciencias Exactas, Físicas y Naturales. | *Madrid* | Imprenta de Moreno y Rojas | ... | 1885.

En fol.- Págs.: XIV + 1 s. n. (y la v. en b.) + 461 (y la v. en b.) + h. en b.—Con 12 láms. iluminadas al cromo.

K

KOOK, por Cook, en la pág. 154 del Estadismo.—
V. **Cook**.

L

LA CIUDAD DE DIOS. (Antes Revista Agustiniana.)
—V. *Revista Agustiniana.*

LA CORTE Y RUANO CALDERÓN (Felipe de).

210. Memoria | descriptiva é histórica | de las | Is-
las Marianas | y | otras que las rodean en relacion con
ellas y de su organizacion actual, | con un estudio
analítico | de todos sus elementos físicos, naturales y
políticos, | y propuesta de su reforma en todos los
ramos | para elevarlas al grado de prosperidad que
les corresponde, | escrita por el Teniente Coronel
D. Felipe de la Corte y Ruano Calderon, | del Cuerpo
de Ingenieros del Ejército, Gobernador de dichas Is-
las; | como resultado de la comision que se le confi-
rió por el Superior Gobierno de Filipinas | en Decreto
de 8 de Junio de 1853, y aprobada por Real órden de
26 de Noviembre del mismo. | Publicada en el *Boletin
oficial del Ministerio de Ultramar.* | *(E. de a. r.)* | *Ma-
drid,* | Imprenta Nacional. | 1875.

En fol. menor; texto á dos col.—Págs : 260.

Obra la más completa de cuantas tratan particularmente de las antiguas islas de los Ladrones.

211. LA | inmigracion | china y japonesa | en Fili-
pinas | Documentos | *(E. de los Agustinos)* | *Madrid.*
—1892 | Imprenta de Don Luis Aguado | ...

En 4.º—Págs.: 19 (y la v. en b.).

Contiene dos informes oficiales muy interesantes. De
este folleto se han impreso únicamente *veinte* ejemplares.

Debo el mío á la bizarría del P. Pedro Fernández, que corrió con la tirada.

Lafitau.—Misionero francés, á quien cita en su apoyo el abate Masdeu, cita que transcribe el P. Zúñiga (página 510), para rebatirla (pág. 513). La obra á que se refiere la cita, es la que lleva por título:

212. *Mœurs des sauvages Ameriquains, comparées aux mœurs des premiers temps.—Paris,* 1724.—En 2 vols.

La Pérouse.—En las págs. 154 y 431 cita el P. M. de Zúñiga á este famoso navegante francés. Su obra

213. Voyage de la Pérouse autour du monde, publié conformément au decret du 22 avril 1791... *Paris,* l'an V (1797); 4 vols. y atlas.

Es bastante conocida y la elogian los geógrafos.

LAS CASAS (Fr. Bartolomé de), Dominico.

214. Célebre por su exagerado celo en favor de los indios americanos; raro es el crítico que no lo declara así. Aquel exceso de celo tuvo funestas consecuencias, como ya lo insinúa nuestro Autor en la pág. 491. Fué el P. Las Casas el reverso de la medalla de Fernández de Oviedo, con la diferencia de que éste no se apasionó lo que su contrincante, el cual llegó á delirar en obsequio de los indígenas, tanto como deliraba en contra de los castellanos. Sus escritos hicieron daño enorme á la Metrópoli: hoy se les ha reducido á sus verdaderos límites, y, sin que se les niegue importancia, no se les suele conceder, en ciertos puntos, la que hace un siglo se les concedía, principalmente por los enemigos sistemáticos de España; porque ya es cosa averiguada que así como hubo un D. Quijote á quien los molinos se le antojaban gigantes, hubo un P. Las Casas al que cada indio le parecía un mártir. Reproducción de Las Casas fué, años adelante, el obispo Palafox; sólo que éste, ni fué en cuanto indiófilo tan exaltado como el insigne dominico sevillano, ni tan contrario á los españoles, puesto que sus dardos los dirigía principalmente contra los sacerdotes Jesuitas, por cuestiones de jurisdicción.—Volviendo al P. Las Casas, diremos que las obras suyas impresas antiguamente son de extremada rareza: el eximio americanista D. Antonio María Fabié las compiló é ilustró, formando una muy estimada por los bibliófilos.

Le Gentil.

215. Voyage | dans | les mers de l'Inde, | fait par

ordre du Roi, | A l'occafion du Passage de Vénus, fur
le Difque du Soleil, le 6 Juin 1761, | & le 3 du même
mois 1769. | Par M. Le Gentil, de l'Academie Royale
des Sciences. | Imprimé par ordre de Sa Majefté. |
Tome... | A *Paris*, | de l'Imprimerie Royale. | *(Año)*.

En 4.º mayor.

El tomo segundo (impreso en 1781) es el que contiene
el *Viaje á Manila*, como le llama el P. Zúñiga. Ocupa toda
la tercera parte. ó sean 366 págs., sin las preliminares.—
Cita Zúñiga á Le Gentil: tomo I: págs. 31. 32, 231, 234, 266,
279, 280, 281, 433, 495, 496, 504 y 505; tomo II, págs. 15, 50
y 52.

LEONARDO DE ARGENSOLA (Bartolomé).

216.   Conqvista | de las | Islas Malucas | al Rey Fe-
lipe III. N.º S.ᵒʳ | Efcrita por el Licen.ᵈᵒ Bartolome |
Leonardo de Argenfola capellan | de la Mageftad de
la Emperatriz | y Rector de Villahermosa. | (Dibu-
jos) | En *Madrid* por Alonso Martin, año M DC IX.

Port grab. é historiada: *P Perret Sculp: Regis ft:*

En fol.—Págs. (aparte la hoja de la port., que por ser tirada aparte, va pegada): 10 s. n. + 407 (y la v. en b.).

Port.—V. en b.—El Rey (priv.): Madrid, 24 Enero 1609.—Lic. y
aprob. del Ordinario: 30 Ubre. 1608.—Aprob. del lic. Pedro de Valencia: 14 Enero 1609.—Erratas.—Tasa.—Ded. al Rey Felipe III: 4
Mayo, 1609.—A los Lectores (Prol): por Lupercio Leonardo de Argensola.—Texto (termina en la pág. 389).—P. en b.—Indice.—La
últ. en b.

(M.-B. de Ultr.: fué de Gayangos.)

Pero la edición á que aludo en alguna de mis notas al
P. Zúñiga, es la moderna, cuya descrip. doy á renglón
seguido:

217.   Conquista | de las | Islas Malucas | al Rey Fe-
lipe tercero | nuestro Señor | escrita por el Licencia-
do | Bartolomé Leonardo de Argensola, | Capellán de
·la Majestad de la Emperatriz | y Rector de Villaher-
mosa. | *(E. de a.)* | Zaragoza | Imprenta del Hospicio
Provincial | 1891.

Un vol. en 4.º—Págs.: CLXIII (y la v. en b.) + 407 + 4 s. n.—
En los prels. figura un extenso estudio acerca de ARGENSOLA por el
P. Miguel Mir.—Colofón. «Acabóse la impresión... el día 7 de Di-
ciembre de 1891.»—V. en b.

El Sr. Mir ha hecho tirada aparte de la magnífica bio-
graf. del famoso Argensola, cuya reputación de escritor
notable es harto sabida, para que encarezca yo aquí el estilo brillante de tan superior maestro, que por complacer
á D. Pedro Fernández de Castro, Conde de Lemos, dió,
con este libro, una muestra más de lo gallardamente que
escribía el castellano. Conozco una traducción francesa
de 1706, cuyo pie de imprenta reproduzco; hélo aquí:

A Amsterdam,
Cher Jaques Desbordes, Libraire
vis à vis la grande porte de la Bourſe

M.D.CCVI

En la papeleta de AGANDURU (V.) dejamos ya dicho que
su obra *Historia general* supera á la de Argensola en la
exactitud de muchos pormenores.

LEONOR (Sabino).

218. Últimos momentos del M. R. P. Fr. Pascual
Ibañez, ó la Conquista de Joló. Memoria Histórico-
poética de aquella célebre Jornada, escrita en siete
cuadros en verso y prosa, por D. Sabino *Leonor*. Dedicada al M. R. P. Fr. Juan Felix de la Encarnacion,
Provincial de Agustinos Descalzos, y á las Órdenes
Religiosas de Filipinas.—*Manila:* 1851.—Imprenta de
los Amigos del País.

Medianejamente escrita. A manera de preliminar, lleva
dos páginas en las que trata de los «progresos de la conquista espiritual en ambos mundos».—La obra va ilustrada con una lám. dibujada bastante mal por José Lo-
zano, y grab. con escasa habilidad por Carlos Borromeo,—que representa el momento en que el P. Ibañez
asaltó la cotta de los moros. La grande fama del P. Ibañez, y no el nombre del Sr. Sabino, me obliga á consignar
la noticia de esta obrita, que he registrado en Valladolid.

(Coleg. de Agusts. filips.)

LEÓN PINEDO (Antonio de).

219. Tratado | de | Confirmaciones Reales | de |
Encomiendas, oficios i | caſos, en que se requieren |
para las Indias | Occidentales. | A Don Lorenzo Ramí-
rez, de | Prado del Conſejo del Rey | N. S. en el Su-
premo de las | Indias i Iunta de Guerra | dellas; i en

el de Cruzada i | Iunta de Competencias. | Por el Licenciado Antonio de Leon (Relator del mifmo | Confejo de las | Indias. | Con priuilegio. | ... | En *Madrid*. Por Iuan Gonzalez. 1630.

En 4.º; Port. grab. é hist.—Hojas: 16 s. n. + 173 + 17 s. n. Port.—V. en b.—Suma del priv.—Tasa. — Erratas.—Aprob. del Dr. Lopez de la Madrid: Madrid, 26 Junio 1629.— Lic. del Ord.— Aprob. del Lic. Márquez de Cisneros: 30 Agosto, 1629.— Id. del Licenciado D. Rodrigo de Aguiar: 15 Nbre. 1628.—Ded.: Madrid, 6 Junio 1628.—Otro, del Lic. D. Francisco de Barreda.—Otro, del Dr. Juan Rodríguez de León.—Tabla de los capítulos.—Texto.—Lista de autores y obras citados en el TRATADO: (Morga, Ríos Coronel, González de Mendoza, Leonardo de Argensola, Rivadeneyra, Chirino, etc.)— Tabla de Leyes, Cédulas, etc.—Indice alfabético de Materias.

Como se ve por la lista de autores *filipinos* citados, este libro es tan útil al filipinista como al americanista, no obstante la declaración de la portada, que alude tan sólo á las Indias *occidentales*. Es obra curiosa y rara. Del mismo autor es el

220. *Epitome de la Biblioteca Oriental y Occidental, náutica y geográfica*, impresa por primera vez, en un vol. en 4.º, el año de 1629; obra que volvió á publicar, en 1737-38, en 3 vols. en fol., texto á dos cols., el sabio González Barcia, de todo punto precisa al bibliógrafo. Tengo un ejemplar de esta 2.ª y última edición.

LEYES DE INDIAS.—V. RECOPILACIÓN DE LAS.

LÓPEZ (Fr. Tirso), Agustino.

221. Ilustrador de la 2.ª parte de las *Conquistas de las Islas Filipinas*, por Fr. Casimiro Diaz. Es un profundo conocedor de libros, que ayudó mucho al Rmo. P. Fray José Lanteri, italiano, autor de una obra en latín acerca de los *Escritores Agustinos*. Del P. Lanteri publicó el Padre López (Valladolid, 1888) una *Necrología* de la que sólo se imprimieron *seis* ejemplares, uno de los cuales tengo que agradecérselo á su ilustre autor.—Citasele al P. López, digno correspondiente de la R. A. de la Hist., en la nota 32 del *Apéndice A*.

LL

LLANOS (Fr. Antonio).—V. BLANCO Y OTROS.

M

MALDONADO DE PUGA (Fr. Juan), Hospitalario.

222. Religiosa | hospitalidad | Por los Hijos del Piadoso Coripheo Patri- | archa, y Padre de Pobres S. Ivan de Dios. | En sv | Provincia de S. Raphael de las Illas | Fhilipinas. | Compendio svbstan | cial de su Fundacion Progressos, y estado | presente, que en Sucinto Informatibo | estilo, | dedica | Al Rmo. Padre F. Alonso de Iesvs, y Ortega Gene- | ral de la misma Sagrada Hospitalidad. | El R. P. F. Antonio de Arce Vicario Probincial | Visitador y Prior del Convento de Manila, de | cuya Obediencia. | lo escrivio | F. Jvan Manuel Maldonado de Puga Religioso | Sacerdote Predicador Maestro de Nouicios. y Ca- | pellan Rector del mismo Convento de Manila. | Año de 1742. | *Andrade Sculp.—(Al final:)* Impreso | en *Granada,* | por Joseph de la Puerta, Impres- | for, y Mercader de Libros. | Año de 1742.

En 4.°;—port. grab. (tirada aparte), historiada, con cuatro leyendas alrededor de la orla.—Págs.: 2 s. n. (de port. y la v.) + 4 s. n. (prels.) + 261 (texto) + 3 s. n. (Indice y colofón).—Tres grabs. tirados aparte.

Port.—V. en b.—Ded.; Manila, 14 Julio, 1740.—Aprob. del Padre Fr. Pedro de Zaragoza; Ocaña, 26 Febrero 1742.—Lic. de la Orden: Granada, 28 Septiembre 1742: Fr. Alonso de Jesús y Ortega, General; Fr. Hiscio de la Concepción, Secretario. — Censura del Padre M. Martin García: Granada, 20 Septiembre 1742.—Lic. del Ordinario: Decreto de 26 Septiembre 1742: Granada —Aprob. del P. Fr. Pablo de Écija: Granada, 12 Junio, 1742. —Lic. del Consejo: Madrid, 9 Julio 1742.—Advertencia al lector.—(Erratas).—Proemio.—Grab. de San Rafael.—Texto.—Indice. — Colofón.—Entre las págs. 148-149, otro grab.; y entre las págs. 180-181, el tercer y últ. grab. Estos dos plegados.

Poca, poquísima huella han dejado en Filipinas los PP. Hospitalarios; muy contadas son las obras antiguas que los mencionan: y que esto les llegaba al alma, colígese de ciertas insinuaciones que en este libro se leen. Los filipinólogos modernos no lo mencionan, siendo asi que es único en su género.

MARÍA (Fr. Agustín) y BLANCO (Fr. Manuel).

223. MEMORIA de todos los Religiosos que han muerto en demanda de la propagacion de la Religion Christiana, y civilizacion de los habitantes del Asia en esta Provincia del Santissimo Nombre de Jesus de las Yslas Filipinas del Orden del ínclito Doctor de la Yglesia San Agustin N. P. Sacada de varios documentos que existen en nuestros Archivos de donde los tomo el P. Fr. Agustin Maria, Autor de esta Memoria, que intitulo *Osario Venerable*. Continuada, corregida y enmendada por N. M. R. P. Ex Provincial Fr. Manuel Blanco Prior actual del Convento de N. Nñra de Guadalupe.—Año de 1839.—*321 págs.*

Ms. en 4.°; he registrado una copia en el Col. de Agusts. filips. de Valladolid.—Es la obra que sirvió de norte á Fr. Gaspar Cano, según dijimos al hablar del *Catálogo* de este autor.—V. SANTA MARÍA, que es el mismo.

MALO DE LUQUE (Eduardo). (El Duque de Almodóvar.)

224. Historia política | de los | Establecimientos | ultramarinos | de las | Naciones europeas. | Por | Eduardo Malo de Luque | Tomo... ı En *Madrid* | Por Don Antonio de Sancha. | Año de | .... | Con las licencias necesarias.

Consta la obra de cinco tomos en 4.°; pero solo el quinto trata de Filipinas.

Tomo I.—Impreso en M. DCC. L XXXIV.

Tomo V.—Impreso en M. DCC XC.—Págs.: *xiii* + 1 s. n: + 384 (texto) + 2 s. n. + 138 (de «Piezas anexas» y *Tabla)*.—3 mapas y un grande cuadro con noticias estadísticas.

Port.—V. en b.—Pról.—Tabla *(por capítulos)*.—Mapa de China. —Texto.—Mapa de las Islas Filipinas (entre las págs. 192-193), anónimo, señaladas las costas con tinta encarnada.—«Plaza de Manila, su Bahia y puerto de Cavite; fegun su estado en el año de 1787».—«Piezas anexas á este libro».—Al final de la 3.ª, un gran cuadro estadístico.—Tabla alfabética.

Acerca de la guerra de los ingleses hay noticias que deben consultarse, bien que todas ellas se hallen, las que no copiadas al pie de la letra, extractadas en el *Estado* de D. Sinibaldo de Mas. La obra en conjunto no es rigorosamente *original* del Duque de Almodóvar; es en su mayor parte traducción de una obra inglesa publicada en Londres pocos años antes. Así lo dice, si mal no recuerdo, el sabio Menéndez Pelayo en un estudio que publicó en *El Centenario.*

225. MAPA general | de las | almas que administran | los | Padres Agustinos calzados | sacado en el año de 1820.—*Madrid:* | Imprenta que fué de García | 1820.

En 4.°—Págs.: 46.—Entre las 2-3, ingerido un pliego de 4 páginas s. n., «Representacion al consejo de Regencia hecha por D. Mariano Fernandez Folgueras... pidiendo se provea aquellas islas de individuos para las misiones, y administracion de Sacramentos.»—Al pie de este pliego: *Madrid: Impreso en la Imprenta que fué de García. Año de 1820.*

226. —— general | de las almas | que adminis tran los | Padres Agustinos calzados | en estas Islas | Filipinas, | formado | En el año de 1831. | Impreso en *Sampaloc* | Con Superior licencia | Año de 1831.=Portada orl.

En 4.°—38 hojas sin num.

227. —— (Como el anterior, en el año de .1836, impreso en *Manila* en 1837.

228. —— (Id. id., en el año 1837, impreso en *Manila,* en la Imp. de J. M. Dayot, en 1838.

(Valladolid.)

229. —— general | de las almas que administran| los PP. Agustinos calzados | en estas Islas Filipinas, | con espresion de los Religiosos, Conventos, situacion topógrafica de los pueblos, industria de sus habitantes, y años de su | fundacion. | Formado en 1845. | *Manila:* | Imprenta de D. Miguel Sanchez. | 1845.

En 4.°—Págs.: 8 (y la v. en b.).—Con once mapas y un estado (pág. 73).

En todos los *Mapas:* «Curante R. P. Fr. Emmanuele Blanco»— Los de 1832: «Jacobus de Arquiza fecit»; los de 1834: «Alexander Sanchez fecit».)

Todas estas obritas, por ir ilustradas con cartas geográficas y contener noticias de interés para la estadística, son curiosas y útiles.

V., además, BLANCO (Fr. Manuel), en *Mapa.*

MARTÍNEZ DE LA PUENTE (José).

230. Compendio | de las historias | de los descubrimien- | tos, conqvistas, y gverras de la | India Oriental, y fus Islas, | desde los tiempos del Infante Don | Enrique de Portugal fu inventor, hermano del Rey | D. Duarte; hafta los del Rey D. Felipe II. de | Portugal, y III. de Castilla. | Y la introdvccion del comercio | Portugues en las Malucas, y fus operacio- nes | Politicas, y Militares en ellas. | Hecho, y añadi- da vna descripcion de la India, | y fus Islas, y de las Coftas de Africa, por donde fe començo la | Nauega- cion del Mar del Sur: fus riquezas, coftumbres | de fus gentes, y otras cofas notables. | Y dedicado | al grande, al portentoso | portvgves | San Antonio de Padva. | Por D. Ioseph Martinez de la Puente. | Con privilegio | En *Madrid*, En la Imprenta Imperial: Por la viuda de Ioseph | Fernandez de Buendia, Año de 1681.

En 4.º; port. orl. y á dos cols.

Págs.: 16 s. n. + 380 + 34 s. n.

Anteport.—V. en b.—Port.—V. en b.—Ded. — Censura de Don Esteban de Aguilar y Zúñiga: Madrid, 15 Octe. 1679.—Lic. del or- dinario: 30 Oct. 1679.—Cens. de D. Alonso Núñez de Castro, cro- nista de S. M.: 6 Dbre. 1679.—Firma del priv.: 10 Enero 1680.— Erratas: 21 Dbre. 1680.—Tasa: 10 Enero 1681.—Pról.—Texto. (Consta de 4 libros: I, 10 capítulos; II, 5 capítulos; III, 16 capítulos; IV, 29 capítulos.—Indice de los capítulos.—Indice alfabético de co- sas notables.

Interesante para la historia de las navegaciones y conquistas de los portugueses; mucho también para la historia de las Malucas. Dedica escasas páginas á des- cribir Filipinas (libro I). El cap. XXIV del libro IV. inte- resante para la biografía de D. Pedro de Acuña. Para lo filipino, bebió en Chirino y Colín. Para lo moluco, en Ar- gensola.

«Los fracmentos de esta Nao Victoria se guardan en Seuilla por memoria de auer sido ella sola quien dió buel- ta entera á todo el Orbe de la tierra, y agua.» *(Pág. 46.)* —...«Islas Filipinas, á quien los naturales llaman, Islas de Luzones»... *(47.)*—Legazpi... «confirmó el nombre de Fili- pinas; porque ya desde el año de 1545. por no estar bien radicado el nombre de Filipinas, no las llamauan. sino Islas del Poniente. por hazer la gente del comercio sus nauegaciones á ellas siguiendo la carrera del Sol de Orien- te á Poniente;»... *(48).* Pág. 244, la dedica á hablar de San Franc. Xavier. Lo ensalza mucho. Nada dice de que estu- viese en Mindanao, sin duda porque sólo fué de paso y

casualmente. Habla de Ormuz, Goa, Taná-Bazain, Co-
clúm, etc., etc.—Ibid.

*(B.-M. de U.: fué de Gayangos.—Este libro y el de Morga, se hallan encuader-
nados en un mismo volumen.)*

231. MARTÍNEZ DE ZÚÑIGA (Fr. Joaquín), autor del Estadismo de las Islas Filipinas, etc.—V. El
Prólogo de esta obra.

MARTÍNEZ-VIGIL (Fr. Ramón), Dominico, Obispo
de Oviedo.

232. Diccionario | de los | nombres vulgares que
se dan en Filipinas | á | muchas plantas usuales y no-
tables del mismo archipiélago, | con la corresponden-
cia científica, la clasificacion natural, y | la indicacion
de su uso, | por el | M. R. P. Fr. Ramon Martinez Vi-
gil, | de la Orden de Predicadores *(E. de la Orden.)*
Madrid: | Imprenta de la Viuda é Hijo de D. Eusebio
Aguado, | ... | 1879.

En 4.º—Págs.: 2 s. n. + VI + 1 s. n. (y la v. en b.) + 50 +
2 en b.

233. Curso | de | Historia Natural, | Fisiología é
Higiene | según los principios de | Santo Tomás de
Aquino | por el | P. R. Martínez-Vigil | de la Orden de
Predicadores | Catedrático que fué de esta asignatu-
ra en la Real y Pontificia Universidad | de Manila,
Doctor en Filosofía y Teología, | Individuo de varias
Sociedades científicas nacionales y Extranjeras, | y
Procurador general de su Orden en Madrid | *(E. de
la Orden)* | *Madrid* | Establecimiento tipográfico de
A. Pérez Dubrull | ... | 1883.

En 4.º—Págs.: VII + 1 s. n. (y la v. en b.).—Numerosos grabados intercalados en el texto.

(Hácese especial mención de los animales, plantas y
minerales de Filipinas.)

234. La Orden | de | Predicadores | Sus glorias |
en santidad, apostolado, | ciencias, artes y | gobier-
no de los pueblos, | seguidas del | Ensayo de una Bi-
blioteca | de | Dominicos españoles | por el | P. Ra-
món Martínez-Vigil | de la misma Orden | Obispo de
Oviedo | *(E. de la Orden)* | *Madrid* | ... | ... | ... | 1884.

—*A la v. de la anteport.:* Imprenta de Antonio Pérez Dubrull,...—*Colofón:* «... se acabó de imprimir... el día 14 de Agosto del año 1884».)

En 4.º menor.—Págs.: 2 en b. + 6 s. n. + 430 + 1 s. n. (colofón; y la v. en b.).

El *Ensayo de una Biblioteca,* ocupa las págs. 229-430.

235. La antigua civilización de las Islas Filipinas.

En *La España Moderna,* de *Madrid*—colección de 1891: *Abril,* págs. 86-98; *Mayo,* págs. 4-15, y *Junio,* págs. 4-20.

236. Hízose tirada aparte.—Carece de port.; pero lleva cubierta impresa—en *Oviedo?*

El Diccionario es sumamente útil; el *Ensayo de una Biblioteca* (en La Orden de Predicadores), aunque su laconismo no puede ser mayor, sirve de guía; la Historia Natural contiene alguna que otra observación aprovechable y, finalmente, La Antigua civilización es, según confesión del propio Sr. Martínez, un extracto de un códice curiosísimo, indudablemente el mismo á que nos hemos referido en la *introducción* de este *Apéndice* (V. páginas 98 *-100 *). El Sr. Obispo de Oviedo, por circunstancias que respetamos, no ha querido declarar hasta hoy quién sea el autor del códice, ni dónde lo halló. El mismo señor Obispo es autor de un tratadito de

237. *Geografía* (para las escuelas)—y de un folletito sobre

238. *Pesas y Medidas usuales en Filipinas, con sus equivalencias,* etc.,—obra la primera en su género que se imprimió en Manila.

MAS (Sinibaldo de).

239. Informe | sobre el estado | de las | Islas Filipinas | en 1842 | Escrito por el autor | del *Aristodemo,* del *Sistema musical* | *de la lengua castellana, etc.* | Tomo... | Madrid. | Enero de 1843.—*(No se expresa en qué imprenta se hizo la obra.)*

Dos tomos en 4.º

I —Págs : 4 s. n. + 201 (y la v. en b.) + 93 (y la v. en b.) + 2 en b. + 138 + 9 (y la v. en b.) + 15 (y la v. en b.) + 22 + 3 s. n. (Erratas; y la v. en b.).—Con un cuadro paleográfico, entre las páginas 24 y 25 de la primera serie.

II.—4. s. n. + 21 (y la v. en b.) + 2 en b. + 92 + 47 (y la v. en b.) + 14 + 37 (y la v. en b.) + 15 (y la v. en b.). *(Mapa del Ar-*

chipiélago.) + 31 (y la v. en b.) + 6 + 13 (y la v. en b.) + 40 + 32 + 11 (y la v. en b.) + 3 (y la v. en b.) + 2 en b. + 31 (y la v. en b.) + 24 + 3 Erratas; y la v. en b.).

El Sr. Mas no pone su nombre en la port.; pero pone los títulos de dos obras suyas, como si en España supiese todo el mundo—el de ahora y el de lo porvenir—quién fué el autor del *Aristodemo* y del *Sistema musical.* Perdónesele este rasgo de jactancia, un si es no es pueril, en gracia de la gran aceptación que su *Estado* tiene entre los legos, porque los que no lo son, ven en esta su obra un grandísimo plagio, con el adimamento ó los aditamentos que los frailes principalmente les dieron hechos en Manila. Sin embargo, seamos justos; D. Sinibaldo reflexiona por su cuenta sobre algunas cuestiones y, en general, lo hace con gran cordura. En la parte histórica le bebió la sangre al autor del ESTADISMO y al duque de Almodóvar.

Masdeu (Juan Francisco de).

240.   Compuso en italiano la *Historia crítica de España,* que se publicó en castellano durante los años 1783-1805.— 20 volúmenes.—Nuestro autor le cita en las págs. 509-514, para rebatir algunas de las peregrinas teorías que acerca de la igualdad intelectual de las razas sostiene en su *Historia* el abate Masdeu.

MASTRILLI ó MASTRILLO (P. Marcelo Francisco), Jesuíta.

Cítale el P. Zúñiga en el tomo II, pág. 83, pero no á título de autor precisamente. El P. Mastrilli escribió:

241.   «*Carta* del P. Marcelo Francisco Mastrilli, en que da cuenta de la conquista de Mindanao al P. Juan de Salazar. Provincial de la Compañía de Jesús en las Islas Filipinas. *Taytay,* 2 de Junio de 1637, en fol.—Sotwel dice que esta carta se imprimió en *Sevilla.*—Backer, IV, 403».

(Nota que debo á la bondad del P. Jacas, S. J.)

V. BOBADILLA.
El P. Mastrilli pasó luego al Japón, y allí fué martirizado. Acerca de la vida y martirio de este benemérito religioso, conozco varias obras.

MÁS Y OTZET (Francisco de).

242.   El | Volcán de Taal | Poema | *(A la cabeza:* «Francisco de Más y Otzet». | *Madrid (A la v. de la port):* 1885.—Tip. Hispano-Americana.

En 8.º—80 págs.

Ded.: Al pueblo de Táal.—Las págs. 63-80, de *Notas*.

Hemos dicho ya en el *Apéndice A (pág.* 7 *)* que en esta obra hay alguna equivocación; ahora añadiremos que no faltan plagios en las *Notas*. (D. Francisco es sobrino de D. Sinibaldo.) Por lo que respecta á los versos, hé aquí uno:

Corruscante cabellera...

En el Ateneo de Madrid aplaudieron este *Poema*, cuyas notas *encarece* su propio autor, á pesar de los «corruscos».

MEDINA (Fr. Juan de), Agustino calzado.

243. *Successos, que los Religiosos de la Orden de N. P. S. Aguſtin han tenido en las Islas Philipinas,* desde que se deſcubrieron y poblaron por los Eſpañoles por orden y mandado de D. Phelipe Segundo Rey, y Señor de las Eſpanas.

MS., inédito; un tomo en 4.°, de 439 pág. + 4 de Índice s. n.

Conozco una copia, única quizás que existe en la Península. que va autorizada con la siguiente declaración autógrafa:—«Esta historia la escribió despues del año 1631 el V. P. Fr. Juan de Medina cuia vida trahe el P. Fr. Gaspar de San Agustin en la 2.ª Parte de la Conquista. El original, escrito de mano del mismo author se guarda en el Archivo de la Provincia; y de él se ha sacado esta copia que corregida por mi concuerda con su original.—Manila y Junio 23 de 1789.—Fr. Pedro Bello.»—*(Firmado.)*—A esta declaración sigue esta otra. también auténtica:—«Año de 1793.—Por muerte del P. Bello (R. I. P.) en 18 de Agosto de 1793 en el conveto de Manila por Setiembre del mismo año me regaló N. M. R. P. Provincial este libro y lo firmé en Bimali en 3 de Enero de 1794.—Fr. Ag.ⁿ Pdo. Agustino.»—*(Firmado.)*—La copia de que hago mérito vino á dar en manos de D. Gregorio Martín (médico que fué del general Moriones en Filipinas), el cual, después de conservarla cuidadosamente durante mucho tiempo, la regaló en 1891 á la biblioteca del Colegio de Agustinos filipinos de Valladolid.—El P. San Agustín (ó mejor. su refundidor y continuador), cita. en efecto, á Fr. Juan de Medina, en el libro II, cap. XXI de la 2.ª *Parte* de las *Conquistas:* y precisamente á la pág. 361 (V. Díaz (Fr. Casimiro)), transcribió un *suceso* que dice copió de «un curioso cuaderno de noticias», escrito por dicho P. Medina, el cual «cuaderno» no es sino la historia inédita de que damos cuenta.— Del ligero examen que hicimos de la obra, pudimos colegir que contiene datos valiosos, y está escrita en estilo correcto y ameno.—Tengo entendido que los PP. Agustinos se deciden á publicarla en Manila, dándola á título de nuevo material para el *monumento* ideado por Gutiérrez de la Vega. El P. Medina nació en Sevilla; pasó á Manila en 1610; fué misionero en Panay; ejerció el cargo de Prior del Convento de Dumangas. Después de más de veinte años de grandes penalidades en Bisayas, embarcó muy enfermo, en 1631, para Nueva España; pero naufragó la nao en Cavite, al tiempo de salir, y esto le obligó á quedarse en Filipinas. Volvió á Bisayas. En 1635 embarcó de nuevo para la Metrópoli, donde esperaba curarse; mas por desgracia no logró pisar la tierra patria, pues pereció en el viaje, víctima de los males adquiridos en Filipinas. Tenía al expirar uno 50 años.

MENDAÑA (Alvaro de).

244. A este insigne y desdichado navegante español citale el P. Zúñiga en la pág. 426, pero no como autor. Escribió algunas *relaciones*, como puede ver el que registre la obra trabajada por D. Justo ZARAGOZA (V.) *Historia del Descubrimiento de las regiones australes.*

MERCADO (Fr. Ignacio), Agustino.—V. BLANCO Y OTROS.

MINGUELLA DE LA MERCED (Fr. Toribio), Recoleto.

245. Conquista espiritual de Mindanao por los Agustinos Recoletos. Cuadros estadísticos por el M. R. P. Fr. Toribio Minguella de la Merced... Valladolid, Gaviria, 1885.

Es tirada aparte de un estudio publicado en la *Revista Agustiniana* (número de Enero de 1885). Extractóse en *La Política de España en Filipinas* y además en *La Época.*—Es un trabajo sobrio, por el que se demuestra, con la lógica inflexible de los números, que los PP. Recoletos han hecho en Mindanao muchas más conversiones que los PP. Jesuitas.—En lingüística ha sobresalido mucho el P. Minguella, como lo prueba: su *Gramática tagala*, premiada en público certamen, á más de su *Discurso*

246. Unidad de la especie humana probada por la filología, 1889;

247. Estudios comparativos entre el tagálog y sanscrito.—En el vol. que publicó *El Globo*, con mo-

tivo de la Exposición Filipina de 1887, y en el tomo
XV de la *Rev. Agustiniana.*

Este trabajo es un fragmento de una obra muy extensa, que há tiempo viene trabajando el P. Minguella. Es
correspondiente de la R. Ac. de la Historia; goza grande
fama de orador, y entre sus *Sermones* más famosos merece citarse el que, en honra del inolvidable D. Casto
Méndez Núñez, pronunció en Cavite, el 23 de Octubre
de 1869, impreso en *Manila.*

MONTERO Y VIDAL (José).

248. Historia general | de | Filipinas | desde el des-
cubrimiento de dichas Islas | hasta nuestros días |
por | D. José Montero y Vidal | Tomo I | *Madrid* | Im-
prenta y fundición de Manuel Tello | ... | 1887.

En 4.°—Pág.: XVI (anteport., port. y Pról.) + 606 (texto é Indice; éste comienza á la pág. 583).

249. Historia de la piratería | malayo-mahometa-
na | en | Mindanao | Joló y Borneo | por | D. José
Montero y Vidal. | Comprende | desde el descubri-
miento de dichas Islas | hasta Junio de 1888. | *Madrid* |
Imprenta y fundición de Manuel Tello | ... | 1888.

Dos tomos en 4.°, de numeración correlativa.
Tomo I:—Págs. XX (Anteport., port. y pról.) + 444 (texto).
Tomo II:—Pág.: 4 s. n. + desde la 445 hasta la 751 (texto) +
132 de Apéndices á Indice.

Ya insinuamos, al citar las *Guerras Piráticas,* de Barrantes, que la *Historia de la piratería* de Montero es bastante completa. Respecto de la *Historia general,* no hallándose concluida, pues sólo va publicado el primer tomo,
nuestro juicio no puede ser definitivo: el tomo publicado
le hallamos, en lo que abraza, deficiente; tiene más de *Crónica* que de *Historia;* falta filosofía, y en ciertos asuntos
la escasa crítica que se hace es impropia de la severidad
del historiador. En las fuentes históricas no hallamos
verdaderos *descubrimientos,* con ser muchas las que se
citan; las que, por cierto, ó no han sido leídas todas, ó de
haberlo sido, con ningún fruto algunas de ellas. Merece,
sin embargo, plácemes la empresa del Sr. Montero, habida cuenta que no existe una *Historia* seria de Filipinas
que alcance hasta nuestros días. Este tomo I llega hasta
el año de 1759.—Las obras de que damos cuenta han valido al Sr. Montero el título de C. de la R. Acad. de la Hist.

MORAL (Fr. Bonifacio), Agustino.

250. Catálogo de escritores Agustinos españoles, portugueses y americanos y sus obras, por orden alfabético de autores.—2 volúmenes:—el 1.° de 127 páginas impresas (y otras tantas en blanco);—el 2.° de 422.—No se vende.

Edición especial, sin portadas, y hecha á beneficio de las formas compuestas para la *Revista Agustiniana*, hoy *La Ciudad de Dios*. Comenzó á publicarse en el núm. 1.° de la expresada revista correspondiente al 5 de Enero 1881.—El vol. I, contiene las letras *A-J;* el el II, las *Ll-Z*, más un *Suplemento*. (No hay *L*.) Este CATÁLOGO no ha terminado aún de publicarse en *La Ciudad de Dios.*—El vol. I sólo contiene títulos de obras; las hojas van impresas por una sola cara: es edición de muy contados ejemplares. El vol. II contiene las biografías de los autores y juicios de las obras, á más de los títulos. La impresión de las hojas es por ambas caras.—Los dos tomos á dos cols.

Poco á poco ha ido. después, acumulando nuevas noticias el P. Moral, y es de esperar que, refundida, esta obra sea una de las más útiles de cuantas han escrito los PP. Agustinos de este siglo. El·P. Moral. catedrático del Col. de Valladolid, no ha estado nunca en Filipinas.

MORENO DONOSO (Francisco), Presbítero.

251. Historia de la Santa Iglesia Metropolitana de Philipinas, Manila, 1650.

Fragmentos de este manuscrito reprodújolos el Sr. Pan en su *Revista de Filipinas*, según queda dicho en la nota 39 del *Apéndice A*.—Moreno Donoso fué el encargado de instruir expediente en averiguación de si obró ó no milagros la Virgen del Rosario en la batalla naval que los españoles tuvieron contra los holandeses *(1646)*.

MORGA (Antonio de).

252. Svcesos de las | Islas Philipinas | Dirigidos | A Don Christoval Gomez | de Sandoval y Rojas Dvqve | de Cea | Por el Doctor Antonio de Morga | Alcalde del Crimen de la Real | Avdiencia de la Nveva España Cõ- | svltor del S.ᵗᵒ Officio de la Inqvisicion. | Mexici ad | Indos. | Anno | 1609.

Port. grab.: representa un pórtico; en el hueco, van las seis primeras líneas; en la parte inferior, las cuatro siguientes; y en basamento de la columna derecha, las cuatro últimas.—En el otro basamento, léese: *Samuel Es- | tradanus ant | uerpiensis | Faciebat.*—Care-

ce de índice y colofón.—No consta la imp. donde se hizo la tirada.
Hojas: 6 s. n. + 172.
(M.-B. de Ultr.; fué de Gayangos.)

(Nueva edición:)

253. Sucesos | de las | Islas Filipinas | por el | Doctor
Antonio de Morga | Obra publicada en Méjico el año de
1609 | Nuevamente sacada á luz y anotada | por | José
Riaza | y precedida de un prólogo del | Prof. Fernando
Blumentritt. | Paris. *(En la última pág. de la obra:* «Tip.
de Garnier Hermanos».)... | .... | 1890.

Un vol. en 4.º.—Págs. XXXVI (de prelims.) + 1 s. n. (v. en b. +
374 (texto).—Carece de Indice

Dedic.: «A los Filipinos: Europa, 1889».—Prólogo: Leitmeritz, 9
Noviembre 1889; ocupa las págs. VII-XXI.

Una desgraciada serie de circunstancias ha impedido
al Sr. Zaragoza anticiparse á J. Rizal en la tarea de hacer
una nueva edición de los *Sucesos* de Morga. Ello es que
imprimió la obra, y, defiriendo á los deseos que le mani-
festara el ilustrado ex director de Administración civil
de Filipinas D. José Cabezas de Herrera, confió á éste el
Prólogo del libro. Escribiéndolo estaba cuando, rápida é
inesperada enfermedad, cortó el hilo de su vida. El Sr. Zaragoza quiso entonces acometer la empresa; pero cayó
enfermo gravemente, y siguió en suspenso la deseada
publicación. Posteriormente, sus muchos quehaceres y
compromisos perentorios como americanista, y nuevas
enfermedades, le privaron—y continúan privándole—del
placer de ver *su Morga* en las librerías, siendo así que
desde antes de 1888 están impresos los pliegos del texto
del oidor en casa de los hijos de D. M. Ginés Hernández.
Comete, por lo tanto, una insigne ligereza Blumentritt
al dar por seguro, como dice en su *Prólogo,* que á ningún
peninsular se le había ocurrido lo que al filipino J. Rizal.—
El tal *Prólogo* es una carta del profesor bohemio al anotador, «que con decir que felicita á éste *en nombre de la república internacional de los sabios, y en nombre de Filipinas,* está calificada»,—escribe el Sr. Barrantes. *(España
Moderna,* núm. de Diciembre de 1890.) Las *notas* son
muchas, y las más de ellas de una tendencia funesta para
los filipinos: Rizal aprovecha ciertas frases de Morga, *relativamente* favorables á ciertas manifestaciones de la civilización antigua de Filipinas, y, valiéndose de ellas, in-
tenta persuadir á sus paisanos de que hoy valen mucho
menos de lo que siglos atrás valían,... porque nosotros,
los peninsulares, les hemos hecho retroceder en todo.
Rizal se desata abiertamente contra el Catolicismo y con-

tra casi todo, por no decir todo, lo genuinamente español. Algunas de sus *sutilezas* las refuta á maravilla el autor de la *Reseña biográfica* de los PP. Dominicos (Fr. H. Ocio). Por lo que respecta al mérito del libro de Morga, no habiendo éste presenciado muchos de los sucesos que relata, ni hecho excursiones como las que llevara á cabo el insigne dominicano Fr. Diego Aduarte, ni observado lo bastante para que resulte verdaderamente *original* (*) su famoso capítulo sobre usos y costumbres, claro es que el *Morga*, en cuanto libro de consulta, no tiene principalmente otro mérito que el de ser la primera historia *civil* de Filipinas. En tiempo de Morga era precisamente cuando los frailes realizaban las grandes, asombrosas empresas tan ensalzadas por los historiadores; este éxito hacíale sombra, como suele decirse, al orgulloso oidor, y de aqui se deduce ese su afán de preterir, en cuanto le fué posible, á las Comunidades monásticas: para quien no sea lego en la materia, bien se ve que Morga envidiaba los éxitos de los frailes.—De la primera ed. son contadísimos los ejempls. que existen; el que fué de Gayangos está en magnífico estado; al de la B. Nacional le faltan las hs. 57, 58, 80, 98, 105 á 107, 114, 115, 137, 142 á 147. 152, y de la 171 sólo existe un pedazo. De prls., sólo 5 hojas.—Creo yo que el Dr. Morga dió algunas copias de su libro antes de salir de Filipinas, á lo menos del capítulo 8.º Aparte el hecho de que le cita Chirino (de que ya hemos hablado), apuntemos aqui lo que dice el P. San Antonio (I, 23, de sus *Crónicas):*

«Ya hizo memoria el Doctor Antonio de Morga en el cap. 8. de su Descripcion *manuscrita* de estas Islas, de sus mas particulares riquezas»...

Henry E. J. Stanley tradujo al inglés y publicó el Morga, en *Londres,* año de 1868. Stanley pone indice-glosario.

MOYA Y TORRES (Francisco de), y OTROS.

254. Lealtad empeñada | finezas de amor | y | bizarra idea de | desempeños | que dio la nobilissima | Ciudad de Manila Cabeza y Corte | de las Filipinas | en | Las feftiuas acclamaciones, con que | aplaudio la feliz nueua de el Gouierno | del Rey Nueftro Senor | Don Carlos segvndo | qve Dios gvarde. | Ofrecela a fu Mageftad Catholica, y | a luz publica a su cofta. | El Sargento mayor Don Francifco de | Moya y Torres

---

(*) Le bebió la sangre al célebre P. Plasencia, en su informe acerca de los antiguos tagalos.

Alguazil mayor del | Santo Tribunal de la Inquiſicion y | Alcalde Ördinario que fue de | la Ciudad de Ma-nila | año de 1678. | Con las lizencias a coſtumbradas en Manila en la | Imprenta *en* la Compañia de Ieſus por D. Santia- | go de Matangſo año de 1678.

En 4.°; pap. de arroz.—Págs.: 4 s. n. + hoja en b. + 62 + 47 hojas nums. + h. en b.

Port.—A la v.: Ded., al Rey Carlos II, por Franco. de Moya y To-rres. (Sin fecha).—Texto, numerado por págs. (Contiene muchas com-posiciones en verso, los más de ellos *horrorosos.*)

En la 2.ª parte de la obra (va enumerada por fólios):
—*Panegirico* en loor de Carlos II, dicho en la iglesia Metropolitana por D. Miguel Ortiz de Cobarrubias, Deán, el 29 Nbre. 1677. (Tiene su port. especial.—V. en b.—Ter-mina al fol. 14.

Fol. 14, vto.:
—Otro sermón panegirico, en remembraza del triunfo de nuestras armas contra el pirata chino; predicado el dia de San Andres, en la Catedral de Manila. 1677, por Fr. Al-varo de Venavente. agustino.—Termina á la v. del fol. 27.

Fol. 28:
—Otro sermón panegirico, pronunciado el dia de San Francisco Xavier, por el P. Miguel de Pareja, jesuita.—En loor de Carlos II.—Concluye á la v. del fol. 41.

Fol. 42:
—Sermón del Smo. Sacramento, predicado en las fies-tas que Manila hizo en honor de Carlos II, por Fr. Lucas Esteban, franciscano.—Termina con la obra. (Fol. 47, vto.)

(M.-B. de Ultr.; fué de Gayangos.)

MOZO (Fr. Antonio), Agustino.

255. Noticia | historico natural | de los gloriosos triunphos | y felices adelantamientos | conseguidos en el presente siglo | por los Religiosos del Orden | de N. P. S. Agustín | en las Missiones que tienen | á ſu cargo en las Islas Philipinas, y en el | grande imperio de la China. | Dase individual noticia de aquellas | Naciones, de ſus uſos, coſtumbres, ſupersticiones, modo | de vivir, y medicinas que uſan en ſus dolen-cias, | con otras noticias curiosas. | Compuesto | por el R. P. Fr. Antonio Mozo, | de la misma Orden, Se-cretario, y definidor que ha sido | de la Provincia de Philipinas, y actual Comiſſario, | y definidor general de la miſma. | Quien le dedica a esta Provincia | de

Castilla del mismo Orden | Con las licencias necessa-
rias. | En *Madrid,* por Andrés Ortega,... | Año de 1763.

En 4.º—Págs.: 16 s. n. + 247 (y la v. en b.).

Anteport.—V. en bl.—Port.—V. en b.—Ded.: Convento de San
Felipe el Real (Madrid), 10 Abril 1763.—Pról.—Fe de erratas.—
Preámbulo (ocupa las 16 primeras págs. numeradas).—Texto.—Indi-
ce alfab. de cosas notables.—La últ. en b.

(Valladolid.—La Vid.—M.-B. de Ultr.)

Muy interesante, desde el punto de vista etnográfico.
Las principales noticias refiérense á las razas: *Adang,*
Apayao, Baluga, Isinay, Italón, Tinguiana é *Igolot.* A
propósito de estos últs., copio *(pág. 80):*

«... hablando de esta misma *(Nación)* el Reverendo
Padre Provincial el año de 1737. en obedecimiento del
ruego, y encargo del Superior Govierno de aquellas Islas,
dando la razon, de por qué no se lograban mas conversiones en esta Nacion, dice lo siguiente: «Son tan caribes,
»y barbaros, que su bienaventuranza la tienen en matar,
»sin distincion de personas. sexo, y edad, no estando li-
»bres de su inhumana barbara fiereza, los de su misma
»Nacion, y parentela.»

MURILLO VELARDE (P. Pedro), Jesuíta.

256. Historia | de la | Provincia de Philipinas | de
la Compañia de Jesvs. | Segunda parte, | qve com-
prehende los | progresos | de esta Provincia, desde el
año de 1616. hasta el | de 1716. | por el | P. Pedro Mv-
rillo | Velarde | de la Compañia de Jesvs, chro- | nifta
de dicha Provincia. | Con las licencias necefarias en
Manila, en la Imprenta de la Compañia | de Jesvs,
por D. Nicolas de la Cruz Bagay Año de 1749.

Un tomo en fol.; texto á dos cols.; port. orl., y á dos tintas; papel
de arroz.—Hs.: 13 s. n. + 419 + 6 s. n.—Con un mapa.

Port.—V. en b.—Grab., por Lau. Atlas, en 1749, de las imágenes
de la Virgen de la Rosa y de Ntra. Sra. de la Paz y Buen-Viaje.—Dedic. á la Soberana Reina de los Angeles.—Licencia de la Religión,
por el P. Pedro de Estrada: Cavite 22 Noviembre 1747.—Parecer del
Dr. D. Domingo Neyra: Manila 18 Diciembre 1747.—Lic. del Gobierno: Decreto fecha 6 Noviembre 1747, del Obispo electo de Nueva Segovia, D. Fr. Juan de Arechederra.—Censura del P. Mtro. Felipe
Solis: Manila, 26 Diciembre, 1747.—Lic. del Arzobispo de Manila: 20
de *Henero* 1748.—Prólogo y razón de la obra.—Protesta (ambos del
autor).—V. en b.—Texto. - V. en b.—«Varios catálogos para la mas
cabal Inteligencia de efta Hiftoria» (Gobernadores, Arzobispos, Superiores de la Provincia).—Noticias estadísticas. —Indices.—Carta.

Como obra de estilo, es de las más notables que han
salido de las prensas filipinas; como obra histórica, ado-
lece del defecto de ser demasiado jesuítica: el P. Murillo
apenas halla entre sus hermanos otra cosa que santos;
ellos, además, lo hicieron todo; fueron en todo los primeros, etc., etc. Es verdad que éste es achaque de los escritores de la Compañía, en quienes hallamos otro vicio,
que en el P. Murillo se acentúa extraordinariamente: no
citan más autoridades que las de Jesuitas; y si por fuerza
han de citar á quien no sea de la Compañía, suelen ha-
cerlo de suerte que *parece* de la Compañía, pues si es fraile quitan el *Fr.*, y si es seglar, el *Don* ó el *señor.*—Esta
obra es continuación de la del P. Colin, y abraza desde
1616 á 1716. De esta *Historia* escasean mucho los ejemplares, y los que tienen el *mapa* deben reputarse bastante
raros. El P. Murillo es autor de otras obras, entre las
cuales descuella la que pasamos á describir:

257. Geographia | historica, | de las Islas | Philipi-
nas, | del África, | y de sus Islas | adyacentes. | To-
mo VIII.—Por el P. Pedro Murillo | Velarde, de la
Compañia de Jesvs. | Con privilegio. | En *Madrid*. En
la Oficina de D. Gabriel Ramirez, | ... | ... | Año de
M.DCC.LII.

En 4.º—Págs. 4 s. n. + 248.

Port.—V. en b.—Indice.—Texto.

La parte referente á *Filipinas* ocupa los nueve primeros capítulos,
ó sean las págs. 1-76.

En este libro se evidencia hasta la saciedad el espíritu
parcial del P. Murillo. Sabido es que en la conquista de
Filipinas fueron, en rigor, únicos los Agustinos; pues con
decir que les dedica cuatro renglones, y que ni siquiera
menciona al sin par P. Urdaneta, está dicho todo. En el
tomo de la misma obra que dedica á los personajes célebres españoles, enumerándoles según las regiones en que
nacieron. casi no cita á otros sacerdotes que á los jesuitas, con la particularidad de que menciona á muchos que
no pasaron de adocenados, y omite á muchos (Urdaneta
uno de ellos), de otras Comunidades, que viven en la memoria de toda persona medianamente instruida.—El Padre Murillo fué un escritor genial; lo mismo en su Geografía que en otros trabajos suyos, tiene frases sueltas
que denotan un humorismo intenso, á la vez que gran
agudeza y singulares dotes de observador. Era muy *anti-
indio.* como han dado en llamar á los que no los adulan, y
se conoce que en un cuarto de hora de buen humor llenó
la cuartilla que transcribo:

«*Pregta.:* ¿Quién es el indio?—*Respta.:* Es el ínfimo grado de animal racional.—*Pregta.:* ¿Cuántas y cuáles son sus propiedades?—*Respta.:* Veintiuna, y son las siguientes:

Soberbio	sin honra.
Borracho	sin empacho.
Callado	sin secreto.
Cobarde	sin temor.
Obediente	sin sujeción.
Vergonzoso	sin pundonor.
Hábil	sin capacidad.
Astuto	sin sagacidad.
Recatado	sin vergüenza.
Pobre	sin conformidad.
Amigo	sin lealtad.
Compasivo	sin perdón.
Sufrido	sin paciencia.
Atrevido	sin resolución.
Mortificado	sin sufrimiento.
Virtuoso	sin mortificación.
Politico	sin urbanidad.
Misericordioso	sin piedad.
Vengativo	sin valor.
Rico	sin economía.
Perezoso	sin negligencia.»

No dijo tanto el P. San Agustín. Se conoce que el Padre Murillo y el P. Delgado, con ser contemporáneos, no opinaban de la misma manera.—El P. Murillo murió en el Puerto de Santa María el año de 1753.—El P. Zúñiga le cita en las págs. 307, 529 y 42, 65 y 110 del tomo segundo.

N

NAVARRETE.—V. Fernández de (Eustaquio,—Martín);—Fernández Navarrete (Fr. Domingo).

NAVES (Fr. Andrés).—V. Blanco y otros.

NIEREMBERG (P. Juan Eusebio), Jesuíta.

Citase su *Historia Natural* en la pág. 309: no conozco esta obra, con ser su autor una celebridad. Conozco, en cambio la

258. Vida del dichoso y Venerable P. Marcelo Francisco Mastrilli,—impresa en *Madrid* en 1640.

Que, no sólo por referirse á tan ilustre mártir. sino porque contiene págs. filipinas muy curiosas, incluyo en este *Catálogo*.

O

OCIO (Fr. Hilario), Dominico.

259. Reseña biográfica | de los Religiosos de la | Provincia del Santísimo Rosario | de Filipinas | desde su fundacion hasta nuestros dias | por un Religioso de la misma Provincia | y mandada dar á luz de orden de | Ntro. M. R. P. Provincial Fr. Santiago Payá | Parte primera | Comprende desde 1587 á 1650 | *(E. de la Orden.)* | Con las licencias necesarias | *Manila* | Establecimiento tipográfico del Real Colegio de Santo Tomás | 1891.

En 4.º mayor.—Págs.: 8 s. n. + 526 + IX (Tabla; erratas; v. en b.).

Aunque en la port. no se expresa el nombre del autor, éste es Fr. Hilario Ocio, dominico muy estudioso que conoce mejor que nadie quizás la Bibl. de Sto. Tomás de Manila y el Arch. que la Orden tiene en el conv. de Santo Domingo de aquella población. El *Catálogo* del P. Ocio supera á sus análogos de los PP. Cano, Platero, Huerta y Velinchón; es grande lástima, sin embarso, que la obra del P. Ocio no sea más copiosa en noticias bibliográficas, precisamente porque su autor es competentísimo en la materia. Rindo aquí público testimonio de gratitud á este Padre, por las papeletas que hace cosa de año y medio me envió, relativas á escritos de los PP. de la Prov. del Smo. Rosario de Filipinas.

260. ORDENANZA GENERAL | formada | de órden de su magestad, | y mandada imprimir y publicar | para el gobierno é instruccion | de Intendentes, | Subdelegados | y demás empleados en Indias. | *(E. del impr.)* | *Madrid* 1803. | En la Imprenta de la Viuda de Ibarra.

En fol.—Págs.: 2 s. n. + XXXVI + 194 + 99 s. n. (y la v. en b.).

Port.—V. en b.—Indice.—Texto de la ORDENANZA.—Instrucciones, Cédulas, Ordenes, &, que se citan.—La últ. en b.

261. ORDENANZAS | del Consejo Real | de las Indias, | nuevamente recopiladas, | y por el Rey | Don Phelipe IV. N. S. | para su govierno, establecidas-año de M. DC. XXXVI | *(G. en c.)* | Reimpreſſas en *Madrid:* por Antonio Marin, año de 1747.

En fol.; la port. y las págs., todas, limitadas por un marco de dos filetes.—Págs.: 208 + 12 s. n. (de Indice, á dos cols.)

ORTEGA (Casimiro de).

262. Resumen historico | del primer viage | hecho al rededor del mundo, | emprendido | por Hernando de Magallanes, | y llevado felizmente á término | por el famoso capitan español | Juan Sebastian del Cano,| Natura de Guetaria en Guipuzcoa. | Su autor el Doc·tor Don Casimiro de Ortega, | de la Sociedad Botanica de Florencia, y de la Real | Academia Medica de Madrid, &c. | Con superior permiso. | En *Madrid:* En la Imprenta Real de la Gazeta. | Año de 1769 | ... | ...

En 4.º—Págs.: 12 s. n. + 55 (y la v. en b.).
Port.—A la v., *lema.*—Prólogo.—Texto.—Indice (págs. 54-55). —La últ. en b.

Hé aquí otro autor que *creia* en Pigafetta, desconocido también del Sr. del Pan, y de otros muchos que en Filipinas escriben.

ORTIZ (Fr. Tomás), Agustino.

263. Practica | del minis- | terio, qve si- | gven los Religiosos del Orden | de N. P. S. Avgvstin, en Philippinas. | Recopilada, y ordenada. | por el M. R. Padre Lect. F. Thomas | Hortiz, ex-Provineial de eſta Provincia del SSmo. Nomb. de Ieſvs del Ord. de Nro. P. S. | Auguſtin de Philippinas, y Prior del | Conv. de N. Señora de Guadalupe. | Dedicada. | a S. Pablo Apostol, y Doctor | de las gentes. | Vas Electionis eſt mihi, vt portet nomen meum. | Coram Gentibus, & Regibus, & Filjs Iſrael. | Con las licencias necesarias. | *Manila.* | En el Convento de Nuestra Señora de los Angeles, año de 1731.

En 4.º; port. orl.—Págs.: 9 s. n. (y la v. en b.) + 83 (y la v. en b.).—La que debiera ser pág. 19, lleva 18; en la siguiente, un grabado, busto de Cristo; la siguiente, que debiera ser 21, va numerada 19 y sigue 20, 21, &: luego faltan dos págs.; debieran ser *85*.

Port.—V. en b.—Aprob. del P. Fr. Diego Bergaño: Manila, 15 Junio 1731.—Lic. del Ordinario: decreto de 2 Junio 1731.—Aprob. del P. Fr. Pedro Orense: Malate, 21 Junio 1731.—Lic. del Gob.: decreto 19 Junio 1731.—A los PP. Agustinos: Fr. Félix de Trillo, Provincial. —P. en b.—Texto.—La últ. en b.

Cap. I, consta de 7 §§.
» II, » 3 »
» III, » 3 »
» IV, único.

Pág. 61.—Resumen de los votos preceptos de obediencia y censuras de nuestras Constituciones *(Esta cabesa ocupa media pág.)*.

Pág. 69.—Actas ó mandatos generales que se remitieron por las Provincias en Agosto de 1712.—*(Va á la cabesa.)*

Pág. 80.—Mandatos que se han puesto y repetido en varios Capítulos Provinciales y generales. *(Cabesa.)*

Capítulo I, § IV. pág. 9, n.° 25:
«Es cierto que la malicia comienza en los muchachos de esta Tierra mucho antes de lo que se imagina; y por esto es necesario cautelar mucho...»

Id., id., pág. 10, n.° 29:
«Son muchas las confessiones, que los Naturales hazen sacrilegas, por causa de no manifestar por verguenza, ó ignorancia crassa sus pecados...»

Cap. I, § VII, Pág. 25, n.° 77:
«N. 77. Acostumbran los Indios servir á los PP. de aquella con quien pretenden casarse, de que sehan seguido muchos pecados, por que ordinaria mente suele ser dicho servicio ó casion proxima para los dos que quieren casarse, y por esso sshan publicado varios vandos para que no se permita. Vease la ordenanza Real 42.

»Acostumbran tambien hazer la ceremonia que ellos dicen Pag papasipin, que se reduce alo siguiente. La primera noche de las bodas concurren los parientes de los casados, y conbidados en casa de los novios, y los ponen dentro del Pavellon que suelen colgar en medio de la sala, ó quarto mas principal de la cassa. Y luego comienzan á cantar varias canciones ordenadas á que se junten carnal mente, en que se deben considerar dos cosas. La primera es la malicia de la cosa secumdumse, que sera mayor ó menor, segun fueren mas, ó menos feos, los cantares, y mas ó menos decentes las demas cosas, que alli se hicieren. La segunda es la ocasion proxima de pecar ellos mismos, los circunstantes, y otros, que estaran desde lexos viendo, ó oyendo dichas cosas, de los quales muchos sinduda padecerán ruina desus Almas. Por lo que assi el servicio del numero antecedente, como esta torpe ceremonia debe desterrarse.

«N. 78. Es muygeneral. el poco rrecato quetienen en-
tresi, los Indios. hombres, y mugeres. y por esso no se
recatan de concurrir vnos, y otros en sus casillas. donde
viven, comen, y duermen de todos sesos. y estados; esto
es, casadas, y solteros, Baguntaos. y Dalagas; muchachos, y muchachas, y lo peores que inventaron el Patoto,
vna caña grande. que ponen en medio de la cassa, donde
se vnen las cañillas. y sirve de almoada, para dormir
hombres, y mugeres que tienen alli las cabezas juntas,
avnque encontradas, en que consiguieron quanto puede
de sear su apetito carnal. De todo esto espreciso que pro-
cedan muchissimos pecados. no solo de vna especie, sino
de varias, por consiguiente muchas abominaciones, y
monstruosidades, las quales avn que se executan ál hic
et nunc del dicho concurso, no suelen acabarse entonces
sus efectos, si no que se propaga la mala semilla en los
aprendizes de tan mala escuela, de donde suelen salir
Maestros consumados avn los de la mas tierna edad. Au-
mentanse estos males. sino entodo, por lo menos en mucha parte, con la mala costumbre de traer los niños. y
avn muchachos desnudos. y expuestos á que otros vean
sus partes deshonestos. y acaso con no pequeño daño
suyo, y juntamente expuestos á que ellos mismos tengan
vnos con otros juehos deshonestos, en cumplimiento de
lo que aprendieron en lo sobre dicha escuela. Para poner
remedio á tantos males, es necessario entre otras muchas
cosas, procurar que los muchachos. y niños tengan siempre cubiertas sus verguenzas, con calzon, saya. ó bajaque;
que se hagan aposentos, ó divisiones en sus casas; y que
nunca se permitan los dos sexos juntos de noche.»—
(Pág. 26.)

Como se ve por lo que hemos reproducido (á más de
los párrafos que dejamos transcriptos en la nota 30 del
Apéndice A), la obra del P. Ortiz es de gran importancia
para conocer las costumbres de los indios del siglo XVIII.
—Escasea demasiado este volumen, como ya dijimos en
la nota 30.

P

PALAFOX Y MENDOZA (Juan de), Obispo de Puebla de los Ángeles.

264. En las págs. 510 y 514 cit. el P. Zúñiga á este eminente Prelado, aragonés, de perdurable memoria por sus
virtudes, por su capacidad y por su energía. El estricto

cumplimiento de sus deberes púsole en el trance de sostener largos pleitos, por cuestiones de jurisdicción, con los PP. Jesuítas; pleitos que ganó, tanto en Madrid como en Roma. Su obra *Virtudes del Indio* es una defensa de éstos que supera á la del P. Las Casas, porque escribió el V. Palafox con mayor sosiego que el V. Dominicano citado. Palafox estaría ya canonizado si no hubiese dirigido cierta *Carta* á S. S., en 1649, pintando las persecuciones de que fué objeto, á la vez que censurando la serie de abusos á que daban margen los privilegios extraordinarios de que disfrutaban determinados religiosos de su Diócesis. En dicha *Carta* se trata accidentalmente la cuestión de los ritos sínicos; no sé que se haya impreso; yo la he leído manuscrita, copia de la época.—Recomiendo al lector la *Conferencia* que acerca del V. Palafox pronunció (y fué impresa el año pasado) el insigne magistral de Zaragoza D. Florencio Jardiel, uno de los primeros oradores contemporáneos.

PAN (José Felipe del).

265. La Poblacion | de | Filipinas | Censo general | Densidad de la misma en las diferentes provincias | Resumen de datos numericos | y | observaciones | escrito para la | Exposicion Colonial de Amsterdam | de 1883. | *Manila* | Establecimiento tipográfico de La Oceania Española | ... | 1883. —*Al final:* Manila 29 Enero 1883.—J. F. del Pan.

En 4.º mayor.—Págs: 14 + h. en b.

EL MISMO, y OTROS.

266. Los chinos en Filipinas | Males que se experimentan actualmente | y | peligros de esa creciente inmigracion | Observaciones, hechos y cifras | que se encuentran en artículos que | *La Occeania Española* | Periódico de Manila | ha dedicado al estudio de este | problema social | *Manila* | Establecimiento tipográfico de «La Oceanía Española» | ... | 1886.

En 4.º—Págs.: 130 + 1 s. n. (Indice; v. en b.).

D. José Felipe del Pan, gallego, que murió en Manila el año de 1891, después de muy cerca de cuarenta años de trabajo asiduo en los periódicos en aquella capital, es, sin género alguno de controversia, el mayor periodista de cuantos ha habido y hay en Filipinas. Gran capacidad; conocimientos muy generales, y, en algunos puntos, bas-

tante hondos; observador nada vulgar, gozó justo prestigio en la colonia. No fué buen escritor, en el más genui-
no sentido de la palabra, porque sistemáticamente abo-
rrecía el arte por el arte. Y, sin embargo, publicó doce ó
catorce novelillas, cierto que muy inferiores como obras
literarias. Sacó á luz el COMYN (V.), ampliándolo muy discretamente, y otro tanto hizo con la *Visita á Filipinas*, de
Bowring, cuyas notas están, casi todas, nutridas de substancia. Fundó y dirigió la *Revista de Filipinas;* y si se
compilasen sus artículos doctrinales, habría para formar
diez ó más tomos en cuarto. Emulando á Vidal, publicó
en la citada *Revista* un *catálogo bibliográfico* muy flojo,
sin que esto quiera decir que neguemos el mérito de algunos comentarios. Desconocía las obras fundamentales
para el estudio de los antiguos viajes de los castellanos
por los mares del Oriente, y así se explica que negase
que Pigafetta hubiera ido en la expedición que inmortalizó á Magallanes y Juan Sebastián del Cano: no tuvo,
pues, noticia de las obras de Navarrete y de Vargas Ponce, ni de la *Hist.* de Fernández de Oviedo, etc., etc., como
no supo tampoco de la existencia del González de Mendoza, el Grijalva y otros libros.—La obrita LOS CHINOS EN
FILIPINAS es compilación de artículos publicados en *La
Oceanía*, algunos de ellos escritos por colaboradores de
este periódico.—Compiló también los *Documentos para la
hist. de la Administración de Filipinas.*—V. núm. 160.

267. PAPELES | interesantes á los regulares, |
que | en las Islas Filipinas | administran | la cura de
almas. | *Valladolid:* | En la Imprenta de la Viuda de
Roldan. | 1838.

En 4.º—Págs.: 62 + 1 s. n. (de Indice; y la v. en b.).

Obra poco conocida de los seglares, á pesar de la importancia de los documentos que contiene, y de ser de fecha relativamente reciente. Materias:

—Exposicion que el señor don Rafael María de Aguilar, Gobernador y Capitan general de Filipinas, dirigió
á S. M. sobre los curatos de Santa Rosa, Imus, las Piñas
y demás que hace presente.

—Exposicion dirigida á S. M. por el Ayuntamiento de
la M. N. C. de Manila sobre la necesidad de Regulares
para la administracion espiritual de los indios.

—Parecer del señor Fiscal del Supremo Consejo de
Indias sobre los asuntos contenidos en las anteriores, y
demás que expresa.

—Representacion al Consejo de Regencia, hecha por

el Excmo. señor don Mariano Fernández de Folgueras, pidiendo se provea á aquellas Islas de individuos para las misiones y administración de Sacramentos.

—Contestación del Provincial de Agustinos calzados de Filipinas. &c. En este cuaderno se contiene la exposición hecha á S. M. por el señor Sarrio, y la Real Cédula.

—Contestación dada por el señor Arzobispo al oficio con que el señor Vice-Patrono Real le dirigió la exposicion que cita del reverendo Prelado de |la Provincia de Agustinos calzados.

—Reales cédulas que determinan se devuelva á los PP. Agustinos el curaro de Malate, y que en lo sucesivo no se pueda secularizar curato alguno de 'los que administran los Regulares en las Islas Filipinas sin expresa orden de S. M.

PARDO DE FIGUEROA (José Emilio).

268. Algunos escritos | del Teniente de navío | Don José Emilio Pardo de Figueroa | (Pascual Lucas de la Encina) | ordenados y anotados | por | El Doctor Thebussem. | *Madrid.* | MDCCCLXXIII.—*Al final:* en casa de M. Rivadeneyra.

En 4.º; port. á dos tintas; pap. de hilo.—**Págs.:** VII (y la v. en b.) + 239 (y la v. en b.).

Este precioso libro, del que sólo se imprimieron 125 ejemplares (debo el mio á la bondad del Dr. Thebussem), encierra pocas, pero interesantes págs. filipinas: además del articulo *Servicio de Correos entre España y Filipinas*, tiene *impresiones* del autor durante su permanencia en Manila, adonde fué en la famosa *Numancia*, cuando dió la vuelta al mundo. Véase la invitación que dirigieron á aquellos ilustres marinos:

¡VIVA ISABEL II!

¡LEPANTO, TRAFALGAR, CALLAO!

¡LOOR Á LA MARINA ESPAÑOLA!

Á los Señores Jefes y Oficiales de la Armada Española se les invita para un rato de solaz y confianza, con un brindis por las Glorias Nacionales alcanzadas ante los muros del Callao, y que tan alto han puesto el honor del Glorioso Pabellon Español, con tanto heroismo ostentado.

Con este motivo se ofrece de V. afectísimo S. S., Q. S. M. B.,

JUAN GARCIA BADEN.

En los altos de la Botica de Binondo á las siete de la noche el lúnes 15 del actual.
Manila, 14 Octubre 1866.—Sr. D. José Pardo de Figueroa.

Éste falleció de viruelas, en San Roque de Cavite, precisamente cuando acaeció la tristemente famosa sublevación: sin esta circunstancia. tal vez no habría muerto, porque hubiese tenido médico á su lado.

PARDO DE TAVERA (Trinidad H.).

269. Contribucion para el estudio | de los | antiguos alfabetos filipinos | por | T. H. Pardo de Tavera | *Losana:* 1884. | Imprenta de Jannin Hermanos.

En 4.º—Págs.: 30 + h. en b.—Con un cuadro paleográfico al final.
Ded., á D. Fernando Blumentritt: París, 1.º Julio, 1884.

270. El sanscrito | en la | Lengua tagalog | por | D. T. H. Pardo de Tavera | Doctor en Medicina y Cirugia, | Comisionado científico del Gobierno de Su Majestad en las Islas Filipinas, | alumno diplomado de la Escuela de lenguas Orientales de París, | Miembro de la Soc. Antropológica de Berlin y de la Económica de Cádiz, | Laureado de la Real Academia de medicina de Madrid, | Comendador de la Real Orden Militar de Cristo de Portugal, etc., etc. | *Paris.* | Imprimerie de la Faculté de Médecine | ... | ... | 1887.

En 4.º—Págs.: 55 (y la v. en b.).
Ded., á D. Segismundo Moret: París, Diciembre 1886.

271. Consideraciones | sobre el origen del | nombre de los números en tagalog | por | D. T. H. Pardo de Tavera. | *(Siguen los títulos.)* | (Publicado en «La España Oriental») | *Manila* | Tipo-Litografía de Chofré y C.ª | ... | 1889.

En 4.º—Págs.: 26 + h. en b.
Ded., á la memoria del abate P. Favre.

272. Las costumbres | de | los tagalos en Filipinas | según el padre Plasencia | por | T. H. Pardo de Tavera | *(Siguen los títulos y condecoraciones)* | (Inserto en la «Revista contemporánea,» núm. 397, de 15 de Junio de 1892.) | *Madrid* | Tipografía de Manuel Ginés Hernández | ... | ... | 1892.

En 4.º—H. en b. + 2 s. n. + 20.

273. Plantas | medicinales | de Filipinas | por T. H. Pardo de Tavera | *(Siguen los títulos y condecoraciones)* | *Madrid* | Bernardo Rico:... | 1892.

En 4.º—Págs.: 339 (y la v. en b.) + 1 s. n. (y la v. en b.) + h. en b.

Ded., á D. Ezequiel de Ordóñez: Paris, 13 Abril 1892.

Todos estos trabajos son instructivos, y revelan que su autor es hombre estudioso é investigador. Pardo de Tavera. es español filipino (ó criollo. como dicen en Cuba). Al hacerse el ajuste de esta galerada. comienza á publicar en la *Revista Contemporánea* una serie de artículos intitulados

274. Noticias sobre la Imprenta y el grabado en Filipinas. (30 Agosto, 1893, comienza) (*).

Hay errores de bulto, y deficiencias. debido á que el autor no ha consultado las fuentes principales.

PAYO (Fr. Pedro), Dominico, y OTROS.

275. Estado general | de los pueblos del | Arzobispado de Manila | y de los Obispados sufragáneos de | Nueva Caceres, Nueva Segovia, Cebu y Jaro, | con expresion de los nombres de sus curas párrocos | total de almas, número de contribuyentes, bautismos, casamientos y defunciones, en el año de 1885 | Formado por el | M. R. Arzobispo de Manila *(Fr. Pedro Payo)* | según los parciales remitidos por los vicarios foráneos y curas párrocos | á la Secretaría de Cámara y Gobierno á principios del presente año de 1886 | *Manila—*1886 | Establecimiento tipográfico de Ramirez y Giraudier | ...

En fol., apaisado,—port. á dos tintas.—Págs.: 2 en b. + 117 (y la v. en b.).

Es la mejor estadística que se ha publicado de Filipinas. Posteriormente, la Dirección de Administración civil emprendió trabajo análogo (V. Censo de Población), y la crítica ha probado la inferioridad de éste sobre aquél.

(*) Me informan que se va á hacer tirada aparte.

PAZ (Fr. Juan de la). Dominico.

276. Cítale el P. Zúñiga en la pág. 264.—V. nuestra nota 43, en el *Apéndice A*.

PIGAFETTA (Antonio).

277. Primo viaggio | intorno al globo terracqueo | ossia | raggnaglio della navigazione | alle Indie Orientali per la via d'Occidente | falta dal cavaliere | Antonio Pigafetta | patrizio vicentino. | Sulla Squadra del Capit Magaglianes negli anni 1519-1522. | Ora pubblicato per la prima volta, | tratto da un Codice MS. délla Biblioteca Ambrofiana di Milano | é corredato di note | da Carlo Amoretti | Dottore del Collegio Ambrosiano. | Con un trasunto del Tratado di Navigazione | dello fteffo Autore. | *(Grab. en c.)* | In *Milano* MDCCC. | Nella Stamperia di Giuseppe Galeazzi. | Con licenza de' Superiori.

En fol. men.—Págs.: LII + 237 (y la v. en b.). Con cartas y croquis.

Anteport.—V. en b.—Port.—V. en b.—Dedic. del editor (Amoretti) al Conde Giberto Borromeo Arese: Milano, «Dalla Biblioteca Ambrofiana, 14 Gennaio 1800».—Indice.—Carta del viaje de la nao *Victoria*.—Introducción (del editor).—Texto, con una carta de Filipinas y las Molucas y cuatro croquis, una y otros tirados aparte; éstos á colores.—Vocabularios.—Tratado de Navegación, precedido de una breve introducción por Amoretti.—Indice alfabético.—Erratas.—La últ. en b.

Véase ahora una noticia de la edición francesa, tal como la da el librero Chadenat *(Catálogo* núm. 5):

278. «Premier voyage autour du Monde, par le Ch^er Pigafetta, sur l'escadre de Magellan. pendant les années 1519 à 1522; suivi de l'extrait du traité de Navigation du même auteur, (par Ch. Amoretti) et d'nne notice sur le chevalier Martin Behaim. avec la description de son globe terrestre. (trad. de l'allemand de de Murr, par J. Jansen). *Paris, J. Jansen,* an IX, in-8.

»LXIV-415 pp., 9 pl. et cartes dont 4 coloriées et reproduites en facsimile d'après le mss Les pp. 233 à 253 contiennent les vocabulaires des pays a Pigafetta aù séjourné, (peuples du Brésil, Patagons, îles de la mer de Sud).»

La ed. inglesa la anuncia Hiersemann en su *Catál. 70,* en estos términos:

279. «Magellan's first voyage round the world. Transl. from the accounts of Pigafetta. With notes a. introd. by

Lord Stanley of Alderley. With portr., maps and plates. *Lond.* 1874. cloth. (Hakluyt Soc. vol. 52.)»

Pigafetta fué un aventurero de Lombardia que, con el nombre *Antonio Lombardo,* embarcó en calidad de sobresaliente en una de las naos de la famosa expedición de Magallanes. Envidioso de J. Sebastián del Cano, cometió la iniquidad de no citarle, á pesar del papel que del Cano desempeñó en aquella portentosa empresa. A su regreso, Pigafetta sacó, ó hizo sacar, varias copias de su *relación,* y las remitió á personajes muy calificados de Europa, monarcas algunos de ellos, sin duda ganoso de notoriedad, á la par que perseguia alguna recompensa. Estas copias no debieron de ser todas iguales, ó de serlo, sacáronse luego extractos de ellas, los cuales extractos, traducidos al portugués, al castellano, etc., debieron de perder mucho de la primitiva originalidad. En prueba de que corrieron copias, véanse las obras de Fernández de Oviedo, Aganduru Móriz, y otros (además de Ramusio), en las que se declara, de una manera explicita ó por medio de una alusión que no deja lugar á titubeo, que el autor de la *relación* de que se trata fué *compañero de Magallanes* (*). Sin insistir más en este punto, pues resulta claro como la luz del dia, añadiremos tan sólo que la mejor prueba de la *corrupción* ó *adulteración* de la verdadera *relación* de Pigafetta la tenemos en que existe alguna donde se habla de que había *maiz* en Filipinas. Los que, prevenidos ya por el articulo del Sr. del Pan (V. PAN), y que sabian que el maíz no lo hubo en Filipinas sino que fué llevado de América, después del primer viaje de Magallanes, siguieron con mayor motivo la opinión del mencionado Sr. del Pan, sin tomarse la molestia de leer la edición italiana de Amoretti, en la que no se nombra el *maiz,* sino el *mijo,* el cual es, en efecto, planta indigena de Filipinas.—Véase ahora la reproducción de la cabeza de la *relación* en que nos ocupamos, según se halla en el vol. I, fol. 352 (vto.), de la Colección de *Viajes* hecha por Ramusio *(imp. 1563):*

280. VIAGGIO ATORNO IL MONDO FATTO

& deſcritto per M. Antonio Pigafetta Vicentino Caualier di Rhodi, & da lui indrizzato al Reuerendiſſimo gran Maeſtro di Rhodi M. Philippo di Villiers Lisleadam tradotto di lingua Franceſa nella Italiana.

(*) Asi le denominan los que no le citan por su nombre: ¿qué otro *compañero* de Magallanes escribió? Sólo Albo; mas como la relación de Albo era puramente cientlfica, y muy escueta, á modo de cuaderno de bitácora, resulta evidente que la alusión es al aventurero Pigafetta, que narró las peripecias del viaje. Por lo demás,

Acaba en el fol. 370 (vto.): ocupa, pues, págs.: $^1/_2$ + 34 + $^2/_3$.—En fol.

(M.-B. de Ultr.; fué de Gayangos.)

El Sr. Torres Asensio (traductor de P. M. de Anglería), anuncia una traduc. del Pigafetta.

PIMENTEL (P. Luis), Jesuita.

Dice Nicolás Antonio *Nova*, II, 58):
«auctor inscribitur libro hujus tituli:
Historia de Mindanao, hujus scilicet insulæ in orientali orbis plaga».
Los PP. Backer (VI, 445) dicen que esta opinión y la de Sotowel, que atribuye dicha obra al P. Combes exclusivamente, puede conciliarse asentando que el P. Pimentel fué el editor de la obra de su hermano el P. Combes.

PINELO.—V. León Pinelo (Antonio de).

PINGARRÓN (Fr. Francisco), Agustino.

Citale nuestro Autor en la pág. 89 del tomo I, con motivo de la
281. Relación que escribió, siendo mistro de Tanauang, acerca del volcán de Táal.—*Osario.*—Moral, II, 178.

PLASENCIA (Fr. Juan de), Franciscano.—Escribió sobre las costumbres de los antiguos tagalos. Hablando de los indios, dice el P. San Antonio (I, 149-150):
«hasta aóra no se há hallado la menor Escritura de su Religion, ni Ritos, ni su antiguo politico Govierno: y solo por Tradiciones, y Cantáres antiguos. que de Padres á Hijos se han ido conservando, y de otras cosas, que aún tienen uso, si há podido rastrear de lo antiguo por algunos Ministros cuydadosos. El primero, que tomó la Pluma en esto, instado del Superior Govierno, fué Nuestro Venerable Fray Juan de Plassencia, vno de los más zelosos Operarios de la Viña de este Archipiélago en el año de 1589, y se le dió en esto tanto crédito, que admitida por la Real Audiencia la Relacion, que hizo, de las costumbres de los Indios, se repartió á los Alcaldes mayores de las Provincias, para su gobierno. Despues en el año de 1598, con poca diferencia de tiempo, hizo su Descripcion el Doctor

no se eche en saco roto este dato importantísimo: Fernández de Oviedo trató á del Cano; éste tenia que conocer la relación de Pigafetta: si Pigafetta no hubiera dado la vuelta al mundo, buen cuidado habría tenido Cano de decírselo á Oviedo, el cual, por otra parte, tendría otros muchos medios de información para aquilatar el verdadero valor de un manuscrito que le fué tan útil para la redacción de su ya citado *Libro XX.*

Don Antonio Morga, que fué Oydor. y Theniëte de Gobernador de Philipinas; y en ella se halla tratado el mismo Assumpto, tomado del otro. De aqui tomó despues en el año de 1622. Nuestro Fray Antonio de la Llave en la Descripción que hizo. Y en el año 1660. trabajó la suya el Padre Colín, añadiendo de nuevo el mejor Méthodo»...

En la pág. 158:
«escribió en el Convento de Nagcarlán, y firmó en 24. de Octubre, de 1589. vna Relacion de todas las Costumbres antiguas de estos Indios».

Esta interesantisima *Relación*, que sirvió de guia á la Audiencia, por lo que puede dársele el titulo de *Primer Código civil de Filipinas*, la ha reproducido el señor PARDO de Tavera (V. este apellido) en su folleto *Las costumbres de los Tagalos en Filipinas.*—Del P. Plasencia (extremeño), publicó el Sr. Barrantes un estudio biográfico (*Rev. de España*, t. XVII, pág. 370; t. XVIII, pág. 73) que contiene algunos errores de consideración.

Plinio.—Célebre naturalista romano, á quien cita el P. San Antonio en un párrafo que transcribe el P. Zúñiga (V. págs. 311, 313). Las obras de Plinio tradújolas el licenciado Huerta, y vieron la luz en el siglo XVII.

PRESTE JUAN DE LAS INDIAS.—V. RESPUESTA.

282. PROVINCIA | de | San Nicolás de Tolentino | de Agustinos descalzos | de la | Congregacion España é Indias. | (*E. de la Corporación.*) | Manila | Imprenta del Colegio de Santo Tomas, á cargo de D. G. Memije | 1879.

En 4.º—Págs.: 340 + VI (de Indice).
En los prels., el P. Provincial dice á los religiosos de su Provincia: «Con los mismos laudables intentos que guiaron á mis antecesores he procurado se diera á la prensa el libro que (compuesto á indicacion mia por un religioso de la Órden) presento á VV. RR.», *etc.*

Este libro es análogo al *Estado* del P. Huerta; sólo que el de los Recoletos no contiene las noticias bibliográficas que el de los Franciscanos. Sobre la base del libro PROVINCIA..., debian hacer los PP. Recolctos una obra de mayor importancia, con ser ya mucha la que, desde luego, tiene, este de que damos cuenta.

PTOLOMEO (Claudio).

283. Insigne geógrafo egipcio. Floreció el siglo II. De su famosa *Geografía* existen bastantes ediciones; tengo noticia de las impresas en 1511, 1513, 1522, 1525, 1540, 1541

y 1605.—La alusión que hace á las *Maniolas*, es esta, según la traduce el P. Santa Inés (tomo I, pág. 18):

«Dícese que en esta misma altura, y continuadamente »después de las dichas tres islas que son de los *Satyros,* »hay otras diez llamadas *Maniolas*, en las cuales es fama »que se fabrican los navíos con tarugos de palo y no con »clavos de hierro. por causa de la piedra imán que allí »cría. que los detiene. Y por este mismo respeto, cuando »bajan los naturales, las embarcaciones en tierra, las afir-»man sobre grandes palos ó vigas. Los havitantes de es-»tas islas, se dice, son antropófagos, y su nombre, los »MANIOLOS.»

Tal *hipótesis*, fué el primero en tomarla en cuenta el P. Colín, en su *Labor evangélica;* y por cuanto gozó esta obra grande fama, muchos escritores posteriores han seguido esa opinión de Colín, y confirmado que las Filipinas son las *Maniolas* de Ptolomeo. Aparte lo que ya dijimos al hablar de la *Suma de Geografía* de FERNÁNDEZ de Enciso (V.), aquí podemos añadir lo que muy discretamente escribe el anotador del P. Santa Inés *(loc. cic.):*

«Las islas habitadas por Sátiros (el Orangután sin duda) y las otras próximas á ellas de que hablan Marin y Ptolomeo, refiriéndose á los diarios de los navegantes de su tiempo, deben colocarse en el golfo de la India y Península de Oro, que era donde *la* señalaban los dichos navegantes. No es, pues, de creer que Ptolomeo conociese el lugar donde estaban situadas estas Islas; es más, ni sospechó su existencia. Por el contrario, el creyó que la tierra de Sumatra daba la vuelta al Oeste y se enlazaba con la tierra firme de Africa, siendo una fortuna, como dice Humboldt, el que la falsa idea de los mares cerrados admitida en tiempo de Ptolomeo, no haya prevalecido en la ciencia, pues ella hubiera impedido los grandes descubrimientos que luego huvo á fines del siglo XV.»

El P. Murillo, en su *Geografía*, no acepta tampoco la hipótesis de que las *Maniolas* fuesen las Filipinas. y cuenta que da como cosa averiguada la existencia en Filipinas de hombres con *rabillo* (*). Pero quien rebate al P. Co-

---

(*) Murillo Velarde, *Geografía*, pág. 3: «Gerardo Mercator dice, que estas Islas son las *Barusas* de Ptolomeo. Colín, que las *Maniolas*. Estas, ó no se conocieron en lo antiguo, ó se llamaron *Lequios;* y si yo quisiera discurrir arbitrariamente, esforzaría la conveniencia nominal de Lequio á Luzón».—*Pág. 65:* ...«en los Montes *(de Mindoro)* hay algunos hombres, que tienen un rabillo como medio dedo meñique; y vé aquí la Isla de los Sátyros, que si no en la cola, lo son en las costumbres».—El Abate Hervás, dice: «El raro fenómeno de la cola que tienen algunos habitantes de esta isla *(Mindoro)*, consiste en la prolongacion del hueso *coccige* ó rabadilla (como expongo en el número 53 de mi obra intitulada: *el hombre físico)*. El dicho hueso se alarga algunos dedos, y tal vez un palmo, y no se puede doblar» *Catal. de las lenguas*, tomo II, pág. 26, núm. 134.

lin con razones muy dignas de ser copiadas, es el P. Fernández Navarrete, que se expresa en estos términos *(trat. 6; cap. XXXII):*

«Si Manila fuera, ó huuiera sido en algun tiempo nombre de aquella Isla, ó de otra alguna de aquel Archipielago, aun se pudiera tolerar aquel sentir; pero siendo cierto, que es nombre impuesto para el sitio de la Ciudad, por ser la mayor parte pantano, y tierra cenagosa, aunque oy está ya de otra manera, a la qual llama el Tagalo Mainila... que de aquel nombre no se puede inferir cosa alguna para el intento que se pretende. Por manera, que assi como Cauit, es el nombre del Puerto de Cauite, por la figura que tiene de garfio, ó garabato; y Malat es nombre de lo que llamamos Malate, que significa tierra salitrosa; de la mesma manera Mainila es nombre del sitio solo, donde oy está la Ciudad de Manila, lo qual deuia saber el Autor *(Colin)* por auer sido Ministro Tagalo...

»Tampoco prueba el intento, el dezir, que en aquellas Islas vsan hazer las embarcaciones con tarugos de palo, y esto por amor de la piedra iman, y que sacadas del agua, las ponen sobre palos; lo vno, porque él mesmo confiesa se haze aquello por falta de hierro. y ponerlas sobre palos gruessos, es por librarlas de la humedad grande de aquellas tierras, y tambien por amor de la broma; lo otro y mas principal, porque no es vso solo particular de aquellas Islas el vsar de tarugos de palo en sus embarcaciones, sino comun en todo el Archipielago. Los Burneos, Mindanaos, Macasares. y otros muchos lo han vsado siempre, y yo vi en Macasar embarcaciones grandes hechas desta manera, tan curiosas, y fuertes, que quedaua no poco maravillado, consiguientemente; si por vsar de tarugos auian de ser las Maniolas nuestras Islas, tambien lo serian las nombradas y otras muchas más que por alli ay. Ni jamás oi dezir hiziessen aquello, porque la piedra iman detuuiesse las embarcaciones, que lleuan clabaçon de hierro; porque aunque en alguna parte haya cantidad desto, no lo puede auer por todos aquellos mares, por donde nauegan de vnas Islas á otras»...

No estrañe al lector la extensión de esta nota, que desde luego sé que huelga completamente para los discretos; póngola tan sólo para que la saborеen ciertos escritorzuelos indios que, en su afán de conceder grande antigüedad á la *civilización tagala,* se remontan nada menos que á Ptolomeo, sin comprender que basta la palabra *sátiros* para que quede sin ningún valor la hipótesis de este famoso y antiquisimo geógrafo.

Q

QUIOQUIAP y OTROS.

284. China en Filipinas | Colección de artículos publicados | en el | *Diario de Manila* | acerca de la inmigración asiática | en el Archipiélago | *Manila* | Establecimiento tipográfico de Ramírez y Compañía | ... | 1889.

En 4.º—266 págs.

En algunos de estos artículos, pero de un modo muy especial en los de Quioquiap (Pablo Feced), se pintan de mano maestra las miserias de los chinos. Quioquiap es autor de otra obra:

285. Filipinas: Esbozos y Pinceladas. *Manila*, 1889.

La cual, por la gallardía de la forma, es la más literaria entre las de su género impresas en Filipinas.

QUIRÓS.—V. Zaragoza.

R

Racine.—Célebre poeta francés, á quien se cita en las págs. 510 y 512 del Estadismo.

RADA (Fr. Martín de), Agustino.

Insigne matemático, compañero de Urdaneta en la famosa expedición de Legazpi. Cítale el P. Zúñiga en la página 500, pero no á título de autor. Casi todos los escritos del P. Rada se perdieron en el mar; de los pocos que se conocen, merecen especial mención los dos siguientes:

286. Relación de la entrada de la China que hizo el P. Fr. Martín de Rada y Fr. Hierónimo Marín.—(En los vols. VIII y IX de la *Rev. Agustiniana.*)

287. Cartas diversas de Religiosos de las Filipinas de cosas allí tocantes en especial del P. Fr. Martín de Rada.—Una de ellas está public. en la *Rev. Agustiniana*, vol. I.

El P. Fr. Alonso de Aragón, también agustino, escribió en el primer tercio del siglo XVII una extensa biografía del P. Rada, según el P. Moral en su *Catál.*—El Padre Rada, al que algunos autores le llaman *Herrada,* fué quien proporcionó á González de Mendoza «mas de .100. cuer-»pos de diuersas materias», algunos de los cuales *eran impresas en China 500 años antes:* «Estos y otros muchos »traxeron los dichos padres *(Herrada y su compañero)*, »de donde (como e dicho) se an facado las cosas que se an »dicho y diran en este libro y historia, interpretadas por »personas nacidas en la China, y criadas en las Islas Phi-»lippinas en compañia de las Efpañoles que en ellas resi-»den» (*).—El P. Rada fué á la larga un buen filólogo, como lo demuestra el hecho de haber escrito un *Diccionario* y un *Arte* de la lengua china.—V. Grijalva, Herrera, Maldonado, Pinelo, N. Antonio, Cano, Moral, y otros.

Ramusio.

Célebre colector de relaciones de *Viajes,* entre los cuales figura el de Pigafetta, según queda dicho en la papeleta correspondiente.—V. PIGAFETTA.

RAÓN (José).

288. Gobernador general que fué de Filipinas (1765-1770). Dictó, como queda dicho, unas *Ordenanzas* de buen gobierno que restableció Aguilar á principio de este siglo.—V. nota 47, y AGUILAR, núm. **20.**

REBOLLO (Fr. Manuel), Agustino.

289. V. nuestra nota 5 *(Ap. A.).*

RECOPILACIÓN DE LAS LEYES DE INDIAS.

290. Según Pinelo (t. II, tít. XXII, cols. 810 y stes.), el primer recopilador lo fué el Lic. D. Antonio Maldonado, fiscal de México. El año de 1556 se despachó R. cédula en favor de su *Repertorio de las Cédulas, Provisiones y Ordenanzas Reales.* «No consta que la acabase».

La primera *Recopilación* que se imprimió fué la llamada de Puga, en México, siendo virrey D. Luis de Velasco: hé aquí cómo anuncia un ejempl. el librero Dufossé, de París *(Cat. de lib. r. y c.,* pap. n.º 51203):

291. «PUGA. Provisoēs cedulas Instrucciones de su

_____

(*) GONZ. DE MENDOZA, *Hist. de las cosas más notables,* etc. (ed. de Amberes); part. I, lib. III, caps. XVI y XVII.

Magestad: ordenãças d'Difũtos y audiċcia, p'a la buena
expcdiciõ de los ncgocios, y administraciõ d'justicia: y
gouernaciõ d'sta nucua España: y p'a el buċ tratamiċto y
oseruaciõ d'los yndios, desde el año 1525, hasta este pre-
scnte de 63. *Mexico, Pedro Ocharte.* 1503, petit in-fol.

»Ouvrage d'une extrême rareté. C'est le premier essai d'une *recopilacion*» ou corps de lois et ordonnances relatives aux colonies espagnoles de l'Amérique. Notre exemplaire est absolument complet et en très bel. état.»

Posteriormente se hicieron nuevas RECOPILACIONES,
pero ninguna completa, hasta que en tiempo de Carlos II
salió la que debe considerarse *primera edición completa*,
de la cual tengo un ejempl., que paso á describir:

292. Recopilación | de las leyes de los Reynos | de
las Indias. | Mandadas imprimir, y pvblicar por la
Magestad Catolica del Rey | D. Carlos II. | nvestro
Señor | Va dividida en quatro tomos, | con el Indice
general, y al principio de cada Tomo el Indice | efpe-
pecial de los titulos, que contiene. | Tomo primero,
(G. en c.) En *Madrid:* Por Iulian de Paredes. Año
de 1681.

4 tomos en fol.; texto á dos cols.
Tomo I.—Hs.: 6 s. n. + 299.
Port.—V. en b.—R. cédula ordenando la impresión de esta RECO-
PILACIÓN: San Lorenzo, 1.º Noviembre 1681.—V. en b.—Indice.—
Erratas.—«Ley qve declara la avtoridad que han de tener las leyes de
efta Recopilación: Madrid, 18 Mayo, 1680.—Texto.
Tomo II.—Port.:

Recopilacion | de Leyes | de | los Reynos | de | las In-
dias. | Tomo segvndo. | *(El mismo g. en c.)* En *Madrid:* |
Por Ivlian Paredes. Año | de 1681.

Hs.: 3 s. n. + 298.
Port.—V en b.—Indice. —Texto.
Tomo III.—La misma port.—Hs.: 3 s. n. + 302.
Port.—V. en b.—Indice.—Texto.—La últ. con la v. en b.
Tomo IV.—Port.:

Recopilacion | de leyes | de los Reynos | de | las In-
dias. | con el Indice general. | Tomo qvarto.—*(El mismo
g. en c.—Pie de impr.,* como los tomos I, II y III.)

Hs.: 2 s. n. + 364.
Port.—V. en b.—Indice.—Texto.—Indice general. (Fols. 144-
364.)

De la segunda ed. no conozco ejemplares; de la tercera

he visto varios, y la descrip. que sigue corresponde al magnífico en pap. marq. que se quemó en el Ministerio de Ultr.:

293. Recopilacion | de Leyes de los Reynos | de las Indias. | Mandadas imprimir y publicar | por la Magestad catolica del Rey | Don Carlos II. | Nuestro Señor, | va dividida en quatro tomos, | con el Indice general, y al principio de cada tomo el Indice | efpe-cial de los títulos, que contiene. | Tomo primero | *(E. de a. r.)* | En *Madrid:* Por Andres Ortega. Año de 1774. | Tercera edicion.

En fol.; texto á dos cols.
Tomo I.—Hojas: 7. s. n. + 299 + 1 en b.
 » II.—La port., así:

Recopilacion | de Leyes | de | los Reynos de Indias. | Tomo segundo. | *(E. de a. r.)* | En Madrid: Por Antonio Perez de Soto. Año de 1774. | Tercera edicion.

Hojas: 6 s. n. + 298.
Tomo III.—La misma port.; el mismo año; impresor, Andres Or-tega.
Hojas: 6 s. n. + 302.—La últ. pág. en b.
Tomo IV.—La misma port.; el mismo año; impresor, Don Bartho-lome Ulloa.
Hojas: 4 s. n. + 366.—(Las 146-366, de Indice general).

Acerca de las *Leyes de Indias* pronunció un erudito discurso en el Ateneo de Madrid (1892) el notable escritor D. Joaquín Maldonado Macanaz, discurso que debe de hallarse impreso á estas fechas.—Un extranjero ha dicho:
«El Gobierno español se ha mostrado allí *(en Filipinas)* siempre humano, no solo por ser las leyes de Indias muy suaves, casi mimosas para el indígena, á quien juzgan como á un menor de edad, sino tambien por faltar las causas que en la América española motivaron sus cruel-dades, no obstante de regir la misma legislacion en unas y en otras colonias» (*).

294. REGLAMENTO | y | Aranceles reales | para | el Comercio libre | de España | a | Indias | de 12. de Octubre de 1778. | *Madrid.* | En la Imprenta de Pedro Marin.

En fol. men.—Págs.: 4 s. n. + 262.

(*) JAGOR: *Viajes por Filipinas.* Traduc. del alemán por D. S. Vidal. Pág. 33.

E. de a. r, grab. en c.—V. en b.—Port.—V. en b.—Sumario de los asuntos del REGLAMENTO —P. en b.—Texto.

(Aunque no consta la fecha de la impresión, puede asegurarse que debió de ser hecha á raíz de haber sido promulgado este REGLAMENTO, —fines de 1778.)

Tengo dos ejemps.; uno de ellos de grandes márgenes, port. á dos tintas y con la firma del Rey y de su secretario (ambas autógrafas), al final. Todos los demás ejemplares que he visto, llevan *impresas* ambas firmas, y después de ellas: «*Es copia de la original,* GALVEZ»,—también impreso.

RELACIÓN...

La cit. por el P. Zúñiga en la pág. 144 del tomo I, que dijimos en la nota 20 que no hemos podido averiguar quién la escribiría.

RELACIÓN DE LAS GLORIOSAS VICTORIAS. etc.—V. BO-BADILLA (P. Diego de) y MASTRILLI (P. Marcelo Francisco).

295. ✠ | RELACIÓN | de los méritos | y servicios del Licenciado | D. Francisco Leandro de Viana, | Oidor de la Real Audiencia de México. | *Al final | manuscrito y auténtico:* Juan Joseph Arguinarena. *(Rubricado.)*

En fol.—Sin port., fecha ni pie de impr. (Parece impresión de *Ibarra,* en 1775, ó sea á raiz de haberse obtenido la copia del original, que está fechado: *Madrid, 29 Enero* del citado año.)

16 págs. s. n.—La relación acaba en la 15; á la v., ó sea la 16, figura lo que hoy llamamos hoja de servicios, y es lo particular que está en dos págs. en 4.º que llenan la expresada plana 16.

296. RELACIÓN | del último viaje | al Extrecho de Magallanes | de la fragata de S. M. | Santa María de la Cabeza | en los años de 1785 y 1786. | Extracto de todos los anteriores | desde su descubrimiento impresos y MSS. | y noticia de los habitantes, | suelo, clima y producciones del Extrecho. | *(Lema)* | Trabajada de orden del Rey.—*(E. del impresor.)* | *Madrid* MDCCLXXXVIII. | Por la Viuda de Ibarra, Hijos y Compañía.

En 4.º—Págs.: 6 s. n. + xuj + 359 (y la v. en b.) + (un *Apéndice,* con port. completa, impreso en el mismo año) 4 s. n. + 128.— Con 5 cartas:—Las págs. 71-72 y 73-74, son estados plegados, con la v. en b.—Un retrato de Magallanes, grab. en c., frente á la portada; tirada aparte.

El autor de esta magnifica obra es D. José de Vargas y Ponce, según D. Martin Fernández de Navarrete en su *Biblioteca Maritima* (t. II, págs. 123-129). Vargas Ponce, verdadero sabio, es uno de los autores desconocidos completamente de los filipinistas contemporáneos. El resumen que publica del viaje de Magallanes es sobresaliente: cit. á Pigafetta, á Transilvano, á Anglería y demás escritores primitivos de aquella inolvidable expedición.

297. ✠ | Relacion | escrita por vno de | los Padres de la Mission, | *Mariana,* remitida á Mexico, defde la Isla | que llamavan antes *de Goan,* y aora fe lla- | ma *de San Juan,* en la Nao de China, que | aportó á Acapulco por Henero, de efte | año de 1674. y de Mexico fe remite en el | Aviso que proximamente llegó á la Babia | de Cadiz, en que se refiere el martirio del | *Venerable Padre Diego Luis de San Vitores,* | fuperior de dicha Mifsion; y en interin | que sale á luz mas eftensa Relación de | fu admirable vida y muerte fe im- | prime efta aunque tan fucinta.

(Al final:) Con licencia. | En *Sevilla,* por la Viuda de Nicolás Rodriguez, año de | mil y feifcientos y fetenta y quatro.

En fol., 4 hojas s. n.—Sigs. *A, A2.*

(B.-M. de Ultr.; fué de Gayangos.)

Murió el P. San Vitores: 2 abril 1672, sábado, á manos de los indios Matapan é Irao. El primero instigó al segundo. El primero le atravesó con una lanza el pecho; el otro, de seguida, dióle un golpe en la cabeza, con una media catana.—Cayó muerto el Padre.

298. ✠

RELACION
VERDADERA DE GRAN
ADMIRACION Y ESPANTO, Y DIGNA

de fer contada, laqual embió el Padre fray Lucas de Soto, Re- | ligiofo Defcalço de la Orden de San Francifco, defde la ciu- | dad de Manila en las Filipinas, a su hermano que

Die- | go Lopez de Soto, mercader de la ciudad de Lisboa, dandole | cuenta de los grandes suceſſos y prodigios, y deſgracias que | a auido en la villa de Freſno, y en otro lugar que ſe llama Val- | hermoso, distantes dos leguas de la ciudad de Manila en las | Filipinas, y porque son dignas de ſer contadas, eſcriuo | eſta Relacion, que ſucedio a veyte y quatro de | Mayo, de 1022. y duró hasta a tres de | Agoſto, del mismo año, cada | dia ſu prodigio.

En 4.º—4 págs.—*Al final:*

Con licencia, lmpreſſa en *Lisboa* por | Antonio Aluarez, año 1623.

(La reproduzco íntegra en el *Apéndice A.*, nota 32, págs. 24-27.— M.-B. de Ultr.; fué de Gayangos.)

299. Relacion | verdadera de la | gran vitoria qve el armada espa- | ñola de la China tuuo contra los Olandeſes piratas, que an- | dauan en aquellos mares, y de como le tomaron y echaron | a ſondo doze galeones grueſſos, y mataron grā nu- | mero de gente. | ¶ Daſe cuenta de las naos, y numero de gente que llevava | cada armada, y nombres de los capitanes | della. | Todo ſacado de vna carta que de el Puerto de Acapulco eſcriue el licēciado | Manuel de Madrid Oydor, al ſeñor Marques de Guadalcaçar ViſoRey de | la nueua Eſpaña: y de alli embiada a la contratacion desta | ciudad de *Seuilla.*

(Escudo.)

2 hojas s. n.—*Al final* (pág. 4.ª):
«Desta nao Eſpiritu Santo a 10. dias de Enero de 1618. años.—*El licenciado Manuel de Madrid.*»

(Al pie:)
«Doi licencia a Franciſco de Lyra impreſſor, para que pueda imprimir y vender eſta Reſacion de la vitoria que en las coſtas de la China tuuo el armada de ſu Mageſtad contra los Olandeſes, ſin que por ello incurra en pena alguna. Seuilla, 31. de Mayo de 1618.—*Licenciado don Gaspar de Vedoya.*»

San Salvador (capitana).... á cargo de Juan Ronquillo.
San Marcos (galeón) .....   »   » Juan de la Vega.
San Juan Bautista (id.). ..   »   » Pedro de Heredia.

San Miguel (galeón)........ á cargo de Rodrigo Apillestigui.
San Felipe (id.). . . . . . . » » Sebastian de Madrid.
N. Sra. de Guadalupe (id.).. » » Juan Bautista de Molina.
San Lorenzo (id.)......... » » Juan de Acevedo.

Iban además 3 galeras; por general de ellas, D. Alonso Enriquez; cabo de una, el cap. D. Diego de Quiñones; de la otra el cap. y sarg. mayor D. Pedro Téllez. Iba también un patache del portugués Andrés Coello, que quiso esta vez servir al Rey de España.

«Desde ocho hasta treze de Abril gastó nuestra armada en llegar al puerto donde estaua el enemigo, y este dia, que fue Iueues por la mañana, la descubrio antes de llegar a la playa onda.»

Viernes: hubo algún amago, por parte del holandés.

Sábado: fué la batalla.

«De nuestros galeones no se perdio ninguno, aunque algunos dellos salieron muy rotos...»

(M.-B. de Ultr.; fué de Gayangos.)

300.

RELACION VERDADERA

DEL LEVANTAMIENTO QVE LOS SANGLEYES

o Chinos hizieron en las Filipinas, y de las vitorias que tuuo cõtra | ellos el Gouernador Dõ Sebaſtian Hurtado de Corcuera, | el año paſſado de 1640. y 1641.

CON LICENCIA.

Impreſſa en Madrid, por Catalina del Barrio y Angulo. Y por ſu | original, en *Seuilla,* con licencia del ſeñor Oydor D. Iuan | de Gongora, por Iuan Gomez. Año 1642.

(La reproduzco íntegra en la nota 42 *(Ap. A.),* págs. *48-*54.— M.-B. de Ultr.; fué de Gayangos.—V. RODRÍGUEZ MALDONADO.

301. ✠ | Respvesta | del serenissimo señor Preste- | Juan de las Indias. | A vna carta | del ilvstrissimo don Fray Gines | Barrientos, Dominico, Obiſpo Auxiliar del Título de Troya, | en las Islas Philipinas.

(Al final:)

...«en eſta Imperial Corte de Abyſsinios, Barba donde es fecha, al 22. de la Luna ventoſa, y Mes del

28 *

Obispo, en el año Climatérico de las mil y quinientas de nueſtra ſalud.

☩

NOS EL PRESTE IVAN DE LAS INDIAS.

Por mandado de ſu Serenidad el Preſte
Iuan de las Indias, mi Señor.

☩

Don Baſton de Fox y Recio de Tirteſuera,
Plenipotenciario vniverſal de Abyſsinios.

(Carece de pie de imp.—Será de 1684? En fol.: 10 hojas numeradas.)

Es una censura, entre acre y zumbona, con rasgos satíricos sangrientos, contra el Obispo y contra los Domini-cos.—Defiende con ardor á los Jesuitas.—Ataca el col. de Sto. Tomás y alaba el de San José.

(Esta es la relación—que por cierto tenemos por bastante rara—á que nos referimos en la nota 43 del *Ap. A.*—Atribúyese su redacción á un P. Jesuíta.)

302. REVISTA AGUSTINIANA. (Hoy La Ciudad de Dios.)

En 4.°

(Por estar escrita exclusivamente por hijos de la provincia del Santísimo Nombre de Jesús de Filipinas, contiene porción de trabajos relativos á aquel país.)

Comenzó á publicarse el 5 de Enero de 1881.—Con el cuaderno de 20 Diciembre 1892, son 29 los volúmenes ó tomos que van publicados.—Cambia de título, por La Ciudad de Dios, poniendo en la port. «2.ª época», á partir del vol. XIV.—De mensual que era, conviértese desde dicho tomo XIV en quincenal.—Publicábase antes los días 5; desde que se hizo quincenal publícase los días 5 y 20.—Imprimióse en *Valladolid*, desde el tomo I al XX inclusive: en la Impr. de la Viuda de Cuesta, los 7 primeros vols.; en la Imp. de Luis N. de Gaviria, á partir del cuaderno 6.° de dicho vol. VII, hasta el XX inclusive.—Hasta aquí, tuvo dos diferentes cabezas, ambas grabadas.—A partir del núm. I del vol. XXI (5 Enero 1890), comienza su «3.ª época», y se imprime en *Madrid*, por D. Luis Aguado—La Redacción, en el Real Monasterio del Escorial.—En su *primera época*, hacíase á dos cols.—La gran extensión que ocuparía, me priva del gusto de dar una nota circunstanciada de todos los trabajos filipinos que contiene. Apuntaré, sin embargo, los principales:

Bibliografía Agustiniana, por Fr. Bonifacio MORAL: se han publicado fragmentos en casi todos los números; hízose tirada aparte, de la que doy noticia en otro lugar.—V. MORAL.

Conquistas, etc., por Fr. Casimiro DÍAZ.—Comienza la publicación de este códice en la pág. 110 del vol. I, y termina en la pág. 101 del vol. XX.—Se ha hecho tirada aparte, de la que doy noticia en este *Catálogo*.—V. DÍAZ.

El Archipiélago Filipino (apuntes para un libro), por Fr. Francisco VALDÉS.—V. vols. de 1890, 91 y 92.

Estos son los tres trabajos capitales; además hay muchos de escasa extensión, pero notables algunos, que se hallarán principalmente en los tomos de la *primera época*.

303. REVISTA | de | Filipinas. | ... | Imprenta de Ramírez y Giraudier.—*Manila*.

En fol. menor; texto á dos cols.

Tengo la colección completa. — Comenzó en 1.º Julio de 1875; terminó en 1.º Julio 1877. (La paginación contiene multitud de errores, los que se advierten en los prels., añadidos al formar un vol. con los 2 tomos, uno por cada año.)

Hay artículos muy curiosos, que merecen los honores de la consulta.—Fué director-editor D. J. F. del Pan.

RÍOS CORONEL (Hernando de los).

304. En el *Supl.* de la últ. ed. del *Manuel*, de Brunet, t. II, col. 485, hallo la siguiente nota:

Ríos (Los). Herndo de los Rios Rios, Coronel, clerigo presbitero, procurador general de las Islas Filipinas, etc.—Relación de las Islas Filipinas.—Carta de Maesse de Campo, Lucas de Vergara. que es la vltima que vinó del Maluco el año pasado. Tidore 5 de Julio, 1017.—*S. l. n. d.* (1618), pet. in-4, de 74 ff.»

Pinelo escribe (t. II, col. 635):

«HERNANDO DE LOS RIOS CORONEL, *Memorial, i Relacion de las Filipinas, i Moluco*, imp. 1621. 4. ha de tener este *Titulo*, para ser el mas copioso».

Y así Nicolás Antonio (*Nova.* I, pág. 388):

«*Memorial y Relacion de las Philipinas: de lo que conviene remediar, de las riquezas que hay en ellas, y en las Islas del Maluco.* Matriti 1622. 4.».

Como no conozco la obra, ignoro si es más de una, ó una solamente, de la que se han hecho nuevas ediciones. Bien se ve que no están de acuerdo Pinelo, Antonio y Brunet.—Cito esta *Relación* por lo rara.

RIVADENEIRA (Fr. Marcelo de), Franciscano.

305. Historia | de las Islas | del Archipielago, | y
Reynos de la Gran China, Tar- | taria, Cvchinchina,
Malaca, Sian, Camboxa y Iapon, | Y de lo sucedido
en ellos a los Religiofos Defcalços, de la Orden del |
Seraphico Padre San Francifco, de la Prouincia de
San | Gregorio de las Philippinas. | Compvesta por
Fr. Marcelo de Rivade- | neyra, compañero de los
feys frayles hijos de la mifma Prouincia Martyres
glorio | fifsimos de Iappon, y testigo de uifta de fu
admirable Martyrio. | Dirigida á Nvestro Reverendis-
simo Padre | Fray Francifco de Sofa, Generalifsimo
de toda la Ordē de N. P. S. Francifco. | A la buelta
defta hoja efta la fuma de toda la Historia. | *(Escudo
de la orden con una leyenda latina; y bajo el escudo, gra-
bados, los nombres de los seis mártires.)* | Con licencia,
y privilegio, | En *Barcelona*, En la Emprenta de Ga-
briel Graells y Giraldo Dotil, Año M. DCI.

En 4.º—Págs.: 12 s. n. + 725 (en cuyo tercio inferior comienza
el Indice) + 3 s. n. (resto del índice.)
Port.—A la v.: Suma de los seis tiempos de la Historia.—Suma
del Priv.—Aprob. de Fr. Juan Bautista: México, 29 Dbre. 1598.—
Id. de Fr. Juan Ximénez: Roma 28 Mayo 1600. (Todas 3 en la 1.ª
pág. de los prels.)—2.ª pág.: Lic. del Rmo.: Roma 6 Junio 1600,
Fr. Francisco de Sola.—Lic. y aprob. del ordinario (sin fecha).—Erratas.—Pág. 3.ª: Prólogo.—Pág. 5.ª: Ded —Últ.ª pág.; la 12: 2 sone-
tos,—Texto;—Termina en la pág. 711.—A la v.: 712: Al lector.—
Pág. 713: Adición | de Francisco | Peña Avditor de | Rota.—*Termi-
na en la pág. 725, así:* Con Licencia de los superiores. | En Roma,
Impreffa por Nicolas Mucio, 1599.—Tabla (á dos cols.)

La parte más principal de esta obra está consagrada á
los mártires del Japón. La que dedica á Filipinas encierra
algunos errores, cosa que no es de extrañar, teniendo en
consideración la fecha de la impresión (1601), aparte de
que su autor no habló siempre por cuenta propia, según
dice en el prólogo; pues refiriéndose á las innumerables
islas de los reinos objeto de su historia, escribe:

«De las quales *(Islas)* solo es mi intencion tratar lo
que los frailes de nuestra Prouincia de S. Gregorio han
visto remitiendome en otras cosas a otros Historiadores
que escriuieron los varios sucessos, que en la conquista
de aquellas Islas han sucedido»...

La obra del P. Rivadeneyra es otra de las muchas des-
conocidas por los filipinos que se hacen pasar por *sabios*
entre sus coterráneos.

RIVAS (Fr. Francisco), Dominico.

306. Documentos | que | justifican la improceden-cia é ilegalidad de la | reforma que ha hecho en ella *(en la anteport.:* Universidad de Manila) el Ministro de Ultramar | Don Segismundo Moret. | *Madrid:* 1871 | Imprenta de Policarpo Lopez, | ...—*(En la cubierta, á la cabeza:* Universidad de Manila.)

En 8.º—Págs.: 198 + h. en b.

Libro que deben conocer los que, ignorando la verda-dera historia de la Universidad de Manila, creen que el Gobierno puede ante sí y por sí secularizar la enseñanza en Santo Tomás.

307. **Robertson.** Notable historiador inglés del siglo XVIII, á quien cit. el P. M. de Zúñiga en la pág. 514. De su famosa *Historia* de América conozco la traduc. fran-cesa, hecha en París en 1778. 2 vols.

RODRÍGUEZ BÉRRIZ (Miguel).

308. Diccionario | de la | Administracion de Filipi-nas | por | D. Miguel Rodriguez Berriz, | Jefe letrado de la Administracion central de Rentas, Propiedades y Aduanas. | Primera edicion | Tomo... | *Manila* | — *(Pie de imprenta.) | Año.*

Consta de los siguientes volúmenes:

Vol. I.—Impreso por Pérez, hijo, 1887.—En 8.º—Págs.: 6 s. n. + 400 + IV (Apéndice).—Letras: *A-Cur.*—Dedic., á D. Víctor Bala-guer, Ministro de Ultramar.

Vol. II —Impreso por Pérez, hijo, 1887.—En 8.º—Págs.: 551 (y la v. en b.)—Letras: *D-Efec.*

Vol. III.—Impreso por Pérez, hijo, en 1887.—En 8.º—Págs.: 467 (y la v. en b.)—Letras: *Ejec-Esc.*

Vol. IV.—Impreso por Pérez, hijo, en 1887.—En 8.º—Págs.: 427 (y la v. en b.).—Letras: *Esp-Ext.*

Vol. V.—Impreso por Pérez, hijo, en 1887.—En 8.º—Págs.: 468. —Letras: *F-Gob.*

Vol. VI.—Impreso por Pérez, hijo, en 1887.—En 8.º—Págs.: 424. —Letras: *Gob-Impor.*

Vol. VII.—Impreso por Pérez, hijo, en 1887.—En 8.º—Págs.: 450. —Letras: *Imp-Jur.*

Vol. VIII.—Impreso por Pérez, hijo, en 1887.—En 8.º—Págs.: 418 —Letras: *L-Minis.*

Vol. IX.—Impreso por Pérez, hijo, en 1887.—En 8.º—Págs. 418. —Letras: *Mis-Oper.*

Vol. X.—Impreso por Pérez, hijo, en 1887.—En 8.º—Págs.: 391 (y la v. en b.).—Letras: *Opio-Pens.*

Vol. XI —Impreso por Pérez, hijo, en 1887.—En 8.º—Pág.: 370.
— Letras: *Per-Qui.*

Vol. XII.—Impreso en la de Amigos del País, en 1888.—En la port. no se expresa el núm. del tomo.—En 8.º—Págs.: 411 (y la v. en b.).—Letras: *R-Rob.*

Vol. XIII.—Impreso en la de Amigos del País, en 1888.—En la port. no se expresa el núm. del tomo.—En 8.º—Págs.: 359 (y la v. en b.).—Letras: *S-Tel.*

Vol. XIV.—Impreso por la de Amigos del País, en 1888.—En la port. no se expresa el núm. del tomo.—En 8.º—Págs.: 371 (y la v. en b.).—Letras: *Tel-Trasl.*

Vol. XV.—Impreso por la de Amigos del País, en 1888.—En la port. no se expresa el núm. del tomo, en la cubierta, sí.—En 8.º— Págs.: 600.— Letras: *Trat-Zonas.*

APÉNDICE.—«A los tomos I y II.» Impreso por Pérez, hijo, en 1887.—Carece de port.; se expresa en la cubierta.—Publicóse inmediatamente después de publicados los dos primeros vols.—En 8.º —Págs.: 254.—Letras: *A-Cur.*

——— «general | hasta el 31 de Marzo de 1888.»—Impreso por Pérez, hijo, en 1888.—En 8.º—Págs.: 330.—Letras: *A-Trasb.*

ANUARIO.—De 1888.—Consta de dos tomos.—Imp. de Pérez, hijo.—En 1888.—En 4.º mayor.

Tomo I.—Págs.: 4 s. n. + 1342.—Letras: *A-Ext.*

Tomo II.—Págs.: 1152 + CXXXX (Indice general cronológico) + 2 s. n. + A-S (Indice alfabético).—Letras: *F-Zona.*

——— de 1889.—Un tomo en 4.º mayor.—Imprenta de Pérez, hijo.—En 1889 —Págs.: 632 + 1 s. n. (y la v. en b.).

——— de 1890.—Un tomo en 4.º mayor.—Imprenta de Pérez, hijo.—En 1890.—Págs.: 4 s. n. + 774 + 2 s. n.—Ded., á D. Fermin Hernández Iglesias.

Continúa publicándose esta obra, que ha venido á depreciar la de Rodriguez San Pedro, en lo que á las Filipinas se refiere. Tipográficamente considerada es una ignominia.

309. Guia del comprador de terrenos baldíos y realengos | ... | por | D. Miguel Rodriguez Berriz | ... | *Manila* | M. Pérez, hijo | ... | 1886.

Compilación de todo lo relativo á lo que el título indica. Interesante. Muy mal impresa.

RODRÍGUEZ MALDONADO (Miguel).

310. «Relacion verdadera del levan- | tamiĕto de los Lāgleyes en las Filipinas, y el milagroso cas- | tigo de su revelion; con otros sucessos de aquellas Islas: | Escripta a estos Reynos por vn soldado que se ha | llo

en ellas: Recopilado por Miguel Ro | driguez Maldo-
nado. *(Al fin:)* Vendese en casa de Melchor Gonçales
Librero, en cal- | de Genoua, y Rafael Charte, fronte-
ro de Gradas. | Impresa en *Sevilla,* en la | Imprenta
de Clemente Hidalgo, Año de 1606. (B.-G.)

> »En fol.—4 h.—Sign. A.—Título.—Texto.—Licencia al impre-
> sor: Sevilla, 9 Mayo 1606.—Nota final.»
>
> (Así en el tomo IV, col. 235, del *Ensayo* de Gallardo.)

Esta es la primera ed. de la *Relación* que damos con
el número 300.— Me extraña no haber hallado esta pieza
en el M.-B. de U.; pues debió ser de Gayangos. Tal vez
éste se desprendiera de ella antes de haber vendido su colección de libros al Estado.

RODRÍGUEZ SAN PEDRO (Joaquín), y OTROS.

311. Legislacion Ultramarina | concordada y ano-
tada | por | D. Joaquin Rodriguez San Pedro | ... |
con la colaboracion | de | D. Antonio Fernandez Cho-
rot, D. Eduardo y D. Arturo Piera y D. Manuel Gon-
zalez Junquitu. | ... | *Madrid.*

> Consta de 14 tomos, y dos más de *Suplementos.*—El 14, *Índice ge-*
> *neral.*
> El   I, imp. en 1865.
> El XIV,   »   »   1868.
> El 2.º de los *Apénds.,* en 1869.

Obra á la que ha quitado alguna importancia el *Dic.*
de Rodriguez Bérriz; sin embargo, el San Pedro es indispensable.

RODRÍGUEZ TRUJILLO (José).

312. Memoria | sobre la | Marina en Filipinas | An-
tigua organizacion de la Armada en estas Islas | y
principales modificaciones que ha sufrido hasta lle-
gar | al estado que hoy se encuentra, con noticias es-
tadísticas | referentes á sus diversos ramos. | Escrita
con arreglo al Programa | para la Exposicion de Fili-
pinas | de 1887 | por el Secretario de la Seccion 4.ª |
de la Comision central de la misma | Teniente de na-
vío D. José Rodriguez Trujillo. | *Manila* | Imprenta y
Litografía de M. Perez, hijo | ... | 1887.

> En 4.º—Págs.: 100 + 1 s. n. (de Indice; y la v. en b.) + h. en b.

Curiosa, porque es única; pero no estamos conformes

con el criterio que el autor sustenta en determinados puntos. Elogia grandemente, con razón, á D. Ignacio María
de Alava, el general de Marina que tan amigo fué del Padre Zúñiga (al que también cita y encomia R. Trujillo).

ROS Y VERDE (Miguel), y OTROS.

313. Exposición á S. M. el Rey | y | Memoria de-
mostrativa | de la | Importancia que tienen para la
industria y la Agricultura | de España y sus Colo-
nias, | las materias textiles | Magrey, Abaca, Lino y
Cáñamo. | *Madrid.* | Imprenta y fundicion de Manuel
Tello | ... | 1875.

En 4.º—Págs.: 23 y la v. en b.

(Al final de la exposición: Miguel Ros y Verde.—Eduardo Ros y
Muntadas.—Segundo de Mumbert.—Madrid 10 Junio 1875.)

Creo que de este folleto se han impreso muy pocos
ejemplares.

RUIZ (Fr. José María), Dominico, y SÁNCHEZ (Francisco), Jesuíta.

314. Memoria | complementaria de la Sección 2.ª
del Programa | Pobladores aborígenes, razas existen-
tes | y sus variedades | religion usos y costumbres
de los habitantes | de Filipinas | Edicion oficial | *Ma-
nila* | Imprenta del Colegio de Santo Tomás | á cargo
de D. Gervasio Memije. | 1887.—*(A la cabeza: «Expo-
sición general de las Islas Filipinas en Madrid | 1887 |
Comision Central de Manila».*

Un vol. en 4.º—Págs.: 2 s. n. + 352 (núm. en romano la 2.ª,
últ. del Pról.).—Con 4 grabs., tirados apart., intercalados entre las
págs. del texto; y un cuadro sinóptico, s. n., entre la 1.ª y la 2.ª parte.

Port.—V. en b.—Pról., por Fr. José M.ª Ruiz, quien dice: «La
primera *(parte)* que denominamos *Etnología,* á cargo del R. P. Francisco Sanchez...».   Texto.—Los dibujos representan tipos de *Negritos,—Ibilaos,—Indio de Bagabag—y mestizos.*—No tienen firma, ni
falta, porque son bastante medianillos; litógrafo, Carmelo.

Libro interesante. Ofrece la estupenda particularidad
de que, á pesar de su carácter *oficial,* prohibió la censura
de Manila que se pusiese á la venta y circulase. De suerte
que somos punto menos que seres *privilegiados* los que
gozamos de un ejempl. Es doloroso, á mi juicio, que el
P. Francisco Sánchez haya seguido tan de cerca todas las
opiniones del naturalista francés Mr. Montano.

S

SÁINZ DE BARANDA (Isidro).

315. Constitucion geognostica | de las | Islas Filipinas. | Por el Ingeniero de minas é Inspector de dichas Islas | D. Isidro Sain de Baranda (1).—*(Sin portada, lugar ni año de la impresión.—Al final:* Manila 15 de Mayo de 1840.—*Firma.)*—Impr. en *Madrid.*

16 págs. en 8.º, á beneficio de las formas compuestas para la *Revista* del Cuerpo de Minas, donde se publicó por primera vez este estudio científico. Dice así la nota:

«(1) Forma parte de una memoria bastante extensa que ha remitido este ingeniero á la Dirección general del ramo sobre la estadistica de aquellas colonias. (N. de la R.)»

La 1.ª pág. s. n.; la 2.ª, n. 198; y sigue esta numeración hasta la 212, últ. de todas.

Quizás sea este el primer trabajo publicado por los ingenieros de Minas que ha habido en Filipinas.

SALAZAR (Fr. Domingo de), Dominico.

—Primer Obispo de Filipinas. Citasele en el Tomo I, págs. 220, 235 y 243. Suya es la interesante carta dirigida á S. M. que figura en el tomo CARTAS DE INDIAS (V.), como queda dicho.— En el archivo de Sto. Domingo (Manila), existe una *Vida* del venerable prelado, escrita por el sacerdote secular don Francisco de Cervantes. (Ocio, *Reseña,* I, 47.)

SALAZAR (Fr. Vicente de), Dominico.

316. Historia | de la provincia de el | Santissimo Rosario | de Philipinas, | China, y Tvnking, de el Sagrado | Orden de Predicadores. | Tercera parte, | en qve se tratan los svcessos de | dicha Provincia defde el año de 1669, hasta el de 1700. | Compvesta por el R. P. Fr. Vicente | de Salazar, | Rector de el Collegio de Santo Thomas de la Ciudad | de Manila, | y Chancellario de fu Vniverfidad. | Dedicase a la soberana Reyna | de los Angeles | Maria Santissima | en sv milagrosa Imagen | de el Rosario, | qve con devocion vniversal de el | Pueblo fe venera en la Iglefia de Santo Domingo | de dicha Ciudad de Manila. | Impreffa en la Imprenta de dicho Collegio, y Vniverſidad de Santo | Thomas de la miſma Ciudad. Año de 1742.

Port. orl.—Texto á cols.

Págs.: 36 s. n. + 746 + 36 s. n. (tablas y erratas; éstas ocupan las dos últs.).

Port.—V. en b.—Dedic.—Dictamen de los PP. Fr. Diego Sáenz y Fr. Juan de Arechederra: Manila, 10 Noviembre 1741.—Lic. de la Religión: Fr. Manuel del Río, provl.; Fr. Juan de Salinas, Secretario: Manila, 30 Noviembre 1741.—Censura del Padre Fr. Benito de San Pablo, Recoleto; Manila, 30 Mayo 1741.—Lic. del Gob.: decreto de D. Gaspar de la Torre, de 27 de Abril de 1741.—Aprob. del P. Fray José del Espíritu Santo, Franciscano; Dilao, 13 Agosto 1741.—Lic. del Ordinario: auto de 18 Agosto 1741.—Pról.—Texto.—Tabla de Capitulos.—Tabla de cosas notables.—Tabla de Religiosos y conventos mencionados.

Ya dejamos dicho (V. COLLANTES, n.° 103), que constituye el tercer tomo de la antigua crónica de los PP. Dominicos. Es quizás el mejor redactado. Superfluo parece consignar aquí la importancia de este *tomo tercero*, que por cierto escasea tanto como los de Aduarte y Santa Cruz.

SALINAS Y ANGULO (Ignacio).

317. Legislacion Militar | aplicada al | Ejército de Filipinas | recopilada y concordada | de orden del Excmo. Sr. Capitan General | D. Domingo Moriones | Marques de Oroquieta | por el Coronel graduado Teniente Coronel de E. M. del Ejército | D. Ignacio Salinas y Angulo | Tratado I.—Organizazion. | *Manila* | Establecimiento tipográfico de Plana y C.ª | ... | 1879.

Cinco volúmenes en 4.° mayor.

Vol. I.—Págs.: XXV (y la v. en b.) + 720 + XLIX (y la v. en b.; Indice y Erratas).

Vol. II. —«Tratado II.—Admintisración.»—Págs.: 4 s. n. + 612 + XVII (y la v. en b.: Indice y Erratas).

Vol. III.—«Tratado III.—«Derecho Militar.»—Págs.: 4 s. n. + 253 (y la v. en b.) + XV (Indice; v. en b.).

Vol. IV.—«Tratado IV.—Material y Estadística.»—Págs.: 2 s. n. + 281 (y la v. en b.) + XV (Indice, erratas; v. en b.).

Vol. V.—«Tratado V.—Clases pasivas.»—Páginas: 156.

Las reformas introducidas desde el año 1879 al presente han hecho que muchas págs. de esta obra resulten trasnochadas; con todo, es útil para el historiador. De los tomos I y II (fueron del general Terrero) tengo otro ejemplar en magnifico papel de hilo.

SAN AGUSTÍN (Fr. Gaspar de), Agustino.

318. Conquistas | de las Islas | Philipinas: | la temporal, | por las armas del Señor Don Phelipe | segundo el Prudente; | y la espiritval, | por los religiosos del Orden | de Nuestro Padre San Augustin: | Fvndacion, y progresos | de sv Provincia | del Santissimo Nombre de Jesus, | Parte primera. | Dedicada á la Exc.ma Señora Doña María | de Gvadalvpe Lancastre y Cardeñas, | Duquesa de Avero, Arcos y Maqueda, etc. | Escriviala | el P. Fr. Gaspar de San Avgvstin, | natural de Madrid, Procurador general de dicha Provincia | del Santifsimo Nombre de Jefus, Secretario, y Difinidor | della, y Comiffario del Santo Oficio. | Con Privilegio; | En *Madrid:* En la Inprenta de Manvel Rviz de Mvrga. | Año de 1698.

Un vol. en fol.; port. orl.; texto á dos col.: un grab. alegórico entre la últ. pág. de los prels. y la primera del texto.—Págs. 32 s. n. + 544 + 7 s. n.—La últ. en b.

Port.—V. en b.—Dedic., en nombre de la Provincia, por Fr. Manuel de la Cruz.—Aprob. de los M. RR. PP. Fr. Diego de Jesús, Fr. Francisco de Zamora y Fr. Juan Bautista de Orlate, Agustinos: Manila 2 Septiembre 1686.—Lic. de la Orden: Manila 6 Septiembre 1686: Fr. Juan de Xerez, Provincial; Fr. Gaspar de San Agustín, Secretario de Provincia. Aprob. del M. R. P. Mtro. Fr. Baltasar de Sta. Cruz, Dominico: Hospital de San Gabriel, extramuros de Manila, 28 Noviembre 1686:—Lic. del Sr. Arzobispo de Manila: 2 Diciembre 1686: Fr. Felipe, Arzobispo; D. Diego Díaz, Secretario.—Aprob. del M. R. P. Mtro. Fr. Alonso Sandín, Dominic : «Hofpedería de la Pafion de Madrid», 8 Agosto 1697.—Lic. del Vicario de Madrid: 7 Agosto 1697: Lic. D. Alonso Portillo y Cardos: «Por su mandado, Domingo de Goytia».—Aprob del R. M. P. Mtro. Fr. Diego Flórez, ex Provincial de Agustinos de Castilla: Madrid 5 Septiembre 1697.—Suma del priv., por diez años: Madrid 10 Septiembre 1697.—Fe de erratas: 5 Mayo 1698 —Tasa: 10 Mayo 1698.—Tabla de Capítulos.—Pról.—Elogio del autor, por el P. Mtro. Fr. Diego Ares de Baamonde: Madrid 24 Mayo 1698.—Siguen cinco composiciones de versos latinos, dedicadas á Legazpi, Salcedo, P. Urdaneta, P. de Zúñiga y P. Gutiérrez, héroes de la Conquista.—Grab. alegórico, tirado aparte. —Texto.—Indice alfabético.

Á este famoso autor citale el P. M. de Zúñiga en el tomo I, págs. 87, 100, 101, 144, 206, 512 y tal vez en alguna otra. Su obra es soberana é indispensable. Para la segunda parte dejó escritas bastantes hojas, que utilizó el Padre Fr. Casimiro Díaz (V.), como queda dicho. Pero lo que ha vulgarizado más que nada el nombre del P. San Agustín es su famosísima

319. *Carta, que escribe un Religioso antiguo de Philipinas á un amigo suyo de España, que le pregunta el Natural, y Genio de los Indios Naturales de estas Islas* (*).

De la cual tengo una copia, obtenida de otra bastante antigua, que fué de Gayangos y existe en el M.-B. de U.— Esta *Carta* ha permanecido inédita hasta el año de 1892, que vió la luz en la obra del jesuita P. Delgado, *Historia sacro-profana*, etc. (V.), con una refutación «plagada de candideces», como dejo escrito en otro lugar. El *único* que no halló bien dicha *Carta* fué el mencionado P. Delgado; porque Murillo, San Antonio y otros, declaran terminantemente que Fr. Gaspar se *penetró* de los indios *cuanto es dable penetrarse.* (San Antonio I, 141.)—No debe de perderse de vista que la *Carta* de Fr. Gaspar es un documento *privado*, para que no choquen ciertos desahogos: por algo los Agustinos no la imprimieron jamás, no obstante las excitaciones de escritor tan eminente como el ya citado P. San Antonio, que dice de esa *Carta* que merecía imprimirse (I, 145). Y puesto que tanto se ha ponderado el antiindiofilismo del P. San Agustin, véase lo que ha dicho de los indios el P. Pedro Murillo, no sólo en la cuartilla que copié (V. MURILLO), sino en su *Geografía:*

Pág. 34. «La virginidad *(en las antiguas indias)* era afrentosa».

Pág. 37. «son *(los indios)* habilíssimos para qualquier artefacto, no para inventar. sino para imitar lo que ven».

Pág. 38. «Por la facilidad, que tienen los indios en aprender lo que vén, se dice, que los Indios tienen el entendimiento en los ojos. pues quanto vén, tanto imitan.»

Ibid. «Estos son los Indios, mirados por la superficie exterior de su fachada; pero entrando en lo interior de sus génios, propiedades, y costumbres, son un laberinto, en que pierde el tino. aun el mas lince. Son de natural tímido, y suelen arrojarse á cosas de gran atrevimiento: son naturalmente perezosos, y flematicos, y para su negocio son vivíssimos, y diligentíssimos. Parecen ingenuos, y sencillos en su aspecto, y sus palabras, y son eminentes Maestros para engañar, y fingir: debaxo de una sencillez aparente, sueltan un doble solapado dissimulo. Yo creo que nunca se dexa engañar el Indio, si se

---

(*) Este es el verdadero título: no el que pone el P. Delgado en su *Historia sacro-profana.*

atraviessa su interés. En sus pleytos, y negocios son
como moscas, que por más que los ojeen, nunca se apar-
tan de su demanda, y assi nos ganan, y vencen, á lo menos por importunos.»

Pág. 39. «No sienten agravio, ni agradecen beneficio:
si les dan una cosa, luego piden otra. No hay regla fixa
para construirlos, para cada uno es menester nueva Syn-
taxis, por ser anomalos. Con ellos no se concluye el argu-
mento por inducción, pues ningun Indio se parece á otro,
sino en la regla general de Indio: ni aun uno se parece á
sí mismo, porque por su natural inconstancia. en el corto
circulo de un dia, muda mas colores. que un Camaleon;
toma mas figuras que un Proteo; y tiene mas movimientos, que un Euripo. Quien mas los trata los conoce menos. Son, en fin, un conjunto de contrariedades, que no
las conciliará el mejor Lógico. Son un caliginoso confuso
chaos, en que no se perciben especies, ni distinguen for-
malidades; y si yo los huviera de definir, dixera con
Nassón:

Obstabatque aliis aliud, nam corpore in uno,
Frigida pugnabant calidis, humentia ficcis,
Mollia cum duris, sine pondere habentia pondus.»

Reservándome yo por ahora mi opinión acerca de lo
que moralmente han progresado los indios, diré para
concluir que, por lo copiado, se evidencia de una manera
que no deja lugar á duda que el P. Murillo, jesuíta, no
pensaba como su hermano el P. Delgado; antes bien dis-
curria de una manera muy semejante á como lo hizo el
P. San Agustín en su tantas veces citada *Carta*, la cual,
según el P. Ferrando (I, 35), se la conoce «con el nombre
de *cuadraginta*».

SAN ANTONIO (Fr. Juan Francisco de), Franciscano.

320. Chronicas | de la | Apostolica Provincia | de
San Gregorio | de Religiosos Descalzos de N. S. P. |
San Francisco | en las Islas Philipinas, | China, Ja-
pon, &c. | Parte primera, | en que se inclvye | la des-
cripcion | de estas Islas, | que consagra | á la S. C.
R. Magestad de | D. Phelipe V. | El Animoso, | Nuef |
tro Cathólico Rey, y Augufto Emperador de | las Ef-
pañas, y de las Indias, | la misma Santa Provincia, | y
en sv nombre sv Ministro Provincial. | Escrita | por
el P. Fr. Jvan Francisco de S. Antonio, | Matritenfe |
Lector de Theología Efcholáftica, y Moral, Ex- | Diffi-
nidor, y Chronifta General de dicha Provincia. | Im-

preſſa en la Imprenta del uſo de la propria Provincia, sita en el Con- | vento de Nra. Señora de Loreto del Pueblo de San Paloc, Extra-muros de | la Ciudad de Manila: Por Fr. Jvan del Sotillo. Año de 1738.

Tres tomos en fol.

Tomo I.—Port. orl. y á dos tintas: texto á dos cols.—Págs.: 64 s. n. + 782 + 42 s. n.

Port.—V. en b. Dedic., á Felipe V: Fr. Sebastián de Totanes, Provincial. —Aprob. del P. Fr. José del Espíritu Santo, franciscano: Dilao, 16 Marzo 1738.—Censura del P. Fr. José de Santaella, fran-ciscano: Manila 15 Marzo 1738.—Lic. de la orden: Dilao, 16 Abril 1738: Fr. Juan Rino de Brozas, Ministro provincial; Fr Francisco Xavier de Toledo, Secretario.—Parecer del P. Fr. Benito de S. Pablo, Provincial de Recoletos: Manila, 25 Marzo 1838.—Lic. del Gob.º: 24 Abril 1738: decreto del Gral. Valdés.—Sentir del P. Pedro Murillo Velarde: San Miguel, 19 Mayo 1738.—Lic. del Ordinario: 26 Abril 1838; decreto del Ilmo. Sr. D. Fr. Juan Angel Rodriguez.—Pról.: Manila, 24 Junio 1838.—Texto.—Erratas.—Indice de capítulos.— Tabla alfabética de cosas notables.

Tomo II.—Port.:

Chronicas | de la | Apostolica Provincia | de | San Gre-gorio, Papa. | El Magno, Doctor de la Iglesia: | de Reli-giosos descalzos de N. S. P. | San Francisco | en las Islas Philipinas. | China, Japon &c. | Parte segunda. | Del vl-timo estado de la Cvstodia, | y | desde sv ereccion de Pro-vincia | en Roma, | hasta sv execvcion en Manila. | Con-sagrada | al mismo Santo D.ʳ | como á sv *Patri-Madre*, y Titvlar. | Escrita | por el P. Fr. Jvan Francisco de S. An-tonio. | Matriténſe, Lector de Theologia Eſcholáſtica, y Moral, Ex- | Difinidor, y Chroniſta General de dicha Pro-vincia. | Impreſſa en la Imprénta del uſo de la própia Pro-víncia, sita en el Cóvénto | de Nra. Señora de Loréto del Puéblo de Sampáloc, Extra-múros de la Ciudad | de Ma-nila: Por Fr. Juan del Sotillo. Año de 1741.

Port. orl. y á dos tintas; texto á dos cols.—Págs.: 30 s. n. + 579 (y la v. en b.) + 64 s. n.

Port.—V. en b.—Dedic., á San Gregorio, por el autor.—Censura de los PP. franciscanos Fr. Alonso de la Zarza y Fr. Juan Rino de Brozas: Manila 14 Abril 1740. Lic. de la Orden: Santa Ana de Sapa *(Manila)*, 15 Abril 1740: Fr. Sebastián de Totanes, Provincial; Fray Francisco de Madrid, Secretario.—Parecer del P. Fr. Juan de Areche-derra, Dominico; San Gabriel *(Manila)*, 26 Abril 1740.—Lic. del Su-perior Gobierno: Manila 6 Abril 1740, por Decreto del General D. Gas-par de la Torre.—Aprob. del P. Agustino Fr. Remigio Hernández: Manila, 24 Junio 1740.—Lic. del Ordinario: Auto de 15 Mayo 1740, por el Arzobispo de Manila Don Fr. Juan Angel Rodriguez. – Erratas.—Protesta (del autor).—Pról.—Texto (la últ. en b.).—Tabla de capítulos.—Indice alfabetico de cosas notables.

Tomo III.—Port.:

Chronicas | de la | Apostolica Provincia | de | San Gregorio, | de Religiosos descalzos de N. S. P. | S. Francisco, | en las Islas Philipinas, | China, Japon. &c. | Parte tercera, | De la celeberrima seraphica | Mission de Japon: | con | la descripcion de aqvel Imperio: | glorioso trivmpho de nvestros | protho-martyres invictos, | S. Pedro Bautista, | y sus compañeros. | svs vidas, sv beatificacion, y cvltos | A qvienes | la consagra sv avtor, | El P. Fray Jvan Francisco de San Antonio, | Matritenſe, Lector de Artes, y Theología Eſcolaſtica, y Moral, | Calificador del Santo Oficio, Ex-Difinidor, y Chronista | General de la dicha Provincia. | Impreſſa en la Imprenta, de el vſo de ella, ſita en el Convento de Nueſtra | Señora de Loreto, en el Pueblo de Sampaloc, Extra-muros de la Ciudad | de Manila: por Fr. Juan del Sotillo. Año de 1744.

Port. orl. á dos tintas; texto á dos cols.; dos láms. después de la port.—Págs.: 38 s. n. + 839 (á la v comienza la tabla) + 113 s. n.

Port.—V. en b.—Dedic.: Firmo: Fr. Juan de la Cruz. *(Redactóla y firmóla per mandato del superior de la pvovincia.)*—Censura de los PP. franciscanos Fr. Juan de la Cruz y Fr. Juan Rino de Brozas: Manila, 15 Septiembre, 1743.—Lic. de la Orden: Manila, 17 Septiembre 1743: Fr. Melchor de San Antonio, Provincial; Fr. Francisco de Santa Rosa, Secretario.—Aprob. del P. Fr. Juan de Arechederra, Dominico: Manila 15 Abril 1744.—Lic. del Gobierno superior: decreto del General D. Gaspar de la Torre: Manila, 23 de Septiembre de 1743.—Parecer del P. Murillo Velarde, Jesuíta: Manila, 12 Abril de 1744.—Lic. del Ordinario: la dió el Dean del Arzobispado, sede vacante, Dr. Don Juan de la Fuente Yepes: Auto de 14 Abril 1744.—Erratas.—Protesta del autor.—Prólogo.—Texto.—Tabla de capítulos.—Indice alfabético de cosas notables.

He visto un ejemplar (en La Vid), cuyo tomo II tiene la portada toda en negro.—Se reputan raros aquellos cuyo tercer tomo contienen la lámina, firmada por Laureano Atlas (Manila, 1744), «Glorioso martyrio», etc.—Mi ejemplar contiene otra además, apaisada (al revés que la anterior) con este letrero á la cabeza: *Primi martyres Iaponiæ Ord. S. Francisci*, etc.; y por la calidad del grab. y varios pormenores, entre los que debo consignar que estaba suelta, ingerida entre las págs. de los prels., me inclino á creer que esta lám. no pertenezca á la obra del P. San Antonio. Confieso no haber visto más que dos ejemplares, de los seis ó siete que he registrado, con más lám. que la primera de las mencionadas.—Es de las obras

que merecen el calificativo de sobresalientes. En el tomo
primero describese puntualmente el Archipiélago filipino,
y se corrigen errores de Colín y se aportan datos nuevos
y curiosos. Fué tan estimado de los marinos este tomo,
que era raro el que no tenía un ejempl., pues les servia á
manera de *Derrotero*. Débese á esto la gran escasez que
existe de dicho volumen. El P. Zúñiga menciona repetidas veces la obra del P. San Antonio, á la que suele llamar «historia franciscana»; el P. Murillo, en su *sentir*
acerca de la misma, dijo, entre otras cosas, lo que sigue:
«Finalmente la Obra es vtil, y provechosa para la comun Edificacion de los fieles, para gloria de la Religion
Seráphica, para singular lustre de esta Provincia, para
aliento á los Religiosos, que aquí tan gloriosamente trabajan, para exhortacion eficáz á los fervorosos de Európa,
para emulacion Santa á las demas Religiones, para exemplo á los Seglares, para confusion de los Tibios, para di-
version fructuosa de los Curiosos, para enseñanza vtil de
los Eruditos, y para singular Elógio de su Autor, que es
la Estátua de mejor Metál, que se puede labrar á su exactitud, á su sinceridad, á su trabajo, á su estudio, y á su
pluma...»
El P. Murillo, el P. Delgado, y otros, parafrasearon
muchos capítulos del vol. 1 de estas famosas *Choronicas*,
las cuales siguen siendo norte seguro del historiador en
asuntos de verdadero interés.

SAN BERNARDO (Fr. Miguel de), Franciscano.

321. El Serafin Custodio | de la | M. N. y S. L. Ciu-
dad de Manila, | Metrópoli de Filipinas, | S. Francis-
co, | cuyos prodigios en su conservacion y defensa |
escribió Fr. Miguel de San Bernardo, | Predicador: á
instancia del Sr. D. Juan Manuel | Perez de Tagle,
Marqués de las Salinas, &c. | Quien los dedica | Al
M. R. P. Fr. Juan Rino de Brozas, Ministro | Provin-
cial de su Provincia de S. Gregorio de los | Menores
Descalzos de Filipinas, y China, etc. | Reimpreso en
Sampaloc con las licencias | necesarias Año de 1785: |
3.ª edicion. | *Manila:* Imprenta de los Amigos del
Pais, | á cargo de D. M. Sanchez. | 1854.

En 8.º; Port. orl.—Págs.: 136.

Según el *Catálogo* de Platero (págs. 433-434), la primera ed. de esta curiosa obrita fué hecha en 1738.—Citola en
la nota 42 del *Ap. A.*

SANCIANCO Y GOSON (Gregorio).

322. El progreso | de | Filipinas. | Estudios econó-micos, administrativos y políticos | por | D. Gregorio Sancianco y Goson, | Abogado del Colegio de Madrid, Doctor en Derecho Civil y Canónico | y Licenciado en Derecho Administrativo. | Parte economica. | *Madrid:* | Imprenta de la Viuda de J. M. Perez;... | 1881.

En 4.°—Págs.: 2 en b. + XIV + 260 + 32 (Anuncios de la Libr. de Suárez.)

Sin hallarme conforme con muchas de las ideas ex-puestas en este libro, tengo para mí que es uno de los más pensados y menos mal escritos de los que se deben á la escasísima pléyade de publicistas nacidos en Filipi-nas. Con ser moderna la obra, no es fácil hallar ejempla-res á la venta. Debo el mio á la generosidad de un exgo-bernadorcillo, el cual, después de haberlo poseido seis años largos. y embadurnado las cubiertas con centenares de rúblicas y monigotes, me lo ofreció intonso comple-tamente. ¡No es fácil creer que le aprovechara la lectura de *El Progreso* á aquel sencillo expedáneo!

SANCTIESTEBAN ó *Santisteban* (Fr. Jeronimo), Agustino.

323. Compañero del P. Urdaneta en la expedición de Villalobos. Escribió (1547) una interesante relación. que se halla en el tomo XIV de los *Doc. inéds.*, 1.ª serie.

SÁNCHEZ (P. Alonso), Jesuita.

Fué á Filipinas con el P. Sedeño, fundador de la anti-gua Provincia de PP. Jesuítas en aquellas Islas. Cit. M. de Zúñiga, pág. 243. En 1586, pasó de Manila á Europa con plenos poderes de todos los españoles que habia en el Archipiélago. Sus negociaciones diplomáticas no agrada-ron unánimemente, en particular á los PP. Dominicos, cuyos trabajos apostólicos trató de evitar, asi en Filipi-nas como en China. Sus *Avisos* á Dasmariñas, ya dijimos que se hallan insertos en COLÍN (V.): son un modelo de previsión, y dan idea del gran conocimiento que tenía de la sociedad manilense. He aquí los escritos que del Padre Sánchez se contienen en Pinelo (t. II, tít. VII):

324. «*De la Juſtificacion del Titulo* de los Reies de Caſ-tilla, á las Islas Filipinas, para embiar Predicadores afe-gurados con Armas, M. S. fol.»

325. «*Carta* del primer *Viaje* que *hiço* á Filipinas, el Año de 1582. ſegun *D. Nicolas Antonio.*»

29 *

326. «*Memorial* que, como Procurador de la *Compañia de Jesvs*, dio al Rei, el año de 1587. fobre las cofas de Filipinas.»

327. «*Breve*, i notable *Memorial*, para que el Rei lo defpachafe.»

328. «*Raçonamiento*, que hiço en la Junta que fe formó para los negocios de Filipinas.»

329. «*Carta á Fr. Juan Volante*, Dominico, Año de 1588. ó *Difcurfo* reducido á ella fobre fi la Predicacion fe debe afegurar con las Armas, entre los Infieles.»

330. «*Carta* que escribió en Roma, en Maio de 1589. á *Don Gomez Perez de las Mariñas*, dandole varias Reglas para fu govierno de Filipinas.»

331. «*Otra al P. Antonio Sedeño*, de 15 de Maio del mifmo Año: las cuales trae el *P. Colin, lib. 2. cap. 10. 11. 12. 14. 15. 18. i 19. de fu Hiftoria:* De las *cofas* que fe deben informar á fu Santidad, por las Islas Filipinas: *De las Islas de Filipinas*, fu grandeça, i Comercio, Artes, i Frutos, trata en el Viaje que vá puefto, *Tit. 11. Relacion* de las Filipinas, fus calidades, número, grandeça, i distancia, i fus Frutos, i Gentes, en Caftellano.»

SÁNCHEZ (Juan).

332. ✠ | Relacion svmaria de los fuceffos de la Ciudad de Manila, en las Islas Filipinas.

En fol.—4 hojas numeradas.

Al final: Manila, y Iunio 15. de 1683.—Juan Sanchez.

Impreffa en *Manila* por Raymundo de Peña- | fort á 15. de Iunio de 1683.

Trata de la enemistad profunda que á la sazón existia entre las Comunidades religiosas y el elemento civil.— *Fol. 4 (y último):*

«Y por ser parte de esta noticia, no escuso el darla, de que aviendo el dia de Reyes assistido en la Santa Iglesia Catedral la Real Audiencia, predicó en ella el Padre Fray Francisco de Villalva. Religioso Dominico, quien se desmesuró en sumo grado hablando clara, y señaladamente contra el señor Governador, señores Oydores, y Cabildo Eclesiastico, tratando á este de Cismatico, y diziendole... (*) señor Arçobispo: *No se le dé nada á V. S. Ilustrissima de Temporalidades; mire á Dios;*»...

_____

(*)   Roto; supongo que falte aqui la palabra *al*.

SANTA CRUZ (Fr. Baltasar de), Dominico.

333. Tomo segvndo | de la Historia de | la Provincia del Santo | Rosario de Filipinas, Iapon, y China | del Sagrado Orden de Predicadores. | Escrito | por el M. R. P. Fr. Baltasar de Santa Crvz | Catedrático de Prima en la Vniverfidad, y Colegio de Santo Tomas | de Manila. Prior del Convento de dicha Ciudad, Rector del Colegio | Provincial de la Provincia, y Comiffario | del Santo Oficio. | Se dedica | al IIvstrissimo, y Reverendiss. Señor | Don Fray Miguel Geronimo Fuenbuena, del Confejo | de fu Mageftad, y Obifpo de la Santa Iglefia | de Albarracin. | Y le saca a lvz | de orden de Nuestro Reverendissimo Padre | Maeftro General Fr. Antonio Cloche, el M. R. P. Fray Pedro Martir | de Buenacafa, Prior del Real Convento de Predicadores de Zaragoça, | Examinador Synodal de fu Arçobispado, y de la Nunciatura | de Efpaña, y Predicador de fu Magestad Catolica. | Año (E. de la Orden) 1693. | Con licencia: En Zaragoça por Pascval Bveno, Impreffor del Reyno.

En fol.; texto á dos cols., port. orl.—Págs.: 8 s. n. + 531 (v. en b.), incluídos los *Indices.*

Port.—V. en b.—Dedic.: Zaragoza, 12 Mayo 1693, por Fr. Pedro Martir de Buenacasa, «En nombre del Convento y fuyo».—Aprob. de Fr. Francisco de Paula: Zaragoza 13 Julio, 1693.—Aprob. de Fray Martín de Vera: Zaragoza 8 Julio, 1693.—Protestacion del autor.— Texto (hasta la pág. 502).—*Indices* (503-531).—La últ. en b.

Como el título indica, este tomo es el que sigue al compuesto por el P. Aduarte. Ya hemos dicho que toda la obra es interesantisima, y que escasean bastante los ejemplares.

SANTA CRUZ DE MACEDANO (Marqués de).

334. Comercio | suelto, | y en Compañias | general, | y particular, | en México, Peru, Philipinas, | y Moscovia: Poblacion, Fabricas, Pesquería, | Plantios, Colonias en Africa: Empleo de | Pobres y de vagabundos: Y otras ventajas, | que son faciles á la España con los medios | aqui propuestos, extractados, | ó commentados | por el Marques de Santa Cruz | de Marcenado, Comandante General de Ceuta, | y Theniente General de los Exercitos | de su Magestad. |

Con licencia. | En *Madrid:* En la Oficina de Antonio |
Marin. Año de 1732.

Un vol. en 12.º—Págs.: 16 s. n. + 256.

Anteport.—V. en b.—Port.—V. en b.—Dedic., al Rey.—Apr. de
D. Miguel de Zabala y Auñón, Superintendente general de Juros: Madrid, 10 Junio 1732.—Lic. del Consejo: 21 Junio 1732: D. Joseph
Antonio de Yarza, escribano.—Fe de erratas: 12 Julio 1732: D. Manuel García Aleson.—Suma de la tasa: 15 Julio 1732: D. Miguel Fernandez Munilla.—Apr. del R. P. M. Fr. Joseph Nicolás Cabero, Mer-
cenario: Madrid, 14 Junio 1738.—Lic. del Ordinario: 4 Julio 1732:
Lic. D. Miguel Gomez de Escobar, Vicario de Madrid, por el Arzobispo de Toledo.—Tabla.—Texto.

Son pocas las páginas filipinas que contiene.

SANTA JUSTA Y RUFINA (Basilio Sancho de).

Arzobispo que fué de Manila. célebre por su tenacidad
en llevar á efecto la visita diocesana á los sacerdotes regulares, contra la costumbre establecida hasta entonces.
Fué amigo de Carlos III, á quien ayudó en la inicua tarea
de realizar la expulsión de los PP. Jesuítas. Citale el Padre Zúñiga en las págs. 476, 478.—Leclerc, en su *Cat.* de
1867, anota estas obras:

335.   «Memorial al rey nuestro señor D. Carlos III.
hecho con el motivo de los disturbios, que han inten-
tado mover algunos Regulares de Philipinas, mal
afectos á la jurisdicion episcopal, ecc. *Manila,* Imprenta de la vniversidad de Santo Thomas, 1768, in-fol.

12 ff. imprimés sur papier de riz».

336.   «El Arzobispo de Manila á los parrocos de su
obediencia. *Manila,* Imprenta del Seminario, por Pedro Ignacio Ad-Vincula, 1775, in-fol.

»128 pp. A la suite:

337.   »CARTA PASTORAL, que enseña las obligaciones del Christiano en orden á Dios, á su Rey, á la República, á la Patria, ecc. *Manila,* Imprenta del Seminario, 1775.

3 fnc., 240 pp.»

En la *Historia de los PP. Dominicos,* de Ferrando, in-
sértanse algunos documentos suscriptos por este famosísimo Arzobispo, los cuales nos sirvieron para hilvanar
unos articulejos, de los que reproducimos los siguientes
párrafos:

«Habiéndose malquistado por su propio gusto el señor
D. Basilio Sancho con los curas regulares, tuvo por necesidad que poner mientes en los seculares, ó lo que es
igual, en los curas del país, indios puros en proporción
de un 99 por 100 entonces. Quiso hacer de éstos sacerdotes modelos, y algo así vino á decir que eran en el documento elevado al Rey don Carlos III. Y aprovechando la
circunstancia de la expulsión de los PP. Jesuítas, y la de
que había pocos frailes en el país y agarrándose, por último, á ciertos Breves que no le daban por entero la razón, fué proveyendo curatos y más curatos en sacerdotes
indígenas, *improvisados* ó poco menos, como se desprende del siguiente parrafillo de uno de sus *informes* á S. M.:

«A costa de aplicación y trabajo, he conseguido en *un
»año* poner en tal pie este Seminario que ha dado sufi-
»cientes ministros, y muy idóneos para los pueblos que
»ocupaban los PP. Jesuítas; y en una palabra, que á la
»poca clerecía que había, la cual era el oprobio de los
»hombres (!), la he levantado de aquel desprecio.»

Con mucha razón comenta este parrafillo un historiador sesudo contemporáneo: hé aquí sus palabras:

«Difícil nos parece, á la verdad, de una *poca clerecía,*
»que era el oprobio de los hombres, sacar en *un año* mi-
»nistros suficientes y *muy idóneos* para ejercer la cura de
»almas; y dificultad es esta que conceptuamos insupera-
»ble, no ya en hombres de la raza indígena, si que tam-
»bién europea.»

Pero... anduvo el tiempo y vinieron naturalmente los
desengaños. Y aquellos curas indios tan idóneos, á los
que S. Iltma. profesaba tan singular afecto, diéronle motivos—¡cuántos no serían!—para que les enderezase *Pastorales y Exhortaciones* que ponen los pelos de punta, por
lo fuertes que son; porque en las mismas les dice el Arzobispo á los curas del país verdaderas atrocidades, que no
copiaremos íntegras porque—á diferencia de nuestros ad-
versarios—no queremos extremar censuras de cierta índole, bien que ellas no sean precisamente formuladas por
nosotros, sino por todo un Prelado que al principio, y
debido ni más ni menos que á circunstancias *especiales*
que ya conocen nuestros lectores, se puso incondicional-
mente del lado de los curas del país. Y esto dicho, copiemos: el Sr. D. Basilio Sancho les habla á los curas indios:

«¿Quién de vuestras reverencias, mis carísimos padres
»curas, no ha entendido ya las amargas olas de tribula-
»ción que combaten día y noche el afligido corazón de su
»Prelado y Pastor? ¿No son los más de vuestras reveren-
»cias los que de la tierra y de la nada se levantaron á la
»incomparable dignidad del sacerdocio y el apostólico

»ejercicio de la cura de almas? ¿Acaso no los vimos abati-
»dos, hambrientos y desnudos? ¿Por ventura no andaban
»los más en una vergonzosa inacción y ociosidad? ¿No nos
»rogaron é instaron por que los abrigásemos, recogiése-
»mos é instruyésemos? ¿Y que no oímos sus voces lasti-
»meras? ¿Les han faltado nuestros oficios de padre? ¿No
»les instruímos y habilitamos? Y fiados de sus palabras,
»¿no les señalamos á cada uno terreno que cultivase?
»¿Quién de vuestras reverencias, cual más, cual menos,
»no ha participado de nuestros afanes, trabajos y fatigas?
»¿Y quién podrá negarnos habernos sacrificado nuestro
»honor y nuestra vida porque vuestras reverencias vivie-
»sen con honor y comodidades en su misma patria? Son
»muy groseros, toscos y rudos si no han formado idea de
»los trabajos que habemos superado al instruirlos y for-
»marlos en el Seminario; de las pesadumbres y ruidos de
»voces indignas al ordenarlos, y de los sustos, quebrantos
»y recias contradicciones al destinarlos á la cura de almas
»de los pueblos.

»Este recuerdo nos fuera grato si nos viéramos co-
»rrespondidos y cogiéramos los frutos de nuestros pasa-
»dos desvelos, fatigas y sudores; mas cómo, en lugar de
»frutos sazonados, se nos presentan espinas, abrojos y
»agrazones, que punzan, taladran y llenan de amargura
»nuestro espíritu, no podemos menos de exclamar que
»los hijos que habemos criado y exaltado nos han des-
»preciado y conspiran contra el honor y santas intencio-
»nes de su padre y su pastor. ¡Ah, hijos ingratos y desco-
»nocidos! ¡Ah, infieles é indignos operarios! ¿Qué se hicie-
»ron vuestras promesas? ¿Adónde las seguridades que
»nos disteis de sacrificarse cada uno de vosotros por man-
»tener en su punto las excelencias del estado á que fuisteis
»elevados y trabajar en el cultivo de vuestras propias al-
»mas y las de los feligreses que os encomendaron? Ape-
»nas habéis dado principio al trabajo, y ya os abandonáis.
»¿Qué será en adelante? ¿Qué podemos esperar en lo su-
»cesivo? ¡Oh consideración más penetrante que espada de
»dos filos! ¡Oh consideración tristísima que día y noche
»nos tiene en zozobras y continuos sustos! Nuestra con-
»ciencia se halla en un mar de penas; nuestro honor peli-
»gra, porque la buena fama del clero va á dar en tierra.
»Ni puede ser otra cosa, carísimos hijos, porque hay días,
»y aun horas, en que se atropellan unos con otros los
»mensajeros y cartas que nos certifican de la flojedad,
»del abandono y aun de enormes y sacrílegos de algunos
»de vuestras reverencias...»

Su ilustrísima se extiende á detallar las atrocidades de
que le dan cuenta «cartas y mensajeros», y en el mismo

tono dolorido que predomina en las líneas transcritas comenta lleno de angustia todos los *horrores* que sabe cometen los curas del país, á quienes llama á porrillo *indignos, lobos carniceros*, merecedores de gemir «entre prisiones y calabozos», etc., etc., etc. A continuación de esta *Pastoral*, dedicada exclusivamente á los curas indios, el Sr. Arzobispo les manda una *Instrucción...* para que se corrijan.—Esto, *á catorce de Junio de 1772 años.*—En efecto; los curas indios se *enmendaron:* y *en prueba* de ello, diríjeles otra *Pastoral*, fecha *30 de Mayo de 1779,* en la que les dice, entre otras cosas, lo siguiente:

«Cuando esperábamos que vuestras reverencias, le-»vantados del polvo y heces de la miseria y sordidez en »que por tantos años lloraban tristemente abatidos, ha-»bían de respirar incesantes en pensamientos prácticos »del más activo celo por el bien de las almas y del más »puro honor y esplendor de la patria y de sí mismos, nos »hallamos, sin duda por nuestros grandes pecados, que »en algunos de vuestras reverencias erramos el juicio y »que no habemos de coger los frutos de celo, aplicación »y buen ejemplo en el ministerio que les confiamos; antes »por el contrario, probamos ya los amarguísimos agra-»zones que su desidia, inaplicación, volubilidad y ruin »práctica de las funciones de su estado nos presentan, »para confusión nuestra y el más sensible desconsuelo.

»*Filios* (exclamo y levantaré hasta el cielo la voz) *enu-*»*trivi et exaltavi, ipsi vero spreverunt me.* ¿Tan poco les »merece á vuestras reverencias el ministerio de almas de »que se les hizo capaces y se les confirió? ¿Este es el celo »que prometieron vuestras reverencias á Dios, en este su »dignísimo Prelado, por la salud de las almas encomen-»dadas? ...¿Así tan livianamente se quebranta una palabra »dada á Dios? ¿Así se hace traición al nombre y oficio de »Párroco...? ¿Y así, séame lícito gloriarme en mis traba-»jos, desvelos, tareas y fatigas de un afligido Prelado, »todo sacrificado á los esplendores de su querida esposa »la Iglesia, y aumentos, honores y conveniencias de sus »hijos?

»¡Ah, carísimos míos! ¡Que es vivísimo y muy pene-»trante el dolor que aflige nuestro espíritu, y terribilísima »la desconfianza en que, contra todo lo que nos habíamos »prometido, nos hace entrar la negligencia y ningún amor »que vemos y advertimos en algunos de nuestros padres »curas para con los pueblos y almas que se han puesto á »su cargo!!!»...

Y tras muchas reflexiones, en las cuales se ve el desengaño profundo que al Sr. Arzobispo le proporcionaron los curas del país, háceles una larga serie de advertencias

y dicta severas medidas para evitar que en lo sucesivo in-
curran en los muchos y graves defectos en que de continuo venian incurriendo. Se ve, pues, por lo transcrito (que
no es sino la vigésima parte de lo que copiar podríamos
de los documentos del Sr. Sancho), que éste, lejos de ser
anti-fraile, muéstrase profundamente arrepentido de haber sido lo entusiasta que fué de los clérigos indígenas.»

SAN NICOLÁS (Fr. Andrés de), y OTROS, Recoletos.

338. Historia general de los religiosos Descalzos,
del Orden de los Ermitaños del Gran Padre, y doctor
de la Iglesia San Avgvstin, de la Congregacion de
España, y de las Indias. A la Catholica Magestad del
Rey Nuestro señor Felipe Qvarto. Por el P. Fr. Andrés de S. Nicolas, Hijo de la mefma Congregacion,
fu Coronifta, y Rector del Colegio de Alcala de He-
náres. Con Priuilegio. En *Madrid,* por Andres Garcia
de la Iglefia. Año M. DC. LXIV.

Cuatro tomos en fol.

Tomo I:

Págs.: 26 s. n. (En la tercera va un precioso grab.; siguen: ded.,
pról., censuras y protesta) + 536 + 32 s. n. (de nuevas protestas,
índices y fe de erratas).—Abraza los años: 1588-1620.

Tomo II:

Autor: Fr. Luis de Jesús.—En *Madrid,* por Lucas Antonio de Bedmar, Año de 1681.

Págs.: 38 s n. (ded., prels., erratas, aprobs.) + 388 + 48 s. n.
(índice; en la últ., colofón).—Comprende los años 1621-1650.

Tomo III:

Dejólo escrito Fr. Diego de Sta. Teresa; fué coordina-
do y añadido por Fr. Pedro de San Francisco de Asís.
Barcelona. imprenta de los Herederos de Juan Pablo y
Maria Marti. administrada por Mauro Marti. Año de 1743.

Págs.: 26 s. n. (prels.) + 650 + 20 (Indices). Abraza una década.

Tomo IV:

Autor: Fr. Pedro de San Francisco de Asis. En *Zara-*
goza. por Francisco Moreno, Año de 1756.

Págs.: 34 s. n. (prels.) + 604 (incluídos los índices).—Años que
comprende: 1661 á 1690.

Asuntos, entre otros: Alzamientos de algunas provincias de Filipinas.—Levantamiento de los chinos.—Trabajos de los Recoletos, etc.

He registrado toda la obra en Valladolid; tengo un

ejempl. del tomo IV, el más útil para el investigador de puntos históricos relativos á Filipinas.

SANTA INÉS (Fr. Francisco de), Franciscano.

339. Crónica | de la | Provincia de San Gregorio Magno | de | Religiosos descalzos de N. S. P. San Francisco | en las | Islas Filipinas. | China, Japon, etc. | Escrita por el Padre | Fray Francisco de Santa Inés | Lector de Sagrada Teología y Cronista de la misma Provincia | en 1675 | Tomo... | *Manila* | Tipo-Litografía de Chofré y Comp. | ... | *(Año).—A la cabe-za:* Biblioteca | Histórica Filipina.

En 4.º; port. á dos tintas.—Págs.: VIII + 712.—Las 665 712, *Lista de suscriptores.*

Ignoro si se ha publicado el tomo II. El primero, en 1892. Antes que Santa Inés, escribió La Llave; de las crónicas de estos dos antiguos franciscanos tomó los principales datos el P. San Antonio. según declara éste en varios pasajes. El P. Santa Inés parafraseó á Colín en ciertos asuntos. Sin negar mérito á esta obra. creo que urgía más la publicación de otros manuscritos que los Padres Franciscanos de Manila conservan en su Archivo.

SANTA MARÍA (Fr. Agustin de), Agustino.

Ya hemos dicho en otro lugar (V. CANO), que este agustino escribió un Catálogo biográfico de los individuos muertos de su Orden. Escribió además:

340. *Reseña sobre la Guerra de los Ingleses.*

341. *Historia del Convento de San Agustin de Manila.*

Y otras obras, según puede verse en el *Cat.* de Moral (II, 30). Desgraciadamente todas permanecen inéditas.

SANTA MARÍA (Fr. Fernando de), Franciscano.

342. «Manval de medicinas caseras para consuelo de los pobres Indios, en las provincias, y pueblos donde no hay medicos, ni botica. Con las licen. necesarias en el colleg. y vniversidad de Santo Thomas de *Manila*, por D. Franc. de la Cruz, 1815, in-8.»

Asi Leclerc, en su *Catál.* de 1807. Yo tengo la ed. de 1882, hecha en Sto. Tomás *(Manila)*, por G. Memije; 208 páginas en 12.º—V. nota 27, *Ap. A.*—Conozco además otra ed. de 1863 (de 209 pág. en 12.º), impresa en *Manila*. La registré en Avila.

SANTOS (José María).

343. Informe | sobre | las Minas de cobre | de las | rancherías de Maucayan, Suyuk, Bumucun y Agbao | en el distrito de Lepanto, isla de Luzon de las Filipinas. | Por D. José María Santos, | Ingeniero gefe de 1.ª clase del Cuerpo especial de Minas, Inspector | del Archipiélago etc. etc. | *Manila.* | Imp. de Ramirez y Giraudier. | 1861.

En 4.º—Págs.: 35 (y la v. en b.)—Con un estado.

SANVÍTORES (P. Diego Luis), Jesuíta, y OTROS.

344. ✠ | Noticias de los | progressos de nvestra | Santa Fè, en las Islas Marianas, llamadas | antes de los Ladrones, y de el fruto que han | hecho en ellas el Padre Diego Luis de San- | vitores y cinco compañeros de la Compañia | de Ieſus, en el primer año de ſu Miſion, deſde | diez y ſeis de Iunio de mil y ſeiſcientos y ſe- | ſenta y ocho, haſta quinze de Mayo de mil y | ſeiſcientos y ſeſenta y nueue. Sacado de las | cartas que ha eſcrito el Padre Diego | Luis de Sanvitores, y ſus | compañeros.

En 4.º; 23 págs. (y la v. en b.).—Sigs : *A-A2, B-B2, C-C2.*—Con reclamos.

Carece de portada; lo anteriormente copiado es cabeza. No se consigna la Impr., el año ni el lugar de la impresión.—La pág. 23 comprende la relación de «Las onze islas qve | eſtàn reducidas en eſte año | à nuestra Santa Fè, ſon eſtas».—Sigue la lista.

De gran rareza; no lo he visto citado en otro catálogo que en el del sabio COELLO (V.). Es el primer impreso en que se trata circunstanciadamente de las Misiones de los PP. Jesuitas en las islas de los Ladrones. Evidentemente, este cuaderno fué publicado antes de que llegase á Europa la noticia de la muerte del P. Sanvítores. El librero Sr. Alloza, de Zaragoza, en su *Cat.* de 1892, insertó el siguiente anuncio, que reproduzco en testimonio de admiración á la memoria del insigne protomártir de las Marianas.

345. «**Esquex** *(Pedro Francisco)*—Sermon de las heroicas virtudes del gran Patriarca San Ignacio de Loyola. En fiesta votiva que le consagraron sus hijos del Colegio Imperial de la Compañia de Iesus, discvrridas no en sv persona, sino en la perfecta copia de vn hijo suyo, que es el Padre *Diego Lvis de Sanvitores*, natural de la Ciudad de

Burgos. Predicóle El Rmo Padre Pedro Francisco Esquex de la Compañia de Iesús..... Madrid. Mateo de Espinosa y Arteaga, 1674—4.°, 26 hojas.—*Contiene curiosas noticias; se halla dividido en cinco discursos, y el 4.° trata «De la feliz jornada que hizo (el Padre Sanvitores) á las Filipinas, y su entrada en las Islas Marianas».»*

El P. M. de Zúñiga cita al P. Sanvitores en el tomo II, pág. 108.

SERMÓN....—De uno impreso, relativo á fomentar la seda, habla nuestro Autor en la pág. 29 del tomo I.—V. lo que decimos en la nota 5 del *Ap. A.*

(SOCIEDAD ECONÓMICA DE FILIPINAS.)

346. Memoria | que en cumplimiento | de la Real circular | de 17 de Diciembre de 1832, | expedida | por el Ministro del Fomento general | del Reino acordó, dirigirle la Real Sociedad | Economica de Filipinas, | en Junta celebrada el | 6 de Diciembre de 1833. | Se divide en dos epocas, y se acompaña | un Estado que manifiesta la inversion | de sus fondos, durante la | segunda epoca. | *(E. de la Sociedad.)* | Impreso | En la Imprenta de D. José Maria Dayot, por | Tomas Oliva, Año de 1833.—*Al final:* Francisco Enriquez, director; Matias Saenz de Vizmanos, secretario.)

En 4.°—Págs.: 23 (y la v. en b.). Con un estado al final.

SOLÓRZANO PEREIRA (Juan de).

347. Politica Indiana. Sacada en lengua castellana de los dos tomos del derecho, i govierno de las Indias Occidentales.... Añadidas muchas cosas que non estan en los tomos latinos. *Madrid,* D. Diaz de la Carrerra, 1648.

En fol.; texto á dos cols.—Págs. 21 (y la v. en b.) ⊥ 1.040.

La ed. latina es de 1629-30, en 2 vols. en fol., hecha en *Madrid,* por Francisco Martinez.—El P. Zúñiga cit. esta importante obra en la pág. 109 del tomo 5.—Yo tengo la ed. de 1703, castellana, impresa en *Amberes* por Verdussen.

SOTO (Fr. Lucas de).

V. la nota 32 del *Ap. A.*, y en éste, *Relación verdadera de gran admiración y espanto.*

STAFFORD (P. Ignacio), Jesuíta.

348. Historia | De la celestial Vocacion, Missiones apostolicas, y gloriosa | Muerte; del Padre, Marcelo Franᶜᵒ Mastrilli, Hijo del Marques | de S. Marsano, Indiatico plicissimo de la Compañia de | IHS | A Antonio Telles de Silva. *(Gran escudo de armas.)* | Por el P. Ignacio Stafford | de la Compañia de Jesus.

Todo ello preciosamente grab.—V. en b.—Otra grab. con cuatro pasajes de los martirios del P. Marcelo.—V. en b.—Ded.: Lisboa, 21 Sept. 1639 —Aprob. del P. Fr. Adrian Pedro: Lisboa, 8 Agosto 1639. — Aprob. del P. Fr. Gaspar de los Reyes: Lisboa, 19 Agosto 1639.— Sigue una pág. con las licencias.—Texto.—*Al final:*

Con todas las licencias necesarias. | En *Lisboa* | Por Antonio Aluarez. Año de 1630.

Hojas: 2 s. n. (de los grabs.) + 2 s. n. (Ded., aprobs. y licencias) + 136 páginas numeradas (texto).

Es una de las mejores biografias que existen del famosísimo P. Mastrilli. He registrado un ejempl. en el M.-B. de U.; fué de Gayangos.

349.

SVCCESO

RARO DE TRES

VOLCANES

DOS DE FVEGO, Y VNO DE AGVA, QVE RE-
bentaron a . 4. de Enero de efte año de
641. a un mifmo tiempo en diferentes
partes de eftas Islas Filipinas, con grande eftruendo por los ayres como
de artilleria y mofqueteria.

∼ (*) ∼

AVERIGUADO POR OR-
den, y comifsion del Señor Don Fray
Pedro Arçe Obifpo de Zebú, y Governador
del Arçobifpado de
∼ Manila. ∼

EN LA COMPANIA DE IESVS.

(Ocupa toda la primera pág.—*Al final:*)

MANILA.

Año.

MDCXXXXI.

Por Raymundo Magiſa.

6 hojas; pap. de hilo; impresión bastante esmerada; tipos del 8.—
Sigs.: A2, A3, A4. Comienza el texto á la v. de la port.—Copio:

«A VLTIMOS DE DICIEMBRE del año passado de .640.
se reparó en el Presidio de Samboangan de la Isla de
Mindanao, una de las mayores de estas Filipinas, que
por dos vezes cayó alguna ceniza de suerte, que llegava
a cubrir delgadamente los campos, al modo que la escar-
cha los rocia. A primero de Enero de este año de .641.»...
«y a tres del mismo a las siete de la noche se oyó de im-
proviso un ruido al pareçer media legua del presidio, que
dio cuidado, porque fue como de Acabuzeria, y Artilleria,
que se disparava; juzgóse por entonces seria algun enemigo»... «Duró cerca de media hora, en el cual tiempo todos se pusieron en arma, y encomendaron a Dios los navios de socorro, que pensaron, estarian peleando a dos o
tres leguas de alli. Pero presto salieron de aquel engaño,
y conocieron, que el ruydo era de algun volcan, que se
avia abierto; porque a medio dia se vió venir de la parte
del Sur una escuridad muy grande, que estendiendo se
poco a poco por aquel emispherio, y cerrando todo el
Oriçonte, a la una del dia estavan ya en verdadera noche,
y a las dos con tantas tinieblas, que la propia mano,
puesta delante de los ojos, no se veya. Causó esto grande
espanto en todos, y acudieron a la Iglesia, donde encen-
didas luzes, y descubierto el Sanctissimo, se hizo oracion,
se confesaron casi todos los soldados, pidiendo a Dios
misericordia. Esta oscuridad tan lobrega, y triste, sin ver
se luz alguna, o claridad en el orizonte, duró todo el resto
de aquel dia, y noche hasta las dos de la mañana; en que
se començó, a descubrir alguna claridad de la luna, con
que respiraron, y se alegraron los animos de toda la gente de aquel presidio Españoles, y Indios, que se juzgavan
ya acabados, y enterrados en la gran cantidad de çeniça,
que desde las dos començó á caer sobre ellos.

»CAVSO esta misma noche confusion en esta hora al
socorro dicho, que yba a Terrenate, el qual por yr costeando la Isla de Mindanao, y estar ya hazia la punta de
San Agustin cerca de una Isla, que llaman Sanguil, en
donde avia rebentado el volcan, les anochecio mas tem-

prano, que en Samboañgan, pues a las diez del dia se víeron en tan espesas tinieblas, y horrible oscuridad, que entendieron era llegado el dia del juizio. Començó a lloverles tanta piedra, tierra, y ceniça; que se vieron en peligro, los vaxeles, y fue necessario ençender luzes, y alijar muy aprissa la pesada carga, de tierra, y ceniça, y la galera echó su tienda, y encendió faroles, como si fuera de noche. Observaron por gran rato desde los vaxeles, como de la dicha Isla de Sanguil salian a prissa plumajes, y columnas de fuego, que se subian al cielo, y tornando á baxar abrasavan los montes, y serranias vezinas. Estendio se la escuridad por la mayor parte de la dicha Isla de Mindanao. que es muy grande, y la çeniza llegó hasta las Islas de Zebú. Panay, y otras circunvecinas. Y particularmente la de Iolo, que distará mas de quarenta leguas de la de Sanguil, donde reventó el volcán. Y aunque entonces por la escuridad, y revolucion del tiempo no repararon en Iolo, de donde les venia lo, que el cielo arrojava, después de sereno, advirtieron, que al mismo tiempo, que en Mindanao, y Sanguil avia rebentado el primer volcan, se rebeluieron alli tambien los elementos, y se abrio otro segundo volcan en una Isleta, que esta en frente de la barra del rio principal de Iolo, donde asiste nuestro presidio, en el qual (como se averiguó despues) con gran temblor se abrio la tierra. començó a arrojar por los ayres llamas de fuego, y entre ellas arboles, y piedras de gran tamaño; siendo tal la conmocion, y concussion de los elementos, que penetrando las entrañas de la tierra. y llegando a las del mar, vomitó por la misma boca, que se avia abierto en tierra, cantidad de conchas grandes, y otras varias cosas, que engendra la mar en su fondo. Oy queda abierta la boca deste volcan, que es muy ancha, y dexó abrasado todo el contorno de aquella Isla.

«PERO lo que causa mas admiracion, es, que en la Provincia de Ilocos de esta Isla de Manila, que distava ciento, y cinquenta leguas largas por linea recta del lugar, donde rebentaron los dichos dos volcanes de fuego, en el mismo dia, y hora en unos pueblos, que llaman de los Igolotes. que toda via son infieles, uvo otra tormenta, y rebentó el tercer volcan, que fué de agua, y tan espantoso, como se vera por un Cap. de la carta del P. Fray Gonzalo de Palma, Procurador General de la Provincia del Sanctissimo nombre de IESVS de la Orden de San Agustin en estas Islas, que diçe en sustancia assi:

»EN LOS Igolotes, que viven mas orientales respecto de los Ilocos. 5. jornadas de la tierra mas adentro a 4. de Enero padecio la tierra un terremoto tan horrible, qual le prenunciava el furioso uracan, que le precedio. Trago—

se la tierra tres montes. de los quales el uno, cuya falda
dava assiento a tres poblaciones, era inaccesible. Toda
esta maquina arrancada de sus fundamentos voló por el
ayre abueltas de mucha agua de suerte, que formó su vacío una espaciosa laguna. sin dejar señal, no solo de que
avia avido pueblos, pero ni encumbrados montes. Rom-
pio las entrañas de la tierra el viento, y agua con furia
tan estraña, que arboles. y montes a pedazos los arrojó
mas de doce picas en alto, y al encontrar se en el ayre, y
caer en la tierra hizieron tan espantoso ruydo. que se oyó
muchas leguas de distancia.»... «Asta aquí la carta.»
«LA Vltima y mas rara, y general maravilla deste dia .4.
de Enero es la del estruendo, y ruydo, que se apunta en
esta carta, el qual se formó en los ayres entre nuve, y
diez de la mañana, y se oyó no solamente en Manila, y
las Provincias de Ilocos. y Cagayan; que distan como .130.
leguas. sino tambien en todas estas Islas Filipinas, y en
las de Maluco, y penetró hasta la tierra firme de la Assia
en los Reynos de Cochinchina, Champá, y Camboja,
como se ha sabido por diferentes Religiosos y otras personas fidedignas. que de estos Reynos an venido a Manila. Distancia que por lo menos hara un circulo de mas
de .300. leguas de diametro, y .900. de circunferencia, y
en toda esta distancia se oyó el estruendo igualmente a
un mismo punto, y hora....»
Despues de apuntar muchas conjeturas, las más fundadas en obra del demonio, termina así este curioso papel:
«que a la verdad dan, que temer tantos volcanes nuevos en tantos lugares. Y aun esta fresca la ceniza, que
pocos años ha cayó en tanta abundancia en esta Ciudad
de Manila. Roguemos al Señor se apiade de nosotros»...

El Sr. Gayangos, poseedor que fué de este rarisimo
impreso, se lo mostró á Jagor, el cual tomó párrafos para
sus *Viajes*. El Sr. Abella reproduce en su última obra (*)
lo copiado por Jagor, y atribuve á Maguisa la redacción
del *Succeso*, siendo asi que Maguisa era impresor solamente.

(M.-B. de Ultramar.)

(*) *Terremotos... de Pangasinan, Unión y Benguet.* Manila, Chofré y Comp.,
1893. Recibo un ejemp. en el momento en que se iba á hacer el ajuste de estas
galeradas.

350.

SVCCESOS FE-
LICES, QVE POR MAR, Y

tierra ha dado N.S. a las armas Efpañolas;
en las Islas Filipinas contra el Mindanao; y en las de
Terrenate, contra los Holandefcs, por fin del año
de 1636. y principio del de 1637.

(Tal es la cabeza.—Véase el final:)

Con licencia en Manila, por Tomas Pimpin Impreffor
Año 1637.

En 4.°; pap. de arroz.—7 hojas s. n. + 1 en b.
Sigs.: ¶, ¶3, ¶4 y ¶5.

Divídese en dos partes: 1.ª *Filipinas;* ocupa 12 pág. y ¹/₂,
y 2.ª *Terrenate,* que ocupa lo restante, ó sea media página de la 13, y otra media de la vuelta.

(Menciónase á: Cachil Corralat, D. Juan Cerezo, Corcuera, P. Marcelo Mastrillo, Nicolás González (sargento
mayor), el capitán D. Rodrigo de Guillcstigui, Pedro Palomino, Cachil Moncay (rey legitimo, sobrino de Corrá-
lat),—Jerónimo Enriquez, y Pedro de Mendiola.

La impresión, en tipos del 8, es bastante limpia—Tengo por rarísimo este impreso, que fué de Gayangos, y existe en el M.-B. de Ultramar.)

T

TORRUBIA (Fr. José), Franciscano.

351. Disertación | Historico-Politica, | en que se
trata de la extension | de el Mahometanifmo en las
Islas Philipinas: grandes | eftragos que han hecho los
Mindanaos, Joloes, Camu- | *cones,* y Confederados de
efta Secta en nueftros Pue- | blos Chriftianos, medio
con que fe han conte- | nido, y vno congruente para
fu perfecto | eftablecimiento. | Escrita en forma de
diafogo | por el Padre Fray Joseph Torrubia, | Mifio-

30 *

nero Apoftolico, Calificador de el Santo Oficio, Exa-
mi- | nador Synodal, y de Lenguas, de los Obifpados
de Nueva Ca- | zeres y Zebu, Cuftodio, Comiffario, y
Procurador Gene- | ral para las Cortes por fu Provin-
cia de San Gregorio en | Philipinas de Religiofos Def-
calzos de nueftro | Padre San Francifco. | Dedicada |
á N. R.ᵐᵒ Padre Fray Domingo Lossada, | Comiffario
General de Indias. | Con licencia: en *Madrid* en la Im-
prenta de Adolfo Balvás.—*(En 1736, según la fe de
erratas.)*

En 4.º—Págs.: 32 s. n. + 80.

Port.—V. en b.—Ded.: Madrid, 3 Mayo 1736.—Aprob. del P. Pedro Rodríguez Guillén, Franciscano: Madrid, 11 Abril 1736.—Lic. de
la Religión: Madrid, 14 Abril 1736: Fr. Domingo Lossada; Fr. Sebastián de Encinas, Secretario general de Indias.—Censura del P. Fray
Marcos de Alcalá, Franciscano: Madrid, 26 Abril 1736.—Lic. del Ordinario: Madrid, 5 Mayo 1736: Lic. Goyenes, Vicario —Aprob. del
Rmo. P. Juan de Campoverde, Jesuíta: Madrid, 24 Abril 1736.—Lic.
del Consejo: Madrid, 28 Abril 1736: D. Miguel Fernández Munilla,
Secretario de S. M.—Fe de erratas: Madrid, 10 Mayo 1736.—Suma
de la tasa.—Prólogo.—Texto.—La obra carece de Indice.

Primera y muy rara edición de una de las más interes-
santes obras relativas á los moros y sus piraterías. Véase
la descrip. de la segunda ed., en cuyos prelims. se explica
la razón de la rareza:

352. Dissertacion | historico-politica, | y en mu-
cha parte geografica. | de las Islas Philipinas, exten-
fion del Ma- | hometifmo en ellas, grandes eftragos, |
que han hecho los *Mindanaos, Joloes,* | *Camucones.* y
Confederados de efta | Secta en nueftros Pueblos |
Chriftianos, &c. | Ponese una razon compendiosa |
de los fondos, y deftinos del Gran Monte | Piedad de
la Casa de Mifericordia | de la Ciudad de Manila. | Su
autor | El Rmo. P. Fr. Joseph Torrubia; | Archivero,
y Chronifta General de toda la Orden | de San Fran-
cifco, &c. | Con licencia. En *Madrid,* en la Imprenta |
de D. Agvftin de Gordejuela y Sierra, Calle | del Car-
men. Año de 1753, | ... | ... | ...

En 12.º—Págs.: 48 s. n. + 115 + 1 en b.

Port.—V. en b.—Ded.: al Sr. D. Fernando Valdés Tamón: hácela
Don Patricio Joseph Castellanos; el cual dice: «Como esta Obra se dió
al publico para informar los animos de algunos Señores, fueron po-
quissimos los Exemplares que se tiraron; por lo que V. S. quando los

dias passados estuvo en Madrid, no pudo hallar uno de los impressos, en donde constan abundantissimamente los grandes servicios, y zelo, con que el señor Don Fernando Valdés Tamón, Cavallero del Orden de Santiago, Mariscál de Campo, primer Capitán de Guardias Españolas, Governador, y Capitán General de las Islas Philipinas,... Padre de V. S....».—Aprob. del P. Fr. Pedro Rodríguez Guillén: Madrid, 11 de Abril de 1736.—Lic. de la Religión: Madrid, 14 de Abril de 1736: Fr. Domingo Losada. Comisario general; Fr. Sebastián de Encinas, Secretario general —Censura del P. Fr. Marcos de Alcalá, 26 Abril (Madrid) 1736.—&c. &c.

(M.-B. de U.; fué de Gayangos.)

El P. Torrubia sostuvo largo pleito con la Provincia de San Gregorio de Filipinas, de la que fué representante en Madrid: con motivo de aquél, escribió porción de *Representaciones*, y casi otras tantas su contrincante Fr. Bernardo de Santa María, que vino á relevarle, negándose en un principio Fr. Torrubia á hacerle entrega de la Procuración. Hay *Representación* que ocupa 136 págs. en fol. Los más de estos documentos fueron impresos, y se hallan ejemplares en el Col. de Agusts. filips. de Valladolid, donde los he registrado.

TRANSILVANO (Maximiliano).

Este es el autor del más antiguo impreso relativo á Filipipinas. Mr. H. Ternaux, en su obra *Bibliothèque Américaine* (Paris, 1837), al número 29, consigna la primera edición de esta famosa epístola, en esta forma:

353. «**Maximiliani Transylvani de Moluccis insulis itemque aliis pluribus mirandis epistola perquâm jucunda. In ædibus Minutii Calvi.** *Roma.*—1523.»

Desconozco esta impresión, que tengo por rarísima. La EPÍSTOLA de Transilvano fué impresa nuevamente en 1555, en la obra que lleva por título:

Novvs orbis re- | gionvm ac insvlarum vete- | ribvs incognitarvm vna cvm tabvla cos- | mographica, & aliquot confimilis argumenti libellis, nun no- | uis nauigationibus auctus, quorum ommiun catalogus | feguenti patebil pagina. | *(Etcétera, etc.)* | *Basileæ* apvd Io. Hervagivm, | Anno M. D. LV.

Obra en fol., de págs.: 667 (y la v. en b.) + 38 s. n. (de port., prels. y tabla).—La cabeza de la EPÍSTOLA, es así:

354. DE MOLUCCIS INSVLIS ATQVE A- | LIIS PLVRIBUS MIRANDIS, QUAE NOVISSIMA | Castellanorum

nauigatio Serenifs. Imperatoris Caroli V. | aufpicio
fufcepta, imper inuenit: Maximiliani Tranf- | fyluani
ad Reuerendifs. Cardinalem Saltz | burgemfsem
epiftola lectu per- | quam iucunda.

(Al final:)

.... Datum
Vallifoleti, die xxiiii. Octo-
bris M. D. xxii.

E. Reuerendiff. ac Illuftriff. D. T.

Humillimus & per-
petuus feruitor
Maximilianus
Transyluanus.

(La EPÍSTOLA ocupa las págs 524-536 de la expresada obra *Novus
Orbis*, etc., registrada por mí en Valladolid.)

Ramusio la imprimió nuevamente, en su ya citado primer tomo (V. PIGAFETTA) de Venecia, 1563. En italiano.
Reproduzco la cabeza de la EPÍSTOLA de Transilvano:

355.
EPISTOLA DI MASSIMILIANO TRANSILVANO

Secretario della Maeftá dello Imperatore, fcritta allo Illuftrifsimo
& reuerendifsimo Signore, il Signore Cardinal Salzubur-
genfse, della admirable & fstupenda nauegatio-
ne fatta pergli fpagnnoli lo anno
M D XIX. atorno
il mondo.

(Ocupa los fols. 347-352 (vto.).—Síguele la *relación* de Pigaffetta.)

Finalmente, la EPÍSTOLA de que tratamos, se halla traducida al español en el tomo IV de la *Col. de Viajes* de
Fernández de Navarrete (Martín).

356. **Trévoux** *(Journal de)*.—Revista crítica y literaria
(1701-1782), fundada en Trévoux por los PP. Jesuitas para
combatir las ideas filosóficas que á la sazón se abrían camino en Europa.—Cítala el abate Masdeu, y reproduce
Zúñiga la cita, para rebatirla. (Págs. 509-511).

TRUXILLO (Fr. Manuel María), Franciscano.

357. Exhortacion Pastoral, | avisos importantes, |
y | Reglamentos útiles, | Que para la mejor observan-

cia de la disci- | plina Regular, é ilustracion de la Literatura | en todas las Provincias y Colegios Apostólicos | de América y Filipinas | expone, y publica | á todos sus súbditos | El Rmo. P. Fr. Manuel María Truxillo, | actual Comisario General de Indias de la Regular | Observancia de N. S. P. S. Francisco | *(Escudete del impresor.)* | *Madrid* MDCCLXXXVI. | Por la Viuda de Ibarra, Hijos y Compañía. | Con superior permiso.

En 4.°—Págs.: 6 s. n. + 240.—Con un estado grab., al final.

Obra muy estimada; hiciéronse ejempls. en gran papel, según Leclerc. *(Cat.* 1867.)

U

URDANETA (Fr. Andrés de), Agustino.

358. Cítale Zúñiga en el tomo II, pág. 59, pero no á título de autor. Fué testigo testamentario de Juan Sebastián del Cano; escribió una *Relación* del Viaje de Loaisa; véanse *Col. de Documentos inéditos* (1.ª y 2.ª series), *Col. de Viajes de Navarrete* (tomo V) y la *Hist. de Juan Sebastián del Cano,* por Fernández de Navarrete (Eustaquio).—Superfluo parece advertir la extraordinaria importancia de las noticias del P. Urdaneta, á cuya pericia, como marino, y á cuyo celo, como religioso, se debe principalmente el buen éxito de la expedición de Legazpi, la definitiva para la conquista temporal y espiritual de las Islas del Poniente.

V

VALDÉS (Fr. Francisco), Agustino. — V. Revista Agustiniana.

Cítasele en la nota 47 del *Ap. A.*

VALDÉS (Nicolás).

359. Descricion y resistencia | de las | maderas de construccion | de las | Islas Filipinas | por | el Teniente coronel graduado, | Comandante del Cuerpo de Ingenieros del Ejército | D. Nicolás Valdes. | *Manila:* | Imprenta de Ramirez y Giraudier | 1858.

En 4.º—30 págs.

Anteport.—V. en b.—Port.—V. en b.—Texto.

Curiosa é instructiva.

VALENCINA (Fr. Antonio), Capuchino.

360. *Mi viaje á la Oceanía.* «Es una bellísima y poética descripción que el M. R. P. Fr. Ambrosio de Valencina hace de su viaje á las Carolinas, de las Misiones Capuchinos allí establecidas y de las costumbres, religión, etc. de sus habitantes.»

No conozco la obra: transcribo la noticia, según la publica *El Eco Franciscano* del 15 de Mayo de 1893. Sabido es que los PP. Capuchinos son los únicos Misioneros que hoy tiene España en las islas Carolinas.

VELINCHÓN (Fr. Julián), Dominico.

361. Relacion nominal | de los Religiosos | que han venido á esta Provincia | del Santísimo Rosario, | desde su fundacion en 1587 | hasta el presente año de 1857. | Se da á luz | Por el R. P. Fr. Julian Velinchon | Prior Provincial. | *(E. de la Orden.)* | *Manila:* 1857. | Establecimiento Tipográfico del Colegio de Santo Tomás, á cargo de D. Manuel Ramirez.

En 4.º; port. orl.—Págs.: 122.

Sucesivamente se han ido añadiendo hojas á esta obra; mi ejemplar contiene las siguientes: 4 paginadas (123-126) + 94 págs. s. n.—Las ults. noticias alcanzan á Junio de 1891.—De estos pliegos añadidos hácese tirada muy corta y no se pone á la venta.)

Deben reputarse raros los ejempls. tan completos como el mio. Es *Catálogo* muy escueto, pues apenas contiene otras noticias que las fechas de nacimiento, profesión, embarco y llegada á Filipinas. La *Reseña* del P. Ocio quitará al *Cat.* del P. Velinchón toda importancia, si se exceptúa la que siempre tendrá este libro por su escasez de ejempls. completos.

VARGAS Y PONCE (José de).—V. Relación del último viaje al Estrecho de Magallanes.

362. Verdadera rela- | cion de la maravillosa | vi-

toria qve en la Civdad de Manila, en las Filipinas, han tenido los Efpañoles contra la poderofa armada de los Cofarios | Olandefes que andauan robando aquellas mares. Dafe quenta como fueron | destruy-dos y muertos, y la grandeprefa que se les tomó, | ansi de nauíos, como de lo demás que | tenian robado.

(Al final:)

Con licencia, En *Seuilla,* por Bartolome Go- | mez, a la Efquina de la Carcel Real, | Año de 1611.

(En fol.—2 hojas.—Sig. la primera: *A.*

Escrita indudablemente en Manila, porque abundan frases como éstas: *estas Islas, esta Vahia, esta ciudad de Manila,* etc.—*En el último párrafo:*

«Recibiose la nueua defte buen sucesso en efta ciudad de Manila a veintisiete de Abril, a las dos de la mañana defte año de 1610. con repiques de campanas, y grandes alegrias, como era justo que todos lo estuuiessen. Fueron muertos de los Españoles cincuenta y tres, y heridos se-tenta, de los quales murieron algunos; pero de los enemi-gos fueron muchos mas.»...

(Describe minuciosamente la batalla contra los holan-deses. No se dice el nombre del Autor.)—Muy rara.

(M.-B. de Ultr.; fué de Gayangos.)

VENAVENTE ó Benavente (Fr. Alvaro de).

Predicó un *Sermón* de San Andrés, impreso en el raro tomo de Moya y Torres (V.).—V. además la nota 39 del *Apéndice A.*

363. «Verissima | relacion en | qve se da qventa en el estado | en que estan las guerras en las Filipinas, y Reynos de el Iapon, côtra los olandeses. Y los famo-sos hechos | de don Felipe de Silva Sargento mayor, | con la gran vitoria ĝ tuvieron los Españo- | les, dego-llando quatrocientos | Olandeses. Año de | 1626. *(Al fin.)* Impressa con licencia de | el señor Don Luys Remirez de Arellano, Teniente | Mayor de Sevilla, por Ivan de | Cabrera fontanero del Correo Mayor. | Año 1626.

Fol.—2 h.—Sign. A.»

(Gallardo, tomo I, cols. 808-809.)

VIANA (Francisco Leandro de).

364. Demostracion del Mifero deplorable eftado

de las Iflas Philipinas: de la neceffidad de abandonar-
las, ó mantenerlas, con fuerças refpetables: de los inconvenientes de lo primero, y ventajas de lo segundo:
de lo que pueden producir à la Real Hacienda: de la
Navegacion, extenfion y vtilidades de su Comercio.
Con refleccion.ª que convencen la vtilidad de formar
una Compañia, bajo la Real Proteccion, para hacer
feliz y gloriosa la Monarquía Española, y priuar á sus
enemigos de las ganancias, con que la deftruyen, en
paz y en guerra. Por Don Francisco Leandro de
Viana, Colegial del Viejo de San Bartholomé, el ma-
ior de Salamanca: Rector del mismo Colegio: graduado en la Capilla de Santa Bárbara de la referida
Vniuersidad: del Cons.º de S. M. y fu Fiscal en esta
Real Audiencia de Manila.—*Manila. (Al final:)* y Febrero 10 de 1765.

MS. original é inédito; consta de 85 fojas en folio, escritas en hermosa letra, y autorizado con la firma del autor.—La port., toda orl.,
tiene bastante mérito como dibujo á pluma hecho por un indio.

Poseo además una copia del anterior, también autorizada con la firma del autor, pero avalorada con notas autógrafas al margen.

365. Demonstraciones. De lo qve contribuyen a sv
M. G. los naturales de las Islas Philipinas; De lo que
se gasta en su adminiftracion efpiritual; De lo que el
eftado Ecct.ᶜᵒ percibe de el Rey, y de los Indios, y de
los diversos ahorros, y aumentos, que puede tener la
Real Haz.ᵈᵃ para mantener estos Dominios con fuerzas respetables, sin necesidad del Real Situado, que
anualm.ᵗᵉ viene de Mexico; y con la ventaja de que el
R.ˡ Herario resarsa en lo succefivo los gastos hechos
en los 202 años, que han corrido desde la Conquifta
de dichas Iflas: por....—*(Fecha:)* Manila, Julio 10
de 1766.

MS. inédito, autorizado con la firma del autor; consta de 18 fojas
en folio.

También de este otro *Ms.* tengo copia de la época, firmada por Viana, y con notas autógrafas. Tengo además
otros trabajos del mismo Viana, y gran número de papeles de familia, y otros oficiales, entre los que merecen especial mención sus dictámenes como fiscal de la Audiencia (un tomo en fol.) y el mamotreto de que doy cuenta
á continuación:

366. GUERRA CONTRA LOS INGLESES.—Expediente original y completo, formado para acreditar los méritos contraídos durante la expresada guerra por el Fiscal de S. M. D. Francisco Leandro de Viana. —Consta de 62 folios, todos útiles, y en los cuales figuran autógrafos de personas notables, entre otros, una diligencia toda de puño y letra de D. Simón de Anda y Salazar, por él firmada y rubricada.

Viana fué amigo de D. Simón de Anda, y le ayudó en los primeros días de angustia, á raíz de verificada la invasión de los ingleses. Fué laborioso, pero ambicioso y vanidoso también. Sus servicios, sin ser extraordinarios, abultólos considerablemente después, y logró de S. M. que le nombrara conde de Tepa. Poseo copia de la representación que hizo al Rey exponiendo sus merecimientos para conseguir el condado. Existe además una RELACIÓN impresa de sus méritos y servicios. de la que doy noticia en otro lugar.—V. núm. **295.**—El P. Zúñiga cita á Viana en las págs. 231-232; hácelo con cierta destemplanza. quizás porque fué aquel fiscal enemigo enconado de los religiosos.—En la segunda parte de uno de los manuscritos anotados, abógase por el establecimiento de una Compañía de Comercio. D. Francisco Leandro de Viana nació el 9 de Marzo de 1730, en Lagrán, provincia de Álava, de familia noble. Confiriósele la Fiscalía de Manila en 21 de Febrero de 1756.—Según Rezábal Ugarte, en su libro *Biblioteca de los escritores de los seis Colegios mayores,* Madrid, 1805, «En el Consejo de Indias—dice—y en su vía reservada existen otras muchas obras que acreditan la sabiduría y zelo de este Ministro»; y son:

367. Ordenanzas para el Gobierno de las provincias de indios de Filipinas.

368. Reglamento de sus Reales Almacenes. *(¿De Filipinas?)*

369. Ceremonial de la Audiencia de Manila.

VIDAL Y SOLER (Domingo).

370. Manual | del | Maderero en Filipinas | conteniendo | la legislacion vigente de Montes, | algunas noticias | sobre comercio de maderas, precios á que las vende el Estado, formularios, | y | varias tablas de reduccion | y cubicacion. | Por | Don Domingo Vi-

dal y Soler, | Ingeniero de Montes. | *Manila:* | Imp. de
la Revista Mercantil, de J. Loyzaga y C.ª | ... | 1877.

En 8.º—Págs. XIII + 1 s. n. + 394.
Dedic., á D. Sebastián Vidal y Soler.

Obra muy apreciada entre los hombres de ciencia.

VIDAL Y SOLER (Sebastián).

371. Memoria | sobre | el ramo de Montes | en las
las Islas Filipinas, | presentada | al Excmo. Sr. Mi-
nistro de Ultramar | por el Ingeniero de Montes | Don
Sebastian Vidad y Soler, | Jefe de primera clase en
Ultramar, | Profesor que ha sido de la Escuela espe-
cial del Ramo. | Publicada con autorizacion superior |
suprimiendo la parte concreta de organizacion del
servicio. | *Madrid.* | Imprenta, ... de Aribau y C.ª | ... |
... | 1874.—*Fecha de la* MEMORIA: «Madrid, 18 de Enero
de 1874.

En 4.ª may.; port. á dos tintas: negra y verde.—Págs.: 4 s. n. +
456.—(Las 3 primeras numeradas con romanos).
Anteport.—V. en b.—Grab. al agua fuerte, sobre pap. marq.—
Port.—V. en b.—Prefacio —Introduccion.—Texto de la Memoria.—
Apéndice *A* (comienza en la pág. 143): descripcion de algunas maderas.—Apéndice *B* (comienza en la pág. 183): Mindanao.—Apéndice *C*
(comienza en la pág. 235): Catálogos bibliográficos, uno sobre Filipinas de 245 papeletas.—Adiciones y rectificaciones.—Correcciones.—
Indice de materias.
(Tiráronse 200 ejemplares; de los que sólo se pusieron 20 á la
venta pública, según mis noticias.)

El *cat. bibliográfico* vale muy poco: se conoce que el
autor lo hizo á escape. Calcó las más de las papeletas en
el *Cat.* de Leclerc de 1867; otras se las dió redactadas el
Sr. Sanjurjo, empleado que fué del M. de Ultr.; las pocas
que de propia cosecha consignó Vidal adolecen de grandes defectos.—Esto no disminuye, sin embargo, en lo más
mínimo, el alto concepto que de Sebastián Vidal tiene el
que escribe estas líneas; pues que para mí, y para muchos, ha sido este señor el ingeniero de Montes de mayor
talento y más general y profunda sabiduría científica que
ha habido en Filipinas. Han de transcurrir muchísimos
años, probablemente, hasta que vaya á aquella tierra
otro ingeniero que valga lo que Vidal valia. En el Cuerpo
á que perteneció († en 1889), sólo D. Máximo Laguna le
superaba en prestigio como naturalista. La fama de Vidal es europea. Hé aquí otras de sus obras:

372. SINOPSIS | de familias | y | generos de plantas leñosas | de | Filipinas, | Introduccion | á la | flora forestal del Archipiélago Filipino, | redactada por | Don Sebastian Vidal y Soler, | Inspector general de 2.ª clase del Cuerpo de Montes en | Ultramar, Jefe de la Comision de la Flora Forestal de | Filipinas. | Publicada de Real órden. | Texto. | *Manila.* | Establecimiento Tipo-litográfico de Chofré y C.ª | 1883.

En 4.º—Págs.: XVIII + 411 (y la v. en b.) + 2 s. n. (Erratas é Indice de materias.)
ATLAS.—En fol.; la misma port.—Págs.: XLIII + 1 s. n.—Siguen 100 láms., litografiadas, conteniendo unas 1.900 figuras.

373. PHANEROGAMÆ Cumingianæ Pilippinararum | ó | Indice numérico y Catálogo sistemático | de las | plantas fanerogamas coleccionadas en Filipinas por Hugh Cuming | con | características de algunas especies no descritas y del género *cumingia* (malváceas) | por | D. Sebastian Vidal y Soler. | Inspector general de 2.ª clase en Ultramar y Jefe de la Comisión. | Publicada por Superior decreto | *Manila* | Establecimiento Tipo-Litográfico de M. Pérez hijo | ... | 1885.—*(A la cabeza:* Cuerpo de Ingenieros de Montes | Comisión de la Flora forestal de Filipinas.)

En 4.º—Págs.: XV (de prelims.; la últ., v. en b.) + 217 (y la v. en b.) + 1 s. n. (de Indice; y la v. en b.).—Una lám. entre las páginas 214-215.

374. REVISION | de | Plantas vasculares filipinas, | Memoria elevada | al | Excmo. Sr. Ministro de Ultramar | por | D. Sebastian Vidal y Soler, | Inspector general de 2.ª clase, Jefe de la Comisión. | Publicada de Real orden | *Manila* | Establecimiento Tipolitográfico de M. Perez, hijo | ... | 1886.—*(A la cabeza:* Cuerpo de Ingenieros de Montes. | Comision de la Flora Forestal de Filipinas.)

En 4.º Págs.: 6 s. n. + VI + 454 + 1 s. n. (de Anuncios; y la v. en b.).—Dos láms. entre las págs. 452-453.

Tradujo del alemán la obra *Viajes por Filipinas,* de F. Jagor; y del mismo idioma un importante estudio de Semper; etc., etc.—Unió, pues, á un talento asombroso y una cultura envidiable, una muy grande laboriosidad.— V. EL GLOBO.

VILLACORTA (Fr. Francisco), Agustino.

375. Sucinta relacion | de los progresos de Misiones de los Igorrotes y Tinguianes en la isla de Luzon, una de las llamadas Filipinas.—*(Al final:)* Marzo 28 de 1830.—*(Al pie de la misma últ. pág.:) Valencia:* | Por Don Benito Monfort, | Octubre de 1833.

En 4.º—Págs.: 12.

(El título transcrito va á la cabeza de la primera pág.—Este cuaderno carece de port.)

(Al final de la obra: Fr. Francisco Villacorta.)

376. ADMINISTRACION ESPIRITUAL | de los Padres Agustinos calzados | de la provincia | del Dulce Nombre de Jesus | de las Islas Filipinas, | con la especificacion | de todos los Religiosos individuos de ella, número de | almas que estan á su cargo, conventos que tienen en | el dia, Misiones y Curatos que administran, años | de la fundacion de unos y otros, y Estadística | de ellos. | La da á luz | el R. P. M. Asistente general | Fr. Francisco Villacorta, | Comisario de las Misiones, y Procurador general | de la expresada provincia, | Con las licencias necesarias. | *Valladolid,* Imprenta de H. Roldan. | Mayo de 1833.

En 4.º—Págs.: 2 s. n. + 208 + 2 s. n.

Port.—V. en b.—Texto.—Indice.

También creo que es del P. Villacorta la siguiente, que dice al final: *Por un verdadero Español:*

377. SUCINTA Memoria | que contiene el estado actual | de las | Islas Filipinas, | sus ricas producciones, su agricultura, industria | y comercio; mejoras que pueden hacerse, me- | dios fáciles de realizarlas, y cuanto puede | cooperar á la prosperidad de la Nacion Espa- | ñola esta tan preciosa parte de sus dominios. | *Valladolid:* | En la Imprenta de la Viuda de Roldan. | 1838.

Folleto en 4.º—Págs.: 63 + 2 s. n.

Port.—V. en b.—Texto.—Apéndice (la última en b.)—«Posición de dichas islas Filipinas en el Asia», y otras noticias geográficas.

378. BREVE resumen de los progresos de la Religion Católica en la admirable conversion de los indios Igorrotes y Tinguianes de la Isla de Luzon, una de las prales. llamadas Filip.*—*Madrid:* Imprenta de Nuñez, 22 de Abril de 1831.

Cuaderno en 4.º, de 15 págs., que firma Fr. Francisco *Villacorta,* en Madrid, á 9 de Febrero de 1831.

(Col. de Agusts. filips. de Valladolid.)

Todas estas obras son curiosas é interesantes.

VILLAVERDE (Fr. Juan), Dominico.

379. Plan de Misiones | para | reducir á los Igorro-tes | de Nueva-Vizcaya, Isabela y Cagayan | por el | Rdo. P. Fr. Juan Villaverde | del Ord. de Pred. | Mi-sionero de Ibung en la provincia | de Nueva-Vizca-ya. | *Manila* | Establecimiento tipográfico del Colegio de Sto. Tomás á cargo de D. Gervasio Memije. | 1880.

En 4.º—28 págs.

Anteport.: «Misiones de Luzón».—V. en b.—Port.—V. en b.—Texto.—*Al final:* 24 de Julio de 1880.

Este excelente estudio publicóse también en *El Correo Sino Annamita.* (V.)—El P. Villaverde está reputado como uno de los que con mayor profundidad conocen las razas infieles del centro de Luzón.

W

WALLS Y MERINO (Manuel).

380. La | Música popular | de Filipinas | por | M. Walls y Merino | Con un preludio de | Antonio Peña y Goñi | *Madrid* | ... | ... | 1892.—*A la v. de la port.:* Imp. de M. G. Hernández...

En 4.º—Págs.: 46 + h. en b.—Fotograbs. intercalados.

El preludio, ocupa las págs. 5-4.

Ded., á D. Francisco Asenjo Barbieri.

(Publicóse en 1892 en la *Revista Contemporánea.*—Hecha tirada aparte, consta ésta de 250 ejempls. en muy buen pap., más 12 en pap. *extra.*—Tengo ejempls. de las dos clases.)

Aunque corto, este trabajo es interesante y desde lue-go único en su género.

Y

YAGÜE Y MATEOS (Mateo).

381. Memoria | sobre la restauración | de la | nueva Catedral de Manila | en las Islas Filipinas, | escrita | por | el presbítero | D. Mateo Yagüe y Mateos, | Doctor en Sagrada Teología, | Licenciado en Derecho civil y canónico, Provisor, | Vicario general y Gobernador eclesiástico que fué del Arzobispado de Manila, | Subdelegado que ha sido del de Toledo | y en la actualidad Auditor general castrense en reemplazo. | *Madrid:* | Establecimiento tipográfico de Segundo Martinez | ... | 1880.

En 4.º—Págs.: 126 + 1 s. n. (de Indice; y la v. en b.).

Del Sr. Yagüe ya dijimos (V. FONSECA) que había cooperado en la restauración del templo metropolitano de Manila. Su obrita, aunque algo apasionada, es digna de estimación.

Z

ZAMORA (Fr. Francisco), Agustino.

382. ✠ | Memorial, qve al Governador de Manila | dió el M. R. P. Fr. Francifco de Zamora, Provincial de la | Provincia del Santifsimo Nombre de Iefus, del Orden de N. P. | San Auguftin, en que exprefa el grande fruto, y feliz aumento | que las Mifsiones de dicha Orden han tenido en las Naciones Ytalòn, y Abaca, hasta el año de 1707.—*Sin lugar ni año de impresión.*

4 hs. en fol.—Sig. *A.*—Con reclamos.

Termina: «Defte Convento de S. Auguftin N.P. de Tongdo, en 12. de Junio de 1707 años» —*Firma.*

(La impresión parece ser del primer tercio del siglo XVIII.)

· Tan raro es este impreso, que de él no existe noticia en el *Cat.* del P. Moral. En un principio creí que no estaba impreso en Manila; pero ahora, que conozco mejor los impresos hechos en aquella époça en dicha población, me inclino á creer que fué impreso en *Manila.*—Tiene importancia etnográfica.

ZAMORA Y CORONADO (José María).

383. Biblioteca | de Legislacion Ultramarina | en forma de diccionario alfabético. | Contiene | *(Siguen siete lineas de letra muy menuda.)* | Por | D. José Maria Zamora y Coronado,.| Ministro togado honorario del suprimido Consejo de Hacienda, | cesante del Tribunal mayor de Cuentas de la Habana. | Tomo...—Letra... | *(Anagrama de los impresores.)* | *Madrid:* | Imprenta de Alegria y Charlain. | ... | *(Año.)*

Siete vols. en 4.º mayor.—Texto á dos cols.—Ded. á D. Claudio Martinez de los Pinillos.

Tomo 1 º—Letra A.—Impreso en 1844.—Págs.: 2 s. n, + 510 + 1 s. n. (Erratas; y la v. en b.).

Tomo 2.º—Letras B, C.—Impreso en 1844.—Págs.: 614 + 1 s. n. (Erratas; y la v. en b.).

Tomo 3.º—Letras D, E, F, G, H, I. —Impreso en 1845.—Págs.: 4 s. n. + 634 (y la v. en b.) + 1 s. n. (Erratas; y la v. en b.).

Tomo 4.º- Letras J, L, M, N, O.—Impreso en 1845.—Págs.: 6 s. n. + 565 (y la v. en b.) + 1 s. n. (Erratas; y la v. en b.).

Tomo 5.º—Letras P, Q, R, S.—Impreso en 1846.—Págs : 4 s. n. + 371 (y la v. en b.) + 1 s. n. (Erratas; y la v. en b.).

Tomo 6.º—Letras T, U, V, Z.—Impreso en 1846.—Págs.: 4 s n. + 371 (y la v. en b.) + 1 s. n. (Erratas; y la v. en b.) + 116 (Indice cronológico + 48 (Apéndice, é Indice de éste)

Primer suplemento (único que se ha publicado).—Impreso en 1849. *—Letras A á Z.*—Págs. 376.

He hallado en esta compilación disposiciones que no existen en las compilaciones dispuestas por Rodríguez San Pedro y Rodríguez Bérriz.

ZARAGOZA (Justo), (Compilador y comendador).

384. Historia | del Descubrimiento de las regiones| Austriales | hecho por el General | Pedro Fernandez de Quirós | publicada | por | D. Justo Zaragoza | ... | *Madrid* | Imprenta de Manuel G. Hernandez. *(A la cabeza, esta línea: «Biblioteca Hispano-Ultramarina».)*

Tres tomos en 4.º

Tomo I.—Impreso en 1876.—Págs.: LXXV (anteport., port. y

pról., por Justo Zaragoza + 402 (texto) + 9 s. n. de Indice.—La últ. en b.

Tomo II.—Impreso en 1880.—Págs.: XXII (anteport., port. y Preliminar, por Justo Zaragoza) + 2 s. n + 428 (texto; *Adiciones al tomo anterior* + 4 s. n. de Indice.

Tomo III.—Impreso en 1882.—Págs.: 8 s. n. (anteport., port. y *Advertencia,* por Justo Zaragoza) + 158 (texto, *Apéndices* á los anteriores tomos, por el mismo) + 1 s. n. de Indice.—La últ. en b.—Con cinco *Mapas* muy interesantes, mayormente el últ., *Costa que descubrió el Capitán Pedro Fernández de Quirós,* calcado del original, que lo posee el sabio geógrafo D. Francisco Coello.

Obra magistral, como todo cuanto sale de la pluma del sabio D. Justo Zaragoza. Acerca de la relación que hizo Quirós al Dr. Morga, escribe el P. San Antonio (I, 60):

«Y en el Memorial, que despues presentó al Rey dicho Quirós, y se imprimió en Sevilla, en casa de Luis Estupian, año de 1610, en que confiessa, que este era ya el octavo Memorial, que presentaba, se dice, que pueden comunicar sus tierras descubiertas con *Chile, Panamá, Guatemála, Nueva España, Terrenáte,* y *Philipinas».*

Por lo mismo que la obra del Sr. Zaragoza es importantísima, la desconocen absolutamente los escritores filipinos.—Colaboró en la publicación de las *Cartas de Indias.*—Cuanto á la ed. de la obra del Dr. Morga, *Sucesos,* hecha por D. Justo Zaragoza,—V. MORGA.

APÉNDICE C

LUGARES GEOGRÁFICOS

ABREVIATURAS

Barr.	Barrio.
Cab.	Cabecera ó capital de provincia.
Cap.	Capital de provincia.
Corr.	Corregimiento.
Ens.	Ensenada.
Habs.	Habitantes.
I., Is.	Isla, islas.
Jurisd.	Jurisdicción.
Lag.	Laguna.
M.	Monte.
Part.	Partido.
Pobl.	Población.
Pres.	Presidio.
Prov.	Provincia.
Pueb.	Pueblo.
Puer.	Puerto.
R.	Río.
Tribs.	Tributos.
Vis.	Visita.

VOCABULARIO

A

Abra (Prov. de).—En la parte N. de Luzón; rodéanla Ilocos N.. Cagayán, Isabela, Bontoc, Lepanto, Tiagan é Ilocos Sur. Cab., Benguet.

Abucay.—V. *Bataan* (Part. de).

Acapulco.—Puer. de México, famoso porque era principio y término de partida de los buques que hacian el comercio entre Filipinas y Nueva España: de aqui las denominaciones: *nao de Acapulco, plata de Acapulco,* etc.—Págs: I, 20, 101, 266, 289, 512; II, 6.

Adán.—Pueb. de las Bisayas, con cuyo nombre no se le conoce actualmente. Sus habs., en lo antiguo, solian ser agredidos de los de Mindoro.—131.

Agaña. San Ignacio de Agaña.—Residencia del Gobernador de Marianas. Hállase en la isla de Guajan. Es la pobl. más importante de aquel pequeño archipiélago.—II, 107, 109.

Agno (Punta).—En la prov. de Zambales.—502.

Agojo (Sitio de).—En las paterias del Pásig, prov. de Manila.—202.

Agutay, Agutaya ó Alutaya.—V. *Lutaya.*

Alañgilan (Hacienda de).—De los Agustinos, enclavada en el pueb. de Guiguinto, prov. de Bulacán.—307-308.

Albay.—Prov. en el extremo S. de Luzón. Descríbese: II, 47-54.—Es la antigua *Ibalón.*

— Cap. de la prov. de este nombre.

— (Ensenada de).—II, 34, 47, 48.

— (Monte de).—II, 40, 47, 49.—Este *monte* no es otro que el llamado *Mayón*, y por otros «Volcán de Albay», tristemente famoso por sus erupciones.

Alílem.—V. *Amburayan.*

Alutaya.—V. *Lutaya.*

Amburayan (Distr. de).—En la parte N. de Luzón; rodéanle Tiagan, Ilocos S., Lepanto, Unión y Benguet. Cab., Alílem (ranchería).

Amigos (Islas).—Nombre dado por Cook, en 1777, al archipiélago constituido por Hapaí y Tonga, por la afable acogida que le hicieron los salvajes de ambas islas.—429.

ANGAT.—Pueb. de la prov. de Bulacán, famoso por sus minas, en rigor inexplotadas hasta el presente.—397, 406, 413, 415, 420, 471.

— (Minas de).—En la jurisdicción de este pueb.; «de hie·rro de excelente calidad», según el *Dic.* de Buzeta (I, 294); «produce un 40 y hasta un 70 por ciento en limpio». (Id.)—323, 432.

— (Fábrica de hierro de): 417.—No existe actualmente.

— (Ms. de).—Muy ricos en maderas excelentes.—209, 520.

— (R. de): 256.—Es el mismo de Baliuag: 401, 418 419, 436.

Antique.—Prov. de las Bisayas; ocupa la parte más occidental de la isla de Panay. Descríbese: II, 99-101.

— (Pueblo de).—Antigua cab. de la prov. de este nombre: II, 99.—Hoy es la cab. San José de Buenavista.

APALIT.— Pueb. de la prov. de Pampanga (Luzón).—457.

APARRI ó APARRÍ.— Pueb. de la prov. de Cagayán (Luzón).—II, 2, 23.

Apayaos (Distr.).—Pequeña Comandancia militar á la que da nombre una raza especial (los *apayaos);* se halla al N. de Cagayán (Luzón).—Consta de cuarenta rancherías.

ARAUT.—Primitivo nombre de Dumangas.

ARAYAT.—Pueb. de la prov. de la Pampanga.—464.

— (M.).—Pertenece á la jurisdic. del pueb. de su nombre: 461-462.—En la *Ilustr. Filipina* (año 2.º, págs. 212-213) publicóse un excelente estudio del P. Llanos.

ARÉVALO (Villa de).—Prov. de Iloilo, isla de Panay. Data de 1581; fundóla D. Gonzalo Ronquillo en la llamada entonces «jurisdicción de Otong».—Tiene brillante historia.—II, 91.

ARROCEROS.—Barr. anejo en lo antiguo al extinguido pueblo del Parián, á las puertas de Manila.—214, 324, 325.

ATIMONAN.—Pueb. de la prov. y costa de Tayabas.—II, 35.

Aurea Chersoneso. — Pág. 479.·—Parte de la Indo-China que hoy llamamos Malaca.

Australia = Nueva Holanda.

AZUFRE (Punta de, ó del).—En la costa meridional de la prov. de Batangas (Luzón): I, 111.—Cerca de esta punta murió traidoramente á manos de los chinos el gobernador general Gómez Pérez Dasmariñas, cuando se dirigía por mar á las islas Molucas.

B

BAAO.—V. *Bao.*

BABUYANES.—Grupo de islitas al N. de Cagayán (Luzón).—
II, 1, 28.—Las principales son: *Calayan, Babuyanes, Ca-
miguin, Dalupiri* y *Fuga.*

BACNOTAN, BAGNOTAN.—Pueb. de la prov. de la Unión,
antes de Pangasinán: II, 18, 20.—Fundóse en 1500.

BACO, BACÓN.—Pueb. sit. en la costa E. de Luzón, prov.
de Albay.—II, 48.

BACOLOD.—Cab. de Negros Occidental.—V. *Negros.*

BACOLOR.—Pueb. y cab. de la prov. de la Pampanga, una
de las primeras que fueron dominadas por los españoles: 475, 477.—Fund. 1576.

BACOOR.—Pueb. de la prov. de Cavite, de cuya cab. se
halla bastante cercano.—19, 20, 133, 306, 316.—Un cura
mestizo, párroco de este pueblo, fué el que preparó la
insurrección de Cavite de 1872.

BAGAC.—Pueb. de la prov. de Bataan (Luzón).—486.

BAGA-REY (Isla).—Una falta gramatical del P. Zúñiga, y
un descuido nuestro en la corrección de pruebas, que
dejamos los dos puntos en vez de sustituirlos con una
coma, hacen que en la pág. 34 salga una noticia confusa, cuya obscuridad aumenta la circunstancia de que
ni en el *Dic.* de Buzeta, ni en el *Derrotero* de Arana, ni
en los mapas modernos existe ninguna isla con el nombre de Baga-Rey. Léese en la pág. 34: «*detrás de ésta*
(la ensenada de Sorsogón), *se halla la ensenada de Bulusan,* y *luego la de Albay: pasado ya el embocadero de
San Bernardino, cuya boca se forma...*» Este cuya, aunque hubiese coma en el lugar donde figuran los dos puntos, cualquiera creerá que se refiere á la boca del *estrecho,* siendo así que se refiere á la de la *ensenada de
Albay.* Con esta aclaración, y la noticia que acerca de la
isla de Baga-Rey se halla algo más adelante (pág. 48),
colígese sin dificultad que la isla de que se trata es la
que se denomina de *Bapurapu* en el mapa de Coello y
en el *Dic.* del P. Buzeta.—Pertenece á la prov. de Albay.

BAGATAO (I. de): II, 48.—Adscrita á la prov. de Albay.

BAGBAG.—Brazo del Calumpit (Bulacán), afluente que es,
éste, del R. Grande de la Pampanga.—396.

BAGBAG *del Capitán Colás.*—Brazo artificial del R. de
Quingua. *Bagbag* significa «romper tierra».—455.

BAGNOTAN.—V. *Bacnotan.*

BAGONGHINUCAY.—Sitio de la ribera del Pásig (prov. de Manila), entre la I. de Santa Rosa y Doña Jerónima: 209.

BAGUMBAYAN.— Barr. de la prov. de Manila, adscrito al pueb. de Táguig: 25.—Caserío de la prov. de Batangas, jurisdic. del pueb. de Santo Tomás: 178.—Sitio extramuros de Manila, pero frontero, donde existió un hospital: 233.—Hoy se llama á ese sitio *Campo de Bagumbayan*, nombre que pone tristeza en el ánimo de los filibusteros, porque en ese *Campo* fueron fusilados los principalmente complicados en la sublevación de la plaza de Cavite, en 1872.—*Bagung,* ó *bagong = nuevo; bayan = pueblo:* de aquí que haya en Filipinas muchos caseríos así denominados, pues donde quiera que se levanta por primera vez una agrupación de chozas, los indios la llaman *bagumbayan,* nombre que suele desaparecer, si la agrupación prospera, para evitar confusiones con otras de idéntico nombre.

Balábac (Distr.).—Constitúyelo la isla de este nombre, la cual tiene, al N. el mar de la China y la isla de Paragua; al E. y al S. el Mar de Joló, y al O. el citado de la China. Consta de siete rancherías de mahometanos.

BALANGA.—Cab. de la prov. de Bataan (Luzón): 488.

— (Prov. de).—Así denomina el P. Zúñiga, algunas veces, á la prov. de Bataan.—349, 353, 493.—Hoy nadie llama «de Balanga» á la cit. prov. de *Bataan,* nombre éste que también le daban en lo antiguo, como puede comprobarse en Aduarte y otros AA. del siglo XVII.

BALAYÁN.—Pueb. playero de la prov. de Batangas (Luzón).—87, 91, 103-106, 108, 136, 161.—Es uno de los más importantes. En lo antiguo llamáronle *Comintang,* porque en este pueb. se bailaba mucho el así denominado. Este nombre sirvió para designar la prov., y de aquí que los cronistas de antaño escribiesen: «de Comintan», ó «de Balayán», pues que este pueb. fué al principio cab.; pero desde hace más de un siglo pasó la cab. á Batangas, y desde entonces la prov. se llama «de Batangas» (*).—*Balayán* en tagalo significa «caseríos, ó lugar donde los hay»: Delgado, *Hist. sacro-profana,* pág. 40.

BALAYNASIRA.—Punta de los *montes Carballos* que entra en el mar, y es la más septentrional de Luzón: II, 2.— No consta en Buzeta ni en Arana.

(*) Oficialmente, empleóse, sin embargo, la denominación «provincia de Balayán», hasta el comienzo del siglo XIX: V. cap. 79 de las *Ordenanzas* restablecidas y añadidas por Aguilar.

BALER.—Pueb. playero, que perteneció á la prov. de Nueva Ecija, hoy del distrito del Príncipe (contracosta de Luzón).—429, 473; II, 2, 35.

BALETE (Punta).—La que nuestro Autor llama de Zamboanga: II, 71.—La más meridional occidental de Mindanao.

BALICASAG.—Isleta de las Bisayas, á 3 y 1/2 millas al SSO. de la punt. Duljo (de Panglao), y cerca de Siquihol.—II, 61.

BALICUATRO, ó BULICUATO.—Punta de la isla de Samar. (Bisayas).—II, 63.

BALÍUAG.—Hermoso pueb. de la prov. de Bulacán (Luzón). Su convento era á principios de siglo el mejor de Filipinas: 400.—Creo que en la actualidad le superan el de Lipa y tal vez otros. Descríbese con gran minuciosidad la juris. de este pueb.—325, 367, 368, 370, 382, 397, 399, 400, 402-404, 406, 408, 409, 411, 414, 436, 439, 452.

— (Rio de).—Llamado también de *Angat*, de *Quingua*, etcétera. Su origen: 401.—403, 411, 413, 459.—Con razón llama «delicioso» á este rio nuestro Autor.

BAMBANG ó BANBANG.— Pueb., hoy de la prov. de Nueva Vizcaya, misión que fué de la Pampanga (Luzón).—472.

— (Rio).—203, 204, 209.

BANÁHAO (Punt.).—V. *Surigao* (Punta).

BANAJAO (Monte).—Está confusa la redacción del comienzo del párrafo que va á la pág. 146: el Banajao ó Banájao, entre las provs. de La Laguna y Tayabas, dista algo más de lo que parece deducirse del texto del Padre Zúñiga del pueb. de San Pablo. El Banájao es considerado hoy como un volcán apagado, del que dice el Padre Huerta *(Estado,* ed. de 1805, pág. 128): «Es un gran »volcan apagado desde el año 1730 en que hizo su últi-»ma erupcion, rompiendo á la parte S. y arrojando to-»rrentes de agua y abrasadora lava, con piedras de es-»tremada magnitud, cuyos vestigios se dejan ver hacia »el pueblo de Saryaya. El cráter tendrá como una legua »de bojeo, mas elevado hácia el N., y en el interior pre-»senta, á la simple vista, la forma de un cascaron de »huevo. Dicho cóncabo parece tener de profundidad »como la mitad del monte». El mismo P. Huerta le da de altura 7.030 pies y 7 pulgadas sobre el nivel del mar. Jagor (traduc. de Vidal, pág. 66, nota 39), apunta la observación de unos extranjeros, que consignan al Banájao la altura de 7.143 pies castellanos.

BANBANG.—V. BAMBANG.

BANCUSAY (Barra de).—Jurisdic. de Tondo (Luzón): 469, 470.—Con este nombre no se halla. Debe de ser la que Buzeta llama *Bincanga*, y también Coello en su *Mapa de las Islas Filipinas*.

BANGA (Puerto).—V. la siguiente.

BANGABANGA (Ens.).—En la costa oriental de Mindanao: II, 73.—Es extraño que este nombre no se halle en el *Dic.* de los PP. Buzeta y Bravo.—Arana escribe: *Puerto de Banga*.

BANGSA.—II, 34.—Debe de ser errata del copista. Creo que el P. Zúñiga debía de referirse á Bangus; que se halla en la costa de Camarines, y esto parece confir marlo la cita que de *Bangus* se hace en la pág. 40. En el *Dic.* de Buzeta, Bangus figura como *barrio*, no como *pueblo*. Hoy no se halla este nombre en la *Guía oficial*.

BANGUI.—Pueb. playero de Ilocos Norte (Luzón).—II, 2.

BANGUS.—Pueb. de la costa de Camarines (Luzón): II, 40. —V. *Bangsa*.

BANOY (M.).—V. *Batangas* (Ms. de).

BANTÓN (I.).—Adscrita á la de Panay (Bisayas).—II, 95.

BANTONCILLO (I.).—Id., id. (Id.).—*Id.*—Esta y la anterior se hallan bastante cercanas.

BAO ó BAAO.—Lag. de Camarines (Luzón): II, 41.—Más que lag. es un conjunto de pantanos.—V. Huerta, *Estado* (ed. de 1865), 213; Buzeta, *Dic.*, I, 316.

BAPURAPU (I.).—V. *Baga-Rey*.

BARUGO.—Pueb. costero de la prov. é isla de Leyte.—II, 68, 70.

BARUSAS.—V. FILIPINAS (sus antiguos nombres).

BASEY.—Pueb. playero de la prov. é I. de Sámar.—II, 65.

Basilan (I. de).—Próxima de Zamboanga, al SO. de la de Mindanao: II, 84.—La mayor parte de sus habs. son mahometanos.—Llamóse en lo antiguo *Taguima*. Hoy constituye un Gobierno P.-M. Cab., Isabela de Basilan.

Bataan (Part. ó prov. de).—Suele llamarse *la Rinconada:* 306, 460. Descríbese: 485, 490.—En esta prov. hubo impr. en 1610. V. la *Introduc.* al *Apéndice B*.—El P. San Antonio escribía *Batán:* ESTADISMO, 488.—Hoy la cab. es Orani; en lo antiguo, fué Abucay el pueb. más importante de la provincia.

— (Montes de).—501.—Propiamente, no los hay con este nombre; asi designa el P. Zúñiga á los que corren NO.-SE. en la prov. del mismo nombre.

Batac.—Pueb. de la prov. de Ilocos N. (Luzón).—II, 5, 11.

Batan.—Así, por errata sin duda, el P. San Ant., refiriéndose á *Bataan.*—V. *Bataan.*—Hay un pueb. llamado Batán, pero de la prov. de Capiz, en la I. de Panay (Bisayas).

Batanes (Islas).—Grupo sit. al N. de Luzón.—II, 1, 28. 29.— Estas islas constituyen en la actualidad un Gobierno P.-Militar.

Batangas (Prov. de).—Medios de hacer el viaje desde Manila: 5.—54, 65.—Núm. de tribs.: 131.—Los indios: 177-179.—Becus en la prov.: 188.—Más sobre los indios: 103-194.—227.—Animales: 284-289.—290.—Genio de los indios; costumbres: 191-194.—Comercio: 298.—305.—Gentes sin religión: 310.—343.—344.—La descripción general de la prov. va á las págs. 149-175.—*Tomo II*, 90.— La prov. de Batangas llamóse «de Táal», «de Balayán» y «de Comintang». V. San Agustín, Díaz (Fr. Cas.), etc.

— (Pueb.).—Cab. de la prov. de su nombre. Dista un kilómetro, próximamente, de la playa.—81, 107, 108, 112, 113. 135-137.—En Batangas estuvo de misionero Fray Agustín de Alburquerque, agustino célebre, no sólo porque conquistó sin otro auxilio que su palabra casi toda la prov., sino además porque se le atribuye ser el primero que escribió un *Arte de la lengua tagala*.

— (Ens. de).—En la costa SO. de Luzón; baña la playa del pueb. del mismo nombre.—I, 79.

— (Montes de).—Toda la parte S. de la prov. de Batangas es muy montuosa; á estos montes llama «montes de Batangas» el P. Zúñiga: I, 58, 59, 61, 113.—Son los más notables: *Naguilig, Matanac, Palápac, Banoy, Haligui.*

Batavia.—270. 271.—Cap. de la I. de Java. archip. de la Sonda, en el Océano Índico.

Bato (Lag. de).—En la prov. de Camarines.—280; II, 41.

Bauang.—Pueb. de la prov. de Batangas: 106-108, 111-113, 137.—Es uno de los pueblos de mayor número de almas del Archipiélago. En Bauang estuvo de párroco algunos años el célebre P. Blanco, autor de la *Flora*.

Bay.—Antiguo pueb. de la prov. de La Laguna (Luzón).— 144, 146, 180, 188.

— (Laguna de).—La mayor y más pintoresca de Luzón y de todas las del Archipiélago: 24, 26, 32, 49, 142, 153. 177, 186, 189, 190, 197, 210, 411, 462; t. II, 36, 39.—No estoy conforme con el Autor con que hubiese cerca de 30 pueblos *(pág. 24)* circundando á la laguna; en cambio me parece acertadísimo lo consignado en la 190, acerca de la formación de este gran lago: los geólogos modernos, muchos de ellos, vienen á decir en sustancia lo que á principios de siglo decía el insigne P. Zúñiga.

BAYBAY.—Pueb. del litoral de la isla y prov. de Leyte (Bisayas).—II, 68.

BAYOMBONG.—Cab. de Nueva Vizcaya.

Bengala.—134.—Región de la India inglesa que da nombre al gran golfo comprendido entre el Indostán y la Península de Malaca. Bengala tiene unos 70 millones de habs. y es su cap., Calcuta.

Benguet (Distr. de).—En la parte N. de Luzón; rodéanle Lepanto, Cayapa, Pangasinán, Nueva Ecija, Unión y Amburayan. Cab., La Trinidad.

— (Pueb.).—Cab. de la prov. de Abra.

BETIS.—Puebl. de la prov. de la Pampanga (Luzón), cuyos habs. pusieron alguna resistencia al conquistador Salcedo.—470-471.

BICOL.--V. *Vicol* (R.).

BIGAA.—Pueb. de la prov. de la Pampanga.—324, 361-370, 397, 402.

— (Estero de).—En la jurisdic. del pueb. del mismo nombre.—402, 453.

— (Barranco de).—En la divisoria de las provs. de Batangas y La Laguna, ó sea de los puebs. de Santo Tomás y Calamba.—177.

BILAN.—V. *Surigao* (Punta).

BINABÁ (Río).—Desagua en el de Angat: 415, 416.

BINANGONAN.—Pueb. de la prov. de La Laguna, hoy de la de Mórong.—187, 193. A este pueb. apellidábasele DE LOS PERROS (San Antonio, II, 321), para distinguirle del DE LAMPÓN *(II, 35)*, hoy cabecera del distrito de la Infanta (contracosta de Luzón).

Binatangan (Distr.).—En la parte N. de Luzón; rodéanle: Isabela, el mar Pacífico, Nueva Vizcaya y Nueva Ecija. Todos los puebs. son rancherías de igorrotes.

BINCANGA (Barra de).—V. *Bancusay*.

BINIPTICAN (Punta).—V. *Súbic* (Punta).

BINONDO.—Pueb., hoy arrabal de Manila; su parte principal se halla asentada á la orilla derecha del río Pásig. En lo antiguo tuvieron los Dominicos el célebre *Hospital de San Gabriel*, en el cual hubo imprenta. (*V. Introduc. al Apéndice B.)*—214, 215, 232, 237, 283, 300, 332.—

El arrabal de Binondo es el más populoso de los de Manila; y también el de mayor importancia, comercialmente considerado: su calle de la Escolta es la mejor y la más animada de la Colonia.

BINUANGAN (Barra).—En la pág. 440, por equivocación, *Binuagan*.—Se halla en la bahía de Manila. Recibe este nombre de un brazo de río (prolongación del de Tambobong) así denominado. Buzeta no consigna este nombre.—V. Arana, *Derrotero*, 138.

BIÑANG ó BIÑÁN.—Pueb. de la prov. de La Laguna (Luzón).—33, 36-38, 43, 45, 48-51, 161, 171, 179, 186, 189, 229.

BIRILÁN.—La antigua isla de *Panamao*.

BISAYAS ó VISAYAS (Islas).—Hállanse comprendidas entre el S. de Luzón y el N. de Mindanao: su principal extensión está entre los grados 10 y 12 de lat. N. Llámoselas de *Pintados*. Son las más importantes: *Isla de Negros, Sámar, Panay, Leyte* y *Cebú*.—101, 105, 159, 430; II, 5, 55 y stes.

BISLIG.—Pueb. playero de la antigua prov. de Caraga (Mindanao), hoy de Surigao.—II, 73, 74.

BITIN-OLILA.—Sitio de la prov. de Batangas: 145.

BOAG ó BOAC.—Pueb. de la isla de Marinduque, perteneciente á la prov. de Mindoro.—132.

BOCAUE.—Pueb. de la prov. de Bulacán (Luzón).—334, 355, 356, 361, 366, 398, 409.

Bohol.—I. del grupo de las Bisayas, adscrita á la prov. de Cebú.—233; *t. II*, 50, 60, 61.—Constituye prov., y su cab. es Tagbilaran.

BOJEADOR.—Cabo, en la parte más septentrional de la costa occidental de Luzón.—II, 2.

BOLINAO (Punta).—En la costa occidental de la isla de Luzón.—502, 503, 500; II, 2.—Hay también un islote de este nombre, y además un pueblo.

BOLOY.—Montes de la isla de Mindanao: II, 73.—No hallo este nombre en el Buzeta; pero en cambio cítase á una tribu de *tagabolotes*, habitante en Mindanao, en la página 193 del tomo II de la *Ilustración Filipina*.

BOMBÓN (Tierra de).—Correspondiente á la prov. de Batangas: I, 90.

— (Laguna de).—En la prov. de Batangas.—V. *Táal* (Laguna de).

BONDOC ó BONDOG.—Frontón denominado por los marinos *Cabeza de* BONDOG, en la costa de Luzón, prov. de Camarines.—II, 34.

Bongao (Distr.).—En el arch. de Joló; confina: al N. con la isla de Joló; al E., con el mar de Célebes; al S. y al O. con la isla de Taui-Taui. Cab., Bongao.

— (Pueb.).—Cab. del distrito del mismo nombre.

Bontoc (Distr.).—En la parte N. de Luzón; rodéanle: Abra, Isabela, Cagayán, Quiangan, Nueva Vizcaya y Lepanto. Cab., Bontoc.

— (Pueb.).—Cab. del distrito del mismo nombre.

Borneo, Borney, Burney.—Grande isla bañada por los mares Meridional de China, Célebes y de la Sonda: 153, 240, 480, 490, 495; II. 85, 103.—Los indios de Borney, más emprendedores é inteligentes que los de otras islas, en el siglo XVI, llevaban á las Filipinas telas, armas y otros objetos de comercio, y se traían en cambio oro y esclavos principalmente.—V. Aganduru, Argensola, etc.—Una parte de la costa de Borneo fué de España hasta hace poco tiempo.

BORONG̃AN.—Pueb. playero de la isla de Sámar (Bisayas).—II, 63.

BOTO (Punta).—V. *Tigbí.*

Brasil (El).—Estado de América Meridional.—II, 66.

BUENAVISTA.—Extensa hacienda, enclavada en la prov. de Bulacán (Luzón), que fué de los PP. Hospitalarios: 234, 410, 411, 436.—Hoy pertenece al hospital de San Juan de Dios, de Manila, y la administra un seglar. Esta hacienda es una de las mejores del Archipiélago.

BUGLÁS.—Antiguo nombre de *Isla de Negros.*—II, 88.—V. además *Ilog.*

BUHAYÉN.—Rio de la I. de Mindanao: II, 70, 83, 84, 86.—Es palabra anticuada; hoy se dice *río Grande de Mindanao.*

BUHI.—Lag. en la prov. de Camarines (Luzón).—II, 41.

BULA (Ens. de).—En la costa meridional de Luzón: II, 34.—En las obras modernas no se menciona tal ensenada; es la de *Lagonoy.*—V. *Lagonoy* (Seno de).

Bulacán (Prov. de).—Frontera de la de Manila, al N. de ésta. Una de las más ricas y adelantadas. Descríbese con gran minuciosidad: caps. XVI-XX.—V. además págs. 9, 91, 227, 252, 284, 296.

— (Pueb. de).—Cab. de la prov. del mismo nombre: 337, 370, 374, 377, 380, 382, 394-397, 409, 437, 446, 452, 519, 520.—*Sitio por los ingleses:* 448-452.

— (Estero de).—Pág. 453.

— (Manglares de).—Pág. 397.

BULACAUI (Punta).—En la isla de Panay (Bisayas).—II, 89, 90, 95.

BULALAQUI (Punta).—De la isla de Cebú.—II, 56.

BULAQUIN (Sitio de).—En la prov. de Batangas, del cual fué cacique Gat Pulintan.—145.

BULICUATO (Punt.).—V. *Balicuatro*.

BULING (Barr.).—Entre los rios de Bambang y Pateros.—204.

BULUSAN.—Pueb. de la prov. de Albay: II, 48.—Acerca del *Volcán de Bulusan*, V. Jagor, traduc. de Vidal, pág. 72.

— (Ens.).—En la costa de Luzón, prov. de Albay.—II, 34, 47.

— (M.).—II, 47.

Burías (Isla). Frente á la costa S. de Luzón: II, 35. 52.— En la actualidad esta isla constituye una Comandancia politico-militar. En lo judicial y económico depende de Camarines. Cab., San Pascual.

BURINCAN (Punta).—En la isla de Mindoro.—116, 117.

BUTUAN (Corregimiento de).—Antiguo nombre de la prov. de Caraga.—Esta tierra fué la primera que Magallanes incorporó á la Corona de España. En el pueb. de BUTUAN se celebró la primera misa que se rezó en Filipinas.—En la actualidad existe el *distrito de Butuan,* porción del antiguo gran corregimiento. Cab., Butuan.

— Pueblo de la isla de Mindanao, famoso porque en él estuvo Magallanes: II, 74.—Hoy cab. del distrito del mismo nombre.—V. CARAGA.

— (Rio de).—Id., id.

C

CABAC (R.).—En la prov. de Cavite: 307.—No lo trae el *Dic.* Buzeta.

CABALÍAN (Punta).—En la isla de Leyte.—II, 68.

CABANATUAN.—Pueb. que fué de la Pampanga, hoy de N. Ecija.—468.

CABCABEN.—Pueb. que perteneció al corr. de Mariveles: 486, 488.—Hoy es una vis. del pueb. de Mariveles, próxima á la costa de la bahía de Manila.

— (Punta): 486, 487.—Próxima al pueb. del mismo nombre. Pero la punta en la que en rigor comienza la bahía de Manila, es la de Lasisi.

CABIAO.—Pueb. que fué de la prov. de la Pampanga y hoy pertenece á la de Nueva Ecija.—468.

CABOAN (Montes de).—En la prov. de La Laguna.—187.

Cabugaoan (Dist.).—En la parte N. de la isla de Luzón; rodean á esta Comandancia: Cagayán, Apayaos, Abra é Ilocos Norte. Consta de 22 rancherías.

CABUNTALAN (Punta).—En la Isla de Mindanao, territorio de Malinog: II, 84.—Es nombre anticuado.

CABUSAO (Bahía de).—Comprendida en la de San Miguel. —V. Naga.

CABUYAO.—Pueb. de la prov. de La Laguna: 49, 50, 52, 179, 189.—Llamóse antes Tabuco.

Cagayán (Prov. de).—Sit. al N. de Luzón: 227, 229, 248, 252, 277, 313, 368. 460.—Descríbese: II, 22-31.—Es famosa por la buena calidad del tabaco que se produce en sus vegas. La actual prov. de Isabela, donde se produce el tabaco superior, se segregó á la de Cagayán. Cab., Tuguegarao.

— (Laguna de).—II, 23.

— CHICO.—II, 76: Cagayán Chico, ó Cagayán de Misamis, es hoy un pueb. (y la cab.) de la prov. de Misamis, en Mindanao. También se llamó así á toda una región del N. de Mindanao, por su semejanza con Cagayán de Luzón.—Fortaleza: V. Salauan.

CAGSAVA, CAGSAUA, ó CAGSANA.—Pueb. de la prov. de Albay.—II, 49.

CAÍNTA.—Antiguo pueb. de la prov. de Manila, hoy del distr. de Mórong: 100. 206.—Acerca de su raza especial, consúltese: Rev. de Filipinas, 2.°, 71.

CALAMBA.—Pueb. de la prov. de La Laguna, enclavado á orillas de la de Bay: 6, 51-53. 143, 178-180, 182, 189.— Hoy la hacienda es de los PP. Dominicos. Esta propiedad pretendieron discutirla ciertos indios filipinos: como no podia menos de suceder, ganaron el pleito en el Supremo sus legítimos dueños.

Calamianes (Prov. de).—Descríbese: II, 101-106.—Actualmente es distrito y consta de las islas Cuyos y las Calamianes. La cab. está en Cuyo.

— (Isla de).—Pertenece al grupo de las Bisayas: 117, 233; II, 101, 103.—En rigor es Calamián; llamándose Calamianes al conjunto de esta y otras pequeñas que están cercanas.

— (Mar de).—311.—Comprendido en el de China.

CALANGSAYAN.—Barranca que se halla entre los puebs. de San José y Batangas, prov. de Batangas.—135.

CALANTAS (Bajo).—Próximo de Balusan, costa de Albay, en el embocadero: II, 48.

CALAPÁN.—Pueb. y cab. de la isla de Mindoro: 122, 123.

— (Punta de).—122.

CALAUANG.—Hacienda que fué, hoy pueb. de la prov. de La Laguna: 147.

CALAVITE (Punta de).—Punta del terreno del término Lipa que penetra en la Laguna de Táal ó de Bombón: 89.

— (Punta de).—En la costa occidental de la isla de Mindoro: 110, 118, 122.

CALAYAN (Isla de).—Pertenece al grupo de las Babuyanes, al N. de Luzón.—II, 29.

CALDERA (Puerto de la).—V. La Caldera.

CALIAN (Punta).—Ésta y la de San Agustín son las extremas del gran seno de Davao, al S. de Mindanao.—V. Sicuran.

CALILAYA.—Antigua cab. de la prov. de Tayabas; se trasladó al actual pueb. de Tayabas: 140; II, 39.

CALOOCAN.—Pueb. de la prov. de Manila: 331, 336, 339.

— (Río de): 347.—No se llama propiamente así, sino de Tondo, según Buzeta (I, 407).

CALÚMPANG: 480, 487.—Punta Restinga?

— (Río).—Pasa por Batangas, y va á desaguar al seno de este nombre: 113.

CALUMPIT.—Pueb. de la prov. de Bulacán, del cual fué párroco nuestro Autor: 350, 382, 385, 300, 394, 390, 400, 409, 438, 440-445, 440. 453-459, 461, 471, 530.

Camarines.—Antigua provincia, sit. al S. de Luzón. Dividióse después en dos, denominadas Camarines Norte y Camarines Sur; pero este mismo año han vuelto á quedar refundidas en una sola, con la cab. en Nueva Cáceres, ó sea la que en lo antiguo tuvo y luego quedó siendo tan sólo de Camarines Sur. (La cab. de Camarines Norte era Daet.)—227, 248, 430.—Descríbese: II, 40-47.

Camboja, ó Cambodja.—Reino de la Indo-China, hoy bajo el protectorado de Francia.—241.

CAMIGUÍN (I. de).—V. Sipaca.

CANCABATÓ (Punta).—En la costa N. de Leyte: II, 67.—No consta en Buzeta; y en el Derrot. de Arana sólo se apunta el puerto y la ensenada de Cancabato, pero no la punta.

CANDABA.—Pueb. de la prov. de la Pampanga.—461,465.

CAÑACAO (Ens. de): 316, 317.—Se halla comprendida entre punta de Sangley y la lengua de arena en que se halla la plaza de Cavite, y por consiguiente, dentro de la gran bahía de Manila.—En la actualidad existe un buen varadero llamado de Cañacao, donde se recomponen y aderezan buques.

CAPALONGA (Rio).—En la prov. de Camarines: II, 34.

CAPAS.—Antigua misión de la Pampanga, en la actualidad pueblecito de la prov. de Tárlac: 472.

CAPITAL.—Esta palabra, escrita con mayúscula, equivale á *Manila*, capital del Archipiélago filipino.

Cápiz.—Prov. de la isla de Panay, en Bisayas: descríbese: II, 95-98.—En lo antiguo llamábase esta prov., indistintamente, de *Panay* ó de *Cápiz.*—Cabecera, Cápiz.

— (Puerto de).—El perteneciente al pueb. y cab. de Cápiz, en la costa N. de la isla de Panay: II, 96.

CAPONES (Punta).—En la costa occidental de Luzón, provincia de Zambales: 503.

CAPUL (Isla).—Adscrita á la de Sámar, próxima á la punta de Balicuatro, en el estrecho de San Bernardino: II, 63.—En la isla de Capul tocaron varias de las más antiguas naves que de los españoles navegaron por aquellas aguas; la que conducía á la viuda del famoso Alvaro de Mendaño, mandada por el no menos famoso capitán Fernández de Quirós, recaló en Capul.—V. *Naranjos.*

CARABALLOS, ó CARBALLOS.—Montes los más importantes de Luzón y de todo el Archipiélago: II. 2, 4. 22.—Dívidense en *Caraballo Norte* y *Caraballo Sur.* Los Caraballos propiamente dichos forman un nudo de montes enclavados en el centro de la parte N. de Luzón. del cual nudo arrancan tres cordilleras que constituyen el sistema general de la expresada isla: la primera se dirige S.-N., y en su primera mitad se llama *Central,* mientras que en su segunda se denomina *del Norte;* la segunda cordillera, que corre S.-NE., llámase *Sierra Madre* ó *Gran Cordillera:* de suerte que ambas, según arrancan del nudo, forman una á modo de horquilla. Y por último, la tercera. baja desde el nudo hasta Tayabas, en dirección N.-S. con ligera inclinación al E.—En todos estos montes, entre los cuales los hay de considerable altura, existen razas bárbaras, algunos de cuyos individuos son todavía canibales.

CARAGA.—Antigua prov. de la isla de Mindanao, la pri-

mera de las incorporadas á España, puesto que lo fué
por Magallanes en 1521: 233. Descríbese: II, 71-76.—En
un principio denominóse *corregimiento de Butuan;* después Caraga; y en 1849 llamósela *Surigao*, nombre que
tiene en la actualidad.—V. BUTUAN.

CARAGA.—(Pueb. de).—Pertenece al distrito de Surigao, en
Mindanao: II, 73.—Hállase en la costa oriental de la dicha isla. El P. San Antonio. hablando de la región cos-
tera donde se halla este pueblo, maravillábase del orden
con que se sigue la primavera, el verano, el otoño y el
invierno (t. I, 13).

— (Presidios de).—Los establecidos en la antigua prov·
de Caraga, eran tres: *Catel, Linao* y *Tandag:* II, 75-76.

— (Mar de).—311.

CARANGLÁN, ó CARRANGLAN.—Pueb. de Nueva Ecija, antigua misión de la Pampanga: 400, 473.

CARBALLOS (Montes).—V. *Caraballos.*

CARBONERAS.—Sitio de la costa de Luzón, prov. de Bataan: 488.—Es nombre anticuado.

CARIGARA.—Pueb. de la isla de Leyte (Bisayas), de la que
fué cab.: II, 68, 70.

Carolinas (Islas).—429; II. 111.—Las Carolinas dividense
en dos agrupaciones: *Carolinas Orientales,* ó simplemente *Carolinas,* y *Carolinas Occidentales* ó *Palaos.*
Hállanse desparramadas por el grande Océano Pacifico
y comprendidas en esa región del globo denominada
Micronesia. Los navegantes españoles Alonso de Salazar, Alvaro de Saavedra y Rui López de Villalobos (primera mitad del siglo XVI), y otros posteriormente, vi-
sitaron aquellos archipiélagos, hicieron desembarcos
en diferentes islas, y en nombre del Rey de España en-
clavaron alli nuestra bandera en señal de toma de posesión. A consecuencia del acto realizado por Alemania
en 1885, que intentó anexionarse las Carolinas, por su-
ponerlas abandonadas por España, se ha escrito, en estos últimos años, porción de obras relativas á aquellas
islas, no sólo para demostrar nuestro derecho, indiscutible de todo punto. sino para describirlas con más ó
menos lujo de detalles. La *Memoria* de D. Francisco
Coello es magnifica, obra de sabio al fin; la de D. Gregorio Miguel nos brinda un atlas con gran copia de detalles. De los estudios etnográficos, merece especial
mención el de D. Anacleto Cabeza, médico militar que
estuvo en Ponapé. buen antropólogo. el cual estudio se
halla en el vol. XXXIV del *Boletin de la Soc. Geográfica
de Madrid* (1893). Se les puso *Carolinas* en obsequio del

Rey Carlos III. A uno de los grupos se le llamó algún tiempo *Garbanzos.*

CARRANGLAN.—V. *Caranglán.*

Cartagena (de Indias): 327, 328.—Capital del antiguo gobierno y prov. de *Cartagena,* sit. en el golfo de Darién, en el *Nuevo Reino de Granada* (América del Sur).

CASAY.—Barr. ó caserío anejo al pueblo de Angat, prov. de Bulacán (Luzón): 415.

CASIGURAN.—Pueb. que fué de la prov. de N. Ecija, hoy del distrito del Príncipe, en la contracosta de Luzón: II, 33, 35.

— (Ens.).—Corresponde al pueb. del mismo nombre: II, 2, 22, 35.

CATANDUANES.—Isla adscrita á la prov. de Albay: II, 35, 51.

CATANDUNGAN.—Río en la isla de Catanduanes: II, 51.

CATBALOGAN. Pueb. de la prov. é isla de Sámar (Bisayas), de la cual es cabecera: II, 64, 65.

CATEL.—Antiguo presidio en la prov. de Caraga: II, 73, 76.

CATMÓN.—Barrio de la jurisdicción de Tambóbong (prov. de Manila): 336.

CAUIT ó CAVIT.—Antiguo nombre de Cavite, ó mejor, nombre que daban los antiguos indios al terreno donde después se fundó á Cavite. *Cauit* significa *anzuelo:* 316.

CAVINTI.—Pueb. de la prov. de La Laguna, y no de la de Tayabas, como se deduce del texto: II, 39.

Cavite.—Pequeña provincia en la isla de Luzón, colindante con las de Manila, La Laguna y Batangas: 103. 149, 233, 378, descríbese: 305-321.

— Pueb. y cab. de la prov. del mismo nombre; puerto de mar y plaza de armas: 77, 87, 91, 133, 486, 233, 374.—Su *Arsenal:* 23. 316, 318, 467, 406.—Su *Apostadero:* 318.—Su *Punta:* 20. Según el P. Delgado (pág. 42), el verdadero nombre en tagalo es *Tanguay.*—V. *Tangray.*

— EL VIEJO.—Pueblecillo inmediato á la plaza de *Cavite:* 306, 320, 507.

Cayapa (Distr.).— De recientísima creación; ródeanle: Quiangan, Nueva Vizcaya y Benguet.—Componen esta Comandancia militar nueve rancherías.

CAYSÁSAY (Santuario de):—Próximo al pueblo de Táal (prov. de Batangas): I, 94, 95, 97, 98.—El P. Delgado escribe: *Casaysay* (pág. 40) y *Casay-say* (pág. 143); Buzeta *Caysaysay* (I, 541); Fr. Casimiro Díaz, *Casaysay* (página 117); íd. el P. Concepción (IV, 497).—Acerca de este santuario publicó un precioso estudio Fr. Agapito Aparicio en un periódico ilustrado de Manila.

CEBÚ.—Provincia que comprende toda la isla del mismo nombre. Es una de las Bisayas, y en ella puede decirse que comienza la colonización española, por cuanto residió en uno de sus pueblos (Cebú). algunos años, el insigne Legazpi: 227. 233, 248, 424. Descríbese: II, 56-62.
—Los naturales denominábanla *Sogbú*. Escriben varios autores: *Sebú, Sogbú, Zebú, Çubú,* etc.

— Pueblo y cab. de la isla de igual nombre: primera ciudad de las erigidas por los españoles: II, 60.—130, 217; II, 58, 59, 61.—Su primer nombre, al fundarla Legazpi, fué *San Miguel;* en 1571, erigiólo en villa bajo la advocación del *Santísimo Nombre de Jesús.* Andando el tiempo, la *villa* fué erigida en *ciudad.*

— Viejo = *San Nicolás:* II, 60.

Ceilán ó *Ceylán.*—Isla situada al S. de la gran Península de la India inglesa. También esta isla pertenece á Inglaterra. En ella suponen algunos autores, fundándose en ciertas tradiciones, que estuvo el Paraiso.—479; II, 72.

CERVANTES.—Cab. del distrito de Lepanto.

CESÁREA.—Antiguo nombre de la isla de Mindanao: II, 71.

Cipangu.—Antiguo nombre del *Japón.*

Citra Gangen = India Interior, ó *Anterior* (como escriben casi todos los geógrafos modernos).—425.

Clavo (Islas del).—V. *Maluco.*

Cococ.—Sitio en la prov. de Batangas: 145.—Es nombre antiguo, que no sé si subsiste aún.

COLASISI (Punta).—V. *Talisay.*

COMINTANG.—Nombre dado por los españoles á la prov. de *Balaván,* después de *Táal,* hoy de *Batangas:* 149.— Los españoles, á raiz de verificada la conquista, observaron que en el pueblo de Balayán se bailaba mucho el *comintang,* y así denominaron á este pueblo, que por ser entonces el principal ó cabecera de toda aquella región, dió su nuevo nombre, *Comintang,* á la provincia.—V. *Balayán* y *Batangas.*

Concepción (Distr.)—En la isla de Panay (Bisayas); rodéanle: el mar, Cápiz é Iloilo. Cab., Concepción.

— Cab. del distrito de igual nombre.

CONVALECENCIA.—Islita en el rio Pásig, poco más arriba del sitio de Arrocerros; debe su nombre al hospital que en ella fundaron los PP. Hospitalarios: 214, 233.

Cook.—Grupo de islas de la Polinesia.—V. *Otaiti.*

Corregidor (Isla del).—Llamada antes de *Mariveles:* situada entre los dos extremos de la bahía de Manila: 486.— Si esta isla estuviera bien fortificada, se haria punto menos que imposible la entrada á los barcos enemigos.— Hoy esta isla constituye un Gobierno P.-M. Cab., San José.

Costa.—V. nota 8 del *Apéndice A.*—Refiérese á la de Coromandel en las págs. 39, 100, 161, 193, 254, 255, 269-271, 273, 296, 297, 344, 349, 409, 481, 533, y II, 5, aunque no lo exprese en ninguna otra de la obra (exceptuada la 344, en la cual se lee: «Costa de Coromandel»). Así lo deducimos, no sólo porque la palabra *Costa* se halla casi siempre incluída en alguna frase relativa al comercio (y Filipinas lo sostuvo bastante activo con la Costa de Coromandel), sino porque el mismo autor lo declara de una manera implícita, al escribir (pág. 344): «El Almi-»rante Cornich se habia ido para la Costa con su escua-»dra; muchos de los franceses que habian hecho prisio-»neros los ingleses...». Sabido es que fué en Pondichéry donde los ingleses apresaron á los franceses (*).—*Costa de China:* 517.—Creo se refiere nuestro autor á Cochinchina; de no ser á esta región, debe aludir á la porción de costa comprendida entre Shanghay y Macao.

Cottabato.—Distrito de la isla de Mindanao.—V. *Misamis.*

Cruz. Sitio, en la antigua jurisdicción del pueblo de Tondo, prov. de Manila: 332.

Culebra.—Islote cercano de la costa occidental de Luzón, prov. de Zambales.

Culión.—Antiguo pueb. de la isla de Calamianes, del grupo del mismo nombre, al N. de la Paragua: II, 103.

Cuyo.—Islita del grupo de las *Calamianes:* II, 101, 102.— V. *Calamianes* (prov. de).

Çubú.—Por *Zubú.*—V. *Cebú* (Isla de).

CH

Chile.—Estado de América del Sur; fué colonia española.—154.

China.—Vastísimo imperio de Asia, de muy antigua civilización, algunas de cuyas manifestaciones se observan

(*) A la extensa costa comprendida desde Cabo Comorin hasta Calcuta, solían denominarla los antiguos Costa de Bengala: en ella, pues, quedaba comprendida la de Coromandel.

en Filipinas, como consecuencia de la gran corriente de inmigración que de chinos ha habido en nuestro Archipiélago. Antes de que Magallanes lo descubriera, ya los hijos de China acudian á las Islas Filipinas, llevándose todo el oro que habían á las manos á cambio de telas vistosas y otras chucherias. Los filipinos no iban á China: se contentaban con ser saqueados sin molestias de ningún género.—29, 30, 69, 103, 100, 168, 193, 229, 240. 254, 255, 260, 269-273, 297, 301, 327, 349, 433, 481, 509, 533; II, 5.—*Misiones de China:* 355.— Noticias del nombre de *China,* V. Ferz. Navarrete (Fr. D.), *Trat. I.*—Las provincias de *China* que en el siglo xvi mantenían relaciones comerciales con las Filipinas eran las de Cantón, Chekian, Kian-si, Nankin, To-Tokien y Xantung.—*Cartas de Indias,* 675.

— (Mar de).—II, 3.—Comprendido entre China, Indo-China, Sumatra, Borneo, las Filipinas y la isla Formosa.

CHUCHUGO.—Pueb. de las Marianas, con cuya denominación no existe hoy: II, 108.—V. Murillo, *Hist.,* 314, vto.

D

DAET (Ens. de): II, 34.—Toma su nomb. del pueb. de Daet, cap. que fué de Camarines N. (Luzón). Se halla en la contracosta.—V. *Camarines.*

DAGUPAN.—V. *Pangasinán.*

DAMPALIT.—Barr. perteneciente á Tambóbong, prov. de Manila: 336.

Dapitan (Distr.).—En la parte N. de Mindanao; rodéanle: el mar, Misamis y Zamboanga. Cab., Dapitan.

— Antiguo pueb. de la prov. de Misamis, en la gran isla de Mindanao: II, 78.—Hoy cab. del distrito del mismo nombre.

— (Presidio de): II, 77.

— (Montes de): II, 79.

Davao.—Distrito de la grande isla de Mindanao.—V. *Misamis.*

— (Seno de).—Llamado de *Tapoloog* por nuestro Autor; se halla al SE. de la grande isla de Mindanao; también se le llama en el texto (II, 83), *gran ensenada de Mindanao.*

DIABLO (Punta del).—En la contracosta de la isla de Luzón, próxima á Daet: II, 34.

DICALAYO.—Misión del pueb. de Palanan, hoy perteneciente á la prov. de Isabela de Luzón: II, 2.

DILAO.—V. *San Fernando de Dilao.*

DIAMASAUA = *Limasaua.*—Islita de las Bisayas, famosa porque en ella estuvo Magallanes: II, 69.

DINAY.—Punto de las Bisayas donde hubo una fortaleza. —II, 103.

DINGRÁS (Valle de).—En la prov. de Ilocos N. (Luzón).— II, 5.

DIVILICAN.—Misión del pueb. de Palanan, perteneciente actualmente al pueb. de Isabela de Luzón.—II, 2.

DOÑA JERÓNIMA.—Sitio en la ribera del río Pásig.— 189, 209, 210.

— (Cueva de).—En el sitio del mismo nombre.—209.

DOS HERMANAS.—Islas adscritas á la prov. de Zambales, de cuya costa se hallan cercanas.—502.

DULJO.—V. *Balicasag.*

DUMAGUETE.—Cab. de Negros Oriental.—V. *Negros.*

— (Punta).—La más meridional de las de la costa de Isla de Negros (Bisayas).—II, 87.

DUMALAG.—Pueb. de la prov. de Cápiz, isla de Panay (Bisayas).—II, 96, 97.

DUMALI (Punta).—La que está más al E. de las de Mindoro.—I, 116, 122.

DUMANGAS.—Antiguo pueb. de la isla de Panay, hoy perteneciente á la prov. de Iloilo (Bisayas).—II, 98.—Nombre indígena, *Araut.*

DUMARAO.—Pueb. de la prov. de Cápiz, en la isla de Panay.—II, 96.

E

EL FRAILE.—Farellón próximo á la entrada de la bahía de Manila.—487.

EMBOCADERO.—V. *San Bernardino* (Estrecho de).

ENGAÑO (Cabo).—Al N. de Luzón, prov. de Cagayán.

ESCARCEO (Punta de).—En la costa septentrional de la isla de Mindoro, término de Calapán.—122.

ESPECERÍA (Islas de la).—V. *Maluco.*

Espíritu Santo (Punta).—En la costa N. de la isla de Sámar, término de Palápag.—II, 62, 64.

Etiopía.—Región de la India interior; nombre antiguo: 425.

F

Fernandina (Villa).—Nombre que se dió á raíz de la Conquista á la actual ciudad de Vigan, cab. de Ilocos Sur.— V. Vigan.

Filipina.—Nombre que dió Villalobos á la isla de Leyte.

FILIPINAS.—Nombres con que fueron conocidas, ó han sido citadas por diferentes autores:

Maniolas.—Ptolomeo incluyó en sus Tablas unas islas de este nombre que Colín supone sean las actuales Islas Filipinas. Ya hemos dicho no hallarnos conformes con tal suposición.—V. Apéndice B, números 99, 173, 283.

Barusas.—El mismo antiguo geógrafo, Ptolomeo, menciona en sus Tablas unas islas Barusas que, según la opinión de Gerardo Mercator, son las Islas Filipinas. —V. Diaz (Fr. Casimiro), Conquistas, pág. 23.—La opinión de Mercator es arbitraria.

Isulæ Placeris seu Brevium. — «No son también de »poco fundamento las opiniones de Pedro Apiano, y »Gemmaprissio, matemáticos, que afirman ser estas »Islas las que antiguamente llamaron Insulæ...»— Fr. Casimiro Díaz, Conquistas, 23-24. Pero el mismo P. Díaz no se decide, por razones que alega, á mostrarse conforme en absoluto con que aquellas islas de Apiano fuesen realmente las Filipinas.

Lequios.—El P. Murillo Velarde, dice: «si yo quisiera discurrir arbitrariamente, esforzaría la conveniencia nominal de Lequio á Luzón».—V. pág. * 296, nota (Apéndice B.).

Célebes ó Célibes.—Según Grijalva (fol. 54), las Filipinas llamáronse, antes de que así las nombrara Villalobos, Célebes.—Error del P. Grijalva.—V. Colín, 2; San Antonio, 8, y otros.

Manilas.—Antiguo nombre de las Filipinas, según Argensola y otros, entre ellos Cabrera, cronista del Rey Felipe II. Carece de fundamento, por idénticas razones que lo que hemos dicho al tratar del nombre Maniolas.

Islas de los Luzones.—«El Doctor Morga, Argensola,
»y otros afirman aver tenido el nombre de *Islas de los*
»*Luzónes*. que le dieron los Extrangeros, que aporta-
»ban á ellas á sus Comercios, especialmente los Japo-
»neses, y los Chinos.»—San Antonio, I, 9.—Más fácil
se hace pasar por que con este nombre se designase
en lo antiguo á un grupo de las *Filipinas* (*), que no
por que á esas mismas se las denominase *Maniolas* ó
Manilas.—V. *Luzón*.

Islas de Zebú.—«Tocó *(Magallanes)* en otras que le
»obligaron á pelear y pasó á *las de Zebú ó Manilas*».—
Argensola, 17.—Bien se ve que aquí toma este autor
el todo por la parte; que es lo que ha venido pasando
en los nombres *Manila* y *Luzón*, después de descubiertas las islas por Magallanes.

San Lázaro (Archipiélago de).—Nombre puesto por
Magallanes, en razón á haberlo descubierto un sábado, *que comúnmente llamamos el de San Lázaro*.—Así
gran número de autores, de conformidad con el *Diario* de Albo y la relación de Pigafetta.—Este es, en
rigor, el primer nombre que positivamente tuvo el
gran Archipiélago filipino.

Filipinas.—Nombre que impuso Rui López de Villalobos, en 1543, en obsequio del que llevaba el príncipe
de España, después Rey, D. Felipe II.

Islas del Poniente.—«Como fué desgraciada su con-
»quista *(la de Villalobos)*, fué también este nombre
»desgraciado *(Filipinas)*, y en breve tiempo se fué
»perdiendo, y tomando cuerpo el nombre antiguo (**)
»de *Islas* del Poniente, que le habian dado los caste-
»llanos.»—San Antonio, I, 9.—«Otros las hán llamado
»*Islas del Poniente*, por termino. Y estos son los Cas-
»tellanos: porque navegando por la demarcacion de
»Castilla, y tomando por los Mares, y Tierras de la
»America su rumbo, vienen siempre caminando desde
»el Oriente al Ocaso.»—Id., I, 8.

Islas del Oriente.—«Como por el contrario, los de la
»India Oriental de Portugal llaman *Islas del Oriente* á
»este Archipielago, porque hasta ellas es de Poniente
»á Oriente su rumbo.»—Id., I, 8.

«Pero como despues entró felizmente en su Reyna-
do aquel Principe, á quien antes se le avia hecho el

(*) En una sentencia contra los misioneros del Japón, dictada por un *señor de*
aque' reino, léese: «Por cuanto estos hombres vinieron de *los Luzones*...»—Morga,
pág. 80.
(**) Pero no tanto, que lo fuese más que *Archipiélago de San Lazaro*.

obsequio con el nombre siempre venerado de Phelipe Segundo; renovó ó resucitó el nombre de *Islas Philipinas* yá perdido el Adelantado Miguel Lopez de Legazpi en el año de 1565. en la venturosa Conquista, que prosiguió, y perfeccionó su zelo. Y cayendo en gracia á nuestro Prudente Monarcha Catholico, declaró, y confirmó este nombre con sus Reales Despachos; y de estos se há estendido por todo el mundo; y este es el nombre de estas Islas en estos tiempos».—San Antonio, I, 10,

División territorial.—En 1585, la división territorial de Luzón era la siguiente, según el obispo Salazar *(Cartas de Indias,* 637-652):

Ciudad de Manila. (No había prov. de Manila, ni de Tondo; algún tiempo después comenzóse á decir: *Jurisdicción de Tondo.)* Escribe el Obispo:

(Provincias:) «Fuera desta çiudad, en las poblaçiones que se an dicho de las çinco leguas al derredor, ay en esta misma ysla de Luzon siete provincias de mucha poblaçion, que son
la Panpanga,
Pangasinan,
Ylocos,
Cagayan,
Camarines,
la Laguna,
Bombon y Balayan» (*).

Luego el Sr. Salazar enumera *islas*, pero sin emplear la palabra *provincia;* á saber:
Çubu.—En ella la ciudad del Nombre de Jesús.
Oton.—En ella la villa de Arévalo.
Marinduque.
Luban.
Mindoro Eleu Calamianes (sic).
Ymaras.
Bantayan.
Negros.
Panay (es *Otón).*
Bantayan.
Leyte.

(*) Se le da este nombre, porque la región de Bombon, ó sea la zona alrededor de la laguna de Bombón, era toda ella encomienda del mariscal Gabriel de Ribera; esta gran encomienda, juntamente con todo el demás terreno, constituían la que se llamó provincia de *Balayan,* del *Comintan* (nombre que por cierto no emplea el señor Obispo, y en ello deben fijarse ciertos indios semi-*sabios/,* de *Taal* y últimamente de *Batangas.*

Bohol.
Mindanao.
Ybabao.
Catanduanes.
Masbate.
Capul.
Burias.
Banton.
Comblon (sic).
Simara.
Sibuyan.
Isla de Tablas.
Cuyo.
Luban.

Año de 1609.

El Dr. Morga, al hablar de Luzón, escribe: «En una provincia, que llaman los Zambales.»—Pág. 261.

Año de 1637.

En el *Memorial* informatorio de D. Juan Grau y Monfalcón, hallamos enumeradas las *Provincias* de: *Otón y Panay y Tayabas.*

Año de 1663.

En la obra del P. Colin, *Labor evangélica,* se describen las siguientes

Provincias: «Manila y su comarca», «Balayan ó Bombon», «Tayabas», «Camarines», «Albay», «Cagayan», «Ilocos», «Pangasinan», «Pampanga», «Bahy» *(La Laguna)* y «Bulacan» («cuyo distrito cae entre la Pampanga y Tondo»).

Islas: Catanduanes, — Masbate, — Burias, — Capul, — Ticao, — Marinduque, — Mindoro, — Luban, — Babuyanes, — Paragua, — Calamianes, — Cuyo, — Panay, — Imaras, — Sibuyan, — Romblón. — Bantón. — Isla de Tablas, — Sámar ó Ibabao, — Leyte, — Bohol, — Cebú, — Isla de Negros, — Bantayan, — Camotes, — Isla de Fuegos, — Mindanao, — Basilan, — Joló.

Año de 1738.

Fr. Juan Francisco de San Antonio, en sus *Crónicas,* parte primera, describe las siguientes

Provincias de Luzón:—Albay, Camarines, Tayabas. Cagayán, Ilocos, Pangasinán. Mariveles (jurisdicción de), Pampanga, Bulacán, Tondo, Laguna de Bay,

«Balayán, ó Taál. llamada Comintan», Cavite (jurisdicción de).—Con las islas que respectivamente le estaban adscritas.

Provincias de Bisayas:—Leyte, Isla de Negros (corregimiento de), Cebú, Panay, Otong (jurisdicción de).—
Con las islas que respectivamente le estaban adscritas.

Provincias de Mindanao:—Primera, la que correspondía á la prov. de Cebú *(Butuan)*; segunda, Zamboanga (jurisdicción de); tercera, «Jurisdicción del Mindanao, Moro», y cuarta, Caraga.—Con las islas que respectivamente le estaban adscritas.

Provincia é isla de Mindoro. (Única.)

Provincia de Calamianes. (Varias islas.)

Islas Marianas. (Quince: Iguan ó San Juan Bautista,—
Sarpana ó Santa Ana,—Aquigan ó Santo Angel,—Ti-
nián ó Buenavista Mariana,—Saipán ó San José,—
Anatajan ó San Joaquín,—Sarigán ó San Carlos,—Gu-
yán ó San Phelipe,—Almagán ó la Concepción,—Pa-
gón ó San Ignacio,—Agrigán ó San Francisco Xavier,
—Alfonson ó Asunción,—Maug ó San Lorenzo,—Urac
—y Volcán de San Agustin (*).)

Año de 1810.

En la excelente obra de D. Tomás de Comyn, *Filipinas
en 1810*, se publica la lista de las prov., que es como sigue:

Tondo *(Manila)*

Albay.	Isla de Negros.
Antique.	La Laguna.
Bulacán.	Leyte.
Batangas.	Misamis.
Bataan.	Mindoro.
Cagayán.	Nueva Ecija.
Cavite.	Pangasinan.
Camarines.	Pampanga.
Cápiz.	Sámar.
Caraga.	Tayabas.
Calamianes.	Zambales.
Ilocos.	Zamboanga.
Iloilo.	Zebú.

(*) En la *Noticia de los progresos*, etc. (V. *Apéndice B*, SANVÍTORES). se contiene
la primera relación impresa de cuántas eran las islas Marianas; véase la lista;
Guan=San Juan.—Zarpana=Santa Ana,—Aguiguan=San Angel,—Tinian=Bue-
navista Mariana,—Seypan=San José,—Anatagan=San Joaquín,—Sarigan=San
Carlos,—Guguan=San Felipe,—Alamagau=La Concepción,—Pagon=San Ignacio,—Agrigau=San Francisco Xavier.

Año de 1838.

En la *Sucinta Memoria*, etc., que yo creo es del P. Villacorta, la división es la siguiente:

28 provincias, en esta forma:

(Islas de:)			
Luzón............	16	Sámar...........	1
Panay............	3	Cebú............	1
Mindanao.........	3	Isla de Negros.....	1
Mindoro..........	1	Leyte............	1
		Calamianes.......	1

Nombres:—En Luzón:

Tondo.	Ilocos Sur.	Bataan.	Albay.
Bulacán.	Ilocos Norte.	Nueva Ecija.	Batangas.
Pampanga.	Cagayán.	Tayabas.	La Laguna.
Pangasinán.	Zambales.	Camarines.	Cavite.

Isla de Panay:

Antique,—Iloilo,—Cápiz.

Isla de Mindanao:

Paragua (adscrita),—Misamis,—Zamboanga.

Las provincias de Cebú, Mindoro, Sámar, Leyte, Isla de Negros y Calamianes, tienen el mismo nombre de las islas mismas.—*(Como se ve, no incluye las Marianas.)*

Año de 1842.

Treinta y dos son las provincias que enumera D. Sinibaldo de Mas, en su obra *Estado de las Islas Filipinas* (tomo 2.º, *División territorial):*

Albay.	Caraga.	Misamis.
Antique.	Cavite.	Nueva Ecija.
Bataan.	Cebú.	Nueva Vizcaya.
Batanes.	Ilocos Norte.	Pampanga.
Batangas.	Ilocos Sur.	Pangasinán.
Bulacán.	Iloilo.	Sámar.
Cagayán.	Isla de Negros.	Tayabas.
Calamianes.	Laguna.	Tondo *(Manila)*.
Camarines Norte.	Leyte.	Zambales.
Camarines Sur.	Marianas.	Zamboanga.
Cápiz.	Mindoro.	

Año de 1850.

Según Diaz Arenas, en el cuaderno 2.º de sus *Memorias*, las provincias de Filipinas aumentaron al núm.º de 35, más 4 *distritos*, nombre con el que se han designado aquellas regiones que por su escasa extensión, ó por su estado especial, no merecian los honores de ser llamadas *provincias;* hoy se les suele llamar *Comandancias.*

En *Luzón:* nuevas: La Unión y Abra.

En *Mindanao:* nueva: Nueva Guipúzcoa.

Nombres de los *distritos:* Benguet,—Masbate y Ticao, —Corregidor (comandancia P.-M. de),—Agno (id., id.). (La Paragua figura agregada á las Calamianes.)

Posteriormente se han aumentado distritos y Comandancias, rectificado limites, etc.; en la actualidad, la división territorial es la siguiente (*):

Abra.	Carolinas Occidentales y Palaos (Id.).	Mindoro (P.-M.).
Albay.		Misamis (Id.).
Amburayan (C.).	Cavite (Id.).	Mórong (C.).
Antique.	Cayapa (C.).	Negros Oriental
Apayaos (C.)	Cebú (P.-M.)	(P.-M.).
Balábac (P. M.)	Concepción (C.).	Negros Occidental
Basilan (Id.).	Corregidor (P.-M.).	(Id.).
Batáan.	Cottabato (Id.)	Nueva Ecija.
Batanes (Id.).	Dapitan (C.).	Nueva Vizcaya.
Batangas.	Davao (P.-M.).	Pampanga.
Benguet (C.).	Ilocos Norte.	Pangasinán.
Binatangan (P.·M.).	Ilocos Sur.	Paragua (P.-M.).
Bohol.	Iloilo (P.-M.).	Príncipe (C.).
Bongao (C.).	Infanta (Id.).	Quiangan (Id.).
Bontoc (Id.)	Isabela.	Romblón (Id).
Bulacán.	Itaves (C.).	Sámar (P.-M.).
Burías (C.).	Joló (P.-M.).	Siassi (C.).
Butuan (Id.).	La Laguna.	Surigao (P.-M.).
Cabugaoan (Id.).	Lepanto (C.).	Tárlac (Id.).
Cagayán.	Leyte (P -M.).	Tayabas.
Calamianes (P.-M.).	MANILA	Tiagan (C.).
Camarines (**).	Marianas (P.-M.).	Unión.
Cápiz.	Masbate y Ticao	Zambales.
Carolinas Orientales	(Id.).	Zamboanga (P.-M.).
(P.-M.).	Matti (C.).	

Seguramente, á la vuelta de un año esta lista pasará á

(*) La C significa *Comandancia;*—P.-M., *Gobierno* político-militar.

(**) Por disposición recientísima, ambos Camarines han vuelto á formar una sola provincia.

la historia: tan tornadizos son aquellos generales, nunca satisfechos de la división territorial; y como á los ministros suele convenirles *reformar* con frecuencia, claro es que la actual división no puede, digo, no debe subsistir: faltaríase á una *costumbre* inveterada, de la que tan notables ejemplos existen en los archivos.—De la *población de Filipinas* publicamos un *Apéndice* especial.

FLECHAS (Punta de).—En la costa S. de Mindanao.—II, 83.

Florida (La).—Comarca muy extensa, sit. en la América del Norte.—II, 66.

Formosa.—V. *Isla Hermosa.*

FORTÚN.—Islote frente á la costa occidental de la prov. de Batangas.—487.

FRAILE.—V. *El Fraile.*

FUEGOS (Isla de).—V. *Siquihol.*

FUNHÓN.—Antiguo pueb. de las Marianas: II, 108.

G

GAGALANGUIN.—Bar. del pueb. de Tondo, prov. de Manila: 284.

GALANUM.—Nombre de un sitio de Batangas: 145.

GALBÁN.—Sitio próximo á la punta del mismo nombre, en la costa S. de la prov. de Batangas: 59, 113.—V. *Lobó* (Sitio de), y *Malagundi.*

— (Punta de).—II, 34.

GALERA (Puerto de).—En la costa N. de la isla de Mindoro: 122.—En rigor es *Puerto Galera.*

GAPANG, GAPÁN.—Pueb. que fué de la Pampanga, hoy de la prov. de Nueva Ecija.—252, 408, 460, 481.

GRAN CORDILLERA.—462.—V. *Caraballos.*

GRANDE DE CAGAYÁN (R.).—V. *Tajo.*

GUADALUPE.—Santuario sit. á la izquierda del Pásig; es de los Agustinos.—27, 210, 211, 213.

— (Monte de): su piedra: 353.

GUAGUA.—Pueb. de la prov. de la Pampanga.—477.

GUAJAN = IGUÁN.—Una de las islas del archipiélago de las Marianas.—II, 107-109.

GUAY.—Pueb. de las islas Marianas: II, 108.

GUIGUINTO.—Pueb. de la prov. de Bulacán.—368, 370, 395, 397, 398.
— (Estero de): 397.
GUINAYANGAN.—Pueb. en la costa de la prov. de Tayabas: II, 34, 36.—No está en el embocadero.
— (Ens. de).—En la costa de Luzón, entre las provs. de Tayabas y Camarines.—II, 36.
GUIUÁN, ó GUIOÁN.—Pueb. de la isla y prov. de Samar (Bisayas).—II, 64, 65.
— (Punta). La más meridional de la isla de Samar: II, 63.
GUMACA.—Pueb. de la contracosta de Luzón, prov. de Tayabas: II. 35.
— (Mar de), ó DE MAUBÁN: II, 35, 37, 39.

H

Habana.—Cap. de la isla de Cuba, en las Antillas españolas.—523.
HAGONOY.—Pueb. de la prov. de Bulacán (Luzón): 32, 388, 389, 440-445, 455, 459, 465, 469.
— (Pinag de).—453, 455, 464, 465.
— (Rio de).—444, 445.
— (Barrio de).—A orillas de la lag. de Bay, y perteneciente al pueb. de Táguig (prov. de Manila): 197.
HALIGUI (M.).—V. *Batangas* (Montes de).
HÁNAO-HÁNAO.—Monte en la prov. de Batangas, próximo del cual se halla el pueb. de Bauang: I, 107, 111, 112.
Hapai.—V. *Amigos.*
Hawaii (Is.)—V. *Sandwich.*
HERMOSA.—V. *Llana Hermosa.*
Hermosa (Isla).—V. *Isla Hermosa.*
HILONGOS.—Pueb. playero de la isla y prov. de Leyte (Bisayas): II, 68.
HINGOO.—Ranchería de la jurisdicción de Butuan, en la antigua prov. de Caraga (Mindanao): II, 74, 76.
HINUNDAYAN.—Pueb. de la prov. é isla de Leyte (Bisayas): II, 68.

I

IBA.—Pueb., actual cab. de la prov. de Zambales (N. de Luzón).—503.

IBABAO.—Antiguo nomb. de la isla de Sámar: II, 62, 63.— Los ilustradores de las *Cartas de Indias* no saben dar razón de la isla *Ybabao.* (!) (*).

IBALÓN.—Antiguo nombre de Albay.

IGUAN = GUAJAN.—Isla del grupo de las Marianas.—II, 107.

ILAGAN.—Cab. de la prov. de Isabela (Luzón).

ILIGAN (Corregimiento de) = MISAMIS.—En Mindanao.— II, 74.

— (Presidio de).—II, 77.

— (Bahía de).—En la costa N. de Mindanao, en su centro próximamente.

ILILIM.—Antiguo pueb. de la isla de Mindoro.—117.

Ilocos.—Prov., hoy dividida en dos, al N. de Luzón, á lo largo de la parte occidental de la isla: 104, 227, 230, 248, 277, 343, 368, 426.—Descríbese: II, 1-18.

ILOG.—Pueb., el antiguo Buglás; cab. de Isla de Negros, hoy de la prov. llamada Negros Occidental.—II, 88.

— (Ens. de).—En la isla de Mindoro; en la cual ensenada se halla el puerto de Galera ó Galeras: 122.

Iloilo (Prov. de) —Una de las en que se halla dividida la isla de Panay (Bisayas): descríbese: II, 89-95.—*Su fortaleza:* II, 91.—La cap. de la prov. se llama también Iloilo.

IMUS.—Pueb. de la prov. de Cavite, frontera de la de Manila: 306.—*Hacienda de Imus,* de los PP. Recoletos: 233.

INDÁN ó INDANG.—Pueb. de la prov. de Cavite, al S. de la de Manila: 307-308.

India (La).—Vastísima región del Asia meridional: se halla dividida en dos: India interior, ó *Citra Gangen,* é India posterior ó exterior, llamada en lo antiguo *Extra Gangen:* la principal boca del Ganges sirve de límite á ambas *Indias:* entre ellas está el golfo de Bengala, parte del Océano Indico. Aunque nuestro Autor no expresa sino una vez á qué India se refiere, bien puede asegu-

---

(*) La noticia se halla en varias obras clásicas antiguas y en algunas modernas, las *Memorias* de Díaz Arenas entre otras.

rarse que lo hace á la *Anterior*, la cual constituye hoy la llamada por algunos autores *Península de la India inglesa.*—31, 32, 380, 385, 425, 477.

— (Mar de la).—El Océano Índico.

Infanta (Distr.).—En la costa oriental de Luzón; rodéanle: Nueva Ecija, Príncipe, Mórong, La Laguna, Tayabas y el mar Pacífico. Cab., Binangonan de Lampón.

Ipao.—Antiguo pueb. de las Marianas.—II, 108.

Ipolote.—Sitio en el extremo de la costa E. de la Paragua, en el cual hubo un presidio ó fortaleza: II, 79, 105.

Isabela (Prov. de).—En la parte N. de la isla de Luzón; rodéanla: Cagayán, el Pacífico, Nueva Vizcaya, Príncipe é Ilocos Norte. Cab., Ilagan.—V. *Cagayán.*

Isabela de Basilan.—Cab. de Basilan.

Isla de Fuegos.—V. *Siquihol.*

Isla de Negros.—Una del grupo de las Bisayas; se le dió este nombre por los muchos negros que los antiguos españoles hallaron en ella. Su primitivo nombre, *Buglás.*—233, 248, 424, 425.—Descríbese: II, 87-89.—Por muchos años esta isla constituyó una sola provincia; desde hace poco fué dividida en dos, nominadas *Negros Oriental* y *Negros Occidental.* Es fertilísima, y produce gran cantidad de azúcar: se la llama á esta isla la *Cuba* de Filipinas. Después de la expulsión de los PP. Jesuítas, administraron en Negros los clérigos del país; pero el año 1849 fueron allá los PP. Recoletos y, á partir de esta fecha, la isla, que había yacido punto menos que ignorada, comenzó á prosperar, siendo hoy, como queda indicado, una de las más importantes y. desde luego, la que proporcionalmente produce mayor cantidad de azúcar.

Isla de Tablas.—Pequeña, adscrita á la prov. de Cápiz, al N. de la isla de Panay: II, 95.

Isla Hermosa.—Sit. al N. de Filipinas, próxima al territorio de Futschau, en la costa oriental de China: II, 80, 85, 86. 104.—El chino que en tiempo de Corcuera desalojó Formosa (nombre que al presente lleva la isla), llámanle los antiguos escritores: *Cabello, Maroto, KueSing, Cogsen, Cosen*, etc.—En la actualidad, la isla de *Formosa* tiene dos millones y medio de habs.

Itaves (Distr.).—Una de las comandancias creadas hace muy pocos años: en la parte N. de Luzón; rodéanla: Apayaos, Abra, Bontoc, Quiangan, Cagayán é Isabela. Cab., Magogao.

ITUGOD.—Sitio comprendido en las antiguas Misiones de
Ituy: II, 27.

ITUY.—Región de la antigua prov. de Cagayán (Luzón),
en la que había Misiones: II, 26, 27.—Descrip. especial,
Rev. de Filipinas, 51.

J

JALAJALA.—Lengua, antes de la prov. de La Laguna, hoy
del distrito de Mórong, que se interna en la laguna de
Bay. frente á la Súsong Dalaga: 186. 187, 192. La *hacienda:* 189. — Hoy existe un pueb. en la jurisdic. de *Jalajala*, asi denominado.

Japón.—Imperio asiático sit. frente á la costa Oriental de
China; la parte meridional del mismo se halla frente á
Corea: 240, 264.—El Japón fué una nación completamente bárbara hasta hace poco, que los ingleses acudieron allá en número considerable, al punto de hacer
de aquel país una colonia *moral* de la Gran Bretaña. A
fines del siglo XVI comenzaron á misionar en el Japón
los PP. Jesuitas; el celo evangélico de los religiosos de
otras Corporaciones, llevó á aquella tierra, poco después. Franciscanos, Agustinos. Dominicos y Recoletos,
los cuales fueron objeto de crueles persecuciones, que
han dado motivo para llenar algunos volúmenes: está
fuera de toda controversia que el exclusivismo de los Padres Jesuitas fué parte para que los japoneses cometie-
ran iniquidades en las personas de los demás misioneros. Andando los años. también algunos Padres de la
Compañia regaron con su sangre de mártires aquella
tierra de bestias. algunos de cuyos *emperadores* vivirán
en la historia cubiertos eternamente de ignominia.—*Zipagri* ó *Cipangu* es el primer nombre bajo el cual conocieron los europeos al *Japón. Docs. inéds.*, tomo V,
pág. 16, nota.

Java.—Isla que forma parte del Archipiélago de la Sonda, en el mar del mismo nombre, al S. de la Península
de Malaca: 254.—Es de los holandeses, los cuales sacan de esta colonia pingües utilidades. Los javaneses
(unos 20 millones) son de la misma raza que los filipinos; casi todos ellos van en taparrabo y viven sumidos
en la más desconsoladora ignorancia.

— (Mar de).—Parte del Océano Indico, al N. de Java y

S. de Borneo: 309.—En muchos mapas figura como *Mar de la Sonda.*

Joló.—Isla, la más importante del Archipiélago á que da nombre, sit. al S. de Filipinas y N. de Borneo: 104. 105. 118, 119, 400. 405; II, 72, 84, 85.—*Su antiguo presidio:* II, 85.—Mucho se ha escrito acerca de las piraterias de mindanaos y joloanos; estos últimos son, en su mayor parte, mahometanos; viven en un lamentable estado de abyección. Dominamos alli en una porción minúscula, la plaza de Joló, que tantos disgustos ha costado, y cuesta, pues no en vano los que allí viven jamás se ven libres de las ferocidades de los juramentados. Al sultán de Joló, que en España no serviría ni para mozo de cuadra, se le conceden ciertas consideraciones y hasta se le da un sueldo. En el mismísimo Riff, todavía resultaría un ser inferior el sultán joloano. El P. Arechederra convirtió al catolicismo á un *rei* de Joló.—De la cap. de la isla. *Joló,* se ha hecho un Gobierno P.-M., en el que tanta fama ha adquirido el general Arolas.

— (Mar de).—El que baña el Archipiélago del mismo nombre: se halla, pues, entre los mares de Mindoro, de la China y de Célebes.—312.

Juan Fernández (Islas de).—En el Pacifico, al O. de Chile; en rigor es una sola; se halla próximamente á la altura de Valparaíso, y está poblada por chilenos.—429.

L

Labasin.—Riachuelo en la prov. de Batangas: 145.

La Caldera.—Puerto en la isla de Mindanao, prov. de Zamboanga: II, 77, 79, 80.

Ladrones (Islas de los).—Antiguo nombre de las islas Marianas: II, 106.—«Pusieronles a estas Islas, los Españoles, que por ellas passan nombre. Islas de ladrones, »porque realmente lo son todos ellos y muy atreuidos, »y sutiles en el hurtar, en la qual facultad pueden leer »Cathedra á los Gitanos que andan en Europa».—González de Mendoza, Cap. VI del *Itinerario.* (Ed. de Amberes, 1596.)

Lagonoy (Seno de).—En aguas de Camarines, frente á la isla de Catanduanes: punta inferior, la de Tigbi. Este seno es el llamado por nuestro Autor ensenada de *Bula.*—V. *Tigbi.*

LAGUNA DE BAY.—La mayor de Luzón; da nombre á una prov.—V. *Bay* (Lag. de).

La Laguna.—Prov. de Luzón, frontera de las de Manila, Cavite, Batangas y Tayabas: 144, 186-190, 193, 204, 227, 290, 305, 353, 448.

LALO, ó con más propiedad, Lal-lo.—Antiguo pueb. de Cagayán; al principio de la dominación, los españoles pusiéronle *Nueva Segovia*, de donde proviene el nombre del Obispado, pues allí estuvo la Silla. Más adelante trasladóse ésta á Vigan (Ilocos Sur), y el pueb. de Nueva Segovia, que había sido grande, fué poco á poco desapareciendo, hasta no quedar de él sino el reducido que desde muy antiguo se llamaba Lal-lo.—II, 10, 23.

— Sitio de la Paragua donde hubo un presidio: 105.

LA LOMA.—Sitio de las cercanías de Manila: 327, 330, 332, 336.—En la actualidad existe en este sitio un cementerio de chinos infieles.

LAMÓN (Bahía de).—V. *Tayabas* (Ens.).

LA MONJA.—Farellón cercano de la costa S. de la prov. de Bataan, á la entrada de la bahía de Manila: 487.

LAMPÓN ó LAMPONG.—Puerto en la costa oriental de la isla de Luzón, en la actualidad de la prov. de N. Ecija; antes de la prov. de Tayabas: 187; II. 39.

— (Ensenada de): II, 35.—En rigor es el puerto mismo.

LANAO (Lag.).—La más importante de la grande isla de Mindanao; desagua en la bahía de Iligan, por el río Grande de Mindanao. Nuestro Autor la llama indistintamente *Malanao* (II, 84), *Malinao* (II, 77) y *Manalao* (II, 72).

LAOAG.—Pueblo de Ilocos, hoy cab. de la prov. de Ilocos Norte; se halla á la derecha de un río, y á pocos kilómetros de la costa Occidental de Luzón.—II, 11.

LASPIÑAS ó LAS PIÑAS.—Pueb. de la prov. de Manila.— 284, 507.—*Puente de:* 289.

LAS PUERCAS.—Son farallones, entre la costa de Bataan y la Monja, á la entrada de la bahía de Manila: 487.—En los mapas modernos llámaseles *Los Cochinos*.

LASISI (Punta).—En la costa de Bataan, frente á la isla del Corregidor.—V. *Cabcaben* (Punta).

LA TRINIDAD.—Cab. del distrito de Benguet.

LAYABAN.—Punta, en la costa N. de Mindanao, comprendida dentro del gran seno de Iligan.—II, 77.

Lepanto (Distr.).—En la parte N. de Luzón; ródeanle: Abra,

Bontoc, Quiangan, Benguet, Tiagan y Amburayan. Cab. Cervantes.

Leyte.—Isla y prov. de las Bisayas: 233. Descríbese: II. 67, 71.—Cab., Tacloban.—Villalobos llamóla *Filipina*, nombre que se hizo extensivo á las demás de aquel Archipiélago.—V. *Tangdaya*.

— (Puerto de).—Toma el nombre del antiguo anejo ó visita del pueb. de Carigara; en la actualidad es pueblo, hállase en la costa N. de la isla de Leyte.

LIANG.—Pueb. de la prov. de Batangas; antes dependía del de Balayán, de la misma prov. Desde hace mucho, este pueb. de Liang constituye una hacienda perteneciente al Colegio de San José. en el que se halla hoy la facultad de Farmacia.—I, 103.

LICTON.—Bar. perteneciente al pueb. de San Roque, prov. de Cavite.—319, 321.

LIGUASAN (Lag.).—En la grande isla de Mindanao; es el nombre con que actualmente se conoce la que nuestro Autor llama de *Mindanao* (II, 84).

LILIO (Montes de).—En la prov. de La Laguna. Lilio es el nombre de un pueb. de dicha prov.—187.

LIMASAUA,—DIMASAUA.—V. *Dimasaua*.

LINAO (Presidio de).—En la antigua prov. de Caraga, isla de Mindanao: II, 76.

LINAPACAN.—Visita en la islita del mismo nombre, adscrita á Culión, en Calamianes: II, 103.

LINGAYÉN.—Cab. de la prov. de Pangasinán (parte N. de Luzón): 461; II, 21.

LIPA.—Pueb., hoy el más importante, de la prov. de Batangas.—59. 65, 68-70, 78, 82, 88, 89, 91, 138-142, 145, 162.—El convento de Lipa es el mejor que actualmente existe en provincias.

LIU SONG.—Nombre que, según el P. Navarrete, daban los chinos á la isla de *Luzón*.

LOBÓ, LOBÓ Y GALBÁN (Sitio de).—En la costa S. de la prov. de Batangas, donde hoy se halla enclavado el pueblo de *Lobó:* I, 59. 65, 113.—El nombre *Galván* no figura en mapas recientísimos, hechos por el personal de Montes.—V. *Malagundi*.

— (Punta de).—En el sitio de Lobó, inmediata á la de *Oloolo*.—I, 107.

LOGNOY.—Punta que, con la de Tigbí, forman la boca de la ensenada de Bula, en la isla de Luzón.—II, 34.

LOLOMBOY.—Hacienda de los PP. Dominicos en la prov. de Bulacán: 355.

LOMA.—V. *La Loma.*

LOMOT.—Antiguo sitio, en la prov. de Batangas: 145.

Londres.—Cap. de la Gran Bretaña.—477.

LOS BAÑOS.—Pueb. de la prov. de La Laguna, asentado á orillas de ésta y cerca de Calamba: 180, 186, 190, 195.— Su *hospital:* 181-185, 195.—V. *Los Misioneros,* en el *Apéndice* correspondiente, y *Minerales.*

LOS COCHINOS.—V. *Las Puercas.*

LUBAN (Isla de).—Adscrita á la isla de Mindoro, de la que está cercana: 131, 133.—En ella hubo una fuerza: P. F. Navarrete, 314.

LUBAO.—Uno de los más antiguos pueblos de Filipinas: 470, 471, 485.—Pertenece á la prov. de la Pampanga. En él hubo un convento notable de Agustinos, que tuvo imprenta.—V. págs. 111* y *224, de estos *Apéndices.*

LUCBÁN.—Pueb. de la prov. de Tayabas: 11, 35.

LUCMÓN (Mar).—O es errata del *Ms.,* ó el autor quiso decir *Sogod* ó *Sugod,* la cual se halla en la contracosta y entre las provs. de Tayabas y Camarines.—11, 36.—Es una ensenada.

LUTAYA.—Así llama nuestro Autor á la islita Agutaya, sit. en el centro de las Cuyos, grupo de las Calamianes, en el mar de Joló.—II. 98, 101, 102.

LUZÓN.—La mayor y más importante isla del Archipiélago filipino.—Para el estudio de su división territorial, V. FILIPINAS.—*Nombres:*—Algunos autores antiguos llaman á esta isla, *isla de Manila,* tomando el todo por la parte, en consideración á ser *Manila* la cap. de la isla. Convienen ciertos escritores en que los españoles, por cuanto vieron en Manila y otros puntos «vnos Pilones, »ó Morteros de palo, que los Naturales llaman *Losong* »en su Idioma propio: y los no Naturales llaman *Luzón* »correspondiendo el vocablo» (*), dieron á esta isla el nombre de LUZÓN. Pero parece ser que este nombre no se debe al mero capricho de los conquistadores; pues según el P. Fernández Navarrete (**) «tienen los Chinos »en sus libros puesta la isla de Manila, á quien llaman »*Liu Song».* En cambio, el cit. P. San Antonio y otros, se inclinan á creer que los comerciantes extranjeros, chinos y japoneses principalmente, impusieron á la de

(*) San Antonio, *Crónicas,* I, 9.
(**) Fernández Navarrete, *Tratados,* 322.

Luzón el nombre de *isla de los Luzones*, de donde se cree venga el que se haya llamado *islas de los Luzones* á la de Luzón y demás inmediatas. Oficialmente se la puso el nombre de *Nueva Castilla*, que ya tenía el Perú; pero este nombre no ha prevalecido.

LUZONES (Islas de los).—V. la anterior, y FILIPINAS (sus antiguos nombres).

LL

LLANA HERMOSA.—Pueb. de la prov. de Bataan, en la isla de Luzón: 485, 492.—En los modernos *Estados* de los PP. Dominicos se le llama *Hermosa*.

M

MAASIM.—Pueb. de la isla y prov. de Leyte.—II, 68.

MAASÍN.—Rio que pasa cerca de Angat y va á desaguar en la costa de la prov. de la Pampanga.—416.

MABALACAT.—Antigua Misión, hoy pueblo, de la prov. de la Pampanga.—472.

MABATÓ.—Sitio de la prov. de La Laguna, próximo á la costa de la de Bay.—I, 25.

MACABEBE.—Antiguo pueb. de la prov. de la Pampanga.—380, 446, 468-470.

— (Rio de): 314.

MACAJALAR (Bahia de).—V. *Salauan*.

Macao.—Colonia portuguesa, minúscula en grado sumo, en la Costa Oriental de China: 229.—Esta y Goa, poco mayor, pero también minúscula, es *todo* lo que les queda en Oriente á los portugueses, como recuerdo de su antiguo poderio y de su extraordinaria historia de descubridores y colonizadores.

Macasar.—II, 66.—La isla que figura en los mapas modernos con el nombre de Célebes, al Oriente de la de Borneo. Es muy rica en oro y pedrería.—Pertenece á los holandeses.

MACATÍ.—V. *San Pedro Macatí*.

MACÓLOT ó MACÓLOG.—Monte notable de la isla de Luzón,

prov. de Batangas, próximo á la lag. de Bombón, en la
juris. del pueb. de San José.—I, 58, 59, 82, 85, 89.

MACTAN.—Islita al Oriente de la costa de Cebú, próxima
al puerto de este nombre. Tiene el recuerdo tristísimo
de que en ella pereció, luchando de un modo heroico,
el inmortal Magallanes: la lucha, como es sabido, moti-
vóla el deseo de Magallanes de que los indios de Mactan, hostiles al reyezuelo de Cebú, se sometieran á su
cacicazgo. Como si Magallanes apenas significase nada
en la Historia, siendo así que es una figura de la talla
de Colón, sólo un misérrimo mausoleo—que no es
mausoleo ni es nada—evoca en Mactan la memoria de
tan eximio marino. En Manila, á la orilla izquierda del
Pásig, existe una aguja de piedra, de escaso valor ar-
tístico y material, llamada pomposamente «monumento
de Magallanes».—II, 57, 58.

MACUPA.—Antiguo nombre de un sitio de la prov. de Batangas.—145.

Madagascar.—Isla bastante extensa al Oriente de la costa
de África, en su región meridional: 154, 425, 431; II, 10.
—La parte occidental de esta isla, ó sea la que mira al
Africa, está poblada por gentes de la raza etiópica;
mientras que la otra parte, más considerable que la primera, lo está por individuos de la raza malaya.

Magallanes (Estrecho de).—Entre la Patagonia y la Tierra del Fuego: 425; II, 58.

Magdalena: 426.—Isla del grupo de las Marquesas de Mendoza.

MAGOGAO.—Cab. del distr. de Itaves.

MAGSACOLOT.—Antiguo nombre de un paraje ó sitio de la
prov. de Batangas.—145.

MAIPAHO.—Sitio de la jurisdic. de Tondo (prov. de Manila).—520.

MAISAPANG.—Hacienda de los PP. Agustinos, cercana de
Manila.—198.

MAIT.—Antiguo nombre de la isla de Mindoro.

MALABÓN.—Hacienda del R. Colegio de Santo Tomás. Enclavada en la prov. de Manila: 229.

— Nombre que se da actualmente al pueb. de Tambóbong (prov. de Manila).

— EL CHICO.—Pueb. de la prov. de Cavite: 306.—Nombre
anticuado: hoy se llama *Santa Cruz.*—En 1850, era *Santa Cruz de Malabón.*

— EL GRANDE.—Pueb. de la prov. de Cavite: 306.—Nombre anticuado. Hoy se llama *San Francisco*. En 1850, era *San Francisco de Malabón*.

Malaca.—Región peninsular, la más meridional de la gran Península de la Indo-China, al S. de Asia: 153, 154, 407.— Son muchos los autores que opinan, en especial los antiguos, que de Malaca son originarios los indios filipinos de raza malaya.

— (Mares de).—No los hay así denominados en los mapas; pero se sobreentiende que la referencia es á los que bañan las costas de la Península de Malaca; por Oriente. el Meridional de la China, y por Occidente el Océano Indico.

MALAGUNDI.—Nombre antiguo de la punta ó paraje de Galbán (Batangas).

MALANAO (Lag.): II, 84. En la llamada *Lanao*. Nuestro Autor escribe estas variantes: *Malinao* (II, 77) y *Manalao* (II, 72). No se confunda ninguna de éstas con *Mindanao*. lag.. que á juzgar por el contexto de la pág. 84 *(t. II)*, es la de *Liguasan*.

Malasia.—Región etnográfica de la Oceania, llamada asi porque sus habs. son, en su inmensa mayoría, de raza malaya pura.

Malayo = Malaca: 479, 480.

MALIBAY.—Monte famoso por haber sido refugio, durante muchos años. de los bandidos que merodeaban por las cercanías de Manila: I, 20-22, 26, 27.

— (Sitio de).—Hoy pueb. de la prov. de Manila.

MALINAO (Lag.).—II, 77.—V. *Lanao* ó *Malanao*.

— (Ens.).—En Luzón, prov. de Albay, en la contracosta: II, 34, 47.

MALINDAC.—Nombre que dan los indios á la isla de *Marinduque*.

MALINDUQUE.—Nombre que también dan los indios á la isla de *Marinduque*.

MALÍNOG.—Región de la isla de Mindanao, frontera de la lag. de este nombre: II, 84.

MALINTA.—Hacienda de los PP. Agustinos, en la jurisdic. del pueb. de Polo, antes de la prov. de Manila, hoy de la de Bulacán: 225, 337, 342, 347.—*La Vieja:* 345.—La *batalla* de Malinta: 346.—Esta batalla, contra los ingleses, ha hecho célebre el nombre de esta hacienda.

MALOLOS.—Importante pueb. de la prov. de Bulacán: 380, 382, 389, 390, 409, 437, 439-442, 445, 451. 453, 457, 465.— *Sitiado por los ingleses:* 447-449.

Malucas ó *Moluco.*—Los antiguos llamaban *Archipiélago del Maluco, Islas del Maluco, el Maluco, Islas de la Especería, del Clavo, Malucas,* etc., á las que hoy llamamos *Islas Molucas,* ó *Archipiélago de las Molucas,* situadas al S. de Mindanao, entre Nueva Guinea y la gran isla de Célebes.—Estas islas fueron las que motivaron el viaje de Magallanes: creía éste que caían dentro de los dominios del Monarca español (entonces había allí portugueses), y discurriendo que al Sur de la América habría algún paso que comunicase el Atlántico con el mar Pacífico, quiso ir á ellas por la vía de Occidente, con lo que logró descubrir el estrecho de su nombre, las Marianas y las Filipinas, aunque no logró llegar al deseado Maluco, porque, como queda dicho (V. *Mactan),* murió peleando denodadamente contra salvajes bisayas.—149.—Sobre las Molucas se ha escrito muchísimo: descuellan las obras de Aganduru Móriz y Argensola.

MAMAGCAL.—Barrio del término de Pásig, prov. de Manila.—197.

MAMBURAO.—Pueb. de la isla de Mindoro, cercano de Puerto Galera: 118-120, 131.

MAMUTHA.—Nombre de un antiguo sitio de la prov. de Batangas.—145.

MANALAO (Lag): II, 72.—V. *Lanao* ó *Manalao.*

MANASE (Punta).—V. *Talisay.*

MANDALOYA ó MANDALOYON.—De la jurisdic. del pueb. de Santa Ana, prov. de Manila; es una hacienda de los Padres Agustinos: 212, 213, 225.

— (Río): 213.

MANGUILÁN.—Hacienda del convento de San Agustín, de Manila: 225.

MANHINO (Barranca de).—Situada en el camino de Táal á Bauang, próxima al casco de este último; prov. de Batangas.—107.

MANLAUAY.—Sitio de la jurisdic. de Macabebe, en la Pampanga.—314.

MANILA.—Cap. de la prov. de su nombre, de la isla de Luzón y Metrópoli de todas las islas españolas del Extremo Oriente. *Manila* es corrupción de la palabra *Nilab,* arbusto indígena de Filipinas, que se daba mucho en el paraje donde los españoles fundaron la Capital, paraje que debió de llamarse *Nilab* por los naturales, del propio modo que existen otros muchos pueblos (Lipa, Hagonoy, etc.), que deben su nombre al de las plantas más comunes que en sus respectivas jurisdicciones

se producian. Por ser Tondo el más antiguo é importante pueb. de toda la comarca, *Tondo* dió su nombre
á la prov., hasta bien entrado el presente siglo. El nombre de Manila, dado á la Cap. de la isla. fué el motivo
de que á Luzón se le llamase *Manila*, y aun hay autores
que llaman *las Manilas* á todas las Filipinas, análoga-
mente que otros llamaron *de los Luzones* á dichas islas.
—V. FILIPINAS y LUZÓN. Nuestro autor consagra los capítulos XI, XII y XIII á la descrip. de Manila con sus
arrabales. Las citas más salientes son:
  Fundación: 217.—*Posesión; dificúltanla los pampangos:* 482.—*Nombre:* 218.—*Escudo:* Id.—*Situación:* Id.—
Perimetro: Id.—*Area de su superficie:* Id.—*Limite de su
jurisdicción:* 374.—*Fortalezas:* 220.—*Catedral, palacio
del Gobernador y plaza de Armas:* 220.—*Sitiada por los
ingleses:* 345-348.—Otras citas: 6, 7, 11, 17, 19, 20, 22, 26,
31, 50, 68, 69, 77, 90, 94, 95, 102, 104, 105, 110, 120, 121,
132, 134, 142, 144, 151, 161, 178, 188, 189, 192, 193, 198,
204, 207, 210, 212, 214, 215, 306, 310, 317, 324, 326, 330,
336-340, 348-352, 354, 365, 374, 378, 380, 385, 397, 400, 401,
461, 469, 471.
  Manila es, después de Goa, la ciudad más antigua del
Oriente. Sin embargo. antes que Manila fué fundada
Cebú. Según Lapérouse, Manila es, quizás, la capital
mejor situada de todas las del mundo.

MANILA (Bahia de).—La mayor de cuantas se conocen: pueden en ella estar holgadamente todas las escuadras de
Europa y América. En el centro de su boca hállase la isla
del Corregidor, llamada antes de Mariveles, á manera
de centinela que, bien fortificado, haría imposible la entrada en Manila de ningún buque enemigo.—17, 19, 87,
218, 308, 316, 317, 331, 480, 488.

— (Rio de).—El P. Zúñiga escribe repetidas veces *rio de
Manila:* este es el *Pásig.*

— (Provincia de).—Llamósele *de Tondo:* describese: 283-
304.—Para evitar confusiones, hemos escrito con mayúscula la palabra *Capital*, siempre que esta palabra es
sinónima de capital del Archipiélago filipino.

MANILAO (Lag.).—V. *Lanao* ó *Malanao.*

MAQUÍLING (Monte).—Sirve de límite de las provs. de La
Laguna y Batangas (Luzón).—177, 180, 182, 185.

MARAGONDÓN.—V. *Marigondón.*

MARAYAYAP ó MARÁYAT.—Monte en la prov. de Batangas;
uno de los más altos.—58, 59, 144, 140, 191.—V. *Súsong
cambing.*

MARIANAS (Islas).—Las primeras descubiertas por el inmortal Magallanes en 1521.—Sus principales islas (V. FILIPINAS).—Llamóseles en lo antiguo de las *Velas Latinas* y de los *Ladrones*. Este nombre tenian cuando el jesuita P. Sanvitores les dió el de MARIANAS, en honor de la Reina de España doña Mariana de Austria. Asi varios autores. Pero el P. Murillo, en su *Historia* (folio 327), dice, hablando del citado P. Sanvitores: «Reza-»ba todos los dias el Rosario de Maria Sma, y en su »obsequio llamó *Marianas* á las Islas de los Ladrones». —429, 430. Describese: II, 106-112.

MARICABÁN.—Islita adyacente á la costa de Luzón, á la embocadura de la ens. de Batangas: I, 103, 111.

MARIGONDÓN ó MARAGANDÓN.—Pueb. de la prov. de Cavite, en la isla de Luzón: 306, 486, 487.—La *barra de:* 319.

MARILAO.—Pueb. de la prov. de Bulacán (Luzón): 354-356.

MARINDUQUE.—Isla adscrita á la de Mindoro, pero más cerca que de la costa de ésta, lo está de la de Luzón, por la parte de la prov. de Tayabas.—65, 108, 132, 143.— Llámanla los indios *Malindac* y *Malinduque*. Delgado, 19, 89.

MARIQUINA.—Pueb. de la prov. de Manila.—206.

MARIVELES ó MARIVÉLEZ.—Isla, en la boca de la bahía de Manila, llamada hoy del Corregidor: 486.

— (Pueb. de).—En la costa de Luzón, en la parte que es hoy de la prov. de Bataan: 486, 487, 402, 503, 507.

— (Montes de).—506.—En la prov. de Bataan; son uno de los pocos refugios que quedan á los actas, raza que va extinguiéndose por degeneración.

— (Corregimiento de).—Suprimióse para ser agregado, en su mayor parte, á la prov. de Bataan.—306, 485, 486, 488, 495, 503.

Marqués de Mendoza (Isla): 429.—Son cuatro las de·este nombre, llamadas también *Marquesas*, y hoy *Nuka-Hiva*.—Descubriólas el español Alvaro de Mendaña, y diólas el nombre de *Marquesas* en memoria de D. García Hurtado de Mendoza, marqués de Cañete, virrey de la Nueva España.

Más afuera.—Isla del Pacifico, al O. de la de Juan Fernández, y próximamente en el mismo paralelo.—429.

Masbate.—Isla que juntamente con la de Ticao forman hoy un distrito mandado por un comandante politico-militar. Se halla, la de Masbate, al SE. de la de Luzón; se halla próxima de las de Burias, Sámar, Cebú y Leyte:

227; II, 35. 52, 53. 98.—Los toros de las ganaderías de Masbate han sido los únicos que en corridas celebradas recientemente han dado algún juego; todos los demás de Filipinas suelen ser inútiles, por su cobardía y mala facha, para la lidia.

Masingloc ó Masinloc.—Pueb. de Zambales, que fué cabecera de dicha provincia: 503.

— (Punta): 502.—En la costa Occidental de Luzón.

Matanac (M.).—V. *Balangas* (Ms. de).

Matti (Distr.).—Comandancia de reciente creación.

Maubán.—Pueb. de la prov. de Tayabas, en la contracosta de Luzón: II. 35. 36.

— (Mar de): 187, 311.

Maybunga ó Maybonga.—Sitio de la jurisdic. del pueblo de Mariquina, prov. de Manila: 209, 212, 320.

— (Rio de).—Es el llamado de *Mariquina* ó de *San Mateo.* (Así Buzeta).—209, 210, 212, 401.

Mayhaligue ó Mayjaligui.—Sitio, como á media legua de Manila. donde fundaron un hospital de lazarinos los PP. Franciscanos.—228. 320.

Mayon (Volcán): II. 40.—V. *Albay* (M. de).

Maysantor (Puente de).—Entre las provs. de Manila y Bulacán: 374, 380.—*Guerra de los ingleses:* 450, 452.

Maysapang.—V. *Maisapang.*

Maysilo.—Hacienda cercana de Tinajeros, en la prov. de Manila. jurisdic. de Tondo, famosa durante la guerra de los ingleses; fué de los PP. Jesuitas; el Rey la vendió á un mestizo: 331, 332. 336, 337. 339, 340.—*Batalla de:* 337-338.

— (Riachuelo de): 342, 344, 346.—*Su importancia en la batalla de Malinta:* 340.

— de Tambóbong.—Barrio del pueb. de Tambóbong, prov. de Manila: 336.

Méjico ó México.—Una de las más extensas naciones americanas; llamósele Nueva España, y fué el más importante de los virreinatos que España tuvo en el Nuevo Mundo. Hasta bien entrado este siglo, los viajes á Filipinas solían hacerse por la vía de México; los viajeros desembarcaban ordinariamente en Vera Cruz, pasaban á México (nombre de la capital del virreinato), y de allí se trasladaban á Acapulco, de donde salían por lo común los barcos que iban á Filipinas. Este Archipiélago fué, por decirlo así, tributario de la Nueva España; sobre que el grueso de su comercio exterior lo hacía con aquel virreinato, de México iba á Filipinas anualmente un respetable *situado*, á manera de pensión necesaria para que la colonia filipina, tan pobre en recursos propios hasta el gobierno de Basco, pudiese vivir con algún desahogo. De México se importó—todo ello por españoles—en las Filipinas el procedimiento de beneficiar el azúcar, é importáronse plantas y animales de inmenso valor para la agricultura, la industria y el comercio; hasta se introdujeron porción de palabras hoy naturalizadas en Filipinas al punto de que los ignorantes las suponen genuinamente tagalas.—10, 38, 40, 42, 43, 178, 249, 256, 272, 275, 295, 435, 510; II, 52.

México.—Pueb. de la prov. de la Pampanga (Luzón); llamóse también, según Grijalva, *Nuevo México.*—477, 479.

Meycauayan.—Pueb. de la prov. de Bulacán (Luzón): 334, 355, 356, 366, 398.—*Campo de operaciones en la guerra de los ingleses, después de la batalla de Malinta:* 351-354.

— (Canteras de).—353, 521.

Micronesia.—Región etnográfica que comprende multitud de pequeñas islas desparramadas por el grande Océano Pacífico; entre otros grupos ó archipiélagos comprende los de Marianas, Carolinas y Palaos.

MINDANAO (Isla de).—La mayor, después de la de Luzón. de todas las españolas. Se halla al S. del grupo de las Bisayas; al SO. tiene el archipiélago de Joló. Poblada en su mayor parte por razas bárbaras y degradadas, España ha tenido allí que hacer grandes esfuerzos para difundir las luces de la civilización. Más aventureros y enérgicos que los filipinos, los mindanaos, juntamente con los de Joló, han ejercido hasta los comienzos del presente siglo la más descarada piratería que concebirse puede: la historia demuestra que si los españoles no hubieran llegado á tiempo—y, por de contado, en la hipótesis de que ninguna otra nación europea hubiera aspirado á ejercer en Filipinas la soberanía,—los indios de Luzón y de Bisayas serian súbditos á *fortiori* de los mindanaos, toda vez que éstos los acobardaban y hacian huir hacia el interior siempre que efectuaban un desembarco en cualquiera de aquellas islas: asesinaban, saqueaban, llevábanse las mejores mozas y los muchachos para esclavizarlos, y así siempre, un año y otro, sin que se tenga noticia de que bisayos. pampangos, tagalos ó cualesquiera otros filipinos fuesen ni una sola vez á Mindanao. por si solos y por propia iniciativa. en busca del desquite. Magallanes, poco antes de pasar á Cebú, estuvo en Butúan, cuya región fué la primera

que incorporó á la Corona de Castilla, en 1521. Bernardo
de la Torre. maestre de campo de la expedición de Villalobos. puso en 1543 á la isla de Mindanao el nombre
de *Cesárea*, en honor de Carlos V.—104, 241, 480, 490:
descríbese: II, 71-87.

MINDANAO (Mar de): 312.—No le hay en rigor así denominado; alúdese en el texto al mar de Joló.

— (Ensenada de): II, 83.—Es el seno de Davao.

— (Laguna de): II, 72, 84.—Es la de Liguasan.—(V.)

Mindoro (Isla de).—Una de las mayores del Archipiélago;
feracísima y sólo conocida en sus costas; constituye provincia. Aseveran varios autores serios que en el interior habita una raza de hombres que tienen algún rabillo. Su antiguo nombre. *Mait*. Cuando Legazpi iba de
Cebú á Luzón para conquistar Manila, tocó en Mindoro,
donde hizo justicia á unos chinos náufragos, á quienes
pretendian despojar de todo los isleños. En 1585 un
franciscano fundó convento é iglesia en Mindoro; dice
así el P. San Antonio (tomo II. 153): «En 3 de Diciémbre
»de 1585 se despachó Libramiénto, á peticion de Fr. An-
»tónio de los Mártyres. para que se entregassen quince
»pesos á N. de Talavéra, y él. en nómbre del Rey. (como
»Dánte) los empléasse en várias menudéncias. y las en-
»tregasse á este Religioso en su especie, las quales es-
»peraba en Mindóro para el remedio de sus necessidá-
»des, y las de la Iglésia, y Convénto, en cúya fábrica
»estaba entendiendo entónces».—Pero antes había habido ya Agustinos misioneros, con lo que se demuestra
el fervor heroico de aquellos singularísimos frailes.
Mindoro se halla hacia el S. de Luzón y al NE. del grupo de las Calamianes. La cab. es Calapán.—59, 78, 108,
143, 193, 227 233, 290, 507. Descríbese: 115-135.

MINONDOC.—Así escribían algunos autores antiguos el
nombre *Binondo*.

Misamis.—Antiguo corregimiento llamado también *Iligan;*
hoy *distrito de Misamis*. En el N. de la isla de Mindanao; tiene al Oriente el distrito de Surigao. al S. los de
Cottabato y Davao y al O. Zamboanga.—233; II, 62, 71,
74. Descríbese: II, 70-78.—Su *presidio:* II, 77.

Moluco.—V. *Maluco.*

MONJA.—V. *La Monja.*

MONTÚFAR.—Punta de la isla de Luzón, prov. de Albay:
II, 34, 48.

MORIGONDÓN.—V. *Marigondón.*

Mórong (Distr.).—Al Oriente de la prov. de Manila; frontero de La Laguna y Tayabas.

— Pueb. que fué de la prov. de La Laguna: 186, 486, 492, 503; hoy cab. del distrito del mismo nombre (Luzón).

MUNTINLUPA ó MUNTINGLUPA.—Visita que fué de Táguig; hoy pueb. de la prov. de Manila: 26-28, 187.

N

NAGA.—Nombre indígena del pueblo en el cual fué fundada la ciudad de Nueva Cáceres, cab. de Camarines Sur.—II, 7, 35, 39, 45.—V. *Nueva Cáceres*.

— (Río de): II, 46.—Es el *Bícol*.

— (Ensenada de): II, 34, 41.—No hay tal; sino bahía de Cabusao, comprendida dentro de la gran bahía de San Miguel. Por lo demás, la ciudad de Nueva Cáceres no se halla fundada en la costa, como parece colegirse de lo que el texto reza *(pág. 34)*, sino á algunas leguas de ésta precisamente.

NAGCARLANG.—Antiguo pueb. de la prov. de La Laguna, en el que misionó el célebre franciscano P. Plasencia, á fines del siglo XVI.—166, 187.

NAGTAJAN.—Sitio, de la jurisdic. de Pandacan?, prov. de Manila.—214.

NAGUIPO.—Punta, la más meridional de la isla de Leyte.—II, 68.—No se halla en los mapas modernos; en el del P. Murillo, *Naguipon;* en el de Coello, *Taancan ó Ninipo*.

NAIC ó NAIG.—Estancia, del término de Marigondong, prov. de Cavite, isla de Luzón: 486, 487.—Hoy es pueblo de *Naic* (Cavite).

NALIGAS.—Sitio del término de Tondo, prov. de Manila: 332.

NALÍGUIG (M.).—V. *Batangas* (Ms. de).

NAMACPACAN.—Pueb. de la costa Occidental de Luzón, que perteneció á la prov. de Ilocos S. y hoy es de la prov. de Unión.—II, 3.

NAPINDANG.—Una de las bocas por donde desagua la lag. de Bay, al mar.—189, 205.

NARANJOS (Islotes).—Al S. é inmediatos al extremo meridional de Albay; tiene al E., muy cercana, la isla de Capul.—II, 52.

Násog (Punta).—La más meridional de la isla de Panay (Bisayas).—II, 80, 95, 99.

Nasugbú.—Hacienda de la prov. de Batangas; hoy es de un particular. Constituye pueb., con su cura y gobernadorcillo.—I, 103.

Natividad.—Puerto de la Nueva España (México), del cual salió en 1564 la flota que mandaba Legazpi y dirigia el P. Urdaneta; viaje que tuvo por feliz coronamiento la conquista definitiva de las islas Filipinas para la Corona de España.—II, 58.

Naujan.—Pueblo enclavado muy cerca de la costa NE. de la isla de Mindoro, entre Calapán y Pola.—I, 122, 123.

Navotas. —Hacienda del R. Colegio y Universidad de Sto. Tomás, cercana de Tambóbong (prov. de Manila): 229.—Hoy es pueblo.

Negros (Isla de).—La antigua Buglás, en las Bisayas. Ha constituído una prov. hasta hace muy pocos años, en que se ha dividido en dos, para su mejor gobierno: *Negros Oriental* (cab., *Dumaguete*) y *Negros Occidental* (cab., *Bacolod*). Describese: II, 87-89.—Quedan aún en el interior de la isla descendientes de las que se suponen razas primitivas en el Archipiélago.—V.

— Oriental y Occidental.—V. la anterior.

Nilab.—Nombre de un arbusto con el que denominaban los indios al paraje en que fué fundada por Miguel López de Legazpi la ciudad de *Manila*.

Ninipo.—Punta la más meridional de Leyte.—V. *Naguipo*.

Nueva Cáceres.—Ciudad fundada por el Gobernador don Francisco de Sande para que fuese Metrópoli del Obispado de Camarines, en Luzón; de ella no queda sino el antiguo pueblecillo de indios llamado *Naga*, aunque subsiste el nombre, pero oficialmente, porque de ordinario se dice *Naga*, y no *Nueva Cáceres*.—II, 34, 39, 41, 45.—V. *Naga*.

Nueva Caledonia.—En el mar del Sur; á unos 20° al Oriente de Australia.—426.

Nueva Castilla.—Nombre que pusieron los antiguos españoles á la isla de Luzón.—V. Luzón.

Nueva Écija.—Prov. en el centro de la isla de Luzón: tiene al N. Nueva Vizcaya; al S. Bulacán; al E. el Pacífico y el distrito de la Infanta, y al O. la Pampanga, Tárlac y Pangasinán.—460; II, 39.

Nueva España.—V. México.

Nueva Guinea.—Isla muy extensa comprendida entre los

0° y 10° S., en la Oceanía; al Occidente tiene las Molucas, al Oriente el archipiélago de Bismarck é islas de Salomón y por el S. la grande isla de Australia: 154, 425.—A N. Guinea quería el P. Urdaneta que se hubiese dirigido primeramente la flota que comandaba Legazpi; pero al abrirse los pliegos, en alta mar, enterado entonces de que los propósitos del Rey eran que la escuadra fuese á las Filipinas, acató la voluntad del Soberano y dirigió las naves hacia donde le ordenaban.

NUEVA GUIPÚZCOA.—Prov. formada con la parte meridional de la antigua de *Caraga*, en la grande isla de *Mindanao*.—Ya no se usa este nombre.

Nuevas Hébridas.—Grupo al N. de Nueva Caledonia; al SE. de las islas Salomón: 426.

Nueva Holanda = Australia. La mayor del mundo: 425, 428.

NUEVA SEGOVIA.—Antigua ciudad, que ya no existe, fundada en *Lalo* ó *Lal-lo*, donde estuvo la Silla del Obispado de aquel nombre; trasladada á Vigan, cab. de Ilocos —hoy Ilocos Sur,—desapareció el nombre de *Nueva Segovia* correspondiente al pueblo, que continúa llamándose *Lalo:* II, 2, 3.—Descríbese el *Obispado:* II, 1-31.— *Fundación de la ciudad:* II, 22, 23, 25.

Nueva Vizcaya.—Prov. de Luzón; rodéanla: Isabela, Príncipe, Nueva Ecija y Pangasinán. Cab., Bayombong.

Nueva Zelanda.—Comprende dos grandes islas y algunas pequeñas: entre los grados 43 y 47 de lat. austral, al SE. de Nueva Holanda ó Australia.—425, 428.

NUEVO MÉXICO.—V. *México*, pueb. de la Pampanga.

Nuka-Hiva.—V. *Marqués de Mendoza.*

O

OBANDO = OVANDO.—Pueb. de la prov. de Bulacán (Luzón): 334, 350.

ODIONG.—Sin duda es errata; porque según las señas (485, 492), este pueb. no es otro que *Orión*, prov. de Bataan (Luzón).

OLOOLO.—V. *Lobó* (punta de).

OPÓN.—Puerto y pueb. de la islita de Mactan, adyacente á la de Cebú, en las Bisayas.—II, 57.

ORANI.—V. *Bataan*.

Orión.—Pueb. de la prov. de Bataan.—V. *Odiong.*

Otaiti.—Grupo de islas de la Polinesia, á unos 17° de lat. S., entre los de Cook, Tubuai y Tuamotu.—II, 67.

Otong, Ogtong, según otros autores.—V. *Arévalo.*

Ovando.—V. *Obando.*

P

Paa.—Antiguo pueb. de las Marianas: II, 108.

Paco.—Arrabal de Manila, antes pueb.: 214.—Dilao ó San . Fernando de Dilao constituye al presente otro arrabal, independiente del de Paco.

Paete.—Pueb. de la prov. de La Laguna: 193.—Es de donde salen mejores obras de talla. El ya difunto don Francisco de Iriarte, alcalde mayor que fué de dicha . prov. durante muchos años, mandó construir una magnífica sillería, estilo antiguo, de maderas preciosas con incrustaciones de nácar, con el propósito de regalarla . á D. Alfonso XII; cuando murió el Rey no estaban acabadas sino cuatro ó cinco: en los respaldos de las sillas veíanse pasajes del *Quijote* grabados sobre piezas de marfil de extraordinario tamaño. Considérese el trabajo que cada silla tendría, cuando por cada una se pedian 600 ú 800 pesos en la joyería de Manila donde fueron puestas á la venta el año 88 ú 89.—Yo las vi.

Pagsanhan ó Pagsanján.—Pueb. de la prov. de La Laguna (Luzón), de la que fué cab.: 162, 186, 187.—Hoy la cab. es Santa Cruz.

Palacpaguin.—Nombre de un antiguo sitio de la prov. de Batangas: 145.

— (Río).—145.

Palanan.—Pueb. que fué de la antigua prov. de Cagayán, . después de Nueva Vizcaya, y en la actualidad lo es de Isabela de Luzón; hállase muy próximo de la costa, en la ens. del mismo nombre.—II, 2.

Palaos (Islas):—429, II, 111.—V. *Carolinas.*

Palápac (M.).—V. *Batangas* (Ms. de).

Palápag.—Pueb. de la isla de Sámar, en la costa septentrional de la misma: II, 67.

— (Puerto de):—II, 64.

Palauan.—V. *Paragua.*

PALICPICAN.—Punta en la costa de la prov. de Cavite: 487.
—Es nombre anticuado.

PALOMPÓN.—Pueb. de la isla y prov. de Leyte (Bisayas).
—II, 68.

PALOS (PALO, según otros).—Pueb. de la prov. de Leyte
(Bisayas).—II, 68.

PAMARAUA (Barra): 442.—V. *Pumaraua.*

Pampanga (Prov. de).—Una de las más antiguas é importantes, bajo todos conceptos, de todas las filipinas; se
halla en el centro de Luzón; rodéanla las de Nueva Ecija, Bulacán, Tárlac, Zambales, Bataan, y tiene al S. una
parte de la bahía de Manila.—9, 32, 91, 143-144, 227, 261,
296, 306, 314, 337, 338, 343, 349, 368, 416, 426, 441, 446, 517.
Descripción general: 460-483.—*Por qué se divide en* Alta
y Baja: 460.

— (Montes de):—209, 466, 501.

— (Río Grande de la):—443, 455, 461, 464-466.

— (Río Chico de la):—461.

PANAMAO.—Es la isla de Birilán.—II, 68.—Nombre anticuado.

PANAY.—Una de las más importantes islas de las Filipinas; pertenece al grupo de las Bisayas; al S. de Masbate,
al O. de Isla de Negros y al Oriente de los Cuyos. En lo
antiguo constituyó una sola prov.; más tarde, cuando
se dividió en tres, á la prov. de *Cápiz* llamábasele indistintamente de *Cápiz* ó de *Panay.* Después de mediado
este siglo, todavía se creó otra prov. más, llamada *distrito de la Concepción,* en la misma isla.—Descríbese
ésta: II, 89-101.—La *prov. de Panay* ó *Cápiz:* 95-98.—
Otras citas: 130, 227, 233, 424.

— (Rio de): II, 96, 98.

PANDACAN.—Pueb. de la prov. de Manila: 213.—En este
pueb. estaba de párroco hace pocos años un franciscano medio chiflado que á sus expensas levantó un tea-
trillo, en el cual se *ejecutaron* óperas, con la particularidad de que músicos y cantantes eran indios todos ellos:
¡imagínese el lector lo que allí pasaría!

PANDI.—Hacienda de los PP. Dominicos en la prov. de
Bulacán: 228, 365.

PANGASINÁN.—Prov. de la isla de Luzón; rodéanla: Zambales, Tárlac, los Montes de N. Vizcaya, Nueva Ecija,
Unión y el golfo de Lingayén. Su cab. es Lingayén, muy
próximo á la costa del golfo de su nombre. Pero más
importante que este pueb. lo es todavía Dagupan, por
su movimiento comercial, á más de que tiene ferroca-

rril que.le une con Manila (primera línea construída en Filipinas; se ha inaugurado recientemente).—227, 229, 248, 277, 368, 461, 462, 472, 487, 502-504, 507, 516.—Descríbese: II, 18-22.

PANGHAYAAN.—Nombre de un antiguo sitio en la prov. de Batangas: 145.

PANGUIL.—Ens. ó bahía en la costa N. de Mindanao: II, 77, 79.—Pudo haber añadido el Autor, al decir «pasada la punta de Salauan», *y después de la bahía de Íligan.*

PANGLAO.—Isla, adscrita á la prov. de Cebú, próxima á la costa oriental de ésta: II, 61.

PANIQUE ó PANIQUI.—Pueb. que fué de Pangasinán, hoy de la prov. de Tárlac: 105; II, 20, 26.

PANSIPIT.—Río que no nombra, pero al que alude diferentes veces nuestro autor (I, 92, 94, 95, 96); sirve de desagüe á la lag. de Bombón ó de Táal: está, pues, en la prov. de Batangas, y muere en el seno de Balayán (Luzón). Sus riberas son las más bellas de cuantas he visto.

— (Sitio).—Próximo á Táal, en la margen izquierda del río del mismo nombre.—I, 92.

PANTABANGAN. — Antigua Misión de la Pampanga, hoy pueb. de la prov. de N. Ecija (Luzón).—460, 473; II, 36.

PADAY ó PAUAY.—Pueb. de la prov. de Ilocos Norte: II, 11.

PAOMBONG.—Pueb. de la prov. de Bulacán: 389, 442, 446.

PARACALE.—Pueb. que fué de Camarines, después de Camarines Norte, hoy de Camarines, en la costa N. de Luzón, famoso por sus minas.—II, 39, 41, 43.

Paragua, PARAUA, PALAUAN.—Isla, que perteneció mucho tiempo al corregimiento de Calamianes: 480; II, 79, 101. —En la actualidad existe en ella una Compañía de Colonización, fundada por la iniciativa de D. Felipe Canga-Argüelles. — En el interior de esta importante y fecundísima isla pululan razas, salvajes de todo punto; también hay gentes moras, que allá se van en salvajismo con las otras infieles. — Constituye un Gobierno P.-M., cuya cab. es Puerto Princesa.

PARAÑAQUE.—Pueb. de la prov. de Manila, próximo á un estero al que da su nombre.—19, 21, 160, 296, 297, 274, 507, 538.—*Hacienda de:* 392.—*Puente de:* 289.—El Padre Martínez de Zúñiga, cuando escribió las portadas de esta obra, puso bajo su nombre: «Cura Regular del pueblo de Parañaque».

PARASAN.—Isla próxima á la costa Occidental de Sámar (Bisayas).—II, 63.

PARAUA.—V. *Paragua.*

PARIÁN.—Nombre de un barrio populoso, habitado por chinos principalmente, que se hallaba á la izquierda del Pásig, y del que formaba parte lo que hoy se llama *Arroceros;* es decir, comenzaba en las mismas murallas de Manila y acababa próximamente donde comienza el puente colgante que existe en la actualidad.—Hoy se llama *Puerta del Parián* á la que da acceso á Manila en el sitio donde el antiguo pueblo del Parián tenia una de sus esquinas.

— (Pueb. de).—En la isla y prov. de Cebú (Bisayas): II, 60.—En rigor no es pueb., sino antiguo arrabal de la ciudad de Cebú.

PASACAO.—Pueb. en la costa meridional de Luzón, término de Camarines, en el cual se efectúa casi todo el movimiento comercial que entra y sale de la prov. Se halla en la ensenada de su nombre *(Pasacao).*—II, 40.

PASAY.—Anejo del pueb. de Malate, prov. de Manila, que constituye una hacienda de los PP. Agustinos: 6, 7, 9-11, 15, 17, 19, 21, 22, 27, 198, 225, 284.

Pascua (Isla de).—Una de las últimas de la Polinesia. Llámase también Mata-Kiterage, Rapa-nui, Teapi y Uaiju. En el mar del S. y á unos 27° de latitud, y á unas 750 leguas de la costa de Chile.—Aunque algunos autores escriben *Pascuas,* su verdadero nombre es *Pascua.*—154, 428, 429, 431; II, 10, 67.

PÁSIG.—Pueb. en una islita formada por dos de los brazos del río del mismo nombre.—189, 196, 201-208, 210, 296.

— (Rio).—Es el desagüe de la laguna de Bay para la mar; va á la bahía de Manila. El Autor le llama algunas veces «río de Manila».—7, 9, 19, 20, 204, 209, 210, 212, 213-215, 218, 284, 289, 290, 353.—Por algunos sitios tiene muy poco fondo, y con este motivo se han hecho trabajos de dragado en los que se han invertido, punto menos que estérilmente, muchos miles de duros. Hubo también el propósito de modificar el cauce, llevando este hermoso río por otro lugar que el que hoy ocupa. Un escritor contemporáneo, al observar que *eL pásig* es anagrama del apellido *Legaspi* (como sin razón escriben en Filipinas el de *Legazpi),* discurrió que el nombre que tiene el río de Manila había sido puesto por los antiguos españoles, en obsequio del insigne Adelantado. No hay tal. Lo del anagrama es pura casualidad.

PASO DE ACAPULCO.—V. SAN BERNARDINO (Estrecho de).

PATEROS.—Barrio que fué de Pásig, hoy pueb. de la prov.

de Manila, á la orilla izquierda del río Pásig en su brazo de Táguig, y próximo de la laguna de Bay. Este nombre responde á los innumerables patos que crian sus
naturales.—196, 202.

PATEROS (Río): 201, 203, 204. Es un brazo del Pásig; también se le llama *Táguig.*

PATLING.—Misión en los montes de Zambales: 472.—Es el
actual pueb. de O'Donell de la prov. de Tarlac?

PANAY = PAOAY.

PAYAPA.—Barr. del pueb. de Lipa, prov. de Batangas: 139.

PAYNAUÉN = PAYNAVÉN.—Antiguo nombre del surgidero
de *Playahonda,* costa occidental de Luzón, prov. de
Zambales: 502, 516.—Es nombre anticuado.

PAYO (Punta de).—En la costa de Zambales: 502.—Supongo sea la llamada hoy *punta Banop.*

Persia.—Antiguo reino de Asia; al E. de Arabia y al NO.
de la India anterior.—265.

Perú.—República de América meridional; fué colonia de
España; uno de los paises donde más ha abundado el
oro.—510.—Llamósele también *Nueva Castilla.*

PEYNAUÉN (Río de): 517.—V. *Paynauén.*

PIEDAD.—Hacienda que fué de los PP. Jesuítas y después
del marqués de Villamediana; en la jurisdic. de Tondo
(prov. de Manila).—332, 337, 338.

PILA.—Pueb. de la prov. de Manila.—146, 187.

PINAMALAYAN (Ensenada de).—En la costa oriental de
Mindoro, al S. de su extremidad NE.—116.

PINTADOS (Islas de los).—Nombre que dieron los españoles á las Bisayas, por la circunstancia de que los naturales de dichas islas, á diferencia de los de otros, se ta-
tuaban ó *pintaban* la piel.—310, 424; II, 91.

PIRIS (Ens.).—Comprendida en el seno de Guinayangan
(Luzón), en la costa E. de la prov. de Tayabas: II, 34.

PLAYA HONDA (Paraje y fortaleza de).—V. *Paynauén:* 502,
503, 516-517.

POGOTE (Punta).—La más occid. de la I. de Leyte.—II, 68.

POLA.—Pueb. de la costa oriental de Mindoro, al N. de su
extremidad NE; se halla en la ensenada del mismo
nombre.—123; II, 48.

POLILLO.—V. *Polo* (Isla de).

Polinesia.—Una de las grandes regiones etnográficas en
que se halla dividida la Oceanía; constitúyenla *muchas
islas* (tal es el significado de la palabra *polinesia),* cu-

yos grupos principales son: las Sandwich, las Marquesas, el de Cook, el de Nueva Zelanda, etc.

Polo.—Pueb. de la prov. de Bulacán.—284, 334, 341, 347-
350, 352, 356, 366, 398, 409, 536.—*Campo de operaciones
en la guerra de los ingleses:* 347, 350, 351, 353.

— (Isla de).—Al Oriente, y próxima de la contracosta de
Luzón, frente al distrito de la Infanta: II, 35.—En los
mapas modernos, *Polillo.*

Poniente (Islas del).—Antiguo nombre de las Filipinas. (V.)

Potol (Punta).—Al NO. de la isla de Panay (Bisayas).—
II, 89, 95, 99.

Príncipe (Distr.).—En la costa oriental de Luzón; rodéanle:
Isabela, Nueva Vizcaya, Infanta, Nueva Ecija y el mar.
Cab., Baler.

Puercas (Las).—V. Los Cochinos.

Puerto Galera.—Pueblo en la costa de Mindoro; también á su ensenada, que es de mucho abrigo en ciertas
épocas, se le llama *Puerto Galera.*—V. *Galera.*

— Princesa.—Cab. de la Paragua.

Pulicaballo, ó con más propiedad, Pulo caballo.—Islote
á la entrada de la bahía de Manila, al SE. del Corregidor.—486-487.

Pulilan.—V. *San Isidro.*

Pulingbuhaguin.—Hacienda en la prov. de Batangas, término del pueb. de Rosario, confinante con la de Tayabas.—65; II, 37.

Pumaraua.—Barra, en la bahía de Manila, término de la
prov. de Bulacán.—442, 449.

Puncán.—Antigua mision de la Pampanga.—460, 473.

Putingbuhanguin.—V. *Pulingbuhaguin.*

Q

Quiangan (Distr.).—En la parte N. de Luzón; rodéanle:
Bontoc, Nueva Vizcaya, Isabela y Lepanto. Cab.,
Quiangan.

— Cab. del distrito del mismo nombre.

Quiapo.—Arrabal de Manila.—215, 345.

Quinabulasan.—Nombre que dan los indios al canal que

existe entre la islita de Talim (en la lag. de Bay) y la punta de Jalajala: 186.

QUINABUSACAN (Punta de).—V. *San Miguel* (Punta de).

QUINGOA ó QUINGUA.—Pueb. de la prov. de Bulacán.—312, 380-384, 386, 388, 389, 394-397, 400, 401, 406, 414, 437, 449, 459.

— (Rio de).—Es uno de tantos brazos del Grande de la Pampanga.—209, 320, 386, 391, 396, 401, 443, 445, 452-455, 461, 465, 523.

QUIPAYO.—Pueb. de Camarines, próximo de la costa S. de la bahia de San Miguel,—II, 42.

— (Mar de): 309.—En la bahía de San Miguel, en la contracosta de Camarines.

Quirós (Archipiélago de): 427.—Uno de los muchos descubiertos por los españoles en el mar del Sur. Llámasele también *Tierras de Quirós*, islas *Tuamotu*, etc.

R

RESTINGA (Punta).—La llamada *Calúmpang* por el P. San Antonio?

RINCONADA (La).—Nombre dado por los españoles á ciertas zonas de terreno algo á trasmano de las muy conocidas y pobladas; así, vemos que hay *Rinconada* en la Pampanga, en Bataan, en Albay, etc.—357.

RIVERA (Punta de la).—En la extremidad de la lengüeta donde se halla Cavite.—316.

Romblón (Isla): II, 95, 96.—Al N. de la isla de Panay (Bisayas).—Constituye distrito. Cab., Romblón.

— Cab. del distr. del mismo nombre.

ROSARIO.—Antiguo pueb. de la prov. de Batangas, frontero de la prov. de Tayabas.—65, 137, 145; II, 36.

ROTA (Isla de).—Del grupo de las Marianas: II, 107, 109.

S

SABANILLA.—Extensa llanura de la grande isla de Mindanao; tiene al N. la lag. de Lanao, al S. la de Liguasan y al O. la bahia Illana. Llamábase también *Tubog*. En la actualidad no se usan tales nombres.—II, 79, 83, 84.

·SADIAYA, por SARIAYA.—Pueb. de la prov. de Tayabas (Luzón).—II, 39.

SAIPAN.—Isla del grupo de las Marianas.—II, 109.

SALÁ.—Pueb. de la prov. de Batangas, que fué destruído en 1754 por una erupción del volcán de Táal. Refundióse en Tanauan.—91, 140, 141.

SALAUAN (Punta).—En el texto (II, 76, 77), *Sulauan.*—En la costa septentrional de Mindanao; esta punta y la de *Sipaca* son los extremos de la bahia de *Macajalar,* en cuya costa estaba el fuerte de Cagayán de Misamis.

Salomón (Islas).—Al Oriente de N. Guinea, entre los 4° y 12° de lat. austral, en el mar del Sur.—426.

SÁMAL.—Nombre indígena de *Sámar.*

Samar.—Isla y prov. del grupo de las Bisayas; está al SE. de la de Luzón y tiene á su SO. la de Leyte.—233, 429; II, 47, 62. Descríbese: II, 62-67.—Cab., Catbalogan.

SAMPÁLOC.—Arrabal de Manila: 215.—Éste y el de San Miguel son los más aristocráticos y bellos.—En Sampáloc tuvieron los Franciscanos una imprenta famosa. V. la *Introducción* del *Apéndice B.*

— (Punta).—V. *Súbic* (Punta de).

SAN AGUSTÍN (Cabo, ó Punta de).—En la isla de Mindanao, el más meridional de la gran extremidad en que termina la costa oriental de la isla.

SAN AMBROSIO.—Pequeña isla, unos 8° al N. de las de Juan Fernández y Más afuera, próximamente en el mismo meridiano. La de San Ambrosio se halla, como las dos mencionadas, frente á la costa occidental de Chile, á unos 7° de distancia.

SAN BERNARDINO (Estrecho de), llamado también el EMBOCADERO y PASO DE ACAPULCO.—Entre el S. de Luzón y el NO. de Sámar; por él pasaban las naves que hacían el viaje entre Filipinas y la Nueva España. Era tan importante este paso, que el P. San Antonio tomó su meridiano como meridiano de arranque para contar la longitud. Refiriéndose al trabajo que le costó indagar la de Manila, con toda precisión, escribe: «yá leyendo »quantos libros impressos he hallado, que tratan de es- »tas *Islas;* yá registrando cuydadoso manuscritos no »pocos de Descripciones, Relaciones y Derroteros, que »há podido conseguir mi diligente industria». *(T. I, página 57.)*—Nuestro Autor siguió al P. San Antonio en lo de contar los grados de longitud tomando por meridiano de arranque el del EMBOCADERO; por esta razón, recordamos á los curiosos lo que queda dicho en el

Ap. B, núm. 73, CARTAS MARÍTIMAS.—115; II, 23, 34, 47.

SAN CARLOS (Río de).—453.—Creo sea errata: *San Carlos* por *San Marcos.*

SAN CRISTÓBAL (M.).—En la prov. de Batangas.—146.

Sandwich (Islas).—En el mar del Sur entre los 19° y 22° de lat. meridional. Son más conocidas con el nombre *Hawaii.*—154, 427, 429; II, 67.

SAN EMILIO.—Cab. del distr. de Tiagan.

SAN FABIÁN.—Pueb. de la prov. de Pangasinán.—II, 18.

San Félix (Isla).—Muy próxima á la de San Ambrosio; á unas 180 leguas (de las de 20 al grado), próximamente, de la costa de Chile.—429.

SAN FERNANDO.—Cab. de la prov. de la Unión.

— DE DILAO.—Arrabal de la ciudad de Manila.—214.

SAN FRANCISCO = SAN FRANCISCO DE MALABÓN.—V. *Malabón el Grande.*

— DEL MONTE.—Santuario en la prov. de Manila, á una legua de la capital, hacia el NE.; el terreno donde se halla fué encomienda de los PP. Franciscanos, otorgada por el Gobernador Vera en 1590.—213.

SANGLEY (Punta).—Próxima á la plaza de Cavite. 316.

SAN IGNACIO DE AGAÑA.—V. *Agaña.*

SAN ILDEFONSO (Punta).—En la costa oriental de la parte N. de Luzón, distrito del Principe.—II, 2, 33, 35, 36.

SAN ISIDRO.—Pueb. de la prov. de Bulacán: 390, 393-395, 397, 400, 411, 453.—Debe de ser el que en los mapas modernos figura con el nombre *Pulilan.*

SAN JACINTO.—Puerto en la isla de Ticao: II, 51.

SAN JOSÉ.—Pueb. de la prov. de Batangas, sit. entre la cabecera y Lipa.—58, 70, 76, 78, 81, 82, 96, 135-142, 162.

— Pueb. de la prov. de Bulacán.—358.

— Cab. del distr. del Corregidor.

— DE BUENAVISTA.—Cab. de la prov. de Antique, en la isla de Panay (Bisayas).—II, 99.

SAN JUAN (Rio).—V. *Tanauan* (Río de).

— DEL MONTE.—Santuario de los PP. Dominicos, en la prov. de Manila, en el pueb. del mismo nombre.—213.

SAN JUANICO (Estrecho de).—El que media entre las islas de Sámar y Leyte (Bisayas).—II, 62.

SAN LÁZARO (Archipiélago de).—Nombre que en 1521 dió Magallanes á las Filipinas: por lo que puede decirse que este es en rigor el *primero* que se dió por los europeos á las islas conocidas hoy con el nombre de *Filipinas.*

SAN LÁZARO.—Nombre dado al paraje donde los Franciscanos fundaron el hospital de lazarinos que está á media legua de Manila.—228, 326-329.

SAN LUIS.—Puerto en la I. de Guajan (Marianas).—II, 107.

SAN MARCOS (Río de).—Un brazo del de Quingua, el que á su vez es tributario del Grande de la Pampanga: 396, 403, 453, 455, 465.

SAN MATEO.—Pueb. de la prov. de Manila.—206, 332.

— (Montes de).—Al NE. de Manila, en los confines de la provincia: 23, 24, 187, 190, 191, 206, 209, 210, 232, 284, 342, 358, 359, 401.

— (Rio de): 208, 356.—Va á desembocar al Pásig, un poco más abajo de donde está el pueb. de este nombre.

SAN MIGUEL.—Arrabal de la ciudad de Manila; es uno de los más bellos.—214.

— Nombre primitivo de la ciudad de Cebú.—II, 55, 59.

— (Bahía de).—Al N. de la parte inferior de la isla de Luzón, prov. de Camarines.—V. *Naga.*—Autores antiguos llámanla *mar de Quipayo.*—V. *Quipayo.*

— (Punta de): II, 34.—Sin duda la que en los mapas modernos figura con el nombre *Quinabusacan.*

SAN NICOLÁS.—Antigua Misión de los Recoletos, hoy pueb. de la prov. de Pangasinán.—473.

— (Hacienda de).—Perteneciente á los PP. Recoletos: 233.

— (Iglesia de).—Cerca del sitio de Doña Jerónima: 210.

— Nombre actual de *Cebú Viejo,* ó sea el pueb. de indios frontero del cual se erigió la ciudad de San Miguel.— II, 60.

SAN PABLO DE LOS MONTES.—Pueblo que fué primero de La Laguna, después de Batangas, y que, desde hace pocos años, ha vuelto á formar parte de la prov. de La Laguna: 144-147, 153, 187, 194, 406; II, 36.—Llámasele también *San Pablo* solamente, y con este nombre es con el que figura en la *Guía oficial.*

SAN PASCUAL.—Cab. del distr. de Burías.

SAN PEDRO MACATÍ.—Pueb. de la prov. de Manila.—20, 210-212.

— TUNASAN.—Pueb. de la prov. de La Laguna, cuyas tierras constituyen una hacienda del colegio de San José de Manila.—26, 28, 32, 45, 187, 189.

SAN RAFAEL.—Pueb. de la prov. de Bulacán.—397, 401, 406, 414.

SAN ROQUE.—Antiguo arrabal de Cavité, hoy pueb. de esta prov.—318, 320, 321.

SANTA ANA.—Pueb. de la prov. de Manila, á la orilla izquierda del Pásig. También se le llama *Santa Ana de Sapa.*—210, 212, 214, 288.

— Pueb. de la prov. de la Pampanga, entre México y Arayat: 479.—A este pueb. pertenece la hacienda de Mandaloya.

SANTA CRUZ.—Antiguo pueb. de la prov. de Tondo, hoy arrabal de la ciudad de Manila: 215, 237, 283, 325, 332.

— (de La Laguna).—Pueb. de la prov. de La Laguna, hoy cab. de la misma.—186.

— Pueb. de la isla de Marinduque.—132.

— DE MALABÓN.—V. *Malabón el Chico.*

SANTA MARÍA.—Pueb. de la prov. de Bulacán.—356.

— (Rio de).—Es el mismo que pasa por Bocaue, que va á desembocar á la Bahía de Manila.—356.

SANTA MESA (Hacienda).—Próxima á Manila.—213.

SANTA RITA (Barrio de).—Correspondiente al pueb. y cab. de Batangas.—108.

SANTA ROSA.—Pueb. de la prov. de La Laguna, sit. á la orilla de la de Bay.—48, 179, 189.

— (Hacienda de los PP. Dominicos).—En la jurisdic. del pueb. del mismo nombre: 229.

— (Isleta):—209.

SANTA TECLA.—Isla al N. de las Marianas: II, 107.

SANTIAGO (Punta de).— En ella remata la costa occidental de Luzón y da comienzo la meridional; viene á ser como el vértice del recodo que forma esta grande isla; hállase en el extremo superior del seno de Balayán, prov. de Batangas.—133.

— DE LIBÓN.—Antiguo pueb. fundado por Juan de Salcedo cerca del rio Bicol; fué pueb. de españoles (San Agustín, *Conquistas*, 234); pero no es fácil precisar en el punto en que se halló.—II, 44.

SANTÍSIMO NOMBRE DE JESÚS.—Nombre que dan algunos autores antiguos á la ciudad de Cebú, fundada por Legazpi, ó sea el primitivo pueb. de *San Miguel*, elevado á mayor rango en 1571.—II, 60.

SANTOR (Ms.).—En los que nace el Tajo ó río Grande de Cagayán.—II, 22.

SANTO TOMÁS.—Pueb. de la prov. de Batangas, confinante con la prov. de La Laguna: 54, 145, 176-178.

SANTO TOMÁS.—Pueb. que fué de la prov. de Pangasinán, y hoy corresponde á la de la Unión.—II, 20.

SARIAYA.—V. *Sadiaya.*

SARYAYA.—V. *Banajao* (M.).

SEBÚ = *Cebú.*

Sevilla.—La cap. de Andalucía, en España.—II, 58.

Siam.—Extensa comarca de la Indo-China: 134. En la 240, *Siayáo;* en la 241, *Siyáo.*

Slassi (Distr.).—En el arch. joloano.

Siayao.—V. *Siam.*

SIBALÓN.—Pueb. de la prov. de Antique (isla de Panay).— II, 101.

SIBUGUEY (Río): II, 70, 83.—Es, indudablemente, el *Grande de Mindanao;* así lo deducimos, no sólo del contexto, sino además por el mapa del P. Murillo: era entonces poco conocida la isla de Mindanao, y no es de extrañar grandes errores; con decir que punta de Flechas la pone el P. Murillo bastante al E. de la desembocadura del Sibuguey, siendo así que está al O., cerca de un grado, según el mapa novísimo de los PP. Jesuítas, comprenderáse el calibre de este y otros errores, que por otra parte son disculpables naturalmente.

SIBUYAN (Isla).—Al N. de la de Panay, cerca de la costa de esta última.—II, 95.

SICURAN (Punta).—II, 83.—Es la de *Callan.*

SILANG.—Pueb. de la prov. de Cavite.—24, 307, 308.

— (Ms. de).—23, 30, 32, 210.

SIMARA (Isla).— Próxima á la costa septentrional de la isla de Panay.—II, 95.

SINILOAN.—Pueb. de la prov. de La Laguna, á orillas de la de Bay, confinante con el distrito de Mórong.—186, 187, 423.

SIPACA (Punta).—En la costa septentrional de Mindanao; tiene próxima, y á su N. la islita de Camiguín: II, 76.— V. *Salauan.*

SIQUIHOL ó SIQUIJOR (Isla).—Al SO. de Bohol: II, 61.— Llamada también *Isla de Fuegos.*

SIROMA (Punta).—Es el extremo E. de la bahía de San Miguel: II, 34.—En rigor, *Siruma.*

SIRUMA (Punta).—V. *Siroma.*

Siyán = *Siam.*

SOCOTÓN.—Monte en la Isla de Sámar (Bisayas): II, 65.

Sofala.—Parte de la costa oriental meridional de Africa;

las *aguas* á que el texto se refiere (309), son las del canal de Mozambique, que bañan la costa de aquel nombre.

SOGBÚ = *Cebú.*

SOGOD.—Pueb. en la costa de la mayor ensenada que hay al S. de la isla de Leyte (Bisayas).—II, 68.

— , SUGOD ó SUGOT (Ens.).—V. *Lucmón.*

SOJOTÓN (Punta).—La más occidental de la Isla de Negros.—424; II, 87.

Sonda (Archipiélago de).—De la Malasia; de él forman parte las espléndidas islas de Sumatra y Java.

SORSOGÓN.—Pueb. de la prov. de Albay, en la costa de la ensenada del mismo nombre.—II, 48.

— (Ens.).—En la extremidad S. de la isla de Luzón, en su parte meridional.—II, 34, 47, 48.

SUAL.—Pueb. de Sámar, en la costa oriental.—Es equivocación de *Súlat,* verdadero nombre del pueb. á que se refiere nuestro Autor.

SÚLAT.—V. *Sual.*

SUBANG.—Pueb. de la isla de Mindoro, en la costa N.—122.

SÚBIC.—Pueb. de la costa occidental de Luzón; prov. de Zambales. Su *puerto:* 487, 501, 503, 504.

— (Punta de): 503.—Supongo sea la llamada *Biniplican* en el mapa de D'Almonte y *Sampáloc* en el de Coello.

SULAUAN (Punta).—V. *Salauan.*

Sumatra.—Isla muy extensa al SO. de Malaca; forma parte del archipiélago de la Sonda.—479, 480.

SUNGAY.—Monte que pertenece á las provs. de La Laguna y Batangas; que se halla al N. de la lag. de Bombón y al SO. de la de Bay.—36, 177, 190.

Sur (Mar de).—Es el grande Océano Pacífico: 426, 428, 429, 431, 432, 474; II, 10, 58, 66.—Descubriólo, desde las cumbres del istmo de Panamá, Vasco Núñez de Balboa: el conocimiento de que á espaldas de la tierra firme de América, recientemente descubierta, había un mar, sugirió á Magallanes la idea de descubrir, como en efecto así sucedió, un paso que comunicara el Atlántico con el Pacífico, por el cual paso pudiese llegar por la vía del Poniente á las islas de la Especería ó Molucas, que aquel insigne marino creía caían dentro de la demarcación de la Corona de Castilla. Este viaje, como ya queda dicho, dió por resultado el descubrimiento de las Marianas y las Filipinas. Fué, pues, en cierto modo, el precursor de tan grande descubrimiento el mencionado Vasco Núñez de Balboa.

Surigao.—Prov. de la grande isla de Mindanao.—V. *Caraga.*

— Pueblo de la prov. del mismo nombre, en la extremidad más septentrional de la isla de Mindanao.—II, 74.

— (Punta de) = *Banáhao:* II, 71, 74.—Llámase de *Bilan* en el mapa de los PP. Jesuítas de 1887. Es la más septentrional de la isla.

Súsong cambing.—Pico del monte Mararayap.—144.

— dalaga.—Pico del monte que constituye la isla Talim. en la lag. de Bay.—186.

T

Táal.—Pueblo de la prov. de Batangas, á la orilla izquierda del río Pansipit, cerca de la playa del seno de Balayán; estuvo primeramente enclavado á orillas de la laguna de Táal ó de Bombón; pero á consecuencia de los estragos que causara el volcal en 1754, fué trasladado el pueblo al lugar que hoy ocupa. Es uno de los pueblos mayores del Archipiélago y ofrece la particularidad de que, no obstante el mucho movimiento comercial que en él existe, en este pueblo no se halla un solo chino, porque los taaleños los rechazan. En lo antiguo hubo en Táal gran número de japoneses: así que puede decirse que los actuales taaleños constituyen raza especial, y de aquí que tenga carácter propio este pueblo, que sus hijos sean quizá los más activos, inteligentes é industriosos de todos los *indios* de Filipinas.— 81, 82, 87, 88, 91-108, 136, 137, 149, 200.

— (Lag. de).—Llamada también de *Bombón;* es, después de la de Bay, la mayor de Luzón. Sírvele de desagüe el río Pansipit. En su centro, próximamente, se halla una islita que constituye el volcán de Táal.—70, 81-95, 141. 142, 190.

— (Volcán de).—En la lag. del mismo nombre. Tal vez el de mayor importancia de todo el Oriente, para los geólogos, porque por su estructura permite ser estudiado mejor que ningún otro. Yo le he visitado tres veces, y una de ellas he permanecido más de seis horas en el fondo del gran cráter, al que he dado la vuelta (de tres á cuatro kilómetros); confieso no haber hallado ningún otro espectáculo de la Naturaleza que haya hablado con mayor elocuencia á mi espíritu. He leído bastantes des-

cripciones, y ninguna da idea, ni remotamente aproxi-
mada, en la grandiosidad del volcán.—5, 59, 70, 81·92,
94, 101, 135, 139-141, 177, 190.

TÁAL (Provincia de).—Á la de Batangas llamósela *de Táal*
algunos años.—V. *Batangas* (prov. de).

TAANCAN.—Punta, la más meridional de Leyte.—V. *Naguipo*.

TABLAS (Isla de).—V. *Isla de Tablas*.

TABUCO.—Antiguo nombre de Cabuyao, pueb. de la prov.
de La Laguna.—I, 49, 50.

TAGBILARAN.—Cab. de la I. y prov. de Bohol.

TAGUDÍN.—Pueb. de la prov. de Ilocos S., en la parte N.
de Luzón.—II, 17.

TÁGUIG.—Pueb. de la prov. de Manila, en la costa NO. de
la lag. de Bay.—25, 26, 186, 187, 195, 196, 198, 202, 209.

— (Boca de).—189.

— (Brazo de).—V. *Pateros*.

TAGUIMA.—Antiguo nombre de la isla de Basilan.

TAJO (Río).—Nombre que dieron los antiguos españoles
al río grande de Cagayán, el más importante de Luzón;
va á desaguar al N. de la isla.—II, 22, 23.

TALA.—Hacienda de los PP. Agustinos.—225.

TALIM (Isla de).—En la lag. de Bay, frente á Jalajala.—
186, 190, 195.

TALISAY (Punta).—A juzgar por las señas, es la llamada
Colasi en el *Derrotero* de Árana y *Manase* en el Mapa
de D'Almonte.—II, 34.

TAMBÓBONG.—Pueb. de la prov. de Manila, llamado también *Malabón*.—284, 296, 331, 334-336, 344, 352, 493, 520.

TAMONTACA.—Nombre de una región de Mindanao, en la
que antiguamente se erigió un pueb. con el dicho nombre. Hoy Tamontaca pertenece á la prov. de Cottabato;
tiene un fuerte de moderna construcción.—II, 83, 84.

TANAUAN.—Pueb. de la prov. de Batangas, entre Lipa y
Santo Tomás.—6, 54, 55, 58, 81, 91, 143-144.

— (Río de).—Es un brazo del San Juan, que va á desaguar á la lag. de Bay, junto á Calamba.—179, 191.

TANDAG.—Pueb. de la antigua prov. de Caraga, hoy de la
de Surigao. en una ensenada que hay al NE. de la grande isla de Mindanao.—II, 74. La *fortaleza:* II, 74, 76.

TANGDAYA.—Región de la parte oriental de la isla de Leyte (Bisayas), llamada en las antiguas relaciones «de
Tangdaya», porque este era el nombre de su reyezuelo

en la época de la Conquista.—Por este motivo, llegósele á llamar á la de Leyte, *Isla de Tendaya.*—II, 68.

TANGRAY, ó con más propiedad, TANGUAY.—Nombre indígena de la extremidad en que se halla la plaza de Cavite: 316.—V. *Cavite.*

TANGUAY.—V. *Tangray.*

TAÑÓN (Punta).—La más merid. de la I. de Cebú.—II, 57.

TAPOLOOG (Ensenada): II, 83.—El hoy llamado seno de Davao; sus puntas extremas son las de Calían *(Sicuran)* y San Agustín.

Tárlac.—Una de las provincias en que actualmente se halla dividida la isla de Luzón.—Cab., Tárlac.

— Cab. de la prov. del mismo nombre.

TAUI-TAUI ó TAWI TAWI (Isla de).—Al SO. de la de Joló.— II, 85.

Tayabas (Prov. de).—Una de las comprendidas en la parte S. de la isla de Luzón: confina con las de La Laguna, Batangas y Camarines; tiene al N. el mar Pacífico y al S. el llamado de Mindoro, parte del de China. Es quizás la más insana de Luzón.—65, 132, 147, 149, 187. Descríbese: II, 36-40.—Cab., *Tayabas.*

— (Ensenada): 191.—Es la bahía de Lamón, que ocupa toda la costa N. de la prov. de Tayabas.

— (Montes de).—*Banajao:* 146.

TAYTAY.—Pueb. que fué de la prov. de La Laguna y hoy pertenece al distrito de Mórong (Luzón); hállase cerca del seno más septentrional de cuantos tiene la lag. de Bay.—187, 188, 206.

— (Boca de).—189, 205, 209.—En la lag. de Bay.

— Pueb. en la costa NE. de la isla de la Paragua.—II, 102, 104, 105.

TAYUG.—Antigua Misión de la Pampanga, hoy pueb. de Pangasinán.—473, 479.

Tendaya (Isla).—La de *Leyte.*—V. *Tangdaya.*

Ternate.—Antigua capital del Maluco.—240, 319, 104. El Maluco, como es sabido, fué de España durante algún tiempo.

Tiagan (Distr. de).—Uno de los de reciente creación. Se halla entre el Abra, Lepanto, Aruburayan é Ilocos S., en la parte N. de la isla de Luzón. Cab.. San Emilio.

TIAONG.—Pueb. de la prov. de Tayabas.—65, 147, 162; II, 36, 39.

TIBI (Punta).—V. *Tigbí.*

35 *

Ticao (Isla).—Perteneció á la prov. de Camarines; hoy forma distrito con la de Masbate: entre ésta y la extremidad más meridional de Luzón, se halla la de Ticao.— II, 35, 51.

— (Seno de).—En la costa oriental de la isla del mismo nombre; es el que nuestro Autor llama *puerto de Ticao.* —II, 52.

Tidore.—Una de las islas Molucas.—240.

Tierra Alta.—Paraje á una legua de Cavite.—320.

Tigbí (Punta).—Es la de *Tibi* del *Derrotero* de Arana, y la de *Boto* en el mapa de D'Almonte, próxima al pueb. de *Tiui* (Albay): es, pues, la inferior de las dos extremidades del seno de Lagonoy, al S. de Caramuan.—II, 34, 51.

Tinajeros.—Barrio ó anexo del pueb. de Tambóbong; su estero sirve de límite á las provs. de Manila y Bulacán. 330, 336, 339, 342.—*Estero:* 337, 340-342.

Tipas.—Barrio del pueb. deTáguig (prov. de Manila).—196.

Tiuí.—Pueb. de Albay, en lo más alto de su costa oriental, cerca del cual se halla punta Boto.—V. *Tigbí.*

Tondo.—Era, históricamente considerado, el más importante de los pueblecillos enclavados fronteros del paraje de *Nilab,* donde Legazpi erigió la ciudad de Manila. Tondo tenía su reyezuelo. Hoy Tondo constituye uno de los arrabales de Manila.—26, 217, 227, 233, 283, 284, 296, 331-336, 339, 378, 469, 520.

— La importancia del pueb. dió margen á que se llamara «de Tondo» la provincia de Manila.—91, 305, 341.

Tonga.—V. *Amigos.*

Tonquin, Tonkin, Tunquing, Tung-King.—Pais al NO. de la Indo-China. donde, desde mucho tiempo há, tienen Misiones los PP. Dominicos.—229, 355.

Tonsoya.—Barrio del pueb. de Tondo (Manila).—336.

Trapobana.—Nombre que, según unos autores, tuvo la isla de Sumatra, y que según otros, tuvo la isla de Ceylán: 479.—Los más de los autores creen que *Trapobana* corresponde á *Sumatra.*

Tripa de Gallina.—Estero á la orilla izquierda del rio Pásig, junto al cual estero se halla el arrabal de San Miguel.—19.

Tuamotu.—Grupo de islas de la Polinesia; llámasele también *Otaiti, Archipiélago de Quirós,* etc.

Túbig.—Pueb. de la isla de Sámar.—II, 63.

Tubog = *Sabanilla,* en Mindanao.—II, 83.

Tubuai.—Grupo de islas de la Polinesia.—V. *Otaiti.*

Tuguegarao.—Cab. de la prov. de Cagayán (Luzón).

Tunasan.—189.—V. *San Pedro Tunasan.*

Tunasancillo.—Hacienda de los PP. Recoletos.—233.

Tunhón.—Pueb. de las Marianas.—II, 108.

U

Umatag.—Puerto de la isla de Guajan (Marianas).—II, 107.

Unión (Prov. de).—En la parte N. de Luzón; rodéanla: Amburayan, Benguet, Pangasinán y el mar de China. Cab., San Fernando.

V

Velas latinas (Islas de las).—Primer nombre que dieron los españoles á las Marianas; nombre que hubieron de trocar por el de *Ladrones*, en vista de lo aficionados que eran sus naturales á robar cuanto podían.

Vícol ó Vicol = Bicol.—Rio, el más importante de Camarines S.; pasa por Naga y va á desembocar en la bahía de San Miguel.—II, 41, 44.

Vigan.—La cab. de Ilocos S.; llamósele en lo antiguo «la villa Fernandina»; después elevósele el rango á ciudad, y hoy se dice: «la ciudad de Vigan». En ella radica la Silla del Obispado de *Nueva Segovia*, desde que fué trasladada de la ciudad de este nombre. Vigan se halla como á una legua de la costa occidental de Luzón.—II, 3, 17, 23.

Visayas (Islas) = *Bisayas.*

Y

Ylim.—V. *Ililim*

Z

Zambales (Prov. de).—Rodéanla: el golfo de Lingayén, las provs. de Pangasinán, Tárlac. Pampanga. Bataan y el mar de China.—227, 233, 537. Descríbese: 501-507.

— (Ms. de).—466, 472, 488, 492, 504, 505.

Zamboanga (Distr. de).—Uno de los en que se halla dividida la grande isla de Mindanao; á la banda más occidental de la isla; antes era part. Descríbese: II, 77-87.

— Cab. del distr. de su nombre; en la parte más meridional de la extremidad más occidental de Mindanao. Hay actualmente un penal en ésta que es plaza militar.—104, 105; II, 71.

— (Cabo de).—Supongo sea la punta Balete de la carta de Coello.—II, 71.

Zebú = *Cebú.*

Zeilán: 479.—V. *Ceylán.*

Zipagri.—Antiguo nombre del Japón.—V. *Japón.*

APÉNDICE D

REINO ANIMAL

A

ABEJAS.—Nuestro Autor no nombra á estos ápidos; pero nos habla de que en los montes se produce *cera* y *miel:* luego cita á las abejas de una manera implícita. «Imposible nos es consignar aquí (Jordana, *Bosquejo,* 270 y siguientes) algún nombre sistemático de los ápidos filipinos...». «En Filipinas, donde no faltan abejas ni otros ápidos melíferos, nada se hace por la cria de estos himenópteros, tan útiles y tan admirables, contentándose las gentes con recoger la miel en los Bosques». (Martínez-Vigil, *Historia Natural,* 210-211.)

AGACHONA.—Becada agachadiza; su carne es substanciosa y tierna.—201.

ALACRÁN.—Escorpión; su picadura, como la del alacrán de España, es ponzoñosa.—287.

ALITAPTAP.—Insecto, de la familia de las luciérnagas.—529.

ANAY.—Insecto, del orden de los Neurópteros. «Llamados por algunos *hormigas blancas,* se agregan en número muy considerable, construyendo sus habitaciones en las ramas de los árboles ó en el suelo, levantando un pilón de tierra y arcilla duro y compacto». La especie más común en Filipinas es la *Termes dives,* Hag.—Vigil, 207.—Son tan destructores, que una pequeña legión basta para reducir á polvo en pocos dias un centenar de libros. Atacan también el maderamen de las casas. á menos que sea de molave, que por ser demasiado amargo lo respetan. En la *Rev. del Liceo,* de Manila, número del 16 Oct. de 1881, publicóse un estudio acerca de este tan curioso como temible insecto.—529.

ANGUILA.—«El grupo de los peces anguiliformes está representado en Filipinas, al menos por tres géneros, cuyos individuos presentan todos el cuerpo largo y la piel gruesa y blanda, dejan ver apenas sus pequeñas escamas y carecen de aletas ventrales».—Jordana, 217.—Las hay que llegan á tener dos metros de longitud. Son más estimadas las de agua dulce; pero en general no tienen tan buen sabor como en Europa.—200, 308.

ANLOAGUE.—Nombre vulgar del pájaro *carpintero.*

ARADOR.—Insecto microscópico que produce la sarna, enfermedad común en Filipinas.—Vigil, 222.

ATÚN.—Pez de grandes proporciones; «es de iguales cualidades que el conocido en otros muchos países».—Codorniú, 156.—88, 91, 157.

AYAMÁ.—Nombre vulgar del cangrejo de Manila.—V. *Cangrejo.*

B

BABUÍ.—Nombre vulgar del cerdo ó puerco.

BACOCO.—Nomb. vulgar del besugo; lo hay *blanco* y *moro* (obscuro); es muy inferior al pajel de España.—444.

BACULÍ.—Pez.—143, 153.

BAGÓN ó BAGOONG.—Nombre que se da á cierta clase de pescadillos secos en salmuera.—II, 10.

BALATE.—Zoófito holotúrido: *Holothuria atra*, Jäger. Los chinos hacen el comercio del *balate* á título de afrodisíaco.—V. Jordana, 342.—118, 271, 365.

BALICACAO.—Ave: 152.

BALICASYAO.—Ave: 285.—Ni de éste, con ser tan notable, ni del anterior, hallo noticias de valor científico en ninguno de los libros que tengo de consulta.

BALLENA.—Pez, el de mayor volumen de cuantos existen. Por más que lo diga el P. San Antonio (ESTADIS., 312), no creo, ni creerá nadie hoy que la ballena sea frecuente en el mar de Joló. Cerca de las Marianas es donde suele verse alguna.

BATÓ-BATÓ.—Pequeña paloma ó tórtola.—V. *Palomas.*

Besugo = *Bacoco.*

Boaya = *Caimán:* 313.

Bocouit.—Pájaro: 286.—No hallo noticias científicas acerca del mismo.

Borricos.—Son verdaderas casualidades, á lo menos los de cuatro pies: «en Filipinas no ha sido posible fomentar la cría asnal, quizás por la humedad excesiva del clima».—Vigil, 108.—284.

Buaya = Boaya = *Cocodrilo,* ó *Caimán,* como suele decirse en Filipinas.

Buey.—V. *Vaca.*

Búfalo.—V. *Carabao.*

Buho.—Ave: 529.

C

Caballo.—Desde Morga acá, todos los autores están conformes en que los caballitos de Filipinas son descendientes de los de España. Los hay de buena estampa, y, bien cuidados, son bastante sufridos. La degeneración del caballo, como la de otros animales importados, demuestra de una manera evidente lo que puede el influjo del medio. Los hay salvajes, pero en escaso número actualmente, si se exceptúan las muchedumbres que se supone existen en el corazón de la isla de la Paragua, remontados de los llevados por los españoles, á la manera que acontece en las Américas. Hoy se ha generalizado la costumbre de herrarlos en las patas de delante, en particular los destinados al tiro. Los de Batangas é Ilocos son los mejores.—27, 37, 65-67, 103, 152; II, 38, 90.—V. *Panhabul.*

— marino.—Pez del orden de los Lofobranquios; es pequeñito; «la parte anterior del cuerpo presenta cierta semejanza tosca en la forma del caballo. La cola es prensil».—Vigil, 174: *Hippocampus brevirostris,* Cub.—312.

Cabis = *Duyon:* 309.

Cábol = *Duyon:* 309.

Cabra.—«Propágase bien en Filipinas la cabra doméstica, *Capra hircus,* L., importada de España».—Vigil, 101.— «Aunque con la humedad de la tierra no son de buen sabor».—Morga, 270.—152.

Cachil = *Casili* = *Cuervomar.*—Vigil, 149.—24, 200.

Cagaycay.—Nombre vulgar del *grillo.*—Vigil, 206.

CAGUÍN.—V. *Panique.*

CAIMÁN.—V. *Cocodrilo.*

CÁLAO.—Ave, del orden de los Pásares: *Buceros hydrocorax,* L. «Son notables por su gran tamaño, su grande y robusto pico y su fuerte y ronco graznido, de imponente resonancia en el seno de los bosques».—Jordana, 178.— «Tres especies se encuentran en Filipinas: el *cálao de Panay* (taligtig), que vive en la isla que le dió el nombre, y también en la de Luzón; el *cálao filipino (Buceros bicornis,* L.), y el *cálao de Manila,* distinto del anterior en que no tiene aserradas las mandíbulas, y es mucho menor la prominencia córnea del pico.—Vigil, 132.— 152, 413, 436.

CAMABOY.—N. vulgar de la *Garza blanca.*

CAMARONES.—Crustáceos que abundan prodigiosamente en Filipinas; los indios los comen mucho, rara vez sin morisqueta.—153, 358, 446.

CANDERÓ = *Candurú?* = *Charadrius fulvus,* Lath.? (Gogorza, 23).—Pájaro: 387.

CANGREJO.—Crustáceo común en las playas de Filipinas; los hay de grandísimo tamaño. «El cangrejo de Manila *(ayamá)* cava madrigueras cilindricas y profundas en la arena de las playas».—Vigil, 224.—358, 409, 440.

CARABAO.—Nombre vulgar de la especie *Búfalo* común en Filipinas. Los hay *domésticos* y los hay *cimarrones* ó *silvestres* (pág. 343). En opinión del Sr. Jordana *(Bosquejo,* 172), el *Bos bubalus,* L. *(carabao)* procede de Asia. Es utilísimo en Filipinas: «después del toro, quizás no haya especie más sufrida y más robusta que el búfalo... Presta servicios inmensos... En este estado (domesticidad) se destina á todas las faenas de la agricultura y acarreo, bastando uno solo para roturar un terreno nuevo y arrastrar más peso que una yunta de bueyes».—Vigil, 101.—En algunas provs. lo emplean los indios á modo de animal de carga; pónenle encima tres ó cuatro costales, y todavía su guia se monta sobre el animal. Buen nadador, el indio utiliza esta cualidad para ahorrarse trabajos: así, vemos á lo mejor subir rio arriba una balsa cargada, de la cual *tiran* uno ó dos carabaos. La leche de caraballa es «más gruesa y sabrosa que la de vacas».—Morga, 270.—En los primeros años de nuestra dominación un carabao costaba *cuatro reales.*—Gonz. de Mendoza, 323 (ed. de Amberes).—10, 27, 65-67, 152; II, 41.

CARACOLES.—Hay gran variedad en Filipinas.—444.

CARNERO.—OVEJA.—«En Filipinas se aclimata mal este género y su carne pierde mucho del gusto y sustancia que la caracterizan en España».—Vigil, 101.—En tiempo de Morga no había ovejas ni carneros, porque los ejemplares que habían sido llevados de México perecieron á causa del *temple* y el *pasto*. En la actualidad existen pequeños rebaños. Valen poco; degeneran mucho estos animales.—152; II, 90.

CARPINTERO.—Ave del orden de las Trepadoras. Gogorza consigna dos *carpinteros* á los que pone (pág. 15) los nombres sistemáticos: *Thriponax javensis*, Horsf, y *Mulleripicus funebris*, Valenc.—El carpintero agujerea los árboles para «extraer las larvas é insectos que le sirven de alimento».—Jordana, 177.—Martínez Vigil apunta el nombre *anloague*, como el vulgar del *carpintero* entre los indios (pág. 135).—529.

CÁSAY-CÁSAY.—Pájaro.—152.

CASILI.—Ave. *Cuervomar* ó *cuervo marino: Plotus melanogaster*, Forts. (Gorza, 26).—24, 200, 286.

CATALA.—CATATÚA.—De la familia de los loros, orden de las Trepadoras.—En Filipinas se conocen catorce especies, por lo menos, á más de las exóticas (Vigil, 134). «Las *catatuas* se distinguen por un penacho de plumas eréctiles y largas que tienen sobre la cabeza: son todas de color blanco ó negro, y el moño de las primeras tiene frecuentemente matices amarillo-rosados». *(Ibid.)*— Catala = *Catatua hæmaturopygia*, Briss. (Gorza, 13).— 152, 528.—No he conocido ninguna catala que haya hablado con tanta destreza como algunos loros de América que suele haber en las casas de Madrid.

CAUIT, ó CAGUIT.—Pájaro de la familia de los loros.—285.

CAZÓN.—Pez.—309, 312.

CERDO.—V. *Puerco*.

CIEN PIES.—Insecto del orden de Quilópodos; las picaduras de estos animalillos suelen producir graves molestias, pues son ponzoñosos; tiene 21 patas por cada lado; marchan con lentitud; se ven á menudo en las casas, aun en aquellas donde con mayor cuidado se hace la limpieza. Según Pereda *(Hist. Nat.*, 100), el *cien pies* de Filipinas tiene por nombre científico *Scolopendra morsitans;* según M. Vigil, *Geophilus fosforescens*, L. (página 220). Jordana escribe (pág. 311): «Una de las especies filipinas ha sido clasificada por Newport con el nombre de *Gonibregmathus Cumingii*.»—287.

CIERVO.—V. *Venado*.

CIGARRÓN (especial).—V. II, 43.—En mis libros de consulta no hallo otras noticias científicas, relacionadas al parecer con este insecto singular, que las siguientes: «El insecto conocido en Manila con el nombre de *gusano de hoja*, ú *hoja volante*, es el *Phyllium siccifolium*, Stoll.; tiene el cuerpo muy abultado, los muslos dilatados por membranas laterales; élitros grandes y verdes en las hembras, parecidos á una hoja de árbol; y en los machos alas grandes y élitros muy cortos; antenas muniliformes en las hembras y filiformes en los machos». (Vigil, 206).—«Los insectos de los géneros *Pharnacia* y *Thrasyllus*, miden de 11 á 12 centímetros cuando menos. Pero no son éstos los únicos ortópteros notables que encierra esta familia. Los primeros navegantes que volvieron de las Indias referían que habían visto hojas de árboles, caídas en el suelo, que echaban á correr y huían cuando se alargaba la mano para cogerlas. Se les trató de embusteros, y sin embargo nada más positivo. Algunas especies del género *Phyllium* están principalmente por un cuerpo *muy aplanado* (subraya el copista), membranoso, *ancho*, y por unos élitros que imitan con tal propiedad una hoja de árbol, ya verde, ya seca, que con dificultad puede distinguirse de una verdadera hoja.» (Jordana, 251).—Yo juraría haber visto en Batangas una maceta con una planta, *algunas de cuyas hojas* eran tal como dice el Sr. Jordana; yo las vi *latir*, y vi—á menos que los ojos me engañaran—que, fuesen ó no animales, formaban parte integrante de la planta.

COCODRILO.—Reptil llamado impropiamente *caimán;* nombre indígena: *boaya ó buaya.* «Hay ríos y lagunas en que abundan mucho los caimanes, y como los indios son poco precavidos, es todos los años muy considerable el número de víctimas que ocasionan. Hay quien asegura haber visto un caimán de diez á once metros de longitud, lo cual, dado el lento crecimiento del animal, supone una edad de ciento ó más años. A pesar de ser bastante abundante en las Islas, es, sin embargo, especie que va desapareciendo, y que llegará á extinguirse por la persecución de que es objeto.»—Jordana, 192.— 91, 200, 288, 313-316.

CODORNIZ.—La de Filipinas no es precisamente la misma de España, tan conocida.—V. *Pogo.*

COHOL.—Caracolito que sirve de cebo para pescar *bacocos.*—444.

COLASISI.—V. *Culasisi.*

COLIÁUAN.—Nombre vulgar de la *oropéndola.*

COLING.—Ave. *Callornis panayensis*, Scop. (Gogorza, 21). —152, 285, 528.

COLOCOLO.—Ave.—286.

CONCHAS.—Las utilizadas para las ventanas, son, según Jagor (traduc. de Vidal, pág. 22): *Placuna placenta, L.*— Tienen un decímetro cuadrado próximamente; su transparencia facilita la luz, aunque no tanto como el cristal, si bien lleva á éste la ventaja de que amortigua más la acción del calor de los rayos solares.—348.—V. la de *carey,* en *Tortuga.*

CONCHAS.—Las que producen perlas.—V. *Madre perla.*

CONEJO.—«Conócense y abundan en Filipinas dos variedades del conejo de tamaño bastante grande, que son el *crapter* de orejas grandes y el crapter pío; y algunos completamente negros y blancos.»—Vigil, 93.—285.

CORBINA = *Curbina.* Pez.—*Otolithus leuciscus?*, Günthr. (Gogorza, 43).—200, 318.

COVAGO.—V. *Cuago.*

CUAGO = *Lechuza.* Ave.—*Ninox philippensis,* Bonap. (Gogorza, 14).—152, 286, 296, 529.

CUCARACHA. Insecto muy común en Filipinas, donde ordinariamente se le llama *cuca.* Reprodúcese por modo extraordinario; huele mal y causa su presencia doble repugnancia, por cuanto suele habitar en lugares donde abunda la porquería de todo género.—529.

CUERVO.—Ave. Gogorza consigna el *Corbus philippinus,* Bonap (pág. 20), con el nomb. vulgar *Nac,* que no hallo en Vigil ni en Jordana.—529.

CULASISI.—Ave de la familia de los loros: *Loriculus philippensis,* Bris. (Gogorza, 13).—152, 285, 528.

CULIANAN.—Ave.—528.

CULÍN.—V. *Coling.*

CURBINA.—V. *Corbina.*

CH

CHACÓN.—Pequeño reptil, de la familia de los lagartos. «*Platydactilus guttatus,* Cuv., aficionado á introducirse en las casas, en las cuales se establece frecuentemente, y como su aspecto es bastante repugnante, ha sido objeto de ciertas preocupaciones vulgares que los antiguos naturalistas acreditaron al consignarlas en sus obras... Los *chacones* son tímidos, inofensivos, incapaces de producir daño alguno con su mordedura ó con

sus uñas... Su longitud es de unos 30 centímetros... Son
principalmente nocturnos... La flexibilidad del cuerpo
permite al *chacón* adaptarse á todos los huecos...»—Jordana, 192.—Es hoy común en Filipinas la preocupación
de que los chacones llevan *buena sombra* á las casas.
Nadie les persigue ni les hace el menor daño. No es fácil verles, en verdad, pues suelen estar siempre bien es-
condidos; pero se dejan oír: *cantan* de noche.—287.

CHINCHES.—Estos insectos, tan abundantes en Madrid, no
son muy comunes en Filipinas.—529.

CHONGO.—V. *Mono.*

D

DAGA.—V. *Rata.*

DALAG.—Pez. «Se pesca en los ríos, en los arrozales y en
los campos encharcados. Su carne es blanca y de fácil
digestión»—Codorniú, 155.—«Goza de la facultad de ale-
targarse bajo tierra durante los meses de sequía, cuando ésta le ha cogido en los arrozales y cortádole la re-
tirada á los ríos. A las primeras lluvias de Mayo ó Junio se le ve de nuevo pulular por las tierras de labor: se
conocen varias especies». Vigil, 170.—Abunda muchísimo en la época de aguas.—*Ophiocephalus striatus*, Bl.;
O. vagus, Bleek. (Gogorza, 48.)—153, 200, 444.

DANGCANHAUOC.—N. vulgar de la *garza real.*

DUGONG ó DUYÓN = *Peje mujer*, ó *Pexe mulier.*

E

ELEFANTE.—Me parece exagerada la noticia que da nuestro Autor: II, 85. Sobre que en Joló los elefantes que ha
habido podían contarse con los dedos de la mano, entiéndase que este animal no es propio de Filipinas: con
razón dice el P. Martínez-Vigil que «no hay noticia de
haberse encontrado elefantes en ninguna isla del Archipiélago filipino» (pág. 103, nota), puesto que los que se
han conocido han sido importados de Siam principalmente. Los primeros de que dan noticia las historias
fueron tres; habla de ellos el piloto mayor Pedro Fernández de Quirós, en una relación que hizo de su estancia en Manila (*); dice así: «Estando en esta ciudad vino

(*) Impresa en el tomo primero (págs. 192 y stes.) de la *Hist. del descubrimiento de las regiones australes.*—V. *Ap. B,* ZARAGOZA.

á ella, proveido por nuevo gobernador, don Francisco Tello, en cuyo recibimiento hubo muchas fiestas, que le hicieron así los españoles como los indios, y en especial fueron mucho de ver tres elefantes que se sacaron á la plaza...» *(Esto fué el año de 1597).* — No hay para qué decir que, tanto estos elefantes como otros que posteriormente fueron introducidos en el Archipiélago, eran de los llamados *de la India*, que se diferencian del *africano* en que tienen más pequeñas las orejas y más cortos los colmillos.

ESCARABAJOS.— De estos insectos, tan poco simpáticos, hay algunas especies en Filipinas.—529.

G

GALLINAS.—GALLOS.—«Hay muchas gallinas como las de Castilla, y otras muy grandes, traida la casta China, muy sabrosas, y de que se hacen hermosos capones y algunas destas gallinas, son negras, pluma, pellejo, carne y huesos, y de buen sabor». (Morga, 269.)—«Además del gallo común, existe en estado salvaje otra especie más pequeña *(labuyo)*, y hanse introducido algunas variedades exóticas, entre ellas el *gallo del Japón,* de pluma blanca, suave y larga, con los tarsos y parte de los dedos calzados.» (Vigil, 138.)—El gallo constituye la mayor de las pasiones del indio; son raros los que no tienen uno ó más gallos para la pelea; «mientras los chiquillos están rastreando por el suelo de la casa ó jardín y las mujeres ocupadas por varios quehaceres, al hombre se le ve generalmente en cuclillas á la puerta meditando sobre la fuerza de su gallo, que acaricia pasándole la mano por su sedosa pluma». (Bowring, traducción española con notas de J. F. del Pan, pág. 16).— El gallo es uno de los principales causantes de la tradicional indolencia del indio. En tiempo del P. González de Mendoza (1580) tres gallinas costaban un real. *(Historia de la China,* ed. de Amberes, 323). Hoy en Manila y las provs. limítrofes cuesta de una peseta á peseta y media.—37, 152, 251. *De monte:* 286, 359. *Juego de gallos:* 301, 380. *Galleras:* 302-304.

GANSO.—Ave del orden de las Palmípedas; abunda. Pero goza su carne de poca estimación.—152.

GARZA.—Ave muy esbelta; hay gran número de ellas en las lagunas, en las riberas de ciertos ríos, etc. Su carne,

según Codorniú (154), tiene un pronunciado sabor á
marisco, cosa que á los indios no debe importarles,
puesto que la comen con gusto. Pertenece al orden de
las Zancudas, género Cultrirrostras: «en Filipinas abundan especialmente la *garza real* (dangcanhauoc), la *garza blanca* (tagac), la *garza zumaya* (camaboy) y la *garza
avetoro*. (Vigil, 143).—«Es notable la llamada *garza de
Manila (Nycticorax manillensis*, Vig.), la cual tiene la
parte superior del cuerpo de un rojo castaño, y la frente, los costados, las plumas tiviales y las coberteras de
las alas, de un bermejo más pálido; la cabeza y el cuello
son de color negro en su región superior, y las plumas
del moño son largas, colgantes, blancas y con la extremidad negra».—Jordana, 185.—24, 200, 286.

GATO.—El común: 152.—El *montés:* «El *músang, lampong*
ó gato montés de Filipinas, no se puede reducir á género alguno de los conocidos... El pelo del cuerpo es
negro, grueso y algo cerdoso como el del tejón; pero
muy espeso, mal asentado y desigual».—Vigil, 94.—El
gato *común* es, como el perro, sumamente holgazán; el
de *monte* es fiero.—152.

GAVILÁN.—Ave.—152.

GOLONDRINA.—Pájaro. N. vulgar, *langay langay.*—Pero la
verdaderamente notable es la llamada *salangana*, que
es la que hace los *nidos* que los hombres de ciertos países tienen por el más suculento de los manjares. Véase
lo que acerca de estos nidos escribió el P. Fnz. Navarrete *(Trats. históricos,* 321): «los nidos que las Golondrinas labran de las espumas del mar en las peñas, que
estan junto a las Playas, son muy estimados, y de grandissimo regalo; cocidos con carne son marauillosos, y
de grandissimo sustento. En Manila los dán de presente. Los que lleuan á China, valen muchos ducados, como escriui. En Calamianes ay abundancia dellos, pero
juzgo, que tambien la debe de auer en otras Islas; porque los Portugueses hazen mercancia deste genero en
Sian, y Camboxa para China. Vistos secos parecen vn
poco de tierra cenicienta; labados despues, y cocidos,
mudan de especie.»—En la pág. 45 deja dicho que «para
los que estan dedicados al seruicio de Dios, no es buen
manjar», lo que equivale á decir que es el *nido* un afrodisíaco de mucha eficacia. Véanse ahora los datos que
en su *Hist. Nat.* suministra el P. M.-Vigil acerca de estas famosas golondrinas: «Construyen el nido, no con
tierra, sino con un líquido que segregan del buche, y
que es muy gelatinoso. Disuelto este nido en agua, for-
. ma un caldo suculento y sustancioso, que los chinos to-

man con gusto, y los médicos recetan algunas veces á los enfermos. Entre las islas del Archipiélago, quizás sea la Paragua la que más nidos traiga al mercado de Manila, y su precio medio es 12 pesetas 50 céntimos el cate (0,60 kilogramos), estando limpio, pues con pluma sólo vale la quinta parte». (Págs. 128-129). — Gogorza pone á la *salanganan* este nombre sistemático: *Collocalia troglodytes,* Gray (16); pero pregunta si el nomb. vul. es *Salangana.*—152, 285; II, 72.

GRILLO.—Insecto bien conocido. N. vulg.: *cagaycay.*—152.

GRULLA.—Ave del orden de las Zancudas. «Es común en Filipinas la *grulla* (tipol), que algunos tienen en domesticidad: su cabeza es encarnada como en la grulla de Europa; mas el cuello es mucho más largo y las plumas del ovispillo menos levantadas: tampoco tiene negra la garganta».—Vigil, 543.—529.

GUSANO DE LUZ.—Los hay de varias especies; el más notable creo sea el *alitaptap.*

GUSANOS DE SEDA.—V., en *Reino Vegetal (Apéndice* siguiente), *Morera.*

H

HERRERO.—Ave: 529.—V. *Carpintero.*

HITO.—Pez. «De un pie de largo, sin escama, pero de buen sabor».—Codorniú, 156.—*Clarias macrocephalus,* Günthr. (Gogorza, 52).—343, 344. Se le pesca en las sementeras: 521.

HORMIGAS.—Abundan estos insectos. La *hormiga blanca,* ó sea el *anay* (V.), es la más notable.—529.

I

IGUANA.—Reptil del orden de los Saurios. *Ihuana* es uno de tantos nahuatlismos introducidos en Filipinas por los españoles y criollos mexicanos de los siglos XVII y XVIII. En tagalo, *layagan.* «Son inofensivos, y se alimentan de insectos y frutas blandas; algunos indígenas comen su carne».—Vigil, 157.—Las hay hasta de un metro de largas.—287.

J

JABALÍ.—V. *Puerco.*

L

LABUYO.—*Gallus bankiva,* Temm. (Gogorza, 23).—V. *Gallo de monte.*

LAGARTIJAS.—Abundan; es cosa corriente verlas por los techos de las casas; estos pequeños reptiles, sobre ser inofensivos, tienen la ventaja de que se comen cuantos mosquitos y moscas hallan á su alcance.—287, 529.

LAMPONG.—N. vulgar del *gato montés.*

LAMPREA.—Pez del orden de los Cicloóstomos.—312.

LANGAY-LANGAY.—V. *Golondrina.*

LAYAGAN.—V. *Iguana.*

LECHUCHA = *Cuago.*

LENGUADO.—Pez.—Abunda; análogo al de España.—308.

LIMBA.—Pez.—285.

LISA.—Pez de agua dulce. (Codorniú.) «Blanco, escamoso, de exquisito gusto, con poca grasa y espina».—200, 308, 443.

LOGMALOGCO, LONGMALOGCO = *Sábalo.*

LORO.—V. *Catala* y *Culasisi.*—Gogorza apunta (pág. 13) un *loro* = *Prioniturus discursus,* Vieill.—152, 285.

M

MACACO.—V. *Mono.*

MACHÍN.—V. *Mono.*

MADRE PERLA.—Molusco que se cría al S. de Filipinas, principalmente en Joló; produce las perlas, que son objeto del comercio de que habla nuestro Autor: II, 61, 85.

MANUCODIATA = *Pájaro del paraíso,* notable. (V.)

MARIPOSAS.—De estos insectos hay grande variedad en Filipinas.—529.

MARTÍN PESCADOR.—Ave que vive de la pesca: 152.—Hay otra, llamada simplemente *Martín*, introducida de China en Filipinas por la Sociedad de Amigos del País, que persigue y destruye á los insectos conocidos con el nombre de *langostas*, devastadores de los sembrados; pero como observan varios autores, la propagación del pájaro *martín* no se ha hecho en la proporción necesaria para contrarrestar aquella terrible plaga.

MAYAS.—Aves.—Las hay que se llaman *mayas* solamente (285), y las hay apellidadas *de costa* (152).—«Pertenecen al género gorrión». (Vigil, 129.)—*Munia Jagori*, Cab. (Gogorza, 21).

MILANO.—Ave.—Del orden de los Rapaces, familia de los halcones.—152.

MONOS.—Cuadrumanos bien conocidos, de los que hay varias especies en Filipinas. Propia de este país, y exclusivamente, al parecer, de Mindanao, es, en opinión de Jordana, un mono completamente blanco, «que ha recibido el nombre de *Macacus philippinensis*, Geoff.». *(Bosq.*, 163). Al macaco común le consigna por nombre sistemático (163): *M. cynomolgus*, Desm.—*Mono*, en tagalo, *machín;* también se usa mucho la palabra *chongo*, adulteración de *congo* (= mono), nahuatlismo.

MOSQUITOS.—Abundan estos insectos, cuyas picaduras producen viva comezón.—529.

MULA.—Cuadrúpedo.—V. lo dicho en *Borrico*. Claro que no siendo fácil la propagación de los asnos en Filipinas, no es posible que pueda haber sino rarísimas mulas. Yo no he visto ninguna. Burros vi dos.—284.

MURCIÉLAGOS.—Los hay de varias especies. La más notable es la de los *paniques*.—152, 197, 286, 528.—V. *Panique*.

MÚSANG.—N. v. del gato de monte de Filipinas.

N

NAC.—V. *Cuervo*.

NIDO.—El que construyen las golondrinas llamadas *salanganas*, abunda en Joló: 11, 85.—V. *Golondrina*.

O

OROPÉNDOLA.—Pájaro; «de hermoso pajizo con alas y cola negra». (Vigil, 128).—N. v. *Coliáuan.*—152, 285.

OSTIONES.—OSTRAS.—Hay gran abundancia de moluscos á los que cuadran estos nombres. El *ostión* extraordinario de que se habla en la pág. 310, no es otro que el *taclobo* ó *toclobo;* pertenece á la clase de los Acéfalos, orden de los Monomiarios, según Vigil, quien dice, acerca de esta *concha* monumental, que es «soberbia equivalva, ondeada en sus bordes, con una grande avertura para pasar el biso, con el cual suspende el animal el peso de su concha, que es, á veces, de muchas arrobas; adquiere un tamaño gigantesco, y suele usarse para pilas de agua bendita». (Pág. 193.)—De cierta especie de *conchas* se obtiene *cal,* que sirve para el buyo y otros usos.—358, 446.

OVEJA.—V. *Carnero.*

P

PAGALA.—Ave; pelicano; del orden de las Palmipedas. «Es frecuente esta ave en la laguna de Bay, y en las de Pangasinán y otros puntos de Filipinas».—Vigil, 149.—Añade este autor que análogo á la pagala es el cuervomar ó *casili.*—200, 286, 529.

PÁJARO DEL PARAÍSO.—El P. Murillo, en su *Geografía,* descríbelo muy pintorescamente; pero de memoria, porque dice que carece de pies, aseveración que sin duda aceptó como buena nuestro Autor (II, 72).—Véase lo que dice el P. M. Vigil, (130-131): «Es el rey de la hermosura y una maravilla de la creación. No se encuentran estas aves sino en Molucas y Nueva Guinea, de donde las exportan para emplear sus brillantes y graciosos penachos en diferentes adornos. Como las quitan las patas antes de entregarlas al comercio, se creyó en épocas anteriores que carecían de pies, que volaban siempre, que se alimentaban del rocío y que la hembra depositaba los huevos sobre el dorso del macho. Se conocen varias especies, distintas algunas sólo por sus colores. Las más comunes suelen tener amarillas las plumas hipocóndricas, y achocolatadas las rectrices; la roja, que tiene colores rojos, y el *rey del paraíso*, de pequeño tamaño, con dos sedas terminadas en apéndices luniformes y graciosas mucetas sobre el pecho. El *paraíso* filipino que Linneo llama *tristis* pertenece al género *Gracula* de los conirrostros.».

PALOMAS.—Abundan estas aves: 386.—*Caza de:* 387.—*Caseras*, 152.—*Silvestres*, 359.—*De monte*, 152.—Hay gran variedad; algunas especies son verdaderamente notables: Jordana, 181-183.—«Entre las *tórtolas (bató-bató)*, son una especialidad las llamadas de *puñalada*, por una mancha sanguínea que tienen en el pecho, que se destaca sobre fondo blanco, como si manara sangre de una herida».—Vigil, 137.

PANHABUL.—Nombre del caballo veloz.—I, 67.

PANIQUE ó PANIQUI.—Murciélago de grandes proporciones, cuya piel es muy estimada. «El *paniqui* de Filipinas (caguín de Pangasinán), *Pterops jubatus*, de *Eschsch.*, ó *ruseta de Manila*, alcanza vara y media de enverjadura, y su carne es comestible, á lo menos para los indígenas, que los persiguen con este objeto: es parecida á la del conejo, si bien algo almizclada».—Vigil, 81.—528.

PATIÁNAC.—Ave imaginaria, en la que creen los indios.— V. *Apéndice A*, págs. 17*-*18.—108, 169.

PATO.—Esta palmípeda abunda muchísimo, pero de un modo verdaderamente extraordinario en el pueb. de Pateros, de la prov. de Manila.—24, 37, 152, 200-202, 286. —*Huevos de:* su incubación: 207-208.—*De monte:* 359.— De la carne de pato dice el Dr. Codorniú que «es mejor que la de ganso, pero inferior á la de la gallina, pavo y pichón».

PERRO.—Es animal importado; degenera mucho: mastines que en la Península se habían distinguido por su bravura y actividad, pásanse allá la vida tumbados panza arriba,—postura por cierto que siendo allí común aquí no se ve jamás,—sin ánimos de meterse con nadie. Los adiestrados para la caza, suelen dar buenos resultados; pero no son lo resistentes que en España, cosa que se explica por la acción poderosa de aquel clima aniquilador.—152, 343, 359; II, 37.

PEJE MUJER, PEXE MULIER, PEZ MULLER.—*Sirena?*—El famoso P. Fernández Navarrete, en sus *Tratados históricos*, pág. 316, escribe: «Refirióme el Lic. Francisco Roca, Cura de allí *(Baccó: Mindoro)*, que auia acontecido en su partido vn caso bien extraordinario. Iba vn Indio todos los dias a pescar, halló junto al agua vna Pexe mulier: dizen, que de pechos abaxo es como muger: juntóse á ella con toda formalidad. y continuó este amancebamiento bestial por mas de seis meses, sin faltar dia alguno en esta comunicacion. Despues deste tiempo le tocó Dios el coraçon, para que se confessasse: confesóse, mandaronle no fuese mas á aquel sitio; cumpliólo, y cessó aquella abominacion. Confiesso yo, que sino lo huuiera oido por mi mesmo a la persona referida, que dudara muy mucho del hecho.»—Hasta aqui lo que pudiéramos llamar *fábula* de este tan singular animal; fábula que, con ligeras variantes, refieren los antiguos cronistas é historiadores de Filipinas. Oigamos ahora lo que. en el articulo Sirenas (mamíferos del orden de los Pisciformes), escribe el P. M. Vigil (pág. 109):—«Pertenece á esta familia el *dugong* del Archipiélago filipino, *Halicore dugong*. Llega á tener ocho pies de longitud: su aspecto es repugnante: tiene la cabeza voluminosa, el labio anterior truncado, los ojos pequeños, el cuerpo cubierto de una piel gruesa, apizarrada por encima, blanquecina por el vientre, conjunto que nos representa la imagen, no de una graciosa sirena, sino de un animal bien indigno de los encantos que tan equivocadamente se le han supuesto».—Al decir de otros hombres de ciencia. el *dujón* es hoy punto menos que mitológico, á lo menos en las aguas de Filipinas, toda vez que no se halla sino por rara casualidad. El Dr. Semper, alemán, ha escrito lo que sigue (*):—«El *dujong (Halicore Dugong*, L.). es un animal por más de un concepto interesante, y que se enlaza intimamente con la historia del comercio del balate en Filipinas. Cuando, á principios de este siglo, algunos españoles fueron desde Manila á las islas Carolinas y á las Palaos para cambiar en ellas tabaco, objetos de hierro y pañuelos de algodon por balate, reconocieron en unos brazaletes que adornaban las muñecas de los príncipes indígenas, la primera vértebra de un pescado muy estimado en Filipinas por su sabrosa carne: el «pez mulier». Supieron apreciar su alto valor. y proporcionarse en Filipinas un buen cargamento de semejantes vértebras, que aseguró casi gratis á los felices negociantes un cargamento de retorno. Pero el dujong es de dificil pesca, y además, según parece, no abunda, se oculta en los más recónditos rincones de las costas orientales del Archipiélago; los negociantes se vieron por tanto pronto obligados á echar mano, otra vez, para obtener

(*) *Los arrecifes de corales en el Archipiélago filipino*, estudio publicado en español por la *Revista de Filipinas.*—V. t. I, págs. 231 y stes.

balate, de los artículos europeos. Nunca ha vuelto este pescado á servir para las transacciones con aquellos isleños, como sucedió en el breve periodo del comercio con vértebras de dujong. Este animal nos suministra también un ejemplo de que en todas partes el hombre hace penosos sacrificios para satisfacer su vanidad. Aun cuando en las mutuas relaciones de los indígenas tiene su valor en dinero, sin embargo posee también la importancia positiva de una condecoración. Los magnates celebran con fiestas semejantes distinciones; pero el acto de conferir la orden supone una operación dolorosa. El agujero de la vértebra por donde pasa la médula espinal, queda, á pesar de ensancharse algo limando las proeminencias y ángulos salientes, tan estrecho, que las manos de los indígenas, solo pueden con dificultad pasar por él. Se atan fuertemente los dedos del agraciado para disminuir el ancho del puño cerrado, y luego se obliga á la mano á pasar por el agujero de la vértebra; y mientras que algunos hombres tiran con todas sus fuerzas de la cuerda que ata los dedos, otros en sentido opuesto sugetan la vértebra al condecorado. Muchas veces se ve á los notables del país mostrar con orgullo la mano, que ha perdido en semejante operación un dedo, generalmente el pulgar».—El traductor de este estudio, ó el editor de la *Revista* (pues no se expresa quién sea), pone á este párrafo la siguiente *nota:* «Difícil es decidir si su innegable disminución *(la del dujong)* ha dependido de la persecucion de que ha sido objeto ó de otras causas. Si se da crédito á los habitantes de las islas Palaos, el dujong no fué en otro tiempo raro en el Océano Pacifico, *de cuyo mar ha desaparecido por completo».*—Oígase, por último, al Sr. Jordana: «El *Halicore cetacea,* Illig., es denominado vulgarmente *Dugong* ó *Duyong.* Este animal está caracterizado por tener el cuerpo prolongado, la aleta caudal en forma de media luna, 30 ó 32 dientes, de los cuales cuatro son incisivos superiores, seis ú ocho inferiores y ninguno canino; cinco molares en cada lado de ambas mandíbulas, compuestas de conos reunidos lateralmente, y la piel gruesa, fuerte y sin pelo. El dugong forma ya el tránsito de los cetáceos herbivoros á los piscivoros... Los dugong viven en manadas numerosas y se defienden mutuamente, llevando á veces su audacia al extremo de subir á los barcos pescadores. Se profesan entre sí tal afecto, que si se coge una hembra puede tenerse la seguridad de que el macho y los pequeñuelos vendrán á ponerse por sí mismos al alcance de los arpones. Los malayos consideran la carne de este animal como muy delicada; pero cada vez es más escasa, pues el dugong va desapareciendo, y todo parece anunciar que dentro de un período de tiempo no muy largo, habrá dejado de existir tal especie sobre la superficie del globo».— ¿En qué quedamos? ¿Abunda, escasea, ó no le hay ya, á lo menos en los mares filipinos?—309, 310.

PEZ ESPADA.—200, 311-313.

PIOJOS.—Estos insectos no abundan en Filipinas lo que en Europa; obedece esto, no á la limpieza de los indios, pues que en general no lo son, sino á la costumbre que tienen, los más, de bañarse frecuentemente.—529.

POGO, PUGO.—Ave. Escribe Jordana (185): «Entre las demás Gallináceas, figuran dos especies del género *Hemipodius*, Temm., denominadas en el país *Pogo*, agregadas por los naturalistas unas veces á las *perdices* y otras á las *codornices*, con las cuales tienen íntimo parentesco».—Gogorza apunta dos *pogos*, con estos nombres sistemáticos (23): *Excalfactoria chinensis*, L.; *Turnis ocellata*, Scop.—152, 286, 411.

PUERCOS.—*Domésticos:* 37, 152.—*De monte:* 66, 67, 152.— *Jabalí:* 359.—Al doméstico le llaman *babui* los tagalos; según Codorniú, el cerdo doméstico es muy inferior al de monte, «sin duda por el poco cuidado que tienen los indios en alimentarlo». Los españoles no lo comen jamás, ni los filipinos de costumbres cultas: allí el cerdo desempeña principalmente el papel de limpia-excusados: esto es público, y por consiguiente repugna sólo la idea de comer la carne de animal allí más *puerco* que en ninguna otra parte. Jordana escribe: «Los Paquidermos están representados en Filipinas por el *Puerco de Monte*, *Sus scropha*, L., siendo probable la existencia de otras dos especies denominadas *S. papuensis*, Less., y *S. verrucosus*, Tem., que habitan en otras islas inmediatas. Se asegura que en Mindanao existe también el *Porcus babyrussa*, es decir, *puerco-ciervo*, que es muy semejante al jabalí, del cual se distingue sobre todo, por presentar sus colmillos superiores considerablemente desarrollados y encorvados hacia atrás».—En tiempo del P. González de Mendoza, un buen cerdo costaba 8 reales.

PULGAS.—Como las chinches y los piojos, no abundan en Filipinas tanto como en Europa.—529.

R

Ratas,—Ratones.—«Los ratones más comunes en Manila y alrededores suelen ser: en los bajos húmedos: la *rata, Mus ratus,* L.; en las habitaciones un ratoncito parduzco; y en los graneros de arroz, el *ratón blanco* con ojos encarnados como los del conejo blanco: ambos son variedades de la especie *M. musculus,* L.» (Vigil, 90).—Las ratas y los ratones han sido importados por los buques europeos.—285, 529, II, 111.

Raya.—Pez. El género denominado por Linneo *Raia,* comprende, según Jordana (224), «muchas especies conocidas vulgarmente con el nombre de *Rayas.* Las rayas figuran en el número de los peces más grandes y formidables.—Los huevos de raya son cuadrangulares. La carne de la raya es delicada».—312.

Rémora.—Pez. No he hallado noticias científicas acerca de este animal, que á juzgar por lo que de él se escribía debe de ser un radiado de la clase de Pólipos. Salvo error.—311-312.

S

Sábalo.—Pez. Muchas veces oí decir á mi inolvidable maestro en el periodismo filipino, D. José F. del Pan, que el sábalo era el pescado que más le gustaba, de cuantos había comido; «el más esquisito y de mejor gusto que se conoce en las islas», firma Buzeta *(Dic.,* II, 436).—91, 93, 153, 200.

Sagita volante.—Reptil de la familia de las Iguanas.—288.

Salangán, Salangana.—V. *Golondrina.*

Sardina.—Abunda; igual á la sardina tan conocida en España, aunque no tan substanciosa, á mi parecer, como la del Cantábrico.

Sana.—Reptil. Nombre que dan los indios á ciertas culebras, según Vigil á «las llamadas en Manila *boa*».— *Sana = Python reticulatus,* Schneid. (Gorza, 33).—288.

Sigay, Siguey.—Caracolitos que servían y continúan sirviendo de moneda en Siam; su valor es muy escaso. Según Jagor (11) estas pequeñas conchas se llaman científicamente *Cyprea moneta.*—134, 271.

SOLITARIO.—Ave del orden de los Pájaros.— *Graculus striatus*, Bodd. (Gogorza, 18).—152, 285, 528.

Sosó.—Caracolito especial, que sirve de principal alimento á los patos.—202.

T

TABÓN.—Ave, del orden de las Zancudas. «Tiene la costumbre de enterrar los huevos en la arena dejando al calor del sol el cuidado de la incubación: los indios gustan mucho de estos huevos, y los comen á medio empollar».—Vigil, 145.—Comen también con deleite otra clase de huevo á medio empollar: los de ganso, pato, etcétera.— *Tabón = Megapodius Cumingi*, Temm. (Gogorza, 23).—123, 125; II, 72.

TACLOBO.—V. *Ostiones*.

TAGAC.—N. vulgar de la *garza blanca*.

TALIGTIG.—V. *Cálao*.

TIBURÓN.—Pez, del orden de los Plagiostomos: *Charcharias verus*, Cuv., «es un animal terrible que puede alcanzar una longitud de más de 10 metros y pesar hasta 500 kilogramos; pero su gran tamaño no es en él lo más notable. Feroz, voraz, impetuoso, insaciable...» (Jordana, 220-221).—Abunda por las costas, y aun suele vérsele en la bahía de Manila.—91, 311.

TICLÍN.—Ave zancuda; rascón: «se conocen en Filipinas diferentes especies». El *filipino, Rallus philippinensis*, L. (Vigil, 145).—Gogorza apunta los siguientes nombres de ticlines: *Amauroruis olivacea*, Meyen.; *Hipotœnidia torquata*, Briss.; *H. striata*, L.—413.

TICTIC.—Ave. (Pág. 169).—Errata de *Ticlin?*

TIGLIG.—Ave. (Pág. 529).—Errata de *Ticlin?*

TIPSO.—Ave. En opinión del Dr. Codorniú (pág. 10), es *fábula* que este pájaro, ni ningún otro, anide en la cola del caballo.—I, 66.

TIPOL.—V. *Grulla*.

TOCLOBO.—V. *Ostiones*.

TORDO.—Ave.—152.

TORO.—V. *Vaca*.

TORTUGAS.—Reptiles.—Las hay de varias clases y tamaños. Descuella «la *Chelonia imbricata*, Schweig., tortuga marina que proporciona la concha llamada *carey*,

superior á la de todas las demás especies y objeto de un comercio de bastante consideración». (Jordana, 191).
—He visto tortugas de un metro de largas.—311.

U

UANG.—N. v. de cierto escarabajo.—529.

V

VACA.—TORO.—BUEY.—El indio suele llamar *vaca*, indistintamente, á la que lo es, al *toro* y al *buey*. «El *toro, Bos taurus,* L., ha sido introducido por los españoles en Filipinas, como en América, y se ha aclimatado perfectamente». (Vigil, 101). Degenera de un modo visible; ni tiene la corpulencia del de España, ni su fiereza, ni su carne tan rico sabor, ni las vacas mejores producen la octava parte de la leche que en España producen las vacas más inferiores.—«Las de China es ganado menudo, y muy criador, los cuernos muy pequeños y retorcidos, y algunas veces los menean. Tienen una corcoba grande sobre los hombros y es ganado muy manso». (Morga, 269.)—Los indios educan á los bueyes para el tiro de unas carretitas, y es de ver cómo trotan los animales. También suelen montarlos.—V. *Lugares geográficos,* pap. *Masbate.*—27, 65, 86, 103.

VENADOS.—Con este nombre genérico desígnase ordinariamente á ciervos y venados. Jordana cree que es propia de Filipinas la especie *Cervus hippelaphus,* G. Cuv. «Su talla (dice, pág. 169) es muy considerable y sus cuernos están provistos inferiormente de un mogote que se dirige hacia adelante, mientras que el terminal parte del borde externo del asta». «Otras dos especies del género CERVUS, añade el mismo autor, son características, y se denominan *C. pseudaxis,* Eydoux, y *C. philippinensis,* H. Smith».—Hay también pequeños ciervos sin cuernos.—En tiempo del P. González de Mendoza, un venado costaba dos reales.—Como la agricultura ha adquirido no poco desarrollo en lo que va de siglo, ya los ciervos no son tan frecuentes como antes.—66, 86, 88, 152, 359, 466.

APÉNDICE E

REINO VEGETAL

(Mientras no se advierta otra cosa, entiéndase que los nombres sistemáticos se ponen según constan en el *Diccionario de los nombres vulgares*, etc., del P. Martí- nez Vigil.—Las referencias á la obra del P. Blanco (apellido que escribiremos siem- pre en abreviatura, Bl.), rezan con la tercera edición.—Al final de cada papeleta irá un número que indica la página del ESTADISMO donde por primera vez se lee la palabra que motiva la papeleta.)

A

ABACÁ.—Plátano, de cuyas lajas, debidamente beneficia- das, se obtienen filamentos que se emplean para tejidos y cordelería. Hasta hace poco, creyóse que este notable plátano era exclusivo de Filipinas; hoy se sabe que se produce también en otros puntos, uno de ellos Borneo. El cultivo del *abacá*, insignificante á mediados del si- glo XVIII, ha experimentado extraordinario desarrollo: baste decir que en 1892 la exportación ascendió á más de millón y medio de picos. Los exportadores suelen ser extranjeros; los agricultores, españoles peninsula- res.—*Musa textilis*, Nee.—102.

ACHOETE, ACHIOTE, ACHOTE.—Fruto de un árbol; sirve para teñir y de condimento en las comidas. Tiene virtu- des medicinales.—*Bixa orellana*, L.—102.

AGONOY.—V. *Hagonoy*.

AJENGIBRE.—*Amomum zingiber*, L.—Condimento.

AJONJOLÍ.—Planta; «de ella sacan los indios el aceite que

llaman *lana*, y los españoles aceite de *ajonjolí*... el cual no se altera con el tiempo. Si se mezcla este aceite con agua de cal, se obtiene un remedio precioso para las quemaduras. Es el principal ingrediente del mordente para teñir el algodón de varios colores. No se emplea en las comidas». (Bl., II, 290.) *Sesamum Indicum*, L. —151.

Ajos.—Los comunes de Filipinas vienen á ser como los de España, de donde fué importada esta planta. —*Allium savativum*, L.—384.

ALANǴILANG.—V. *llang-ilang.*

ALBAHACA, ALBACA.—Planta olorosa, bien conocida.—*Albahaca ocymum Americanum*, L.—151.

ALGODÓN.—Como se desprende de lo dicho por nuestro Autor en la pág. 102, lo hay de dos clases; el que los indios llaman *algodón de Castilla*, ó con más precisión, *boboy* (los tagalos), *doldol* (los bisayas) y *búlac castila* (los pampangueños), algodón cuyo nombre científico es *Bombax pentandrum*, L., *árbol* que apenas tiene aplicación; y el *verdadero algodón para tejer*, *búlac* de los tagalos, *Gossypium herbaceum.*, L., *planta* de tres pies próximamente, que es la que produce la lanilla tan estimada por sus grandes aplicaciones industriales. Esta planta exige algunos cuidados, mayormente la recolección de los copos de lanilla; por este motivo, cuantas tentativas se han hecho para fomentar el algodón en grande escala, han fracasado. El duque de Almodóvar dice (V, 333): «Le ha empezado á promover la Sociedad Económica y puede hacerle prosperar la compañía» *(de Filipinas)*. La proverbial indolencia del indio es responsable en primer término de que este y otros cultivos no hayan tomado extraordinario desarrollo; el negocio hubiera sido considerable, como lo demuestran las personas peritas que sobre este asunto han escrito.

ALQUITRÁN.—Substancia que destilan los troncos de ciertos árboles, ó que se obtiene por incisión en los mismos.—II, 17.

AMARGOSO.—Planta cucurbitácea, alimenticia y con ligeras virtudes medicinales.—*Momordica balsamina*, L.—150.

AMUYÓN, AMÚYONG.—Árbol. «Las legumbres tendrán de largo, como una pulgada. Las semillas que algunos han llamado *Granos del Paraíso*, son de color de canela, de olor agradable y aromático, aunque no es muy notable. El principal mérito de ellas consiste, en que trituradas y fritas en aceite, y untando con éste los miembros afectados de reumatismo, causan un alivio maravilloso;

pero es cierto tambien que á veces el dolor se muda á otra parte.—*Unona cauliflora*». (Bl., II, 235.)—II, 43.

ANÍS.—*Pimpenella anisum*, L.—150.

ANIVION, por ANÓBING ó ANOBIÓN?—Árbol de segundo orden; «es estimado para los pilares *(harigues)* de las casas, pues enterrado en tierra dura muchos años sin experimentar putrefacción.—*Artocarpus ovata*, L.» (Bl., III, 73.)—I, 89.

ANÓBING.—152.—V. *Anivion.*

ANONA.—Fruta de un árbol de 8 á 10 pies de altura. La *anona*, en opinión del P. Bl. (II, 242), no es tan estimada como el *ate*. Dicen que el fruto del anona es seguro contra diarreas y disenterias.—*Anona reticulata*, L.—I, 39. Descríbese: I, 42.

ANOS.—V. *Caña.*

ANTIPOLO = *Árbol del pan.*

AÑIL.—Planta notable de unos 5 pies de altura; en tagalo *tayom*, en pampango *tayug*, en bisaya *tagum*. El procedimiento que los indios solian seguir para hacer el *tintarrón*, era defectuoso en demasía; el Gobierno de la Colonia tomó cartas en el asunto, pues que las toscas maniobras de los indios desacreditaron completamente el añil filipino en el exterior. Dice á este propósito el duque de Almodóvar (V, 333-334): «El añil es otro precioso genero que antes era de mala calidad, cultivado con descuido, y casi inservible; pero desde el año de 1779 le promovió eficazmente el Padre Octavio, religioso de la misma Orden *(San Agustin)*, quien lleno de espíritu patriótico y de discreto zelo á fuerza de un trabajo improbo, ha logrado establecer el metodo de beneficiarlo como en Guatimala ayudado de la generosidad y patriotismo de D. Diego García Herreros, inteligente y rico negociante de Manila. Se hizo la primera remesa á Europa en 1784 con la fragata real la Asuncion, y debe ser este genero un considerable objeto de comercio muy digno de una proteccion bien entendida».—Escribe el P. Bl. (II, 303): «Hay otro *Añil* indigena de las Islas, que los indios llaman *Añil cimarron*. Una vez le vi de paso y me pareció la especie *argentea* de Decand. Es más alto que el anterior que pienso que ha venido de otra parte».—*Indigofera tinctoria*, L.—I, 47. *Cultivo, cosechas:* 344. *Industria:* 403-405.

APASOTI.—*Chenopodium ambrosïodes*, L.—Planta comestible, de virtudes medicinales. Dice el P. Mercado *(Flora de Bl.*, IV, 15): «Comiendo de él, en cantidad, estimula á la lujuria, provoca la orina y ayuda la digestion,

por lo que usan de él para guisar. Bebida la dicha si-
miente con vino, socorre á las picaduras de alacran y
ciento piés, mata las lombrices del cuerpo, y embota de
tal suerte los sentidos, que aquellos á quienes se azota,
no sienten los azotes, y los puestos en el tormento, no
le sienten, de modo que, para este efecto, es un género
de anfion».—La palabra *apasote* es nahuatlismo.—150.

ÁRBOL DEL PAN.—No es, como asevera nuestro Autor (II,
111), el *Arbol del pan = Rima.* Del primero, llamado
cientificamente *Artocarpus incisa,* L., *antipolo* ó *tipolo*
de tagalos, bisayas y pampangos, dice Bl. lo siguiente
(III, 75): «Este árbol se eleva más de 60 piés. Está llena
su corteza de zumo pegajoso, y de él usan los muchachos como de liga para coger pájaros. De la misma corteza se sirven los indios, á falta de areca, para la preparacion del betel. Su madera tiene el color amarillo. De
ella se hacen canoas. Sus semillas no tienen mal sabor».—De la *Rima, Artocarpus rima,* Sonner., escribe
el mismo autor *(Id.,* 77): «Este árbol, comun en algunas
huértas de Manila, es indigena de las Islas, y se da espontáneo en Leite. Del fruto se hace dulce, y en algunas Islas del mar del Sur, se tuesta al fuego, y se guarda para ir comiendo de él».—En tagalo, *rima;* en bisaya, *colo.*

ÁRBOL MELONIFICA = *Papaya.*—I, 41-42.

ARROZ.—La más importante de las plantas indigenas de
Filipinas; su fruto es á los indios lo que á los europeos
el trigo: con el arroz hacen lo que nosotros llamamos
morisqueta y los tagalos *canin;* consiste éste en arroz
cocido en agua, sin sal ni ninguna otra cosa: echan cantidades proporcionadas con el fin de que, cuando el
arroz llega al máximo de su desarrollo, después de her-
vir, quede como una pasta, que los indios comen á puñados. De esta graminea tan conocida en todo el mundo, se producen en Filipinas bastantes variedades (*);
las principales apuntadas por el P. Bl., son las siguientes (I, 338-343): *Oryza sativa,* L., *binambang* de los tagalos; se da en el agua. *O. S. Lamuyo,* Bl., *lamuyo* de los
tagalos; «variedad que en Batangas forma regularmen-
to el sustento de los que viven en las playas del mar».
O. S. Glutinosa, Bl., en tagalo *malagquit,* ó «*pegajoso,*
porque en efecto manifiesta esa propiedad despues de
cocido. Hacen varias especies de comidas con él, que

(*) Escribe el P. Bl. (I, 341): «Seria obra muy molesta el referir todas las especies, ó variedades de *arros,* tanto de agua, como de secano: porque son muchisimas, y en general el indio las distingue por la configuración de la semilla».

los naturales tienen por sabrosas; pero que en realidad son indigestas; en especial si las echan leche de coco, como suelen hacer». O. S. *Aristata*, Bl., en tagalo *bontot cabayo;* «común en Ilocos, y se dá en el agua, aunque en Batangas se dá en tierras de secano». O. S. *Præcox*, Bl., en tagalo *dumalí;* «se da en tierras altas y no en agua estancada. como las otras *(variedades),* de que he hablado antes. Llámanla *dumalí,* esto es, temprano: porque se recoge á los tres meses». O. S. *Quinanda,* Bl., *quinanda* en tagalo; «esta variedad es la más estimada, y la que generalmente se siembra con mucha abundancia, en Batangas. La razon que dán los naturales para esta preferencia es que, además del sabor del *arroz,* el grano. despues de cocido, crece más que el de otras variedades: por tanto necesita un poco más de agua que otros para cocerse». O. S. *Pilosa,* Bl., *bolohan* en tagalo; «de secano, no es de las más estimadas». O. S. *Rubra,* Bl., *malagcquit* en tagalo; «esta variedad de arroz de secano, cocida en el agua, es notablemente pegajosa en la boca, de donde toma el nombre. Dada á los caballos que padecen lombrices, se pretende que las mata. Para esto se moja el *arroz* con cáscara con un poco de agua y miel». O. S. *Violacea,* Bl., *tangi* de los tagalos; «variedad que se da tambien en tierras altas; es muy estimada por su sabor».—Al arroz con cáscara se le llama *palay.—Cultivo:* I, 45-51; 307, 343, 445. *Bandalas de:* 325.—*Cosechas:* 462-464, 521. *Precio:* II, 96.—En tiempo del P. González de Mendoza *(Hist. de la China,* cap. VII), 12 fanegas, 8 reales.

ARTEMISA.—*Artemisa vulgaris,* L.—Planta medicinal; la infusión de sus hojas sirve para excitar las reglas. (P. de Tavera, *Plantas,* 186.)

ATE.—Arbolito cuyo fruto se ve frecuentemente en las mesas de Manila.—*Anona squamosa,* L.—Bl., II, 241.—39. Descríbese: 42.

AZAFRÁN. (Que no lo es.)—V. *Cachumba.*

AZÚCAR.—Por extensión, suelen algunos llamar asi á la caña de que se obtiene dicho producto.—V. *Caña dulce.*

AZUCENA MATIZADA.—Planta liliácea de jardin.—151.

B

BALATONG = *Mongos.*

BALDA.—Flor notable.—528.

BALIMBÍN.—Arbolito cuya fruta tiene virtudes medicinales; el zumo hace los efectos del zumo del limón, para quitar las manchas.—*Averrhoa carambola*, L. (Bl., II, 144).—Llámasele también *Bilimbín*.—I, 29. Descríbese: I, 40.

BALSAMINA = *Amargoso:*—150.

BANABÁ.—Árbol muy bello; su madera es grandemente estimada «por su tenacidad y duracion».—*Munchhausia speciosa*, L. (Bl., II, 413).—152.

BATICULÍN.—Árbol corpulento; su madera, por su blandura y especial calidad, se emplea mucho en trabajos de tallado y escultura. Dícese que es incorruptible; el P. Blanco no lo asegura en redondo (Bl., II, 286).—*Millingtonia quadrippinata*, Bl.—152.

BEJUCO.—«Asi se llaman todas las especies de *Calamus* (Palmas) y hasta una especie de *Flagellaria* (Asparágeas). El nombre fué importado de las Américas, donde según la localidad ó las modificaciones que se le unan, designan plantas pertenecientes á unas diez y ocho familias». (Vigil, *Dic.).*—En efecto, *bejuco* es nahuatlismo.—El bejuco hecho tiras es de grande utilidad al indio; lo mismo le sirve para hacer un ronzal para su carabao, que para reemplazar ventajosamente á los clavos en la construcción de los *bahais* ó casuchos en que habitan. Es dócil y de gran resistencia.—Las especies más conocidas de los indios son: *C. mollis*, Bl., *dit-an* en tagalo; *C. usitatus*, Bl., *yantoc* ú *oayi*, id., id.; *C. maximus*, Bl., *palasan* en tagalo, *labni* en pampango y *parasan* en bisayo; *C. gracilis*, Bl., *talola* en tagalo. (Bl., I, 329-332.)—111, 123, 129.

BERENGENA.—Comestible; la de Filipinas es más insípida que la de España.—*Solanum melongena*, L.—150.

BETEL.—V. *Buyo.*

BILIMBÍN = *Balimbín.*—374.

BINAMBANG = *Arroz.*

BISCO.—V. *Plátano.*

BITING DALAGA (pantorrillas de doncella) = *Caña dulce* de cierta especie.—523.

BOBOY.—V. *Algodón.*

BOCAUI.—V. *Caña.*

BOLOHAN = *Arroz.*

BONGA.—Palma muy común en Filipinas; toma el nombre del fruto, al cual llaman los tagalos *bonğa*, los pampangos *luyos.*—Cuando los indios carecen de bonga para el buyo, «usan de la corteza de la guayaba ó del antipolo», dice Bl. (III, 119). El Gobierno explotó en el siglo pasado la afición apasionada de los indios al *buyo;* y estancó la bonga, en 1764, según del Pan (nota á Bowring, página 437).—Se desestancó hace tiempo.—V. *Rentas.*— 8, 454.

Bonot.—Nombre vulgar de la corteza del coco.—125.

Bontot cabayo (cola de caballo) = *Arroz.*

Borona = *Mijo.*—150.

Botoan.—V. *Plátano.*

Botohan.—V. *Plátano.*

Brasil.—Árbol.—II, 23.—V. *Sibucao.*

Brea.—Substancia que destilan los troncos de ciertos árboles, ó que se obtiene por incisión. La *líquida* = *alquitrán. (Dic. Acad. Esp.).*—Acerca de la *brea blanca,* V. P. de Tavera, *Plantas medicinales,* 84-85.—518; II, 37, 69.

Brona.—Semilla; creo que el Autor alude al *mijo,* puesto que *brona* debe de ser variante de *borona* (150).—II, 57.

Buenavista.—Planta de jardinería.—*Croton variegatum,* Bl.—151.

Búlac, Búlac castila.—V. *Algodón.*

Burí, Bulí.—Especie de palma de gran elevación. «Las hojas son tan grandes, que con una sola se pueden cubrir más de cuatro hombres: con ellas hacen los indios petates y muchas cosas útiles y curiosas. Cortando el tallo de las flores que se ven en el extremo, y haciendo allí un hoyo, se recoge todos los días una gran porción de licor dulce, que se llama *tuba,* como el del *Coco* y se considera de iguales virtudes al del *Cabo negro* para los éticos. De él se hace también vinagre. El *Bulí* no florece, sino una vez sola, y después perece. Se saca de la médula del tronco la harina llamada *yoro* por los indios, *sagú* por los europeos, la que en tiempos antiguos se traía á Manila, y la comían mucho los Españoles, en especial en tiempo de ayuno, mezclándola con azúcar». —*Coripha umbraculifera,* L. (Bl., I, 289.).—67, 123, 127.

Buyo.—Planta, cuya hoya es principal componente de los tres de que consta (betel, bonga y cal) el buyo comestible.—*Piper betle,* L.—Llámasele también *betel,* en español, porque en tagalo es *icmio* ó *mammin.* Al buyo, comestible, se le conceden virtudes estomacales; hoy se le tiene, entre los españoles, por una chuchería repugnante; porque coloreando excesivamente la saliva, quien no sea en extremo cuidadoso muestra una boca que produce muy mal efecto. En lo antiguo los peninsulares se *indianizaron* en este particular: dice Morga (cap. VIII,

265): «lo usan los Naturales, y los Españoles, seglares y religiosos, hombres y mujeres, en las juntas y visitas. y á solas en sus casas, todo el regalo y curiosidad es platos y salvas de buyos». El P. San Antonio (I, 33): «Es cosa de fineza, y regalo, ofrecer *Búyo:* y no son pocas las vezes, en que se hán dado en él mortal veneno». —I, 7-11, 14. *Vicio*, condénase: 281.

C

CABO NEGRO.—Palma muy estimada, especie á la que el P. Bl. ha denominado *Caryota onusta*. (III, 142-143).— En tagalo *cauong, iroc, pugahan.*—«Así como del coco, y por el mismo método, se saca de ella un licor dulce, que se llama tambien *tubá*, el cual se hace por sí solo vinagre muy bueno, pasados unos días. El tronco del *Cauong* suministra igualmente el sagú, pero no tan bueno y abundante como el del bulí *(buri)*, aunque otros dicen lo contrario; y á todos parece que aventaja la palma llamada pugahan que es comun en los bosques. El tronco de estas palmas, quitando la parte exterior leñosa, que no es muy gruesa, está lleno interiormente de una sustancia fibrosa, la cual se corta, bate y sacude en una artesa ó canoa que contiene agua, para que suelte una especie de caspa blanca, que está pegada á las fibras. Viértese el agua despues de reposado todo, para recoger aquella caspa; y este es el sagú. El *Cauong*, asi como otras palmas, suministra una especie de lana que sirve de yesca... Con ella se calafatean las embarcaciones». El *tubá* del *Cauong* aventaja en virtudes medicinales al del bulí, el de la nipa y el del coco.—V. *Buri.*— 67; II, 88.

CÁBONG—(128),—por CAUONG = *Cabo negro.*

CACAHUETE (151) = *Maní.*

CACAO. — *Theobroma cacao*, L.— Preciadísimo arbolito, cuyo fruto se emplea en la confección del chocolate. (*Chocolate* y *cacao* son vocablos del nahualt.) Fr. Casimiro Diaz, y no Fr. G. de San Agustin, como escriben algunos (*), dice lo siguiente acerca de cómo fué intro-

---

(*) Como el P. Blanco escribiese que había leído la noticia en la «segunda parte de la Historia de Filipinas del P. Fr. Gaspar de San Agustín», la cual segunda parte se conservaba entonces ms. en el archivo del convento de San Pablo de Manila, D. Domingo Vidal le colgó la noticia al P. San Agustín (V. *Rev. de Filipinas*, I, 598), y otro tanto hizo el *Bol. de la Soc. de A. del P.* (I, 174), quizá porque ignoraban que el autor de esa *segunda parte* se llamó en vida Fr. Casimiro Diaz.— V. *Conquistas* (2.ª parte), pág. 43.

ducido el cacao en Filipinas: «La causa de la abundancia *(que de cacao había en las Islas Filipinas; el P. Casimiro daba la última mano á su obra en 1718)*, es el haber traído el año de 1670 un Piloto, llamado Pedro Bravo, de Lagunas, una maceta de un pié de cacao de Acapulco. Diósele á un hermano suyo Clérigo Beneficiado de Camarines llamado el Bachiller Bartolomé Bravo. A este se le hurtó un indio natural de Lipa llamado D. Juan del Aguila, el cual lo escondió y benefició, y de este pié de cacao tuvo su origen lo mucho que abunda en estas Islas, este fruto tan noble».—El P. Fr. Juan de la Concepción, al dar la noticia de la muerte del jesuita P. Juan Dávila, *natural de Sevilla*, dice (IX, 150-151): «empeñó al Señor Governador Don Diego Salcedo, que mandase traher de Nueva España algunos pies de cacao, para plantarlos en Bisayas: Consiguiólo el Padre, estando en Carigara, en donde se empezó á plantar á su direccion con buen suceso; de allí se propagó á otros Pueblos, é Islas de Pintados, con provecho grande de los Indios, y publica utilidad de las Islas».—D. Diego Salcedo gobernó de 1663 á 1668.—Estas dos noticias no se compadecen á primera vista; sin embargo, el P. Blanco entiende que sí, puesto que escribe (II, 401): «Habiendo tomado posesión de su gobierno *(Salcedo)* en 1663, es muy probable, que, con la remesa de *Cacaos* que vino de órden suya de América, trajesen los particulares algunos otros: y asi al mismo tiempo que se extendia el *Cacao* por Carigara, donde se hallaba el P. Dávila, y por otras partes, se propagase tambien por tagálos. El año de 1674, siendo párroco de Lipa el P. Ignacio Mercado, dice, que repartió semillas de este árbol á muchas personas».—24.

CACHUMBA.—Planta cuya flor hace las veces de azafrán en Manila. En tagalo *casubha, biri, lago.—Cartamus tinctorius*, L.—Supongo sea este el *azafrán* de que habla el P. Gnz. de Mendoza *(Itinerario, 323, ed. de Amberes)*, del cual *azafrán* daban dos cestos en dos reales (!).—107.

CAFÉ.—*Coffea arabica*, L.—Árbol no menos apreciado que el del cacao; algunos le creen indígena de Filipinas; véase lo que escribe Jordana en su *Bosquejo* (pág. 384): «El árbol del café procede de Etiopía, desde donde pasó á la Arabia, extendiéndose posteriormente por Egipto, Turquía, Persia, Ceylan y Java. En Europa no comenzó el uso del café hasta el año de 1615, siendo Venecia el primer punto en que tuvo lugar». Los antiguos cronistas de Filipinas no mencionan el café. Acerca del cultivo del cafeto en Lipa, conservo datos muy interesantes: á principios de este siglo, el cura párroco del pueblo, agustino, excitó á sus feligreses pudientes á que plantasen cafetos; hiciéronlo unos. otros no; y el gobernadorcillo, entusiasta en grado sumo de su párroco, tomó tan á pechos lo que aconsejaba éste, que no hallando mejor medio de persuadir á los holgazanes, deslomábalos á palos, con la agravante de hacerles pasear por el pueblo con un cartelón á la espalda, y en el cual, con letras como puños, leíanse frases afrentosas para el que lo llevaba. De entonces arranca la prosperidad de Lipa. Decayó algo, sin embargo, á los pocos años; pero el celo de otro agustino, párroco también del mismo pueblo, logró que las plantaciones se hiciesen en grande escala, y el resultado fué que en 1886 se exportaran de Lipa unos 70.000 picos, si no más, á 30 duros, próximamente, cada pico. Por desgracia un nuevo insecto, no estudiado aún lo bastante, comenzó á atacar cuatro años después á los cafetos, y ha producido la muerte de millares de estos arbolitos.—Jagor trae una curiosa receta para hacer el café (bebida) con todas las de la ley. (V. página 92, nota 53).—I, 24.

CAJEL.—En tagalo *cahil* y *dalandán.—Citrus aurantium,* DC.—Arbol de unos 6 metros de altura. El fruto es á manera de naranja. cuya corteza tiene un espesor de dos pulgadas próximamente.

CALABAZA.—Como en España, las hay de varias clases.— 150, 198.

CALBANG.—V. *Caña.*

CALACHUCHE ó CALACHUCHI.— Árbol cuya corteza destila un jugo lechoso que tiene virtudes medicinales.—*Plumiera alba,* L.—151, 384.

CALAMIAS = *Camias.*

CALANTAS = *Cedro.*

CALINGA (123).—V. *Laurel.*

CALUMPÁN, CALUMPANG.—Árbol de primer orden. Su madera es muy útil para trabajos escultóricos. Las flores huelen mal. De aquí el nombre científico del árbol.— *Sterculia fœtida,* L.—107.

CAMACHILES.—Árbol, «común é indígena de las Islas. El carbón del árbol es de los mejores para hacer pólvora». —*Inga lanceoata,* Bl. (Bl.. II.. 321).—I, 14.

CAMAGÓN.—V. *Ébano.*

CAMANTIGUI.—Planta de jardinería, comestible y medicinal.—*Impatiens triflora,* L.—151.

CAMIAS.—Árbol de escasa talla, al que también llaman los tagalos *calamias;* los bisayos *quiling* é *iba,* y los ilocos *pias.* El fruto es ácido, análogo al balimbín ó bilimbín, y tiene virtudes medicinales.—*Averrhoa bilimbi*, Bl. (Bl., II, 144).—29. Descríbese: 40.

CAMOTE.—Una variedad de la especie *Batatas*. Sin embargo, la batata de Málaga es muy superior al camote filipino. Aunque el P. Mozo cree que la semilla de los camotes fué importada de México, el P. Bl. cree que hay especies indígenas de Filipinas, como es la verdad. Sin embargo, conste que la palabra *camote* es nahuatlismo. —*Convolvulus batatas*, L. (Bl., I, 129).—11.

CANELA.—Arbolito. «Sus flores, hojas y corteza tienen olor de *Canela*. Pienso que es una simple variedad de la especie *Cinnamomum*, y tanto este individuo *(uno de Pásig)* como otros que hay en varias partes han provenido de los que plantó en Calauan el Sr. Salgado. El Sr. Salgado, hace más de treinta años, plantó muchos caneleros en Calauan, que trajo de Mindanao. La *canela* es un poco más picante que la de Ceilan; pero tiene el mismo olor y sabor». (Bl., II, 56.)—*Laurus cinnamomum*, L.—El P. González de Mendoza (pág. 322, ed. de Amberes), dice que en su tiempo había mucha canela, de la cual valía una arroba seis reales; yo creo que aludía al *Laurus casia*, L., en tagalo *samilin*, del cual dice el P. Bl. (II, 53): «El olor y sabor de la corteza es muy aromático, suave y semejante al de la *Canela:* por lo menos ha de ser tan buena como la que viene de China».—Sólo la que procede de Mindanao puede parangonarse con la de Ceylán, aunque ésta es superior á la de Filipinas.—147; II, 72.

CAÑA.—Las cañas bambúes abundan en todo el país; las hay de varias especies, y algunas son muy notables por sus proporciones extraordinarias y por lo útiles que son á los indios en general. Cañas, nipas y bejuco, todo lo cual se produce en demasía, bastan al indio para construir por sí mismo su vivienda ó *bahay*. Pondré aquí las especies de mayor importancia, según que se contienen en la *Flora* del P. Bl. (I, 333 y stes.):—*Bambus monogina*, Bl., *cauayang quiling* de los tagalos: altura, de 30 á 40 pies; grueso, como el brazo; poco hueca, porque la corteza es muy espesa. *B. diffusa*, Bl., *osiu, bocaui* de los tagalos: la emplean mucho los indios de la prov. de Bulacán para los cercos de sus plantaciones; bastante alta; diámetro, poco más de una pulgada. *B. textoria*, Bl., *calbang* de los tagalos: de menos altura que las anteriores; diámetro, pulgada y media; se usa mucho en los telares. *B. arundo*, L., *cauayang totoo* en tagalo: la más alta, la más espléndida, la más utilizada por los in-

dios; diámetro, ocho y más pulgadas. «Sería gastar mucho tiempo, escribe Bl., el decir los infinitos usos y aplicaciones de esta y de las otras cañas; pues con ellas solas se fabrican armas muy agudas, casas, puentes, an-
damios. cuerdas muy fuertes y todo cuanto se quiera.
No sé si esta caña suministra agua potable y medicinal
como la siguiente especie». *Bambus mitis*, Bl., *taiuanac*
de los tagalos: muy alta. *B. lima*, Bl., *anos* en tagalo:
mediana talla; gruesa como el dedo del medio: «la corteza, aunque al parecer es lisa, es tan áspera y dura,
que se lima muy bien el bronce con ella». *B. levis*, Bl.,
cauayang boo de los tagalos: el hueco es muy grande;
es bastante alta; pero más endeble que otras. *B. lumampao*, Bl., *lumampao, bocaui* en tagalo: su grueso es
como la muñeca; de seis ú ocho varas de altura; común
en los bosques.—I, 27.

CAÑA DE AZÚCAR, CAÑADULCE, CAÑAMIEL.—Bien conocida
es esta importante planta. N. v., en tagalo, *tubo*. Según el P. Bl., «pasan de veinte las variedades que hay
de cañadulce en las Islas». *Sacharum officinarum*, L.
(Bl., I, 55).—Entre las variedades, especifica nuestro Autor las llamadas *biting dalaga* y *túbong totoo*. En tiempo del P. González de Mendoza, 4 arrobas valían 6 reales. *(Hist. China*, 323). La fabricación del aguardiente
de caña fué prohibida por varias Reales cédulas, una
de ellas de 30 Sept. 1714; ni ésta, ni la de 15 de Junio
de 1720 debieron de cumplirse, cuando vemos en las *Ordenanzas* de Raón, restablecidas por Aguilar, que nuevamente se recuerda (cap. 51) «que por ningún caso se
permita ni tolere la Fabrica de Aguardiente de caña, ni
su venta, ni uso secreto, ni público», etc.—I, 7.

CAÑAFÍSTULA.—Planta leguminosa de virtudes medicinales.—*Cassia fistula*, L. En bisaya, *ibabao*, antiguo nombre de la isla de Sámar.—528.

CAUAYANG BOO.—V. *Caña*.

— QUÍLING.—V. *Caña*.

— TOTOO.—V. *Caña*.

CAUONG = *Cabo negro*.

CEBOLLAS.—Como las de España.—384.

CEDRO.—«Este árbol muy conocido en las Islas, y que en
América llaman *Cedro*, aunque no lo és, se hace de primer órden». *Cedrela odorata*, L. (Bl., I, 233). En tagalo,
balantas.—De su tronco suelen los indios hacer canoas.

CIGARRÓN. (Especial.)—V. esta misma palabra en el *Apéndice D*.

CINCO LLAGAS.—Planta de jardinería.—151.

CLAVEL.—Los llevados de España degeneran mucho; el clavel de Indias, ó clavel de muerto, tiene las flores amarillas y su olor es algo fastidioso. *Fagetes patula,* L. (Bl., III, 23).—151.

CLAVELLINA.—151.

Coco.—Uno de los árboles más útiles. *Cocus nuccifera,* L. —El P. Mercado le elogia extraordinariamente, y con razón; porque «de él se saca agua, vino, vinagre y aceite; se hacen cuerdas y otras muchas cosas». (Bl., III, 121.) Pigaffeta refiere que los indígenas de Bisayas obtenían de los cocoteros aceite, vinagre y vino. De este licor es del que tomaban los antiguos indios continuas borracheras; era entonces honrosa la embriaguez, y en los festines, duelos, etc., era de rúbrica que los concurrentes saliesen beodos.—I, 29, 39, 125-126.—*Aceite:* 193. *Refresco:* 384. *Juego:* 207.

Cogón.—Planta muy común en el Archipiélago; graminea; los indios la emplean para techar los bahais, cuando no tienen *nipas* á mano; porque estas hojas dan mejor resultado. *Imperata arundinacea,* Cyrill.—I, 83.

COLES.—Más insípidas que las de España.—296.

COLO = *Rima.*

COMINOS.—V. *Culantro.*

CULANTRILLO.—Planta que tiene virtudes medicinales; nace en las paredes. *Adiantum philippense,* Bl.—150.

CULANTRO = *Cominos.*—*Coriandrum sativum,* L. (P. de Tavera, *Plantas medicinales,* 166.)—151.

CH

CHICO.—Arbolito cuyo fruto describe nuestro Autor (I, 42-44); créese que es importado de México. El P. Bl. consigna dos especies: *Achras sapota,* L., vulgo *chico,* y *Achras lucuma,* que es el *mamey* de los tagalos, bastante mayor que el *chico.* (Bl., I, 298, 299).

CHIRIMOYA.—I, 42.—V. *Guanábano.*

D

DALANDÁN.—V. *Bajel.*
DIT-AN.—V. *Bejuco.*
DOLDOL.—V. *Algodón.*
DUHAT.—l, 39, 42.—V. *Lomboy.*
DUMALÍ (= temprano) = *Arroz* (de secano).

E

ÉBANO.—«Hay bosques enteros de ébanos en las Islas, que se diferencian entre si en ser más ó ménos negros, y en la figura ó color de las vetas. El ébano *muy negro* es llamado en tagalo, *luyón*». (Bl., II, 31.) Como supongo que nuestro Autor alude al *camagón,* le corresponde el nombre científico de *Diospyros discolor,* Willd., según Vigil.—152.

F

FLOR DE LA PASIÓN.—151.—V. *Pasionaria.*
FRÍJOLES.—14.—V. *Zabache.*

G

GABI.—Planta comestible, bastante insípida.—*Calandium esculentum,* Spr.—130.
GOGO.—Arbusto muy conocido de los indios, desde muy antiguo; lo usan para lavarse el cuerpo; antes de usarlo es preciso macerarlo bien; hace las veces de jabón.—*Entada pursætha,* DC.—151.
GRANA.—Planta muy bella, que suele emplearse para teñir de púrpura la seda (Bl., I, 273).—*Bassella lucida,* L.—151.
GRANADO.—*Punica granatum,* L.—Es árbol importado; la fruta, muy inferior á su similar de España.—150.

GUANÁBANO.—Árbol cuyo fruto es semejante al de la anona.—*Anona muricata*, L.

GUAYABO.—Arbolito indígena de Filipinas, según Bl. (II, 178). N. v., en tagalo, *bayabas, guyabas*. La guayaba de Cuba es más delicada.—*Psidium pyriferum*, Bl.—El árbol: 178. El *fruto:* 150.

GULAY.—Palabra tagala que sirve para designar las yerbas comestibles.—150.

GUMAMILA ó GUMAMELA.—*Hibiscus rosa sinensis*, L.—Planta de jardinería, de buen perfume, útil para teñir y algo medicinal.—151, 384.

H

HAGONOY, y no AGONOY (como figura en el ms.).—Planta común á orillas del mar y de los rios; tiene virtudes medicinales.—151.

HARAS.—V. *Hinojo*.

HIERBA DE SANTA MARÍA.—V. *Artemisa*.

HIGUERILLA DEL INFIERNO.—151.—V. RICINO.

HINOJO.—Planta indígena de Filipinas; el sabor de las semillas es parecido al del *anís. Anethum fœniculum*, L. (Bl., I, 270). En tagalo, *haras*.—151.

I

IBA = *Camias*.

IBABAO = *Cañafístula*.

ICMIO = *Mammin*.—V. *Buyo*.

ILANG-ILANG.—Árbol cuyas flores tienen un olor intensísimo. Hoy se las somete al alambique, y su esencia se vende bien, por ser apreciada por los perfumistas.—*Unona odoralissima*, Bl.—Según Bl. (II, 238), el nombre indígena es *Alangilang*.—151.

IROC = *Yóroc* = *Cabo negro*.

J

JENGIBRE.—150.—V. *Ajengibre*.

JUNCIA.—*Cyperus rotundus*, L. Planta cuyas raíces tienen propiedades medicinales.—151.—V. *Timsim*.

L

LABNI.—V. *Palasan*.

LACATÁN.—V. *Plátano*.

LAMUYO = *Arroz*.

LANA = *Ajonjolí*.

LANETE.—Árbol de mediana talla; su madera es blanquisima, y fácil de trabajar; lucen mucho los muebles de esta madera.—*Anasser laniti*, Jus.—152.

LANTÍN.—V. *Llantén*.

LANZÓN.—Árbol indigena de Filipinas. Discurriendo acerca del nombre, escribe el P. Bl.: «Ignoro si la palabra *Lanzones* ó *Lansones* es extranjera ó del pais: tiene semejanza con la *Lasona* que es *Cebolla;* y en efecto los *Lanzones* se parecen en ciertas cosas á esta raiz». (Bl., II, 62).—*Lansium domesticum*, Bl.—191.

LASONA.—N. v. de la *Cebolla*.—V. la pap. que antecede.

LAUREL.—*Laurus* (varias especies). P. de Tavera *(Plantas*, 259), anota el *Calinga* con el nombre de *Laurus culilaban*, Bl., ó *Cinnamomum tamala*, Nees.

LENGUA DE PERRO.—Planta medicinal.—*Euphorbia pentagona,* Bl.—151.

LIRIOS.—151.

LOBA,—LOBAS.—Con este nombre, hallo dos árboles diferentes en la *Flora* del P. Bl.; del uno, *Cissus alata?,* DC, dice que se produce en la Pampanga, y que su fruto es insípido; niega que los indios hagan dulce de él (I, 95). Del otro, *Eugenia cauliflora*, DC., escribe que lo cultivan algunos curiosos en las huertas de Manila; que las frutas, cuando son pequeñas, tienen color de cereza; que de ellas se hace dulce, y que sirven además, empleadas como medicina, para corregir el esputo de sangre (II, 177).—Decidan los inteligentes.—II, 23.

LOCOLOCO.—Planta medicinal; es una variedad de la albahaca.—*Ocymum virgatum*, Bl.—151.

LOMBOY = *Duhat*.—*Syzigium sambulanum*, DC.—El fruto, preparado *ad hoc*, tiene virtudes medicinales.—I, 14.

LUMAMPAO.—V. *Caña*.

LUYÓN.—V. *Ébano*.

LL

LLANTÉN.—En tagalo *lantín*. Según P. de Tavera, las hojas de esta planta «son el remedio más vulgar en Filipinas para curar los flemones de las encías». *(Plantas, 248.)—Plantago media*, Bl.—151.

M

MABOLO.—Árbol corpulento; madera dura, de color encarnado obscuro que con el tiempo se ennegrece, como el ébano. (Bl., ll, 27). *Diospyros embriopteris*, Pers.—Su fruta: I, 25.

MACAHÍA, por MACAHIYA (= vergonzosa). Planta. «Los curanderos del pais dicen que poniéndola debajo de la cabecera del enfermo, le concilia el sueño». (Bl., ll, 142). —*Biophitum sensitivum*, DC.—528.

MACUPA.—Árbol frutal. *Jambosa vulgaris*, DC.—Descríbese: I, 40.

MADRECACAO.—Árbol que se utiliza mucho para proteger á los cafetos contra los rayos solares. *Gadelupa pungan*, L.—175.

MAÍZ.—*Zea mais*, L. Procede de América. En la malísima traducción que del *Viaje* de Magallanes por Pigaffeta se publicó en la *Revista de Filipinas*, háblase del maíz *(año II, pág. 152),* cosa que hizo pensar á algunos de los predispuestos contra la autenticidad de Pigaffeta si éste habría escrito su *Viaje* sin haber dado, efectivamente, la vuelta al mundo. Pigaffeta no habla del maíz; y si no, véase el texto italiano *(Primo viaggio, pág. 71):* «e i vegetabili sono riso, MIGLIO, PANICO», etc. (*).— II, 24.

MALAGCQUIT = *Arroz* (de secano).

(*) Como ya dijimos en el *Ap. B*, del relato de Pigaffeta sacáronse varias copias, las que á su vez fueron traducidas á diferentes idiomas; muy posible es que la palabra *panico* (PANIZO) fuese interpretada *maíz*. Es de advertir además que el nombre *matia* ó *macis*, lo escribe también Pigaffeta; pero el *macis* es «el fruto del árbol llamado *ravensara* (así en las Molucas), que produce la nuez de especería ó nuez moscada». *Docs. inéds.*, 1.ª serie, t. V, pág. 52, nota.

MALAGQUIT = *Arroz* (de agua).

MALVAS.—*Sida indica*, L.?—152.

MAMEY.—Descríbese: I, 42.—V. *Chico*.

MAMMIN.—V. *Buyo*.

MANGA.—*Manguifera indica*, L. Es, en opinión de muchos, la mejor de las frutas, después del mangostán. A personas que han viajado por Europa, América y Oceanía les he oido decir que las tres mejores frutas son: el mangostán, la manga y el albillo de Madrid. La manga á lo que más se asemeja, por su forma, es al corazón del hombre.—Descríbese: I, 39.

MANGACHAPOY,—MANGACHAPUY.—Árbol corpulento, cuya madera es muy estimada. (Bl., II, 216).—*Dipterocarpus mangachapoi*, Bl.—152.

MANGLE = Arbolitos de marismas. (Vidal, *Pls. Leñosas*. 161).—*Rhizophora mangle*, L.—526.

MANÍ = *Cacahuete*.—Planta cuyo fruto es oleaginoso y comestible.—*Arachis hipogœa*, Bl.—La paja se da á los caballos, aun seca de algunos meses; el P. Bl. (II, 363) dice que ignora si fué importada de América. Lo positivo es, que la palabra *cacahuete*, que dan muchos al *maní*, pertenece á la lengua nahualt.

MANUNGAL.—Árbol pequeño; su madera, así como la raiz y la corteza, son muy amargas. (Bl., II, 34).—*Niota tetrapelata*, DC.—II, 37.

MANZANILLA.—*Matricaria chamomilla*, L. Escribe el P. Bl. (III, 22): «Planta indígena del pais, muy comun y conocida de todos con el nombre de *Manzanilla*. Sus flores son blancas, y se usan en la medicina. Tambien es muy comun otra planta con las flores amarillas, semejante á la de España. Las hojas y todo lo demás como en la especie anterior; pero las anteras están soldadas. Las flores femeninas en el radio son pocas, y las hermafroditas en el disco muchas. Llámanla *Rosa del Japón*. Además hay otra variedad con las flores moradas del todo: á veces se ven flores moradas y amarillas en el centro, y blancas en la circunferencia. Finalmente he visto flores amarillas, con las anteras separadas. Todas estas plantas se reputan en las Islas por *Manzanillas*, sin embargo de no ser la otra *Manzanilla* que llama Linneo *Anthemis nobilis*».—151.

MARILAO.—Arbusto: 354.—No hallo este nombre en Bl., ni en Vidal, ni en Vigil, ni en P. de Tavera, ni en Noceda.

MELONES.—387.—«El melón verdadero de la tierra, y los que se venden en las tiendas, tal vez han venido de Es-

paña, aunque ya en nada se parecen unos á otros».
Cucumis melo, L. (Bl., III, 179.)

Mijo (el común = *Panizo*). *Panicum miliaceum*, Palan.—
150.—V. *Brona*, y *Maíz*.

Molave.—Árbol notable por la calidad de su madera, que
es durísima y algo amarga. El *anay* la respeta.—*Vitex
geniculata*, Bl.—152.

Mongos.—*Phaseolus mungo*, L. «Es más pequeño que
una lenteja, cuyo sabor tiene, y se cultiva en escala bastante considerable, por ser el alimento principal de muchos pueblos». (Jordana, *Bosq.*, 375).—En tagalo, *balá-
tong*.—68.

Moreras.—Hay varias especies; la principal es la nomi-
nada científicamente *Broussonnelia Luzonnenssis*, Bl.
Dice el duque de Almodóvar (V. 333): «La seda es en
Filipinas un nuevo fruto, que por direccion y encargo
de la Sociedad *(Económica)* en 1780, envió desde la
China el Padre Galiano, religioso Agustino, prevalece
prodigiosamente; se hacen nueve cosechas al año, y es
susceptible de nuevas ventajas».—I, 29.

Mostaza.—*Sinapis juncea*, L.—150.

Mutya.—V. *Perla de coco*.

N

Nabo.—Supongo que nuestro Autor alude á los nabos de
Castilla; en Bisayas se llama *nabó* á un arbustillo cuya
corteza es textil.—296.

Naga.—Árbol. Dos especies del mismo género llevan el
nombre de *naga*: *Pterocarpus pallidus*, Bl., y *P. santa-
linus*, L. El segundo, llamado también *narra*, es de primer orden; su madera se utiliza mucho para muebles;
es de gran duración. (Bl., II, 355.)—II, 42.

Nanca,—Nangca.—*Artocarpus integrifolia*, Bl.—Descríbese: I, 40.

Naranjas,—Naranjitas.—Del género *Citrus*.—Describen-
se tres especies.—I, 7.

Narra.—152.—V. *Naga*.

Nilab, Nilar, Nilard.—*Ixora Manila*, Bl.—*Nilab* ó *Nilad*
denominaban los antiguos indios al terreno donde Legazpi fundó la ciudad de *Manila*. Dice el P. Bl. (I, 77):
«Arbolitos de la traza de los mangles, y que crecen en-

tre ellos. Su nombre verdadero es *Nilad:* y *Manilad* denota un lugar donde hay muchos de estos arbolitos: y de aquí ha tomado su nombre la gran capital de Manila. Las flores son blancas».

Nipa.—*Nipa fruticans.* L.—Descrip.: 442.—*Nipas:* 494.

Nipis.—*Agave americana,* L.—De este textil, finísimo, aunque no tanto como la *piña,* se hacen tejidos muy bellos. —II, 42.

Nito.—*Nicopodium dichotomum,* Sw., helecho.—El nito banco = *Ugena alba,* Cavanilles.—Los sombreros de nito van en decadencia: ¿qué mucho, si los famosísimos de jipijapa de América apenas los usa nadie? En cambio las petacas gozan aún de cierta simpatía entre los españoles.—II, 42.

Nuez moscada.—147.—En 1580, 200 un real. (Gonz. de Mendoza.)

O

Oayi.—V. *Bejuco.*
Orayi.—V. *Quilite.*
Osiu.—V. *Caña.*

P

Paaga.—Arroz de cierta especie.—206, 456.

Pajo.—*Manguifera altissima,* Bl.—Descríbese: I, 40.

Palasan.—V. *Bejuco.*

Palay.—Arroz sin descascarillar.—I, 30.

Palindán.—*Cariota palindan,* Bl. «Palma cuyo fruto es grande como una manzana pequeña, con la corteza fibrosa, y el interior más duro que el de la *Arecan.* (Ill. 144.)—123.

Palma brava.—*Corypha minor,* L., *anáhao* de los tagalos; se da en los bosques; su madera es muy dura y de gran provecho para construcciones de cierto género.—123.

Palmas.—Hay muchas especies, de las cuales quedan apuntadas algunas en este catálogo.—V. *Bonga, Coco. Nipa,* etc.

Palo-María.—*Callophylum inophillum,* DC.—La madera de este árbol es muy estimada, especialmente para las cubiertas de los buques. (Bl., II, 414.)—152.

Pandacaque,—Pandacaqui.—*Tabernæmontana pandaca-qui*, Poir.; *T. laurifolia*, Bl.—Arbolito cuyas hojas tienen virtudes medicinales.—151; 385.

Panizo.—V. *Mijo*.

Papaya.—*Carica papaya*, L.—Verde, hace en el puchero las veces de calabaza.—Descríbese: I, 41.

Parasan.—V. *Bejuco*.

Pasionaria.—*Passiflora serrulata*, Bl.—Planta de jardinería.

Patani.—*Phaseolus inamœnus*, L.—«Se eleva mucho esta planta, y se extiende hasta formar bosques impenetrables». (Bl., II, 368.)—I, 68.

Patata.—*Solanum tuberosum*, L.—Dice el P. Bl. (I, 179): «Planta oriunda de China, de la altura de dos piés, y que se planta en este pais, por sus raices, que son estimadas. Ignoro si esta planta se podrá perpetuar ya de por sí, sin necesidad de traer anualmente las raices de China. Mis pruebas y las de otros han sido infructuosas; pues no se aumentan las *Patatas*. Estas se parecen á las de España, y la corteza es blanquecina».—La mejor prueba de la inferioridad de la *patata* que se cría en Filipinas la tenemos en que los españoles apenas las comen, prefiriendo las importadas de Europa, no obstante lo caras que cuestan.—I, 7.

Pepino.—*Cucumis sativus*, L.—150.

Pepita de San Ignacio.—Prodúcela un árbol; tiene virtudes medicinales.—*Ignatia amara*, L.—II, 65.

Perla de coco.—Pág. 126.—No hallo ninguna noticia de valor científico acerca de la misma. ¿No será ideal, como la *mutya* que los batangueños creen que por raro fenómeno producen ciertos bambúes? La *mutya* es tan preciada, que los poetas indios emplean esta palabra como simil ponderativo de lo mucho que vale una mujer.

Pias.—*Camias*.

Pimienta.—*Piper nigrum*, L.—De pimienta ó clavo, 6 libras valían 1 real en tiempo del P. Gnz. de Mendoza.—24.

Pimientos.—Los hay, como en España, de varias especies; pero no tienen tanto cuerpo ni son lo substanciosos que los de la Rioja; de éstos, que van en latas, se hace gran consumo por los españoles.—150.

Piña.—«Esta planta famosa, se dá fácilmente en todas partes. El fruto es célebre, por su sabor agradable. Se asegura, que los que comen de esta fruta con exceso, á veces escupen sangre. Yo no tengo mucha dificultad en creerlo, porque como que se dejan percibir en ella unos asomos de picante. De las hojas de estas plantas, sacan los indios hilos finísimos, de los cuales hacen telas de una delicadeza portentosa». (Bl., I, 201.) La piña (fruta) de América es muy superior á la de Filipinas.—*Brome-lia ananas*, L.—I, 40.

PLÁTANO.—El género *Musa* cuenta no pocas especies en Filipinas; hé aquí las principales, según el P. Bl. (I, 303 y stes.): *M. Paradisiaca-compresa*, Bl., sabá, bisco en tagalo: elévase de 9 á 12 pies; fruto muy estimado. *M. p.-ternatensis*, Bl., *ternate* en tag.: también su fruto es muy estimado. *M. p.-lacatan*, Bl., *lacatán:* oriunda de la Pampanga; supera quizás á las dos especies anteriores en aroma y buen gusto. *M. p.-magna*, Bl., *tondoc* en tag.: la fruta tiene de largo más de un pie; gruesa como la muñeca; cocida, tiene un sabor semejante al de las manzanas; del tallo se obtienen fibras, con las que los indios hacen tejidos; pero son inferiores á las del *aba-cá*. *M. p.-subrubea*, Bl.: poco común; los indios de las cercanías de Manila le llaman *plátano de la Costa*. *M. troglodytarum*, Bl.: botohan, botoan de los tagalos: es muy común; dase espontáneo en algunos bosques. Y el famoso *Musa textilis*, L. = *Abacá.*—II, 41, 374.—El *Musa paradisiaca*, L., llamado en casi toda América *banano* (nahuatlismo), inspiró al gran poeta Bello los siguientes versos *(Oda á la Zona Tórrida):*

«Y para tí el *banano*
desmaya al peso de su dulce carga;
el *banano*, primero
de cuantos concedió bellos presentes
Providencia á las gentes
del Ecuador feliz con mano larga.
No ya á humanas artes obligado
el premio rinde opimo:
no es á la podadera, no al arado
deudor de su racimo:
escasa industria bástale cual puede
hurtar á sus fatigas mano esclava;
crece veloz, y cuando exhausto acaba,
adulta prole en torno le sucede.»

PUGAHAN.—V. *Cabo negro.* Es la palma de la cual se obtie-ne en mayor abundancia el sagú ó yoro. (Bl., III, 142.)

Q

QUIAPO.—Planta aroidea. Á veces se ven bajar miles y miles de quiapos flotando sobre el Pásig.—*Pistia stratiotes*, L.

QUILING.—V. *Camias*.

QUILITE,—QUELITE.—Planta muy común, á la que los tagalos llaman *orayi* y los españoles *amaranto*. *Quilite* es voz nahuatl.—*Amaranthus spinosus*, L.—151.

QUINANDA.—V. *Arroz*.

R

RÁBANO.—*Raphanus sativus*, L. (P. de Tavera.)—I, 14.

REPOLLO.—*Brassica oleracea*, L.?—296.

RIMA.—(II, 111.)—V. *Árbol del pan*.

ROMERO.—*Rosmarinas officinalis*, L.—151, 385.

ROSA DE ALEJANDRÍA.—*Rosa damascena*, Mill.—151.

— DE CHINA.—*Hibiscus rosa sinensis*, L.—151.

— DEL JAPÓN.—V. *Manzanilla*.

ROSAL...—384.—*Rosa centifolia*, L.?

RUDA.—*Ruta graveolens*, L. (P. de Tav.)—151, 385.

S

SABÁ.—V. *Plátano*.—*Aloe humilis*, Bl.—«Con el zumo fresco de la hoja se untan la cabeza las personas que pierden el cabello, para hacer que crezca de nuevo». (P. de Tav.)—151.

SAGÚ = *Yoro*.—Harina que se obtiene de la medula de la palma llamada burí.—118, 127.—V. *Burí*; V. *Cabo negro*; V. *Pugahan*.

SAGUILATA = *Buenavista*.—151.

SALVIA ROMANA.—El P. Bl. no apunta más salvia que la *violácea* de Linneo; y dice que las dos plantas que vió, únicas, debianse punto menos que á la casualidad. P. de Tav. no consigna en sus *Plantas* salvia ninguna.— 151, 385.

SAMILÍN.—V. *Canela.*

SAMPAGAS,—SAMPAGUITAS.—*Nyctantes sambac*, L.—Son los jazmines de Filipinas; tienen delicioso aroma; las muchachas hacen sartas y se las ponen al cuello á modo de collares.—151, 388.

SAMPÁLOC.—V. *Tamarindo.*

SANDÍA.—*Cucumis citrullus*, Ser.—Vale muy poca cosa, como les sucede á todas aquellas plantas que no son indigenas ni propias de regiones tórridas.

SANTA MARÍA (Hierba de).—V. *Artemisa.*

SANTANA,—SANTÁN, SANTA ANA.—*Ixora coccinea*, L.—Arbusto que produce abundantes flores encarnadas. (Bl. I, 76.)—151.

SANTOL—*Sandoricum Indicum*, L.—Árbol cuya fruta se describe en la pág. 40 (t. I).

SIBUCAO.—*Ceasalpina sapan*, L. «El sibucao de Filipinas es mas rico en materia tintórea que todos los demás del Oriente de Asia; pero menos que el Brasileño. En estos últimos tiempos ha perdido su crédito á causa de cortarse demasiado pronto. Se exporta principalmente para China y sirve para teñir de rojo. La tela, empapada primero en una disolucion de alumbre. se introduce en un baño alcalino y algo alcohólico. El color rojo parduzco. tan frecuente en los trajes de los chinos pobres, se produce con el sibucao». (Jagor, pág. 11, nota 10.)—152, 271.

SIEMPREVIVA.—151.

SINCAMAS.—*Pachirrhyzus angulatus*, DC.—La raiz se come cruda con aceite y vinagre. (Bl., II, 380.)—130.

SOLARI,—por SOLASI.—Variedad de la albahaca: *Ocimum americanum*, Bl.—151.

T

TABACO.—*Nicotiana tabacum*, L.—Introducido de América, bien pronto se propagó la siembra. El de Cagayán. ó mejor dicho, el de la Isabela (región que fué de la antigua prov. de Cagayán) es el mejor; éste. sin embargo. dista mucho de valer lo que el de Vuelta Abajo de Cuba. En opinión de los inteligentes, el tabaco de Filipinas gozaría de mayor crédito en Europa si los encargados de prepararlo y elaborarlo lo supieran preparar y elaborar tan á maravilla como se hace en Cuba. Estancado por iniciativa del Gobernador D. José de Basco y Vargas, fué el tabaco, desde 1781, la principal fuente de ingresos del Tesoro de las Islas, hasta el año de 1883, en que se desestancó. Todavía se discute si fué un beneficio ó no el que se hizo al país.—251, 254. *Estanco:* 343; II, 45. *Trampas, chanchullos, etc.:* 252, 406. *Siembra:* 387. *El de Cagayán:* II, 24. *Vicio en la mujer,* aféase: 281.

TAGUM = *Añil.*

TAIUANAC.—V. *Caña.*

TAMARINDO.—Árbol, cuyas raíces empléanse como madera preciosa en obras de ebanistería.—*Tamarindus Indica,* L..—Descríbese: 41.

TAMPOY,—Árbol frutal.—*Eugenia malacensis,* Bl.—Descríbese: I, 41.

TANĜI.—V. *Arroz.*

TANGUILI.—*Dipterocarpus polyspermus,* Bl. «Árbol de primer órden de que se hacen canoas, y es conocido en Pampanga y Balanga». (Bl., II, 213.)—192.

TATOLA.—V. *Bejuco.*

TAYOM = *Añil.*

TAYUG = *Añil.*

TERNATE.—V. *Plátano.*

TE SILVESTRE.—*Carmona heterophylla,* Cav.—«Arbolitos de la altura de un hombre. A primera vista se parecen á una planta malvácea, llamada *Escoba...* Es muy extraño que en estos tiempos se haya querido darla tanta celebridad, hasta asegurar que era el verdadero *Té* de China, y de semejantes propiedades. Bastaba para salir del error, comparar unas hojas con otras, pues en nada se parecen... Sus hojas desde tiempos muy antiguos, se toman tambien por aquellos indios *(bisayas)* como el *Té* en infusion, pero secas á la sombra; y aun así nada tienen de agradables. Por eso le llaman algunos *Cha* [= te] *cimarron* ó vagamundo». (Bl., I, 264.)—151.

TIMSIM,—TIMSÍN.—Planta. «El motivo por que es conocida de los indios, es porque la médula que se halla dentro del tallo puede servir de mecha para las luces, y hacer las veces de lo que los chinos traen y venden en Manila con el nombre de *timsim,* aunque estas mechas son mucho más largas que las de aquí». *Aegilops fuviatilis,* Bl. (Bl., I, 59.)—No veo que tenga el *timsim* nada que ver con la *juncia.*—151.

TÍNDALO.—*Eperua rhomboidea*, Bl.—Árbol, notable por la buena calidad de su madera.—152.

TIPOLO = *Antipolo*.

TOMATES.—Hay varias especies; en general, todas ellas inferiores á la común en España.—11, 150.

TONDOC.—V. *Plátano*.

TORNASOL.—151, 384.

TRIGO.—De este importante cereal ya no se siembra ni un solo grano; cultivóse durante mucho tiempo; pero sin duda convenciéronse á la larga de que el trigo requiere otro clima. menos ardoroso que el predominante en las Islas magallánicas. Una de las provs. donde se cosechó en mayor escala fué en la de Batangas. (P. Delgado, 41.) —*Cultivo:* I, 68.—Otras citas: I, 59, 69, 101, 104, 107, 142, 297, 308.

TUBIGÁN (Arroz de).—En la prov. de Batangas = *Arroz de regadío.*—366.

TUBO = *Caña de azúcar*.

TUBONG TOTOO.—V. *Caña de azúcar*.

TUGUIS.—130.—No hallo este nombre en ninguna de las obras que tengo á mano. No creo que sea errata de *Tunquina* (planta convolvulácea por cierto), porque esta no es alimenticia, á lo menos que yo sepa.

U

UBI.—*Dioscorea alata*, Pers. Planta. «Su raíz... la estiman mucho los indios, cocida. De los tallos, cuando tocan en tierra ó en algún árbol, salen unos tubérculos ó excrecencias como el puño... de carne maciza, y que los indios creen ser el fruto». (Bl., III, 207.)—130.

V

VERDOLAGA.—*Portulaca oleracea*, L.—Planta. «Se extiende tanto, que cuesta infinito trabajo extirparla». Bl. (II, 162). Tiene virtudes medicinales.—150.

VERGONZOSA = *Macahiga*.

Y

Yantoc.—V. *Bejuco.*

Yoro, Yóroc = *Sagú.*—V. *Burí;*—V. *Cabo negro;*—V. *Pugahan.*

Z

Zabache.—*Phaseolus lunatus,* L.—Leguminosa; el fruto no es tan apreciado como el *patani.* (Bl., II, 370.)—151.

Zacate.—Es palabra americana: en nahualt, *sacate* = yerba, pasto; que es lo que significa hoy en Filipinas. Esta palabra debió de introducirse—como otras muchas—después de cuando imprimió el Dr. Morga sus *Sucesos;* la prueba de ello es, que escribe (pág. 270): «el pienso de los caballos es verde de calamote todo el año, y arroz», etc.—151.

Zapote.—Otro nahuatlismo, que muchos, cambiando la z en s, hacen pasar por palabra tagala. El *zapote prieto* que nuestro Autor describe (I, 43), es indudablemente el llamado en Filipinas *zapote negro,—Diospyros nigra,* Bl.,—«indígeno de las Islas», en opinión del P. Bl. (II, 30). Realmente, por el nombre parece ser, como dice M. de Zúñiga, originario de México. Asi se desprende también de lo que dice el P. Navarrete: «Los capotes negros, y anonas, han dado muy bien en Manila»: de un árbol que no fuese importado holgaría escribir la frase *han dado. (Trats.,* pág. 39.)

APÉNDICE F

—

REINO MINERAL

Aguas minerales.—V. al final de este *Apéndice*.

Azufre.—II, 72.—Prodúcese además en los volcanes de Táal y Mayon, y otros puntos de las Islas.

Canteras.—Las que más encarece nuestro Autor, son las de Meycauayan: 353, 521. Las de Angono, en la prov. de Mórong, gozan hoy de mucha estimación.

Cobre.—144.

Hierro.—V. *Angat, Apéndice C.*

Oro.—339, 481; II, 14, 17, 34, 51, 53, 72, 74, 78, 98, 103.—Es el mineral que está más repartido por las Islas.—Actualmente, la mina de Mambulao (Camarines Sur) parece ser la mejor de todas; se ha fundado una Sociedad para explotarla.

Sal.—296.

Salitre.—II, 72.

La mejor ampliación que á mi entender puede ponerse á cuantas noticias suministra el P. Zúñiga, son los siguientes *Estados,* que acaba de publicar de Real orden la Comisión ejecutiva de Estadística Minera.

MINAS METÁLICAS

NOMBRE	SITIO	PUEBLO	PROVINCIA	Pertenencias.	Metros cuadrados.	MINERAL
De Hison	Sapangbacal	Angat	Bulacán	C.	11.560	Hierro.
Santa Lutgarda	Pinugayan	Idem	Idem	1	150.000	Idem.
Constancia	Idem	Idem	Idem	2	300.000	Idem.
De Concha	Idem	Mayumo	Idem	C. E.	126.336	Idem.
San Pío V	Idem	Idem	Idem	2	300.000	Idem.
Sin nombre, conocida por Santa Bárbara	Ar.º Magambaug	Mancayan	Lepanto	2 (a)	83.849	Cobre.
Cántabro Filipina, conocida por Santa Lucía	Idem	Idem	Idem	2 (a)	33.849	Idem.
Santa Rosalía	Mte. Caibirán	Caibirán	Leite	2	330.000	Azufre.
San Antonio	Mte. Capicao	Naval	Idem	1	60.000	Idem.
Nuestra Señora del Carmen	Pinutan	Liloan	Idem	1	60.000	Oro.
La Amistad	Idem y Tigbanan	Idem	Idem	2	120.000	Idem.
Bilbaína	Idem	Idem	Idem	2	120.000	Idem.
Demasía entre las tres anteriores	Idem	Idem	Idem	D.	20.056	Idem.
Coto Eduardo y Ricardo	Binutun	Surigao	Surigao	60	360.000	Idem.
Coto González Vidal	Causuran	Idem	Idem	60	360.000	Idem.
Dik	Tinablingan	Placer	Idem	2	120.000	Idem.
Sebastián y Valentín	Bayatacan	Idem	Idem	2	120.000	Idem.
María y Margarita	Nacatan	Idem	Idem	2	120.000	Idem.
Julián y Mariano	Campiña	Idem	Idem	1	60.000	Idem.
Esteban y Faustino	Tinupan	Idem	Idem	2	120.000	Idem.

Ricardín............	Candujá............	Idem........	Idem.........	1	60.000	Idem.
Ramón y Joaquín...	Canoyomot........	Idem.........	Idem.........	2	120.000	Idem.
Señorito...........	Dayap.............	Idem..........	Idem.........	2	120.000	Idem.
Luisa.............	Colapnit...........	Paracale....	Camarines N.	2	120.000	Idem.
La Concepción......	Imbong Timbong...	Mambalao....	Idem.........	2	120.000	Idem.
La Esperanza.......	Tumbaga..........	Idem.........	Idem.........	2	120.000	Idem.
Rosalía............	Tingá.............	Paracale....	Idem.........	2	120.000	Idem.
Nieves.............	Turayog..........	Mambalao....	Idem.........	2	120.000	Idem.
San Antonio........	Dinuanau..........	Paracale....	Idem.........	2	120.000	Idem.
La Trinidad........	Idem.............	Idem.........	Idem.........	2	120.000	Idem.

MINAS DE CARBÓN

San José..........	Nabangig.........	Cataingan..	Marbate....	4	600.000	Carbón.
Santa Cruz........	Idem.............	Idem.......	Idem.......	4	600.000	Idem.
Magallanes........	Bairán...........	Danao.....	Cebú......	2	300.000	Idem.
Nueva Langreo....	Mangranasanas..	Idem.......	Idem.......	2	300.000	Idem.
Cebuana..........	Silangon.........	Idem.......	Idem.......	2	300.000	Idem.
Portiella..........	Bairán...........	Idem.......	Idem.......	2	300.000	Idem.
La Mestiza........	Tugonon.........	Idem.......	Idem.......	1	150.000	Idem.

CANTERAS

Santo Domingo.....	Pamitinan.........	Montalbán..	Manila.....	»	20.000	Mármol.
Santa Matilde......	Maypati..........	Binangonan..	Morong.....	»	20.000	Idem.
Santa Rosa........	Maynangá........	Idem.......	Idem......	»	20.000	Idem.
Santa Rosa........	Panahicon........	Tuburan....	Cebú.....	»	20.000	Idem.

RESUMEN DE PERTENENCIAS Y SUPERFICIES CONCEDIDAS

	Metros cuadrados.	
En minas de hierro del siglo pasado............	137.896	3 pertenencias irregulares.
En idem por la legislación actual..............	750.000	5 idem de 300 m X 500 m.
En idem de cobre antiguas.....................	167.698	4 idem de 200 v X 300 vs.
En idem de azufre.............................	180.000	3 idem de 300 m X 500 m.
En idem de oro................................	9.150.000	153 idem de id. id.
En una demasia de idem........................	20.000	Demasía de oro.
Total de minas metálicas de todas clases......	10.435.650	168 pertenencias y una demasía.
Idem en id. de carbón.........................	2.550.000	17 idem de 300 m X 500 m.
Idem en canteras..............................	80.000	4 idem de 20.000 m.
Total general demarcado	12.635.650	

Estado de las minas caducadas hasta fin de Mayo de 1890 que ya no figuran en el anterior estado.

NOMBRE	SITIO	PUEBLO	PROVINCIA	Pertenencias.	Metros cuadrados.	MINERAL
Coto Progreso......	Licos.......	Danao y Compostela.	Cebú........	20	3.000.000	Carbón.
San Rafael.........	Panoypoy....	Consolación........	Idem........	2	120.000	Plomo aurífero.
Santa María........	Acsubing....	Talambau...........	Idem........	2	120.000	Idem.

REGISTROS DE MINA SOLICITADOS

Se están tramitando en los Gobiernos respectivos las siguientes peticiones:

En la provincia de Manila «dos registros» de plata y oro en Montalbán.

En la ídem de Cebú «un coto y cuatro registros» de carbón en Compostela, Danao y Naga.

En la de Mindoro «un registro» de carbón en Semerara.

Es posible que en alguna otra provincia existan tramitándose otros registros de que no tenga conocimiento esta Inspección.

Manila, 23 de Mayo de 1890.—*Enrique Abella Casariego.*—Es copia.—El Director general, RODA.

AGUAS MINERALES.—Nuestro Autor nos habla con gran elogio del manantial de Los Baños (La Laguna). De entonces acá, se han descubierto otros muchos, según puede verse en la excelente obra de los señores Centeno, Vera y Rosario. Sin duda alguna las aguas más eficaces, para enfermedades del estómago y otras, son las de Síbul Mayumo, enclavadas en la jurisdic. del pueb. de San Miguel, prov. de Bulacán. Por el Ministerio de Ultramar se crearon en 1890 algunas plazas de médicos para atender á los enfermos que acuden á los principales manantiales, que no llamo *balnearios*, porque en rigor no existe en Filipinas esta clase de establecimientos.

APÉNDICE G

POBLACIÓN

I

ORIGEN DE LOS INDIOS, DEDUCIDO DE LAS LENGUAS

E halla hoy bastante generalizada la creencia de que las razas indígenas de Filipinas se reducen á dos: la *aeta* ó de los *negritos* y la *malaya*. Tal es la opinión de distinguidos etnógrafos, entre ellos el profesor Blumentritt. Este, sin embargo, en su buen deseo de no ocultar otros pareceres, manifestó al Sr. Montero Vidal, en 1887, que «el inglés Wallace y los sabios holandeses, el lingüista H. Kern y el etnólogo P. J. B. C. Robidé van der Aa, publican este año una nueva hipótesis: los papuas y los malayos pertenecen á la misma raza, fundando su idea en el estudio de sus idiomas» (*). Ahora bien: según el mismo profesor Blumentritt, los negritos de Filipinas constituyen una rama de la gran raza «negra ó papua»; de suerte que según la nueva hipótesis de los sabios holandeses y del sabio inglés ya citados, las razas de Filipinas deben reducirse á una solamente. Cuál sea ésta, no lo dice el profesor austriaco.

(*) V. *Hist. general de Filipinas,* por Montero Vidal, págs. 47-48, nota.

Pero se encargará de decírnoslo, fundado también en las lenguas que se hablan en Filipinas, un sacerdote español, D. Lorenzo Hervás y Panduro, que se anticipó nada menos que *un siglo* á esos sabios extranjeros citados por Blumentritt. En efecto, en la obra *Catálogo de las Lenguas*, tomo II, págs. 26 y stes., léese lo que transcribimos á continuación:

El origen de los indios filipinos es *malayo*, segun la suposicion que hasta aquí he hecho, y ahora probaré con su lengua y tradicion, que hallo perfectamente conformes. Colin es el autor que mejor ha escrito sobre el origen de los filipinos, que en la edicion italiana de esta obra yo establecí y probé *malayo*, sin haber leido ninguna obra de Colin. De este autor he visto la obra antes citada sobre las misiones de los jesuitas en las islas Filipinas, y de ella copiaré las siguientes noticias, que ilustrarán lo que despues diré sobre los dialectos de dichas islas.

«Tres diversidades ó suertes de gentes, dice (a) Colin, halláron los primeros conquistadores y pobladores en estas islas quando llegáron á ellas, y sugetáron esta de Manila. Los que mandaban en ella, y habitaban los lugares maritimos y riberas de los rios, y todo lo mejor de la comarca. eran moros *malayos* venidos (segun ellos decian) de *Bornei*, que tambien es isla, y mayor que ninguna de las Filipinas, y mas cercana á la tierra firme de *Malaca*, donde está una comarca llamada *Malayo*, que es el origen de todos los *malayos* que están derramados por lo mas y mejor de estos archipiélagos. De esta nacion de los *malayos* nace la de los *tágalos*, que son los naturales de Manila y su comarca, como lo demuestra su lengua *tágala*... Para mí es cosa probable que esta grande isla de Bornei en siglos pasados fué tierra continuada por la parte de nordeste con la Paragua (isla), y por la del sur con tierras cercanas de Mindanao (isla), segun lo persuaden los baxos é islitas de la Paragua por una parte, y los que llaman de Santa Juana, y otras islitas y baxos, que corren ácia Joló y Taguima (islas), enfrente de la punta de la Caldera, tierra de Mindanao; y si esto fuese verdad, como lo certifican los indios viejos de aquellos parages, es notoria la ocasion de haberse derramado los *borneyes* por las Filipinas. A *Bornei* es verisimil que vendrian los habitadores inmediatamente de la *Samatra* (isla), que es tierra muy grande, y pegada con la firme de Malaca y Malayo. En medio de esta grande isla de Samatra hay una espaciosa y dilatada laguna poblada al rededor de muchas y variadas naciones, de donde es tradicion saliéron en tiempos pasados las gentes á poblar diversas islas. Una de estas naciones, hallándose allí derrotada y descaminada por varios acontecimientos (*), un *pampango* de razon (de quien yo lo he sabido) (**) que hablaban en fino *pampango*, y usaban el trage antiguo de los *pampangos*, y preguntando á un viejo de ellos, respondió: vosotros sois descendientes de los perdidos, que en tiempos pasados saliéron de aquí á poblar otras tierras, y nunca mas se ha sabido de ellos. Así que, los *tágalos, pampangos* y otras naciones políticas, símbolas en el lenguage, color, vestidos y costumbres, se puede creer viniéron de Bornei y de Samatra: unos de unas provincias ó comarcas, y otros de otras, que es la causa de la diferencia de las lenguas segun la costumbre de estas tierras incultas, que cada provincia ó comarca tiene diferencia en el lenguage. La nacion de los *bisayas* y *pintados* que habitan las provincias de *Camarines* en la isla de *Luzon* y otras comarcas, he oido decir viniéron de las partes de *Macasar* (isla), donde afirman hay indios que se labran y pintan el cuerpo al modo de nuestros *pintados*. En la relacion que hace Pedro Fernandez de Quirós del descubrimiento que hizo el año de 1595 de las islas de Salomon, escribe halláron en altura de 10 grados de esta banda del norte, distante del Pirú mil y ochocientas leguas (que poco mas ó ménos es la misma altura y distancia de Filipinas), una isla, que llamáron la *Madalena*, de indios bien tallados, mas altos que los españoles, todos desnudos, y labrados los cuerpos, y algunos los rostros al modo de nuestros *bisayas:* por lo qual consta hay otras naciones de pintados por descubrir... Pero de dónde tengan su legitimo orígen nuestros *bisayas pintados* aun no nos conta. Los naturales de Mindanao, Joló, Bool, y parte de Cebú, que es gente mas blanca, y de mayor brio y mejores respetos que los puros bisayas, si algunos no son *borneyes*, serán *ternates* (ó de *Ternate*), segun se colige de la vecindad de las tierras, y comercio de unos con otros: y porque en lo tocante á religion y secta de su malvado profeta, aun hoy se gobiernan por Ternate, y quando se hallan apretados de las armas de Filipinas, se coligan entre sí, y socorren unos á otros.»

Hasta aquí Colin, hablando del orígen de las naciones

(*) En el texto original, esto es, en la obra de Colin, léese: *derrotado, descaminado*, con lo que se alude al *pampango*. Según la copia de Hervás, la *descaminada* era una *nación*, no un individuo.

(**) En la copia de Hervás falta aquí la palabra *averiguó*.

políticas de las islas Filipinas. Estas naciones son la tágala y la bisaya. Despues, hablando de las naciones bárbaras de dichas islas, dice (a):

«Otra diversidad *(de naciones)* totalmente opuesta á la pasada son los *negrillos,* que habitan en las serranias y espesos montes, de que abundan estas islas. Estos son la gente bárbara, que vive de frutas y raices del monte. Andan desnudos, cubiertos solamente las partes secretas... no tienen leyes ni letras, ni mas gobierno ó repúblicas que parentelas, obedeciendo todos los de un linaje ó familia á su cabeza: y en cuanto á religion ó culto divino, lo que tienen es poco ó nada. Llámanles en español *negrillos,* porque lo son muchos de ellos, tanto como los propios etiopes en el color atezado y en lo crespo del cabello. De estos hay todavia cantidad en lo interior de los montes; y en una isla de las grandes hay tantos, que por esto la llaman *isla de los Negros.* Estos negros es comun parecer que fuéron los primeros habitadores de estas islas, y que á ellos se las quitaron las naciones de gente política, que despues vinieron por via de Samatra, Java, Bornei, Macasar y otras islas de las partes mas occidentales. Y si alguno pregunta, de dónde pudieron venir los negros á estas islas... digo que de la India exterior ó *citra Gangem,* que antiguamente fué poblada de los negros etiopes, y se llamó *Etiopia;* ántes bien de ella saliéron los pobladores para la Etiopia, como probamos en otro lugar... otra diversidad de gente, ni tan política como la primera, ni tan bárbara como la segunda, es la de otras naciones, que suelen vivir en las cabeceras de los rios, y por esto en algunas partes se llaman *ilaguas, tingues, manguianes, zembules,...* entiéndese que son mestizos de las otras naciones bárbaras y políticas... Personas cursadas en las provincias de Ilocos y Cagayan, en la parte boreal de esta isla de Luzon, certifican que se han hallado por allí sepulturas de gente de mayor estatura que los indios y armas ó alhajas de chinos ó japones, que al olor del oro se presumen conquistáron y pobláron en aquéllas partes...

Viniendo (b) agora al otro punto de las lenguas, son ellas muchas; pues en sola esta isla de Manila hay seis, conforme al número de sus provincias ó naciones políticas, *tágala, pampanga, camarima* (que es *bisaya), cagayana,* y las de *ilocos* y *pangasinanes.* Estas son las políticas: aunque en rigor son diferentes, simbolizan tanto entre sí, que en breve se entienden y hablan los de una nacion con los de la otra... de estas lenguas las dos mas principales

---

(a) Colin citado, n. 2. p. 18, n. 29.
(b) Lib. I. cap. 13. p. 55. nn. 94 y 95.

son: *tágala*, que se extiende por gran parte de lo mariti-
mo y mediterráneo de la isla de Manila, y á las de Lu-
bang y Mindoro; y la *bisaya*, que se dilata por todas las
islas de los pintados... Entre las naciones no políticas,
aunque la gente es ménos, las lenguas son más. Vimos en
Mindoro (y lo mismo será en otras partes más remotas)
concurrir *manguianes* alarbes de lugares bien poco distantes, que no se entendian unos á otros... en algunas partes
observamos que en la boca de un rio se hablaba una lengua, y en el nacimiento de él otra: cosa que es de grande
estorbo para la conversion y enseñanza de estas gentes.»
    Hasta aquí Colin, en cuyas observaciones me he dete-
nido, porque convienen maravillosamente con lo que he
averiguado cotejando las leguas de las naciones descubiertas últimamente en el mar Pacífico, y nos hacen conocer que por este se han extendido las mismas naciones
que hay en las Filipinas. Se han extendido los *tágalos* por
las Marianas, y los *bisayas* ó pintados, y los negrillos por
muchas islas del mar Pacífico, y del Indiano austral. Yo,
sin haber leido la citada obra de Colin, había conocido y
afirmado (como digo en la edicion italiana de esta obra)
que todas las dichas naciones provenian de los *malayos*.
Antes se ha indicado ya la proveniencia que de estos tienen las naciones de las islas nuevamente descubiertas en
el mar Pacífico, y ahora expondré las noticias circunstanciadas de las lenguas de las Filipinas, que adquirí por
medio de exjesuitas misioneros en ellas, y que puse en
dicha edicion italiana de esta obra.
    Navegando pues desde las Marianas ácia las Filipinas,
ántes de llegar á Luzon, que es la principal de ellas, se
encuentra la isla de *Capul*, que por sus isleños se llama
Abac. El lenguaje de estos es dialecto *malayo:* pues el señor Don Francisco García de Torres, que en dicha isla ha
sido misionero, y ha formado diccionario, catecismo y
otras obras, en lengua *cápula*, y que entiende las lenguas
bisaya, tágala, pampanga y otras que se hablan en las Filipinas, me escribió así desde esta ciudad de Roma á 18
de Enero de 1784: «Convengo con usted en suponer que
sean dialectos de la lengua *malaya*, que se hable en la
tierra firme de Malaca, casi todos los dialectos de las islas Filipinas, y de otras cercanas á estas: esto se ve claramente en las lenguas mas cultas, quales son la *tágala,
bisaya, pampanga*, &c.; y de este parecer es el P. Colin,
como se puede ver en su historia. Yo, que sabia perfectamente la lengua de Capul ó Abac, discurriendo con uno
de Bornei, observé ser idénticos los dialectos *borneo* y *capul*, con alguna pequeña diferencia de palabras. En la isla
de Capul ó Abac, como sus naturales la llaman, hay tres

lenguas ó tres dialectos. Uno de estos se habla en la parte de la isla que mira ácia mediodía, y se llama *inagta*, que quiere decir *negro*. porque en ella hay negros. En la parte que mira ácia el norte se habla otra lengua, llamada *inabacnum*. En la isla hay otra lengua general, en que predicábamos y administrábamos los santos sacramentos. Los *ignatas* y los *inabacnum* y todos los otros isleños se entienden entre si. mas cada uno habla su propia lengua. Yo aprendi todas tres lenguas y compuse catecismos, diccionario, &c. en la lengua *inabacnum*.»

Pasemos desde la isla de Capul á la de Luzon, que de aquella dista apénas dos leguas. y en ella hallaremos el *tágalo* dialecto pulidisimo de la lengua *malaya*. Luzon es la isla mas grande y la mas poblada de Filipinas, y por esto en ella se ha repulido y refinado el lenguage. Mas no obstante que en Manila y en sus contornos se habla el verdadero y puro *tágalo*, en otras partes de Luzon hay dialectos del *tágalo*, muy diferentes entre si, y tambien se habla el *bisayo* algo corrompido. He aqui su número, como me lo ha enviado mi dignisimo paisano el señor abate Don Bernardo de la Fuente, inteligente en las lenguas *tágala* y *bisaya*, el qual me ha dado pequeños diccionarios, y no pocas noticias gramaticales de estas dos lenguas. El, en carta de Faenza escrita á 5 de Enero de 1784, me dice asi: «En la isla de Luzon se hablan los siguientes dialectos: I. En Manila, la capital, y en sus contornos, el *tágalo*. II. En Camarines el *camarino*, que es una mezcla del *tágalo* con el *bisayo* de Samar. III. El *pampango*. IV. El *pangasinan*. V. El *ilocos*. VI. El *zambale*, que es el propio de los montañeses. VII. El *cagayan*. VIII. El *maitin* (esto es, el negro). que se habla por los negros que habitan en lo interior de las montañas. Todos estos lenguages son dialectos del *tágalo*, y entre algunos de ellos hay no poca diferencia. El *camarino* podrá llamarse más *bisayo* que *tágalo* (*).

Sobre las lenguas de las demas islas Filipinas presento el parecer y relacion que por escrito me ha dado el señor abate Don Antonio Tornos, con quien en la ciudad de Cesena he discurrido muchas veces largamente sobre las lenguas de las Filipinas; y aunque de estas habia yo adquirido perfecta noticia, no obstante, para mas autorizarla. le he pedido que la pusiese por escrito. El señor abate Tornos ha visto personalmente casi todas las islas Filipinas, y ha oido todos sus lenguages. Aprendió tan bien el *bisayo*, que habiéndole yo suplicado que me hiciese los

---

(*) Faltan las comillas que cierren el texto del abate Fuente. Supongo que debieran estar donde concluye el párrafo, ó sea donde he puesto esta llamada.

elementos gramaticales y el diccionario, sin embargo de
no haber hablado en diez y seis años, ni oido hablar á alguno, la lengua *bisaya* (para él inútil al presente), en el
breve tiempo de veinte dias formó un diccionario tan
completo, que contiene mas de mil y doscientas voces radicales, y sirve para hacer uso de mas de cinco mil palabras. Despues en un billete, que me escribió en 10 de Mayo de 1784, me dice así:

«He visto los dialectos *tágalos,* que el señor abate de
la Fuente pone en Luzon, y no tengo nada que añadir. De
la lengua *bisaya,* que se habla en las otras islas Filipinas, llamadas comunmente por esto *islas Bisayas,* hay los
siguientes dialectos: I. El *mindanao.* II. El *samar.* III. El
joloano. IV. El *boholano.* El dialecto *mindanao* comprehende algunos dialectos muy dificiles; pues hallándome
yo esclavo por año y medio en Mindanao, entendi con
gran trabajo algunos; y muchisimas palabras no las entendia de ninguna manera. Con trabajo tambien, mas no
con tanto, entendi el dialecto *joloano* ó de *Joló,* donde es-
tuve del mismo modo esclavo medio año. En Mindanao,
que por su grandeza es la segunda isla de las Filipinas,
se hablan los siguientes dialectos: I. El *bisayo* puro en algunos paises. II. El *mahometano* ó *malano,* que hablan
tres naciones mahometanas, llamadas *mindanaa, malana*
é *irana.* Las palabras *malana* é *irana* provienen de *lanao*
y *danao,* nombres que en los dichos dialectos significan
lago. Los *malanaos* habitan cerca de los lagos, y los *ira-
nos* en las orillas del mar. III. El *subano,* que hablan los
subanos, que son gentiles, y habitan en las montañas.
IV. El *lutao,* que hablan los *lutaos,* así llamados por *lutao,*
que significa *nadar;* porque ellos se mantienen con la pesca, y viven casi siempre en las barcas, que son sus casas.
V. El dialecto de los negros, que habitan en lo interior de
Mindanao. y allí se mantienen con frutos de los árboles,
y con la miel que hacen las abejas silvestres. Las tres naciones mahometanas de Mindanao se asemejan á los isleños de Samar en la pronunciacion; y los *joloanos,* que
son tambien mahometanos, tienen la pronunciacion algo
semejante á la de los *boholanos.* En la isla de Basilan, sujeta al sultan de Joló, se habla el *joloano.* En todas las
otras islas Filipinas se habla la lengua llamada comunmente *bisaya;* y tanto estas islas como las otras, en que
se hablan dialectos *bisayos,* están sujetas al obispo de Zebú. En Joló concurren á comerciar los habitadores de
Malaca, Sumatra, Java, Borneo, y de las islas Molucas, y
su lenguaje se entiende por los *joloanos.*

Quizá usted se admirará de tanta multitud y diversidad de idiomas y dialectos; mas deberá considerarlos

como efectos resultantes de las muchas monarquías que había antiguamente en aquellas islas, las quales en todos tiempos han estado bien pobladas. Yo corrí muchas misiones de los jesuitas...» (*). Hasta aquí el señor Tornos.

En la historia de Mindanao y de Joló se advierte (a) que los *lutaos* (nacion de Mindanao) descendian de Ternate, de cuyo rey tenian la proteccion; y que la nacion de los negros se cree la más antigua de aquellas islas. Segun esta advertencia, y las observaciones de Colin antes puestas, parece que en Ternate y en las demás islas Molucas se hablan dialectos bisayos. En Mindanao se cree que los negros fueron sus primeros pobladores: y esta tradicion es comun en las demás islas Filipinas, en que hay negros. Los autores que han hecho mencion de estos, han juzgado que son de nacion diferente de los *tágalos, bisayas* y demás naciones *malayas*, y que hablan lengua que no es dialecto *malayo*. Deseando yo iluminarme sobre el origen y el idioma de los dichos negros de Filipinas, consulté á los mencionados señores Tornos y Fuente.

El señor Tornos en pocas palabras me respondió diciendo: «Ignoro qual sea el origen de los negros, que son nacion ciertamente diversa de la *tágala* y *bisaya*, y que segun la tradicion de los *tágalos* y *bisayas*, estaba en las Filipinas quando ellos llegáron á estos: mas le puedo decir que la lengua de la isla llamada de los Negros es la *bisaya* misma, con la mezcla de muchísimas palabras forasteras, &c.» El señor abate Fuente me escribe de esta manera:

«Conjetura usted bien que las castas de naciones negras descubiertas por Cook, en Malicolo, en la Nueva Caledonia, y en otras islas del mar del Sur, son perfectamente semejantes á las de las Filipinas, y que de estas poblaciones descienden, como tambien los negros de la Nueva Holanda, y los de la Nueva Guinea. Los negros de Filipinas son de dos castas: una se cree en aquellos paises desciende de los *malabares* ó *sipayos;* pues aunque su cutis es totalmente negra, tienen cabellos largos, delgados y lucientes, como son los de los otros indios, y no tienen facciones disformes en la nariz y en los labios, como las tienen los negros de Guinea. Los dichos negros, estando ya en esclavitud, y ya con libertad, viven bastante civilmente. Hay otra casta de negros llamados *agta*, los quales están dispersos por las montañas: y estos son de facciones disformes, y tienen crespos los cabellos, como los

(*) Lo que sigue refiérese á calcular el número de almas de las misiones de Jesuitas y el número de islas del Archipiélago.
(a) Historia de las islas de Mindanao, Joló y adyacentes, por Francisco Combes, jesuita. Madrid, 1667, fol. lib. I. cap. II. p. 36.

negros de Guinea. De esta casta hay algunos negros en la isla de Luzon, y muchisimos en la isla llamada de los Negros (la Guinea de las islas Filipinas), de la que ellos se tienen por primeros pobladores. En esta isla hay tambien indios blancos, y en la playa del norte se hablan los dialectos llamados *panay* y *casamalan*, y el dialecto *boholano* se habla en la playa del Sur. La dicha casta de negros parece tener sobre sí la maldicion del cielo, pues vive en las selvas y montañas, como manada de bestias en famimilias separadas y errantes: se mantienen con los frutos que la tierra por si misma produce: y no sé que viva en poblacion ninguna familia de esta casta de negros. Si los mahometanos de las islas Filipinas los hacen esclavos, se dexan matar ántes que trabajar corporalmente: ni consejo. ni fuerza alguna pueden conseguir que ellos trabajen. No léjos de mi mision de *Buyunan*, en la isla de los Negros, habia una tropa de familias de estos, que trataban con algunos indios bárbaros, los quales les dieron á entender que yo les aconsejaba bautizarse, para que el gobernador les obligase despues á pagar tributo, y á trabajar: y por esto no conseguí jamas convertir á ningun negro: y juzgo que poquísimos de ellos se hayan convertido en dicha isla; pues hallé solamente la noticia de uno solo en un libro de bautismos, que se extendia por casi doscientos años. Con los negros tuve siempre buena y amigable correspondencia, esperando que la gracia del Señor obrase en ellos: y empecé á experimentar que ellos se fiaban de mi, y me obedecian en muchas cosas. Su lengua debia ser la *boholana*, pues en esta me hablaban, aunque con dificultad les entendia, porque la hablaban muy mal. Sobre el origen de estos negros, solamente podré decir á usted, que muchas veces oí decir al P. Baltasar Ucla. persona de la mayor autoridad en las islas Filipinas, que ellos descendian de los negros de África. Si algun indio gentil se casa con una negra, toda la familia de esta debe servir al indio esposo. A los indios oi decir que en lo interior de la isla habia negros antropófagos y de ojos perfectamente encarnados: mas yo no los vi jamas.» Hasta aquí el señor Fuente, cuya carta he trasladado enteramente, porque sus observaciones dan fundamento grave para conjeturar que á la primera casta de los negros filipinos pertenecen los negros de las islas últimamente descubiertas en el mar Indiano del Sur.

Los negros, como dice el señor Fuente, le hablaban en lengua *boholana,* que es dialecto *bisayo:* y no siendo creible que ellos, por ser rudisimos y sumamente alarbes, segun el dicho de todos los autores, sepan dos lenguas, parece inferirse que todos ellos hablen dialectos de los idiomas *tágalo* y *bisayo*, que son los generales de las islas Filipinas.

En estas la diversidad de idiomas proviene de las causas, que han sido comunes á todas las naciones para formar diversos dialectos de una misma lengua matriz: y proviene particularmente de la variedad que los filipinos tienen en usar las letras vocales, y las consonantes *l*, *r*, y en dexar de pronunciar consonantes en muchas palabras. Los filipinos tienen escritura ó alfabeto propio: mas en este una cifra sola sirve para las dos vocales *e*, *i:* y otra sola para las dos vocales *o*, *u:* por lo que, si ellos hallan escrita la palabra *coco*, que en *tágalo* y *bisayo* significa *uña*, pueden pronunciarla con estas quatro palabras: *coco, cucu, cocu, cuco*. Asi tambien *pinili*, que significa elegido, en *bisayo*, en virtud de la escritura se puede pronunciar: *pinili, penele, penili, peneli, pinele*. Asimismo, segun el alfabeto de los filipinos, solamente se pueden pronunciar juntamente las consonantes *ng;* pero cada una de las demas debe pronunciarse con alguna vocal: mas no obstante esto, los filipinos usan palabras en que pronuncian dos consonantes juntas sin que intermedie vocal alguna. Parece pues, que el alfabeto de los filipinos, por ser silábico y no de letras solas, ó aisladas, como son los alfabetos latino, griego, hebreo, arábigo, &c. puede haber conspirado á la mayor alteracion de sus respectivas lenguas ó dialectos.

Á esta causa alterativa de las lenguas en Filipinas, se debe añadir la que es comun á naciones bárbaras, y se halla en el dialecto *boholano*, en el que las palabras bisayas *sala* (pecado), *varai* (no hay), *sinsing* (anillo), *bongto* (poblacion), &c. se pronuncian *saa, vaai, siing, longso,* dexando las consonantes *l*, *r*, *ns;* y mudando la *t* en *s*. Los filipinos tienen generalmente el vicio de confundir la letra *r* con la letra *l:* y las naciones bárbaras de Filipinas fácilmente dexan de pronunciar estas y algunas otras consonantes, por lo que sus palabras se desfiguran notablemente. Este defecto último se halla tambien en los *taitis* y en otras naciones descubiertas por Cook, las cuales usan muchas vocales unidas.

Si examinamos la significacion de los nombres de las islas Filipinas, hallaremos que casi todos ellos son de la lengua *bisaya:* por lo que parece que los bisayas, llamados tambien pintados, fueron sus primeros pobladores. La isla mayor se llama *Luzon*, nombre antiguo segun Argensola (a), que segun Colin (b), en la lengua de los natu-

rales significa pilon ó mortero, que en malayo se llama
leson. El nombre *Mindanao* de la isla segunda en grandeza, proviene de las palabras bisayas *min*, *danao:* la primera es partícula compositiva, y la segunda significa *lago*,
que en malayo se llama *talaga*, *tasse*. *Danao* proviene de
dagat mar: la isla de Mindanao abunda mucho de lagos.
Samar, nombre de una isla de los bisayas, en la lengua de
estos significa *herir*. *Suluam*, nombre de una isla desierta
al sureste de Samar, significa corriente de aguas, la qual
es grandisima, cerca de la isla de *Suluam*, por lo que es
muy dificil llegar á ella: y la dicha corriente hace que las
embarcaciones perdidas suelan llegar á *Samar*, adonde
llegaron indios de Palaos segun Tornos y Murillo en diversas ocasiones; y en otra llegó, me ha dicho el señor
Tornos, una embarcacion de japones, que él acogió con
el mayor agasajo, y consiguió reducir á la santa religion.
Bantayam, nombre de una isla, significa *guardia*, *centinela*. *Palao*, nombre de la isla de *Palaos*, proviene de la palabra tágala *palai*, que significa arroz (a). *Sulu*, nombre
de una isla sujeta al sultan de Joló, proviene de *sulug*,
que en lengua de Joló, que es dialecto *bisayo*, significa
corriente de aguas. La clara significacion que muchisimos
nombres de las islas Filipinas y de sus principales poblaciones tienen en los dialectos *malayos*, prueba que fueron
malayos los primeros pobladores; y consiguientemente,
debiéron hablar la lengua malaya los negros que, por tradicion comun en las islas Filipinas, fueron los primeros
pobladores de estas.

Me veo obligado á adoptar esta opinion en fuerza de
las observaciones propuestas, hasta que no se descubra
entre los negros de Filipinas alguna lengua que no sea
dialecto malayo. Si se llegase á descubrir esta lengua diversa, se deberá inferir que esta misma lengua se habla
en la Nueva Guinea, y en la isla de Negros que Cook ha
descubierto últimamente.

II

CONCLUSIONES DE LOS NATURALISTAS SOBRE EL ORIGEN DEL ARCHIPIÉLAGO

El Sr. Jordana resume sus investigaciones científicas acerca del origen del Archipiélago, en estos términos *(Bosquejo*, págs. 120, 121):

(a) De *palai* (arroz) proviene el nombre *pilao*, con que se significó el arroz en
muchisimos puertos de las Indias orientales.

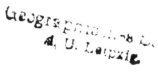

«Los hechos que sumamente hemos expuesto, condu-
cen á los naturalistas á las conclusiones siguientes: 1.°,
que en época sumamente remota, debió existir un inmenso continente que abrazaba en su totalidad ó en su mayor
parte, el vastísimo espacio que se extiende desde las Célebes y demás islas orientales del archipiélago malayo,
hasta las más distantes islas de la Polinesia por la parte E., y desde Nueva Zelanda por el S. hasta las islas Marianas y Sandwich por el N.; 2.°, que este continente permaneció siempre separado del resto de la superficie terrestre, ó si estuvo unido al continente asiático, debió ser
en una época anterior á los primeros tiempos del periodo
secundario ó mesozoico; 3.°, que en tal caso la separacion
debió tener lugar ántes que las islas de Sumatra, Java,
Borneo y Filipinas se desmembrasen del citado continente, del cual han formado parte en época relativamente
moderna; y 4.°, que otros fenómenos y cataclismos parciales han ejercido indudablemente más tarde su accion
en las grandes masas de terreno desmembradas, deter-
minando la actual estructura y condiciones fisico-natura-
les de todas las islas que de ellas proceden.»

III

LA RAZA ÚNICA

Como las conclusiones de los naturalistas sobre
el origen del Archipiélago no pugnan, antes bien se
compadecen con la que obtiene el abate Hervás, de-
ducida de los dialectos, nosotros obtenemos la consecuencia de que los *aetas* y los *indios comunes* de las
islas magallánicas pertenecen á una misma raza-madre, la *malaya*, y por consiguiente, que ésta es la *única* á la cual deben ser afiliadas las hoy llamadas *razas
indígenas de Filipinas*. Ese continente de que nos hablan los hombres de ciencia, transformado después
en grandes grupos de islas (*), pudo estar unido al
continente asiático: si fué así, del Asia partieron en
tiempos remotísimos gentes —los *aetas* —que pobla-

(*) La tradición que acerca del origen del mundo tenian los indios cuando fueron conquistados por los españoles, confirma la existencia del gran fenómeno geológico de que nos hablan los naturalistas: un gigante sostenia la tierra sobre sus
espaldas; el gigante, en un momento de cansancio, movióse bruscamente y dejó
caer aquélla en el Océano: hizose la tierra mil añicos, que son las islas en que los
hombres habitan.—Tal es la tradición.

ron determinadas regiones de tan vasto territorio; si
tal unión no existió, el paso debió de verificarse sin
grandes dificultades, dada la proximidad que media
entre la isla de Sumatra y la península de Malaca,
proximidad que ha debido de ser mucho mayor en
las edades remotas. Cuando acaeció el cataclismo,
esto es, cuando se verificara la gran transformación
que los geólogos reconocen, eran *únicos* habitadores
de las Filipinas los *aetas ó negritos,* á los que hay que
suponer, con la acción del *tiempo* y la del *medio,* más
inferiores que sus antepasados del continente asiático: los *aetas* habían, pues, constituido ya una subraza, ó mejor, *casta especial,* del propio modo que la
constituyen los *papuas,* cuyos antecedentes históricos
son á mi juicio idénticos á los de los *aetas ó negritos* (*).—Entiéndase que, para nosotros, el período
comprendido entre la dispersión de los *aetas* por el
continente oceánico y el desgajamiento de éste, abarca
algunas centurias.—Transcurrió el tiempo, y entonces los malayos *(pardos)* invadieron las *islas* Filipinas,
como invadieron otras muchas del Océano Pacífico.
¿De dónde procedían? Ya queda insinuado: de donde
los *aetas.* Pero en tanto que éstos habían degenerado
bajo todos conceptos, los *nuevos* malayos, por venir
de donde venían, por su contacto con otras gentes á
ellos superiores (**), habían experimentado sensibles
beneficios: de aquí las diferencias, tanto fisiológicas
como morales, que entre los *nuevos* y los *antiguos* debieron de existir, diferencias que con el transcurso

(*) La mayor parte de los antropologistas conviene en que los *papuas* constituyen una subraza de la gran raza *malaya.* Hoy está perfectamente demostrado que
la acción del medio modifica notablemente los caracteres físicos y aun morales, no
ya de familias enteras, sino de tribus numerosas: por eso el color de la piel y la
naturaleza del cabello son datos de los que apenas hace caso la verdadera ciencia.
Los cruzamientos frecuentes entre personas de la misma familia, como acontece entre los *aetas,* reduplica el número de circunstancias que, á la larga, determinan los
caracteres morfológicos que se precisan para la constitución de una subraza propiamente dicha. Creo con Blumenchab que la especie humana sólo consta de cinco
razas-madres: la *blanca* ó europea, la *asiática* ó amarilla, la *africana* ó negra, la
roja ó americana, y la *malaya* (originaria de Asia). Ni la de los *aetas,* ni la de los
papuas, ni ninguna otra subraza *oceánica* de color más ó menos obscuro, puede ser
descendiente de la *africana-madre:* las lenguas y la geología lo demuestran así,
como demuestran también que esas subrazas no son tampoco descendientes de la
roja ó *americana.*
(**) Sospechan algunos autores que los malayos que invadieron las Filipinas habían tenido trato con tribus árabes, y aun se cree que debió de haber cruzamientos
entre gentes de una y otra raza.

del *tiempo* y la acción del *medio* hanse hecho cada vez mayores. Los *pardos* vieron en los *negros,* del propio modo que los *negros* en los *pardos,* enemigos irreconciliables: no de otra suerte se explica el que entre los *antiguos* y los *modernos* malayos no se verificara una completa fusión que diera por resultado una *raza mestiza* numerosa (*). Y sin embargo, no parece verosímil que hubiera grandes, aniquiladoras luchas entre unas y otras gentes. Los *negros,* que por condición nativa eran nómadas y montaraces, fuéronse á vivir definitivamente en las alturas, donde lo enmarañado de la selva y los gérmenes palúdicos les ponían á salvo de las asechanzas de los recién llegados; mientras que éstos ocuparon grandes zonas de las costas y, años andando, llanuras del interior de algunas islas. No aportaron, no, como parece que pretende el abate Hervás, los *malayos* antes que los *aetas;* en cambio todo induce á creer que los *bisayas* llegaron antes que los *tagalos.* Esto es tanto más verosímil, cuanto que el grupo de las *Bisayas* está *al Sur* de Luzón; la invasión debió de ser una no interrumpida serie de escalonamientos, de S. á N., que tuvo comienzo en la isla de Sumatra y acabó en el grupito de las Babuyanes. Si *bisayas* y *tagalos* hubieran ido á la vez, ¿no parece cosa extraña que los primeros se tatuasen y que los segundos no? Las diferencias que existen entre los dialectos de *bisayas y tagalos* son parte también para que me afirme más en tal creencia. Tiénese, por último, como incuestionable que las razas que permanecen excesivamente aisladas degeneran: el ser menos *políticos* que los *tagalos* los naturales de las *Bisayas,* demuestra asimismo su más antigua permanencia en las islas Filipinas. Por lo demás, y viniendo, para concluir, á la afinidad de los dialectos *aeta* y *bisaya.* digo que de esa afinidad yo me doy razón de diferente modo que el insigne autor de *El Hombre físico* y el *Catálogo de las Lenguas.* El idioma *único* que en edades remotas de-

---

(*) Hay pequeñas tribus, no bien estudiadas todavía, de las que se dice que son *mestizas.* Concediendo desde luego la exactitud de esta noticia, lo insignificante del número demuestra bien á las claras que entre los *antiguos* y los *modernos* era mutua la aversión.—V. *Balugas, Irayas, Manguianes,* etc.

bieron de tener los *aetas filipinos*, considérolo como
la más ruda y primitiva derivación del *malayo*. Esta
lengua, con el tiempo, debió de ir ampliándose, al
adquirir más y mejores elementos; y así vemos que
sus derivaciones posteriores, son más amplias y aci-
caladas, cuanto menos antiguas. Por eso el dialecto
tagalo, más culto que el dialecto *bisaya;* y por eso
precisamente, más afinidad entre éste y el *aeta* de
ciertas tribus de *Negros* y de *Bohol.* Nuevas corrientes de relaciones entre hombres venidos del Sur y
los *malayos* de Filipinas, aportaron á las lenguas de
bisayos y *tagalos* nueva suma de vocablos (*) que acabaron por hacer de ambos idiomas (dialectos del *ma-
layo-madre),* los más importantes quizás de cuantos
se hablan en una gran parte del planeta.—Mucho nos
place que el P. M. de Zúñiga opine también, y basán-
dose principalmente en la semejanza de los dialectos,
que los *negritos* y los llamados *indios* proceden de la
misma raza-madre. (V. pág. 427.)

Resumiendo, pues, todo lo dicho, asentamos las
siguientes conclusiones:

1.ª Que los *aeias,* que constituyen la raza autócto-
na de Filipinas, descienden de los malayos primitivos; que por la acción del tiempo y del medio ambiente de la nueva región que pasaron á ocupar,
transformáronse en subraza, que ha ido lenta, pero
progresivamente, degenerando; subraza que acabará
por extinguirse.

2.ª Que á los aetas, tras largo período de tiempo,
siguieron los *malayos,* que ocuparon las islas de Mindanao y otras del grupo de las Bisayas, y, más tarde,
una zona de la parte meridional de Luzón.—*Bisayas.*

3.ª Que á éstos, poco tiempo después, siguieron
nuevos *malayos. —Tagalos,* que ocuparon primeramente las provincias de Manila, Batangas, La Laguna, Cavite y otras de la costa del centro de Luzón.

4.ª Que todas las demás que ordinariamente se
llaman *razas indígenas de Filipinas,* son resultantes

(*) Los estudios del P. Minguella y los del Sr. Pardo de Tavera, sin citar otros,
demuestran que en el tagalo existe buen número de voces del idioma sanskrit. Sería curioso y del mayor interés un grande estudio en el que se catalogasen las palabras procedentes de otras lenguas que no sean la *malaya.*

de cruzamientos diversos entre unas y otras tribus;
aunque deben sus leves diferencias, más que al influjo de distintas sangres, por decirlo así, á la influencia de medio, exceptuadas aquellas agrupaciones de
filipinos de modernísima historia, descendientes de
chinos é indias *malayas* (*).

IV

VOCABULARIO ETNOLÓGICO

AETAS = NEGRITOS.—Variantes: AGTAS, AITAS, ATAAS,
ITAS ITAAS.—Primeros pobladores de Filipinas. Descienden de los primitivos malayos del Asia. Su *origen,*
según nuestro Autor: 425-427. En general, son tímidos
y cobardes: 408. Traicioneros: 421. Su *gobierno:* II, 94.
Viven como bestias: *Id.* Los de Bataan: 496. Otras citas: 145, 318, 401, 416, 417, 420, 424, 471-473.—Tribus
mestizas de aetas y malayos: V. *Balugas, Irayas, Manguianes.* Estudio recomendable: el de Semper, traduc.
de Vidal: *Rev. de Filipinas,* I, pág. 14 y stes. Entre los
años 1727-1750, el franciscano Fr. Bernardo de Santa
Rosa escribió un *Arte,* un *Diccionario* y una *Doctrina
cristiana* en lengua aeta. Estos libros no han sido impresos.—V. Huerta, *Estado* (pág. 541), ed. de 1865.

Americanos.—333.—En general, eran de raza española los
que iban á Filipinas, y procedentes de México.

Armenios.—264.—265.—Pertenecen á la raza blanca.

ATES.—Denominación de los *mundos* ladrones: II, 96.—
Según Marche (citado por Blumentritt), *Até* es el «nombre que dan los tagbanuas de la isla de la Paragua á los
negritos».

BALUGAS.—Negritos de monte: 471. Raza salvaje mestiza
de aetas y malayos.—V. Blum., Mozo, Semper.

(*) He dicho en distintas ocasiones que los chinos, antes de que Magallanes
descubriera las Islas Filipinas, iban á comerciar con los *indios.* Pero ni ese comercio debemos remontarlo á demasiada antigüedad ni, en todo caso, las tribus *mestizas* de la parte N. de Luzón son anteriores á la conquista de Filipinas por Legazpi.
Los poquísimos esqueletos de hombres de alguna mayor talla que la ordinaria de
los malayos, hallados en ciertas partes de la *costa* de Luzón, no constituyen un
dato de valía: deben considerarse como de *chinos* aventureros, tal vez náufragos á
quienes mataron los filipinos. Estoy del todo conforme, en este punto concreto, con
el profesor Blumentritt: ni la lengua, ni la historia, ni otra porción de circunstancias, demuestran *antiguos* cruzamientos entre las gentes de raza *amarilla* y las de
raza *parda* ó *malaya.*

BICOLES.—Malayos descendientes de los antiguos bisayas que ocupan las provs. de Camarines y Albay. Deben su nombre al río Bicol.

BISAYAS.—Indios de raza malaya, que debieron de llegar á Filipinas antes que los tagalos. Además de las razones que ya expusimos algo más arriba, añádase que en los tiempos de la Conquista tenían peores costumbres que los tagalos. En la mujer bisaya era afrentosa la virginidad, según antiguos autores.—*Origen:* 427; II, 67. *Dialecto:* II, 69. *Tatuaje:* II, 66.

BORNEY (Mestizos de).—V. *Mestizos.*

Borneyes.—Los naturales de la isla de Borneo.—Hoy son contadísimos en Filipinas.

CALINGAS.—Indios infieles en estado salvaje: II, 26. Son varias tribus. Créese que tienen algo de sangre china. —V. Semper, estudio cit.

CAMUCONES.—Nombre que dan algunos escritores de los siglos XVII y XVIII, y también el P. Zúñiga (II, 85) á los piratas moros de las islas comprendidas entre las de Borneo y Taui-taui.

Cipayos.—451.—De esta raza, tan numerosa en las Colonias inglesas del Oriente, hoy no se ven en Filipinas sino muy raros individuos.

Chinos.—Han sido, son y serán un serio problema político, social y aun antropológico en Filipinas. Es cosa averiguada que antes de que Magallanes descubriera aquellas Islas, ya los chinos iban á comerciar con tagalos, bisayas y otros filipinos malayos habitantes de las costas. Astutos, sagaces, dotados de un espíritu de rapacidad superior á toda ponderación y de una audacia, para ciertas empresas, que contrasta con la cobardía y ruindad peculiares de esta raza, los chinos se aventuraban á ir á las Filipinas, seguros de no perder el viaje: en efecto, llevábanles á los indios cacharros, telas, baratijas diversas—y me inclino á creer que pólvora más tarde (período comprendido entre los años 1526-1571), —para tomar en cambio buenos puñados de oro. Las relaciones comerciales continuaron, después de la conquista de Filipinas por Legazpi, y andando los años adquirieron un incremento considerable.—La pretendida invasión de Limahong (II, 9, 15; *Ap. A.*, nota 39) trajo por consecuencia que centenares de chinos, de los que el audaz pirata llevó como soldados á Manila, fueran á refugiarse al N. de Luzón, donde por fuerza quedaron; y descendientes de ellos se cree que lo sean algunas tribus.—Transcurridos pocos años, verifícanse las prime-

ras radicaciones. esto es. se establecen en Manila (260).
Debió de irles á pedir de boca. porque desde entonces
la inmigración fué en progresión geométrica; invadieron las provincias. y dedicóse una buena parte de ellos
al cultivo de los campos (I. 13). Y tanto llegó á crecer la
inmigración. que el año tercero del siglo xvii sumaban
ya la respetable cifra de 25.000 (260). Ese mismo año se
sublevaron por primera vez (I, 40; *Ap. A*, nota 42), por
cuya causa. después de haber sido durísimamente castigados, se les prohibió que pudieran volver á radicar-
se (261-263). Volvieron. sin embargo, al poco tiempo,
aunque con la condición de no dedicarse á otra cosa
que á las faenas agrícolas; pero de nuevo se consagraron al comercio. por la cuenta que á ciertos *vividores*
les tenía (202): sin fijarse los gobernantes en que, con
gentes de esta laya. ni los indios, ni los mestizos de españoles. ni mucho menos los peninsulares. podían, ni
podrán nunca. competir (273). Esto no significa en modo
alguno que los productos que los chinos venden sean
los mejores: antes. por el contrario, ellos todo lo adul-
teran (272). Y son falsos (408), y explotadores desapia-
dados del indio (402). y ladrones (347), y por añadidura
han dado pruebas de profunda ingratitud y grande des-
lealtad (346. 450. 477, y nota 42 del *Ap. A*). Su lujuria,
para que nada falte á esta raza envilecida, es famosa
donde quiera que de ellos hay noticia (192, 406).—Escritores tan graves como el P. Díaz *(Conq.*, l. III, caps. 33
y 34), Castillo y Negrete (1.ª parte, 58), y otros. entre los
antiguos, y en general cuantos estudian hoy el transcendental problema de la inmigración china en Filipinas,
concluyen diciendo que son un peligro para la Colonia,
no sólo por sus antecedentes históricos en ella (puesto
que se han sublevado varias veces), sino porque impiden que el comercio al menudeo prospere en otras manos que las de ellos y. finalmente, porque. de seguir la
inmigración en la proporción que va. ha de operarse un
cambio funesto en los caracteres étnicos de los pueblos
filipinos. En vano las antiguas *Ordenanzas* les limitaban
las localidades en que debían precisamente residir (V.
caps. 16 y 34 de las de Cruzat y 76 de las Aguilar); ellos
han campado por sus respetos. y hanse hecho los dueños de casi todos los negocios de las Islas. viviendo donde les viene en talante. En lo antiguo tuvieron junto á
los muros de la Capital una barriada que se llamó el
Parián (324). Hoy donde más predominan es en Binondo. A principios de este siglo, según cálculos de Comyn (cap. I). había unos 7.000 en Filipinas; hoy se cree
que pasan de 100.000: ¡considérese el número de *mesti-*

zos que habrá á la vuelta de medio siglo! Actualmente, existen pueblos enteros que, como el de Tambóbong, lo constituyen *mestizos* casi exclusivamente. Los que en los primeros años de la dominación española se bautizaban, cortábanse la coleta al bautizarse (Rivadeneyra, 16; Aduarte, 263), y así no podian volver á su pais. Hoy el chino no hace semejante cosa; y el que se bautiza y se casa, suele volver á China á divertirse. dejando para siempre en Filipinas, en el mayor abandono, una familia de la que se habia mostrado amante, sólo por mantener su negocio con la hipocresia más refinada. *Quioquiap* es el que con mayor brillantez se ha desatado contra los *amarillos*, entre los escritores contemporáneos.—V. *Mestizos de chino*.

CHINOS (Mestizos de).—V. *Mestizos*.

DAIHAGAN = Mestizo de *borney* y *aeta*.—V. pág. 145.

Dinamarqueses.—265.

Españoles.—Los españoles llegaron por primera vez á Filipinas el año de 1521, con Magallanes. Pero en rigor la colonización comienza en 1565, desde el punto y hora en que la escuadra que comandaba Legazpi, y habia dirigido el P. Urdaneta, tocó en Cebú. Durante el primer periodo de nuestra dominación, que abraza una cincuentena de años, hiciéronse verdaderos imposibles por la total conquista del Archipiélago, sin necesidad de derramar sangre en batallas con los filipinos: á ello se oponia, de una parte, la prudencia de los Gobernadores. que no debieron de echar en saco roto la ineficacia del número que á la sazón sumaban los europeos, y de otra, el apostólico celo de los frailes, que habiéndose captado. desde los primeros dias de su residencia en aquel pais, las simpatias de la generalidad de los indigenas, trataron, por todos los medios hábiles, de evitar luchas entre los dominados y los dominadores. Asegurada la paz, consolidada de todo punto la Conquista, la colonia española ha ido desde entonces poco á poco ejerciendo en aquella tierra esa acción civilizadora que ha producido á la larga una total transformación en los usos y costumbres de los indios, á quienes ha elevado al mayor grado de civilización de que eran susceptibles unas razas que antes de la Conquista yacian sumidas en la barbarie más espantosa (*). Con los encomenderos comienza la colonización propiamente dicha, y con ellos á difundirse nuestra sangre por todo el Archipié-

(*) El duque de Alençon: *Luçon et Mindanao: extraits d'un journal de voyage dans l'extrème Orient.* Paris, 1870.

lago. Se les ha juzgado con dureza, sin crítica ninguna. Quien juzga las cosas de *ayer* con el pensamiento puesto en las de *hoy*, se equivoca. Hay que dar á cada época lo suyo, á más de que no hay que perder de vista circunstancias de cierto linaje, que son á manera de datos fundamentales para resolver acertadamente los problemas que la crítica nos brinda: los primeros encomenderos fueron buenos, porque eran los mismos hombres que habían realizado, en unión de los frailes, la Conquista: espíritus como los de Juan de Salcedo y Gabriel de Rivera, tenían que conducirse con cierto desinterés y elevada dignidad. No así los sucesores, que iban á la ventura, á *tierra de bárbaros*, á *país conquistado*, con el propósito preconcebido de enriquecerse, en compensación del riesgo que corrían de perecer bajo la acción de un clima aniquilador; como desquite del sacrificio que supone abandonar la tierra nativa para vivir en otra tan diferente de ésta. El concepto que en lo antiguo se tenía de las colonias, distaba mucho de ser el que hoy se tiene. Además, no es lógico conceder que los magnates que vivían tranquila y cómodamente en la Península, hubieran abandonado sus palacios por ir á dirigir una hacienda en los campos de Luzón, de Panay ó de Cebú... Pero aquellos hombres, si rudos, los más de ellos, si inhumanos no pocos, produjeron beneficios, queriéndolo ó sin querer: al transmitir su sangre, creábanse nuevos lazos de unión con Filipinas, y si allí morían, su capital quedaba en el país; y en todo caso, del contacto de ellos con los indios provino necesariamente la difusión de nuestras prácticas religiosas, de nuestras costumbres, de nuestra lengua, de nuestro espíritu todo: y estas son cantidades positivas que marcan huella profunda y transcendental en los pueblos, mientras que las vejaciones á que pudieron haber sometido á unos cuantos centenares de malayos, si sensibles, nada valen parangonadas con la ignominiosa esclavitud que padecían los indios, esclavitud que España se complació en abolir á raíz de la Conquista. Fueron, pues, los encomenderos un mal menor, que produjo, sin embargo, beneficios: del mal se conservará el recuerdo en las historias; de los beneficios, tócanse todavía los resultados. A principios de este siglo dictóse la supresión de las encomiendas.—Consúltense: LEÓN PINELO: *Trat. de Repartimientos.* REV. DE FILIPINAS, artículos de del PAN, págs. 125 y stes. CABEZAS DE HERRERA, su *Informe* acerca de la propiedad. ESTADISMO, 491.—Otra clase á la que hay que conceder gran importancia en lo que se relaciona con la transmisión de nuestra sangre y de nuestras costumbres á las gentes malayas de Filipinas, es la de militares. A ellos se debe una buena parte de cuantos mestizos existen en el Archipiélago. Muchos de nuestros soldados, al tomar la licencia cásanse con indias que tienen alguna propiedad; quedan, pues, para siempre en el país, y aunque por sus antecedentes no se les debe exigir, salvas raras excepciones, que sean dechados en cuestiones de etiqueta, tienen en cambio la ventaja de la laboriosidad y de la honradez, y así que algo bueno comunican á los indios.—Terminado el período que debemos llamar *heroico*, que abraza la primera cincuentena de años, la colonia española degeneró por la fuerza de las circunstancias: la avidez de riquezas, la nostalgia, el influjo de un medio social relajado porque, entre otros vicios, tenía el que impone el clima á la mayoría de los europeos—el vicio de no. hacer nada,—la murmuración, el juego y la vanidad (*) vinieron á ser las notas culminantes del lado feo de aquella agrupación de peninsulares. Mas ¡qué mucho! En aquellos tiempos, América lo llenaba todo; América era la rica por excelencia; la tierra de las grandes esperanzas y de las realidades superiores á todo lo soñado. Mientras que Filipinas era un apartadísimo rincón del globo, que, lejos de producir á la Metrópoli, vivía á expensas del Virreinato de México (**). ¿Quién, pues, podía ir á Filipinas, que no fuese un dejado de la mano de Dios?... Ha habido, sí, mucha *escoria* de España en Filipinas; pero la ha habido por circunstancias *propias de Filipinas*. Yo no concibo un Hernán Cortés, luego de la batalla de Otumba, de Capitán general de aquellas Islas: era demasiado hombre para tan poca tierra, demasiado corazón para tan tímidas gentes, demasiado carácter para soportar, como soportó Legazpi, mentecatadas de reyezuelos envilecidos. Como no concibo en igual puesto al Pizarro conquistador del Perú, luego de haber sido dueño del inmenso tesoro de los Incas. Filipinas era nada; á España le sobraban tierras, y millones de hombres y de duros en América. Por eso á Filipinas ¿qué gentes habían de ir?... Y sin embargo, en Filipinas ha habido generales valerosos, dignos, honrados; y no todos los

---

(*) El español no ha transmitido la vanidad á los indios, como algunos creen; es el indio quien la ha transmitido al español. Los malayos son vanidosos por condición ingénita.—V. Morga, págs. 260–263.

(**) Vista la inferioridad de Filipinas como colonia en relación con los *Reinos* de América, Felipe III tuvo el propósito de decretar el abandono. El P. Moraga, franciscano de las Misiones de Filipinas, que en Madrid se hallaba entonces, le tocó de tal suerte el corazón al Rey, que gracias al citado franciscano no se ordenó el abandono.—V. Huerta, *Estado* (edic. 1865), pág. 499.

oficiales reales fueron acémilas ni ladrones. Y como quiera que fuesen aquellos peninsulares, lo cierto es que, cumpliendo con la ley que es privilegio de la raza latina, generosa y educadora como ninguna otra, comunicaron á los indios el espíritu nacional, haciendo de éstos, con el tiempo y con el concurso inapreciable de los frailes, los indios más civilizados de toda la Oceanía. Quiero yo que consten aquí las opiniones de dos extranjeros y protestantes por añadidura, acerca de nuestro trato con los indígenas. «Difícil sería hallar una »colonia cuyos naturales vivan tan á gusto como los »filipinos. Han adoptado la religion, los usos y las cos-»tumbres de sus dominadores, de los cuales no están se-»parados por la alta valla que, prescindiendo de Java, »levanta entre europeos é indígenas la desdeñosa alta-»nería británica.»—JAGOR (alemán): Viajes (traduc. de VIDAL). pág. 30.—Y escribe BOWRING (inglés): «Las lí-»neas de separacion entre las clases y razas me parecie-»ron menos marcadas que en otras colonias orientales. »He visto en la misma mesa españoles, mestizos é indios »sacerdotes y militares. No hay duda que una misma re-»ligion forma un gran lazo; más, á los ojos del que ha »observado las repulsiones y diferencias de raza en va-»rias partes del Oriente; para el que sabe que la raza es »la grande division de la sociedad, es admirable el con-»traste y excepcion que presenta la poblacion tan mez-»clada de Filipinas.»—Una visita... (traduc. con notas de del PAN). pág. 18.—Somos los españoles, más ó menos Quijotes como individuos; pero colectivamente, los más demócratas del planeta. En resolución, malos ó buenos, ello es que los indios, que ya se consideran un pueblo merecedor de la total asimilación legislativa con la Metrópoli, todo cuanto son y cuanto valen lo deben por entero á los españoles, que han operado en ellos la más extraordinaria transformación que podía esperarse.—Nuestro Autor estaba en lo firme al apetecer una poderosa inmigración europea: además de lo que civiliza, mejora los caracteres étnicos de aquellos pueblos.— I, 77, 78, 272. 276-282, 308, 405, 433.

Franceses.—264.—Los que llevaron prisioneros los ingleses, cuando éstos intentaron la incorporación de Filipinas á la corona de la Gran Bretaña: 344.—Hay actualmente pocos en número, y los mestizos de francés é india son contadísimos.

Holandeses.—De sus piraterías podria escribirse un grueso tomo. Rivales de los portugueses, quedáronse con la mayor parte de las islas que éstos habian conquistado.

El contingente de holandeses en Filipinas ha sido en todo tiempo bastante reducido.—270; II, 85, 91.

IGORROTES.—Nombre genérico con el que suele designarse á las tribus infieles que ocupan las cordilleras N. y Central de los Caraballos. En opinión de algunos etnógrafos ilustres, los igorrotes son tan sólo los malayos infieles y aguerridos que ocupan las regiones de Lepanto y Benguet. La lengua de estos bárbaros se dice se halla dividida en cuatro dialectos. En las obras antiguas suelen hallarse las variantes: IGOLOT, IGULUT.—426; II, 12, 14, 21.—Su comercio de carne humana: II, 17.

ILOCANOS.—Malayos cristianos que ocupan casi toda la región occidental de la parte N. de Luzón. Se les cree los más laboriosos de las Islas.

ILONGOTES.—Infieles de raza malaya con el tipo algo mongol. Son fieros, extraordinariamente sanguinarios y bárbaros en todas sus manifestaciones.—472, 475; II, 26.

INDIOS.—Con este nombre suele designarse á todos los filipinos cristianos de raza malaya; exceptuadas, pues, pequeñas tribus salvajes y, por de contado, abstrayéndonos de las gentes, llamadas *moros,* que en Mindanao é islas del grupo de Joló profesan el mahometanismo, todos los demás malayos del Archipiélago hállanse comprendidos en la denominación genérica de INDIOS. Vamos, pues, á hablar de los *ilocanos,* los *pangasinanes,* los *pampangos,* los *tagalos,* los *bicoles,* los *bisayas,* etc., ya que, originarios todos ellos de la misma raza, modificados por la misma religión, sometidos á las mismas leyes y educados por europeos de la misma nacionalidad, existe en todos los indios un grande fondo de semejanza, ante el cual nada apenas significan minúsculas diferencias, de carácter secundario para el sociólogo y aun para el etnologista más escrupuloso. Del INDIO en general han escrito toda suerte de *horrores* los peninsulares, los franceses, los ingleses y los alemanes; otros autores, en cambio, han hecho defensas apasionadas del INDIO: Las Casas y Palafox, por lo que respecta al mexicano, tuvieron en el P. Delgado un prosélito más, por lo que respecta al natural de Filipinas. Pero entre el P. Delgado y el P. Murillo (ambos de la misma época y ambos de la misma Orden), la distancia de las apreciaciones es inmensa. Si indagamos las causas, hallaremos que unos y otros tenían razón al expresarse en la forma que lo hacían; si serenamente criticamos tales críticas, hemos de convenir en que no hay en ellas verdadero espíritu de justicia distributiva. Los que se desencadenan contra el INDIO, júzganle por contraste: y

como el indio es hombre de otras latitudes, hombre que
ha vivido muchas centurias alejado del foco de la civilización, pretender que nuestro contacto le modifique el
temperamento, le vigorice los músculos, le ingiera en su
alma nuestros propios sentimientos y en su cerebro
nuestras propias ideas, es tan ilusorio como pretender
su superioridad sobre el europeo, sólo porque el indio
es dócil, sumiso, temeroso de Dios, pacienzudo, hábil,
etcétera, etc. Habida cuenta de que los europeos somos,
por la acción de nuestros nervios, impresionistas en
grado sumo, y que los espíritus cándidos á par que
eminentemente apostólicos escasean, no es de extrañar que los detractores sumen cifra considerable en
relación con la que suman los defensores. Estos, comparando á los indios más buenos con aquella *hez* de
españoles cuyas demasías impedían el desarrollo del
Catolicismo y de las buenas costumbres; y aquéllos
comparando lo mejor de los españoles con lo peor de
los indios, cayeron unos y otros en errores transcenden-
tales. Vamos nosotros á proceder por diferente sistema
que el usual hasta ahora: compararemos á los indios de
ayer con los de *antes de ayer*, por decirlo así, y tanto á
éstos como á aquéllos, con los de *hoy*, sin perjuicio de
hacer de vez en cuando reflexiones de cierta índole, necesarias de todo punto, para que nuestras notas corres-
pondan á los fines que nos guían la pluma.

ARMAS.—Las que los indios de las Bisayas usaban, en
los tiempos de la Conquista, son las siguientes, según la relación de García Descalante Alvarado, de 1.º
Agosto 1548 *(Col. de docs. inéds.*, 1.ª serie, t. V, 123-
124): «Las armas con que pelean en todas estas islas,
generalmente, son muchas é muy buenas, de hierro;
las ofensivas son alfanges, dagas, lanzas, azagayas é
otras armas arrojadizas, arcos, flechas y cerbatanas;
todas generalmente tienen yerba; y en la guerra se
sirven de ella y de otras ponzoñas; sus armas defensivas son escopiles de algodón hasta en piés, con sus
mangas, coseletes de madera y de cuero de búfalo,
corazas de caña y palos duros, paveses de madera
que los cubren todos; las armaduras de cabeza, son
de cuero de lixa, y muy fuertes, y en algunas islas
tienen *artillería menuda é algunos arcabuces*». Estas
noticias las confirma Herrera, según puede verse en
el *Ap. B.* (Década VII, lib. V, cap. V, págs. 92-93.) La
artillería menuda reduciase á falconetes, lombardas ó
bombardas y versos; estas piézas se supone las adquirieron de los portugueses, de los borneyes y aun

de los mismos españoles de las expediciones de Magallanes y siguientes. En 1570, había en Manila fundición de cañones, que Goyti y los suyos quemaron (V. San Agustín, *Conquistas*, 219-220) (*).—Los *versos* los hacian de trozos de caña. La *cerbatana* era un instrumento hueco, en cuya cavidad introducian bolas ó palos con plumas para hacer tiro. La *azagaya* = dardo arrojadizo. También usaban la *partesana*, ofensiva y defensiva, semejante á la alabarda. Los escudos ó rodelas = *calasag* = *carasa* (Morga).—Argensola, 315; —San Agustín, 509;— Morga, 142, 265;— Delgado, 329-330.—En la actualidad, no existen otras armas *propias de los indios* que las que usan los moros é infieles: machetes de más ó menos longitud, *aliguas* (análogas á las hachas) y flechas. Mindanaos y joloanos tienen cañoncillos de escaso calibre toscamente construidos; en general son *lantacas.*—Armas de los aetas: 424. *Caytana* ó *catana:* 108. *Gúloc* = machete: 156.

BAILES, CANTOS, MÚSICA, etc.—Consta de varias relaciones que, antes de la Conquista, tenian varios cantos los filipinos, y uno especial cuando bogaban (**). Este especial hay que darle por perdido? El P. Ortiz lo menciona (168). El *comintán*, el *cundiman* y el *talindao* (bailes, cantos y versos adecuados), son también anteriores á la Conquista. Los *panaderos* y el *sacatito* y aun el mismo *del palay* (521), les creo posteriores (I, 63, 77); y, por decontado, la *contradanza* cit. en la pág. 96 (t. I), téngola por moderna.—De bailes indecentes y cantos deshonestos—á espaldas de los españoles—algo también nos dice el P. Zúñiga (362). Pero en cambio no nos habla nada de los cantores de iglesia, que educaron y propagaron los religiosos desde su llegada á Filipinas. (V. San Antonio, t. II, lib. I, párrafos 34 y otros.) Fr. Jerónimo de Aguilar, franciscano, fué el primero que impuso en música á los indios tagalos y bicoles. (Id., id., lib. I, párr. 39, 40, 610 y 611). Hoy los bailes genuinamente indígenas van decayendo, y otro tanto ocurre con las canciones;

(*) Y una pequeña fortaleza. Cuando Goyti, con un puñado de valientes la destruyó, pudo verse que el director de las operaciones era un portugués; y que los demás que allí habia, eran moros borneyes. Los borneyes llegaron á construir bastante bien los cañoncillos de escaso calibre.—V. *Docs. inéds.*; 2.ª serie, t. II, de Filipinas, pág. 236.

(**) Morga, 266.—V. además los *Docs. inéds.*, 2.ª serie: consta que los indios que se hicieron amigos de los españoles, manifestaban á éstos que para que los distinguieran de los indios enemigos, irían cantando cuando bogasen: así los españoles, cuando veían venir una embarcación de indios que no cantaban, tenían que apercibirse. Esto demuestra que la *costumbre* de cantar bogando tomó incremento desde que los castilas aportaron á las Islas.

cosa sensible, si se tiene en cuenta que dejan lo propio, que no todo es feo, por remedar los bailes y los
cantos de los españoles, «sin comprender el espíritu
»de las cosas, en cuya superficie únicamente se fijan:
»por esto son ellos y las producciones de su arte tan
»fastidiosos y desprovistos de carácter, que podría-
»mos calificarles de falsos, á pesar de la gran habili-
»dad y paciencia que suelen emplear en su ejecución»,
dice Jagor (traduc. de Vidal). pág. 32.—En cambio el
subli, baile el más popular actualmente en Batangas
y Bauang, gusta á cuantos europeos lo ven bailar (*).

CARACTERES FÍSICOS, CARACTERES MORALES Y CARACTE-
RES FÍSICO-MORALES.—Aunque ya hemos señalado algunas páginas en las que nuestro Autor trata del *origen* de los indios, volveremos á citarlas, apuntando
algunas más: los *malayos*, 154;—los *aetas*, 425-427;—
los *tagalos*, 153-154;—los de *La Laguna* (tagalos), 193-
194;—los *pampangos*, 480; los *marianos*, II. 111;—Otras
citas: 428, 431; II, 67.—V. el artículo III de este *Apéndice, La raza única.*

Facciones de los indios, en general: 153, 340.—Los
demás pueblos cristianos discrepan tan sólo en el color, y estas diferencias no son sensibles, como no lo
son las de la estatura. La mujer, ¿es guapa? La respuesta no debe darla el europeo; nuestra estética es
muy otra: Jagor (pág. 25) y Bowring (39) no debieron
enamorarse de ninguna india. Las hay, sin embargo,
que merecen el calificativo de hermosas, por el gran-
dor de los ojos, la placidez del semblante y la armó-
nica proporción de los miembros.—V. 203.

Tatuaje.—Tatuábanse los bisayas, los de Albay y
Camarines (II, 66), los de Catanduanes (II, 51), y otras
gentes, entre las cuales no apunta nuestro Autor una
tribu de Mindoro, de la cual da noticias curiosas el
P. Navarrete *(Tratados,* 316).—Hoy el tatuaje sólo se
ve en algunas tribus bárbaras, que no ha sido posible
reducir á la civilización.

Vitalidad.—Pág. 158.—Sin que podamos demos-
trarlo con cifras comparativas, todo induce á creer
que actualmente es mayor que en los tiempos de la
Conquista el número de indios que llegan á la ancia-
nidad. Con el cambio de gobierno, desaparecieron
aquellas luchas constantes en que vivían unas con
otras las rancherías. Aparte otras razones. lo positivo

_____

(*) Yo lo aprendí, y lo describo en mi librillo *El Indio batangueño*. No conozco
ninguna otra descripción.

es que hoy existe, aunque escasa, más higiene pública que antes, como existen médicos que han desban-
cado, aunque no á todos, á un buen número de *mediquillos* (152), los que á su vez han prosperado (los
más), gracias á las lecciones de los frailes (*). Codorniú pone en su *Topografía médica* (pág. 325) una estadística sumamente curiosa: vivían en 1848, sólo en
quince provincias, 63 indios centenarios.

Aseo.—En los indios es antigua la costumbre de
bañarse. (Chirino, cap. X; Morga, 262.) En ellas esta
costumbre parece ser más acentuada que en ellos
(489). Yo no paso, sin embargo, porque en el indio
sea instintiva la pulcritud: no debemos confundir el
placer que el baño proporciona, con el hábito de la
limpieza. Si el indio fuese limpio no dormiría en el
suelo; no limpiaría los platos con el faldón de la camisa; no lavaría el pescado en esteros, sobre cuya superficie flotan, á la vista, despojos humanos desagra-
dables. En las clases acomodadas, ya es otra cosa;
éstas sí que son limpias, en toda la extensión de la
palabra, á pesar de que muchos de sus individuos
comen con las manos (que tienen buen cuidado de la-
várselas inmediatamente antes de comer); pero, lo
que es la masa común, la gente del montón, no lo
concedo. Mis criados, como yo, se bañaban todos los
días; yo me secaba y después me ponía ropa limpia;
ellos, sin secarse, se ponían la sucia: de suerte que,
en rigor, no se habían bañado por limpiarse, sino
por experimentar un rato de gran frescura. Con todo,
en este particular los indios han ganado considerablemente: hoy son raros los que no se peinan; en lo
antiguo, la cabeza enmarañada era lo común, como
lo es todavía entre los indios cristianos que viven en
los montes de las provincias más civilizadas.

Inteligencia, aptitudes generales, etc.—No busque-
mos en las historias hechos que demuestren que los
antiguos indios valían nada, intelectualmente considerados. El mismo P. Delgado, tan indiófilo, comienza así uno de sus capítulos (pág. 249): *La barbarie de
los primitivos habitadores de estas islas y aun de los
secundarios, llamados indios...* Pero no hace falta,

(*) Si todos los mediquillos, dando de mano con el mayor ó menor conocimiento que de las virtudes de algunas plantas tienen, se atuvieran estrictamente á los
consejos de los frailes, que por lo menos suelen saber bastante de *medicina casera*,
no cometerían tan á menudo los *horrores* que cometen. Es verdad que muchos son,
antes que mediquillos, charlatanes, á la manera del que nos pinta nuestro Autor
en la pág. 390, y por ganarse un peso, se hacen la cuenta de que la conciencia está
demás en el mundo.—V. *Ap. A*, nota 56.

después de todo, que aportemos citas (podriamos acu-
mularlas por millares) de libros viejos: en Luzón tenemos tribus no sometidas aún; estúdiense las manifestaciones de la inteligencia de esos indios, y veráse
que no les cuadra otro calificativo que el de bárbaros (*). Los indios no han comenzado á dar muestras
de verdadero talento hasta que no estuvieron bajo la
acción civilizadora de los españoles. España no pudo
aprovechar otra cosa propiamente indígena que la
institución llamada *barangay:* esto es todo lo que
queda de la civilización filipina prehispana. Y siendo
indiscutible que los filipinos civilizados son los que
más valen de todos los pueblos malayos que existen
sobre la tierra, resulta evidente que todo cuanto son
y cuanto valen lo deben á la Nación española. Luego
allí los españoles han hecho algo más que acumular
riquezas (**): han educado á millones de indios. Las
mismas manifestaciones intelectuales de éstos, lo demuestran: son, como hermanos nuestros de menor
edad, imitadores de todo lo español. Hábiles. ó mejor,
mañosos en grado extraordinario, pacienzudos sobre
toda ponderación; dóciles hasta el grado supremo de
la docilidad; dotados de una memoria extraordinaria,
cuanto se les enseña lo aprenden fácilmente, supe-
rándonos en lo que implica paciencia, habilidad ó memoria, igualándonos en lo que requiere un regular
espíritu de observación y un talento que no sea extraordinario; quédanse atrás en lo que precisa fanta-
sia extraordinaria, buen gusto original, profunda reflexión, talento poco común. Delincantes consumados,
pendolistas eximios, tallistas muy excelentes, España
no halló en Filipinas dibujo ninguno, nada escrito,
una sola construcción que fuera á modo de alarde de
la maña de los indios. De memoria feliz, jamás fueron
cuidadosos de su historia (I, 94), no tenían apenas recuerdos del pasado (I, 49), no obstante su apego á la
tradición (302), su espiritu rutinario (II, 11, 13). Tenian
alfabeto, como queda dicho, y tal vez ninguno de sus
reyezuclos sabía firmar (***). Por toda ley, los *uga-
lis* (****), que pudieron estar en la mente de grandes y

(*)   El profesor Blumentritt, tan defensor de los indios, prodiga el vocablo *salvaje,* siempre que se refiere á las tribus á que aludimos nosotros.
(**)   Esta insidiosa imbecilidad, claro es que sólo se oye en boca de muy contados ignorantes al propio tiempo que enemigos sistemáticos de la raza blanca.
(***)   El famoso Sicatuna no sabía escribir su nombre: probablemente le sucedería otro tanto á muchos *notables* paisanos suyos.—V. *Docs. inéds.,* 2.ª serie, II, 288.
(****)   V. en el texto, pág. 166.—«Cuando pronunciaban sus decisiones *(los viejos ó matandás),* no decían así lo manda la ley, sino *tal es la costumbre,* lo que en
tagalog dicen *ag ugali.*»—P. de Tavera, nota al P. Plasencia, pág. 11.

de pequeños, pero no en un códice. ¡Qué distancia tan grande de aquellos legisladores *matandás* (*)—con taparrabo por toga,—á la ya numerosa pléyade de letrados filipinos, algunos de los cuales gozan con justicia la consideración de todos! La afición á la música, data de siglos, no hay duda; ¿pero cabe comparación entre los tamboriles rudimentarios de antaño, que todavía duran, y las orquestas que tan á maravilla ejecutan trozos de música española ó italiana? El indio, sin embargo, es muy mediano compositor, tal vez por su falta de fantasía. Cantantes, si llega á haber alguno extraordinario, habrá que tenerle por fenómeno; pero de esto la raza es irresponsable (**). Los límites á que tenemos necesariamente que ceñirnos nos impiden continuar en este orden de consideraciones; cerremos, pues, esta nota con un apunte de Jagor, destemplado, como todos los suyos, pero exacto en el fondo; dice el viajero alemán (pág. 32): «Todo es imitacion servil, todo recursos torpes. Hasta los mismos bordados en telas de piña, célebres por su finura, hechos á costa de una paciencia increible y con una habilidad no menor, son, por regla general, imitaciones sin gusto de modelos españoles.»—El indio, en resolución, cuanto es y cuanto vale lo debe á los españoles: éstos han sabido determinar sus aptitudes, dirigir su inteligencia, arrancarle al salvajismo para

(*) *Matandá* = viejo.—V. pág. 217.—V. la nota anterior, y más adelante, la papeleta *Organizacion político-social.*

(**) Al doctor López Brea, catedrático de Medicina de la Universidad de Manila, pedíle que por escrito me explicara la causa ó causas del timbre de voz más ó menos nasal de los indios cuando cantan. Contestóme lo siguiente: «Me pide Ud. explique el timbre nasal que se nota en los indios cuando cantan, especialmente cuando emiten notas agudas, y bien meditado creo que hay en ellos condiciones anatómicas étnicas que pueden explicar el timbre característico.

»Autorizado por las conclusiones inducidas por Krishaber, de sus experimentos sobre la voz, que sostienen que las cuerdas vocales generatrices del sonido reducidas á ellas mismas no producen más que ruidos muy débiles cuyo valor musical es difícil de determinar; que el timbre se halla determinado por la cavidad buco-nasal, y la intensidad por la cavidad faríngea, puede explicarse el timbre del indígena por la disminución de capacidad de las fosas nasales, debida al achatamiento de sus narices. Algo podría explicar la disposición de un velo de paladar, cuya influencia en la voz hablada ó cantada no está hasta hoy explicada, y por la disposición de sus amígdalas cuyas funciones no se conocen en fisiología...

»Lo cierto es que si la laringe no tiene variantes de importancia en el malayo con relación al caucásico, las ofrece muy marcadas su cavidad nasal y las auxiliares llamadas senos frontales y esfenoidales, tanto en su amplitud como en su forma, y que como necesaria consecuencia ha de haber importantes modalidades en su velo del paladar, pilares ó istmo de las fauces y anginas, y hasta en su cavidad faríngea y bucal, aparatos de resonancia de la voz emitida por las cuerdas vocales, y á cuyas cavidades, como he hecho constar por la opinión de una eminencia, se deben los caracteres de intensidad y timbre. Circunstancias que valen mucho la pena de ser estudiadas por los antropólogos para utilizarlas como caracteres de diferenciación étnica.»

elevarle á la categoría de hombre civilizado, iluminando su entendimiento con la enseñanza, y perfeccionando sus habilidades con el ejemplo. La india supera al indio en sagacidad. inteligencia y laboriosidad.— V. en el texto: 508-516; 430 y 391, principalmente.

Castidad. —Honestidad.—Sensualismo.—Tenemos á mano multitud de documentos relativos á la época de la Conquista; y si fuésemos á transcribir todas las frases que se refieren á lo muy libres que eran las antiguas indias. mayormente las bisayas, necesitaríamos dar á esta papeleta las proporciones de un extenso folleto. Solteras, casadas, pobres y ricas, su libertinaje no tenia límites. La virginidad era afrentosa: ¡había estupradores de profesión! Como veremos en CASAMIENTOS, era lícito tener más de una esposa... En punto á castidad. honestidad y sensualismo, lo que los indios han progresado. difícilmente puede reducirse á términos concretos. Aquel libertinaje, derivado de la barbarie en que vivían los malayos filipinos, ha desaparecido. Si se tiene en cuenta: 1.°, lo caluroso del clima; 2.°, la calidad y forma de los trajes, tanto de ellos como de ellas; 3.°, la ociosidad en que viven los más, yo declaro que en Filipinas hay más castidad y menos sensualismo que en España; en cuanto á la honestidad. no se pierda de vista que allí subsisten *costumbres* que si á nosotros al principio nos parecen muy feas, en ellos es cosa corriente, y en lo más mínimo les excita: con frecuencia se ven indias medio desnudas: el mismo español, á la larga, acaba por mirarlas con igual indiferencia que si mirase un mueble.—I, 75, 76, 138, 139, 163, 170, 171, 362.

Puerilidad, rasgo característico.—Que los indios tienen un fondo que les hace pasar á nuestros ojos como *niños grandes*, es cosa que declaran unánimemente los escritores sinceros: lo que en ellos influyen los relumbrones (I, 85); el que sea preciso engañarles como á los muchachos para que obren bien (372-373); su imprevisión (405. 461); su escasa formalidad en los tratos (340); lo fácilmente que se les soborna, como testigos, para que cumplan misiones de las que ni se dan cuentan, ni pretenden dársela (393); lo tramposos que suelen ser (207, 499), á la vez que propensos al engaño (223); los que son rateruelos, caprichosos (150); lo fácilmente que se dejan explotar por los chinos y los mestizos de chinos (492); la falta de cálculo que, por tributo á la vanidad, se observa en ciertas manifestaciones de su vida (364); su desmedido afán por las alhajas (156-157), y, en general, por todo lo que

sea ostentación (363, 365, 430); su acentuado espíritu
de imitación (de lo que ya hemos hablado); el miedo
que le ponen los grandes fenómenos de la naturaleza (*); la índole de algunas de sus creencias supersticiosas (de las que hablaremos), y otros rasgos propios de la mayoría de los indios, rasgos que ofrecen
contrastes notabilísimos; son las principales razones
que se alegan para calificarles de niños grandes. Y
cuenta que nuestro Autor no encarece todo lo necesario la *fisgonería*, que por recaer generalmente en todo
aquello que no les importa, ó en lo que no comprenden, es precisamente el rasgo más culminante de su
espíritu pueril.—291-293; II, 27.

   Otros detalles.—Enemigos de las transmigraciones
(I, 17), porque no les conviene ser forasteros, en los
pueblos pequeños sobre todo (I, 18); gustan de vivir
en el campo (59), no siendo raro que aun los haya aficionados á *remontarse* (63, 343, 410). La felicidad del
indio (173, 174, 388), está en razón directa, á mi ver,
de la social emancipación, si es poco culto, ó de la satisfacción de los caprichos de su vanidad compleja, si
vive en un pueblo de relativa importancia. En general, tienen apego á la familia (I, 17). Al dinero, poco ó
ninguno (493); en cambio, á los ricos que les da por
ser explotadores, ó usureros, ó monopolistas, como
dice nuestro Autor (I, 12), todo se les hace poco (447).
—De sus antiguas barbaries (474, 475; II, 9, 16, 26, 28,
31, 51, 53, 104), á los pueblos cristianos, y no á todos,
quédanles leves reminiscencias, que con el tiempo se
borrarán; esas persecuciones de ganado de que nos
habla el texto (345), más me inclino á considerarlas
como travesura de muchachos mal criados que como
derivación del salvajismo histórico.

   *Apatía, desidia, holgazanería, indolencia, ociosi-
dad, pereza.*— El Sr. Sucgan intentó inútilmente redi-
mir á sus paisanos de esta serie de defectos, de que
les acusan los escritores antiguos y modernos: todos
esos defectos pueden reducirse á uno, que pudiéramos llamar: *el no hacer nada*, tan fácil de comprobar,
que basta esta ligerísima consideración: Cuba no tiene dos millones de habitantes; Filipinas tiene siete;
y bien: ¿qué resultado obtenemos comparando las
producciones de ambos países? Yo no diré que *todos*

(*) Cuesta inmenso trabajo conseguir que se aproximen al cráter de un volcán.
El temblor, al que tan *acostumbrados* debían estar, les pone miedo en el ánimo. La
aparición de un cometa, y la observación de un eclipse, les infunden serias preocupaciones.

los indios son unos solemnes holgazanes; porque me
consta que indios y sólo indios arrancan á la tierra
centenares de miles de kilogramos de azúcar, de
arroz y de abacá: luego trabajan. La indolencia del
indio es cierta: indagar sus causas, examinar cuáles
de éstas deben desterrarse; estudiar hasta qué punto
puede el indio hacer en su país lo que en Europa hace
comúnmente el jornalero, es lo que cumple al escritor
desapasionado. Si *todos* los indios fuesen apáticos,
desidiosos, holgazanes, etc., etc., no veríamos, como
vemos, escribientes que trabajan ocho y diez horas
diarias, cundiéndoles el trabajo. El escribiente, sin
embargo, sobre no experimentar intensamente todos
los enérgicos rigores de aquel clima, tiene muy otras
aspiraciones que el indio bravo del campo. Sobre las
espaldas desnudas de éste, caen como plomo derreti-
do los rayos de aquel sol, cuando no le caen verdaderos torrentes de agua, que imposibilitan todo trabajo:
acostumbrado á comer mal, á veces sólo lo que la pró-
diga tierra le brinda espontáneamente; sin otra filosofía que el *Dios cuidado!* (163), que consuela á la vez que
desconsuela; sin otras *tradiciones* que el dulce *no hacer nada* de sus padres y abuelos; con una esposa que
le lava la ropa (¡qué poca es!), que le prepara la comida, que siega por él, *pila* por él, teje para él, y que le
da todavía algunos cuartejos, so pena probablemente
de ser apaleada, como la india Sisa por Rizal descri-
ta, á mí me parece lo más *natural* del mundo que ese
buen indio se tumbe en el *langcap* y se pase la vida
fumando y mascando buyo. El clima es inmodificable; pero las aspiraciones, las necesidades vienen con
el empuje de la civilización, y consiguientemente, allí
lo que hace falta es más empuje. Comparada la producción de hoy con la de 1800, y ésta con la de fines
del siglo XVI, resulta demostrado que hoy se trabaja
más que ayer; que ayer se trabajaba mucho más que
antes de ayer. Y como allí no hay más fuerzas impul-
soras que las que van de Occidente, de la mayor ó
menor densidad de la inmigración depende la completa regeneración de aquellas masas, aunque nunca
se conseguirá que para ciertos trabajos sean lo pro-
ductoras que las europeas; porque, aparte de que el
factor clima, como queda dicho, es inmodificable, la
raza no es lo vigorosa que suelen serlo las razas de
los países fríos. ¿Y qué culpa tienen los indios de no
haber nacido Hércules? El progreso que en punto á
laboriosidad han experimentado los filipinos, no se
debe todo, sin embargo, al buen deseo de ellos: la

predicación, el cubrir nuevas necesidades adquiridas por efecto del contacto con los españoles, no habrían bastado seguramente, si ciertas Leyes de Indias, como ciertos capítulos de las antiguas *Ordenanzas*, no se hubieran interpretado como mandatos cuyo cumplimiento exigían algunos alcaldes con el bejuco en la mano. Dolorosa es la confesión; pero quien conozca algo á los indios, diga si por cada golpe no brotó un pico de azúcar; si aquellos tan *expresivos estímulos* no han regenerado, y aun enriquecido á familias enteras que viven hoy sin acordarse de los cardenales de sus antepasados. Con todo, en Filipinas el castigo corporal ni ha sido tanto ni tan duro como lo fué en América. Esto, como otras muchas cosas, tienen que agradecerlo los indios á los frailes.—Son muchas las páginas donde el P. Zúñiga habla de la holgazanería de los indios.

Juegos.—Dícese, con sobrado fundamento, que la ociosidad es madre de los vicios; y siendo así que la ociosidad es fruto propio de Filipinas, parece lógico que los vicios abunden. No tanto por diversión como por pasatiempo. Véase lo que decimos en *Diversiones habituales*. Descartando el juego de los gallos, del que ya hemos dicho algo (V. *Apéndice D*, GALLINA), y podemos añadir ahora que es á los indios lo que á los españoles los toros, la *fiesta nacional,* con la agravante de que hay apuestas. como en el moderno juego de pelota de los vascongados, les gustan varios de cartas (270), el *panguingui* (*) mayormente. De otros nos habla Fr. Zúñiga: *laipo* ó *tapadiablo* (301), el de los *cocos,* propio de las indias (207), y tal vez de alguno más. El estanco de los naipes (301) y las disposiciones de los gobernantes *(Ordenanzas:* de Cruzat, 43; de Aguilar, 40). prueban que, aunque malos los españoles para dar buenos ejemplos en la materia, sabían, no obstante, reprimir el vicio.

Otros vicios.—Si tal calificativo merecen el buyo y el tabaco. á fe que son viciosos los filipinos. El buyo, sin embargo, decae: ya los filipinos bien educados se abstienen, á lo menos delante de los españoles, á quienes desagrada. (V. *Reino vegetal,* BUYO.) En cuanto á la bebida, la regeneración de los indios asombra extraordinariamente. De la escuela de aquellos principalotes que tenían *á gala* la embriaguez (Morga, 264-65), no quedan discípulos. Hoy la borracherra es muy

---

(*) Lo aprendí para describirlo, como lo he hecho circunstanciadamente en mi librillo *El Indio batangueño.*

poco común en Filipinas.—207. 300, 301. 340.—Cerraremos esta nota diciendo que el ser *pleitistas* es un verdadero *vicio* en los indios, del que en rigor son irresponsables. la mayoría, mientras no se aniquile totalmente la plaga de letradillos ó abogadillos indígenas. desertores de la Universidad, que por ganarse unos cuantos pesos trabajando poco, engañan á los indios ignorantes. y. sobre engañarles, les quebrantan el seso.—I, 50-51, 392-393.

CASAMIENTOS.—162-164.—La dote *bigaysusu* (163) subsiste en cierto modo todavia: á cambio de la lactancia de la novia. va el novio. antes de casarse. á servir una temporada á la familia de ella, de lo que resulta que la novia suele parir antes de lo conveniente (*); los misioneros han clamado mucho contra esta antigua costumbre. y los generales también (V. *Ordenanzas,* cap. 40 de las de Cruzat, cap. 50 de las de Aguilar); pero no se ha conseguido aún su completa extinción. La dote *bigaycaya* (163). subsiste, porque es razonable.—Antes de la Conquista. los indios libres ó *maharlicas* podian tener más de una mujer legitima. (Plasencia.) Y les era licito *descasarse. (Ibid.)*

COMIDAS.—El indio come de todo; nada repugna, ni los huevos podridos (208). El pan de ellos suele ser la *morisqueta* (157), *cáning* en tagalo; á la morisqueta le añaden algo de *vianda* ó *ulam* (157; II, 22), y se dan por satisfechos. Su manera de comer: 157. — Todo esto. por punto general. Hoy los indios acomodados suelen comer á la mesa. y aunque perseveran en su primitiva costumbre de no usar más cubiertos que los cinco dedos, como suele decirse, los hay que van entrando por la costumbre de usar la cuchara, el tenedor y el cuchillo. Por lo común son sobrios. Como asegura nuestro autor, son más desidiosos que glotones (II, 37). Sin embargo, las clases pudientes gustan de ejercitar á menudo las mandibulas, en especial las mujeres: maravilla ver que á la media hora de opipara comida, se zampan una naranja; al poco rato, otra cualquiera fruta; y antes de un par de horas, un chocolate, al cual incorporan queso, poto, bibinca, broas

***

(*) A lo mejor la boda se deshace; pero la mujer malaya no pierde allá lo que por Occidente, si ha parido de soltera: en algunas provincias tiene mayores probabilidades de casarse que otra soltera que no haya parido. En Batangas pregunté á algunos indios sobre este particular, y la contestación fué en todos idéntica: «Señor—me declan—de la que ha parido, se sabe ya que es fecunda». Y sin embargo, las viudas, tengan ó no tengan hijos, dificilmente hallan quien con ellas quiera unirse en matrimonio.

y hasta morisqueta. Al europeo poco tolerante, estas escenas le producen mal efecto.

DIVERSIONES HABITUALES.—V. *Bailes,—Juegos,—Teatro* (pap. *Literatura*).—El indio se divierte poco; el tipo del que por acá llamamos «*juerguista* incorregible» escasea entre los malayos filipinos. Éstos tienen *vicios*, sí, como ya dejamos dicho; pero la pereza que impone el clima,—y sancionan las costumbres proverbiales,—á más de que el carácter del indio, derivado de su temperamento, no es precisamente el que distingue al hombre amigo de pasarse la vida divirtiéndose, son, á mi juicio, las causas principales de que en un país donde apenas se trabaja no haya, sin embargo, constantes diversiones. De todas maneras, probado, como está, que el indio, por su falta de nervios, sufre menos intensamente los dolores que los individuos de raza blanca, tengo para mí que los goces de cierto orden los experimenta con menos intensidad que los europeos. Acerca de esta falta de nervios, que determina en los malayos esa pavasidad que á lo mejor nos irrita, escribe el viajero Jagor. (Habla de una función teatral:)—«Al comparar con la »animacion y alegría de igual solemnidad en un pue- »blo de Europa los rostros impasibles y sin expresion »de afecto alguno de aquellos indios, apénas se com- »prende cómo pueden gastar tanto tiempo y dinero »en análogas ceremonias. La misma falta de alegria »observan los viajeros en los indios americanos, y »áun en mayor grado, y se explica por el menor des- »arrollo que en ellos tiene el sistema nervioso, de »donde proviene tambien su admirable indiferencia »para sufrir cualquier dolor. La fisonomía del indio »es, segun Tylor (1), tan diferente de la nuestra, que »sólo se aprende á conocer la expresion de sus emo- »ciones despues de mucho tiempo de práctica. Las »dos causas pueden obrar de consuno».—(Pág. 94 de la traduc. de Vidal.)—Yo en Madrid he ido al teatro con españoles recién llegados de Filipinas, donde habían residido bastantes años seguidos, y en casi totodos ellos observé idéntico fenómeno: cierto hastio, cierta pasividad que á mi espíritu producía desconsuelo: ni los chistes, ni la música alegre, ni las bellas provocadoras bailarinas, ni otras tantas cosas que para el recién llegado venían á ser *grandes novedades*, producían la avidez de la mirada, la sonrisa...

---

(1) *Anahuac*, pág. 24.—*N. de Jagor.*

ningún signo que denunciase alegría en el rostro del *aplatanado*. El clima, la acción del medio social, y otras circunstancias, modifican poderosamente el genio de nuestros compatriotas allá, salvo aquellos que por ser en extremo nerviosos y llevar vida activa, así en lo espiritual como en lo físico, no vienen á identificarse—en esto del *genio*—con la generalidad de los naturales de Filipinas.

EMBARCACIONES.—Vamos á consignar aquí, por rigoroso orden alfabético, no solamente los nombres de las embarcaciones citadas por nuestro Autor, sino algunos más que se hallan en obras antiguas relativas á Filipinas y otros países del extremo Oriente. Pero antes de presentar esta lista, es preciso que digamos que, según las relaciones de los primeros viajes de los españoles á las Islas del Poniente, consta que los filipinos no conocian embarcaciones mayores que las que Magallanes llevó á Cebú el año de 1521 (*). El sabio D. Martin Fernández de Navarrete, al extractar —en vista de gran copia de documentos—la estada de aquel insigne marino en el mencionado puerto, escribe (*Col. de los Viajes*, tomo IV (impr. 1837), página 59): «Llegados á Zebú, salieron á la villa mas de »dos mil hombres armados de lanzas y paveses, y »desde la playa *miraban con espanto á las naos, porque* »*nunca habian visto otras*». En efecto, como más abajo probamos, la mayor embarcación que los indios conocían era el *junco*, de industria sínica: por donde se prueba que las embarcaciones *propias de los indios filipinos*, eran aún de menos porte é importancia que los ya citados *juncos*.—*Balandra:* embarcación española, bien conocida. (353.)—*Banca* = canoa de una sola pieza: las hay de mayor ó menor longitud, según los usos; vuelcan fácilmente, y para evitarlo, los indios suelen ponerles *batangas;* las bancas muy pequeñas las solemos llamar *banquillas*. (1, 82, 354.)—*Baroto:* embarcación moderna; la que más de unos 80 pies de longitud (**), construída de una sola pieza; hace las veces de bote, al que remeda, y sirve principalmente para la carga y descarga de los buques. La palabra *baroto* no es tagala, bisaya ni de ningún otro dialecto filipino; hallámosla en el *Dic. de la Acad.*, pero

---

(*) La nao *Victoria*, la menor tenia 75 *toneles* de porte, ó sean *noventa toneladas;* la *Trinidad*, la mayor, era de 110 *toneles*, ó sean *ciento treinta y dos toneladas.—V. Col. de Viajes* de Fernández Navarrate, t. IV.
(**) De dos barotos de estas proporciones nos habla F. Jagor en sus *Viajes;* traduc. de Vidal, pág. 105.

no se expresa la etimología.—*Barangay* ó *Balangay:* es la embarcación de más fuste y mayor historia de todas las genuinamente filipinas. El P. Noceda escribe *(Dic. tagalo):* «Navío grande de doce hasta diez y »seis hombres.» Morga lo describe (pág. 266): «navíos »sutiles y ligeros, bajos de bordo, clavados con cavi- »lla de madera, tan sutiles por la popa como por la »proa» (*).—*Calalud:* embarcación pequeña usada en la India Oriental; llevaba remos; pero también podía aderezarse como bergantines con velas á la latina (**). No se les conocía en lo antiguo en los mares filipinos.—*Canoas:* las de los indios = *bancas* (354).— *Carabela:* embarcación muy panzuda, semejante á la galera, con la popa rectangular y de fácil manejo.— *Caracoa:* del malayo *coracora (Dic. Ac.);* no hallo esta palabra en ninguno de los diccionarios filipinos de que dispongo. El de la Acad., dice: «buque malayo de cabotaje, de dos filas de remos, muy ligero y con velamen europeo aplicado al aparejo del país». No es fácil precisar su antigüedad; yo hallo este nombre por primera vez, si no me equivoco, en un documento relativo á la expedición de Villalobos, pero es de advertir que se trata de indios de las Molucas (***), no filipinos. (II, 64.)—*Casco:* no sé yo si son un remedo de nuestras bateas para la carga, ó si imitación de las embarcaciones sinicas que el P. González de Mendoza describe en estos términos: «los que comunmente »vsan para carga son casi de esta mesma hechura y »grandeza *(alude á los juncos),* y no ay otra differen- »cia sino ser mas baxos de popa y de proa». (Parte I, libro III, cap. XXI). (I, 20.)—*Champán:* embarcación sínica del tamaño de un patache español, pero inferior al junco de los mismos chinos; en champanes solian ir éstos á las Filipinas á comerciar; champanes llevó Limahong á Manila cuando intentó apoderarse de la ciudad. (120, 260.)—*Fragata:* bajel grande, propio de los españoles.—*Fusta:* antigua embarcación europea, aparejada con vela latina, de uno ó dos palos; sirve para la carga. Los portugueses enviaron dos carabelas y una fusta contra los españoles, en las Molucas, el año de 1526. *(Doc. inéd.;* 1.ª serie; t. V. página 24.)—*Galeón:* buque de alto bordo, y gran cabida; los había para guerrear y para carga y pasaje; los que

---

(*) V., más adelante, ORGANIZACIÓN POLÍTICO-SOCIAL.
(**) V. *Docs. inéds.*, 1.ª serie, tomo V, pág. 126.
(***) El nombre caracoa se conserva en portugués.—V. *Docs. inéds.*, 2.ª serie, t. I, pág. 67.

más se mencionan en las historias de Filipinas eran
precisamente de estos últimos. En Cavite y otros puntos construyéronse algunos. después de la Conquista.
claro está. no tan excelentes como alguien cree. Rodríguez Trujillo (*) escribe (pág. 8): «La carencia de
»buenos constructores en Filipinas. á pesar de contar
»con operarios hábiles. hacia que las naos aqui cons-
»truidas saliesen aun más pesadas y menos marineras
»que las hechas en América. á más de inutilizarse más
»pronto por el empleo en su fábrica de maderas ver-
»des. Eran estos barcos, generalmente, urcas ó fraga-
»tones de entre puente y batería en la cubierta. que
»sufrieron con el transcurso del tiempo modificacio-
»nes tanto en el casco como en la arboladura y apare-
»jo. según los adelantos de la arquitectura naval, pero
»siempre fueron tipos anticuados en su especie que se
»resentian de la falta de direccion hábil en su cons-
»truccion».—*Galeota:* bajel de pequeñas proporciones.
propio de los españoles.—*Galera:* embarcación española. de vela y remo.—*Junco:* embarcación sínica,
que describe así el P. González de Mendoza (parte I.
lib. III. cap. XXI): «A los nauios mayores que son
»para nauegar lexos, llaman Iuncos, y quando se ha-
»zen de intento para cosa de guerra los hazen gran-
»des, con castillos altos en popa y proa al modo de
»los que traen las naos de leuante, y las de los portu-
»gueses que van a la India». Esta noticia la copia Fernández Navarrete (IV. 8₇ de los preliminares). He
aquí cómo Pigafetta describe uno que vió en Borneo:
«Il fondo tutto, sino all'altezza di due palmi sopr'ac-
»qua, é di tavole connesse insieme con cavicchie di
»legno; ed e assai ben construito. Superiormente son
»di canne grossissime, che sporgono anche in fuori
»per contrapeso. Uno di questi porta tanto carico
»quanto una delle nostre navi; gli alberi sono di can-
»ne, e le vele di escorza d'albero». *(Primo viaggio.*
121-122). Dedúcese de aquí. que en lo único que los
juncos igualaban á nuestras pequeñas naves del año
1521, era en la capacidad. Sin embargo, es de notar
que del junco de Pigafetta. al junco del P. González
de Mendoza. hay gran distancia: no es extraño; medio siglo existe entre uno y otro escrito: los chinos
frecuentaban las aguas de Filipinas. Borneo y las
Molucas. y de los españoles y de los portugueses

(*) Nada sospechoso en la materia, puesto que favorece todo cuanto puede á
los filipinos.—V. su Memoria sobre la Marina, escrita para la Exposición de 1887
en Madrid.

aprenderían bastante, necesariamente. Los juncos, en 1521, no eran desconocidos á los filipinos: cuando la *Trinidad* y la *Victoria* se hallaban en Borneo (1521), allí estaba en un junco «un hijo del Rey de Luzon» (Navarrete, *Col. de viajes*, IV, 71-72); pero ¿qué valían tales embarcaciones, cuando las nuestras, á pesar de su pequeñez, amenazaban echarlas á pique y aun llegaron á apresar uno de aquellos juncos? Si los barcos sínicos hubiesen sido cosa de mayor cuantía, los españoles habrían procedido con más prudencia, que bien se la aconsejaba la serie de desastres por que habían pasado. El junco, para concluir, era la más grande embarcación, *propia de gentes de Oriente,* que en 1521 se conocía en Borneo.—*Nao, Navío:* como galeón.—*Panco:* pequeña embarcación para el cabotaje; no creo que sea genuinamente filipina, puesto que los *moros* de Joló y Mindanao la utilizaron antes que tagalos y bisayas; ésta, como el *pontín,* entiendo que son los primeros remedos (que luego han ido perfeccionándose) que las gentes de las islas del Sur hicieron de los buques europeos de poco bordo y escaso porte. A fines del siglo pasado, había panco de piratas moros que llevaba hasta sesenta remos. (106, 113.)—*Parao:* embarcación análoga al *casco,* aunque de alguna mayor capacidad. Sólo se utiliza en ríos y bahías. En lo antiguo había paraos que se lanzaban mar afuera, armados de velas latinas hechas de petate ó esterilla. Algunos paraos llevaban hasta 12 indios. *(Docs. inéds.,* 2.ª serie, I, 233.) La palabra *parao* se deriva del malayo *praho,* según el *Diccionario* de la Acad. (133, 190.)—*Patache, patax, pataxe:* antigua embarcación española, de pequeñas proporciones: utilizábase por los buques de guerra como auxiliar. (II, 23.)—*Pontín.* (V. *Parao.)* Tiene puente y cubierta, por lo común, y un par de palos; las velas suelen ser de estera: el nombre, la forma y otras circunstancias, demuestran que esta embarcación, como tantas otras que utilizan los filipinos, son muy posteriores á la época de la Conquista. Hay pontines de 100 toneladas, es decir, de mayor porte que la *Victoria* que, por sus proporciones, causó espanto á los indios de Cebú, el año de 1521.—*Vinta:* embarcacion pequeña, á manera de banca, que usan los moros; á fines del siglo pasado construyéronse bastantes, de algún mayor tamaño que las ordinarias en las islas del Sur, para defender las costas contra las depredaciones de los piratas. Tales escuadrillas resultaron punto menos que inútiles. (112-113.)—Para concluir:

todavía en 1565 los indios filipinos de las bisayas miraban con espanto las naos españolas, lo que demuestra que ni las embarcaciones sínicas, ni las borneanas, ni ¿qué duda cabe? las *propias* de los filipinos podían rivalizar en grandeza y alto bordo con los insignificantes buques que usaban los castellanos.—V. *Docs. inéds.*, 2.ª serie, II, 268.

ENTIERROS.—Continúa un tanto generalizada la costumbre de *celebrarlos:* el duelo es á manera de festín, para ciertos visitantes. La superstición de que nos habla el Autor (165) no ha podido ser totalmente desarraigada; quedan vestigios, que todo induce á creer que desaparecerán con el tiempo.—Uno famoso: 533-534.—De *niños vivos*, por los tinguianes: II, 13.

ESCLAVITUD.—Trabajo, y grande, ha costado extirparla; el Rey de España dictó la abolición á raiz de verificada la Conquista; pero todo el celo de nuestros misioneros, todo el empeño de nuestros gobernantes, no han bastado á extinguir de una manera absoluta este rescoldo de la barbarie pasada: aun subsiste cierta esclavonía por deudas, á espaldas de la ley, difícil de curar por la forma en que subsiste. Imaginémonos un hombre completamente libre: entra á servir á un indio principal, que suele pagarle con tanta tacañería, que el sirviente se ve en la necesidsd de pedir un adelanto (205); á este adelanto sigue otro, y luego otro... y es *costumbre* que continúe sirviendo al mismo amo hasta que acabe de amortizar la deuda *(utan).* Pero no acaba nunca; porque si ha de cubrirse las carnes, fumar y mascar buyo, y el amo no le da de sueldo lo bastante para subvenir á estas necesidades, evidentemente la hora de la amortización no llegará jamás, á menos que ese indio no vista, no fume ni masque. El amo le tiene á raya; procura que el *utan* no exceda de 25 pesos. (El sueldo mensual, medio duro por término medio.) Pero ese criado se une en matrimonio con una criada de la misma casa, que á su vez debe: el casorio aumenta el *utan* común; el bautizo del hijo, también... Y véase por donde, este hijo, y los demás que vienen, nacen con la obligación de servir al amo de sus padres, para contribuir con sus pequeños sueldos á la amortización del *utan*. Esos hijos mueren sin haber cambiado de amo, á menos que éste los *transfiera* á otro, el cual, por tener que pagar al transferente lo que los *siervos* debían, los recibe en calidad de *esclavos*. La palabra allí no es usual; pero esta clase de esclavitud, sí que lo es, á lo menos en Batangas

y otras provincias que son tenidas por muy adelantadas. Seria prolijo explicar las razones que existen
para que no pueda ser desentrañada totalmente esta
costumbre detestable, reminiscencia de la esclavitud
de antaño.—Algunos artículos de las *Ordenanzas* pro-
hibian muy sabiamente prestar á los indios mayor
cantidad que 5 pesos. Los antiguos tagalos—y véase
hasta qué punto han vivido subyugados—tributaban
de vez en cuando á los aetas (423). Los *moros* los es-
clavizaban, así como á los bisayas (490, 495). Y entre
los filipinos la clase de esclavos, era la más numerosa
(V. Plasencia, Morga y otros); por donde se prueba
que hasta que llegaron los españoles, eran punto menos que fenómenos los filipinos libres.—Compra-ven-
ta de niños por razas montesas: II, 17.

IDEAS RELIGIOSAS.—RELIGIÓN.—Esfuerzos inauditos han
hecho algunos escritores filipinos, de los tan contados que se dedican á esta clase de estudios, por conceder á sus antecesores de civilización prehispana
una asociación de ideas religiosas que estaba punto
menos que rayando con el Cristianismo. Danle categoría de Religión, y llámanla pomposamente *Batha-
lismo*. No es nuestro ánimo, hoy por hoy, tratar esta
materia con la extensión, no que merece, sino que
nosotros descaríamos, para echar por tierra una por
una todas esas ingeniosidades, pueriles hasta cierto
punto, de los escritores aludidos; dirémosles, sin embargo, una sola cosa: siglos enteros llevan los misioneros católicos trabajando extraordinariamente por
extirpar el mahometismo y otras religiones, y éstas,
no obstante, subsisten, y subsistirán, quién sabe por
cuánto tiempo. A los frailes españoles que fueron con
Legazpi á Filipinas bastáronles pocos meses para reducir á la verdadera Fe á todas aquellas gentes que
por ser asequibles á nuestro trato hallaron en su camino. A menos que sea erróneo el concepto que sustento acerca del verdadero sentido del vocablo RELI-
GIÓN, entiendo que los antiguos filipinos no tenían
ninguna, como no la tienen las tribus que aun no han
sido reducidas, exceptuados los llamados *moros*, que
son mahometanos. La idea de un Ser Supremo la ha
habido en todas las comarcas del planeta, desde los
primeros albores de la Humanidad; los antiguos filipinos no carecian—¡no faltaba más sino que fuesen la
excepción del linaje humano!—de esa idea; pero nada
absolutamente autoriza á afirmar que tuviesen *religión*, y propia por añadidura: unas cuantas *supersticiones* ridículas, el *tributo* rendido en una ú otra

forma á media docena de monigotes ó al espíritu de
los muertos; la creencia en varios *mitos* forjados por
el *temor* ó por preocupaciones (bárbaras á la vez que
pueriles), que no derivados de un convencimiento, así
sea éste un enorme disparate, son *datos* que autori-
zan á emplear la frase IDEAS RELIGIOSAS, pero nunca
la palabra RELIGIÓN. Dígaseme cuál fué el Budha,
cuál el Confuncio, cuál el Mahoma,... que fundó la
Religión *genuinamente filipina*, y entonces cambiaré
de modo de pensar. Sin fundador, no hay Religión
propiamente dicha.—Yo no soy filólogo; mas me basta lo que dice el P. Ortiz (ESTADISMO, 171) para obtener la consecuencia de que la palabra *simbá*, sobre
no ser propiamente *filipina* (*), no significa, de ninguna manera. *templo*, como pretenden algunos. Los
antiguos indios no los tenían; nadie los vió; ni de lo
que se ha escrito seriamente de los *monumentos* de
las Marianas, es lícito deducir que tales construcciones fuesen *cosa propia* de aquellos naturales, ni, desde luego, que fuesen restos de templos, que mal pudieron hacerlos los que iban completamente desnudos, los que nada tenían, en la época de los primeros
viajes de los españoles, que acusara otro estado que
el más rudo salvajismo (**). Hase querido hacer, ya
que no hay medios de probar que los luzones y bisayas construyesen templos, uno de éstos de cada
gruta, en las que nadie que lo medite un poco debe de
ver otra cosa que cementerios, á los que acudian los
indios á practicar algunas de sus bárbaras supersticiones (***). Al *sonat* (171) se le equipara al *obispo* con

(*) «SIMBA. Ir á la iglesia á oir misa: *á esto solo se aplica ya esta palabra*».
Dic. tagalo del P. Noceda, ed. de 1860.—• SINGBA. Adorar, acatar, venerar, res-
petar, honrar, reverenciar con culto religioso, amar con extremo, *amar á Dios como
es debido*. (Acepción que á mi juicio añaden los frailes, por razones que se le alcanzan á cualquiera.) «•Hacer humillaciones, reverencias, para manifestar el respeto
que se tiene á algún individuo. •Doblar las rodillas, ó una sola, ante el *Sumo Pontífice*, ante los *Reyes* y *Reinas*, ante los *Arzobispos*... ó *besarles la mano* en señal de
sumision. •Nagasingba acó cahápon, minsigba, misingba acó = *Ayer ot yo misa*.»
Etcétera. *Dic.* bisaya del P. Encarnación, ed. de 1885.—¿Qué puede deducirse de lo
transcrito? Pues que *simbá*, en lo antiguo, ó significaba ceremonia, ó muestra de veneración á un anito... todo, menos templo. Y como á la iglesia se va á ver ceremonias, á adorar á Dios, á ver con profundo respeto al sacerdote, ¿qué mucho que,
mediante esta asociación de ideas, pueda pasar el filólogo *de hoy* por que al templo
se le llame también *simbá?*
(**) V. la *Memoria* del Sr. La Corte, págs. 83-84. Este autor, que examinó cuidadosamente tales *monumentos*, no concede que fuesen cosa de los indios marianos, á quienes pinta en el mayor grado de inferioridad; opina que significan una
estada de japoneses en aquellas islas, opinión á la cual me adhiero; y todo induce
á creer que sin haber servido jamás de templos, utilizáronse después para cementerios: ¡como que el propio Sr. La Corte extrajo huesos humanos!
(***) En una de las más circunstanciadas relaciones antiguas, léese, relativo á
los bisayas: «quando están enfermos ó tienen otra necesidad acuden á sus sepultu-

tanta arbitrariedad como al *anito* (134) se le equipara
al *santo* (*). Y todo porque el *sónat* era *sacerdote* de
mayor categoría que otros *sacerdotes*. Mas ni el *sónat*
es *propiamente* filipino, puesto que sólo se le halla
entre contados tagalos, como tantos otros elementos
venidos de Borneo en época muy cercana de la venida de los españoles, ni en sus actos de *conferir órdenes*, como alguien dice, debe verse otra cosa que de-
claraciones de amplitud hechas en obsequio de los
indios filipinos que podrán circuncidar sin riesgo del
operado. Lo *genuinamente filipino* son las *sacerdo-
tisas*, ó más bien basiliscos que tan perfectamente
y tan de cerca han estudiado algunos autores españoles (**). Por lo que respecta á los anitos, ¿quién se
atreve á afirmar que eran mediadores entre los hombres y Dios? Religión sin fundador; religión sin templos; religión sin un solo dogma escrito; religión cuyos cultos eran lícitos ante un árbol, ante una roca,
ante un animal, ante un monigote impudoroso y gro-
seramente ejecutado; religión que consentía los sacrificios humanos (***); religión que media docena de
frailes borran en un día de millares y millares de indios (****), ni es religión, ni merece otro nombre que
conjunto bárbaro de ridiculeces, temores y monstruosidades. Es, pues, la mayor de las deudas de los filipinos á los españoles, la de la Religión, con cuyo
espíritu ha podido operarse en aquellas gentes cambio
tan radical. A no llegar los españoles con la oportunidad que llegaron, los filipinos serían hoy de Mahoma
ma (*****); y si así hubiese sido, ¿se concibe que valie-

---

ras con grandes llantos y alabanzas á pedirles sanidad, favor y socorro, donde hacen ciertas limosnas y imbocaciones...»—*Docs. inéds.*, 2.ª serie, tomo II, pág. 113.
—En la cueva que visitó el Dr. Montano, en Luzón, halló muchas calaveras y además «quelques vases de porcelaine chinoise dù l'on déposait une *offrande* de riz.»
(Montano, *Voyage aux Philippines*, pág. 100.) En Luzón, como en Bisayas, los indios llevaban morisqueta á sus difuntos, ofrenda mediante la cual creían obtener
toda suerte de venturas.

(*)   *Sónat* (en tagalo) = circuncisión. Aunque el P. San Antonio incurrió en la
tontería de establecer indebidamente los términos de la comparación, no por eso
deja de decir que el *sónat* procedía de Borney, y que su oficio era deshonesto. En
los primeros *sonats* debemos ver extranjeros charlatanes que lograron fundar escuela, una de cuyas enseñanzas era la circuncisión. (170.)—Por lo que respecta á equi-
parar los *anitos* con los *santos* del Catolicismo, es tan ilógico como decir que *Cachil* ó que *Gat* equivalía á *Duque*.

(**)   V. P. Díaz: *Conqs.*, 611: Delgado, 376, etc.

(***)   «Quando muere algun Principal, matan algunos esclavos de los suyos, mas
ó menos, segun la calidad de la persona y hacienda que tiene». *Docms. inéds.*, 2.ª
serie, t. II, pág. 113.

(****)   Sumaban unos 400.000, los convertidos, en tiempo del P. González de
Mendoza.—V. su obra, *Itinerario*, cap. VIII de la ed. de Amberes.

(*****)   Desde Rivadeneyra (1601) hasta Semper, todos los autores lo declaran.

ran lo que valen? Citas al texto: *Amuletos:* 390, y *Apéndice A*, nota 56. *Asuang:* 160. *Babaylana:* 134; II. 100-
101. *Ceremonias del bilao* y del *tibao:* 170, 167. *Ganay*
(brujo): 160. *Infieles:* 426; nota 23 del *Ap. A. Maganitos:* 165. *Privilegios* de los indios en Religión: 536.

L̦ITERATURA.—Ya lo hemos dicho: los indios tenian alfabeto propio; pero ni su poesia popular, ni sus leyes,
ni los dogmas religiosos, ni nada, en suma, vieron jamás escrito los españoles conquistadores. Posteriormente nada se ha descubierto. ¿De qué, pues, sirvió á
los indios la escritura, si nada escrito tenian? Era tan
imperfecto el alfabeto; estaba de tal suerte sometido
á las arbitrariedades más caprichosas y absurdas,
que no en vano tuvo que confesar el Cicerón tagalo,
el P. Blancas de San José, estas palabras: ...«el leer
expeditamente la lengua Tagala- | en fus mifmos Cha-
racteres como leemos nueftra lengua Efpa | ñola, no
lo aprendera ningun Efpañol en toda la vida aunque |
fea tan larga como la de Adan» (*). Esto decía, con en-
cantadora lealtad. el mayor de los tagalistas conocidos: si quien tenia talento prodigioso hacia tal confesión: si quien ahondó en el tagalo infinitamente más
que los tagalos mismos, declaraba la inmensa dificultad de leer expeditamente lo escrito en caracteres propios del tagalo, ¿cómo ha de extrañarnos que los españoles no hallasen nada escrito entre los indios de
Filipinas? La mejor prueba de la ineficacia de aquel
alfabeto es lo rápidamente que desapareció. Los frailes metodizaron las lenguas, formando artes y vocabularios; impusieron los caracteres de nuestra escritura. Los frailes. pues, facilitaron á los indios nuevas
herramientas que los indios *pudieron* en seguida utilizar. á cambio de las inútiles de que antes disponian.
Y los indios comenzaron á tener literatura *escrita.*
gracias á los frailes españoles. Y, por no estar faltos
de imaginación, como por ser en general imitadores
de todo lo que hacen los castilas, remedaron nuestras comedias, remedaron nuestras loas. remedaron
nuestros romances caballerescos, remedaron nuestros discursos... Y aunque sus loas, sus discursos,
sus comedias y sus corridos no representan nada en
el gran monumento de la Literatura universal, puesto que no han aportado ningún dato positivo, es indiscutible que esta suma que nada vale representa,

---

(*) *Arte y Reglas de la lengua Tagala,* por Fr. Francisco Blancas de San José;
Partido de Bataan, 1610.—V. Advertencia 2.ª

sin embargo, un verdadero colmo, al lado de la *literatura* prehistórica, *literatura* no escrita, *literatura* de la que, restadas cuatro coplas populares, queda reducida á cero.—60, 64, 73, 75, 76, 140, 292, 293, 320, 482. Teatro *chino:* 320.

ORGANIZACIÓN POLÍTICO-SOCIAL. — Ni el manuscrito del P. Plasencia, publicado hace poco por el distinguido bibliófilo Sr. Pardo de Tavera, ni la obra del P. González de Mendoza. ni la del P. Rivadeneyra, ni la de Herrera, ni la del P. Chirino. ni la de Morga, ni la del P. Aganduru, ni la del P. Grijalva, ni otras posteriores, sintetizan el tema: unas porque se limitan á determinada región, otras por la poca precisión de los detalles, otras por lo confusas, y casi todas por falta de espiritu crítico en sus autores, tan amigos de *narrar*, como poco afanosos de investigación, lo cierto es que la bibliografia filipina deja hasta el presente por resolver en términos concretos qué era lo genuinamente filipino, y qué lo importado, deslindando las etapas principales en las que esas importaciones se verificaran. Queda dicho que en *Borneo*, y en un junco de chinos, hallábase en 1521 «un hijo del Rey de *Luzón*»; también hemos apuntado que en 1570 había en *Manila* una fábrica de cañones, dirigida ó no por un portugués (*), pero cuyos maestros eran *moros* positivamente; quien haya leido *todas* las antiguas crónicas habrá observado que en tanto se llama *Reyezuelo, Rey, Señor, Principal* á cada uno de los muchos caudillos á quienes trataron los españoles antes de 1570, sólo se denomina *Ladia = Rajá = Raxa*, á los *soberanos* de MANILA y TONDO. Tenian éstos más poderío que ningunos otros de Filipinas; mejores armas, mejores ropas; más trato con los chinos; relaciones directas de *ida y vuelta* (**) con Borneo... De esta suma de datos yo obtengo por consecuencia que la *dinastía* de los Lacandola y los Solimán no era de ascendiente filipino; descendían por borneyes, como borneyes eran los *gats* que en la provincia de Batangas hubo (145). Los dos tomos publicados por el sabio Fernández de Navarrete y los 2 y 3 de la segunda serie de *Documentos inéditos* sacados á luz por la Real

---

(*) La fortaleza no cabe duda de que la dirigía un portugués.
(**) Lo escribo asi, porque los restantes indios no tenian otras relaciones que las que *les iban;* esto es decir: que moros y chinos aportaban á las playas filipinas, mientras que los filipinos, á excepción de los tagalos, no salian de su tierra para nada. Las expediciones de los tagalos á Borneo (no á la China), no debemos remontarlas más allá de un siglo antes de los primeros viajes de los españoles.

Academia de la Historia, son abrumadores; constituyen un padrón de ignomia para la *antigua civilización
de los filipinos*. Tribus bárbaras de todo punto, ingobernadas, pero con su caudillo; el consejo de los ancianos para dirimir ciertos pleitos, si les daban lugar
á dirimirlos; la más espantosa esclavitud... y entre
unas y otras rancherías, la lucha eterna. Abrid, abrid
uno cualquiera de los cuatro volúmenes que acabo de
mencionar; ó abrid los cuatro á la vez, tanto mejor:
tribu, reyezuelo, anciano, esclavo. Esto es todo. La palabra *principal*, en los más de los casos, hay que interpretarla *caudillo* únicamente. Y esta es, pese á
quien pese, la *organización* político-social propiamente filipina. Porque si examinamos lo que era toda la
parte Sur de Luzón, desde Tayabas abajo, en 1571, y
lo que era en la misma fecha toda la parte N. de la
propia isla, desde Zambales arriba, hallaremos lo que
hallamos en Bisayas, ó algo peor, porque veremos
las ferocidades aterradoras de ciertas tribus mestizas. Yo concedería el progreso de las provincias tagalas, debido al impulso *propio*, si no tuviese los datos
que he enumerado sucintamente; datos de incuestionable veracidad que me llevan á la conclusión que
dejo consignada: borneyes casi recién llegados á Luzón cuando los españoles verificaban sus primeros
viajes por el Sur del Archipiélago, fueron los que
transformaron notablemente una extensa zona del
centro de dicha isla. Y como á estos borneyes, aunque malayos de raza, no debe reputárseles como elementos *propios*, toda vez que *de fuera* vinieron, resulta evidente que la ANTIGUA *civilización tagala* puede reducirse, con levísimas diferencias (los barangais),
á lo que era la *civilización de los bisayas* en la época
comprendida entre los años de 1520-1570.—*Gat* no es
tagalo; quiere decir *señor*, ó *el primero; datto* = principal, tampoco lo es; *ladia, raxa* ó *rajá* = soberano,
menos; y en cuanto al vocablo *hari* = sol = rey, menos aún. (*) El sistema federativo, así como el carácter
aristocrático en la sociedad tagala antehispana, signos que denotan un progreso desconocido absolutamente en el resto de las Islas, hay que considerarlos
importados, y de importación reciente: por lo que,
volvemos á insistir, la ANTIGUA (verdaderamente AN
TIGUA) organización político-social *propiamente* FILI
PINA, queda reducida á los términos más rudimenta

(*)   Consúltense los trabajos lingüísticos del Sr. Pardo de Tavera.

ríos y primitivos. España creó los gobernadorcillos ó capitanes (17, 54), á modo de alcaldes de indios; fundó los Tribunales ó Ayuntamientos, que presididos por los pedáneos, tenía por *concejales* los más notables sujetos de la localidad; respetó el *barangay*, premiando á sus cabezas (II, 6) con el título de principales si servían bien diez años su oficio de mediadores entre la Administración y el Pueblo; dispensó á los ancianos de polos y tributos (104, 319, 532), dispensa que hizo extensiva á los que formaban parte de la aristocracia ó principalia; dictó, en suma, leyes tales para aquellos pueblos, que propios y extraños las califican de «sabias». Bien claramente lo confiesa Jagor (*): «Las arbitrariedades de los caudillos y la esclavitud se suprimieron por los españoles poco después de su llegada, reemplazando la paz y la seguridad á las continuas guerras y depredaciones». El gobierno ha ido lentamente asimilando la legislación, y hoy el indio se halla á un paso de gozar todos los privilegios que gozan los españoles en la Metrópoli.

PARTOS.—Continúan entre los indios las prácticas de antaño, si bien un tanto refrenadas las barbaries, gracias al celo de los frailes, que procuran, siempre que pueden, que mediquillos ó viejas más ó menos *embrujadas* cometan verdaderos horrores, si el parto es difícil. El recoleto Fr. Gregorio Sanz escribió y publicó una *Embriología Sagrada* (Manila, 1856) que ha sido y es de gran utilidad á los curas párrocos. Aunque en la localidad haya médico, son contados los indios que le llaman para que asista á un parto.—168; II, 13.

TRAJES.—Réstanos decir algo de los trajes que usaban y usan los indios: consta de las relaciones del primer viaje de los españoles que tanto los marianos como los bisayos iban, ó encueros vivos (**), ó á lo sumo con *bahaque* (423), que vale tanto como ir en taparrabo. En relaciones posteriores hallamos ya algunas telas importadas del *Sur,* ó de China.—Hoy lo común en los indios viene á ser, con leves variantes, lo mismo que nuestro Autor nos describe. En algunos pueblos y, sobre todo en Manila, los acaudalados y elegantes han adoptado el traje europeo; no así las mujeres, que habiendo perfeccionado el propio del país, resultan más bellas con este traje que con el netamente español.—155, 156, 481, 533; II, 51, 111.

(*) *Viajes.* Traduc. de Vidal, pág. 33.
(**) Sin excluir las mujeres.—V. Pigafetta.

CONCLUSIÓN.—Hasta principios del presente siglo, los pequeños alzamientos de indios habidos en algunas localidades de Filipinas obedecieron ó á las vejaciones de los encomenderos, ó á las supercherías de gentes ladinas que embaucaban á los indios haciéndoles creer en un gobierno más justo que el español, porque *vendria del cielo*, etc., etc. Posteriormente, ó sea desde que á aquel remoto pais hiciéronse extensivas algunas de las reformas politicas dictadas para la Peninsula, comenzaron á surgir los primeros *separatistas*, propiamente dichos. Estos fueron en toda época muy contados en número; y si indagamos las causas de su desafección á la madre patria, hallaremos que todas se reducen á ridiculas ambiciones personales. Los indios son, en su gran mayoria, adictos á España, como no puede menos de suceder dado que en general están bajo la directa tutela de los frailes, cuyo más alto sentimiento es indudablemente el patriótico. Gozan hoy de un relativo bienestar, á diferencia de lo que acontece á los indios de otras colonias, según confiesa Jagor en uno de sus arranques de imparcialidad (*), y con España es de esperar que lleguen á la meta de todos los progresos. ¡Que el Señor quiera que así suceda!

INFIELES.—420; II, 4.—V. *Ap. A.*, nota 23.

Ingleses.—Nuestro Autor dedica curiosas páginas á la invasión inglesa. Estaba entonces el pais en el periodo de mayor decadencia; el Arzobispo, que era criollo mexicano, se portó como un imbécil, y creemos favorecerle dándole este calificativo, con preferencia á otro más duro. Por fortuna no faltaban patriotas: entre los hombres civiles, descolló, desde los primeros momentos, á manera de gigante, D. Simón de Anda y Salazar, que alentado y auxiliado por los frailes, en especial los de la Orden de San Agustin. pudo salvar de las garras de Inglaterra aquel hermoso pais, que los ingleses creían era ya presa segura de su codicia. A los datos del P. M. de Zúñiga deben añadirse algunos curiosos que se contienen en el tomo V de la obra del duque de

---

(*) «En otros paises de clima tan templado y de suelo tan feráz, se vé á los indígenas oprimidos por sus mismos principes, explotados y exterminados sin miramiento por los extranjeros, si no se hallan muy altos en civilizacion. En estas apartadas islas, tan favorecidas por la naturaleza, donde ni habia presion de arriba ni impulso interior ó exterior, ha podido desarrollarse la vida cómoda, con pequeñas necesidades, en toda su extension. Filipinas puede disputar á todos los paises el nombre de *tierra de Jauja*. Conociendo el *dolce far niente* napolitano, no puede uno formarse aún idea exacta de lo que significa esta frase: hay que estudiarlo bajo las palmeras.»—Traduc. de Vidal, págs. 34-35.

Almodóvar; todos ellos los resume muy discretamente
D. Sinibaldo de Mas en su *Estado.*—188, 261, 264, 330-
338. 342-344, 350-353, 374, 448, 451, 476; II, 64.—En este
siglo la inmigración ha ido aumentando poco á poco,
aunque dentro de una escala muy reducida; dedícanse
los ingleses al comercio principalmente. Los que de
ellos descienden son contadísimos.

IRRAYAS, por IRAYAS.—II, 23.—Malayos infieles; se les supone de sangre mezclada con la de los aetas.

Japones ó Japoneses.—Su establecimiento: 264.—II, 73.—
Pocos vestigios y menos datos históricos se hallan que
denuncien relaciones prehistóricas con los filipinos. Yo
más me inclino á creer que estas relaciones no comenzaron hasta después de la toma de Manila por los castellanos. Cuándo estuvieron en Marianas, no me parece
que sea fácil cosa precisar; pero lo que no ofrece duda
es que á ellos se deben los *monumentos* mariánicos de
que ya hicimos mérito.—V. INDIOS, *Ideas religiosas.*—
Hace mucho tiempo que en Filipinas no existen japoneses, como no sea por casualidad. A los taaleños les creo
descendientes de los establecidos antiguamente en la
prov. de Batangas.

Judíos de Ternate.—319.—Los indios de Molucas son hoy
raros en Filipinas.

MALANAOS.—*Moros* malayos que viven á orillas de la lag.
de Malanao ó Danao, en Mindanao.—II, 84.

Malavares.—316, 318.—Hoy existen pocos, y éstos dedicados al comercio. Aun se conocen bien los que son descendientes de los muchos que en lo antiguo hubo.

MALAYOS.—154.—V. los artículos que preceden á este
Vocabulario.

MANGUIANES.—131.—Infieles.—Así se suele denominar á
varias tribus cuyos caracteres étnicos no son en todas
los mismos. Los hay en Luzón que tienen rasgos fisiog-
nómicos propios de la raza china.

MANOBOS ó MANUBOS.—II, 74.—Infieles que habitan en
Mindanao.

MESTIZOS.—Los de *españoles* son pocos, relativamente.
Aventajan al indio en actividad, pero no en virtudes (*).

_____

(*) Esto, por punto general. Puede tanto la influencia del medio, que mientras
vemos en pueblecillos apartados de las capitales mestizos que física y moralmente
se confunden casi con los indios, los hay en Manila que apenas difieren de los españoles. El *español-filipino,* ó sea el cuarterón y el criollo, en particular el de Manila, difícilmente se diferencia del peninsular, sobre todo del peninsular de larga
residencia en el país. En Europa tenemos mestizos, cuarterones y criollos á quienes
sería preciso pedir la fe de bautismo para saber que eran nacidos en Filipinas.

Los mestizos *chinos* se calcula que ascienden á medio millón. Como observa Jagor (pág. 26), los mestizos chinos «conocen todas las buenas y malas cualidades del »indio, y los explotan sin conciencia para sus fines par- »ticulares». En ellos «compiten la economía y codicia, »con la inteligencia y actividad en acrecentar su cau- »dal». *(Comyn*, pág. 59). Calculadores, previsores (365), la profecia del P. Zúñiga se va cumpliendo: son dueños de medio pais. Al paso que lleva la inmigración amari- lla, todo induce á sospechar que esta usurpadora raza mestiza será la que se haga dueña de todos los nego- cios del Archipiélago. El porvenir es de ellos, aun en lo político. V. I, 12, 51, 364, 368, 305, 308, 405, 457, 492.— Los de *borney:* 145. Ya no los hay; los descendientes de aquéllos se refundieron con los indios comunes.—Acer- ca de los mestizos de *japón*, de los que ya no existen sino los descendientes, escribia el P. San Antonio (I, 132): «Ay tambien otro gremio de Mestizos Japónes, de los q̃ en los años pasados hán llegado á estas Islas des- garitados. Son de mejores procederes que los otros *(que los mestizos sangleyes)*, como de mejores princi- pales; y son aquí mas estimados, y privilegiados, pues pagan la mitad del Tributo, que pagan los otros».

MOROS.—Ya hemos dicho qué se entiende por *moro* en Filipinas. (V. *Ap. A.*, nota 23). Acerca de sus depreda- ciones como piratas, existen volúmenes enteros; nues- tro autor dedica bastantes párrafos á estas gentes semi- bárbaras que han sido, sin embargo, opresoras de los filipinos durante siglos enteros. Habitan en Mindanao. Joló, la Paragua y Balábac.—V. págs. I. 65, 104 y 108 y stes., 143, 318, 442, 490, 517, 526; y del II, casi todas, á partir de la 39.

MUNDOS.—Bisayos remontados: II, 93.—Los ladrones son llamados *ates.*

Sangley = chino.—«Los de Manila llaman Sangleyes á »estos Chinos» (los que ocupaban el arrabal del Parián), «que es lo mismo que mercaderes, nombre que sale de »las palabras chinas *Xiang-Lay*, que quiere decir dicho »oficio».—(Almodóvar, V, pág. 202, nota.)

Suecos.—265.—En todo tiempo han sido muy raros en Filipinas.

TAGABOLOYES.—II, 73.—Rectifico aquí un error que se ha deslizado en la pap. BOLOY, de *Lugares geográficos (Ap. C):* leí mal en la *Ilustración Filipina*, donde la raza que se menciona es llamada *tagabotes.* Los *tagaboloyes* los menciona en su mapa el P. Murillo.

TAGALOS.—Los malayos más políticos de Filipinas. Los *antiguos*, equipáralos nuestro autor á los igorrotes: II, 16.—V. los artículos que preceden á este *Vocabulario*.

TINGUIANES.—Indios infieles; en la parte N. de Luzón. Se van cristianizando lentamente. Son superiores á los igorrotes.—II, 12-14.

V

DESARROLLO PROGRESIVO DEL NÚMERO
DE HABITANTES

Si no existieran tantos y tan elocuentes datos demostrativos de lo que los indios han ganado con la incorporación de su territorio á la Corona de España, bastaría este solo para probarlo: calcúlase, según las noticias de los primeros que acerca de este particular escribieron, que, cuando la Conquista, no pasaban los indios de medio millón: hasta el P. San Antonio, las nuevas noticias son harto deficientes, mejor dicho incompletas, y todas ellas adolecen del mismo vicio: los autores, en su buen deseo de ponderar lo mucho que de la Colonia podía esperarse, aumentaban considerablemente el número de los habitantes. El Padre San Antonio, antecitado, obtuvo un total de. . . . . 837,182 almas (ESTADISMO, II, 115); nuestro Autor obtiene un total de. . . . . 1.561.251, si se multiplica por 5 el número de los tributos por él contados; según D. Ildefonso de Aragón, el año de 1819 los habitantes ascendían á 2.593.287; el de 1845, según vemos en el *Diccionario* del P. Buzeta, á. . . . . 3.488.258. Hoy la población se calcula en unos. . . . . 7.000.000. Claro es que existen al presente más facilidades que en lo antiguo para conocer con alguna exactitud el número de almas que en Filipinas existe; lúchase, sin embargo, con serias dificultades que imposibilitan la consecución de un *Censo verdad*. De todas maneras, y aun concediendo que la población no exceda de seis millones y medio, ¿no es un prodigio este desarrollo? Los pueblos tiranizados ó degradados no crecen en proporciones tan considerables.

VI

LOS FRAILES

Son un factor tan interesante, su influjo en todo tiempo ha sido, y continúa siendo, tan decisivo para el progreso de la colonia, que hablar de Filipinas y no hablar de ellos es verdaderamente imposible. No obstante, y en nuestro deseo de evitar repeticiones, y toda vez que en el *Prólogo* hemos tenido que sintetizar lo que en Filipinas la palabra FRAILE significa, no añadiremos aquí una palabra más, en gracia de la brevedad, que no porque el asunto no sea suficiente á llenar volúmenes enteros.

APÉNDICE H

MISCELÁNEA

A

Achara (Cocido ó escabechado en) = cocido ó escabechado en *salmuera*. La palabra no es castellana ni tagala. En un vocabulario de nahuatlismos que tengo á mano, hallo *¡achará!;* pero esta voz es interjección, y significa lástima.—127.

AGRICULTURA.—En el *Apéndice E* hemos indicado cuáles son las principales plantas de Filipinas. Los antiguos indios apenas tenían aperos de labor; no contaban con el auxilio de animales tan útiles como el caballo y el buey, y no sabian beneficiar plantas que, como el *abacá* y la *caña dulce*, rinden hoy productos considerables. El progreso agrícola ha sido, pues, inmenso. Sin embargo, de los 28 millones de hectáreas laborables, no pasan de *dos* los que se explotan. Las cifras que en la papeleta Comercio hallará el lector, como asimismo las ligeras indicaciones que hacemos en Industrias, son el testimonio más elocuente de cuanto han hecho allí los españoles, en particular los frailes, verdaderos maestros de los indios. Una legislación en general desobedecida, la sobriedad del bracero, su ingénita indolencia y, sobre todo, la falta de fuertes capitales, han sido, entre otras, las causas de que, en un país tan fecundo como aquél, no haya prosperado, todo lo que debia, la agricultura. Las *haciendas* de que trata el P. Zúñiga, son las siguientes: *Aguilar* (Dc). (II, 90.)—*Alangilan.*—*Bi-*

*ñang.— Imus.— Lomboy.— Maisapang.— Malabón.— Ma-
linta.—Mandaloya.—Manguilán.—Maysilo.—Navotas.—
Orión. — Pandi. — Parañaque. — Pasay. — Piedad. — San
Nicolás.—San Pedro Tunasan.—Santa Mesa.—Santa Rosa.— Tala.— Tunasancillo.—V. Vocabulario geográfico.
—Hacenderos* (I, 46-47) = dueños de haciendas.—Los
diezmos prediales han sido ya suprimidos. I, 46-49; II,
35.— Pacto *retro vendendi:* 440.—*Salangbili* (contrato):
364-365.—Véanse ahora algunas cifras, que aunque no
exactas por modo matemático, dan una idea de cómo
están distribuídas las hectáreas (*):

$$
\left.
\begin{array}{ll}
\text{Superficie urbana....} & 175.150 \\
\text{\quad » \quad rústica....} & 2.280.421 \\
\text{\quad » \quad forestal...} & 20.805.275 \\
\text{\quad » \quad inculta....} & 4.919.545
\end{array}
\right\} = 28.240.391.
$$

Las cultivadas descomponíanse así en la fecha que
escribió el Sr. Cavada (hoy han experimentado ligeros
cambios):

$$
\left.
\begin{array}{ll}
\text{Cultivo de arroz.....} & 1.102.600 \\
\text{\quad » \quad de abacá.....} & 221.370 \\
\text{\quad » \quad de cañadulce.} & 273.673 \\
\text{\quad » \quad de tabaco....} & 68.112 \\
\text{\quad » \quad de maiz......} & 64.111 \\
\text{\quad » \quad de añil, café,} & \\
\text{\qquad cacao, etc..} & 550.555
\end{array}
\right\} = 2.280.421.
$$

ALCALDES MAYORES.—Comyn y otros escritores serios seglares, dicen pestes de ellos; en lo antiguo no eran letrados; tenían además el privilegio de *poder comerciar:*
eran, pues, por lo común, espantosas calamidades, y
por lo tanto no solían llevarse bien con los frailes. El
P. San Antonio explica muy discretamente los motivos
(II, págs. 299 y stes.). V. ESTADISMO, II, 50 y 97.—Posteriormente se les exigió la calidad de letrados, y desde
entonces fueron muy otros. El privilegio del *comercio*
duró hasta 1845. Es verdad que el Estado les pagaba
mezquinamente. En la *Guía* oficial de 1834, y en otras,
pueden tomarse apuntes por demás curiosos. Eran jueces y á la vez gobernadores: su poderío resultaba abru-
mador. En 1886 fueron suprimidos los alcaldes, creán-
dose los gobernadores civiles y los jueces de primera
instancia. El remedio ha sido peor que la enfermedad:
los alcaldes de los últimos años se conducían bien los

(*) Á falta de otros, nos atenemos á los datos del Sr. Cavada en su obra *Historia, Geografía, Geología y Estadística de Filipinas.* Manila, 1876. 2 tomos en 4.º

más de ellos; la estabilidad de que disfrutaban era la mejor garantía de su buen proceder. Los gobernadores duran poquísimo tiempo; persuadidos de que allí no han de echar raíces, no suelen tomarse el interés que los alcaldes mayores se tomaban; entre otras razones, porque cuando comienzan á conocer el país, se hallan con la cesantía. Ha sido de funestas consecuencias para Filipinas el que al cargo de gobernador de provincia se le haya dado carácter *político.*—110, 246, 369.

.ÁNGEL CATUTUBQ.—ANGEL TAGA TANOR.—171, ó mejor, II, *20.—*Catutubo* = *Catotobo* = «Como ángel de guarda, por que en su infidelidad decian que su *badhala* (Dios) daba á cualquiera otro Dios que le guardase, y á este llamaban *badhalang catotobo*». *Dic. tagalo* del P. Noceda (ed. de 1860). **Taga**, partícula que, junta con otras raíces, «significa el oficio que dice la raiz. *Taga tanod nang babuy*, cuidador de puercos». *(Ibid.) Tanor:* «Pastor, centinela». *(Ibid.)* De donde se deduce que la frase *taga tanor* es el colmo del pleonasmo.

.ARZOBISPO (Del).—246, 247.—El Sr. Camacho fué el primero que intentó girar visita diocesana á los párrocos regulares (Salazar, 662); y el que llevó este asunto á su mayor extremo, fué el Sr. Sancho de Santa Justa y Rufina. El Obispo Sr. Luna no opinaba como este Sr. Arzobispo (Platero, 406). Al fin los frailes perdieron el pleito.—En lo antiguo los Arzobispos solian interinar el Gobierno general cuando vacaba. Hubo algunos que se condujeron notablemente; merece especial mención el Sr. Arechederra; en cambio el Sr. Rojo se portó como un imbécil, según dejamos ya dicho.—V. INGLESES, *Ap. G,* III.—Después de Rojo, ningún otro Arzobispo ha vuelto á interinar el Gobierno de las Islas.—Existe una interesante obra acerca de las facultades de los Obispos en Ultramar, escrita por el célebre dominico Fr. Francisco Gaínza: Manila, 1860; Madrid, 1877.

.AUDIENCIA (De la Real).—242-244, 351.—Tuvo en lo antiguo un poder que ya no tiene: y es que *ya no se usa* el que ningún *oidor* se haga cargo del Gobierno general, en ningún caso; la supresión de los alcaldes ha contribuído igualmente á la reducción del antiguo poderío; y el que se hayan creado dos Audiencias más, una en Cebú y otra en Vigan, ha sido parte también para que estos Centros queden reducidos á sus verdaderos límites, y que sus miembros no gocen de mayor influjo que el que en rigor les corresponde, social y políticamente considerados. Los nombres de Morga, Anda Salazar y Vidal Sabatés, por no citar más, hablan muy alto en

obsequio de los magistrados de Manila. Los ha habido,
sin embargo, con grandes tachas, pues que consentian
abusos como los que nuestro Autor denuncia en las páginas 376, 377 y otras.—En 1861 dejó de ser Cuerpo con-
sultivo del Gobernador general.

AYUNTAMIENTO de Manila.—El P. Zúñiga le moteja de poco
celoso (278). Bien considerado, el mal no está en los
concejales mismos, sino en la organización del Munici-
pio, cuyos miembros no los elige el pueblo, sino que
los nombra el General; y un regidor que obtiene el cargo, no por la voluntad de sus conciudàdanos, sino por
el esfuerzo de sus intrigas, no está obligado á hacer
otra cosa que lo que suelen hacer aquellos señores del
Ayuntamiento: nada entre dos platos. También es verdad que el Ayuntamiento apenas tiene dinero; que por
la manera de ser de aquella tierra, allí no hay más resolución que la del presidente, el gobernador civil, el
que á su vez carece de facultades, ó si las tiene, y quiere conservar el cargo, ha de supeditarse á lo que le re-
comiende S. E. el Capitán general.— Poco dinero, ningún compromiso contraído con el vecindario, y, por
contera, supeditados los concejales á la dictadura del
primer jefe de la Colonia, el resultado es, que aquel
Ayuntamiento casi no lo parece. De fecha recientísima
son los de Cebú, Iloilo, Batangas y otras capitales: huelga decir que estos Ayuntamientos tienen todavia menos
carácter que el de Manila. Y obra sancionada á mitad
del presente año de 93, son unas Juntas municipales,
para los pueblos todos de Filipinas, que han venido á
desfigurar lo tradicional, es cierto, pero con la desven-
taja de que dificilmente darán los resultados que el le-
gislador espera.—245-246.—*Ciudad = Ayuntamiento: 297.*

B

BANDALA.—325.—Ha tenido además otra significación la
palabra *bandala:* escribe el P. Fernández Navarrete
(Trats., 304-305): «Fue Don Sebastian *(Hurtado de Corcuera)* el inuentor de las Vandalas (es nombre de los
naturales, y significa repartimiento) que tienen destrui-
dos á todos. Para que se entienda lo que es, lo explica-
ré aqui en pocas palabras. Supongo lo primero, que es
grande ignorancia atribuir, ó hazer Autor de este repartimiento a Don Sabiniano Manrique de Lara. Si cuando
este Cauallero entró en el Gouierno, se debia ya a los

Indios la paga de las Vandalas de catorze, y mas años, como podia él principiarlas?»... «En fin, despues de pagar el Indio su tributo, acudir a los cortes, y seruicios personales, que son muchos, reparten a las Prouincias cada año, exempli gratia, a la de la Pampanga veinte y quatro mil fanegas de arroz, a dos reales, ó dos y medio la fanega, por ser para su Magestad, fiado hasta quando Dios quisiere. Esta cantidad se parte entre los Indios de aquella Prouincia, cobrase con gran rigor, y muchos engaños que hazen los Arraeces que lo lleuan. de suerte, que al que reparten tres fanegas, le cuesta por lo menos media mas que dá en la medida, y al que dá seis, cuesta una mas, &c. Esto es lo que llaman Vandala, y esto lo que en tantos años no han pagado...»— Asi en la *Pampanga;* porque en tagalo, *bandala* = «derramar ó sacar con fuerza algo», según el P. Noceda.

BARRIO.—Agrupación de mayor ó menor número de casas, á alguna distancia del casco del pueblo á que pertenece civil y eclesiásticamente.

BEATERIO de *Santa Catalina*, de la Orden de Santo Domingo: 230-231. Hoy es además colegio. Acerca de su fundación, consúltense: Salazar, 639 y stes.; Ocio, II, 28. —El de la Madre Paula ó de *Santa Rosa:* 231-232, data de 1750.

BILAO = *Bilauo* = Harnero.—389.

BROA.—I, 44.—Especie de bizcocho.—La palabra no es tagala.

C

CABECILLA.—262.—Empléase también para designar al jefe de un taller, etc. Al regente de una imprenta, verbi gracia, se le llama allá el *cabecilla* de los cajistas.

CAÍDA.—Vestíbulo ó antesala, según la calidad de la casa, y su construcción.—I, 36, 37.

CAJAS.—*Reales:* las del Tesoro público.—*De Averías:* pequeño impuesto que cobraba la Aduana. 326.—*De Comunidad:* venian á ser á modo de *fondos locales.* 283, 356, 524.

CAMARÍN.—Edificio de una sola planta, por lo común de materiales ligeros, donde se almacenan productos agrícolas ó de la industria, etc.—I, 10, 50.

CAMINOS.—330, 333, 365.—Tienen de antiguo fama de *malos* los de Filipinas. El trazado, en los más de ellos, es obra de frailes. En cuanto á su conservación, que es lo que se lamenta, téngase presente lo mucho que allí la piedra escasea. Los polistas estaban antes obligados á trabajar cuarenta días al año, principalmente en la conservación y apertura de las carreteras (que en rigor no merecen este nombre); hoy sólo están obligados á quince días, ó á ninguno si se *redimen*.

CANÓNIGOS (De los).—247.—Continúa habiéndolos, en Manila únicamente. Los Obispados no tienen más personal subalterno que *provisor, secretario, promotor fiscal* y *notario;* carecen de *canónigos*.

CÁRCELES.—376.—Algo ha mejorado el servicio, no sólo porque se han construido en casi todas las provincias edificios que superan en mucho á los del siglo pasado, sino porque actualmente se hila un poco más delgado en punto á régimen interior de las mismas. Deja, sin embargo, bastante que desear. El número de presos que de ordinario suele haber en todas las cárceles de Filipinas, no excede de 5.000.—La de Bulacán: 374.

CASAMAHANES.—*Calamaan* es «cosa común de muchos, que sobró en la repartición». (Noceda.) Son, pues, los casamahanes como aparceros: cada uno cultiva una porción de terreno, y el amo le da una parte proporcio nal del provecho. Los *casamahanes* tienen algo de siervos: pásales lo que á los criados de que hablamos en *Esclavitud* (V. A*p. G*, INDIOS): piden adelantos, y el amo se los da, pero á guisa de compra anticipada de lo que coseche: si se trata de café, le compra el pico á razón de diez pesos, ó menos, estando á treinta. De aquí que la condición de estos *colonos* sea, por lo común, desdichadísima.—48, 50, 335, 364.

CASA REAL.—En la cabecera, lo es la casa-Gobierno; en los pueblos, el Tribunal ó casa-Ayuntamiento. La palabra va cayendo en desuso.—95, 385.

CLÉRIGOS INDIOS.—En general, los autores los tratan durísimamente.—V. A*p. A*, nota 36; A*p. B*, pap. núm. 337. Los ha habido virtuosos, y los hay, así como de poco vulgar inteligencia. Pero la bibliografía filipina apenas tiene nada que agradecerles. Son necesarios, á lo menos como coadjutores ó auxiliares de los párrocos de raza española. En la actualidad existen cinco Seminarios, ó sea uno por cada mitra. (El Obispado de Jaro es de creación posterior á la época del P. M. de Zúñiga.)—50, 179, 424, 464, 479.

CLIMA.—288.—V. *Rev. de Filipinas*, págs. 97 y stes., estudio de Semper, traduc. de Vidal. En varias obras vulgares se consignan cuadros de observaciones minuciosas.

COMERCIO.—Nuestro Autor dedica muchas y sabrosas pags. al antiguo comercio exterior de Filipinas, reducido en rigor al que hacía la *nao de Acapulco*. Las vicisitudes por que pasó, hállanse minuciosamente descritas en el *Extracto historial*, etc., de ALVAREZ DE ABREU; obra compendiada por el Sr. Azcárraga *(Ap. B,* núm. **26**), el que á su vez ha puesto de su cosecha observaciones muy dignas de ser leídas. Consúltese además el folleto del Sr. Jimeno Agius *Población y Comercio*. Según cálculos de D. Tomás de Comyn, el movimiento mercantil del comercio exterior de Filipinas en 1810, ascendía á la suma de.................................. $ 11.000.000.

La revolución de las Américas trajo consigo, entre otras consecuencias, trastornos graves en el comercio exterior de Filipinas; tuvo durante ese tiempo un periodo de excepcional decadencia. Repuestos luego los comerciantes, nuevamente los negocios comenzaron á tomar vuelos, y, según los cálculos de Jimeno Agius, el promedio resultante de la importación y exportación durante los años 1861-1863, arroja un total al año de............................... $ 17.843,773.

La apertura del Itsmo de Suez aumentó considerablemente las relaciones comerciales; la inmigración de europeos en Filipinas fué desde entonces creciendo poco á poco, y el promedio que se obtiene de las sumas que arrojan la importación y exportación durante los años de 1879-81, es ya de: $ 43.679,653.

A la vista tenemos la *Estadística general del Comercio exterior* en 1892, y en sus páginas hallamos las siguientes cifras:

Importación: 23.817,373 }
+ Exportación: 27.976,569 } = ... $ 51.793,942.

Estas cifras demuestran la virtualidad de la inmigración europea. Cumple ahora á nuestro propósito consignar cuáles son los principales artículos de exportación, y en qué medida y por cuánta cantidad se exportan.

Abacá: promedio de lo exportado durante el quinquenio 1883-1887:

Kilogramos: 54.985,733.—Valor: $ 7.482,271.

Promedio íd., íd., id. 1888-1892:

Kilogramos: 71.306,052.—Valor: $ 11.382.127.

Azúcar: promedio de lo exportado durante el quin-quenio 1883-1887:

Kilogramos: 175.775,792.—Valor: $ 9.259,803.

Promedio íd., id., íd. 1888-1892:

Kilogramos: 185.062,816.—Valor: $ 9.680.019.

Tabaco elaborado: promedio de lo exportado durante el quinquenio 1883-1887:

Kilogramos: 822,271.—Valor: $ 1.360,795.

Promedio id., id., id. 1888-1892:

Kilogramos: 1.429,335.—Valor: $ 1.327,734.

Tabaco en rama: promedio de lo exportado durante el quinquenio 1883-1887:

Kilogramos: 3.966,450.—Valor: $ 1.064,186.

Promedio id., id., id. 1888-1892:

Kilogramos: 9.786,916.—Valor: $ 1.845,043.

Como se ve, el tabaco ha ido bajando de precio con-siderablemente.

El articulo de importación que mayor suma repre-senta, es el que figura bajo el epigrafe *tejidos de algo-dón.* El quinquenio de 1888-1892 arrojó un promedio de muy cerca de *siete millones* de pesos.

El mayor comercio de importacion es con Inglate-rra: asciende lo que de dicho país se importa á la can-tidad de...................... .... $ 7.704,400,
promedio de los totales del quinquenio úl-timo. Sigue en importancia China (Hong-Kong y Emuy), que importa por valor de: » 4.808,619;
viene después *España,* que importa por la suma de................................. » 2.884,584;
luego Singapore (*), que importa......... » 2.188,632;
después Saigón, que importa............ » 1.994,664;
etcétera, etc.

Estos cálculos, como queda indicado, tienen por ba-se el quinquenio 1888-1892; véase ahora la exportacion:

(*)   La importación de Singapore ha bajado extraordinariamente; habiendo su-bido en cambio la de España, cada vez mayor. En el quinquenio 1883-1887, Sin-gapore importó en Filipinas *(promedio):* unos *siete millones* y *medio* de duros.

A Inglaterra, por valor de...... .... \$ 8.673,593
» China, por íd. íd...................... » 6.986,211
» Estados Unidos (*), por íd. íd........ » 6.981,939
» *España* (**), por íd. íd................ » 2.877,929
» Singapore, por íd. íd................ » 1.660,001.

Concretándonos al abacá y al azúcar, las siguientes cifras dan buena idea del progreso agrícola-comercial de Filipinas:

Exportación de abacá.		**Exportación de azúcar.**	
Años.	Kilogramos.	Años.	Kilogramos.
1818.........	14.424	1835.........	11.777.000
1822.........	122.629	1836.........	15.098.000
1825.........	276.142	1837.........	12.478.000
1830.........	1.093.940	1838.........	12.561.000
1835.........	2 662.414	1839.........	15.867.000
1840.........	5.300.788	1840.........	16.815.000
1845.........	6.483.803	1841.........	15.581.000
1850.........	7.807.260	1842.........	18.819.000
1852.........	15.705.430	1843.........	22.644.000
1853.........	14.013.846	1844.........	21.842.000
1864.........	29.314.963	1864.........	54.301.464

Como dato curioso relativo al dinero que hasta 1810, se había recibido de Nueva España, apuntaré aquí la cifra que pone D. Tomás de Comyn (cap. VIII):

400.000.000 de pesos.

El comercio antiguo de los indios reducíase á trueques (409); los que principal y casi exclusivamente comerciaron con ellos, antes de la Conquista, fueron los chinos; éstos iban á las playas filipinas, y, á cambio de telas, objetos de porcelana y algunas baratijas, llevábanse todo el oro que habían á las manos. Establecidos ya los españoles, las empresas de éstos por nuevas tierras, y su liberalidad, dieron por resultado el aumento de relaciones comerciales, viniendo á ser el de Manila un puerto muy concurrido, según se deduce de estas palabras del franciscano Rivadeneyra: «y es allí la con-»tratacion de Chinos, Iappones, Canbojas, Cianes, Pa-

(*) Va bajando el comercio de exportación á los Estados Unidos: antes llegó á exportar Filipinas unos 10 millones y pico; pero desde 1889 comenzó la baja, y ha continuado.
(**) La exportación á España más bien tiende á la baja que al *statu quo;* en cambio la importación de artículos españoles va subiendo progresivamente.

»tanes, y de gente de Malaca, y Maluco, y de Burney, »y de todas las Islas comarcanas». (Pág. 14.)—Citas al texto: *Comercio con Acapulco*: 267-271; 274-275.—Las *boletas:* 267; 327.—Por lo que respecta al comercio *interior*, no existiendo estadísticas que siquiera aproximadamente nos den una idea de su importancia. preferimos no decir más sino que, desde que á los alcaldes mayores se les quitó la autorización que para negociar tenían, ha tomado grande incremento, como no podia menos de suceder.—La nota que publicamos en otro lugar (V. *Marina)* es un dato para apreciar la importancia de dicho comercio.—*273, 297, 434.—Otras:* 159, 266, 439.

Compañía de Filipinas.—La aspiración de crear una empresa poderosa que fomentase el comercio, la industria y la agricultura en Filipinas, es más antigua que lo que algunos creen. En tiempo del general Arandia (1754-1759), se intentó ya (Concepción, XIV, cap. VII); pero la tentativa no pasó al terreno de la práctica hasta que Carlos III, por R. cédula fecha 10 de Marzo de 1785, creó la Compañia de Filipinas; de las 3.000 acciones que de las 32.000 emitidas se reservaron para los habitantes del Archipiélago, ni una sola, asevera Almodóvar (V, 345), se pudo colocar: «En vez de accionistas (dice el mismo escritor), hallaron en aquellos vecinos una fría indiferencia, ó abierta repugnancia, resueltos á mantenerse en la más absoluta separación de intereses, y abrigando un funesto espiritu de división»: nació, de consiguiente, muerta aquella poderosa Compañia, en la que el mismo Monarca tenia participación; y nació muerta, porque en cada vecino poseedor de un peso tuvo un rival; en cada alcalde, *negociante consentido* por el Gobierno, un enemigo: aquellos doce millones de duros fueron, pues, liquidándose con pérdida progresiva. En 1834 cesó el privilegio de aquella empresa, de la que sólo queda el recuerdo en las historias.—66, 148, 271, 404, 492, 530; II, 38.—Fué su primer factor D. Manuel Agote. En tiempo del P. Zúñiga lo era el famoso D. Tomás de Comyn.—V. en *Ap. B* la pap. Compañía de Filipinas; la R. cédula de erección reprodúcela también el Duque de Almodóvar, en el tomo V de su obra.

Consejo de Indias.—Su creación es anterior á la Conquista de Filipinas. Acerca de su organización, facultades, etc., consúltese la recopilación Ordenanzas, número 261 del *Ap. B.*—Hoy el Consejo de Estado suple á aquel organismo, que hicieron célebre tantos de sus miembros. El Ministro de Ultramar asume el poder Real. Para que se vea cómo han cambiado las cosas, consúltese la Ordenanza I: entre otros funcionarios, el Consejo tuvo: «un Coronista mayor, y Cosmografo, y un Cathedratico de Mathematicas»... y aun á los porteros y al alguacil se les exigia *habilidad* y *suficiencia;* y á todos, que jurasen obrar bien al tomar posesión del cargo. Empleados hay actualmente que ignoran dónde se hallan nuestros dominios ultramarinos.—245, 246.

CONSULADO.—Fundado en 1772, por R. cédula de 6 de Diciembre de 1769. Tuvo por fin principal, y casi único, promover el bien del comercio en común. Por R. cédula de 26 de Julio de 1832, cesó el Consulado reemplazándole el *Tribunal de Comercio,* que tampoco existe, pues fué suprimido en 1868.—Al *Consulado* se debe la Academia de Pilotaje ó Escuela Náutica de Manila, mandada establecer por R. cédula de 1791; pero no comenzó á funcionar hasta 1819. Esta Escuela continúa, habiéndose con el tiempo introducido beneficiosas reformas en su régimen interior.—245, 267, 269, 326, 434.

CORREOS.—Nada dice nuestro Autor. La renta de Correos fué establecida en 1762, para el exterior; el servicio había de ser precisamente en buques nacionales. En 1833, siendo Gobernador general D. Pascual Enrile, estableciéronse los correos terrestres en toda la isla de Luzón. Datos curiosos: ALVAREZ TEJERO: *Las Islas Filipinas,* Valencia, 1842.—V. *Ap. B.*, PARDO DE FIGUEROA.

COTTA.—Fortaleza.

CH

CHANCACA.—V. Pág. 128.—El concepto está mal expresado; se presta á confusión: *chancaca* es «azúcar mascabado en panes prismáticos». *(Dic. Acad.)* Voz americana.—*Chancaca* obtenida del zumo de la nipa: 494.

D

DALAGA.—Doncella. Entre las jóvenes de la principalia es usual que todos los años se elija una *capitana,* con fines piadosos principalmente.

DESGARITADA.— Desarbolada.—429; II, 111

E

ENFERMEDADES.—Las que menciona nuestro Autor, son las siguientes: *Bonsol:* 169.—*Calenturas:* 159.—*Lázaro:* 326.—*Pamaoo:* 167.—*Pasmo ó tabardillo:* 159.—*Subasuba:* 158, 467, 489.—*Papada:* 157.—*Tercianas:* 158, 180.—Viruelas: 489.—De una especial de la piel nos habla en el t. II, pág. 51, y de otra que no define, en la 159.—El *cólera* ha hecho estragos horrorosos, sobre todo en 1882.—La *viruela* va cediendo, merced al celo de las autoridades, que cada dia son más exigentes en punto á vacunación.—Como yo no sé patología, ni, á Dios gracias, he tenido *disenteria,* no sé si á esta enfermedad es á la que el P. Zúñiga alude en la pág. 159. Esta ya no es tan común entre los europeos: antes, en España era el *coco* de los que proyectaban pasar á aquel país: gracias á que hoy abundan los buenos alimentos, sin contar con los progresos de la Medicina, lo cierto es que la leyenda forjada *aqui* contra esa enfermedad de *allá* va desvaneciéndose más de día en dia. Allí lo temible es la fiebre *perniciosa,* en especial la de Manila, que en 48 horas mata al enfermo. Son pocos, relativamente, los que se salvan. También son frecuentes los casos de *hepatitis,* ó infarto del hígado. El *cólera* se ha hecho endémico. Salvos excepcionales individuos, todos los europeos se ponen *anémicos,* por la acción del clima. Las enfermedades *venéreas* y *sifilíticas* toman con los años mayor incremento; el llamado *gálico chino* es de conse cuencias horrorosas.—V. INDIOS, *Caracteres físicos.*—Acerca de la *locura* (son muy contados los casos entre los indios), V. *Ap. A.,* nota 34.

F

FECHAS. — «*Superior Gobierno de Filipinas. — Exmo. é Ilmo. Sor.*—Con esta fecha he decretado lo que sigue.—Considerando conveniente el que sea uniforme el modo de contar los dias en estas Islas á Europa, China, y demas paises situados al Este del Cabo de Buena Esperanza, que cuentan un dia mas por razones que á todos

nos son bien conocidas (*), vengo en disponer con
acuerdo del Exmo. é Ilmo. Sor. Arzobispo, que por este
año, solamente, se suprima el Martes 31 de Diciembre,
como si realmente hubiese pasado, y que el siguiente
dia al Lunes 30 del mismo, se cuente Miércoles 1.º de
Enero de 1845, que es con el que empezará el Calenda-
rio de dicho año, en el cual ninguna alteracion se necesita hacer.—Y lo comunico á V. E. I. para su conocimiento y efectos consiguientes. Dios gue. á V. E. I. m. a.
—Manila 16 de Agosto de 1844.—Narciso Claveria.—
Exmo. é Ilmo. Sor. Arzobispo de esta diócesis.»—Así,
pues, á toda fecha que en las obras filipinas figure con
anterioridad á 1844, debe, si se la quiere unificar con la
cronología de Europa, añadírsele un dia.

G

Gobernador general (Del).—La palabra Gobernador, así
como la palabra General, la hemos escrito con mayúscula cuando es sinónima de autoridad superior, para
evitar confusiones con generales de menor cuantía y
los gobernadores de provincias. A pesar de nuestro cuidado, no siempre en el texto van estas palabras con la
ortografía que nos habiamos propuesto adoptar (**).—
Facultades: 239 y stes. Hoy son algo más reducidas;
con todo, sus facultades merecen aún el calificativo de
extraordinarias: es el intermediario entre el Gobierno
de S. M. y la Administración Pública de aquel país.
Mucho se ha discutido acerca de la conveniencia ó no
de la separación de mandos, dando el superior civil á
un hombre civil de alta talla, y el superior militar á
un general prestigioso. Porque, á la verdad, no parece
lógico que en un general concurran tantos conocimientos á la vez; á lo menos no está obligado á tenerlos.
¿Qué *debe* saber de Hacienda un hombre que se ha pasado la vida dedicado á mandar tropas ó á estudios téc-
nicos de Milicia?—Los que tal pregunta hacen, debían
considerar que aquellos Generales, en casi todo, son á
modo de Reyes constitucionales, pues que no tienen la
responsabilidad directa de muchas cosas: el General da

(*) Como los viajes se hacian en lo antiguo por América, ó sea de Oriente á Poniente, se explica el error, que es extraño se mantuviese tanto tiempo sin rectificar.
(**) El buen criterio del lector subsanará las erratas de este género, que por cierto son pocas en número.

disposiciones de *Hacienda*, pero á *propuesta de la Intendencia;* las da de *Administración local*, ó de *Instrucción pública*, etc., pero la responsabilidad en rigor es del director civil. Políticamente, la unidad de mandos es una necesidad; ahora, desde otros puntos de vista, la separación seria beneficiosa. ¿Pero quién pospone estos intereses al primordial? La historia nos demuestra que para ser un buen Gobernador superior no es preciso ser un sabio, sino tener tacto, sentido moral, astucia, mundo, aplomo y, sobre todo, energía. Gobernadores han ido que llevaban de la Metrópoli fama de muy ilustrados, y su gestión ha sido desastrosa; y otros que, como Moriones, toda su reputación la debían á su extraordinaria grandeza de ánimo, han gobernado á gusto de todos. El exceso de facultades es indispensable á 3.000 leguas de la Península; pero tiene las desventajas de todo *exceso:* un Gobernador arbitrario ó prevaricador, ó ambas cosas á la vez, aprovechará ese *exceso* para sus fines particulares; un hombre digno, apelará á sus excesivas atribuciones sólo en el caso de una extrema necesidad. Así, pues, el problema puede reducirse á que el Gobierno metropolítico tenga buena mano para saber escoger.

GUERRA.—La invasión inglesa de 1762 debió de servir de lección; no fué así, sin embargo: y hasta 1872 bien puede asegurarse que aquel Ejército era el más desorganizado y endeble de todos los que hasta entonces había tenido España. Reducir á los límites de una nota las infinitas reformas que aquellas tropas han experimentado, seria una pretensión irrealizable. Consúltese el tomo I de la obra de Salinas y Angulo: basta hojearlo para comprender que á pesar de tantas y tantas reformas el Ejército de Filipinas no comienza á serlo hasta la creación del regimiento peninsular de Artillería: las *fuerzas Veteranas*, como los *Dragones* (325), como la *compañia de Malabares* (318), la *Artillería indígena*, etc., etc., todo desapareció, incluso el *Cuerpo del Resguardo*, al que ha suplido el de *Carabineros*. Hoy de lo verdaderamente ANTIGUO no queda otra cosa que la guardia de *Alabarderos* (241). Esta data nada menos que de 1580; fué creada para custodiar la residencia del Gobernador de la Colonia, no sólo por la persona, sino por el *Real Sello*, pues en lo antiguo no había más sello que el que usaba el General.— De fuerzas ó *fortalezas*, con sus guarniciones ó *presidios*. el catálogo es inacabable. Las más de ellas servian medianamente para resistir el embate de un puñado de *moros*, pero nada más; por eso hoy, que se considera extinta la antigua piratería, no queda de

aquellas *cottas* sino el recuerdo, subsistiendo, no obs-
tante, fuertes que, como los de Manila, Zamboanga y
Cavite, aun valen para algo, aunque no mucho. Las for-
talezas nombradas por nuestro Autor, son las siguien-
tes: Agaña (II, 107).—Antique (II, 99).—Cápiz (II, 96).—
Cavite (317).—Culión (II, 103).—Cuyo (II, 102).—Iligan
(II, 106).—Iloilo (II, 91).—Lalo (II, 105).—Lutaya (II, 102).
—*Peynauén* (Playa Honda) (II, 17).—Pumarana (442).—
Romblón (II, 96).—Súbang (122).—Tandag (II, 74).—Tay
tay (II, 102).—*Ternate* (II, 104).—Zamboanga (II, 79).—
Abandonadas: II, 85.—Esta lista es harto incompleta;
pero considero inútil alargarla con nuevos nombres.
En cambio, no quiero omitir en este ligero apunte el
del primer ingeniero militar que pasó á Filipinas: llamábase Leonardo Iturriano, y fué destinado á Manila
por R. cédula de 12 de Septiembre de 1580; llevó de
sueldo 1.000 ducados al año, y fué el que construyó los
fuertes «conforme á lo contenido en la instruccion del
gobernador Dasmariñas».—Actualmente el Ejército de
Filipinas se compone de: 1 regimiento de Artillería peninsular; 7 regimientos de Infantería; 1 batallón de Ingenieros; 1 escuadrón de Caballería; 1 batallón discipli-
nario; 3 tercios de Guardia civil (uno de 10 compañías,
otro de 9 y otro de 8); 1 batallón de Carabineros (de 3
compañias) y una sección de Guardia civil Veterana que
presta sus servicios en Manila, en calidad de Cuerpo de
Orden público. La suma de todas estas fuerzas representa un total de unos 12.000 hombres. No hay más soldados peninsulares que los del regimiento de Artillería.

H

HOSPITALES.—En 1574 decretó su fundación el Rey Felipe II.—El de Cavite (317): se hicieron cargo de él los
PP. Hospitalarios en 1642.—El de *Los Baños,* fundado
por los PP. Franciscanos (181-185; 195). V. San Antonio,
II, lib. II, párrafos 272, 282, y stes.—De *San Gabriel,*
fundado en Binondo, por los PP. Dominicos, á fines del
siglo XVI (214, 232). No existe ya. En aquel hospital tuvo
imprenta el famoso Pinpin.—De *San Lázaro* (326); subsiste. Hoy el principal es el llamado de San Juan de
Dios, en Manila.—La obra del P. Maldonado de Puga
es una curiosa relación de cuantos hospitales había habido en Filipinas hasta mediados del siglo XVIII. Para
justificar entonces la necesidad de tales establecimien-

tos, escribia (pág. 13), dicho P. Maldonado: «Carecen estas Islas de Medicos y Cirujanos, y tambien de Medicinas; porque á excepcion de la capital Manila. y el Puerto de Cabite, donde tenemos Hospitales, y assistir pueden, el corto número de Sugetos Seculares, que la facultad profesan, las demas Provincias, y los muchos Pueblos dependientes, solo se mantienen de la Providencia, socorriendose con yervas, y otros simples, de que el continuado vso les ha instruido;» etc.

I

INDUSTRIAS.—Se ha repetido mucho, aun por autores nacidos en Filipinas, que aquél no es pais manufacturero, sino agricola, y de aqui la aspiración tan general de fomentar la agricultura con preferencia á la industria. De las *prehistóricas* vale más no decir nada; consignemos, sin embargo, que el *trapiche* para convertir en azúcar el jugo de la caña, es importación de los españoles; y que el aparato de desfibrar el abacá, aunque tosco, es invento de gente blanca: *abacá* y *azúcar* (indigenas de Filipinas), nada, pues, significaron en lo antiguo, en tanto que hoy tienen tan alta significación, según queda demostrado (V. COMERCIO). Todos los productos de la industria, en especial la apellidada agricola, han ido prosperando, á excepción de muy pocos que ó permanecen estacionados, ó han retrocedido.

Añil.—403-405.—La ingerencia de los chinos ha depreciado el de Filipinas.

Azúcar.—Casi toda la que se fabrica es de la llamada negra ú ordinaria; expórtase asi, y en Europa ó en los Estados Unidos la refinan. El refino no tiene cuenta en Filipinas: demuéstralo el hecho de que casi todos los que han montado grandes ingenios se han arruinado. —I, 10, 21, 436.—Pilones de azúcar; su peso: 523.

Baning (127) ó con más propiedad, *Banig.*—V. *Petate.*
Basi (II, 5).—V. *Vino.*

Cal.—La de concha de ostras: 358.—De la cal ordinaria son deudores los indios á los frailes.

Caza.—De ciertas aves, con lazo: 359.—Como distracción, sus inconvenientes: 386.—Es industria de poca monta.

Cera.—297.—La que los indios obtienen de los montes, por procedimientos cuasi primitivos, no basta al consumo de las Islas. Esta industria está, en rigor, por explotar, á lo menos por procedimientos modernos y en grande escala.

Miel.—V. la anterior.

Ollas.—340.—La alfarería era desconocida de los indios. Esos tarros *prehistóricos* de que habla Jagor (145), es cosa de los chinos (*). Precisamente consta en todas las antiguas relaciones que los navegantes chinos llevaban *porcelanas*. telas, etc., á los indios.—El alto precio que llegaron á alcanzar aquellos tarros prehistóricos lo explica su antigüedad. Las industrias no se pierden, en particular las *útiles*, y menos entre gentes rutinarias y apegadas á la tradición. ¿Por qué no se ha perdido el antiguo telar, no obstante que el español ha sido aceptado por tantos indios? ¿Por qué *siguen* los igorrotes haciendo *marmitas de cobre?*...

Pesca.—El procedimiento de los *corrales* (199, 388), tengo para mí que lo introdujeron los borneyes. En Táal se conserva la tradición.—El *salambao* le creo verdaderamente filipino. Descríbelo Jagor (pág. 39); nuestro Autor: 199, 358.—En cuanto al *chinchoro*, es de importación de los españoles.—Los indios conservan el sistema primitivo de *secar* el pescado al sol.—Son aficionadísimos á esta clase de *conserva*, que comen con gran deleite.

Petate.—Esterilla fina. Todavía se ven barquichuelos con velas de petate más ó menos tosco.—127, 435.—Véase *Ap. E, Buri.*

Seda.—Grandes esfuerzos hizo la Compañía de Filipinas, como asimismo la Sociedad de Amigos del País, por fomentar el cultivo de la morera. De lo pasado no queda sino el recuerdo.—I, 29, 30.

Tabaco.—Hasta 1884, la industria de beneficiarlo y elaborarlo fué, como su cultivo, monopolio del Estado. Las empresas particulares, algunas, han llevado de Cuba operarios diestros; á lo cual obedece el progreso de esta importante industria. Los cigarrillos hechos á máquina suelen ser inmejorables.

Tejidos.—340; los de *Ilocos:* II, 5; *guinaras:* II, 42, 64; *lompotes:* II. 88, 95; *sinamay:* II. 42, 49.—Hay otros muchos, y algunos notables por su calidad. Del Pan presenta una curiosa lista en una de sus notas á Comyn. (3.ª ed., pág. 240.) El mismo escritor aprecia en más de un millón de pesos lo que produce en un año esta industria, que verdaderamente pasa inadvertida para la generalidad de los europeos. Las indias hacen prodi-

(*) Aunque no lo afirmase el arqueólogo W. A. Franks (V. Jagor, traduc. de VIDAL, pág. cit.), cualquiera que conozca la historia de Filipinas diría lo que yo.

gios de paciencia. no sólo tejiendo, con artefactos muy imperfectos. telas que. como la *piña* y el *jusi*, son el colmo de la finura, sino bordando. Allí siguen sin ser conocidas las verdaderas fábricas de tejidos. El telar más usual es el antiguo español.

Vino.—Los indios llaman *vino* al aguardiente. En lo antiguo no tenían más bebida que el zumo *(tubá)* que producen ciertos cocoteros; pero el español le ha enseñado que se obtiene aguardiente de la caña, de la nipa. del maiz, etc.. etc. Con los modernos alambiques se fabrica en grande escala el aguardiente, que se consume todo en el pais, y más que se fabricase.—*Basi:* II, 5; de *nipa:* 446; de *coco:* 192.—Otras: 251, 253.—Se importan muchas bebidas alcohólicas; y vinos. propiamente dichos. de todas clases, y cada año en mayor cantidad. El *tinto* de España tiene gran aceptación.

Vinagre: el de nipa: 446.—Se importa bastante de Europa, por su gran superioridad sobre el de Filipinas, que en rigor no es objeto de industria importante.

Los plateros, tallistas. constructores de vehiculos, zapateros. sastres. etc.. etc., todos han aumentado en número á la vez que han ido perfeccionando sus habilidades; mas, en general, son meros imitadores, faltándoles á los objetos filipinos esa última mano de obra y ese buen gusto que tanto hace realzar á sus similares confeccionados en Europa.

INSTRUCCIÓN PÚBLICA.—V. *Ap. A..* nota 47.—La que existe en el Archipiélago se debe á los Religiosos. Desde su llegada á Filipinas mostráronse abiertamente decididos por instruir á los indios: fundaron, pues. escuelas, que en un principio no debieron de pasar de la categoria de lo que hoy llamamos *amigas*, y posterior y sucesivamente colegios de más ó menos importancia que pasamos á enumerar:

San José: 103, 232, 487. Mandado fundar, para hijos de españoles. por R. cédula de 8 de Junio de 1585, no co menzó á funcionar hasta el año de 1601, bajo la dirección de los PP. Jesuitas. Hacianse en él estudios superiores. con arreglo á la época. Desde la expulsión de los Jesuitas hasta 1777, estuvo cerrado; volvió á abrirse regido por seglares, quedando reducido á colegio de segunda enseñanza. Hoy depende de la Universidad, y en él se hallan las facultades de Medicina y Farmacia.

San Juan de Letrán.—229.—Data de 1630, y continúa regido por los PP. Dominicos: en él se dan la primera y segunda enseñanza completas. Es muy notable, bajo todos conceptos.

Santa Isabel.—Subsiste; en él se refundió el de *San-*

ta Potenciana (235), al ser suprimido en 10 de Junio de 1865.—Vive á expensas principalmente de la Obra pía de la Misericordia.

Santo Tomás.—229-233; 240.— Los PP. Dominicos fueron los primeros en difundir la enseñanza superior. El P. Rivadeneyra, cuya obra va fechada, como es sabido, en 1601, escribe (pág. 15): «Y para criar sufficientes ministros para la conuersion, tienen estudio de Theulugia en el conuento muy religioso de Manila, y en Cagayan.»—La Universidad ha prosperado muchísimo, al extremo de que puede rivalizar con las de la Península; sigue regida por la insigne Orden Dominicana, pero hay también catedráticos seglares.—Consúltese la *Memoria* del P. Fernández Arias; *Ap. B,* número 169.

El de Cavite, que fué de los Jesuítas: 317.—No ha sido restablecido.

Posteriormente se han fundado: el *Ateneo Municipal,* regido por los PP. de la Compañía de Jesús; la *Escuela Normal* de Maestros, por dichos PP. regida también; la *Escuela de Náutica* (V. Consulado); la de *Dibujo y Pintura;* la de *Artes y oficios,* y porción más, en Manila y provincias, entre otras las *Normales de Maestras* (la de Nueva Cáceres, la primera de su clase, fué fundada por el célebre obispo P. Gaínza), habiéndose propagado hasta tal punto el número de escuelas primarias por todos los pueblos del Archipiélago, que bien puede asegurarse no existe otro país colonial de las condiciones de Filipinas en donde más difundida se halle la enseñanza. Ahora bien; muchos son los llamados y pocos los escogidos, que dice el adagio: el número de indios que ahorcan los estudios es considerable: en primer año de Derecho, v. gr., matricúlanse á centenares; en el último año de la carrera sólo existen matriculados unas cuantas docenas.—Respecto á los *Seminarios,* V. Clérigos, en este mismo *Apéndice.*—Los *Beaterios* deben también considerarse como centros de enseñanza: el de *Santa Clara* es el más antiguo: 224, 228.—V. Beaterios.

M

Marina.—Acerca de las antiguas embarcaciones propias de los filipinos, los chinos, los malayos del Sur y los españoles, V. Indios, *Embarcaciones,* en el *Ap. G.*—Véase ahora la lista de buques nombrados por nuestro Autor:

Acapulco (Nao de).—Nombre genérico de los buques

de alto bordo, de la clase de galeones los más de ellos,
que hacian viajes anuales entre Manila y Acapulco.—
Algunos fabricáronse en Cavite: 318.—*Comercio:* 267-
269; 275.—La nao de Acapulco fué suprimida por Real
decreto de 25 Septiembre de 1813. (RODRÍGUEZ San Pedro, V, 341.)

Europa.—Navio de guerra de la escuadra que comandaba Alava.—Comandante de este buque, D. Isidoro Postigo.

Fama.—Id. íd. íd. Comandante de este buque, don
Ventura Barcáiztegui.

Filipino.—Buque de la carrera de Acapulco, en tiempo de la invasión inglesa: el P. Fr. Nicolás Valverde,
franciscano, salvó los caudales que este barco traia,
evitando de esta suerte que los copasen, como lo pretendieron, los ingleses. (V. GÓMEZ PLATERO, pág. 476.)

Magallanes.—Galeón.—II, 48.
Nuestra Señora de Guia.—Id.—II, 48.
Nuestra Señora del Buen Socorro.—Id.—II, 109.
Sacra Familia.—Id.—II, 48.
San Andrés.—Nao.—II, 52.
San Cristóbal.—Galeón.—II, 48.
San Pedro.—Buque de guerra.—411.
Santo Cristo de Burgos.—Nao.—II, 52.

Victoria.—Nao.—II. 58.—La que dió la vuelta al
mundo. «Tendrán curiosidad de saber nuestros lectores
en qué paró la célebre nave, la primera que rodeó el
globo. Algunos autores inducidos en error por varias
palabras de Gomara, que interpretaron mal, dijeron
que se custodió en Sevilla para eterna recordacion, y
otros que en Cádiz. Estos autores sentaron lo que debió hacerse, juzgándolo verificado; pero no fué ciertamente lo que se hizo. Sabianse en aquel siglo ejecutar
grandes hazañas; pero no dar el aprecio debido á las
cosas. La nao *Victoria,* luego que llegó á Sevilla, fué
remendada lo mejor que se pudo por no gastar dinero
en hacer otra nueva, que no hubiese costado mucho
más que su carena, y se la envió á viajes de ménos importancia del que acababa de hacer. Oviedo, testigo
ocular y narrador minucioso de cuantos hechos relativos á cosas del Nuevo Mundo recogia con curiosidad,
nos dice en el capítulo I del libro último de la parte
impresa (*) de la *Historia de Indias,* «que la *Victoria*
»despues de haberse ilustrado con su viaje primero, hi-

(*) Cópiase esto de un documento redactado por D. Juan Bautista Muñoz, inserto en la *Historia de Juan Sebastian del Cano,* por Eustaquio Fernández Navarrete, pág. 307.

»zo otro desde España á la ciudad de Santo Domingo,
»de la Isla Española, y tornó á Sevilla; y desde Sevilla
»tornó otra vez á la misma isla, y en el viaje de retorno
»á España se perdió, que nunca más se supo de ella, ni
»de persona de los que en ella iban.»

El movimiento de buques del *comercio exterior* habido en los puertos de Filipinas durante el año de 1892, fué el siguiente:

Entraron.

PUERTO	Número.	Toneladas.
Manila.................	337	361.418
Iloilo..................	93	122.700
Cebú..................	29	31.272
Zamboanga............	12	2.164
TOTAL........	471	517.554

Salieron.

Manila.................	330	354.327
Iloilo..................	101	125.532
Cebú..................	4	2.351
Zamboanga............	12	2.164
TOTAL........	447	484.374

Entraron y salieron por arribada forzosa.

Manila.................	5	4.787
Cebú.................	9	11.065
TOTAL........	14	15.852

Mucho sentimos no poder dar una estadística circunstanciada del número de embarcaciones que actualmente sirven para el *comercio interior* ó de cabotaje, pues no tenemos á mano los datos necesarios; por eso nos limitaremos á transcribir la nota que trae el señor Sancianco en su obra (pág. 246), impresa en 1881:

BUQUES	Número.	Toneladas.	Tripulación.
Fragatas...............	7	3.994	245
Corbetas...............	20	7.005	700
Lugres.................	2	522	36
Bergantines............	21	3.900	590
Vapores...............	12	1.597	189
Goletas................	253	10.865	3.031
Pailebots..............	105	3.715	1.282
Pontines..............	271	11.202	4.060
Pancos................	832	15.162	9.085
Lorchas...............	35	1.211	420
Cascos................	2.059	42.836	9.624
Barangayanes, paraos, falúas, barotos, bilos y balandras............	2.382	7.550	14.112
	6.199(*)	109.559	44.284

Habida cuenta que el progreso comercial ha sido considerable en los últimos trece años, huelga añadir que estas cifras han experimentado el aumento que es de suponer.

MARINA.—Equivale á *playa.*—I, 107, y otras.

N

NOMBRES Y APELLIDOS DE LOS INDIOS.—Trae noticia muy curiosa acerca de este particular, el P. San Antonio, en la parte 1 de sus *Crónicas*, pág. 145. A mediados del presente siglo, deseoso el Gobierno de que desapareciese la confusión que hasta entonces había venido habiendo, se autorizó á los indígenas para que trocasen sus apellidos por otros españoles, y de aquí proviene el que tengamos hoy *Austrias, Borbones, Cervantes*, etc., etcétera, entre los indios.

(*) «Á veces se reunen en la bahía de Manila hasta 200 pailebots y pontines, y contando un cuádruplo los que se hallan fuera en los mismos dias, resultará 1.000 su número total. Los pancos y lorchas tambien pueden triplicarse sin exagerar la cifra verdadera; y en cuanto á los cascos, barangayanes, paraos y barcas de grandes dimensiones, acaso las que existen solamente en Tondo y Tambobon, de la provincia de Manila, superan las cifras del anterior cuadro».—N. de Sancianco.

O

Obispados.—El de Jaro (en la isla de Panay) fué creado
por R. decreto de 17 Enero 1865.—V. el tomo XII, página 381, de la recopilación legislativa de Rodríguez San
Pedro.—Acerca de las facultades de los Obispos en Ultramar, ya hemos dicho que escribió un tomo el señor
Gainza, impreso en Manila en 1860, y en Madrid en 1877.

Obras pías.—Casi todas las instituciones de beneficencia
é instrucción pública que existen, débense á las Obras
pías, que se han ido formando con los legados de varias
personas piadosas. Parece ser que no siempre se administraron estos fondos con la mayor pureza, lo cual motivó un ruidoso expediente, formado por iniciativa del
Gobernador general Sr. La Torre, en 1869, si bien este
Gobernador exageró la nota pesimista, según lo demuestra D. Pedro Gutiérrez de Salazar en su folleto *Las Pros-
cripciones de Sila*, impreso en Madrid en 1870. El capital de las Obras pías asciende á más de un millón de
pesos.—213, 236, 254, 326, 433, 435.

P

Pan.—Á más de 800.000 duros asciende el valor de la harina de trigo que fué importada en Filipinas durante el
año 1892: esto demuestra que va extendiéndose el uso
del pan entre los indios, especialmente los acomodados,
si bien tal vez ninguno prescinde de tomar más ó menos morisqueta con determinados platos.—Las panade-
rías han aumentado en número, por más que éste no
sea tanto, que haya una en cada pueblo.—349.

Patay.—135.—Su verdadero significado, *matar*. Pero se
usa también por *morir:* en la mezcolanza hispano-filipi-
na de los indios, es muy corriente decir: «hizo patay»,
por *murió;* «voy á hacer patay», por *me moriré, me voy
á morir;* «de esta, hago patay», de esta hecha, reviento.
Los indios emplean la palabra para sus juramentos
execratorios: ¡que me parta un rayo! ó napamamatay! =
muérame yo.—V. *Dic.* del P. Noceda.

Personero.—Dependiente; empléasele por lo común en

cargos de confianza, tales como cobrar cuentas, comisiones, etc.—II, 97.

PESAS, MEDIDAS Y MONEDAS.

Cate.—Centésima parte del pico.

Cavalita = un *cabán* de sembradura (I, 45): de donde se desprende que es medida convencional, no *precisable* de una manera matemática, como la *balita*, décima parte de un *quiñón*, el que á su vez tiene 100 loanes = 10.000 brazas cuadradas = 40.000 varas de Burgos cuadradas = 27.949 metros cuadrados con 480 milésimas.

Caván, ó con más propiedad, *cabán*. 1 = 25 gantas = 200 chupas = 75 litros = 1, 35132 fanegas de Castilla.

Fardo (de tabaco).—406.—Cien *manos:* 408.

Ganta.—1 = 3 litros = 8 chupas.

Loán.—Centésima parte de un quiñón; décima de una *balita*.

Mano (de tabaco) = 10 *palillos*, cada uno de 10 hojas.—408.

Palillo (de tabaco).—Constaba de 10 hojas.—408.

Peso.—Actualmente es la unidad monetaria oficial. 1 = 8 reales fuertes = 20 reales vellón = 5 pesetas = 100 céntimos. Pero ha tenido otros valores, según puede verse en el documento núm. 12 de los que van á continuación de la ORDENANZA GENERAL DE INTENDENTES.

Pico.—Medida de peso, propia de los chinos. 1 = 100 cates = 137, 5 libras castellanas = 62, 262 kilogramos. —Acerca de los pesos chinos, es curiosa la noticia que da el P. Maldonado de Puga, págs. 100 y stes.

Quintal.—Es el de Castilla = 4 arrobas = 46 kilogramos y 9 milésimas.

Real.—El usual en Filipinas actualmente es el llamado *fuerte*, que vale 20 cuartos, ó sea la octava parte de un peso, que como es sabido vale 160 cuartos.

Acerca de las antiguas monedas de Malabar é Indias portuguesas, V. *Docs. inéditos*, t. V., pág. 199.

PILAR (el arroz) = Descascarillarlo majándolo.—206.

PINAG.—441.—Por *pinac*, palabra pampanga que, según el *Diccionario* del P. Bergaño, significa lago ó laguna. A mi juicio debiera equiparársela á *pantano*.

POLO, ó PULO = isla.—I, 83.

POLO.—POLISTA.—El *polo* es el servicio gratuito y obligatorio realizado en un día por un hombre ó *polista*. Antes, el trabajo personal era de cuarenta dias; desde 1884 quedó reducido á quince. De suerte que hoy, un pueblo que cuenta con 100 polistas, v. gr., cuenta con 1.500 polos ó jornadas.—Reservados de polos lo estaban los principales, cabezas de barangay y otros privilegiados,

entre los que se hallaban todos los españoles y mestizos. Actualmente el servicio personal es obligatorio aun
para los blancos, bien que basta obtener cédula de 6.ª
clase, ó de otra superior á ésta, para quedar *redimido*
del servicio. Con los *polistas* hanse hecho verdaderos
milagros, entre otros, el que representan las murallas
de Manila. Pero en tanto que algunos alcaldes supieron
utilizar centenares de brazos gratuitos, otros los *licen-
ciaban* mediante cierta pequeña cantidad que cada polista daba, y de aquí el atraso de las obras públicas en
casi todas las provincias filipinas. Por supuesto, una
vez inoculado el mal, contagiáronse cabezas, gobernadorcillos, etc., resultando que *esto de los polos* ha producido muchísimos pesos fuertes á bastantes individuos, así peninsulares como insulares. Preferible sería
que se aumentase en un 15 por 100 el precio de las cédulas de 9.ª, 8.ª y 7.ª clase, destinando á obras públicas
este exceso de ingreso, y quedara, en cambio, suprimida para siempre la antigua *práctica* de los *polos*, que á
la verdad nada apenas produce positivo, como no sea
utilidades ilegales á unos cuantos sujetos sin conciencia.—I, 17, 19; 104, 525.

PRECIOS DE LOS COMESTIBLES.—277.—*Otros:* 446, 447.—Al
hablar de ciertos animales y plantas (V. los *Aps. D* y *E)*
hemos consignado los precios que tenían á poco de verificada la Conquista y los que hoy tienen.—En el capítulo 34 de las Ordenanzas de buen gobierno de Aguilar
(1801), figura una lista bastante circunstanciada. Parece
superfluo añadir que hoy todo corre más caro que antes, si bien algunos productos agrícolas, como la bonga, los cocos, el tabaco en rama y otros, continúan ba-
ratísimos. El arroz, el azúcar, el cacao, el café y otras
producciones agrícolas, oscilan con arreglo á las coti-
zaciones de mercados del exterior.

PRESIDIO.—Sinónimo de guarnición de servicio en una
fortaleza, ó de la fortaleza misma.—V. *Guerra.*

R

RENTAS É IMPUESTOS DEL ESTADO.—No bien había asegurado Legazpi su estancia en Cebú cuando ya pensó en
imponer *tributo* á los indígenas. Gracias á los frailes no
lo realizó. Pero no tardó mucho en realizarlo. El *tributo,* pues, fué el primer impuesto. En los primeros años
cada *familia* pagaba un peso. De aquí el que las anti-

guas estadísticas todas sean por *tributos*, que hay que multiplicar por 5 para obtener el total aproximado de *almas*. Por la ley 65, título 5.°, libro 6.° del Código india- no, se subió el *tributo* á diez reales, ó sea á 1 peso 25 centavos. Al poco tiempo de creado este impuesto, creó- se el llamado *almojarifazgo*, y después creáronse otros, casi todos los cuales han desaparecido, existiendo en cambio nuevos Impuestos y Rentas con los cuales se sostiene el país sin auxilio de la Metrópoli ni de ningu- na otra parte, como acontecia antaño, que insuficientes á sostener la Colonia los fondos que en ella se recauda- ban, enjugábase el *déficit* con una fuerte suma que de México iba, conocida en las historias con el nombre de *situado de la Nueva España*, que fluctuaba entre 200 y 300.000 duros al año. Las Rentas no comenzaron á te- ner importancia hasta que se llevó á cabo el estanco del tabaco. Establecido éste en 1782, ya en 1808 producia al Tesoro más de medio millón de pesos anuales, limpios de polvo y paja. En 1883 dictóse la supresión del estanco del tabaco, yendo de la mano con esta tan transcendental medida otra no menos transcendental: la de la supresión del *tributo*, sustituyendo á este Impuesto el de *cédulas personales*, que continúa, y es fuente la más copiosa de ingresos para el Estado. Mucho antes que el tabaco, desestancáronse el vino, los naipes y la pólvora, y antes que estos artículos, la bonga, renta que fué suprimida en 1819. (V. págs. 377-379, y 527.).—*Rentas públicas:* 250,251.—Los diezmos prediales, de los que estaban exentos los indios, han sido también suprimidos recien- temente; pues aparte lo poco que rendian, hoy que la legislación es perfectamente democrática, no parecería lógico imponer á los individuos de raza española un pago que con los indios no ha rezado jamás. Diaz Are- nas, en sus *Memorias*, consigna esta curiosa noticia: «En uno de los expedientes de union de Rentas visto en Junta Superior de Hacienda en el año de 1840, se dice que los productos de la Hacienda de Filipinas desde el siglo pasado habían sido los siguientes:

1788	528.285.
1816	1.094.255.
1825	1.550.271.
1830	2.980.940.
1837	3.855.371.»

El mismo autor apunta además el presupuesto de gastos acordado en Madrid para el año de 1850, en esta forma:

Estado...........   84.816·2 ⎞
Gracia y Justicia..   328.214·7 ⎟
Hacienda.........   2.287.089·0 ⎬ = 5.019.639 pesos.
Gobernación.....   25.929·2 ⎟
Marina...........   764.033·5 ⎟
Guerra...........   1.528.948·1 ⎠

Véase ahora el Presupuesto de ingresos correspondiente al año de 1890; he aquí el resumen:

Contribuciones é impues-
  tos...................   5.091.880 ⎞
Aduanas...............   3.432.400 ⎟
Rentas estancadas.......   856.800 ⎬ = 10.812.760
Loterías...............   701.000 ⎟
Bienes del Estado.......   112.980 ⎟
Ingresos eventuales.....   003.400 ⎟
Idem de Guerra y Marina.   14.300 ⎠

Gastos presupuestados para el mismo año (prescindo de los céntimos):

Obligaciones generales..   1.381.745 ⎞
Estado..................   60.050 ⎟
Gracia y Justicia.........   1.288.891 ⎟
Guerra..................   2.842.214 ⎬ = 10.928.755
Hacienda...............   783.460 ⎟
Marina..................   1.887.710 ⎟
Gobernación............   1.821.567 ⎟
Fomento................   862.218 ⎠

El Presupuesto de Gastos é Ingresos para el año
de 1893-1894 nos da los siguientes totales.—*Gastos:*

Obligaciones generales..   1.507.305 ⎞
Estado..................   61.550 ⎟
Gracia y Justicia.........   1.616.323 ⎟
Guerra..................   4.020.342 ⎬ = 13.350.791
Hacienda...............   837.809 ⎟
Marina..................   2.588.283 ⎟
Gobernación............   2.094.703 ⎟
Fomento.........•......   624.476 ⎠

Ingresos (prescindo, como en *Gastos*, de los céntimos):

Contribuciones directas.   6.228.287 ⎞
Id. indirectas.—Aduanas.   4.347.400 ⎟
Rentas estancadas.......   1.096.481 ⎬ = 12.899.546.
Loterías...............   904.000 ⎟
Bienes del Estado.......   229.978 ⎟
Ingresos eventuales.....   93.400 ⎠

De suerte que en Filipinas, uno con otro, no llega á
rendir al Estado cada habitante la cantidad de 2 pesos
al año, mezquindad que no guarda relación con el aumento que arroja la Balanza mercantil, bien que no per-
damos de vista la subida de precio de los artículos de
consumo ordinario, pero en cambio han subido proporcionalmente los jornales.—Por lo demás, no queremos
cerrar esta papeleta sin decir que la Administración pública se ha moralizado todo cuanto puede pedirse en
un país donde los funcionarios públicos carecen de estabilidad (exceptuados muy pocos), siendo general opinión que los más de ellos están malisimamente retri-
buídos.—V. SUELDOS.

REPARTIMIENTOS.—467; 525.—V. *Bandala.*

S

SOCIEDAD ECONÓMICA DE AMIGOS DEL PAÍS. — Debióse su
fundación á la fecunda iniciativa del inolvidable Gobernador general D. José de Basco y Vargas. Celebró su
primera sesión en la sala del Tribunal del Consulado de
Manila, el 7 de Febrero de 1781. Es de advertir que por
R. O. de 27 de Agosto de 1780 se prevenía al Gobernador de las Islas, «entre otras cosas, que convocase á los
»vecinos de mayor autoridad, caudal y talentos; á los
»eclesiásticos y religiosos de mas instruccion; á los ofi-
»ciales militares y demas personas de conocida habi-
»lidad, para formar una Sociedad de gentes escogidas
»capaces de producir pensamientos útiles» (*). Y como
en los sesenta días escasos que median entre la R. O. y
la constitución de la Sociedad no pudo, por falta material de tiempo. llegar á Manila el correo de la Metrópoli que era portador de la citada R. O., resulta evidente
que el general Basco adivinó, por decirlo asi, el pensamiento laudable de Carlos III, á quien se deben, como
es sabido, casi todas las Sociedades de esta índole que
hubo y continúa habiendo en España y sus dominios. Cuando se celebró la primera reunión—7 Febrero
de 1781—era presidente del Tribunal del Consulado el
marqués de Villamediana, el cual desde el primer momento se alistó como socio, secundándole otros perso-

(*) *Memoria* cit. en el *Ap. B*, con el número 346.

najes calificados, según puede verse en el núm. I del
Boletin de la Sociedad, fechado el 1.º Mayo 1882. Los
Estatutos imprimiéronse por Pedro Ignacio Advíncula
en 1781, y de ellos existía un solo ejemplar, el año 1882,
en el archivo de la Asociación. El primer presidente de •
la misma lo fué D. Ciriaco González Carvajal; su primer
censor D. Mariano Tobías (teniente coronel); su primer
secretario D. Alonso Chacón, y su primer tesorero don
Francisco David. Una de las medidas entonces adopta-
das, fué fomentar el cultivo y beneficio del añil, cosa
que motivó que el P. Fr. Matías Octavio, agustino, párroco de Tambóbong, fuese «el primero en presentar
las muestras del mejor añil que llegó á beneficiarse entonces», dice la *Memoria* del año 33. Promovió á la vez
la Sociedad el fomento del algodón, la canela, la pimienta y la seda; estimuló á las gentes del pais para
que perfeccionasen la confección de los tejidos y tintes;
procuró difundir conocimientos útiles de todo género,
y, en resumen, hizo cuantos bienes pudo. Pero con el
cese del general Basco cayó la Sociedad en lamentable
abandono: verdad es que el general Aguilar le hizo
cuanta guerra pudo; que apenas tenía fondos para subvenir á las necesidades que desde un principio se había
creado tan benéfica corporación, que entre otras, tuvo
la de contribuir con cerca de 16.000 pesos á la reedificación del Hospital de San Juan de Dios. El año 9 de
este siglo cesó en rigor la Sociedad; el 11, un decreto
de la Regencia disponía el restablecimiento; el 13 aun
no se había cumplimentado... En 17 de Diciembre de 1819
quedó restablecida. En 1820 reformáronse los Estatutos.
En 1821 estableció por su cuenta una cátedra de Agricultura en Manila; estableció además «una enseñanza
particular de tintes» y una Academia de Dibujo, de la
que es derivación la que existe actualmente. En 1824
fundó el periódico *Registro Mercantil;* trajo de China
pájaros para la extinción de la langosta; concedió premios á los mejores agricultores; gestionó la libre exportación del arroz; ensayó la mejora de la cría caballar, y
demostró en otros asuntos que sabía justificar su título
de *Amiga del País.* El año 28 reformó nuevamente los
Estatutos, cayendo á los pocos años en un largo período de marasmo, del que intentó salir en 1882, que adquirió nueva vida, como lo demuestra su *Boletín;* pero
aparte de algunas obras útiles que ha propagado, en rigor la Sociedad lleva largo período de años reducida
punto menos que á la impotencia más absoluta, ello debido, á mi juicio, á la falta de caracteres, más que de
hombres, al propio tiempo que á su escasez de recursos.

SUELDOS.—Son hoy mucho mayores, en todos los órdenes y jerarquías. Pero no se pierda de vista que si hasta bien entrado este siglo los sueldos eran verdaderamente mezquinos, dábase como compensación. á canónigos, regidores, alcaldes, etc., permiso para cargar en la Nao, á más de que los alcaldes tenían facultades para ejercer, si lo querían, el monopolio (casi, casi) del comercio interior de las provincias de sus respectivos mandos. Si se tiene en consideración el aumento que han experimentado: el alquiler de las casas, los comestibles, etcétera, resulta evidente que una gran parte de cuantos cobran del Estado están miserablemente pagados, siendo verdaderamente maravilloso que las exacciones ilegales, los chanchullos de todo género no tengan mucha mayor significación que la que tienen, con tanto más motivo cuanto que. como ya hemos indicado, los empleados de Hacienda y Administración civil carecen en absoluto de estabilidad. Compárense los sueldos que España da en Filipinas con los que Inglaterra da en sus Colonias, ó Francia y Holanda en las suyas, y se apreciará mejor la verdad de lo que digo. Creo ingenuamente que hay veinte ó veinticinco cargos remunerados con lujo; en cambio los hay por docenas remunerados mezquinamente. D. José F. del Pan, en sus notas á Comyn (tercera ed.. págs. 397-399), pone tres presupuestos moderados de gastos «para tres grados en las clases de más viso, tomando por tipo familias compuestas de matrimonio y tres hijos». Hé aquí sus totales:

    1.ᵉʳ grado. Gasto total al año...... $ 6.936
    2.°   »   »   » ...... » 3.732
    3.ᵉʳ   »   »   » ...... » 1.626.

Pues con decir que existen muchos funcionarios que no cobran más que 1.200 duros anuales, de los que hay que desquitar *descuento* y otras menudencias, imagínese el lector que no conozca Filipinas cómo lo pasarán allí algunos de nuestros compatriotas, todos los cuales, por ser españoles. son *de viso* en la Colonia.—241, 242, 247, 377, 378; II, 33, 35.

T

TIANGUE O TIANGUI = mercado (408). Es degeneración de la palabra nahualt «*tianquizlli* = mercado. plaza pública donde se reunían los comerciantes...», según vemos en estudio de nahuatlismos.

TIMBA.—Según el *Dic.* del P. Noceda, es «balde con que se saca agua»; pero también llaman así al artefacto con que se saca ese balde. Por cierto que en las pinturas sínicas, de paisaje, el tal artefacto suele ser común: de donde se infiere que su origen es sínico, pues no parece verosímil que los pintores de China lo inventasen para sus obras.—*Descríbese:* I, 26.

TRIBUTO.—V. *Rentas é Impuestos.*

TUBLE = TUBA (312).—No creo que esto sea verdad. A lo menos en los diccionarios tagalos no se halla la palabra TUBLE. TUBA, sí; es «un arbolito que emborracha al pescado», según el P. Noceda.

TUBIGÁN (366), ó mejor, TÚBIG-AN. *Tubig* = agua. *Tubig-an* = arroz que tiene agua, ó que se cría en agua: de regadío.

APÉNDICE I

ÍNDICE DE PERSONAS

(ADVERTENCIA.—Cuando al nombre siga la palabra *Autor*, consúltese en el *Apéndice B* la papeleta que comienza con el mismo nombre.)

A

ABELLA Y CASARIEGO (Enrique).—Autor. Acerca de su última obra publicada, véase la pág. * 336, nota.

ABREU (Fr. Tomás de).—Así lo escribe Fr. Gaspar de San Agustín (pág. 255 de su obra), y acéptalo nuestro Autor (I, 89); pero el P. Cano escribe ABRESI, no sólo en el texto de su *Catálogo* (pág. 29), sino en el índice. Dicho P. Cano escribe: «del Convento de Méjico, ministro tagalo... de Batangas y Taal en 605 y 611, y de Calumpit dos veces. Fué Procurador general en 608. En el Capítulo intermedio de 609 se le nombró ministro de los indios de Manila. Murió en 614».

ACUÑA (Pedro).—V. *Bravo de Acuña.*

ADUARTE (Fr. Diego), Dominico.—Autor. No se sabe á punto fijo la fecha de su nacimiento; el P. Ocio *(Reseña,* I, 148) dice: «por los años de 1570».

AGANDURU MÓRIZ (Fr. Rodrigo de), Recoleto.—Autor. Guipuzcoano; fué de los primeros recoletos que llegaron á Filipinas.

44 *

AGUDO (Fr. Guillermo), Recoleto.—Autor.

AGUILAR (Rafael María de).—Autor.—Gobernador en la época que escribió el P. Zúñiga sus principales obras. D. Sinibaldo de Mas, en la parte segunda, pág. 37, de la *Historia* que incluye en el tomo I de su *Estado,* dice de Aguilar: «según las tradiciones de Manila, era un completo caballero y muy espléndido. Tenía una bajilla de plata labrada en China para 100 personas y cubiertos de oro para postres. Su tren era el de un grande de España. Le gustaba hacer regalos, y no gastaba menos de 60,000 ps. fs. anuales para mantener su casa, cuyo lujo sostenía con las ganancias que le reportaba el comercio de Acapulko en el cual tomaba parte». Rival de Alava, que fué honradísimo, tuvo con él serias cuestiones, según puede verse en las *Guerras piráticas* publicadas por Barrantes. Aguilar llegó á Manila el 28 de Agosto de 1703; y desempeñó el cargo de autoridad superior nada menos que hasta el 7 de Agosto de 1806, dia en que entregó el mando, gravemente enfermo. al segundo cabo, ó teniente de Rey, como antes se decia; tan grave estaba Aguilar, que murió á las veinticuatro horas. Era caballero de Alcántara, y durante su gobierno fué ascendido á mariscal. En su tiempo se enlosaron las aceras de las calles de Manila, púsose en esta ciudad el alumbrado público, y fomentáronse varias obras de importancia, siendo la más notable la carretera que une á Manila con el pueb. Cavite, que escritores contemporáneos la comparan con la de Madrid á Aranjuez.—121, 220, 324, 507, y *Ap. A.,* nota 63.

AGUIRRE (Fr. Martín), Agustino.—Ministro de Táal en 1754. Profesó en Manila.—I, 90.

AGUSTO (José).—Alcalde mayor de la prov. de Batangas en 1754.—Pág. 90.

ÁLAVA (Ignacio María de).—General de Marina. Cuándo y por qué llegó á Filipinas: l, 3. Invita al P. Zúñiga á que le acompañe á una expedición al volcán de Táal: 3 y 5. Personas que con ellos fueron: 6. Reorganizó el servicio de la Marina; era hombre pundonoroso y valiente; tuvo serias disensiones con Aguilar.—Alava fué quien dijo que los indios tienen el talento en las manos *(Sucinta Memoria,* por VILLACORTA). El P. Zúñiga selló su buena amistad y admiración á Alava dedicándole la *Historia de Filipinas.*—Nació en Vitoria; empezó la carrera militar en 1766. Se batió en Gibraltar contra los ingleses. el 82. En su viaje á Filipinas rectificó muchos puntos de las cartas geográficas. Salió de Manila el 7 de Enero de 1803; llegó á Cádiz el 15 de Mayo siguiente; hizo el viaje por la vía de Buena Esperanza. Fué segundo cabo de Gravina en la jornada de Trafalgar. Después fué jefe del Apostadero de la Habana; vocal del Almirantazgo en 1815, el 17 ascendió á capitán general. Falleció en Chiclana el 26 de Mayo del mismo año. Dejó escritas algunas *Memorias.*—Nuestro Autor le cita con encomio repetidas veces.

ALBA (Fr. Juan), Agustino.—Nació en Segovia; profesó en Toledo, en 1514; pasó á México en 1535, donde misionó treinta y tres años. En 1569 (11 Junio), llegó á Cebú, donde se hallaba Legazpi. Pasó á Panay y fundó la iglesia de Dumangas. Prior de Manila en 1572, y definidor. Fué el primer ministro de Pásig, año 1575. Transcurridos dos, eligiéronle provincial, y murió en Manila el 17 Septiembre del 77.—II, 53; *Ap.* A, nota 39.

ALBO (Francisco).—Autor. En la expedición de Magallanes embarcó como contramaestre de la nao *Trinidad.* Volvió de piloto de la *Victoria.*

ALBURQUERQUE (Fr. Agustin de), Agustino, uno de los primeros evangelizadores de los indios. En Táal, en Balayán, en casi toda la provincia de Batangas, difundió por modo prodigioso la semilla del Cristianismo, durante los años 1572-1575. Este último año fué elegido prior de Tondo; provincial el 78; murió el 80. Era castellano, y procedía del convento de Salamanca. Los autores agustinos le atribuyen haber escrito el primer *arte* de la lengua tagala; los franciscanos dicen que el primero lo escribió Fr. Juan de Plasencia. Atendidas razones cronológicas, debió de ser el primero el venerable Alburquerque.—88, 506.

ALCÁNTARA (Fr. Bartolomé de), Agustino. Llegó á Filipinas en Junio de 1578. Misionó en Bisayas hasta el año 91, que pasó á Tagalos, siendo el pueblo de Táal, que había fundado el P. Alburquerque, uno de los que le tuvieron por doctrinero. Murió en Caruyan el año de 1625.—I, 89.

ALMODÓVAR (El Duque de).—Autor.—V. *Malo de Luque,* seudónimo que puso al frente de su *Historia.*

ALONSO FERNÁNDEZ (Fr. Manuel), Dominico.—Autor. Número 158. N. en Villoria (Asturias) en 1859; profesó en Ocaña el 78; llegó á Manila el 85; y allí continúa.

ALVARADO (Fr. Alonso de), Agustino.—Fué en la expedición de Villalobos. En 1540 pasó á México. El 71 llegó á Filipinas, siendo nombrado ministro de Tondo al siguiente año. Misionó además en Taytay, Caínta, Pásig y Bay. Provincial en 1575, murió en Manila en Mayo

del año siguiente. Había nacido en Badajoz, y profesado en el convento de Salamanca.—187, 188.

ÁLVAREZ CIENFUEGOS (José), Dominico.—Autor. N. en Vi-
llamegín (Asturias), en 1852; profesó en Ocaña el 69; llegó á Manila el 73. Actualmente se halla de conventual
en el Colegio de Avila.

ÁLVAREZ DE ABREU (Antonio).—Autor. Consejero del de
las Indias en 1733 y stes. Fué bibliófilo muy notable.
Algunos de sus libros vinieron á poder del Sr. Gayangos, y se hallan actualmente en el M.-B. de Ultramar.

ÁLVAREZ TEJERO (Luis Prudencio).—V. Ap. H, pap. Correos.—Elegido diputado en Filipinas para representar
á aquel país en las Cortes Constituyentes convocadas
por la Regencia de Doña Cristina, cuando llegó á España encontróse sancionada y promulgada la Constitución, cuyo art. 2.°, en uno de los adicionales, disponia
que las provincias de Ultramar fuesen gobernadas por
leyes especiales. Alvarez Tejero habia residido doce
años en Filipinas; después de su regreso fué nombrado
magistrado de Valencia, donde imprimió su folleto,
en 1842, en la imprenta de Cabrerizo.

ANDA Y SALAZAR (Simón de).—Autor. Nació en Subijana,
pueblecillo de la prov. de Alava, el 28 de Octubre de 1709.
Estudió Derecho en Alcalá, y ejerció la abogacía en Madrid. Cuarenta y seis años tenia cuando fué nombrado
magistrado de la Audiencia de Manila; tomó posesión
del cargo el 21 de Julio del 61, ó sea á los seis de haber
sido nombrado. Su brillante defensa que hizo de las Filipinas contra los ingleses, valióle que S. M. le nombrara
Consejero de Castilla, á su regreso á Madrid; y al poco
tiempo, Gobernador de la Colonia oceánica, destino del
que se posesionó en 1770. Recién llegado, y sin duda
fiando en el alto aprecio que á Carlos III habia merecido,
comenzó á adoptar una serie de medidas que produjeron graves trastornos: prendió á su antecesor, el infeliz Raón, á varios oidores, al secretario del Gobierno y
á otros: unos murieron en la prisión, otros pasaron á
España bajo partida de registro, y otros, finalmente, fueron á dar con sus huesos, desterrados, á diferentes provincias del Archipiélago. Auxiliar eficaz del Arzobispo
Sr. Sancho de Santa Justa y Rufina, tomó á pechos lo
de la visita diocesana, aprovechando la oposición de algunos agustinos para remover de sus curatos á todos
los de la Pampanga, enviando presos á España al provincial y al definitorio en pleno. Su ingratitud con los
frailes, á quien todo lo debía, prodújole tan honda melancolía, que le causó la muerte; murió en la hacienda

de Imus, de los Padres Recoletos. ¡Lástima grande que
hombre tan extraordinario hubiese caído en lamenta-
bles errores en los últimos años de su vida! Los restos
de Anda se conservan en la catedral de Manila, detrás
del Altar mayor. Hay allí una lápida sepulcral con la
siguiente inscripción (algunas palabras están borradas):
*Sed quem majora vocabunt | His post habitis | Vitæ
potius famæ inmortalitatem | ...... adspiravit die 30 Oc-
tobris | Anno 1776 ætatis anno septuagésimo sexto. |
Illmo. Viso. | D.*ᵐᵘˢ *Joanes Franciscus Anda. | Manilani
Senatus Judet | Cognatus suns et testamenti curales: |
Lubens lugens que | Hoc monumentun possuit | die 10
Junnius 1777.*
En el libro parroquial existe la partida que transcribo: «En treinta y uno de Octubre de mil setecientos se-
tenta y seis años el Ilmo. Sr. D. Basilio Sancho de Santa Justa y Rufina, Arzobispo Metropolitano de estas
Islas Filipinas, del Consejo de S. M., su Predicador y
Teniente de vicario general de los Reales Ejércitos por
mar y tierra en estas partes orientales, enterró en esta
Santa Iglesia Catedral el cadáver del Ilmo. Sr. Dr. Don
Simon de Anda y Salazar, Gobernador Capitan general
de estas Islas Filipinas, del Consejo de S. M., habiendo
recibido antes dicho Sr. Anda los Santos Sacramentos.
Fué su entierro cantado por el V. y D. Cabildo con vi-
gilia, misa de cuerpo presente y tres posas. = *Bachiller
Juan Anselmo Medrano.*»—Del monumento que posteriormente se le erigió en Manila, en el llamado Male-
cón del Sur, publicase un diseño en la *Ilustración Filipina*, 2.° año, pág. 50.—Citas al texto: 120, 261, 299, 337,
345, 350, 354, 448, 476.

ANDREU (Fr. Jaime), Dominico.—Autor. Núm. 155. N. en
Vich (Barcelona), en 1853; profesó en Ocaña el 74; pasó
á Filipinas el 77. Continúa de catedrático y es además
socio del Arzobispo Sr. Nozaleda.

ANGLERÍA (Pedro Mártir de).—Autor. N. en 1457. Muy joven pasó á Roma; regresó á España el 88. Fué un sacerdote muy docto; desempeñó una plaza de ministro del
Consejo de las Indias.—Murió en Granada el año de 1526.
A manera de periodista, sobre cada suceso culminante
escribia una *epístola* ó artículo, como hoy diríamos: el
que escribió acerca del viaje de la *Victoria* tiene excepcional importancia; escribiólo á excitación del Emperador, y con datos del relato de Pigafetta.

APARICIO (Fr. Manuel), Agustino.—N. en 1754, en Regne-
do de Valdavia (León); profesó en Valladolid el 76.
Llegó á Filipinas el 78. Párroco en Ilocos desde 1787 á

1802. En este último año le eligieron provincial. Murió en Manila el 17 de Mayo de 1800.—II, 12, 13.

ARAGÓN (Ildefonso de).—Autor; notable ingeniero militar. Además de las obras de que damos noticia en el *Ap. B.*, «escribió y publicó un plan de conquista para la completa adquisición de esta isla», según vemos en el *Diccionario* de Buzeta, artículo *Mindanao* (t. II, pág. 332).

ARANA (Camilo de).—Autor.

ARANDÍA (Pedro Manuel de). N. en Ceuta, de padres vizcaínos. Posesionóse del Gobierno general de Filipinas en Junio de 1754; formó el regimiento de Infantería del Rey y reorganizó el cuerpo de Artillería. Hizo una expedición á Igorrotes, con poco ó ningún éxito. Se impuso, en cambio, á los moros del Sur, y el sultán de Joló le demostró grande aprecio. Redactó unas *Instrucciones* que molestaban á los curas párrocos, las cuales no fueron aprobadas por S. M. Reformó el arsenal de Cavite; otro tanto hizo con la nao de Acapulco.—Hirió tantos intereses particulares, que acabó por hacerse generalmente antipático. Empezó bien y acabó mal. Fué probo al principio; después... Consta que testó 200.000 pesos. Murió en Manila el 31 de Mayo de 1750, tras larga enfermedad, producida por los infinitos disgustos que se acarreó. Tuvo por privado al funesto Orendain.—306, 485; II, 26, 39.

ARECHEDERRA (Fr. Juan), Dominico.—Autor. Era Obispo electo de Ilocos cuando, por sustitución reglamentaria, tuvo que hacerse cargo del Gobierno general en 1745. Apaciguó la prov. de Batangas, en la que hubo un pequeño alzamiento; fortificó á Manila y Cavite, ante la eventualidad de una invasión inglesa. El reyezuelo de Joló vino á Manila á bautizarse; tuvo escrúpulos el recién llegado Arzobispo, Sr. Trinidad, y el P. Arechederra lo envió al pueb. de Paniqui, donde le bautizaron los dominicos. Su gobierno duró cerca de cinco años, en los cuales es fama que reinó un sosiego raro hasta entonces, á lo menos por tan largo tiempo, en todo el país. El P. Arechederra murió en 1755.—104, 248, 351.

ARGENSOLA.—Autor.—V. *Leonardo de Argensola.*

ARZADUN Y REBELLO (José Ignacio).—El oidor á quien se alude en la pág. 26 del t. II.—V. *Ap. A.*, nota 70.

AVILÉS (Conde de).—187. Aquella hacienda ha pasado á otras manos.—El condado de Avilés ha debido vincularse en un mestizo que vive actualmente; pero parece ser que por falta de recursos, de éste ó de su padre, no existe ya tal condado en Filipinas, como no existe el

marquesado de Villamediana, ni el de Salinas, etcétera. ¡Parece increíble que en un país donde tanto culto
se rinde á la vanidad, no haya podido perpetuarse ni
uno tan sólo de los varios títulos nobiliarios de peninsulares que allí afincaron y allí murieron!

AZCÁRRAGA (Manuel de).—Autor. Español-filipino; desempeñó en Manila cargo tan importante como el de gobernador civil. Lleva en la Península muchos años; ha
sido consejero de Estado y actualmente figura entre los
senadores vitalicios. Es además autor de una curiosa
obra relativa á los Municipios filipinos, impresa en Madrid en 1871, por Noguera, de 96 páginas.

B

BALBÁS Y CASTRO (Tomás).—Autor. Fué representante en
Manila de la empresa minera *Cántabro-Filipina*. Su
grande actividad y sus excelentes deseos se estrellaron
contra la indiferencia de muchos y la desidia que es
proverbial en aquel país.

BANGCAO.—Reyezuelo de Limasaua.—II, 69.

BANTILAN.—Malayo mahometano; hermano de Mohamad
Alimudin, sultán de Joló. Hizo la guerra á Borneo y
una interesante expedición á Basilan.—I, 104, 105.

BAÑUELOS (Jerónimo).—Autor.

BARCÁIZTEGUI (Ventura).—Marino de guerra; comandante
de la fragata *Fama*. En Filipinas ascendió á capitán de
navío y fué quien relevó á Alava en la Comandancia del
Apostadero.—I, 6; 318.

BARRANTES (Vicente).—Autor. Ha sido además gobernador civil de Manila y director general de Administración civil. Pertenece á las Reales Academias Española
y de la Historia, y es miembro del Consejo de Filipinas. Bibliógrafo eminentísimo de todo lo relativo á Extremadura, su tierra, es, entre los seglares, uno de los
pocos hombres de verdadera talla científica que ha habido en el país filipino. En *La España Moderna* (años
1889-91) ha publicado algunos trabajos que deben consultarse.—*Ap*. A, notas 45 y 47. Y en otras páginas.

BARRONA (Fr. Juan), Agustino.—II, 97.—El P. Cano escribe BARAONA. N. en 1767; profesó á los veinte años en
Valladolid. De 1794 á 1800 fué párroco de Dumalag; en
este último año pasó á Cabatuan, donde murió en Septiembre de 1833.

BARROS ARANA (Diego).—Autor chileno.

BASCO (José de).—Entró muy joven á ejercer el más alto cargo de la Colonia, siendo capitán de fragata, en 1778. Fortificó Manila y Cavite y reorganizó el ejército. A su poderosa iniciativa débese el estanco del tabaco y la creación de la Sociedad de Amigos del País. Fomentó cuanto pudo los principales ramos de riqueza de la Colonia, y dejó un nombre honrado, sin tacha, por su celo y desinterés, por su actividad y energía. Creyendo que la Audiencia intrigaba para quitarle el bastón, embarcó á tres magistrados, á quienes mandó á Madrid. De su tiempo son también las armadillas de vintas para hacer frente á la piratería de los malayos del Sur. A fines de Noviembre del 87 salió para Cádiz, por la vía de Buena Esperanza. S. M. le recompensó haciéndole Jefe de Escuadra y dándole el mando del Apostadero de Cartagena. El título de marqués de la Conquista, valióselo su expedición á Batanes. Era de linajuda familia granadina.—I, 29, 327, 465, 507; II, 15, 29.—Comyn le elogia grandemente en el cap. XII de su obra; el Duque de Almodóvar publica al final del tomo V un interesante *Discurso* del famoso Basco y Vargas.

BAYLE, el filósofo:—185.

BAZÁN (Diego de).—Mexicano asesinado por los indígenas de Chuchugo (Marianas).—II, 108.

BECERRA (Manuel).—Insigne demócrata gallego; gran matemático y muy mediano ministro de Ultramar: enderézale una carta el anotador, á propósito de la difusión de la lengua castellana en Filipinas: *Ap. A,* nota 47.

BECUS (Tomás).—Era como los españoles pronunciaban el apellido BAKOUSES; uno de los capitanes del ejército inglés que sorprendió á Manila en 1762.—188, 189.

BENAVIDES (Fr. Miguel de), Dominico.—N. en Carrión de los Condes (Palencia), por los años de 1550. Llegó á Manila con la primera misión dominicana, el año de 1587; al siguiente fué nombrado catedrático de Teología del convento de Santo Domingo de Manila. Aprendió muy bien el chino, y pasó el 90 á misionar en el Celeste Imperio, donde experimentó grandes trabajos. Vuelto á Manila, salió al poco tiempo para España, acompañando al ilustre P. Salazar, primer Obispo de Filipinas; en Madrid desempeñó el cargo de Procurador de su Provincia. Felipe II lo presentó á Roma para Obispo de Nueva Segovia; á principios del 98 estaba ya de vuelta en Manila, y á poco se posesionó de su nuevo cargo de Obispo. Nombrado después Arzobispo de Manila, un

legado suyo fué el origen de la creación del Colegio y
Universidad de Santo Tomás. Murió en Manila el 26 de
Julio de 1605.—Varios bibliógrafos aseguran que dejó
ms. un *Diccionario* sinico.—229; *Ap. A*, n. 42.

BENCUCHILLO (Fr. Francisco), Agustino.—Autor. Cano escribe BENEUCHILLO. N. en Pastrana (Guadalajara) en 1710;
profesó en Madrid en 1726; llegó al pais el 32. Fué Ministro de tagalos muchos años. Murió en Santa Cruz de
La Laguna en 1776.—*Ap. A*, n. 16.

BERNAL (Damián).—Español asesinado por los indígenas
de Marianas.—II, 108.

BERNÁLDEZ (Emilio).—Autor.

BLAGUIER (Fr. Agustín Pedro), Agustino, Obispo de Nueva Segovia: se posesionó, 29 Mayo 1799. Había nacido
en Barcelona, en 1749; murió el 30 de Diciembre de 1803.
Antes de ser Obispo había sido párroco en Ilocos. Él
P. Cano escribe BLAQUIER.—II, 27.

BLANCO (José).—Español propietario de una hacienda en
la prov. de Bulacán.—391.

BLANCO (Fr. Manuel), Agustino.—Autor. Nació en Navia-
nos (Zamora), el 24 Noviembre 1778; profesó en Valladolid el 95; llegó á Manila el 19 Abril 1805. Párroco de
San José (Batangas) el año 12; de Bauang el 16; de Batangas el 29; de Parañaque el 38. El 33 había sido elegido Provincial; y era prior de Guadalupe, cargo para
el que fué nombrado el 39, cuando murió, el 1.º de Abril
de 1845.—V. además núm. 223 del *Ap. B*.

BLUMENTRITT (Fernando).—Autor. Profesor del Ateneo
Municipal de Leitmeritz (Austria;—Bohemia). Para honra suya, va poco á poco dejando de *hacer política*. Actualmente tiene varios trabajos en prensa, que, como
casi todos los que escribe, ofrecerán notas instructivas
y curiosas. No ha estado nunca en Filipinas.

BOBADILLA (P. Diego de), Jesuíta.—Autor.

BOWRING (John).—Inglés que fué gobernador de Hong-
Kong. Visitó á Manila el año de 1858. Publicó en inglés
las impresiones de su viaje, y su obra fué traducida
para la *Revista de Filipinas*, con notas de D. José F. del
Pan. En la 2.ª, de la pág. 5, dice el Sr. del Pan: «Pocos
dias después de la llegada á Manila de Sir John Bowring, fueron distribuidos á algunos empleados, notas
de los apuntes que deseaba el ilustre extranjero, relativos en su mayor parte á datos estadísticos y regla-
mentos de varios servicios públicos. El, por si mismo,
era incansable en la observacion, porque todo lo queria

examinar, siéndole de mucha utilidad lo que, además de su caracter bondadoso, hacía muy simpático á aquel anciano, el hablar el castellano, porque nuestra literatura le era familiar. Después, con los RR. Párrocos de Pangasinan, y el ilustrado D. Nicolas Loney de Iloilo, completó sus apuntes sobre costumbres y diferentes curiosidades que se leen en su obra. Los jefes de las provincias que recorrió le acojieron como correspondia á su gerarquia y circunstancias».

BRAVO (Fr. Felipe), Agustino, colaborador del P. Buzeta en la obra del *Diccionario.*—V. *Buzeta..*—N. el P. Bravo en Villasarrasino (dióc. de Palencia), en 1823; profesó en Valladolid el 43; llegó á Manila el 45; el 49 volvió á España, de vicerrector del dicho colegio de Valladolid; el 57 volvió á Filipinas, y desde el 63 es párroco propietario de Bauang. Ha sido provincial dos veces.

BRAVO DE ACUÑA (Pedro).—Entró en Manila por Mayo del año 1602. Acababa de ser gobernador de Cartagena de Indias. Portóse como bueno cuando la insurrección de los chinos de 1603; fué á Ternate, venció, y se trajo al reyezuelo preso á Manila. Murió de repente el año de 1603, en ocasión que se ocupaba en el despacho de unas naos de Nueva España.—240; *Ap. A.*, n. 42.

BUFFÓN.—Autor.

BUITRAGO (Fr. Jenaro), Dominico.—Autor. V. números 40 y 147. Nació en la prov. de Salamanca, año de 1849; llegó á Manila en Abril del 73; ha vuelto hace poco á España, y se halla al frente de la residencia que los Dominicos filipinos tienen en la ciudad de Valencia.

BUSTAMANTE (Fernando). Se le conoce con el sobrenombre de *El Mariscal*, porque fué el primer mariscal de campo que gobernó Filipinas. Posesionóse el 9 de Agosto de 1717. Desde los primeros momentos de su mando demostró una energía extraordinaria, á la par que cierta adustez de carácter que á algunos atemorizaba; apremió extraordinariamente á los morosos, para que pagasen lo que al Estado debían, y no dejó de causar descontento la medida, sí mucho porque en aquella época era *costumbre* que ciertas gentes hiciesen lo que les daba la gana, más aun al considerar que el dinero lo quería para enviar embajadas que apenas sirvieron para otra cosa que para mayor lustre del general y de los pocos á quienes favorecía. Lejos de ir—cual era su propósito—metiendo en caja de una manera paulatina á los que abusaban, fué tan radical en sus medidas, que redujo á prisión á varios personajes de los más calificados en la Colonia (solemnes pillos algunos de ellos), incluso los oidores que no tuvieron la precaución de refugiarse en sagrado. Sólo respetó á Torralba, al que desencarceló á medias: pretendía Bustamante ser él la encarnación de la Justicia. Tantas violencias; aquel carácter de tigre; aquella su exageradísima prevención contra todo el mundo, á par que su desmedido despotismo, le costó la vida. Circuló el rumor por Manila de que la colonia quería alzarse contra el Mariscal; dictó éste un bando en el cual ordenaba á los vecinos que en cuanto oyesen un cañonazo acudieran todos á Palacio; el vulgo echó á volar la especie de que quería matar á los españoles para huir tranquilo con sus caudales... Y para colmo de dichos y de hechos, Bustamante prendió, el día 11 de Octubre, al Arzobispo, al Cabildo eclesiástico, á los superiores de las Corporaciones religiosas... De todo lo cual resultó que la gente acudió en tumulto á Palacio, pero sin oir otro cañonazo que el de la indignación contra hombre que sin duda alguna había perdido la razón; y del tumulto surgió la mano que le llevó al otro mundo. Sobre este tan triste hecho existe en el Archivo de San Agustín de Manila una relación en verso.—I, 80, 105, 106.

Bustos (Pedro José de).—Asturiano; segundo de Anda contra la guerra de los ingleses.—337, 345, 449, 452.

Buzeta (Fr. Manuel), Agustino. Natural de Bimeiro (Galicia); profesó en Valladolid en 1826; llegó á Filipinas en Agosto del siguiente año. Después de ser párroco en algunos pueblos tagalos, pasó á Madrid de comisario-procurador en 1849. Ignoro cuándo murió. Es además autor de una gramática tagala, impr. en Madrid, 1850.

C

Cabezas de Herrera (José).—Autor. Desempeñó en Manila los cargos de gobernador civil y director de Administración.—V. además en el *Ap. B*, la pap. Zaragoza. Murió en Madrid hace cosa de tres años. Todas sus obras relativas á Filipinas, que no eran muchas en número, pero en cambio selectas, han venido á mi poder.

Calancha (Fr. Antonio de la).—Autor.

Calderón (El oidor).—Págs. 366, 393.—D. Pedro Calderón Enríquez, español, digno magistrado de la Audiencia de Filipinas; el 7 de Noviembre de 1751, expidió el Rey en El Escorial la R. cédula, muy laudatoria, á que alude nuestro Autor. Fué Calderón, por los años de 45 y 46, á pacificar algunas regiones, y su táctica consistió en perdonar á todos, menos á los cabecillas demasiado significados, á los que castigó severamente.

CALVILLO (Rafael).—Oficial de Marina.—411.

CALLAZO (Fr. Ignacio), Agustino.—N. en 1743, en San Esteban de Oca, Arzobispado de Santiago, donde profesó el 60; por Julio del 67 llegó á Manila; fué destinado á Bisayas, y á él se deben unas pequeñas fortalezas de piedra que hubo en el estrecho de San Bernardino, para defensa contra los moros. De éstos estuvo cautivo algún tiempo. Escribió un tratado de *matemáticas,* y varias *Poesías;* pero no parecen estos *mss.*—II, 63.

CAMACHO (Diego).—Natural de Badajoz, de cuya catedral fué canónigo; tomó posesión del Arzobispado de Manila el 31 Septiembre de 1697. Intentó girar visita diocesana á los párrocos frailes: esto acarreó disgustos en la Colonia. Los religiosos pretendieron abandonar los curatos; pero cedieron ante la consideración de que no había en el pais sacerdotes seculares en número suficiente para reemplazarles. El prelado, á su vez, desistió de la visita. Fué poco politico; su conducta con el patriarca Tournón—ante el cual depuso con exceso las dignidades inherentes al cargo de Arzobispo,—costóle ser trasladado al Obispado de Guadalajara (América), donde murió el año de 1712. En Filipinas dejó fama de caritativo.—V. *Ap. H*, pap. ARZOBISPO.

CANGA-ARGÜELLES (Felipe).—Autor. Capitán de fragata retirado; fué, en la primera época del mando de Terrero, secretario del Gobierno general.

CANO (Fr. Gaspar), Agustino.—Autor. N. en Dueñas (Palencia), en 1827; profesó en Valladolid el 43. Ha sido misionero entre los tinguianes. En 1861 fué nombrado secretario de Provincia, cargo en el que continuaba el 64, cuando publicó su *Catálogo.* Actualmente se halla de párroco en uno de los pueblos ilocanos.

CANO (Juan Sebastián del).—Escribo CANO y no ELCANO (y lo propio hace el Autor del ESTADISMO), porque después de publicada la obra de D. Eustaquio Fernández de Navarrete, ya no hay duda ninguna acerca de cómo debe escribirse el apellido de tan insigne piloto. Natural de Guetaria (Guipúzcoa); hijo de Domingo Sebastián del Cano y Catalina del Puerto; era joven aún, cuando, con una nave suya de 200 toneladas, formó parte de la expedición del Cardenal Cisneros á Africa; la nave tuvo que venderla, debido á su escasez de recursos, á unos extranjeros: la ley prohibia entonces esta clase de ventas (cuando se hacían á personas extranjeras), y Cano se vió perseguido durante algunos años. En 1519 hallábase avecindado en Sevilla, población donde Magallanes reclutó casi toda la gente que con él fué. Recibió á Cano con tanta mayor satisfacción, cuanto que gozaba pública fama de marino experto. Embarcó de maestre (ó sea de segundo) en la nao *Concepción*, y el día 27 de Septiembre del dicho año de 1519 zarpó de Sanlúcar la flota famosa que comandaba Hernando de Magallanes.—En HERRERA *(Ap. B)* pueden verse pormenores interesantes.—El 6 de Septiembre de 1522 entraba nuevamente Cano en Sanlúcar, no ya de contramaestre, sino de capitán de la *Victoria*, primera y única embarcación que hasta entonces había dado la vuelta al mundo. La nombradía del audaz é inteligente navegante tuvo, aunque por modo lento, resonancia en toda Europa, no obstante la intencionada preterición que de sus hazañas hizo el cronista Pigafetta. El 24 de Julio de 1525 zarpó de la Coruña la armada que mandaba García Jofre de Loaisa, con destino á Filipinas: una de las siete naves (la *Sancti Spiritus*), llevaba por capitán al famosísimo Cano. Muerto el comandante de la escuadra, abrióse la provisión secreta que había dado el Emperador, y fué proclamado Cano sucesor de Loaisa. Pero poco le duró la satisfacción; es de advertir que, presintiendo su muerte, había ya hecho testamento, del que fué testigo Andrés de Urdaneta: á los cinco días de ejercer el mando supremo, el 4 de Agosto de 1526, dejó de existir. Al día siguiente, el cadáver de aquel grande hombre era arrojado al agua, en el Océano Pacífico, á pocas singladuras de la línea equinoccial, que había atravesado en la capitana el día 26 de Julio.—II, 58.

CANTOVA (P. Juan Antonio), Jesuíta.—Autor.—430.

CAÑETE (El Marqués de).—133.—No ha vuelto á haber en Filipinas tal marquesado.

CARRACEDO (Fr. Pedro), Agustino.—Natural de S. Vicente de Carras; profesó en Valladolid en 1764; llegó á Manila el 66; comenzó su carrera de párroco el 79; el 90 vino á España de comisario-procurador; el 98 cesó, por haber sido nombrado asistente general. Murió en Madrid el año de 1804.—395.

CARRILLO (Fr. Manuel), Agustino.—Autor. Toledano; nació en 1707; profesó el 23; llegó á Manila el 37; fué párroco en varios pueblos de la Pampanga. Murió en Bacolor en 1769.

CARRIÓN (Pablo).—El P. Concepción (II, 33) escribe *Juan Pablos de Carrion*. Llegó á Filipinas en 1543, como individuo de la armada de Villalobos. Transcurridos algunos años, se fué á México, donde ya había vivido antes de partirse para las Filipinas, y hacia el 58 volvió á la Península, en ocasión que el Rey estudiaba si convendría ó no continuar las expediciones al Maluco, con cuyo motivo presentó extensa relación escrita al Consejo de las Indias relativa al archipiélago Maluco, que debió de contribuir en el informe favorable que el citado Cuerpo dió á S. M. Tornó á México Carrión, y se alistó para ir en la armada dispuesta por Legazpi. De nuevo en Filipinas, tomó parte en los principales hechos de armas que hubo hasta la muerte de dicho general. En 1581 envióle Ronquillo á Cagayán, de Luzón, á desalojar al corsario japonés Tay Zufu, como lo hizo; sometió á la provincia al dominio de España y, como coronamiento de sus bizarras empresas, fundó la ciudad de Nueva Segovia. Créese que murió en Filipinas.—II, 25.

CASAS (Fernando).—Autor.

CASTAÑÓN (N.).—Oficial de la Armada.—I, 7, 85.

CASTILLO Y NEGRETE (Manuel del).—Autor.—V. Ap. A., nota 37.

CASTRO DE LA SMA. TRINIDAD (Fr. M.), Recoleto.—Autor.

CASTRO Y ARAUJO (José de).—Autor.

CECILIA (La Madre).—230.—Sor Cecilia de Ita y Salazar; española nacida en la costa de Coromandel, llevaba diez y seis años de profesa en el Beaterio de Sta. Catalina, cuando aconteció lo que nuestro Autor refiere. A este dramático suceso dedica el P. Concepción todo el capitulo VIII del tomo XII de su magnífica Historia. De Santa Catalina fué trasladada á Santa Potenciana; después puesta en libertad: y casóse con D. Francisco Figueroa. Los novios marcharon á México.

CENTENO (José).—Autor. En 1888 desempeñaba interinamente este notable geólogo el cargo de gobernador civil de Manila, cuando aconteció la célebre manifestación contra los Frailes, á la cual dedico toda la segunda parte de mi obrilla Avisos y Profecías. Una política mal entendida por parte del Sr. Centeno contribuyó en cierto modo á que se realizara aquel triste cuanto ridículo acontecimiento. El Sr. Centeno vive jubilado en Madrid. Si su recuerdo como gobernador no es muy agradable, como geólogo preciso es confesar que ha demostrado excepcional talento.

CERERO (Rafael).—Autor.

CEREZO (Juan).— Gobernó interinamente (1633-35) por acuerdo del virrey de Nueva España; portóse como un valiente durante su mando; pues castigó á los piratas moros con verdadera energia.—II, 79.

CEVICOS (Juan).—Autor.

CICERÓN.—El famoso orador romano.—511.

CLAIN ó KLEIN (P. Pablo), Jesuíta.—Autor. Nació en Egra (Bohemia); ingresó en la Compañia el 14 de Septiembre de 1678; embarcó para Filipinas el 82. Fué rector de varios colegios, provincial, catedrático y misionero. Buen tagalista, tradujo á esta lengua La *Historia Lauretana*, *Pensamientos cristianos*, *Beneficios... hechos por San Rafael...* etc. Murió en Manila el 30 de Agosto de 1717.

CLERA (Fr. Casto), Dominico.—Autor. Núm. 150. *Fr. Casto de Elera*, y no *Clera*, como por errata figura entre los autores de *Discursos académicos*, n. en Mayorga (Valladolid) el año 1852; profesó el 70 y llegó á Manila el 75, donde continúa de catedrático de aquella Universidad.

CODORNIÚ (Antonio).—Autor.

COELLO DE PORTUGAL Y DE QUESADA (Francisco).—Autor. . V. además la papeleta *Cartas marítimas*.

COGSEN, ó COGEN.—Famoso corsario chino, que desalojó á los holandeses de Formosa.—II, 30, 80, 85, 104.

COLÁS.—Un indio de Bulacán.—455.

COLÍN (P. Francisco), Jesuíta. Autor. N. en Ripoll (Cataluña); ingresó en la Compañia el año de 1606. Después de haber sido profesor en varios colegios de la Península, pasó de Misionero á Filipinas, donde fué después rector del colegio de San Ignacio, y Provincial más tarde. Murió en San Pedro Macati el 6 de Mayo de 1660.— V. *Chirino*, en este *Apéndice*.

COLLANTES (Fr. Domingo), Dominico.—Autor. Nació en Herrin de Campos (Palencia); llegó á Filipinas el año 1769, cuando tenía veintiuno de edad y cinco de profesión (que había hecho en el convento de San Pablo de Valladolid). El año 88 fué nombrado provincial, y posteriormente, en 1800, tomó posesión del Obispado de Nueva Cáceres. Murió el año de 1808.

COMBES (P. Francisco), Jesuíta.—Autor.

COMYN (Tomás de). Autor.—El más ilustrado de cuantos ejercieron el cargo de factor de la Compañia.

CONCAS Y PALAU (Víctor), Autor.—Marino de guerra, á quien ha cabido la suerte de mandar la nao *Santa María* que el año 1892 hizo el viaje de España á América.

CONCEPCIÓN (Fr. Juan de), Recoleto.—Autor. Debió de morir pocos años antes de la fecha en que entró en

prensa el tomo I de su importante obra; la cual debió
de escribir por encargo de su provincial, Fr. Juan Ruiz
de San Agustín, después Obispo de Nueva Segovia,
según se colige de la dedicatoria. Por cierto que ya
pudo el que la firmó haber dedicado siquiera una página, como recuerdo, al que escribió la friolera de 14 tomos para narrar lo acaecido en Filipinas durante dos
siglos. La dedicatoria es única y exclusivamente un elogio empalagoso del Sr. Obispo. El P. Lanteri, en su *Bibliografía* de Agustinos (tomo II, 440). se limita á decir
del P. Concepción que fué provincial é imprimió en 1788
la *Historia de Filipinas*.

CONQUISTA (Conde de).—II, 29.—V. *Basco*.

COOK (El Capitán).—Autor.

CORCUERA.—V. *Hurtado de Corcuera*.

CORNICH,—CORNISH (Samuel).—Almirante de la escuadra
inglesa que atacó á Manila en 1762.—344.

COROMINAS (Fr. Benito), Dominico.—Autor, núm. 135. Nació en Gerona, el año de 1832; profesó en Ocaña el 51.
Llegó á Manila en Enero de 1855.

CORTÉS (Eugenio).—Oficial de Marina.—325.

CRUZ (Apolinario de la).—V. *Ap. A.*, nota 36.—En la revista *La Política de España en Filipinas* (1891-92) hase publicado íntegro el expediente que hubo que instruir con
motivo de las *hazañas* sediciosas que llevó á cabo este
ladino hijo del pais, que con el pretexto de una *cofradía*, por él comenzada á crear en 1840, vino á formar
un ejército hostil á la dominación española. Tenía entonces veintiocho años, era soltero y natural de Lucban
(Tayabas); había sido donado del Hospicio de San Juan
de Dios.—La actitud de Apolinario y los suyos, perfectamente fanatizados, obligó al general Oraa á enviar
contra la *cofradía* una pequeña columna, la que, no sin
resistencia, logró vencer á aquella muchedumbre de indígenas *cofrades*. Apolinario fué preso y, después de
instruírsele la sumaria correspondiente, purgó con la
vida su desatentada audacia.

CRUZAT Y GÓNGORA (Fausto). Autor. Gobernador general
de Filipinas; navarro; caballero del hábito de Santiago:
tomó posesión el 19 de Julio de 1690. Emprendió varias
obras, entre ellas los Almacenes y la reedificación del
Palacio. Gracias á su celo y honrada gestión administrativa, se rebajó en unos 100.000 pesos el situado de
México. Once años gobernó con aplauso general de la
Colonia.—222; II, 109; *Ap. A.*, nota final.

CUENCA (Ambrosio de).—Principal de Bacoor, tío de la que fué querida del marqués de Cañete.—133-134.

CUESTA (Fr. Francisco de la), Jerónimo.—Arzobispo de Manila durante los años 1712-1728. Cuando acaeció la muerte de Bustamante, la multitud fué á extraerle de la prisión, y le proclamó Gobernador de la Colonia; resistióse mucho, antes de aceptar el bastón, que en rigor le correspondía; pero una junta magna celebrada por lo más granado de Manila, reiteróle que lo aceptase, y entonces lo aceptó. Trasladado á Mechoacan, murió el 30 de Mayo de 1724, á los cuarenta y dos días de ser Obispo de aquella diócesis americana.—Tenia entonces 63 años de edad; había nacido en Colmenar de Oreja.—En Manila dejó fama de modesto y muy discreto.—II, 105.

CUETO (Fr. José), Dominico.—Autor, núm. 141. Natural de Riocorvo (Santander), nació el 4 de Noviembre de 1839. Ingresó en el colegio de Ocaña el 57; pasó á Filipinas el 73, después de haber sido maestro de estudiantes del mencionado colegio. Regresó á la Península el 82, y cuando de ejercer la cátedra llevaba algunos años, fué elegido Rector del Centro donde había profesado, cargo que dejó en 1891, por haber sido nombrado Obispo de Canarias, donde se halla en la actualidad. Tiene publicados varios opúsculos filosóficos.

CULANGCO.—Indígena á quien devoró un caimán.—314.

CUVIER (Jorge).—Autor.

CH

CHACÓN Y CONDE (Antonio).—Autor. Hijo de D. Alonso, primer secretario de la Sociedad de Amigos del Pais?—El ejemplar que yo poseo de su folletito, tiene una nota *ms.* que dice: «Este Gefe es muy adicto al Rey».

CHAVES (Juan de).—Llegó á Zamboanga el 6 de Abril de 1635; llevaba á sus órdenes 300 españoles y 1.000 indios bisayas.—II, 80.

CHAVES (Pedro de).—Capitán y justicia mayor que fué de Santiago de Libón (Camarines).—II, 44.

CHIRINO (P. Pedro), Jesuíta.—Autor. N. en Osuna: ingresó en la Compañía el año de 1580. Llegó á Filipinas el 90. Murió en Manila el 16 de Septiembre del año 1635, á los setenta y ocho de edad. Como complemento á lo que dejamos escrito en el *Ap. B*, añádase que León Pinelo, en su Tratado, cita la *Relación* del P. Chirino.—

Su obra extensa, la que debió parafrasear, en su mayor parte, el P. Colin, la posee manuscrita el Sr. Martinez Vigil. Obispo de Oviedo. Esto lo he sabido por el mismo Obispo. cuando ya se habia impreso todo el *Ap. B.* El P. Concepción dice del P. Chirino (V, 198): «hombre »laboriosisimo, y estudiosisimo, que aplicaba al estu- »dio, y á los libros todo el tiempo, que no le ocupaba »el Ministerio de las almas; esta aplicacion nos comuni- »có entre otros escritos apreciables, una Historia com- »pleta de Philipinas en un Tomo muy grueso manus- »cripto, y de á folio, que se conserba en la Libreria, de »el Colegio, que fue de los Padres de la Compañia; de »cuias noticias formó el Padre Colin su Historia impre- »sa».—Este *tomo* es el que ha venido á ser propiedad del Sr. Obispo de Oviedo.

CHOCO.—Chino náufrago que se radicó en la isla de Guajan, del grupo de las Marianas.—II, 108.

D

DAMPIER. (501.)—DAMPIERRE (II, 30).—Autor.

DASMARIÑAS.—V. *Pérez Dasmariñas.*

DELGADO (P. Juan J.), Jesuíta.—Autor. N. en Cádiz. Salió de España para Ultramar el año 1711. En 1751 comenzó á escribir su obra; llevaba, á lo que parece, treinta y cuatro años de pais, de donde se deduce que pasó en México algunos años, antes de ir á Filipinas. Misionó en varios pueblos de las Bisayas, y además en Taytay.

DEMÓSTENES.—El famoso orador.—511.

DÍAZ (Fr. Casimiro), Agustino.—Autor. Toledano; nació el año 1693; profesó el 710; llegó á Filipinas el 712; el año 16 pasó á la Pampanga, provincia en la cual fué misionero de varios pueblos; el 22 fué nombrado cronista de la Orden. El P. Cano dice que escribió, entre otras, una obra intitulada *Dibujo de Filipinas* (que supongo conservarán inédita en Manila). Murió en el Convento de San Agustín, de la capital, el año de 1746.

DÍAZ ARENAS (Rafael).—Autor. En el *Ap. B*, por descuido, le he llamado *José.* En Marzo de 1837 era prior del Tribunal de Comercio de Manila; entonces fué elegido para representar los intereses del Archipiélago en la Metrópoli. y con este motivo regresó á España, imprimiendo en Cádiz, al siguiente año *(38),* una *Memoria* de 100 págs. acerca del Comercio y Navegación en Filipinas. De nuevo volvió á Manila, donde desempeñó el cargo de director de la Renta del Tabaco. Tenía el titulo de Intendente honorario. Debió de morir en Manila, después de 1865, porque en la *Guía* de dicho año figura su nombre entre los cesantes.

DÍAZ PUERTAS (Francisco).—Autor. En Cádiz, su país, habia sido tipógrafo; en Manila matriculóse como comerciante el año de 1864, y más tarde, asociado con el señor de Loyzaga, figuró como copropietario del periódico *El Comercio,* del que es hoy director. No conozco ningún trabajo firmado por Díaz Puertas, si se exceptúa la *Memoria* de que hablo en el lugar correspondiente.

DÍEZ (Fr. Esteban), Agustino.—Burgalés; n. en 1763; pasó á Filipinas en el mismo buque que el P. Zúñiga; fué párroco de Baliuag de 1789 á 1829, año en que fué elegido provincial. Concluído su provincialato, volvió á Baliuag, donde murió el 30 de Octubre del año 30. Escribió una *Memoria* sobre los efectos estancados.—400.

DÍEZ (Fr. Hilarión), Agustino.—Autor. También este fraile llegó á Filipinas en 1786, en el mismo buque que el Padre Zúñiga; era natural de Valladolid; n. en 1762. Fué párroco en una porción de pueblos tagalos, comenzando por San Pablo de los Montes (1787). El 21 de Octubre de 1827, fué consagrado en San Agustín Arzobispo de Manila, donde murió el 7 de Marzo de 1829.

DÍEZ GONZÁLEZ (Fr. Manuel), Agustino.—Autor. Natural de Quintanilla, Burgos; nació en 1830; profesó en Valladolid el 49; llegó á Filipinas el 53, y ha sido párroco de Ibaan y Lipa. Pasó luego á la Metrópoli, de Procurador-comisario, y más tarde fué elegido por S. S. para vicario Apostólico de los Agustinos de España é Indias, cargo que desempeña actualmente. Es miembro del Consejo de Filipinas.

DONOSO.—V. MORENO DONOSO.

DRÁPER (Guillermo).—Comandante de las fuerzas inglesas que asaltaron Manila en 1762.—448, 451.

DRASCHE (Ricardo).—Autor austriaco.

E

ECHAPARRE (Santiago).—Marino de la Armada.—7, 85, 325.
ECHENIQUE (Juan).—Idem íd.—1, 6.
ELERA (Fr. Casto de).—*Clera.*

ERCILLA Y ZÚÑIGA (Alonso de).—Autor. El principe de la poesía heroica en España.—428.

ESCAÑO (Juan de).—Pág. 230.—*General* le llama nuestro Autor, sin duda por equivocación. ó tal vez fué error del copista, pues pudo éste interpretar *Don Juan* por *General.* «Don luan de Escaño, y Cordova (dice el Padre Salazar, 648), criollo de esta ciudad, é hijo de vn Señor Oydor de la Real Audiencia...» Era, pues, un caballero manilense, rico, piadoso, tercero de la Orden de Santo Domingo que tomó muy á pechos proteger el Beaterio de Santa Catalina.—V. FERRANDO, III, 656.

ESCOSURA (Patricio de la).—Autor.

ESPINOSA,—el famoso filósofo panteísta *(Spinoza).*—185.

ESPINOSA Y TELLO (José de).—Autor. Sevillano; n. 1763; m. 1815; fué teniente general de la Armada.

ESPLANA (Damián de).—Capitán del galeón *Nuestra Señora del Buen Socorro,* que en 1764, con 30 hombres, redujo á los indigenas de Ágaña.—II, 109.

EZGUERRA ó ESGUERRA (Antonia de Jesús). — Española; fundadora del Beaterio de Santa Catalina; más bien cofundadora. Murió en Manila antes de que se constituyese el edificio *ad hoc* que el Beaterio tuvo.—230.

F

FABIÉ (Antonio María).—Autor. V. *Ap. B.,* núm. 214. Su obra *Vida y escritos del P. Las Casas,* Madrid, Ginesta, 1879 (dos tomos en 4.°) no es en rigor compilación de todos los antiguos impresos, sino de algunos, con noticia muy circunstanciada de las ediciones, concordancias, etc., á más de infinidad de papeles que ilustran la biografía del venerable Obispo de Chiapa. El Sr. Fabié desempeñó un año con bastante acierto el cargo de Ministro de Ultramar (1890-1891); pertenece á las Reales Academias Española y de la Historia; preside actualmente el Consejo de Filipinas.

FAJARDO (Alonso ó Alfonso).—Tomó posesión del Gobierno general de Filipinas el 8 de Junio de 1618. Era caballero del Orden de Alcántara. Alivió á los indios de excesos de trabajo á que antes los habían obligado, mayormente en el corte de maderas. Ingenióse para evitar que las naos de Acapulco fuesen atacadas por los buques corsarios de los holandeses, disponiendo á este

propósito que cada año se siguiera diferente ruta. Socorrió á Macao; envió embajadores al Japón; reprimió
el alzamiento de Bohol. Su mujer le salió de la *cáscara
amarga;* tenía citas nocturnas con un galán; súpolo Fajardo; sorprendióla, y la dió un plazo brevísimo para
que se preparase á morir cristianamente. Vino un confesor; trató éste de disuadir al ofendido marido; pero
nada consiguió: así que ella estuvo confesada, Fajardo
la mató con su puñal. Llamábase la infiel Catalina Cem-
brano. El hecho de que á poco de verificada esta trage-
dia se estrenase el drama de Calderón *El Médico de su
honra,* indujo al Sr. D. J. F. del Pan á publicar un tra-
bajito literario encaminado á probar si el drama de Calderón estaría basado precisamente en el drama desarrollado en Manila (*). Por cierto que el galán, al ser sor-
prendido, tuvo la fortuna de escaparse, evitando así
una muerte segura. Dijose que el seductor era hermano de D. Alonso Fajardo, pues coincidió que el hermano que éste tenía en Manila desapareció desde entonces de la Colonia, para no ser visto más. Al Gobernador atacóle desde entonces una muy grande melancolía,
que le condujo al sepulcro. Murió el año de 1624.—II, 65.

FAJARDO (Diego).—Gobernador general. Tomó posesión
el 11 de Agosto de 1644. Envió contra los holandeses algunas expediciones (en 1646), logrando siempre que vol-
vieran victoriosos los buques españoles. Austero, enérgico, tuvo sin embargo la debilidad de hacer sobrado
caso á Venegas, al que acabó por encarcelar, pues el tal
Venegas se había hecho el verdadero Señor de la Colonia. Fortificó las murallas de Manila, perfeccionó el baluarte de San Diego y socorrió á Ternate con oportunidad; pero en cambio se desamparó á Joló. Cesó á los
nueve años de mando, odiado de unos, bendecido de
otros, debido á su falta de criterio fijo y á sus apasiona-
mientos, así estimando como aborreciendo. Lo que sí
queda como positivo es su honradez inmaculada: abo-
rrecía el dinero y las mujeres, asevera su contemporáneo el P. Navarrete; el mismo escritor añade (página
304): «Lleuole un dia el Padre Fr. Andres Gomez, Religioso de mi Orden, vn poco de Lignum Crucis engasta-

tado en oro. Estimolo mucho, pero no quiso recibir la Reliquia, hasta quitarla el oro.»—221; *Ap. A*, nota 33.

FAVEAU (Antonio).—Comandante de escuadra por el general Ovando en la expedición que fué en 1752 á la toma de posesión de la Paragua.—II, 105.

FECED (Pablo).—Autor. Turolense; estudió tres años Teología; pero su falta de vocación, le hizo desistir de hacerse sacerdote. Catedrático de Historia de España, escribió un compendio de la misma. El 82 pasó á Filipinas á ponerse al frente de una magnífica hacienda que en la prov. de Camarines Sur habia comprado su hermano D. José, Magistrado que habia sido; después de nueve años de pais, durante los cuales envió muchos trabajos á *El Liberal*, que justamente llamaron la atención, volvió á España, y vive en Madrid, donde continúa trabajando en obsequio de la prosperidad del Archipiélago, según puede verse en *La Política de España en Filipinas*, quincenario del cual es redactor.

FEIJOO (Fr. Benito Jerónimo), famoso autor del *Teatro Crítico.*—508.

FERNÁNDEZ (Fr. Alfonso), Dominico.—Autor. De su obra, sólo 35 columnas tratan de Filipinas.

FERNÁNDEZ (Simón).—Catedrático de Leyes en la Universidad de Manila.—394, 395.

FERNÁNDEZ ARIAS (Fr. Evaristo), Dominico.—Autor. Nació en Alcázar de San Juan (Ciudad Real), el 16 de Diciembre de 1854; tomó el hábito en Ocaña, el 25 de Septiembre del 70; profesó al siguiente año. Llegó á Filipinas en Abril del 77. Doctoróse al poco tiempo en Filosofia y Letras, y desde entonces ejerce el cargo de Catedrático en la Universidad de Sto. Tomás.—V. además: número 151, y *Ap. A*, nota 39, y *Ap. H.*, pap. *Instrucción.* —Al corregir las pruebas de esta galerada, llega á mis manos su obra *El Beato Sanz y compañeros mártires*, impresa en Manila, en el Colegio de Santo Tomás, año de 1893. 800 págs. en 4.°, con un mapa. Es muy notable esta obra, siquiera porque revela los trabajos extraordinarios que por propagar la Fe padecieron en el Imperio sínico muchos de los misioneros de las Corporaciones de Filipinas.

FERNÁNDEZ DE ENCISO (Martín).—Autor. Estudió la carrera de Leyes en la Universidad de su ciudad natal, Sevilla; en 1508 ejercía con gran éxito la abogacía en la Española (América). En 1509 fundó en Darién la villa de Sta. María de la Antigua, de la que fué alcalde mayor.

Tiénesele por haber sido el primero que redujo á reglas el arte de navegar. Fué geógrafo sobresaliente.

FERNÁNDEZ DE LEÓN (Juan).—Presbítero; n. en Gibraleón (Huelva); pasó á México, donde ejerció muchos años el sacerdocio; á Filipinas llegó el año de 1591, siendo ya «hombre de hedad» (Concepción, II, 424); y merced á sus piadosas gestiones, fundóse la Obra pía de la Santa Misericordia.—236.

FERNÁNDEZ DE NAVARRETE (Eustaquio).—Autor. N. en Avalos (Logroño) el 20 de Septiembre de 1820; era nieto del sabio D. Martin. Murio en Diciembre de 1866. Fué académico de la Española y de la Historia.

FERNÁNDEZ DE NAVARRETE (Martín).—Autor. N. en Avalos (Logroño) en Noviembre de 1765; murió el 8 de Octubre de 1844; fué Presidente de la R. Acad. de la Historia desde 1825 hasta su muerte.

FERNÁNDEZ DE OVIEDO (Gonzalo).—Autor. N. en Madrid hacia el año 1478; sus antecesores eran asturianos. Pasó muchos años en América, llegando á ser Gobernador capitán general de la provincia de Cartagena de Indias. Murió en Valladolid en 1557. Fué rival del P. Las Casas.

FERNÁNDEZ DE QUIRÓS (Pedro).—Autor. N. en Evora (Portugal), hacia 1565; desde muy joven comenzó á navegar. Pasó al Perú. Piloto mayor del adelantado Alvaro de Mendaña (descubridor de las islas Salomón), salió del Callao (Chile) el 9 de Abril de 1595. Muerto Mendaña, quedó de jefe su viuda. La escuadra siguió á Filipinas, dirigida por Quirós, aportando en Cavite el 11 de Febrero de 1596. Quirós hizo *relación* escrita al Dr. Morga, de las peripecias de su largo viaje, y salió para México el 10 de Agosto de 1597; de México regresó á España. Su vida fué accidentadísima; después de mil peripecias murió en aquel Virreinato el año de 1615, cuando se disponía á emprender nueva y penosa expedición por los archipiélagos del inmenso Pacífico.— 426; II, 66.

FERNÁNDEZ NAVARRETE (Fr. Domingo), Dominico. Autor. N. en Peñafiel (Valladolid); profesó en Palencia el 8 de Diciembre de 1635. Fué catedrático del Convento de San Pablo de Valladolid; algunos años después incorporóse á la provincia del Santísimo Rosario de Filipinas; llegó á Manila el año 48. Misionó en muchos lugares, incluso en la China; viajó lo indecible, pues aquel hombre no podia pasar un año seguido en el mismo punto. Siendo procurador en Madrid, obligósele á aceptar el Arzobispado de la Española, donde murió á los setenta de edad, el de 1689, después de diez años de prelacía.

FERRANDO (Fr. Juan), Dominico.—Autor. N. en Vilaseca (Cataluña) el 24 de Septiembre de 1808; profesó en Tarragona en Noviembre del 27, llegó á Manila el 34; Rector de la Universidad de Santo Tomás; después procurador en Macao, donde murió el año de 1854.

FIGUEROA (El Capitán).—V. *Rodríguez de Figueroa.*

FIGUEROA (Nicolás).—Español muerto por los indígenas de Ipao (Marianas).—II, 108.

FONSECA (Fr. Joaquín), Dominico.—Autor. V. números 134, 180 y 181. Nació en Aramil (Asturias) el 10 de Noviembre de 1822; profesó el 41; llegó á Filipinas al año siguiente; murió en Avila el 88; dejó escritas otras obritas. Sostuvo una ruidosa polémica filosófica con el sabio Menéndez Pelayo. (V. *La Ciencia Española.)*

FRAGOSO (Juan).—Autor. Toledano; famoso médico.

FUENTE (N.).—Canónigo de Manila, á cuya Catedral legó una hacienda de su propiedad.—Es extraño que el Padre Fonseca no le cite en su *Reseña.*—I, 21.

G

GAÍNZA (Fr. Francisco), Dominico.—Autor. N. en Calahorra, el 3 de Junio de 1818; llegó á Filipinas el 41; fué catedrático de Santo Tomás; luego obispo de Nueva Cáceres, donde murió el año 80.—V. *Ap. H., Instrucción pública.*

GALARRAGA (Pedro).—V. *Villamediana.*

GALLEGO (El Arzobispo).—V. *Órbigo.*

GARCÍA (P. Francisco), Jesuita.—Autor.

GARCÍA (Fr. José), Dominico.—Autor. núm. 139. Llámasele *Miguel* equivocadamente. Nació en Nogueras (Teruel), el 4 de Febrero de 1844; llegó á Filipinas el 66.

GARCÍA (Fr. José M.ª), Dominico.—Autor. núm. 145. N. en Villarrubia (Toledo), el 2 de Febrero de 1851; tomó el hábito en Ocaña el 2 de Noviembre del 65; llego á Filipinas en Marzo del 72. Catedrático de Santo Tomás muchos años, acaba de ser elegido rector del colegio que su Corporación tiene en Avila.

GARCÍA (El Obispo).—D. Fr. Miguel Garcia Serrano, Agustino; nació en Chinchón (Madrid); profesó el año de 1592;

llegó á Filipinas el 95; fué párroco y después provincial; luego pasó á Madrid de Comisario, y de Madrid á Roma como definidor del Capítulo general: en 1616 nombrado Obispo de N. Segovia; posesionóse el 17; el 19 Arzobispo de Manila. Murió en Junio de 1629, después de una vida llena de amarguras y fuertes disgustos como consecuencia de las muchas competencias que sostuvo. En Diciembre del año 28 robaron de la Catedral una custodia que él había mandado construir; esto le afectó grandemente: impúsose por ello grandes mortificaciones.—II, 17.

GARCÍA RACIMO (Fr. Juan), Franciscano.—Autor. V. además *Ap. A*, nota 32.—No pasó de lego, y fué sin embargo *embajador*. Nació en Quintanilla; profesó en 1651; pasó luego á Filipinas, y el año 68 le comisionó el Gobernador general para la isla de Java, cuyo rey le recibió muy bien, dándole un nombramiento de embajador suyo para la corte de Madrid; la Reina gobernadora (durante la minoría de Carlos II) le recibió y atendió; despachó cuanto tenía que hacer, y regresó á Filipinas el año de 1673, volviendo á España al siguiente, á reincorporarse á la Provincia de San Pedro Alcántara, de la cual procedía.

GARCÍA YÁÑEZ (Jerónima).—La Madre Jerónima de la Asunción, fundadora del monasterio de Santa Clara. Toledana, hija del licenciado Pedro García Yáñez. Monja en Toledo, salió en compañia de cinco religiosas el año de 1620, que embarcaron todas ellas para Filipinas. Sor Jerónima murió el 2 de Octubre de 1630. Su vida fué escrita por los franciscanos PP. Letona, Quesada (Ginés de) y Madrid (Agustín de).—228.

GOGORZA Y GONZÁLEZ (José).—Autor. Fué empleado en el Ministerio de Ultramar; hace pocos años obtuvo por oposición una cátedra en la Facultad de Ciencias de una de las Universidades de provincias.

GÓMEZ PLATERO (Eusebio), ex Franciscano.—Autor. N. en Cabañas de Yepes (Toledo), el 15 Diciembre 1847; llegó á Filipinas el 10 de Septiembre del 70. Párroco algunos años en Camarines Sur, el 77 pasó á Manila comisionado para escribir el *Catálogo* de que es autor. Volvió á Camarines, y como consecuencia de sus disensiones con los superiores pidió y obtuvo la exclaustración.

GÓMEZ ZAMORA (Fr. Matías), Dominico.—Autor. V. número 146. N. el 10 de Abril de 1850, en Segovia; tomó el hábito el 66; pasó á Filipinas el 73; después de haber sido catedrático de Santo Tomás bastantes años, fué elegido el 88 Rector de dicha Universidad, cargo que continúa desempeñando.

GONZÁLEZ (Fr. Ceferino), Dominico.—Autor. N. el 28 Enero 1833, en Villoria (Oviedo); profesó el 46; pasó á Filipinas el 49. Ejerció en Manila el profesorado. en la Universidad; vuelto á España, no tardó en propagarse su celebridad, que le ha conducido á ocupar los más altos cargos de la Iglesia. Falto de salud, tuvo que renunciar el Arzobispado de Sevilla.

GONZÁLEZ (Fr. Domingo), Dominico.—Autor. Madrileño. Llegó á Manila el año de 1602; misionó en varios pueblos; después, llamado á Manila por los superiores, puso en planta el colegio de Santo Tomás, del que llegó á ser Rector; fué también, durante diez y seis años. Vicario del Santo Oficio; y dos veces provincial. Murió el 5 de Noviembre de 1647, á los setenta y tres años de edad. Escribió además una relación de los Mártires del Japón, impresa en Manila en 1619, que es rarísima; y otros trabajos de empeño que permanecen inéditos.

GONZÁLEZ DE MENDOZA (Fr. Juan), Agustino.—Autor. Toledano; pertenecía á la provincia de Castilla; Embajador por. el Rey de España, no llegó á ir á China (Véase Ap. B, la pap. Grijalva); pero supo de aquel Imperio tanto como si en él hubiera estado algún tiempo. De México, adonde había ido á la edad de diez y siete años, pasó á España en compañía del P. Herrera: llegaron á Madrid el 15 de Septiembre de 1574. El 75 quedó en Sevilla; el 80 fué nombrado Embajador para China; pero ya queda dicho que no llegó á ir. Obispo de Lipari en 1593, fué trasladado á Chiapa en el de 1607. Gozó fama de orador insigne y consumado teólogo. El señor Pérez Pastor, en su obra Bibliografía Madrileña (Madrid, 1891; pág. 122), escribe: «Contra la primera edición castellana—de la Historia del P. GONZÁLEZ DE MENDOZA,—y contra su Autor, aunque con el pretexto de evitar la segunda, que el Autor había prometido hacer en España, escribió el Condestable de Castilla Don Juan Fernández de Velasco, bajo el pseudónimo de El Soldado de Cáceres, una Invectiva, cuya copia, aunque corrió mucho entre los literatos del siglo XVI, no se había impreso hasta que la Sociedad de Bibliófilos Andaluces la publicó como Apéndice al tomo II de su colección, Fernando de Herrera, Controversia sobre sus anotaciones á las obras de Garcilaso de la Vega, Sevilla, 1870, por un ejemplar que posee el Sr. D. Pascual de Gayangos».— Corrijo aquí una errata que va á la pág. 211 * : la edición de París (en francés), fué impresa el año de 1589.

Goyti (Martín de).—Guipuzcoano; fué á Filipinas en la expedición de Legazpi; su comportamiento valióle que el Adelantado le distinguiese, haciéndole maestre de campo en 1567; sujetó á los pampangos en 1571 y al siguiente año hizo otro tanto con los zambales, pangasinanes é ilocos. Esta última expedición valióle un buen puñado de oro del que *lavaban* los igorrotes. Enfermo en cama cuando la sorpresa de las huestes de Limahong, fué muerto por los chinos en su propia casa el 30 de Noviembre de 1574.—94, 95, 470, 471; II, 9.

Grau y Monfalcón (Juan).—Autor.

Grijalva (Fr. Juan de), Agustino.—Autor. V. pág. 231 *.

Guerra (Fr. Gregorio), Agustino.—Fr. G. *Domínguez Guerra*, zamorano; profesó en Valladolid el año 1791; fué párroco de varios pueblos tagalos. Murió el 26 de Marzo de 1832. Había llegado al país en 1795.—370; nota 55 del *Ap. A.*

Guerrero (Juan Jerónimo).—Español, fundador del colegio de San Juan de Letrán; siendo viejo se hizo dominico.—229, 230.

Gunfac.—Principal chamorro; muerto inadvertidamente por los españoles en la isla de Guajan.—II, 108.

Guzmán (Luis de).—II, 52.—Creo que este nombre es una equivocación. Por aquella época no hubo más militar expedicionario á Masbate que Andrés de Ibarra, de quien no consta que pasase á Burías. El mismo P. Zúñiga no cita en su historia á ningún *Luis de Guzmán*, nombre que tampoco hallamos en las obras de Concepción, San Agustín, Buzeta, *Documentos inéditos,* y otras muchas que hemos registrado.

H

Hamabar.—Uno de los reyezuelos de Cebú. Recibió de paz á Magallanes, y se bautizó. Traidor á los españoles, luego de muerto en Mactan el jefe de la escuadra, convidó á los castellanos á un banquete, en el cual perecieron aquellos desdichados, á excepción de Juan Serrano, que quedó vivo en la isla, para morir después, Dios sabe cómo.—II, 58.

Herbella y Pérez (Manuel).—Autor.

Herrera (Antonio de).—Autor. El famoso cronista de D. Felipe II.

Herrera (Fr. Diego de), Agustino. Nació en Recas, Arzobispado de Toledo; hizo su profesión en 1545. Hallábase en México cuando se alistó como compañero del P. Urdaneta en la expedición mandada por Legazpi. Llegó, pues, á Filipinas el 65. Prestó muy señalados servicios, entre otros el de catequizar al reyezuelo Tupas y otros indios principales, á quienes bautizó. Vuelto Urdaneta á México, quedó Herrera de Prior, y el año 69 fué elegido superior de la Misión, con carácter de provincial. Inmediatamente regresó á México; buscó allí operarios apostólicos; hallólos, y volvió á Cebú al siguiente año, 70; acompañando luego á Legazpi á la toma y fundación de Manila, que se verificó en Mayo del 71. Como faltasen frailes para la vasta empresa de evangelizar las islas, emprendió de nuevo el viaje á México, y de allí á España; salió de Cavite en Mayo del 73; llegó á Acapulco en Noviembre, y ya en la Corte (año del 74), presentó al Rey un interesante *Memorial*, cit. por el P. San Agustín en su *Historia*. Despachados sus negocios, uno de los cuales era enviar Embajada á China, volvió á Filipinas en Junio del 75: sábese que salió de Acapulco para el Archipiélago el 6 de Enero de 1576; mas cuando ya se aproximaba á la meta de su viaje, varó la nao y se abrió; tomaron él y sus compañeros tierra en Catanduanes, y aquellos indígenas dieron fin de todos los religiosos á 25 de Abril siguiente.—II, 51.

Herrera (Pedro de).—Alférez de una de las Compañías de la expedición de Legazpi. Fué uno de los que suscribieron la toma de posesión de la isla *Ibabao*.—II, 70.

Huerta (Fr. Félix de), Franciscano.—Autor.—Platero le cataloga con este nombre: F. *Félix Yepes de la Sagra y Sánchez Turrero ó de Huerta*. N. en Huerta de Valdecarábanos (dióc. de Toledo) el 20 de Noviembre de 1814. Llegó á Filipinas en 1839.—Vive.

Hurtado de Corcuera (Sebastián).—Autor. Burgalés; del hábito de Alcántara; ex gobernador de Panamá: tomó posesión del mando en Junio de 1635. En Mindanao y Joló inmortalizó su nombre; pero en cambio se perdió en su tiempo la Isla Hermosa. Tuvo graves competencias con el Arzobispo Guerrero. Las medidas enérgicas, tales como haber introducido economias en los gastos del Estado, y otras, valiéronle antipatias, y al formársele el juicio de residencia aparecieron contra él porción de acusaciones, cosa que motivó que su sucesor le tuviese preso cinco mortales años. Su gobierno había durado nueve. El Rey le recompensó luego nombrándole gobernador de Canarias. Pecó de excesiva-

mente amigo de los Jesuítas, y por complacerles hizo
padecer mil penalidades al Sr. Arzobispo.

I

IBARRA (Andrés de).—Alférez general de las tropas de la
expedición de Legazpi.—II, 53.

INGNACIO DE LOYOLA (Fr. Martín), Franciscano.—Autor.
N. en Loyola; era pariente del fundador de la Compañia de Jesús. Pasó á México el año de 1580; llegó á Filipinas en Mayo del 82: apenas llegado, salió á misionar
á China, donde sufrió persecuciones y malos tratos.
Hallábase en Macao, cuando fué elegido custodio de
Malaca, para donde partió el 83; en Diciembre del mismo año salió para la Península. Estuvo también en Roma.—Dice Platero que «*publicó* un libro titulado *Itinerario del nuevo mundo*», lo cual no es cierto; lo escribió, pero no lo *publicó;* puesto que fué el P. González
de Mendoza quien lo sacó á luz por primera vez, modi-
ficando la forma del Ms.—El 85 volvió á China, con ánimo de trabajar; pero se lo impidieron los portugueses:
tornó á México, y de México á España, donde le vemos
de guardián de un convento de Segovia el año 94; este
mismo año pasó á Buenos Aires: electo Obispo del Pa-
raguay, consagróse en Valladolid en Octubre de 1601; y
á los cuatro años pasó al Arzobispado de Charcas, cargo que ejercia cuando murió, el año de 1612. Escribió
además un «*Discurso* proponiendo el remedio conveniente para el comercio de las Islas Filipinas y Nueva
España», etc., que no menciona su biógrafo Platero.

J

JAÉN Y CASTILLO (Alonso).—Autor.

JAGOR (F.).—Autor. Naturalista alemán; fué á Filipinas el
año 1859; fruto de sus investigaciones fué el libro que
con el título *Viajes* tradujo VIDAL.—V. *Ap. B*, núm. 374.

JIMÉNEZ TENOR (Antonio).—Autor.

JIMENO AGIUS.—Autor. Estuvo ya de intendente en Filipinas el año 1870.—V., además, *Ap. A*, 36.

JORDANA Y MORERA (Ramón).—Autor.

L

LABEZARES (Guido de).—Vizcaíno; formó parte de la expe dición de Villalobos. Quedó en las Molucas hasta el año de 1549, que en un barco portugués pasó á Lisboa, donde de nuevo embarcó con rumbo á México. Aseguran algunos escritores que fué librero en la Nueva España, así la primera como la segunda vez que estuvo en aquel pais. El 58 marchó con Ulloa á la Florida. Alistóse luego en la expedición que mandaba Legazpi, su paisano, y consiguió la plaza de tesorero. Muerto Legazpi el 20 de Agosto del 72, y muerto también, hacía poco, Mateo del Sauz, el ex librero se vió de Gobernador general de Filipinas, por derecho propio; y por cierto que desempeñó su cargo dignamente y con una actividad y energía impropia de su avanzada edad y de sus achaques. Duró tres años su gobierno; durante los cuales hizo una expedición á las Bisayas, y envió gente á pacificar las provincias de Luzón, que no estaban del todo sometidas. Fortificó Manila, después de la sorpresa de Limahong, contra cuyas huestes demostró Labezares gran valor, é hizo otras muchas cosas útiles. El 24 de Agosto del 75 fué relevado por Sande; éste le residenció: ningún cargo existia contra el ex librero. Por sus buenos servicios, el Rey le nombró maestre de campo perpetuo, y le concedió las encomiendas de Betis y Lubao, que él se había adjudicado siendo Gobernador de la Colonia.—II, 3, 8, 44.

LACANDOLA.—Reyezuelo de Tondo.—217, 469-471.—Véase Ap. B., GRIJALVA, en particular las págs. * 226-227 *.

LAFITAU (El P.).—Autor.

LA PÉRONSE.—Autor.

LASANDE.—V. Sande.

LAS CASAS (Fr. Bartolomé), Dominico. — Autor. — Nació en Sevilla, por los años de 1474. Estudió en Salamanca; en 1502 era licenciado, y con este título pasó por primera vez, en dicho año, á la Española. Vivió en Santo Domingo durante una década. El año 10 se había hecho sacerdote secular. Fué encomendero, y de él se cuenta que un P. Dominico no le quiso oir por esto en confesión. Como consecuencia de las predicaciones de los frailes de Santo Domingo, vino á España á defender á los indios contra las demasías de los españoles; ingresó luego en la Orden dominicana y acabó sus días en Madrid, en el convento de Atocha, mes de Julio del año de 1566, después de haber sido algunos años Obispo de Chiapa y de haber reñido, así en América como en la Península, grandes y apasionadas batallas en obsequio de los indios. Del magistral estudio del Sr. Fabié (Véase FABIÉ) dedúcese que algunos de los escritos del Padre Las Casas fueron adulterados al ser impresos, cargándose la mano en todas aquellas pinturas que exageraban ya, en su prístina fuente, los abusos de los españoles en el Nuevo Mundo.

LAYNEZ (Fr. Marcos), Dominico.—Autor. Núm. 152. N. en Calamocha (Teruel), el 25 Abril 1851; tomó el hábito el 66; llegó á Filipinas el 72.

LEGAZPI.—V. López de Legazpi.

LE GENTIL (Guillermo).—Autor. Llegó á Manila en la fragata Buen Consejo, primer barco de la R. Armada (montaba 64 cañones) que surcó las aguas de Filipinas.

LEONARDO DE ARGENSOLA (Bartolomé), Presbítero. Autor. N. en Barbastro en Agosto de 1562; murió en Zaragoza el 4 de Febrero de 1631.

LEONOR (Sabino).—Autor.

LEÓN PINELO (Antonio de).—Autor. Fué oidor de la casa de Contratación de Sevilla y relator del Consejo de las Indias; escribió varias obras, entre la que descuella la intitulada Epítome de la Biblioteca, etc. (Madrid, 1629), que refundió, con adiciones considerables, el sabio González Barcia, un siglo después. Murió Pinelo en Madrid, en Julio de 1660.

LIMA HONG,—LI-MA-HONG,—LIMAONG,—LIMAÓN.—Corsario chino nacido en Trucheo, en la provineia de Cuytam (á quien los portugueses llaman Calim), según el Padre González de Mendoza, que fué el primero que publicó la noticia relativa al ataque de este pirata, en 1574.— V. Ap. A., notas 39 y 42, y Ap. B, pág. 225 *.—II, 9, 15.

LÓPEZ (Fr. Tirso), Agustino.—Autor. Nació en Cornombre, prov. de León, el año 1838; profesó en Valladolid el 56; pasó á Manila el 64. Volvió pronto á España, con el penoso cargo de maestro de novicios, y fué después nombrado socio del Rmo. Comisario general Apostólico, cargo que á la sazón desempeña.

LÓPEZ DE LEGAZPI (Miguel).—N. en Zumárraga (Guipúzcoa); llevaba unos 30 años de escribano en México cuando, por indicación del P. Urdaneta, el Virrey de la Nueva España, D. Luis de Velasco, le nombró en 1564 jefe de una expedición á Poniente. Zarpó la flota del puerto de Natividad el 21 de Noviembre del dicho año, y cuando llevaba 300 leguas andadas, abriéronse entonces las instrucciones, por las que se ordenaba que se fuese á la conquista de las Filipinas, mandato que fué obedecido tan puntualmente que, en efecto, las Islas Filipinas quedaron por Legazpi anexionadas á la Corona de España de un modo definitivo, cosa que no habían logrado los que le habían precedido en empresa semejante. La flota tocó en Guajan en Febrero del 65 y el 27 de Abril siguiente fondeó en la ensenada de Mandave (isla de Cebú); fundando luego la ciudad de San Miguel, primera española que hubo en aquel pais. Durante su permanencia en Cebú, que fué de seis años, acreditó ser el Job de los Adelantados, título que por cierto recibió en este intervalo *(Adelantado de las Islas de los Ladrones)*; dejó aquella isla el 15 Abril de 1571 y, después de reconocer Mindoro, fondeó en Cavite el 19 de Mayo, fundando poco después la ciudad de Manila (el 24 de Junio), que la declaró cabeza de las Islas Filipinas. Murió en dicha ciudad el 20 de Agosto de 1572, á edad un tanto avanzada, pues se calcula que tendría unos setenta años. Era amigo de leer, como lo demuestra el hecho de que llevase siempre consigo cantidad de libros; prudente, conciliador, á las veces enérgico, digno y bastante desinteresado para la época en que vivia (*); tenía en tanto la opinión de los frailes, que no tomaba ninguna medida sin consultársela antes. De aqui que todos los críticos convengan en que si Legazpi es una figura de primera magnitud, lo es opaca en cierto modo, puesto que en rigor su conducta responde constantemente al consejo de los frailes, y así que, puede decirse, tan conquistador como lo fué Legazpi fuéronlo los Padres Urdaneta, Rada, Gamboa y los demás agustinos que llegaron entre los años 1565 y 1571, que fueron asesores del Adelantado.—El 17 de Octubre del 1891, publicó *La Epoca*, de Madrid, esta noticia: «Ha fallecido en San Sebastián el coronel de ingenieros retirado D. José María de Yarza. Era propietario de la casa y solar donde nació el ilustre guipuzcoano Legazpi, en Zumárraga, y fué infatigable abogado para la erección de una estatua en la villa nativa del héroe vasco.»—Recientemente se ha erigido en Manila un monumento á Legazpi y Urdaneta. Acerca de la espada de Legazpi, V. *Rev. de Filipinas*, I, 301.—94, 130, 145, 198, 217, 224, 227, 283, 469, 506; II, 8, 53, 55, 58-61, 68-70, 98, 107.

(*) Murió sin un céntimo y con deudas.

LÓPEZ DE VILLALOBOS (Rui).—Fracasada la empresa de Pedro de Alvarado por muerte de éste, el Virrey de México nombró á Villalobos jefe de la escuadra que debía ir á Poniente. Zarpó la flota del puerto de Natividad, á 1.º de Noviembre de 1542, y llegó á Mindanao el 2 de Febrero del siguiente año. Los portugueses quisieron impedir su empresa colonizadora (que dió comienzo en la isla de Sarrangán), con cuyo motivo despachó un buque para la Nueva España á dar cuenta de lo que ocurría. Tras ocho meses de penalidades y disputas con los lusitanos, decidió marchar á Cebú; pero una tempestad le dañó gravemente las embarcaciones. A despecho de la opinión de sus subordinados, decidió ir á Molucas, porque en Bisayas llegó á carecer casi en absoluto de bastimentos. Entró en Tidore el 24 de Abril de 1544. Los portugueses los recibieron como á enemigos, obligando á los castellanos á marchar cuanto antes. Pero la situación de los buques, la falta de bastimentos, las desdichas de todo género que perseguian á aquel hombre, obligáronle á ponerse punto menos que á disposición de los inhospitalarios portugueses. En un barco de estos salió para España, tierra que al fin no pudo pisar, pues en la isla de Amboino (año de 1546) pereció de rápida enfermedad; asistióle al morir el que andando el tiempo fué San Francisco Xavier.—187, II, 68, 71.

LORENZO.—Indio de Ilocos.—II, 15.

LUISA.—Mestiza; querida del Marqués de Cañete.—133.

LL

LLANOS (Fr. Antonio). Agustino.—Autor. N. en Sarriegos (dióc. de León), el año 1806; tomó el hábito en Valladolid, el 26; llegó á Manila el 29, y fué párroco en varios pueblos tagalos. Murió en Calumpit, en Dbre. de 1881.

M

MAGALLANES (Fernando de). — No está en claro todavía el punto de su nacimiento; portugués, unos creen nació en Oporto; otros que vió la luz en Sabroza, hacia el año 1470. El haber servido á la corte porción de años,

acentuó su descontento al Rey D. Manuel. que lejos de
apoyar las pretensiones de Magallanes las desatendió
del todo. Siguiendo, pues, la costumbre de la época,
púsose al servicio de otro monarca, y éste fué el emperador Carlos I de España, que le atendió, y en su consecuencia pudo el insigne navegante realizar su empresa, aunque no del todo, porque murió en el momento
más crítico de la misma. Sabedor Magallanes de la
existencia de otro mar á espaldas del continente americano (el mar del Sur, descubierto por Núñez de Balboa),
imaginó que existiría alguna vía que comunicase sus
aguas con las del Atlántico; y por ella precisamente quería ir él al *Maluco,* que á juicio suyo caía dentro de la
demarcación de los dominios de los españoles. Salió
con cinco buques en Septiembre de 1519; atravesó el estrecho que lleva su nombre; descubrió las Marianas y
después algunas de las Bisayas. Hamabar le recibió
bien; el general quiso que otros reyezuelos que de Hamabar eran rivales acatasen á éste; no lo consiguió de
todos, y decidió ir en persona á castigar al más rehacio
de ellos, Calipulaco, de la islita de Mactan, próxima á
Cebú. Desembarcó con los suyos; batiéronse como buenos; cometió Magallanes la imprudencia de ocupar el
puesto de mayor peligro, y pereció en la demanda. Este
desdichadísimo suceso ocurrió el 27 de Abril de 1521.
Pigafetta, como buen *extranjero,* ensalza, y con razón,
el extraordinario valor de Magallanes; pero es injusto
con los castellanos, de quienes da á entender que no se
portaron todo lo bien que debieron.—II. 57-59, 69, 74,
107.—V. *Ap. B,* pág. * 234-235 * .

MAGHAIN (Bartolomé).—Indio principal de la prov. de Batangas, primer gobernadorcillo del pueblo de San Pablo de los Montes.—145.

MAGLANSAGAN (Agustín).—Indio principal, fundador del
antiguo pueb. de Bay.—146.

MOHAMAD ALIMUDIN, MAHOMET (por errata del copista
indudablemente), en el texto.—I, 104, 105.—Sultán de
Joló. Hizose cristiano por mediación del P. Arechederra.—Demostróse á la larga que el tal Alimudin fué un
solemne pillete.

MALDONADO (Fr. Juan de), Dominico; conocido también
por Fr. Juan de *San Pedro Mártir,* frase ésta que su
biógrafo el P. Ocio pospone al apellido Maldonado. Nació en Alcalá de Guadaira (Sevilla); tomó el hábito en
Valladolid; llegó á Manila en 1587. con la primera Misión de PP. Dominicos; el 96 quedó de vicario general
por ausencia del provincial, que marchó á Camboja en

dicho año. Entonces era ya comisario del Santo Oficio de la Inquisición. Confesor de D. Luis Pérez Dasmariñas, éste aceptó interinamente el cargo de Gobernador superior previa promesa del P. Maldonado, de que le aconsejaría. En Noviembre del 98 pasó de embajador á Camboja. Allí fué gravemente herido por los malayo-mahometanos; pero pudo escapar á Siam, donde también sufrió bastantes desventuras, una de ellas un balazo que le quebró un brazo. Murió realmente mártir, á la vista de Cochinchina el 22 de Diciembre del dicho año 1598.—248.

MALDONADO DE PUGA (Fr. Juan), Hospitalario.—Autor.

MALO DE LUQUE (Eduardo).—Pseudónimo del Duque de Almodóvar.—Autor.

MANRIQUE DE LARA (Sabiniano).—Malagueño; era maestre de campo desde la edad de diez y nueve años; caballero de Calatrava, hermano del conde de Friginiana; desempeñaba el cargo de castellano de Acapulco cuando fué nombrado Gobernador de Filipinas: tomó posesión el 28 de Julio de 1653. Hizo viajes por el Archipiélago y sosegó á los indios que en algunas partes se habían sublevado á consecuencia de los excesivos trabajos á que los encomenderos les obligaban. Levantó fortalezas en Ternate, Zamboanga y Calamianes y tomó todo género de precauciones para resistir á Cogsen, famoso corsario, que, dueño ya de Isla Hermosa, pretendió apoderarse de las Filipinas. Cogsen murió antes de recibir la respuesta que Manrique de Lara había dado al embajador del corsario. Envalentonados los chinos de Manila con la victoria que en Formosa había obtenido Cogsen, insurreccionáronse; pero fueron castigados severamente. Fué, en suma, un excelente Gobernador D. Sabiniano; y aunque al residenciarle se le impuso una multa de setenta mil duros, el Consejo de las Indias, visto el expediente, le absolvió. En Málaga se hizo sacerdote el Sr. Lara, hombre que en toda época se había distinguido por su religiosidad. En Filipinas tuvo de asesor privado al recoleto Fr. Juan de la Madre de Dios, quien escribió para el Gobernador su amigo una extensa obra intitulada *Gobernador cristiano entre neófilos.*—221, 319, 467; II, 15, 19, 104.

MARÍA (Fr. Agustín), Agustino.—Autor. N. en La Bañeza (dióc. de Astorga); profesó en México en 1757; llegó á Filipinas el 59; párroco de Opong y Talambán. Viajó mucho por el Archipiélago con el principal objeto de recojer *mss.* para el Archivo de San Agustín. Murió ciego en el convento de Manila el 31 Octubre de 1801.

MARQUINA (el Sr.).—D. Félix Berenguer y Marquina, capitán de navío, posesionóse del cargo de Gobernador general por Mayo de 1788. Hombre de temperamento pacífico, tuvo, sin embargo, alguna que otra competencia insignificante con la R. Audiencia; desprendido y filántropo, durante la epidemia variolosa dió fuertes sumas de su caudal á los párrocos, para que éstos socorrieran á los indios. Relevóle Aguilar. Fué luego nombrado teniente general y virrey de México.—479.

MARTÍNEZ (Fr. Pedro), Agustino. N. en Villa Hoz (dióc. de Burgos) en 1736; tomó el hábito en Valladolid el 53; profesó en México, al siguiente año, y llegó dentro del mismo á Manila. Párroco pampango, el 82 fué elegido provincial. Murió en el pueb. de México (Pampanga), el 28 de Septiembre de 1793.—449, 464.

MARTÍNEZ DE LA PUENTE (José).—Autor.

MARTÍNEZ DE ZÚÑIGA (Fr. Joaquín),—Autor del ESTADISMO y otras obras.—V. el Prólogo.

MARTÍNEZ-VIGIL (Fr. Ramón), Dominico.—Autor. V. además el núm. 136. N. en Santa María de Tiñana (Asturias), el 12 de Septiembre de 1840; tomó el hábito en Ocaña, en Diciembre del 54; profesó al año siguiente; llegó á Manila el 64. Catedrático de aquella Universidad, vino, algunos años después, á Madrid, de Procurador de su provincia, cargo que dejó por haber sido nombrado (en 1884) Obispo de Oviedo, donde continúa. —V. en este Apéndice la pap. CHIRINO.

MARTÍN TEMBLEQUE (Fr. Gabriel), Dominico.—Autor. Número 159.—N. en Cabañas de Yepes (dióc. de Toledo), el 18 Marzo 1854; tomó el hábito en Ocaña el 69; llegó á Filipinas el 90.

MAS (Sinibaldo de).—Autor. Estuvo cosa de un año en Filipinas, en calidad de particular. El fruto de su observación y de los apuntes que los frailes (de los que fué gran amigo) le facilitaron, condensólo en su Estado.

MASDEU (El abate).—Autor.

MASTRILLI (P. M. F.), Jesuíta.—Autor. Nació en Nápoles en 1603; ingresó en la Compañía en Marzo del año 18; salió para las Indias el 35; una tempestad llevó al buque á Manila, adonde llegó el 3 de Julio del siguiente año. Acompañó á Corcuera á Mindanao; pasó luego al Japón, donde murió mártir por la Fe de Jesucristo el 17 de Octubre de 1637.—Tengo un ejemplar de la vida de este ilustre jesuíta, escrita por el famoso P. Nieremberg, impresa en Madrid en 1640.

MAS Y OTZET (Francisco de).—Autor. Catalán; el año 1884

llevaba ya unos veinte de país, donde vivia de la abogacia. Desempeñó interinamente algunas Alcaldías. En el dicho 84 salió para España, y al poco tiempo se marchó á Cuba, donde radica.

MATAPANG.—Indio principal de Tunhón (Marianas), asesino del V. P. San Vitores.—II, 108.

MATURANA (Fr. Joaquín), Agustino.—Nació en Chavarri (dióc. de Calahorra) en 1743; profesó el 59; llegó á Filipinas el 59; fué párroco de Tiaong y después de Malolos (ambos tagalos). En este último pueblo murió el año de 1800.—441.

MAULONG.—Indio de Pangasinán, que aspiraba á ser *rey* entre sus paisanos. Otros autores le llaman MALONG. El principal alzamiento de Pangasinán fué en 1660. — II, 19.

MAYORDOMO (Fr. Celestino), Agustino.—Autor. V. número 18. N. en Las Heras (León), en 1801; profesó el año 20; el 32 llegó á Filipinas; párroco, procurador general y provincial en 1842. El 57 vino á España de Comisario. Ignoro el año en que falleció.

MEDINA (Fr. Juan de), Agustino.—Autor.

MENDAÑA (Alvaro de).—Autor. *Alvaro de Mendaña de Neira,* gallego, á lo menos de origen; nació hacia 1542. En el año de 1567 emprendió su primer viaje por el mar del Sur, después de unos tres de residencia en América. Pasó miles de penalidades, pero regresó á América con la satisfacción de haber descubierto las Salomón y otras islas. Trasladóse á la Metrópoli, por falta de protección en el Nuevo Mundo, y salió de Sevilla con nueva Armada á mediados del 76; pero en América tuvo que detenerse mucho tiempo por causas ajenas á su voluntad. Al fin logró salir para Poniente el 9 de Abril del 95, del puerto del Callao, llevando consigo en la capitana á su esposa doña Isabel Barreto; iba de piloto mayor el célebre Pedro Fernández de Quirós. El 21 de Julio del mismo año descubrieron las Marquesas. Murió en la bahía graciosa, de la isla de Santa Cruz, el día 18 de Octubre de 1595. Su viuda quedó de Gobernadora; siguió á Filipinas y desembarcó en Manila en Febrero del siguiente año. Allí contrajo segundas nupcias con don Fernando de Castro, y ambos salieron para la Nueva España en 1597.

MENDOZA (García Hurtado de).—Creo sea éste el *Mendoza* á quien llama *Antonio* el P. San Antonio (ESTADISMO, 425). Cuarto Marqués de Cañete; fué Gobernador de Chile, y en 1590 se le confirió el Virreinato del Perú.

Mendaña llamó *Marquesas de Mendoza* á unas islas, en agradecimiento al de Cañete, que se condujo muy dignamente con aquel infortunado navegante. Es de suponer que de D. G. H. de Mendoza descendería el marqués de Cañete á quien cita nuestro Autor.—V. CAÑETE.

MERCADO (Andrés).—Alcalde mayor de la prov. de Batangas el año de 1716.—I, 89.

MERCADO (Fr. Ignacio de), Agustino.—Autor. N. en Parañaque, en 1648, de padre español y madre india. Tomó el hábito en Manila, el 65, profesando en el siguiente año. Párroco de Lipa el 74, administró después otros curatos, todos ellos de tagalos. Murió en Bauang (Batangas) el 29 de Marzo de 1098. Su obra fué la primera que entre las de su género se escribió en Filipinas.

MILLÁN DE POBLETE (José).—Sobrino del Arzobispo de Manila del mismo apellido. Después de haber sido deán de la Catedral manilense, fué nombrado Obispo de Nueva Segovia, cargo del cual se posesionó en 1671. Murió en su diócesis el 9 de Agosto de 1678.

MILLÁN DE POBLETE (Miguel).—N. en México, de cuya Universidad era catedrático. Nombrado Arzobispo de Manila (después de haber renunciado el Obispado de Nicaragua), llegó á dicha Capital el 22 de Julio de 1653, en el mismo buque que Manrique de Lara. En la primera cuaresma dió solemnemente la bendición á todo el país, de conformidad con un Breve pontificio, concedido por Inocencio X á petición de los vecinos de Manila, que creían maldita aquella tierra, y no sin fundamento, pues había habido en ella toda suerte de desdichas y miserias. Comenzó la fábrica de la Catedral; protegió á los frailes, y pretendió que se reuniese un Concilio *manilano*. Con Manrique de Lara se llevó muy bien; pero en cambio sufrió grandes pesadumbres con Salcedo (Diego), sucesor de Lara. Murió Poblete bendecido de toda la Colonia el 8 de Diciembre de 1667, y es fama que por haber conservado incólume su virginidad, sobre el féretro depositóse una palma.—221.

MINGUELLA DE LA MERCED (Fr. Toribio), Recoleto.—Autor. N. en Igea de Cornago (Logroño), el 16 de Abril de 1836; profesó en el colegio de Monteagudo; pasó á Filipinas hacia el 55, donde administró varios pueblos, volvió luego á Manila á desempeñar los cargos de secretario de Provincia y predicador general. Trasladado á España, lleva en Madrid unos ocho años de comisario-procurador de los PP. Recoletos filipinos.

MONTERO Y VIDAL (José).—Autor.

MONTOYA (Gabriel).—Pág. 145.—Indudablemente se equivocó el autor del documento que transcribe el P. Zúñiga, ó el copista. El *Gabriel* soldado de Legazpi á quien se alude debe de ser GABRIEL DE RIVERA.—(V.)

MORAL (Fr. Bonifacio), Agustino.—Autor. N. en Pradoluengo (Burgos); profesó en Valladolid en 1870.

MORENO DONOSO (Francisco), Presbítero manilense; fué . cronista eclesiástico. En el expediente de averiguación á que se alude (* 276), mostróse contrario á reconocer por milagrosa la empresa de 1646 contra los holandeses; ó que de serlo, debia atribuirse *precisamente* á Nuestra Señora de la Guia. A principios del siglo XVII existía en Filipinas un marino mercante llamado *Francisco Moreno Donoso*, muy amigo de los PP. Dominicos, á quienes prestó buenos servicios en el Japón, año de 1606 (FERRANDO, II, 563): ¿sería el presbítero, hijo de su homónimo el capitán de buque?—La obra del presbítero manilense ignoro si acabó de imprimirse: yo solo tengo los 10 primeros pliegos. Es en 4.°; imp. de «El Oriente», año de 1877.

MORGA (Antonio de).—Autor. Llegó á Manila el 11 de Junio de 1595; gobernó como capitán general hasta el 11 de Julio del siguiente año de 96, que fué relevado por Tello de Guzman.—426; II, 44.—V. *Ap. H., Audiencia.*

MORONES (Juan de).—Formó parte de los alistados en la expedición de Legazpi; iba de sargento mayor; se condujo como un valiente en las muchas empresas en que tomó parte. En 1567 fué con Mateo del Sauz á Mindanao; muerto éste, Morones se hizo cargo de la jefatura de aquella expedición, ahorcando al portugués Martín Hernández, expedicionario que intentó rebelarse. Conquistada Manila, Morones emprendió nuevos viajes por Luzón; pero se conoce que debió abusar de algo, porque Lavezares le mandó á México bajo partida de registro. Debió, sin embargo, regresar pronto á Filipinas, pues el 78 formó parte de la expedición enviada á Borneo por el Gobernador La Sande. Posteriormente fué encomendero de Hagonoy.—506.

MOYA Y TORRES (Francisco de).—Autor.—V. además la página * 40, nota.

MOZO (Fr. Antonio), Agustino.—Autor. N. en Segovia, el año de 1720; profesó en México el 38; llegó á Filipinas el 39. Desde el 47 al 56, fué cura párroco de varios pueblos pampangos; el 53 le nombraron secretario de la Provincia, y el 59 salió elegido comisario para Madrid y Roma. Después del 63 volvió á Manila; desde el 79 al 94 fué párroco de Bigaa; murió en Manila el 13 de Julio de 1794.

Muñoz de San Clemente (Francisco).—Teniente de Rey, ó segundo cabo del ejército de Filipinas en tiempo del General Aguilar.—431.

Murillo Velarde (P. Pedro), Jesuita.— Autor. N. en Sangar (dióc. de Granada), el 6 de Agosto de 1696; ingresó en la Compañía el 23 de Octubre de 1718. En Filipinas (adonde debió de llegar antes del año 30, pues que en él imprimió en Manila una *Relación* de fiestas religiosas en las que tomó parte el P. Pedro), fué lector de Teología y Derecho canónico; después rector de Antipolo, visitador de las Misiones de Mindanao y procurador en Madrid, sucesivamente.—V. además la papeleta núm. 319.

N

Narro (Fr. Miguel).—Autor. Núm. 137. N. en Zaragoza, el 29 de Septiembre de 1843; tomó el hábito en Ocaña el 58; pasó á Filipinas el 64; el 90 regresó á España, de catedrático de Avila, después de haberlo sido bastantes años en la Universidad de Manila. Acaban de elegirle rector del colegio que la Orden tiene en el citado pueblo de Ocaña.

Nava (Manuel de).—Español que murió asesinado á manos de los indígenas de Guay (Marianas).—II, 108.

Navarrete (Pedro).—Oficial de la Armada que en 1800 formaba parte de la expedición de Alava al volcán de Táal.—I, 7.

Nieremberg (P. Juan Eusebio), Jesuita.—Autor. Su obra núm. 258 del *Catálogo* la he adquirido después de impreso el pliego en que la noticia se contiene. N. en Madrid el año de 1595, y murió en la misma población el 7 de Abril de 1668.

Niño de Tavora (Juan).—Gallego, caballero de Calatrava, maestre de campo; tomó posesión del Gobierno superior el 29 de Julio de 1626; llevó á Manila 600 hombres de tropa; y dinero, con el que reforzó la escuadra; con la cual ahuyentó por algún tiempo á los holandeses corsarios. Envió una expedición contra Joló, en la que acreditó nuevamente su valor el maestre de campo don Lorenzo Olaso. que ya en Flandes se había distinguido. En su tiempo llegó el visitador D. Francisco Rojas, á quien ayudó cuanto pudo en sus gestiones. Murió Niño el 22 de Julio de 1632, dejando grato recuerdo por su actividad, honradez é inteligencia. Habia tenido por confesor al famoso jesuíta P. Colín.—240, 241.

NOVAL (Fr. José), Dominico.—Autor, núm. 157. N. en Valdesoto (Asturias) el 4 de Diciembre de 1861; tomó el hábito en Enero del 77; llegó á Filipinas el 83. Continúa de catedrático de la Universidad.

NOZALEDA (Fr. Bernardino), Dominico.—Autor, núm. 140. N. en Cuenya (Asturias) el 26 de Mayo de 1844; tomó el hábito el 60; pasó á Filipinas el 73. Catedrático de la Universidad bastantes años, era vicerrector de la misma cuando, por fallecimiento del P. Payo, fué presentado Arzobispo por el Gobierno de S. M. al Papa. Vino á España á consagrarse; y regresó á Manila en Febrero de 1891, donde continúa al frente de aquel importante Arzobispado.

O

OBANDO (Marqués de).—D. Francisco José de Obando ú Ovando, pues de ambas maneras hallamos escrito este apellido, n. en Cáceres. Había sido jefe de escuadra, y tenia la categoria de mariscal cuando pasó á Filipinas á hacerse cargo del Gobierno general. Posesionóse en Julio de 1750. Trajo preso á Manila al sultán de Joló; esto motivó que los moros se alborotaran: dispuso una armadilla contra ellos, que él en persona quiso mandar (pero no lo hizo porque la R. Audiencia le disuadió de su empeño), y como la armadilla apenas diese resultado alguno, bien puede asegurarse que Obando dejó el Gobierno habiendo turbado la paz que habia negociado su antecesor el Obispo Arechederra. De su residencia parece que resultaron cargos graves. Embarcó en la nao de Acapulco, pero no logró acabar el viaje, pues murió en el mar, á bordo de la nao Santísima Trinidad, antes de llegar á México. Sucedióle Arandia en el Gobierno. —105, 350; II, 105.

OCIO (Fr. Hilario María), Dominico.—Autor. N. en Loza (Alava), el 14 de Enero de 1841; profesó en Ocaña el 62; pasó á Filipinas el 67. Es subprior del convento de Santo Domingo de Manila. En Noviembre de este año de 93, he recibido los últimos pliegos del segundo tomo de su importante Reseña.

OCTAVIO (Fr. Matias), Agustino.—N. en Lerín (dióc. de Pamplona), el año 1743; profesó el 60, y llegó á Filipi-

nas el 63. Procedía de la Provincia de España, á la que
se reincorporó, después de haber sido más de veinte
años párroco en algunos pueblos tagalos.—344, 493.

ORBIGO Y GALLEGO (Fr. Juan de), Franciscano.—Fr. *Juan
Antonio Gallego* nació en Hospital de *Orbigo* (dióc. de
Astorga), el 18 de Marzo de 1728; profesó el 46; pasó á
Filipinas el 59. Misionero muy activo, fué electo Procurador en Madrid, en 1771, y el mismo año salió para la
corte. El 79 nombráronle Obispo de Nueva Cáceres,
cargo del cual se posesionó el 80. Fué el primer Obispo
que llegó á Catanduanes, donde por cierto le envenena-
ron el chocolate y fué milagroso que no muriera. Promovido al Arzobispado de Manila, posesionóse en 1789.
Murió en Santa Ana (Manila) el 15 de Mayo de 1797.
Dice un biógrafo suyo que el Sr. Gallego contaba entre
sus antecesores á D. Pedro Gallego, deudo de D. Alfonso IX de León.—507; II, 45; *Ap. A*, núm. 63.

ORTEGA (Casimiro de).—Autor.

ORTIZ (Fr. Tomás), Agustino.—Autor. N. en Dueñas (diócesis de Palencia), en 1668; profesó el 87, y llegó á Filipinas el 90. Después del 95 pasó á China, donde estuvo
misionando bastantes años, hasta que fué expulsado
por el Emperador, como tantos otros misioneros católicos. Debió llegar á Manila el año de 1713. pues dice
el P. Cano que así que llegó le nombraron prior del
convento de San Agustín, y tal nombramiento le fué
conferido en el dicho año de 1713. El 16 fué el elegido
provincial y al cesar se retiró á Guadalupe, donde permaneció hasta el año de 1741. Durante su larga época
de retiro escribió varias excelentes obras. Debióse también á él la fundación del colegio de Agustinos de Valladolid. Murió en Manila el año de 1742.

OVANDO.—V. *Obando.*

P

PALAFOX Y MENDOZA (Juan de).—Autor. Amplío aquí la
nota bibliográfica, diciendo que su *Carta* contra los Jesuitas la he adquirido después, impresa en Madrid
en 1766; traducida del latín al castellano por D. Salvador González.—El Venerable Palafox nació en 1600; fué
consejero de S. M. y Virrey de México, interinamente.
Murió en Osma (España) el 1.º Octubre de 1659, después
de algunos años de episcopado en América, donde sufrió infinitos disgustos y penalidades.

PAN (José Felipe del).—Autor.

PARDO (Fr. Felipe Fernández de), Dominico.—Arzobispo
que fué de Manila. N. en Valladolid, el 17 de Febrero
de 1611. Tomó el hábito el 5 de Marzo del 26, profesó al
año siguiente, y llegó á Filipinas el de 1648. Lector de
Prima en el colegio de Santo Tomás, rector y regente de estudios del mismo establecimiento de enseñanza,
provincial más tarde (dos veces), iniciador de la Misión
del Tonquín, comisario del Santo Oficio, etc., fué elevado al Arzobispado de Manila por R. cédula de Mayo
de 1676; pero no se consagró hasta Octubre del 81. Tuvo
de auxiliar al P. Barrientos, el Obispo de Troya contra
el cual va enderezada la *Respuesta* que dejamos anotada en el *Ap. B*, con el núm. 301. Tuvo el Sr. Pardo como consultor privado al dominico Fr. Raimundo Be-
rart, con cuyo consejo desobedeció algunas provisiones
reales, cosa que le costó larga serie de disgustos, el
mayor de ellos ser extrañado á Pangasinán. Su prisión
verificóse el 13 de Marzo de 1683, á media noche. Sus
más enconados enemigos fuéronlo los jesuitas, debido
á competencias de diversa índole, y á que el promotor
fiscal del Sr. Pardo los denunció como infractores de la
Bula de Clemente IX contra los clérigos *negociantes,* no
sin fundamento, pues en aquella época ejercían tráficos
comerciales en todo el Oriente. Fué el Sr. Pardo virtuoso y rígido; pero de un carácter nada pacífico, como
lo prueba el hecho de que, durante el período de su
episcopado, la Colonia no tuvo un solo día de sosiego.
Con el cambio de Gobernador general, volvió el señor
Pardo á Manila; y continuó pleitista infatigable, hasta
su muerte, fin de Diciembre de 1689.—248, 507.

PARDO DE FIGUEROA (José Emilio).—Autor. N. en Medina
Sidonia (Cádiz) el 25 Diciembre 1834. M. en ,Cavite el 28
de Enero de 1872.

PARDO DE TAVERA (Trinidad H.).—Autor. Nació en Manila,
de padres españoles. Vino muy joven, casi un niño, á
Paris, donde siguió la carrera de Medicina, hasta doc-
torarse. Reside actualmente en Barcelona. Durante los
años 87 y 88 estuvo en Filipinas, consagrando buena
parte del tiempo al estudio de las plantas medicinales.

PATATO.—Famoso poeta indígena.—513.

PATERNINA (Fr. José de), Agustino.—Hijo del convento de
Badaya; fué comisario del Santo Oficio algunos años, y
depuesto de este cargo á consecuencia de haber des-
aprobado el Tribunal de México su conducta con el Gobernador Diego Salcedo. El P. Paternina murió en el
mar, cuando iba á la Nueva España á ser juzgado, año

de 1674. Al P. Paternina relevóle el P. Pardo (el que luego fué arzobispo), en la Comisaría de la Santa Inquisición.—248.

PAULA (La Madre).—*Paula de Jesús*, terciaria dominicana; llegó á Manila el año 1749. Por R. cédula de 22 de Septiembre de 1774 ordenóse que subsistiera la casa que habia fundado esta beata, con el objeto principal de educar á las niñas pobres. Este beaterio lleva el nombre de *Santa Rosa*.—231, 232, 248.

PAYO (Fr. Pedro), Dominico.—Autor. Nació en la Coruña el 15 de Septiembre de 1814; llegó á Filipinas el 37. Fué párroco de Santa Rosa (Manila), prior del convento de Santo Domingo, consejero del obispo de Cebú el año 57; procurador de las Misiones de China y el Tonquin, el 66; vuelto á Manila, nombrósele párroco de Binondo. Provincial y después procurador en Madrid, este cargo tenia cuando fué nombrado obispo de Cebú; pero ocurrió á la sazón que renunció el Arzobispado de Manila D. Gregorio Melitón Martínez, y el Sr. Payo fué el designado para sustituirle. Posesionóse el 26 de Mayo del 76. Patriota insigne, el Gobierno le premió con las grandes cruces de Isabel la Católica, Carlos III y Mérito Naval. Murió en Manila, absolutamente pobre, el 1.º de Enero de 1889. Difícilmente se hallará otro Arzobispo más caritativo.

PAZ (Fr. Juan de), Dominico.—Autor. Profesó en Córdoba, el 25 de Agosto de 1638; llegó á Filipinas el 48; después de haber sido catedrático en el colegio de Santo Tomás de Sevilla. Vicario de Buguey el 52; el 54 pasó á Manila, de profesor de la Universidad, cargo que desempeñó muchos años. Murió este sabio teólogo el 17 de Noviembre de 1699, cuando tenia muy cerca de ochenta años de edad.

PEDRO.—Indio de Cápiz, capitán de bandidos, muerto á manos de sus paisanos.—II, 97.

PEREYRA.—*Gonzalo Pereira*, portugués, general de una flota, algunos de cuyos buques trataron de impedir las empresas realizadas por los castellanos soldados de Legazpi, antes de la toma de Manila.—II, 98.

PÉREZ DASMARIÑAS (Gómez).—Ó PEREZ DAS MARIÑAS. Gallego, caballero del hábito de Santiago; había sido corregidor de Murcia y Cartagena. Posesionóse del cargo de Gobernador de Filipinas en 1590. Llevó orden de reformar la Audiencia, y el 91 embarcó para México á sus oidores. Formó un cuerpo de 400 soldados de paga; cercó á Manila con buenas murallas de piedra; fabricó la fuerza de Santiago y fortificó la ciudad con artillería gruesa. Envió Embajada al Japón (dos franciscanos que murieron martirizados). Personalmente quiso ir al archipiélago moluco, y por Octubre del 93 salió de Manila como jefe de aquella desdichada expedición. Su buque fué separado de los demás, por una borrasca, á poco de haber salido de la boca de Mariveles, y los chinos tripulantes, aprovechando la oportunidad, se alzaron contra el jefe y le mataron. Lleváronse la galera á Cochinchina.—235, 240, 243.

PIGAFETTA (Antonio).—Autor.

PIMENTEL (P. Luis), Jesuíta.—Autor. N. en Mayo de 1612, en Portillo; ingresó en la Compañía el 32; pasó á Filipinas el 43. Volvió á Europa, de procurador en Madrid y Roma. Regresó á Filipinas, donde fué tres veces provincial. Murió en San Miguel el 5 de Julio de 1689.

PINDAN (Bernabé).—Indio. Tercer gobernadorcillo de San Pablo de los Montes.—145.

PINGARRÓN (Fr. Francisco), Agustino.—Autor. N. en Carabanchel el año de 1663; llegó á Manila el 84, siendo novicio. Ministro de varios pueblos tagalos (Tanauan, Táal y Salá, entre otros), murió en 1735.

PLASENCIA (Fr. Juan de), Franciscano.—Autor. *Fr. Juan de Plasencia* ó *Portocarrero*, n. en Plasencia (Extremadura). Tomó el hábito en Italia, siendo muy joven. Vuelto á España, solicitó pasar de misionero á Filipinas. Desembarcó en Manila el 24 de Junio de 1577, es decir, formó parte de la primera misión que de Franciscanos fué á Filipinas. Dicen algunos escritores de su Orden, que á los dos años de residencia en el país escribió los primeros *Arte y Diccionario tagalos*. Yo me inclino á creer que el P. Alburquerque, agustino, había ya escrito un *Arte*. El 78 pasó á misionar en Tayabas y La Laguna, y fundó porción de pueblos. El 79, presidiendo un Capítulo, expuso la conveniencia de fundar escuelas de primera enseñanza. El 83 ascendió á provincial. Murió en Lilio en 1590. Fué un apóstol de sobresalientes méritos.

PLINIO.—Autor.

POSTIGO (Isidoro).—Marino de guerra, comandante de la *Europa*.—I, 6.

PRADO (Fr. Norberto del), Dominico.—Autor. Núm. 148. N. en Lorio (Asturias), el 4 de Junio de 1852; tomó el hábito en Ocaña, el 68; pasó á Filipinas el 73. Después de bastantes años de profesorado en Santo Tomás de Manila, vino á Europa el 91, y ejerce desde entonces una cátedra en la célebre Universidad católica de Friburgo (Suiza).

PTOLOMEO.—Autor.

PUEBLA (Fr. Manuel), Dominico.—Autor. Números 138 y 142. N. en Carrión de Calatrava (dióc. de Toledo) el 11 de Mayo de 1844; tomó el habito en Ocaña en Noviembre del 59; llegó á Manila el 64. Profesor algunos años, el 79 le eligió por secretario el General de la Orden Rvmo. P. Fr. José Larroca, y pasó á Roma, donde permaneció hasta la muerte de tan eximio Maestro. Provincial de Grecia, fué luego destinado de procurador á Madrid, cargo que desempeña actualmente.

Q

QUIOQUIAP.—Autor.—V. *Feced.*

QUIÑONES (Diego).—Cabo superior de Pintados en 1616. Rechazó con valentia heroica á los holandeses.—II, 91.

QUIRÓS.—Autor.—V. *Fernández de Quirós.*

R

RACINE.—Autor.

RADA (Fr. Martín de), Agustino.—Autor. Nació en Pamplona, el 20 de Julio de 1533. A la edad de 11 años pasó á París, en cuya Universidad estudió griego, latín, y otras cosas, descollando por su extraordinario talento desde los primeros años de estudiante. Pasó luego á Salamanca, donde decidió ingresar en un convento. como lo hizo, en 1553. Después pasó á Toledo, y de allí fué destinado á las Indias. El 57 estaba ya en México, donde no tardó en adquirir grandísima nombradia por su saber matemático. Eximio lingüista americano, predicó y trabajó mucho. Renunció el obispado de Xalisco. En 1564 embarcó con Legazpi para las Filipinas, adonde llegó el 65. Provincial el 72, pasó luego á China en calidad de embajador. Segunda vez iba á ir, en 1576, cuando al llegar á Bolinao fué desembarcado por los chinos del buque donde iba. A él y á su compañero, P. Alburquerque, salvólos el sargento Morones. Nuevamente embajador, pasó á Borneo, y cuando regresaba á Manila murió en el mar, por Junio de 1578.

RAMUSIO.—Autor.

RANGEL (Manuel).—Español muerto traidoramente por los indios de Chuchungo (Marianas).—II, 108.

RAÓN (José).—Autor. Mariscal de campo. Había nacido en Navarra. Gobernó de 1765 á 1770. Quiso fomentar el comercio exterior, y el vecindario, que sin duda creía que esto redundaría en beneficio exclusivo del general, le tomó antipatía, formulando contra él larga serie de cargos, que adquirió verdadero cuerpo al ser residenciado. Dijose de él además que había divulgado el secreto de la expulsión de los Jesuitas, con anterioridad á la fecha en que éstos salieron, y por tal causa se le redujo á prisión en Manila, donde expiró el infeliz.

REBOLLO (Fr. Manuel), lego Agustino.—Autor. N. en Ampudia (Palencia) el año de 1730, profesó en Valladolid el 51; llegó á Filipinas el 54: fué procurador del convento de San Agustín, de Manila, desde el 59 al 73. Murió en dicha capital en 1787.

RICO (Fr. Juan), Agustino. N. en Pinilla (dióc. de Zamora), en 1772; profesó en Valladolid el 89, llegó á Manila el 95; párroco de Tanauan el 99, pasó á Bigaa el de 1805. Desempeñó después otros curatos. Murió en Pásig en 1833.—I, 55.

RÍOS CORONEL (Hernando de los).—Autor. El licenciado Rios Coronel fué procurador de Filipinas en España. Algunos años después ingresó en el sacerdocio.

RIVADENEYRA (Fr. Marcelo de), Franciscano.—Autor. Nació en Palencia; después de haber sido catedrático de Filosofía y Teología, pasó á Manila, adonde llegó en Abril ó Mayo de 1594. A los pocos meses salió para el Japón, donde fundó convento y trabajó mucho; el 96 prendiéronle; estuvo á punto de ser martirizado. Desterrado á Macao, pasó allí algunos meses, y volvió á Manila en Enero del 98. Recorrió casi todo Filipinas, en cosa de un año, y salió de seguida para España, nombrado procurador. Hizo el viaje por la India; después de breve estancia en Madrid, llegó á Roma, y allí comenzó sus trabajos en pro de la beatificación de los mártires franciscanos del Japón. Clemente VIII le nombró Penitenciario apostólico, como premio á sus servicios. Terminados sus asuntos, y siendo ya anciano para emprender nueva expedición á Oriente, se retiró á un convento de Salamanca, donde murió el año de 1606.

RIVAS (Fr. Francisco), Dominico.—Autor.—V. además el núm. 133.—N. en San Vicente de la Barquera, el 10 de Octubre de 1816; profesó en Diciembre del 32; llegó á

Manila el 41. Párroco, catedrático y después Procurador en Madrid. Murió pocos años há.

RIVERA (Gabriel de).—Fué de alguacil mayor con Legazpi.
Siempre se condujo como bueno, y así que llegó á capitán por sus merecimientos. En tiempo de D. Gonzalo
Ronquillo hizo Rivera una arriesgada expedición á Borneo y Patán, de donde trajo porción de cosas curiosas y
de valor. Pasó á España á informar al Rey, y éste, Felipe II, le recompensó nombrándole Mariscal de Bombón. Algún tiempo después fué, el ex aguacil, presidente
de la Chancillería que se estableció en Manila el año
de 1584.—I, 95.

RIVILLA RAMIRO (Fr. Julián), Dominico.—Autor; núm. 144.
N. en Bercial (Segovia) el 16 de Febrero de 1850; tomó
el hábito en Ocaña, el 65; llegó á Manila el 73. En la
actualidad es maestro de novicios en el Colegio de Avila.

RIZAL (José).—Autor. Núms. 46 y 253. Por errata, *Riaza*
en la trascripción de la portada de la obra de MORGA,
que publicó anotada. Indio; natural de Calamba, debió
de venir á España hacia 1882, donde ha estudiado las
carreras de Filosofía y Letras y Medicina. Algún tiempo
después se dedicó á viajar; fechó en *Europa*, el año 86,
su novela *Noli me tangere,* impresa en Berlín (no dice
el año), que comenzó á circular en Filipinas en 1887. La
notoriedad que le dió esta obra—que es una diatriba
contra todo lo español que en Filipinas existe,—mo-
vióle á seguir trabajando en pro de sus ideales. A poco
de haber dado la reimpresión de los *Sucesos* de MORGA,
publicó la segunda parte de *Noli me tangere,* con el título *El Filibusterismo,* imp. en Gent, 1891, en la que
atenuó un tanto sus odios á todo lo español, aunque
sin conseguir sincerarse ante la opinión de los buenos
españoles, sencillamente porque su libro no fué puesto
á la venta pública, en ninguna librería del mundo, como
si se tratara del manjar más prohibido. En 1892 regresó
por segunda vez á su país (había estado otra vez algunos meses—fines del 87 y los dos primeros del 88), donde continúa, aunque deportado en una de las islas del
Sur del Archipiélago. Véase el siguiente decreto del
Gobierno general de Filipinas, publicado en la *Gaceta
de Manila* del día 7 de Julio de dicho año de 1892:
«Resultando que después de algunos años de expa-
triación voluntaria, durante los cuales había publicado
varios libros y se le atribuían frecuentes proclamas ú
hojas volantes de muy dudoso españolismo, y, ya que
no francamente anticatólicas, descaradamente antimo-
nacales, que se introducían clandestinamente en el Ar-

chipiélago, un ciudadano español, nacido en Filipinas,
se dirigió en una primera carta, fechada meses atrás en
Hong-Kong, á la Autoridad superior, ofreciéndole su
concurso para el mejor gobierno y progreso de Filipinas, al mismo tiempo que empezaba á circular su último libro, por lo cual no obtuvo contestación; y en una
segunda carta del mes de Mayo, en la que reconociendo
la política de generosa atracción, moralidad y justicia
planteada, según decia en este país, y quizá alentado
por las medidas de clemencia aplicadas á varios parientes y deudos suyos anteriormente condenados á deportación, anunciaba su propósito de volver á este su suelo natal, para realizar él y sus amigos los bienes que
les quedaban y pasar con sus familias á fundar en Borneo una colonia agrícola filipina, bajo el protectorado
inglés, á cuya segunda carta se le hizo contestar verbal-
mente por el Cónsul español en Hong-Kong, que hallándose tan falto de brazos el suelo filipino, era obra
poco patriótica el arrancarle algunos para ir á fecundar
extranjera tierra, por lo cual no era posible favorecer
oficialmente semejante proyecto, pero añadiéndole que
todo filipino podía en cualquier punto del Archipiélago
contribuir libremente, dentro del círculo de las patrias
leyes, la prosperidad del país:
Resultando que pocos días después aquel ciudadano
español, debidamente documentado, desembarcó con
su hermana en Manila, y habiéndose presentado el mismo día á la Autoridad superior en momentos en que no
era posible concederle audiencia, logró, sin embargo,
en una entrevista de tres minutos, y en el acto de soli-
citarlo, el indulto de su anciano padre de la pena de
deportación, cuya gracia se hizo extensiva á sus tres
hermanas durante los días siguientes, en que libremente ha transitado por diferentes provincias, sin ser
por agente alguno de la Autoridad molestado:
Resultando que pocas horas después de su llegada
recibió la Autoridad superior el parte oficial de que en
el ligero reconocimiento practicado por los vistas de la
Aduana en los equipajes de los viajeros procedentes de
Hong-Kong se había encontrado, en uno de los bultos
pertenecientes al citado sujeto, un fajo de hojas sueltas
impresas con el título de «Pobres frailes», en las cuales
se satirizaba la paciente y dadivosa mansedumbre del
pueblo filipino, y se vertían las acusaciones de costumbre contra las Órdenes religiosas; cuyo hecho, á pesar
de la falta de delicadeza y de la desleal felonía que en-
trañaba, hubiera todavía podido (si á lo dicho se hubiera limitado aquel texto) obtener el perdón de una Auto-

47 *

ridad paternal, en cuyo pecho la inagotable generosidad castellana, á la menor señal de arrepentimiento, lograra fácilmente ahogar la voz del desprecio:

Resultando también que su último libro *El filibusterismo* (continuación del *Noli me tangere*) está dedicado á la memoria de los tres traidores á la Patria, condenados y ejecutados después de los sucesos de Cavite en virtud de sentencia de autoridad competente y ensalzados por él como mártires, haciendo suya además en el epígrafe de la portada de dicho libro la doctrina de que, en virtud de los vicios y errores de la Administración española, no existe otra salvación para Filipinas que la separación de la madre Patria:

Resultando, por último, que además de las precitadas injurias contra los frailes en aquellas hojas infames descubiertas en su equipaje, se trataba también de descatolizar, lo que equivale á desnacionalizar esta siempre española, y como tal siempre católica tierra filipina, escarneciendo nuestra religión sacrosanta y arrojando el lodo inmundo de las más torpes calumnias á la faz augusta del Padre común, cabeza visible de nuestra Santa Madre Iglesia, del Soberano Pontífice, en fin, y amadísimo Papa León XIII, á cuyas eximias virtudes y prudencia tributan hasta las naciones no católicas el testimonio de su veneración y respeto:

Considerando que con ello, y por mucho que cueste creerlo, ha quedado por fin descorrido el velo más ó menos transparente con que hasta ahora procuraba disfrazar su verdadero objeto, pues ya no se trata de meros ataques al monaquismo, que más ó menos casuísticamente se quería suponer compatibles en Filipinas con el respeto á la creencia católica, ni se limita tampoco á sus insidiosas acusaciones contra los tradicionales agravios y torpezas de la política colonial española, ni al sistemático rebajamiento de las patrias glorias, que farisaicamente se pretendía conciliar con un mentido amor á la madre Patria, sino que resulta ya evidente y aparece probado, por modo innegable, á los ojos de todos, que el doble fin que en sus trabajos y escritos persigue no es otro que el arrancar de los leales pechos filipinos el tesoro de nuestra Santa Fe Católica, vínculo inquebrantable en este suelo de la integridad nacional:

Considerando que, reconvenido por ello, no ha aducido otra defensa que una inútil negativa, apelando al menguado recurso de hacer recaer la culpa de la aprehensión de las tales hojas sobre su propia hermana, acabada de indultar:

Considerando que precisamente en previsión de cosas tales, y para librar de todo peligro los sagrados ideales de Religión y Patria, tiene concedidas la Autoridad superior de Filipinas facultades discrecionales, de las que esperaba no tener jamás que hacer uso.

En cumplimiento de los altos deberes que como Gobernador general y Vicerreal Patrono me incumben, y en virtud de las facultades que por razón de dicho doble cargo me asisten, he venido en decretar lo siguiente:

1.° Será deportado á una de las islas del Sur D. José Rizal, cuyo proceder en esta ocasión será juzgado como merece por todo filipino católico y patriota, por toda conciencia recta, por todo corazón delicado.

2.° Queda en adelante prohibida, si ya no lo hubiere sido anteriormente, la introducción y circulación en el Archipiélago de las obras del mencionado autor, asi como de toda proclama ú hoja volante en que directa ó indirectamente se ataque la religión católica ó la unidad nacional.

3.° Se concede un plazo de tres días, á contar desde la publicación de este decreto, en las provincias de Manila, Batangas, Bulacán, Cavite, Laguna, Pampanga, Pangasinán y Tarlac; de ocho días en las demás de Luzón, y de quince días en las islas restantes, para que las personas que tengan en su poder los referidos libros ó proclamas hagan entrega de ellos á las autoridades locales. Pasado dicho plazo, será considerado como desafecto, y tratado como tal, todo aquel en cuyo poder se encuentre algún ejemplar.

La responsabilidad de estas medidas de rigor que un penoso deber mi impone caiga por entero sobre los que, con sus desatentados propósitos é ingrato proceder, vienen á estorbar las paternales miras de este Gobierno general, dificultando al par la ordenada marcha del progreso filipino.—Manila 7 de Julio de 1892.—DESPUJOL.»

Hé aquí un documento en el que no sabemos qué admirar más: si la ingenuidad del Gobernador general —porque en su decreto hace implícita declaración de sus debilidades y equivocaciones,—ó el candor de Rizal, que creyó que todo el monte era orégano. Rizal es lo que suele llamarse un carácter; pero ha demostrado repetidamente una muy grande inexperiencia de las cosas de la vida. Creo que tiene ahora unos treinta y dos años; y á alguien he oído decir que alguno de sus antecesores fué español, del que le proviene el apellido que lleva.—Es el indio de mayor capacidad de cuantos han escrito.

ROBERTSON.—Autor.

RODRÍGUEZ (Fr. Gabriel), Agustino.—N. en San Felices de Valdesoto (Asturias), en 1743; profesó el 70 en Valladolid. Llegó á Manila el 72. Fué párroco de Táal de 1779 á 1805, que murió en el dicho pueblo.—89, 92, 332; *Apéndice A*, nota 14.

RODRÍGUEZ (Fr. Manuel), Agustino.—N. en Rasueros (vila), en 1776; profesó el 87; llegó á Manila el 89. Fué párroco de San José desde 1790 á 1805, que pasó á Táguig, luego á Lipa, Bauang y Batangas, sucesivamente. Murió en Manila el 13 de Febrero de 1819.—I, 70, 72.

RODRÍGUEZ BÉRRIZ (Miguel).—Autor. Ha sido juez de Intramuros (Manila), hasta hace unos días, que le han ascendido á magistrado de la Audiencia de Vigan.

RODRÍGUEZ DE FIGUEROA (Esteban).—Este bravo capitán murió en Mindanao traidoramente: lo mató el indio Ubal, año de 1596.—232; II, 83.

RODRÍGUEZ SAN PEDRO (Joaquín).—Autor.

RODRÍGUEZ TRUJILLO (José).—Autor.

RODRÍGUEZ ZAMBRANO (Álvaro).—Oidor de la Audiencia de Manila en 1598.—243.

ROJAS.—General encomendero de la isla Lutaya.—II, 102.

ROJO DEL RÍO Y VIEYRA (Manuel Antonio). — Arzobispo que fué de Manila. N. en Tula (México); era allí provisor cuando el Rey le presentó para la diócesis manilana. Posesionóse el 22 de Julio de 1759. Halló á su llegada que por muerte del general Arandía gobernaba las Islas el Obispo de Cebú Sr. Espeleta. El 61 súpose en Madrid la muerte de Arandía, y, mientras se proveía en propiedad el cargo de Gobernador, mandó S. M. que se encargase del mando el Arzobispo Rojo. Tan pronto tomó posesión, cortó un pleito ruidoso que entonces se sustentaba, entre la Audiencia y el provisor del Arzobispado, porque el oidor Villacorta había extraido de sagrado á Orendain (el que, por cierto, cuando la guerra de los ingleses demostró ser un canalla), que era reo en aquel proceso. Cuando la invasión inglesa (año de 72), aunque no se condujo mal en la defensa de Manila, tuvo luego la *debilidad* de suscribir unas capitulaciones en las que los ingleses pedían nada menos que la entrega de las Islas y cuatro millones de duros moneda sobre moneda. Y por si no hubiera bastado el hecho de firmar, todavía envió emisarios para que trajesen de La Laguna la plata que habían puesto á salvo, con grandes trabajos, algunos religiosos patriotas. Y como si todo esto no bastase á dar patente de imbecilidad al Arzobispo, aun hizo más el pobre mexicano: despachó circulares para que todos obedeciesen á los ingleses, lo cual acabó de *acreditarle,* pues se daba el caso de que ordenaba quien, como prisionero de guerra, carecía absolutamente de autoridad política. Dispénsale hasta cierto punto el que todo lo hizo *con la espada en la garganta,* por más que, tratándose de la integridad de la Nación, antes se da la garganta que incurrir en felonía. Su misma conducta prodújole honda pesadumbre, y murió el 30 de Enero de 1763. Los ingleses le veneraron, si mucho por lo que tuvo de virtuoso y de manso, aun más por lo bien que en todo les secundó.—351, 478.

RONDELECIO.—Autor.—311, 312.

Ros y VERDE (Miguel).—Autor.

RONQUILLO (Gonzalo).—*Ronquillo de Peñalosa,* había nacido en Arévalo, y era sobrino del «alcalde Ronquillo» que en Valladolid dejó memoria para mucho tiempo. Pasó á México de alguacil, y después de dos ó tres años, en 1575, regresó á España, y en Madrid se hallaba cuando le confirieron el cargo de Gobernador general de Filipinas. En Abril del 8o tomó posesión; fundó el *Parián,* intentó conquistar las Molucas; envió á Borneo de embajador al célebre P. Rada, y al capitán Carrión (Juan Pablo), contra el corsario japonés Tayfuzú. Murió en Marzo de 1583, de melancolía, contrariado porque la nueva expedición que dispuso para la conquista del Maluco, fracasó. El P. González de Mendoza (pág. 128 de la ed. de Amberes) le llama Gonzalo *de mercado Ronquillo.*—II, 23, 25, 91.

RUFINO.—Indio; capitán de bandidos de la prov. de Bulacán.—394.

RUIZ (Fr. José María), Dominico.—Autor.—Véase además núm. 156.—N. en Toro (Zamora), el 8 de Diciembre de 1849; tomó el hábito en Ocaña, el 65; llegó á Filipinas el 72.—Continúa en Manila de catedrático de la Universidad.

S

SAAVEDRA (Álvaro de).—Hallábase en México, año de 1527, cuando fué designado por capitán general de una flota con destino al Maluco, para saber el paradero de la *Trinidad* (de la expedición de Magallanes), y qué había sido de la escuadra de Loaisa, y si la de Sebastián Gaboto—que había salido de Sevilla á primeros de Abril de 1526—había perecido antes de llegar al término de su viaje. Saavedra era pariente de Hernán Cortés, á la sazón virrey de la Nueva España, del cual había recibido el nombramiento. Salió Saavedra del puerto de Siguatanejo el 31 de Octubre de 1527, y su escuadra se componía de dos navíos y un bergantín. Después de haber tocado en algunas islas del camino, la nao de Saavedra surgió en Tidore el 30 de Marzo de 1528; y allí permaneció hasta el mes de Junio que salió con rumbo á la Nueva España, llevando á bordo unos 70 quintales de clavo. Tras muchas penalidades, arribó á las Ladrones; no pudo tomar puerto y tuvo que correrse á Mindanao, y después á Sarrangán y luego á Meao, á 20 leguas de las Molucas, desde donde regresó á Tidore, á los seis meses de haber salido de allí.—Partió de nuevo para la Nueva España por Mayo de 1529. El infeliz Saavedra murió en el camino, cuando la nao se hallaba equidistante del Maluco y la anhelada tierra mexicana.—II, 107.

SÁINZ (Fr. Fulgencio), Agustino.—N. en Abillos (dióc. de Burgos) en 1764; profesó en Valladolid el 85; el 95 llegó á Manila. El año 1801 fué nombrado párroco de Angat, después de haber sido lector de Teología en el convento de San Agustín. En 1810 pasó de presidente del Hospicio de México, donde murió el 14, cuando acababan de nombrarle comisario en España.—415.

SÁINZ DE BARANDA (Isidro).—Autor.

SALAS (Juan).—Gobernador de las Marianas.—II, 109.

SALAZAR (Fr. Domingo de), Dominico.—Autor. Primer Obispo de Filipinas. N. en Labastida (Rioja alavesa), hacia 1512. Tomó el hábito en 1546, en Salamanca. Pasó á México poco después. y cuando allí llevaba muy cerca de 40 años, fué designado para pasar á España á defender á los indios. En Madrid se hallaba cuando, en 1579, Felipe II le nombró Obispo de las Filipinas: pasó nuevamente á México, y salió del puerto de Acapulco á principios del año 1581, llegando á Manila por el mes de Marzo del mismo año. El 91, contrariado por varias razones, salió para España; no le arredró verse anciano; á España llegó el año 93, gestionó multitud de asuntos relativos á la prosperidad de su diócesis, y cuando se disponía á renunciar el obispado para retirarse al convento de San Esteban, de Salamanca, asaltóle la muerte, en Madrid, hallándose de visita en una casa particular, el 4 de Diciembre de 1594.

SALAZAR (Jerónimo).—Oidor de la Audiencia de Manila en 1598.—243.

SALAZAR (Fr. Vicente de), Dominico. Autor. N. en Ocaña; profesó en Valladolid. En la Península ejerció el profesorado. Llegó á Manila en 1727. Catedrático de la Universidad de Sto. Tomás, el 42 era su rector-cancelario; después fué promovido á prior de Sto. Domingo. Los últimos años de su vida, según Collantes, los empleó en las Misiones de Ituy. Murió entre 1755-1759.

SALCEDO (Juan de).—Hijo de Pedro de Salcedo y de Teresa Legazpi (hija de Miguel López de Legazpi); nació en México hacia 1549; llegó á Cebú el 20 de Agosto del 67, y no obstante su corta edad, demostró desde los primeros días de su permanencia en aquella isla un valor nada común y, desde luego, una extraordinaria actividad sólo comparable con su carácter emprendedor, que apenas tenía límites. En 1570, su bizarría—con ser tanta la de casi todos aquellos españoles—llamaba extraordinariamente la atención: por eso su abuelo le designó como segundo de Goyti para la conquista de la grande isla de Luzón. Era el mes de Mayo; Goyti entró en la bahía de Manila, y Salcedo se fué con su nao al seno de Balayán: los taaleños no le recibieron bien, pues le brindaron batalla, y él, con un puñado de hombres, los batió heroicamente. Después de conquistada Manila por Legazpi, es imposible seguir á aquel muchacho: recorrió casi todo Luzón; teniente de Gobernador en Ilocos, fundó allí la Villa Fernandina (Vigan), y en ella estaba cuando el ataque de Limahón. Fué ascendido á maestre de campo por sus hazañas, verdaderamente extraordinarias. El deseo de atender á unas hermanas suyas solteras que en México vivían, moviólo á pedir licencia para su país; pero antes de embarcar, y como era absolutamente pobre, quiso recoger algún dinero del que le debían sus indios encomendados. Partió, pues, para Ilocos, y no bien llegó á Vigan, antojósele ir á unas minas que él había descubierto. para coger algunas muestras del metal y llevarlas á México para que allí fuesen examinadas. A los dos días de marcha, estando enfermo con unas calenturas, bebió con exceso agua en un arroyo del camino; y ésta fué la última que bebió, pues á las pocas horas dejaba de existir aquel hombre inolvidable—11 de Marzo de 1576,—cuando sólo contaba unos 27 años de edad. Murió pobre; es más, tenía deudas. En su testamento dispuso que después de que fuesen pagados aquellos á quien debía, se diera lo restante á ciertos indios de su encomienda.—94, 95, 130, 187, 206, 249, 505; II, 3, 8, 25, 39, 44, 72, 92.

SALES (Fr. José), Agustino.—N. en Ares (dióc. de Tortosa), año de 1731; profesó en Valladolid el 51; llegó á Filipinas el 54. Fué párroco de varios pueblos de la Pampanga. Murió en Santa Ana en 1797.—477.

SALGADO (Francisco).—Español que trabajó mucho por el fomento del añil y la canela. Quiso también explotar una mina en igorrotes.—147, 148.—V. además *Áp. E, Canela*.

SALINAS (El Marqués de, ó de las).—Otro título que no existe. En 1738, el P. San Bernardo, franciscano, por excitación de D. Juan Manuel Pérez de Tagle, marqués de las Salinas, escribió su obrita núm. 321 del *Catálogo*.—383, 390, 393, 453.

SALINAS Y ANGULO (Ignacio).—Autor.

SAN AGUSTÍN (Fr. Gaspar de), Agustino.—Autor. N. en Madrid, en 1650; profesó el 68, año en que pasó á Filipinas. Destinado á Bisayas, volvió pronto á Manila, por haber sido nombrado procurador general, el 77, cargo que desempeñó hasta el 86, en que fué nombrado secretario de la Provincia. Terminado el trienio reglamentario, pasó á servir algunas parroquias de tagalos. Murió en Manila en 1724. Fué latinista y helenista eminente; conocía bien el hebreo; y nada digamos del tagalo y el bisaya, puesto que en ambas lenguas escribió.

SAN ANTONIO (Fr. Juan Francisco de), Franciscano.—Autor. Madrileño (como el P. San Agustín): n. en 1682; profesó en Junio de 1702, y llegó á Filipinas en 1724. En Manila ejerció algunos años los cargos de lector y secretario de Provincia; el año 29 pasó á Pandacan, de párroco, y luego á Meycauayan (el 30), siendo á la vez cronista. Murió en Manila el 29 de Mayo de 1744, año en que fué impresa la tercera parte de su obra magna, que nuestro Autor suele llamar la «historia franciscana».—I, 30-32; II, 49, 65, 110, 116 y otras.

SAN BERNARDO (Fr. Miguel de), Franciscano.—Autor. Nació en 1698, en Cuerga de Garaballes (dióc. de Astorga); profesó en 1717; llegó á Filipinas el 32, y el 36 fué nombrado procurador general, después de haber sido ministro de Meycauayan. Tuvo otros cargos. Murió en Siniloan, á 7 de Agosto de 1770.

SANCIANCO Y GOSON (Gregorio).—Autor filipino. Por equivocación le llama *Sucgan* en la pág. 507 *.

SANCTISTEBAN (Fr. Jerónimo), Agustino.—Autor.

SÁNCHEZ (P. Alonso), Jesuita.—Autor.

SÁNCHEZ (P. Francisco), Jesuita,—Autor. Núm. 314.

SÁNCHEZ (Juan).—Autor.

SANDE (Francisco de la, Francisco de, Francisco de La-sande).—Natural de Cáceres; desempeñaba el cargo de alcalde de la R. Audiencia de México cuando fué nombrado Gobernador de Filipinas, cargo del que tomó posesión por Agosto de 1575. En su tiempo fundó Pedro de Chaves la ciudad de N. Cáceres. Fué á Borneo. á restituir en el trono á su legítimo poseedor; envió una expedición á Mindanao y á Joló, y pretendió nada menos que conquistar el Imperio de la China; pero no dió paso ninguno en esta empresa, porque el Rey le ordenó que se limitara á conservar lo que ya España había conquistado en el extremo Oriente. Cesó en 1580 este bravo y celoso Gobernador—relevándole Ronquillo;—y pasó luego á América, donde desempeñó, entre otros, el cargo de Presidente de la R. Audiencia de Guatemala, en 1594.—Según el P. Rivadeneyra, Sande solicitó con gran empeño del Rey que enviase franciscanos á las Filipinas, cuando de ellas era Gobernador.—240, 506; II, 35, 44, 85.

SAN IGNACIO (Fr. Juan de).—V. t. II, pág. 4.—A fe que no me explico la errata, que no es mia, sino del copista del códice, y la he respetado, al igual que he hecho con otras. Indudablemente el P. Zúñiga alude á Fr. *Juan Ruiz de San Agustín,* Agustino *descalzo,* que se posesionó en Mayo de 1782 del Obispado de Nueva Segovia. N. en Madrigalejo, en Junio de 1728; tomó el hábito el 44, y pasó á Filipinas el 49. Fué párroco de varias provs., y, siendo ya Obispo, sus hermanos le dedicaron la *Historia* de Fr. Juan de la Concepción. Murió en 1799.

SAN PEDRO MÁRTIR (Fr. Juan).—V. *Maldonado* (Fr. Juan).

SANTA CRUZ (Fr. Baltasar de), Dominico.—Autor. Nació en Granada, en Diciembre de 1627; profesó el 43; llegó á Filipinas en Agosto del 66; murió en Binondo el 12 de Enero de 1699.

SANTA CRUZ DE MARCENADO (Marqués de).—Autor.

SANTA JUSTA Y SANTA RUFINA (Basilio Sancho de), Escolapio.—Autor. N. en Villanueva del Rebollar (Teruel); llegó á Manila, ya consagrado Arzobispo, en una fragata sueca, el año de 1767. Debía la Mitra á haber sido uno de los auxiliares de Carlos III en la penosa tarea de amañar la expulsión de los PP. Jesuítas. Hízose célebre este Sr. Arzobispo por el tenaz empeño que puso en querer llevar á cabo la visita diocesana, sin distinción de sacerdotes, á lo que se opusieron los regulares. Llegó Anda cuando el pleito estaba en el mayor periodo de efervescencia, y Anda le ayudó con todo su poder.

Esto produjo grandes disturbios en la Colonia; los Agustinos fueron removidos de la Pampanga; enviados á España el provincial y definidores de la Orden (1)... Al fin cedieron (los dominicos fueron los primeros en ceder), y el Sr. Sancho logró salirse con la suya: giró visita á todos los párrocos de su diócesis. Murió en Manila el 15 de Diciembre de 1787.—470, 478.

SAN NICOLÁS (Fr. Andrés de), Recoleto.—Autor. N. en Tunja (Perú); en su pais profesó; y luego vino á la Peninsula, donde, afiliado á la Provincia de Castilla. pasó á Roma de Procurador. Murió en Madrid el 20 de Noviembre de 1666.

SANTA INÉS (Fr. Francisco de), Franciscano.—Autor. Natural de Peñaranda de Bracamonte; llegó á Filipinas en 1674; á los dos años fué nombrado cronista de la Provincia; tuvo luego otros cargos, y murió en Lilio el 4 de Agosto de 1713.

SANTA MARÍA (Fr. Agustín de), Agustino.—Autor.—V. *María*.

SANTA MARÍA (Fr. Dionisio de), Agustino.—N. en 1763, en Burgos; profesó el 81; llegó á Filipinas el 86. Fué párroco en varios pueblos de Bulacán. Murió en Malolos el 18 Octubre 1815.—397, 420.

SANTA MARÍA (Fr. Fernando de), Dominico.—Autor. Por equivocación llámasele *franciscano* en la pág. 329 *. V. además *Ap. A.*, nota 27.—N. en Estremera (dióc. de Toledo), hacia 1705; llegó á Manila en 1730. cuando llevaba 6 de profeso. Murió hacia 1768.

SANTA MARÍA (Fr. Lorenzo de), Franciscano. Llamado también Fr. Alonso de Valverde. Se alistó en España como lego para ir en la primera misión que pasó á Filipinas; pero la salud obligóle á detenerse en México. Llegó al fin á Filipinas en Mayo de 1582, y después de muchos trabajos murió en Cebú al siguiente año. Había nacido en Valverde de la Sierra (Guadalajara); y es fama que este lego fué el primero que abrió caminos en Filipinas.—147.

SANTA MARÍA (Fr. Pablo de), Agustino.—Hermano de Fr. Dionisio. N. en Burgos, año de 1765; profesó el 83; llegó á Manila el 88. Después de algunos años en Guiguinto, pasó en 1803 á Táguig, donde murió el 2 de Mayo del mismo año.—397.

---

(1) El Rey expidió una cédula desaprobando completamente esta remoción, y ordenando que se les devolviesen los curatos de la Pampanga á los Agustinos, así como reintegró en sus destinos al provincial y definidores: pero ordenó la sujeción á la visita.

SANTOS (José María).—Autor.

SANTOS (Fr. Juan de los), Dominico.—Supongo que el cit. por el P. San Antonio (ESTADISMO, 309), sea el autor de *Varia historia de covsas notaveis do Oriente,* impresa en Evora, el año de 1609.

SANVÍTORES ó SAN VÍTORES (P. Diego Luis de), Jesuíta.— Autor. N. en Burgos, el 12 de Noviembre de 1627; ingresó en la Compañía en 1640; el 60 pasó á México, y el 62 á Filipinas. Llegó á Manila por Julio, habiendo tocado antes en las Marianas, donde hizo algunos trabajos. Volvió luego á Marianas, y allí murió por la Fe, el día 2 de Abril de 1672.

SAPIAÍN (Miguel).—Marino de guerra; comandante del *San Pedro.*—411.

SCALÍGERO (César).—Autor latino.—311.

SERRANO.—V. pág. 37, del t. II.—Ninguno de los Provinciales de Franciscanos de Filipinas ha tenido tal apellido. Tres PP. hanse apellidado así, de los que ha habido en Filipinas, desde la Conquista hasta mediados de la presente centuria; pero ninguno de ellos pudo ser el aludido por nuestro Autor.

SICATUNA.—Caudillo de Bohol, con quien se sangró Legazpi. «Este hecho tan sencillo (escribe el P. Fernández Arias, *Paralelo,* nota 4), que viene á ser uno de tantos medios suaves como emplearon los conquistadores de América y Filipinas para atraerse la confianza de los indios, es el que ahora se llama enfáticamente por algunos *el pacto de sangre,* atribuyéndole una significación anacrónica y á todas luces falsa. Hase querido ver en este episodio una especie de pacto entre raza y raza, entre España y Filipinas, representadas por Legazpi y... Sicatuna (¡¡!!), sin meditar siquiera que con Tupas, Lacandola y demás caciques del Archipiélago no se hizo semejante ceremonia, que examinada fríamente no es más que una manera de juramento bárbara y salvaje, con la que transigió el prudente Legazpi para mejor ganarse la voluntad de aquellos isleños».—II, 60.

SIERRA (Miguel).—Marino de la Armada.—6, 325.

SOLIER (Fr. Francisco), Franciscano.—El anacoreta á quien se alude en la pág. 145. Vagó por aquellos montes, para ponerse á salvo de la persecución de que era objeto por parte del Gobernador León. El P. Solier nació en Cañaveras (Cuenca), el año 1605. Tenía 13 meses cuando pasó con sus padres á México, donde profesó siendo muy joven. A Filipinas fué el 54, con título de comisario visitador, y desde entonces quedó en el Archipiélago. Fué elegido provincial el 66. Por el de 72 fué perseguido, y huyó, con permiso de sus superiores. Murió el 10 de Abril de 1675, y los indios, que habian admirado la existencia de aquel tan sufrido fraile, llevaron su cadáver á la iglesia de San Pablo de los Montes, donde yacen sus restos.

SOLIMÁN.—Principal que se mostró rehacio á aceptar la dominación de los españoles en Manila.—217, 470.

SOLÓRZANO PEREIRA (Juan de).—Autor madrileño.

SOMANGLIT (Cristóbal).—Indio; segundo gobernadorcillo de San Pablo de los Montes.—145.

SORIA (Fr. Diego), Dominico.—N. en Yébenes (Toledo); pasó á Filipinas formando parte de la primera Misión; de suerte que llegó en 1587. Después de haber ejercido varios cargos, pasó á España de procurador, hacia 1597. En la corte fué elegido Obispo de Nueva Segovia, cargo del que tomó posesión en 1604. Murió á mediados de 1613.—229.

SOTO (Fr. Lucas de), Franciscano.—Autor.—No ha existido en Filipinas ningún *Fr. Lucas de Soto,* ni *Lucas López.* A mi juicio debe reputarse apócrifa la *Relación.*— La he copiado según el ejemplar del M.-B. de U.; fué de Gayangos.

STAFFORD (P. Ignacio), Jesuita.—Autor.

SUCGAN.—Es errata de *Sancianco.* (V.).

SUMOROY.—Indio asesino del P. Miguel Ponce Barberán, en Marianas.—II, 67; *Ap. A,* n. 77.

T

TANGDAYA.—Caudillo indio, de la isla de Leyte, que en 1543 recibió de paz á la armada de Villalobos.—II, 68.

TÉLLEZ ALMANSA (Cristóbal).—Magistrado de la Audiencia de Manila.—243.

TELLO (Francisco).—*Tello de Guzmán,* sevillano, caballero santiaguista; era tesorero de la casa de Contratación de Indias cuando fué nombrado Gobernador de Filipinas, adonde llegó á principios de Julio de 1596. El 98 envió embajada al Japón, para reclamar al Emperador los restos de unos mártires, á la vez que para entablar relaciones comerciales. En su tiempo restablecióse la Audiencia. El año 1600 presentóse en aguas de Filipinas una escuadra de holandeses al mando del famoso Oliverio Nort: Tello envió otra, al mando del oidor Morga, que logró derrotar al enemigo. Por Mayo de 1602 fué relevado Tello por Bravo de Acuña, después de seis años de haber gobernado con prudencia y bizarría; quiso esperar á que le residenciaran, y en tanto falleció en Abril de 1603.—243.

TOLEDO (Jerónima de).—228.—V. *García Yáñez.*

TORRE (Bernardo de la).—Formó parte de la expedición de Alvaro de Saavedra al Maluco; regresó luego á México, y en 1542 alistóse como capitán de la expedición de Villalobos.—II, 71.

TORRE (Francisco de la).—Primer teniente de Rey (ó segundo cabo) que hubo en Filipinas. Llevó despachos de S. M. para gobernar interinamente, y á fe que llegó á tiempo, porque los ingleses iban á dejar Manila, y no había acuerdo entre los españoles acerca de quién era el que debía hacerse cargo del mando superior, toda vez que acababa de morir el arzobispo Rojo. Posesionóse Torre á 17 de Marzo de 1764, y en Abril siguiente recibió la plaza de los ingleses. Gobernó con bastante aceptación hasta la llegada del mariscal Raón.—352.

TORRUBIA (Fr. José), Franciscano.—Autor. N. en 1698; profesó en Mayo de 1714; Llegó á Filipinas el 21. Después de haber ejercido varios cargos, pasó á España el 33, como procurador. Cuando le pidieron cuentas, se negó á darlas; y quedó con este motivo separado de la Provincia de San Gregorio de Filipinas, el año 44. Falleció en Roma el año de 1761.

TUPAS.—Reyezuelo de Cebú.—II, 59.—V. además la página *220.

TRANSILVANO (Maximiliano).—Autor.

U

URDANETA (Fr. Andrés de), Agustino.—Autor. Natural de Villafranca (Guipúzcoa), n. en 1498. Formó parte de la expedición de Loaisa, y después que llegó al Maluco, estuvo peleando contra los portugueses hasta el año de 1536, que salió para España. Desembarcó en Lisboa, y allí le despojaron de porción de papeles muy interesantes que llevaba. Escapó de la justicia, que injustamente le mandó prender, y pasó á Valladolid, donde á la sazón estaba la Corte, á la que hizo representaciones que no debieron de ser atendidas, porque marchó á

México al azar. Llegó cuando Alvarado preparaba la expedición al Maluco, que hubo de suspenderse por muerte de éste; pero al siguiente año quedó organizada otra, de la que el virrey le ofreció el mando supremo, en condiciones tales, que Urdaneta no quiso aceptar. Nombróse en su lugar á Rui López de Villalobos, y el que hasta entonces había sido «Capitán Urdaneta», cosmógrafo y navegante insigne, metióse á fraile en la ciudad de México, haciendo su profesión el 20 de Marzo de 1553. Transcurridos algunos años—cuando tantas expediciones habían fracasado,—ocurriósele al Rey Felipe II dirigirle una carta (Septiembre de 1559) rogándole que fuese con la armada que en México debía de aprestar su virrey D. Luis Velasco, armada de la que fué nombrado jéfe, por indicación del P. Urdaneta, Miguel López de Legazpi.—V. *López de Legazpi.*—El 1.º Junio del 65 salió de Cebú Urdaneta para México, á dar cuenta del feliz resultado de la expedición; llegó á Acapulco el 30 de Octubre del mismo año; trasladóse inmediatamente á España; el Rey quiso colmarle de mercedes, que rehusó, y cumplida su misión volvió de seguida á México, donde murió el 3 de Junio de 1568, á la edad de 70 años, el fraile agustino cuyo consejo, cuya prudencia y cuya sabiduría y bizarría influyeron de una manera decisiva en la conquista de Filipinas por España y para España.

USTÁRIZ (Fr. Bernardo), Dominico.—N. en Arandigo (Zaragoza), hacia 1698; tomó el hábito en Calatayud; llegó á Filipinas en 1730; fué dos veces provincial, y en 1761 posesionóse del Obispado de Nueva Segovia, que gobernó seis años, hasta su muerte.—351, 352.

V

VALDÉS (Fr. Francisco), Agustino.—Autor. N. en Pola de Laviana (Asturias). el 11 de Marzo de 1851; profesó en Valladolid en Agosto del 67; pasó á Filipinas el 73. Párroco de Bulacán, Bigaa y Paonbong, sus excepcionales prendas eleváronle á la Dirección del R. Colegio de El Escorial, cargo del que se posesionó en 1886; y que ha venido desempeñando con general aceptación hasta mediados del corriente de 93, en que ha sido nombrado director del R. Colegio de estudios superiores de María Cristina, Universidad libre que acaba de ser fundada en el mismo pueblo de El Escorial.

VALDÉS (Nicolás).—Autor.

VALENCIA (Fr. Ambrosio), Capuchino.— *Ambrosio* y no *Antonio,* como por errata figura en el *Catálogo.*—Autor.

VARGAS (El Gobernador).—D. Juan de Vargas Hurtado, caballero santiaguista, toledano, cuando fué de Gobernador á Filipinas había ya conquistado un nombre prestigioso en Holanda, Cataluña y Extremadura. Posesionóse el 29 de Septiembre de 1678. Hizo algunas obras útiles; pero en cambio fomentó las discordias que en la Colonia había. Fué quien desterró al Arzobispo y á algunos dominicos calificados. El sucesor de Vargas, Cruzalaegui, levantó el destierro al Arzobispo. Vuelto éste á Manila, procesó á Vargas, á quien ordenó que para alcanzar el perdón de que había menester tenía que ir á las puertas de la Catedral, del Parián y Binondo, descalzo y con una soga al cuello. No quiso Vargas pasar por tan dura prueba, y se retiró á vivir á una casita de la orilla del río, solo, sin hablar con nadie (estaba excomulgado), hasta que logró permiso para regresar á la Nueva España, tierra que no pisó, porque murió en el camino.—II, 100.

VARGAS PONCE (José de).—Autor.—V. en el *Ap. B.* el número 296.

VEGA (N.).—Visitador que fué.—400.

VELASCO (Luis de).—Capitán de las tropas de Filipinas el año de 1603.—I, 46.—V. además *Ap. A.,* nota 42.

VELÁZQUEZ (Fr. Raimundo), Dominico.—Autor; núm. 153. N. en Ocaña (Toledo), el 20 de Enero de 1855, y en el colegio de Dominicos de su pueblo profesó el año 70; llegó á Manila el 77. Lleva muchos años de catedrático, y ha sido secretario de la Provincia.

VELINCHÓN (Fr. Julián), Dominico.—Autor. N. el 7 de Enero de 1810, en Zarza de Tajo (Toledo); profesó en Septiembre del 26; llegó á Manila el 32. En 1855, después de haber contraído grandes méritos, fué elegido provincial. Murió en Aparri el 14 de Julio de 1871.

VENAVENTE (Fr. Álvaro de), Agustino.—Autor. N. en Salamanca, en 1646, donde profesó el 63; llegó á Manila el 68. Fué notable misionero, así en Filipinas como en China. El año 86 pasó á España de procurador. Pasó luego á Roma, y volvió á Manila el 90. Al siguiente año fué nombrado provincial. Pasó luego de nuevo á China, y se consagró Obispo de Ascalon. Murió en Macao, lleno de méritos y virtudes, el 20 de Marzo de 1709.

VENEGAS (Manuel Estacio de).—Hombre funesto, intrigante y aun se sospecha que asesino, pues algún autor

le atribuye el envenenamiento del portugués Sebastián
López, que tan bizarramente se distinguió en las victorias que los españoles obtuvieron de los holandeses.
Venegas fué durante algunos años el hombre de mayor
influencia de Manila; pero como no sabía vivir sin hacer
daño, la Colonia respiró el día que Fajardo (después de
haberle tenido de privado), le redujo á prisión.—221;
Ap. A, n. 33.

VERA (P. Melchor de), Jesuíta.—Muy conocedor de Mindanao y su gente, dió los planos y dirigió una fortaleza
que comenzó á construirse en Zamboanga el 23 de Junio
de 1635.—II, 80.

VERA (Santiago de).—N. en Alcalá de Henares. Sirvió un
cargo en la Audiencia de la Española; después la Alcaldía de corte en la de México, hasta que en 1584 fué
ascendido á Presidente de la de Manila, con el carácter
de capitán general de la Colonia. Después de cinco años
de gobierno, cesó la Audiencia, á instancias del P. Alonso Sánchez, jesuita; y Vera fué relevado por D. Gómez
Pérez Dasmariñas. Vera y los demás oidores. menos
D. Pedro Rojas, salieron para México en 1591. Fué prudente y valeroso, y en su deseo de ser justo con los indios pidió al P. Plasencia el famoso informe que anotamos en el lugar correspondiente. (V. *Plasencia*).—II, 70.

VIANA (Francisco Leandro de).—Autor, su biogr., bajo el
núm. 366.

VIDAL (Fr. Prudencio), Dominico.—Autor, n. 154. N. en
Pedroñeras (Cuenca) el 7 de Julio de 1856; tomó el hábito en Ocaña el 72; llegó á Manila el 78.

VIDAL Y SOLER (Domingo).—Autor.

VIDAL Y SOLER (Sebastián).—Autor. Catalán.

VILÁ (Fr. Juan), Dominico.—Autor; núm. 143. N. en Gerona, el 2 de Febrero de 1848; tomó el hábito el 63; llegó á
Manila el 69. Después de algunos años de profesorado
en aquella Universidad, pasó á Avila, de cuyo colegio
es catedrático actualmente.—En *La Política de España en Filipinas*, y bajo el pseudónimo-anagrama de
J. Valinau, publicó en 1881 una interesante serie de artículos acerca de la *Universidad de Manila*.

VILLACORTA (Fr. Francisco), Agustino.—Autor. N. en
Guardo (dióc. de Palencia), en 1770; profesó en Valladolid el 89; llegó á Filipinas el 95. Párroco en varios pueblos de las Bisayas, y después en Táguig, de tagalos.
En 1818 pasó á España de comisario-procurador, cargo
que siguió ejerciendo aun después del año 26, que fué
elegido asistente del Rmo. General. A Fernando VII le

dirigió un *Tratado* «para el buen gobierno de un Rey».
Murió en Valladolid, cargado de años y de méritos, el 24
de Octubre de 1844.

VILLACORTA (Francisco Enríquez de).—El magistrado que
pretendió ser Gobernador de Filipinas á la muerte del
arzobispo Rojo.—351, 352, 478.

VILLALOBOS.—V. *López de Villalobos.*

VILLAMEDIANA (Marqués de).—*D. Pedro Galagarraga*, propietario de la hacienda de Pasay á primeros de este siglo. Había sido uno de los fundadores de la Sociedad
de Amigos del País. No existe ya tal título en Filipinas.
—19, 21, 211, 212, 238.

VILLAVERDE (Fr. Juan), Dominico.—Autor. *Fr. Juan Fernández Villaverde* (así el P. Velinchón), navarro, n. en
Junio de 1841; profesó en Ocaña el 42; llegó á Manila
el 67. Continúa este benemérito Padre prestando señalados servicios en la tarea de reducir infieles.

VILLODAS (Miguel).—Marino de la Armada.—328.

VIVANCO (Luis de).—Factor de la R. Hacienda. Contribuyó con su generosidad á la fundación del colegio de
Santa Potenciana.—235.

VÍVAR (Fr. Pedro), Agustino.—N. en Logroño en 1731; profesó en Valladolid el 50; llegó á Filipinas el 52. Misionó
bastantes años en Igorrotes. Murió en Batac en 1771.
Dejó escritas dos relaciones sobre alzamientos de indios que se conservan inéditas en el Archivo de San
Agustín.—II, 15, 16.

W

WALLS Y MERINO (Manuel).—Autor. N. en San Juan de
Puerto Rico, de padres peninsulares. Pasó muy joven
á Manila, donde se hizo abogado. Reside actualmente
en Madrid. Es autor de otras obras filipinas de escasa
extensión.

Y

YAGÜE Y MATEOS (Mateo), presbítero.—Autor.

Z

ZAMORA (Fr. Francisco), Agustino.—Autor. N. en Medina del Campo, en 1649; profesó en el convento de Badaya el 58; llegó á Manila el 63. Fué párroco de varios pueblos y tres veces provincial. Murió en 1709.

ZAMORA Y CORONADO (José M.ª).—Autor.

ZAMUDIO (Fr. Francisco), Agustino.—Obispo que fué de Nueva Cáceres desde 1633 á 1639, en que murió de repente. Procedía de Mechoacán.—II, 50.

ZARAGOZA (Justo).—Autor. Fué en Habana secretario de aquel Gobierno. Desde 1870 viene dedicándose á la publicación de obras relativas á América, todas ellas de sobresaliente mérito. Su biblioteca es una de las mejores que he visto.

FIN DE LOS APÉNDICES

CORRECCIONES

—

(El signo + indica que las líneas deben contarse de arriba abajo; y el —, que deben contarse de abajo arriba.)

TOMO PRIMERO

Página.	Línea.	DICE	CORRÍJASE
8	— 12	al dar un buyo...	el dar un buyo.
9	— 9	regarlos..........	regarlo.
18	— 7	dudará...........	dudara
26	+ 2	Laguna..........	laguna
32	— 4	Laguna..........	laguna
39	+ 8	cepa.............	copa
Id.	— 6	costa.............	Costa
40	+ 2	que están........	que no están
49	+ 16	Laguna..........	laguna.
Id.	+ 19	»	»
Id.	+ 21	»	»
50	+ 4	»	»
128	— 5	torciéndolas......	torciéndolos
137	— 6	gobernador.......	Gobernador
143	— 12	capital,..........	Capital,
147	— 13	Laguna..........	laguna
150	— 10	achote...........	achoete
153	+ 7	casa.............	caza
169	+ 4	asuang...........	Asuang
173	— 3	acesores,.........	asesores,
173	— 7	capital...........	Capital
185	+ 15	viajes	*Viajes*
193	— 13	género..........	géneros
196	+ 5	pescar...........	pesca
197	— 5	de la laguna......	de la laguna,
211	+ 8	se fabricó en Fili-pinas...........	se fabricó en Filipinas:
222	+ 4	historia	*Historia*

Página.	Línea.	DICE	CORRÍJASE
226	— 7	Comisario........	Comisario,
227	— 10	religión..........	Religión
244	— 16	gobernadores....	Gobernadores (generales)
261	+ 1	»	»
262	+ 11	»	»
343	+ 12	ir á la provincia..	ir á las provincias
346	— 6	que no corría.....	en que no se corría
357	+ 12	cosa de común...	cosa del común
382	+ 12	*loanes*...........	loanes
394	— 6	gobernador......	Gobernador
396	+ 15	no se puede......	no se puede,
429	+ 18	un viento E.......	un viento E.,
453	— 8	Bulacán no han...	Bulacán y Pampanga no han
517	— 6	lo compra bastante barato.......	los compra bastante baratos
528	— 6	culianan,.........	*culianan,*
538	+ 10	de las islas,......	de las Islas,

TOMO SEGUNDO

9	+ 9	despeño..........	despeno
18	— 11	de montes........	de monte
35	+ 1	bravo...........	brava
59*	— 13	(1881),...........	(1801),

* 112 — MAGUISA (Raimundo).—*Añadir:* 1641.—Reg. de la Imp. de la Compañía.

115* — PEÑAFORT (Raimundo). Hijo? — La impresión de *1863,* corríjase: 1683.

* 122 — 12 mencionado...... el mencionado

* 184 DÍAZ ARENAS (José)...... DÍAZ ARENAS (Rafael).

187* 139. GARCÍA (Fr. Miguel). 139. GARCÍA (Fr. José).

* 196 El núm. **172,** debe ser 172.

211* — 14 En *París* (en *francés*), 1580....... En *París* (en *francés*), 1589.

245* HERBÁS .... HERVÁS

* 252 Núm. **203.** Renta | del Tababo................. Renta | del Tabaco

* 264 LEON PINEDO......... LEÓN PINELO

267* MARIA.—Esta papeleta debe ir después de la encabezada con la palabra MAPA, núm. **225.**

* 262 *Final de la pap.* LAS CASAS (V. en ÍNDICE DE PERSONAS FABIÉ y LAS CASAS.)

277* Pap. **253:** José Riaza..... José Rizal

Página.	Línea.	DICE	CORRÍJASE
287 *	+ 13	no sé que se haya impreso;......	(V. en el *Indice de Personas* PALAFOX y MENDOZA.)
* 302		296..............	**296**
323 *		SANTA CRUZ DE MA-CENADO............	MARCENADO
329 *		SANTA MARÍA (Fr. Fernando de), Franciscano...	Fué *Dominico*.
331 *	— 5	109 del tomo 5....	109 del tomo I.
* 342		VALENCIA (Fr. Antonio).	VALENCIA (Fr. Ambrosio).
Id.		La pap. de VELINCHÓN debe ir después de la de VARGAS Y PONCE.	
* 354		Pap. **Abra:** Cab., Benguet.	Cab., Bangued
359 *	— 5	Orani...........	Balanga.
361 *		**Benguet,** cab. de Abra.—*Táchese.*	
* 362		BOLOY.—V. en el *Vocabulario etnológico* la papeleta TAGABOLOYES, pág. * 526.	
385 *		Pap. JALAJALA: frente á la Súsong...............	Frente á Súsong
393 *		Pap. MANILA: *Nilab*......	*Nilad*
401 *		ORANI. Añadir: pueb. de la prov. de Bataan.	
507 *	— 9	El Sr. Sucgan....	El Sr. Sancianco

TABLA DE MATERIAS

A. M. D. G.

ACABÓSE DE IMPRIMIR ESTE VOLUMEN
EN MADRID, EN CASA DE LA
VIUDA DE M. MINUESA DE LOS RÍOS,
EL ÚLTIMO DE DICIEMBRE DE
MDCCCXCIII
AÑOS

✠

CPSIA information can be obtained
at www.ICGtesting.com
Printed in the USA
LVHW040922060423
743651LV00004B/62